Spätmittelalter und Reformation

Neue Reihe

herausgegeben von Heiko A. Oberman
in Verbindung mit Kaspar Elm, Berndt Hamm,
Jürgen Miethke und Heinz Schilling

10

Petra Seegets

Passionstheologie und Passionsfrömmigkeit im ausgehenden Mittelalter

Der Nürnberger Franziskaner
Stephan Fridolin (gest. 1498)
zwischen Kloster und Stadt

Mohr Siebeck

Petra Seegets: Geboren 1964; 1983–90 Studium der ev. Theologie in Neuendettelsau, Tübingen, Papua Neu-Guinea, Erlangen und Heidelberg; 1995 Promotion; seit 1991 wiss. Assistentin an der Universität Erlangen-Nürnberg.

Die Deutsche Bibliothek − CIP-Einheitsaufnahme

Seegets, Petra:
Passionstheologie und Passionsfrömmigkeit im ausgehenden Mittelalter :
der Nürnberger Franziskaner Stephan Fridolin (gest. 1498) zwischen Kloster
und Stadt / Petra Seegets. − Tübingen : Mohr Siebeck, 1998
  (Spätmittelalter und Reformation ; N.R., 10)
  ISBN 3-16-146862-7

© 1998   J.C.B. Mohr (Paul Siebeck) Tübingen.

Das Buch wurde von Computersatz Staiger in Pfäffingen aus der Bembo-Antiqua belichtet, auf alterungsbeständiges Werkdruckpapier der Papierfabrik Niefern von Gulde-Druck in Tübingen gedruckt und von der Großbuchbinderei Heinr. Koch in Tübingen gebunden.

ISSN 0937-5740

Vorwort

Die vorliegende Arbeit wurde im Wintersemester 1994/95 von der Theologischen Fakultät der Friedrich-Alexander-Universität Erlangen-Nürnberg als Dissertation angenommen.

Mein Dank gilt allen, die mir bei der Entstehung dieser Arbeit geholfen haben.

An erster Stelle möchte ich meinem Doktorvater Professor Dr. Berndt Hamm danken, der die Untersuchung des Lebens und Werkes Stephan Fridolins mit wissenschaftlichem und menschlichem Engagement begleitete, ungewöhnlichen Forschungspfaden gegenüber stets aufgeschlossen war und mir viele wertvolle Hinweise und konstruktive Anregungen gab. Herrn Professor Dr. Horst Weigelt danke ich für die Erstellung des Zweitgutachtens.

Freundinnen und Freunde haben mich auf Forschungsgebieten unterstützt, die über das Feld der Kirchengeschichte hinausgingen. Vor allem Falk Eisermann, Franz Götz, Gudrun Litz, Martin Schieber, Ekkehard Wildt, Sigrid Wildt und Angelika Wingen-Trennhaus danke ich herzlich für ihre Denkanstöße und Informationen.

Besonderer Dank gebührt Werner Thiessen, der mir bei meinen Auseinandersetzungen mit dem Computer zur Seite stand.

Auch allen, die sich mit mir die Mühe des Korrekturlesens geteilt haben, danke ich sehr.

Für ihre freundliche Unterstützung und Hilfe bedanke ich mich bei den Mitarbeiterinnen und Mitarbeitern der von mir benutzten Archive und Bibliotheken, allen voran Frau Beare und Herrn Hoffmann aus der Stadtbibliothek Nürnberg.

Weiter gilt mein Dank den Herausgebern der Reihe "Spätmittelalter und Reformation", die sich bereit erklärt haben, die vorliegende Untersuchung innerhalb ihrer Reihe zu publizieren, sowie den Mitarbeitern des Verlags Mohr Siebeck.

Schließlich möchte ich der Freiherr von Haller'schen Forschungsstiftung/Nürnberg, der Bayerischen Landeskirche und der Dorothea und Dr. Dr. Richard Zantner-Busch-Stiftung/Erlangen für die großzügige Gewährung von Druckkostenzuschüssen danken.

Erlangen, im Februar 1998   Petra Seegets

Inhaltsverzeichnis

Historisch-biographischer Hintergrund

Fridolins Werk

Abbildungen

Alle Abbildungen entstammen dem in der Stadtbibliothek Nürnberg unter der Signatur Inc. 385, 2° aufbewahrten Exemplar des *Schatzbehalters* von Stephan Fridolin.

Die Folioangaben sind der Übersicht auf S. 306–311 zu entnehmen.

Die verwendeten Fotoaufnahmen fertigte dankenswerterweise Annette Zebandt an.

1. Einleitung

Viele wissenschaftliche Monographien, Aufsätze und Ausstellungskataloge, die sich mit dem Alltag, der Theologie und der Spiritualität in Nürnberger Klöstern des späten Mittelalters beschäftigen, verweisen zumindest in einer Randbemerkung auf den Franziskaner Stephan Fridolin. Gleiches gilt für die Literatur über den Buchdruck in der fränkischen Reichsstadt während des ausgehenden 15. Jahrhunderts.

Sind sich alle Verfasserinnen und Verfasser darüber einig, daß der über Jahre hin am örtlichen Klarissenkonvent tätige Prediger eine wichtige Rolle spielt, was das kirchliche Leben der Reichsstadt im späten Mittelalter anbelangt, und daß er als Autor des *Schatzbehalters*, eines der größten Druckprojekte der bedeutenden Offizin des Anton Koberger Erwähnung verdient, so bleiben sie ihren Leserinnen und Lesern konkrete Informationen über Stephan Fridolins Leben und Werk doch weitgehend schuldig. Vor allem aber schleichen sich in vielen Darstellungen unscharfe, mißverständliche und auch fehlleitende Formulierungen ein, wenn es darum geht, den Barfüßer zu charakterisieren und in das Spektrum von Theologie und Frömmigkeit seiner Zeit einzuordnen. Fridolin wird zur „Spätblüte franziskanischer Ordensmystik"[1] oder zu den „achtbaren Männern des alten Glaubens" gezählt[2], als repräsentativster Klosterprediger seines Ordens im späten 15. Jahrhundert[3] und als „großer Nürnberger Herz-Jesu-Apostel" bezeichnet[4], zum Verfasser mehrerer „Abhandlungen im profanwissenschaftlichen Bereich"[5] und neben seiner Tätigkeit als Prediger auch zum Beichtvater an St. Klara erklärt[6]. Seine Predigten werden als Beispiele für eine „alle Schrecken ausmalende" Verkündigung geschildert[7] und der *Schatzbehalter* recht pauschal als „ziemlich abstrus" apostrophiert[8].

Die Ursache solcher Verzeichnungen, Vergröberungen und sicher auch Übertreibungen liegt vor allem wohl darin, daß seit Nikolaus Paulus, dem das

---

[1] HEGER: Literatur, S. 719.
[2] v. LOEWENICH: Lebensbericht, S. 40.
[3] ZAWART: History, S. 343.
[4] RICHSTÄTTER: Herz-Jesu-Verehrung, S. 189.
[5] Caritas Pirckheimer, Nr. 131 (SCHLEMMER).
[6] So unter anderem HEGER: Literatur, S. 719; HALBEY: Schrift, S. 75 und SCHMIDTKE: Fridolin, Sp. 918.
[7] STAHL: Nürnberg, S. 96.
[8] OLIGER: Leidensuhr, S. 162.

Verdienst zukommt, gegen Ende des 19. Jahrhunderts erstmals auf Fridolin und sein Werk aufmerksam gemacht zu haben, und Ulrich Schmidt, der 1911 die bislang einzige Monographie über den Nürnberger Franziskaner publizierte, kaum jemand an den Quellentexten selbst arbeitete. Stattdessen wurden die Ergebnisse beider Forscher zusammen mit manchem Mißverständnis immer wieder kopiert und kombiniert.

Ziel der vorliegenden Arbeit ist es deshalb zum einen, Stephan Fridolin auf der Basis des heute bekannten Quellenmaterials in einen zeit- und ordensgeschichtlichen Kontext einzuordnen und aus den vorhandenen Daten soweit als möglich eine vita des Franziskaners zu entwickeln. Zum anderen wird es darum gehen, in seine Werke einzuführen und deren literarischen wie inhaltlichen Eigencharakter herauszuarbeiten, um so das frömmigkeitstheologische Profil ihres Autors sichtbar zu machen. Da hier – anders als bei Schmidt, der sich vor allem mit Fridolins Predigten beschäftigt – der Schwerpunkt auf dem *Schatzbehalter*, einem umfangreichen Erbauungsbuch für städtische Laien und Laiinnen liegt, wird das Umfeld, in dem die Druckversion des Textes nicht nur entstand, sondern für das sie auch bestimmt war, ausführlich dargestellt.

Über Ulrich Schmidts Monographie „P. Stephan Fridolin. Ein Franziskanerprediger des ausgehenden Mittelalters" weist die Arbeit nicht nur aufgrund ihrer eben erwähnten anderen Schwerpunktsetzung hinaus; es stand mir eine ganze Reihe von Quellen zur Verfügung, von deren Existenz Schmidt noch nichts ahnte. Neben Aufzeichnungen der Provinzkapitel der oberdeutschen Franziskanerobservanten im 15. Jahrhundert sind hier vor allem Handschriften und Frühdrucke der Texte Fridolins zu nennen. Schließlich unterscheidet sich die Arbeit auch in Interesse und Vorgehensweise von der Untersuchung Schmidts: Während der katholische Forscher das Werk seines franziskanischen Mitbruders aus einem apologetischen Blickwinkel betrachtet und die darin enthaltenen Aussagen zu einschlägigen dogmatischen Themen festhält, geht es mir darum, den in der fast unübersehbaren Textfülle des Fridolin'schen Schriftencorpus verborgenen „roten Faden" aufzuspüren und ans Licht zu bringen.

Historisch-biographischer Hintergrund

2. Stephan Fridolin als observanter Franziskaner des 15. Jahrhunderts

„Nachdem der Nürnberger Konvent reformiert worden war, dachten die Brüder an nichts anderes mehr als an Göttliches; die einen sangen Psalmen, andere beschäftigten sich mit Büchern, wieder andere predigten das Wort Gottes, und sie führten das christliche Volk durch das Vorbild ihres Lebens, das Wort der Lehre und hingebungsvollste Fürbitte beständig von den Lastern zurück und gewannen es für die Tugenden, so daß jemand, der sich an die Widerwärtigkeiten der früheren Verderbnisse erinnerte, wohl glauben mußte, aus dem unheiligen Ort sei wie der Blitz plötzlich der heiligste Tempel Gottes hervorgekommen, wenn er den Zustand und das Leben der Brüder, in dem sie nun ihre Tage verbrachten, betrachtete."[1]

Mit diesen euphorischen Worten schildert der Franziskaner Nikolaus Glassberger in seiner im Jahre 1508 abgeschlossenen Ordenschronik[2] den Zustand der Nürnberger Minoriten nach dem Anschluß ihres Klosters an die Observanz. Er betont dabei besonders die drei für ihn augenfälligsten lobenswerten Komponenten in der Alltagsgestaltung der Brüder: Das Chorgebet als Sinnbild für intaktes klösterliches Leben, die geistliche Lektüre als Symbol für das theologische Studium, nicht zuletzt aber die seelsorgerliche Hinwendung zum Volk, die auf eine gelungene Beziehung zwischen Stadtbevölkerung und Klosterinsassen hinweist. Immer wieder kommt er im Rahmen seiner umfangreichen Darstellung der Geschichte des observanten Zweiges im Franziskanerorden auf seinen eigenen, den Nürnberger Konvent zu sprechen, wenn er die wichtigsten Stationen von dessen Gründung über die Re-

---

[1] „Igitur reformato conventu Norimbergensi, Fratres iam nihil praeter divina cogitabant, alii psallendo, alii libros relegendo, alii praedicando verbum Dei, et populum christianum exemplo vitae verboque doctrinae ac intercessione devotissima iugiter a vitiis revocando et ad virtutes alliciendo, adeo quod, si quis tunc illum statum atque illam Fratrum vitam inspiceret, qua tunc vivebant, qui prioris corruptelae fastidia meminerat, existimaret, velut ex loco profano sacerrimum Dei templum subito tamquam fulgur emicuisse." Glassberger: Chronica, S. 320.

[2] Zu Glassbergers Leben und seiner Bindung an die Reichsstadt Nürnberg: SETON: Nicholas Glassberger, S. IX–XX. Zur Entstehung und zu den Quellen der Chronik vgl. SCHMIDT: Franziskanerkloster, S. 49 und SETON: Nicholas Glassberger, S. XXIII–XXV.

form um die Mitte des 15. Jahrhunderts bis zum Jahre 1500 aufgreift und in Beziehung zur Geschichte der Observanten insgesamt setzt.

Dabei fällt verschiedentlich der Name des 1498 verstorbenen Stephan Fridolin, der ebenso wie Glassberger selbst Mitglied des Nürnberger Konventes und Seelsorger des dortigen Klarissenklosters war, wobei allerdings nicht sicher gesagt werden kann, ob sich die beiden Franziskaner persönlich kannten[3]. Da der Chronist in seinem Werk primär an Ereignissen, Entwicklungen und Problemen der Ordensstruktur und -organisation interessiert ist, erwähnt er Fridolin lediglich in dessen Eigenschaft als Inhaber von Ämtern bzw. Positionen im Franziskanerorden, schweigt sich jedoch über alles weitere, also etwa Herkunft, Ausbildung, Werdegang und literarisches Werk des Barfüßers, aus. Dennoch ist seinen spärlichen Sätzen über Fridolin hoher Wert beizumessen, bieten sie doch die Gewähr dafür, daß dieser spätestens vom Jahre 1479 an mit kurzen Unterbrechungen in Nürnberg lebte und tätig war, während alle über Glassbergers Werk hinausgehenden Informationen weit verstreut und zum Teil widersprüchlich sind.

Im folgenden sei zunächst auf die Geschichte des Nürnberger und des Bamberger Franziskanerkonventes, innerhalb derer sich ab dem Jahr 1460, aus dem uns die erste Nachricht über den Franziskaner überliefert ist, der größte Teil von Fridolins Leben abgespielt hat, eingegangen. Dabei wird der Einführung der Observanz in beiden Klöstern um die Mitte des Jahrhunderts aus drei Gründen etwas mehr Raum gegeben, als es zunächst nötig erscheinen mag: zum einen stammt die früheste gesicherte Nachricht über Fridolin aus dieser Zeit und ist möglicherweise in der Rolle des jungen Franziskaners innerhalb der Reformbewegung begründet, zum anderen verbrachte Fridolin nahezu sein gesamtes Ordensleben in observanten und damit auf die strenge Beobachtung der Regel ausgerichteten Konventen. Der Geist der Observanz und der durch ihre Ideale gestaltete klösterliche Alltag sowie sein persönliches Eingebundensein in die bewußt auf eine Existenz als reformierter Ordenszweig hin ausgerichtete Verwaltungs- und Strukturfindungsarbeit auf Provinzebene bildeten also den Hintergrund seines Leben im Franziskanerorden. Ebenso waren die Adressatinnen seiner auf ein monastisches Publikum ausgerichteten Schriften (Predigten, zwei Gartenallegorien sowie ein Traktat über die Anfechtung) Angehörige einer observanten Klarissengemeinschaft. Zum dritten macht der im folgenden Abschnitt besonders ausführlich geschilderte Prozeß der Observanzeinführung im Nürnberger Franziskanerkloster in beispielhafter Weise die für spätmittelalterliche Städte charakteristische enge Verflechtung von weltlichen und geistlichen Personengruppen, Belangen und Interessen sichtbar. Die der Übergabe des Barfü-

---

[3] Bislang ist unklar, ab welchem Zeitpunkt Glassberger in Nürnberg gelebt hat, aber da 1498 auf seine Inititative hin Ludwig von Preußens „Trilogium animae" bei Koberger gedruckt wurde (WINTEROLL: Summae innumerae, S. 310), ist es zumindest im Bereich des Möglichen, daß er Fridolin in dessen letztem Lebensjahr kennengelernt hat.

ßerkonventes wie auch der anderen Nürnberger Klöster an den jeweiligen
strengen Ordenszweig vorausgehenden und sie begleitenden Anstrengungen
und Einmischungen seitens der Reichsstadt zeigen, welche tragende Rolle
die städtische Bevölkerung – vertreten durch den Rat – bei kirchlichen Vorgängen zu spielen vermochte, wie sehr sie das kirchliche Leben innerhalb der
Stadtmauern beeinflussen und gestalten konnte. Laikales Engagement im religiösen Bereich, die Bemühung, intensiv auf das kirchliche Leben einzuwir-
ken, und das starke Interesse an der Formung der eigenen Spiritualität aber
bildeten den Kontext, in dem Fridolin die längste Zeit seines Lebens als lite-
rarisch produktiver Minorit verbrachte. Auf ihrem Hintergrund entstand
Fridolins umfangreichstes Werk, der an Laiinnen und Laien gerichtete
Schatzbehalter. Sie seien deshalb exemplarisch am Beispiel der Klosterreform
geschildert.

Der Schwerpunkt des folgenden Abschnittes wird auf der Darstellung des
Nürnberger Konventes liegen, da vermutlich alle erhaltenen Werke Fridolins
in ihrer jetzigen Form seiner Tätigkeit als Seelsorger und Prediger in der
Reichsstadt entstammen, wohingegen unsicher ist, in welchem Maße sich
aus seiner Bamberger Zeit[4] und den kurzen Aufenthalten in Mainz und Basel[5] literarische Zeugnisse erhalten haben. Vieles von dem, was im Zusammenhang mit dem Nürnberger Kloster besonders ausführlich vorgetragen
wird, kann dabei paradigmatisch auch auf die anderen Konvente, hinter deren
Mauern Fridolin lebte, übertragen werden.

2.1. Zur Geschichte der Franziskanerkonvente in Bamberg und Nürnberg während des 15. Jahrhunderts

2.1.1. Das Nürnberger Franziskanerkloster

Das Nürnberger Franziskanerkloster wurde im Jahre 1224[6] nahe der auf
der südlichen Pegnitzseite gelegenen St. Pauls-Kapelle gegründet und war im
Mittelalter eines von sieben Männerklöstern der Reichsstadt[7]. Der Franziskanerkonvent erfreute sich seit seinen Anfängen des Wohlwollens und demzufolge zahlreicher einmaliger, aber auch regelmäßiger Vergünstigungen,
Schenkungen und Zuwendungen seitens der Stadt sowie einzelner Bürge-

---

⁴ Siehe unten, S. 180–184.
⁵ Siehe unten, S. 105.
⁶ Glassberger: Chronica, S. 29.
⁷ In den Gemeinschaften der Barfüßer, Augustinereremiten, Dominikaner, Karmeliten,
Deutschherren und Benediktiner sowie in den Frauenklöstern der Klarissen, der Dominikanerinnen und der außerhalb der Stadtmauern angesiedelten Häuser von Augustinerin-
nen (Pillenreuth) und Zisterzienserinnen (Großgründlach) lebte der größte Teil der zur
Reichsstadt gehörigen geistlichen Personen (SCHLEMMER: Gottesdienst, S. 28–32). Zur
Lage der Konvente vgl. FEHRING / RESS: Stadt Nürnberg, vordere Einbandinnenseite.

rinnen und Bürger[8]. Wie beliebt er unter den wohlhabenderen Bevölkerungsschichten war, läßt sich nicht nur an den zahlreich gestifteten liturgischen Gewändern und Geräten erkennen[9], sondern vor allem an der Tatsache, daß das Minoritenkloster häufiger als alle anderen Konvente in der Stadt
von Bürgerinnen und Bürgern als letzte Ruhestätte gewählt wurde: Im Zeitraum zwischen 1228 und 1501 sollen über 350 Personen beiderlei Geschlechts in der Kirche und im Klausurbereich begraben worden sein[10]. Bei
den meisten von ihnen dürfte es sich um ehemalige Wohltäterinnen und
Wohltäter der Franziskaner gehandelt haben, denn in der Einleitung des To-
tenbuches, das die Namen der Bestatteten festhält, findet sich die Anweisung:
„memoria benefactorum sequentium habeatur a fratribus"[11]. Darüber hinaus
wurde es von seiner Gründung an bis weit ins 15. Jahrhundert hinein durch
verschiedene Erzbischöfe und Bischöfe mit reichen Ablässen ausgestattet[12],
so daß es bis zur Mitte des 15. Jahrhunderts zu einem gewissen Wohlstand
gelangen konnte.

Schon seit dem frühen 14. Jahrhundert hatten die Barfüßer eine ganze
Reihe von Aufgaben übernommen, die sie aus ihrem Kloster hinausführten
und in mittelbaren oder direkten Kontakt zur Stadtbevölkerung brachten: In
ihren Verantwortungsbereich fiel zum ersten die angemessene seelsorgerliche Begleitung der Nonnen von St. Klara, großenteils Nürnberger Bürgers-
töchter, die mit ihren Predigern und Beichtvätern[13] in der Regel sehr zufrieden waren[14]. Darüber hinaus lasen sie in fast allen Nürnberger Kirchen die
Messe, hörten die Beichte und waren für die Begleitung von Verurteilten zur
Richtstätte zuständig[15]. Versahen sie all diese Verpflichtungen zur Zufriedenheit von Rat und Bevölkerung, so führte ihre rege Predigttätigkeit[16] an
den verschiedenen Kirchen der Stadt seit dem ersten Drittel des 14. Jahrhunderts immer wieder zu Konflikten mit einer anderen Gruppe von Geistli-

---

[8] PICKEL: Barfüßerkloster, S. 251–258.

[9] STAN, Rst. Nbg.: Losungsamt, 7-farbiges Alphabet, Urk., Nr. 2029. Edition: PICKEL: Klosterinventar.

[10] Will II, 1390 4°: Nomina Defunctorum, S. 5–32 und SCHMIDT: Franziskanerkloster, S. 16.

[11] StB, Nor. H. 459, 1v.

[12] SCHMIDT: Franziskanerkloster, S. 5 f. und 12 f.

[13] Die Seelsorgestellen im Klarissenkloster waren oft doppelt besetzt: Spätestens seit
1452 wurde dem jeweiligen Beichtvater ein socius confessoris zur Seite gestellt, vgl.
Glassberger: Chronica, S. 341 und 349. Eine (aufgrund der Quellenlage lückenhafte) Übersicht über die Beichtväter und ihre socii von 1407 bis 1495 stellt KIST: Klarissenkloster,
S. 136 f. auf.
Gegen Ende des 15. Jahrhunderts wurde auch das Predigeramt bei den Klarissen durch
zwei Mönche versehen; Fridolin teilte sich diese Tätigkeit zeitweise mit Heinrich Vigilis
(† 1495), vgl. KIST: Klarissenkloster, S. 116.

[14] Vgl. dazu die Eintragungen im Nekrolog des Konvents: Will II, 1390 4°: Nomina
Defunctorum, S. 5–32.

[15] SCHMIDT: Franziskanerkloster, S. 30 und 33 f.

[16] Ebd., S. 33 f.

chen, dem Weltklerus. Er verstand den Einsatz der Minoriten als Einmischung in seine Pfarrechte[17] und begann einen erbitterten Kampf um Kan-
zelrechte und Predigtpublikum, in dem sich zunächst die Franziskaner
durchsetzten[18], schließlich aber empfindliche Einschränkungen ihrer seelsorgerlichen Aktivitäten hinnehmen mußten[19]. Die Franziskaner der Reichsstadt verstanden es also, solche Brüder zu Predigern zu ernennen, die bei der
Bevölkerung Anklang fanden, und sie wurden gerade darin von seiten des
städtischen Klerus als merkliche Konkurrenz empfunden.

Die eben genannten Tätigkeiten, aber auch der ausgedehnte Grundbesitz
des Klosters und die damit verbundenen Rechte und Pflichten führten wie
an den meisten Orten, an denen der Franziskanerorden Niederlassungen unterhielt[20], so auch in Nürnberg zu einer immer intensiveren Einbindung des
Konvents in seine reichsstädtische Umgebung. Dadurch entstand im Laufe
der Zeit eine etablierte, ja sogar assimilierte Existenz der Barfüßer, welche
schließlich den Konflikt mit der Ordensregel heraufbeschwören mußte: Die
in den verschiedenen Seelsorgebereichen sich entwickelnden und vertiefenden Beziehungen einzelner Mönche zu Bürgerinnen, Bürgern und Familien,
darüber hinaus aber auch der auf dem Ansehen des Ordens und des Konventes beruhende und mit der Auflage zukünftiger Fürbitte verbundene Entschluß vieler Nürnbergerinnen und Nürnberger, das Franziskanerkloster als
letzte Ruhestätte zu wählen, brachten den Barfüßern zunächst Stiftungen
(vor allem Jahrtage und Ewigmessen)[21] und Schenkungen ein, die dann zum
Teil wiederum mit Zinsen und Renten verbunden waren und das Kloster-
eigentum in beträchtlichem Maße anwachsen ließen. Außerdem standen
dem Konvent nun ausreichende Geldmittel zur Verfügung, die es ihm erlaub-
ten, Liegenschaften anzukaufen und wieder zu veräußern[22]. Die Einhaltung
des unter den drei klösterlichen Gelübden durch den Franziskanerorden am
stärksten betonten Armutsgebotes war somit notgedrungen dazu verurteilt,

---

[17] Mit dieser Art von Rivalität zwischen Stadt- und Ordensklerus – betroffen waren in
der Regel die jeweiligen Niederlassungen der Bettelorden – stellt Nürnberg keinen Ein-
zelfall dar. Sie ist auch in anderen Städten wie etwa Esslingen (UHLAND: Esslingen, S. 308–
331), Basel und Straßburg (DEGLER-SPENGLER: Minoritenprovinz, S. 44) nachzuweisen.
[18] Glassberger: Chronica, S. 205–209.
[19] STRAGANZ: Geschichte der Minderbrüder, S. 102–104.
[20] NYHUS (Reform, S. 207) beschreibt die Ausgangslage der Ordensreform deshalb
treffend: „In Germany as the Fifteenth Century began, the Franciscans were well established in the cities [...]. In fact, the Franciscans were so well established that the oath to
poverty as a community no longer had any impact." Nyhus' Auffassung, das Armutsgelüb-
de sei in Hinsicht auf die Gesamtkonvente zu dieser Zeit völlig wirkungslos gewesen,
scheint allerdings etwas überzeichnet zu sein, sollte sich doch im Verlauf der Reformanstrengungen zeigen, daß gerade die Mißachtung dieses Gelübdes einen Gärungsprozeß in
Gang setzte und ein eminent kritisches Potential innerhalb wie außerhalb des Ordens her-
vorbrachte.
[21] Zu den in Zusammenhang mit der bezahlten Fürbitte für Verstorbene verwendeten
Begriffen vgl. AMACHER / JEZLER: Jenseitsglossar, S. 397–410, hier S. 401.
[22] KIST: Klosterreform, S. 41.

immer stärker in den Hintergrund zu treten[23]. Die Verpflichtung zur Besitz-
losigkeit mußte Platz für Neuinterpretationen ihrer selbst machen, welche in
den Augen der Brüder aus den gegenwärtigen Verhältnissen erwuchsen und
die Erfordernisse der Zeit berücksichtigten.

2.1.1.1. Der Franziskanerorden auf dem Weg zur Reform im 15. Jahrhundert

Hatte die Armutsfrage schon während des gesamten 14. Jahrhunderts zu
Konflikten, Konfrontationen und Zerwürfnissen innerhalb des Ordens geführt, so stieg gegen Ende dieses Zeitraumes in Italien die Anzahl derjenigen
Brüder stark an, die es als unmöglich empfanden, im Rahmen der gegenwärtigen Ordensstrukturen und angesichts der Verflechtungen ihrer Gemeinschaft in die Welt die Regel so einzuhalten, wie sie ihrer Meinung nach dem
Geiste des Stifters gemäß auszulegen war[24].

Nachdem diese Bewegung, die auf „Re-form" im Sinne einer Rückwen-
dung zur „alten Ordensregel" und zu normativer Orientierung an der Regel
ausgerichtet war, um das Jahr 1390 ihre ersten Anhänger nördlich der Alpen
gefunden hatte[25], erfuhr sie durch den Eintritt der vier „Säulen der Observanz"[26] in den Orden des Heiligen Franziskus während der ersten Hälfte des
neuen Jahrhunderts eine enorme Stärkung. Ihre Tätigkeit fiel in das „Age of
Reform" und damit in das Umfeld der beiden großen Reformkonzilien von
Konstanz und Basel. Ebenso wie im 15. Jahrhundert nicht zum ersten Mal
der Ruf nach Reformen innerhalb der Kirche laut wurde, waren Konstanz
und Basel nicht die ersten Konzilien, auf deren Programm die „reformatio in
capite et membris" stand[27]. Dennoch ist es gerechtfertigt, für das 15. und
16. Jahrhundert von einem „Zeitalter der Reform" zu sprechen, da das späte
Mittelalter und die beginnende Neuzeit durch eine „Intensität der kritischen
Reformerwartung" und Reformforderung – man denke nur an die in den
‚Gravamina deutscher Nation' durch die Reichsstände pointiert und differenziert formulierten Vorwürfe[28] – sowie „die Dichte des darauf antworten-
den institutionellen oder individuellen Reformhandelns"[29] gekennzeichnet

---

[23] SCHMIDT: Franziskanerkloster, S. 21 f. KIST: Klosterreform, S. 41.
[24] MOORMAN: History, S. 369. NIMMO: Observance, S. 194 f.
[25] MOORMAN: History, S. 380. NIMMO: Observance, S. 195.
[26] Bernhard von Siena (*1380), Johannes Capistran (*1386), Albert von Sarteano
(*1385) und Jacob von der Mark (*um 1394). Vgl. MOORMAN: History, S. 374–377.
Nördlich der Alpen war es vor allem Capistran, der auf einer mehrjährigen Predigtreise,
die ihn unter anderem nach Bamberg und Nürnberg führte, regelrechte Volksmassen an-
zog und für die Ideale einer strengen christlichen Lebensausrichtung gewann, vgl. unten,
S. 183, Anm. 75 und KIST: Kapistran.
[27] HELMRATH: Kirchenreform, S. 41–43.
[28] Vgl. ZIMMERMANN: Frömmigkeit, S. 80.
[29] HELMRATH: Kirchenreform, S. 42.

sind. Sowohl der Ruf nach sittlicher und kirchenpolitischer Neuorientie-
rung, nach daraus erwachsenden Veränderungen der Kirche, ihrer einzelnen
Institutionen und Amtsinhaber, als auch die Bereitschaft, in diesem Sinne
zumindest in Teilbereichen tätig zu werden und sich den eigenen Kräften
entsprechend für Abhilfe einzusetzen, erreichten in der Zeit zwischen dem
Konstanzer Konzil und der Reformation einen Höhepunkt.

Die Ordensreformen als ein Teil solcher in allen Bereichen der Kirche
geforderter und sich partiell auch entfaltender Erneuerung[30] fanden deshalb
in diesem Kontext günstige Entwicklungsbedingungen, unterstützten doch
die beiden Konzile ihre Bestrebungen[31] und fühlten sich auch viele Territo-
rialherren[32] bzw. städtische Räte[33] verantwortlich für die Reformierung der
Klöster in ihrem Einflußbereich.

Die franziskanische Reformbewegung spaltete sich in der ersten Hälfte
des 15. Jahrhunderts in mehrere Zweige auf. Zunächst bildeten sich die
strenge observante und die gemäßigtere, später „konventual" genannte
Richtung aus[34], die Capistran durch einen Kompromißvorschlag, die sogenannten „Martinianischen Konstitutionen", wieder zu einen suchte[35]. In der
ihnen zugedachten Rolle als Einigungspapier für den Gesamtorden scheiter-

---

[30] Zu den Wechselwirkungen und Berührungspunkten zwischen Reformkonzilien
und Bewegungen der Ordensreform vgl. HELMRATH: Kirchenreform, S. 56–61 und 66–68.
Zum politischen Interesse an Reformen auf Reichsebene: ELM: Predigtreise, S. 500.

[31] Im Blick auf die Franziskaner zeigt sich das beispielweise daran, daß die Konstanzer
Konzil den französischen Observanten die Wahl eines eigenen Provinzvikars und damit
eine weitgehende Unabhängigkeit vom jeweiligen (konventualen) Provinzial gestattete
(IRIARTE: Der Franziskusorden, S. 71). Diese Regelung wurde 1445 (Genehmigung der
Bildung einer eigenen Kustodie; Glassberger: Chronica: S. 313–315) bzw. 1450 (Ernennung des ersten Vikars der oberdeutschen Observantenprovinz; ebd., S. 330) auch den bis
zu diesem Zeitpunkt bestehenden oberdeutschen Konventen zugestanden. Zu den Struk-
tur- und Organisationsverschiebungen innerhalb der Straßburger Provinz vgl. auch DEG-
LER-SPENGLER: Oberdeutsche Observantenprovinz, S. 103 f.

[32] So ging die Reform des ersten zur oberdeutschen Franziskanerprovinz gehörigen
Konventes, Heidelberg, 1426 auf den pfälzischen Kurfürsten und seine Frau zurück.
Glassberger: Chronica, S. 282–285.
Bestätigt wird die Beobachtung der massiven Einflußnahme von Territorialobrigkeiten
auch durch die Untersuchung Stievermanns über die Einführung von Klosterreformen im
spätmittelalterlichen Württemberg: sie macht das teils die Reformversuche und -interes-
sen der betroffenen Klöster begleitende oder unterstützende, teils aber auch von sich aus
planmäßig initiative und forcierte Vorgehen der württembergischen Landesherren sichtbar. STIEVERMANN: Landesherrschaft, S. 261–289.

[33] Interesse des Rates an der Einführung von Reformen in Bettelordensklöstern ist u.a.
festzustellen in Augsburg, Bern, Basel und Nürnberg. Siehe NEIDIGER: Observanzbewegungen, S. 184 f. Ders.: Stadtregiment. KIST: Klosterreform. STIEVERMANN: Klosterreformen, S. 98.

[34] MOORMAN: History, S. 444.

[35] Glassberger: Chronica, S. 289 f. MOORMAN: History, S. 447.
Die Interpretation des Armutsbegriffs durch die Konstitutionen erläutert NEIDIGER:
Konstitutionen, S. 361–366. Dort findet sich auch ein Vergleich der Konstitutionen mit der
Armutsauffassung der Observanten.

ten die Konstitutionen letztendlich, aber auf ihrer Grundlage wurden in konventualen Franziskanerklöstern wie Köln (1469), Speyer (vor 1483), Esslingen (1487) und Schwäbisch Hall (1502) Reformen durchgeführt[36], so daß der Franziskanerorden, abgesehen von einigen kleinen, nur lokal verbreiteten Erneuerungsbewegungen[37], nunmehr in drei große Zweige aufgeteilt war: Neben- und bis zur endgültigen Spaltung im Jahre 1517 auch miteinander lebten jetzt Konventuale, Anhänger der Martinianischen Konstitutionen und solche der strengen Observanz[38], wobei die Anzahl der Konvente, die sich die strikte Beobachtung der Regel zum Ziel setzten, diejenigen der „Martinianer" bis zum Anfang des 16. Jahrhunderts bei weitem übertraf[39].

Innerhalb der oberdeutschen Provinz[40] war als erster Konvent im Jahre 1426 Heidelberg der Observanz zugeführt worden[41], und in seinem Gefolge entschieden sich in den dreißiger (Rufach 1435) und vierziger Jahren, nachdem 1439 durch das Konzil eine Kommission mit dem Auftrag der Visitation und Reform der oberdeutschen Konvente gebildet worden war[42], gleich mehrere Klöster zur strengen Beobachtung der Ordensregel: Basel und Pforzheim (beide 1443), Tübingen (1445)[43] und schließlich, als erstes Kloster der Kustodie Bavaria[44], im Jahre 1447 Nürnberg.

2.1.1.2. Die Überführung des Nürnberger Franziskanerklosters in die strenge Observanz – Paradigmatisches zum Verhältnis von Stadt und Kirche im Spätmittelalter

Nachdem in der Reichsstadt 1396/97 das Predigerkloster, 1418 das Schottenkloster St. Egidien, 1420 die Augustinereremiten und 1428 die Dominikanerinnen teils unter größten Widerständen der Konventsmitglieder refor-

---

[36] NEIDIGER: Observanzbewegungen, S. 177 f. Zu Esslingen siehe UHLAND: Esslingen, S. 330–332.

[37] HOLZAPFEL: Handbuch, S. 137–142.

[38] Im folgenden ist mit den Begriffen „Observanz" und „Reform", wenn nicht ausdrücklich anders vermerkt, immer die Richtung der strengen Observanz gemeint.

[39] NEIDIGER: Konstitutionen, S. 378.

[40] Im Jahre 1239 waren die bis dahin bestehenden Provinzen Rheni und Saxoniae zu nunmehr drei Verwaltungseinheiten umstrukturiert worden, indem man die rheinische Provinz in die Provincia Coloniae im Norden und die Provincia Argentina, die Straßburger oder oberdeutsche Provinz im Süden des Reiches aufteilte. Vgl. HOLZAPFEL: Provinzen-Einteilung, S. 1.
Über die Ausdehnung der oberdeutschen Provinz und die ihr zugehörigen Konvente informiert Eubel: Geschichte, S. 10 f.

[41] Glassberger: Chronica, S. 282–285.

[42] Glassberger: Chronica, S. 302.

[43] Glassberger: Chronica, S. 309 f. EUBEL: Geschichte, S. 61.

[44] Der Custodia Bavariae gehörten neben Nürnberg die Konvente Amberg, Augsburg, Bamberg, Ingolstadt, Landshut, München, Nördlingen und Regensburg an.
Zur Zusammensetzung der einzelnen oberdeutschen Kustodien: EUBEL: Geschichte, S. 11.

miert worden waren[45], schlossen sich in den Jahren 1447 und 1452 auch die letzten beiden Nürnberger Klöster der observanten Richtung innerhalb ihres Ordens an: die Franziskaner und in ihrem Gefolge die Klarissen.

Es kann kaum verwundern, daß der Rat der Stadt Nürnberg in hohem Maße an der Einführung von Reformmaßnahmen in den Klöstern beteiligt war bzw. diese sogar initiierte, bedenkt man, daß er über Jahrzehnte hin keine Kosten und Mühen gescheut hatte, um die Aufsicht über die städtischen Konvente an sich zu ziehen[46]. Das städtische Führungsgremium war im Vorfeld der Klosterreformen und parallel zu ihrem Vollzug bemüht, die in seinen Augen durchaus wohlwollende, aber eben auch stark lenkende, regulative, die Eigenverantwortlichkeit und relative Unabhängigkeit der Konvente reduzierende und kontrollierende, über eine „well-intentioned assistance"[47] hinausgehende, „stadtväterliche" Aufsicht über die Klöster so weit als möglich auszubauen und zu intensivieren.

Dieses Bestreben wird etwa sichtbar, wenn der Rat selbst die Initiative ergreift, um die Reform des Dominikanerklosters zu erreichen und mit der Bitte um Einführung der strengen Observanz bei der Ordensleitung vorstellig wird; das gleiche gilt, wenn er im Falle des Schottenklosters die Erneuerungsbewegung insofern unterstützt, als er versucht, das Visitations- und Aufsichtsrecht der reformkritischen Regensburger Benediktiner in der

---

[45] Zur Reform der Nürnberger Klöster allgemein Kɪsᴛ: Klosterreform, S. 32–40. Sᴛᴀʜʟ: Nürnberg vor der Reformation, S. 120–130.

Für die Kartause bestand kein Reformbedarf, denn die ihr angehörenden Brüder lebten in größter Zurückgezogenheit. Die Reform des Karmelitenklosters ist umstritten, wurde aber möglicherweise bereits 1416 vollzogen. Die Reform des Augustinereremitenklosters zog sich bis ins Jahr 1464 hin, da hier offensichtlich eine gewisse Diskrepanz zwischen dem Empfinden des Rates und der Konventsleitung einerseits sowie der Brüder andererseits bestand, was die Notwendigkeit von Reformen anbelangte.

Zur Überführung des Dominikanerklosters in die Observanz: Bᴏᴄᴋ: Predigerkloster, S. 153 f.

Den langwierigen und für alle beteiligten Parteien kräftezehrenden Prozess hin zu einer Reform des Dominikanerinnenklosters St. Katharina schildert Fʀɪᴇs: Kirche, S. 22–26.

[46] Kʀᴀᴜs: Beziehungen, S. 64 und Kɪsᴛ: Klarissenkloster, S. 11 f. (Übernahme des königlichen Schutzrechtes über die Frauenklöster). Sᴄʜɪᴇʙᴇʀ: Geschichte, S. 23 f. (Unterwerfung eines Frauenklosters unter die Schutzherrschaft des Rates). Nʏʜᴜs: Franciscans, S. 9 (Aufsicht über Einrichtung und Ausführung von Meßstiftungen, die eine der Haupteinnahmequellen der Männerklöster darstellten). Kʀᴀᴜs: Beziehungen, S. 64 und Bᴏᴄᴋ: Predigerkloster, S. 153 (Bestellung städtischer Klosterpfleger mit weitreichenden Kompetenzen). Zur Schaffung des Pflegeramtes in anderen Städten des Spätmittelalters vgl. Hᴇʀᴢɪɢ: Beziehung, S. 45 f.

Zur Beziehung zwischen dem Nürnberger Rat und den Frauenklöstern während des 15. Jahrhunderts vgl. auch unten, S. 38–40.

[47] Nʏʜᴜs: Franciscans, S. 8.

Wie weit die städtische Religions- und Kirchenpolitik im spätmittelalterlichen Nürnberg auch außerhalb des Bereiches der Klöster über das hinausführt, was als „assistance" bezeichnet werden kann, indem Laien gestaltend das Bild von Kirche und Frömmigkeit in der Reichsstadt prägen, wird kurz unten, S. 205–213 gezeigt.

Reichsstadt zu unterbinden[48], und sich zunächst anschickt, den Nonnen von St. Katharina gegen deren erklärten Willen zusammen mit der Ordensleitung der Dominikaner tiefgreifende Veränderungen aufzuzwingen. Der dabei auftretende doppelte Richtungswechsel des städtischen Leitungsgremiums von der Bejahung der Reformen über ihre Ablehnung und wieder zurück zur Zustimmung[49] darf nicht als Wankelmütigkeit oder Unentschlossenheit interpretiert werden; ebensowenig ging es den Ratsherren darum, einfach ihr Fähnlein nach dem Wind zu richten. Zum Ausdruck kommt hier vielmehr ein vorsichtiges, am Wohl der Stadt orientiertes Abwägen, eine Denkweise, die auf den Nutzen aller Bürgerinnen und Bürger hin ausgerichtet ist und die auch in anderen Bereichen des Nürnberger Umgangs mit kirchlichen Angelegenheiten (beispielsweise Ablaßwesen und Kreuzzugsaufrufe)[50] immer wieder festgestellt werden kann.

Ebenfalls weitgehend vom Vorgehen und den Vorstellungen des Rates geprägt ist der lange, sich über mehr als vier Jahrzehnte hinstreckende Prozeß, der schließlich den Anschluß der Augustinereremiten an die Observanz ihres Ordens herbeiführen sollte[51].

Im Falle der Klarissen[52] ist besonders gut dokumentiert, daß der Anstoß zur Reform und zur Unterstellung der Schwestern unter die Seelsorge der observanten Franziskaner bereits 1448 vom Rat ausging und von ihm enorm zielstrebig verfolgt wurde, indem er den Pfleger der Nonnen Nikolaus Muffel, der 1451 in politischer Mission nach Rom zu reisen hatte, beauftragte, die Gelegenheit zu nutzen, bei der Kurie vorstellig zu werden und um die Genehmigung der Reform nachzusuchen[53]. Im Jahr 1452 waren diese Bemühungen schließlich von Erfolg gekrönt, und die gewünschten Erneuerungen konnten im Klarissenkloster eingeführt werden.

Was nun das Franziskanerkloster der Stadt betrifft, so wird zwar immer wieder behauptet, der erste Reformanstoß sei von Mitgliedern des Konventes selbst ausgegangen[54], die erhaltenen Quellen deuten jedoch auf eine Ratsinitiative als Ausgangspunkt des Erneuerungsprozesses hin, denn in einem undatierten, allem Anschein nach aber aus der Zeit vor der Reform stammenden Schreiben an mehrere Mitglieder des Franziskanerklosters drängen dessen Autoren – aller Wahrscheinlichkeit nach Ratsmitglieder – auf die unverzügliche Durchsetzung von Veränderungen im Konvent; sollten die

---

[48] KRAUS: Beziehungen, S. 67. Nürnbergs Bemühungen sind an diesem Punkt schließlich erfolgreich, wird doch das Regensburger Aufsichtsrecht 1453 endgültig aufgehoben.

[49] Dieser Prozeß wird nachgezeichnet bei FRIES: Kirche, S. 24–26.

[50] Siehe unten, S. 36 und 208.

[51] KIST: Klosterreform, S. 32–40.

[52] KIST: Klarissenkloster, S. 52–55.

[53] Vgl. KIST: Klarissenkloster, S. 53.

[54] So etwa HÖSS: Leben, S. 142 und KRAUS: Beziehungen, S. 68. Auch Pickel zieht diese Möglichkeit in Betracht. PICKEL: Geschichte (19), S. 4.

Brüder nichts unternehmen, so wollten sie selbst für angebrachte Verbesserungen sorgen[55].

Obwohl nicht bekannt ist, ob und, falls ja, in welcher Form die angesprochenen Barfüßer auf dieses Schreiben reagierten, so ist doch sicher, daß dem angemahnten Mißstand spätestens einige Monate vor der im Mai 1447[56] durchgeführten Reform ein Ende gemacht wurde, da der Rat zu dieser Zeit auf Anraten des soeben ernannten Guardians Albert Püchelbach hin in Heidelberg um die Unterstützung seines Vorhabens nachsuchte[57].

Wie aus der Eingangspassage der auf Anfang 1446[58] datierten Bulle _Ex apostolicae servitutis officio_ ersichtlich wird, muß sich der Rat bereits 1445 mit seiner Reformbitte nach Rom gewandt haben, denn in diesem Dokument gestattet Eugen IV. dem Nürnberger Rat auf dessen Ersuchen hin, das Franziskanerkloster der Stadt der Reform zu unterstellen[59].

Auf die durch die Bulle gewährte grundsätzliche Reformgenehmigung hin kam es zu dem bereits erwähnten Kontakt des Rates zum Heidelberger Konvent, dessen Guardian Nikolaus Caroli gleichzeitig Kustos der oberdeutschen Observanten und eine der prägendsten Gestalten der franziskanischen Reformbewegung in dieser Provinz war[60]. Da Caroli durch ein Mitglied der vom Baseler Konzil eingesetzten Reformkommission den Auftrag erhalten hatte, die oberdeutschen Konvente zu erneuern und somit auch für alle in Nürnberg angestrebten Veränderungen zuständig war[61], stellte er eine Kommission zusammen, die dreizehn Brüder aus seinem eigenen, dem Heidelberger, und verschiedenen anderen Konventen umfaßte. Obwohl weder Herkunft noch (mit Ausnahme der drei Brüder, die in Nürnberg in ein Amt eingesetzt wurden) Namen der dieser Delegation Angehörenden überliefert sind, ist zu vermuten, daß sie entweder einem der bereits reformierten Konvente, also Rufach, Basel, Pforzheim und Tübingen, entstammten, oder in anderer Weise auf ihre Reformorientierung aufmerksam gemacht hatten, so daß sie Caroli geeignet für die bevorstehende Mission erschienen.

Zeigt bereits die Ankunft der Reformanhänger in Nürnberg, wie willkommen sie der Stadt waren – der Rat hatte Caroli und seiner Abordnung sogar Wagen für die Reise in die Reichsstadt zur Verfügung gestellt –, so wird dieser Eindruck durch zwei weitere Tatsachen noch verstärkt: Am Akt der Übergabe des Franziskanerklosters in die Observanz nahmen abgesehen von

---

[55] STAN, Rst. Nbg., A-Laden, Akten SI, Lade 103, 3r–4v.

[56] Necrologium (Schlager), S. 263 gibt das Reformdatum fälschlicherweise mit 1457 an.

[57] Glassberger: Chronica, S. 318.

[58] STAN, Rst. Nbg., Losungsamt, 7-farbiges Alphabet, Urkunden, Nr. 1859. Ein Abdruck der Bulle liegt bei Hüntemann vor, der das Schreiben allerdings auf Januar 1447 datiert: HÜNTEMANN: Bullarium, S. 523 f.

[59] Ebd. Vgl. auch NYHUS: Reform, S. 13.

[60] Zu Caroli und seiner Rolle in der Observanzbewegung vgl. Tabulae Capitulares, S. 790.

[61] Glassberger: Chronica, S. 318. Vgl. auch SCHMIDT: Franziskanerkloster, S. 23 f.

Vertretern des städtischen Klerus und der Klöster auch Ratsherren, darunter der Pfleger des Klarissenklosters Nikolaus Muffel, sowie Nürnberger Bürger teil; die den Heidelberger Guardian zur Reform der Nürnberger Barfüßer berechtigende Vollmacht wurde nicht durch einen Mönch, sondern durch den städtischen Notar Heinrich Gering verlesen[62]. Auf Anfragen Carolis hin stimmten Guardian, Vizeguardian und Novizenmeister ihrem Rücktritt zu, und Leonhard Tenninger, der die Ämter des Predigers und des Lektors bekleidete, behielt zwar letzteres bei, wurde aber als Prediger durch Johannes Schenck ersetzt[63].

Das deutet auf Carolis Bemühung hin, neben der Konventsleitung auch die Posten des für die Ausbildung des Ordensnachwuchses zuständigen Novizen- und Professmeisters und des Predigers, der sich durch ständige Kontakte zu Nürnberger Bürgerinnen und Bürgern auszeichnete und deshalb über eine gewisse Wirksamkeit unter der städtischen Bevölkerung verfügte, durch Brüder zu besetzen, die er neu nach Nürnberg gebracht hatte[64] und von denen er deshalb mit einiger Sicherheit erwarten konnte, daß sie die frisch eingeführten Reformen nach Kräften unterstützen würden. Darüber, weshalb Tenninger im Amt des Lektors, der regelmäßig konventsinterne theologische Fortbildungsstunden durchzuführen hatte, beibehalten wurde, kann man nur spekulieren; vielleicht war bekannt, daß er von sich aus den Reformen offen gegenüberstand oder zu ihnen hintendierte, und der Heidelberger Franziskaner meinte deswegen, ihn innerhalb des Hauses seiner Tätigkeit nachgehen lassen zu können, zumal ja durch die Besetzung der anderen Schlüsselämter im Konvent – falls es nötig werden würde – ein Gegengewicht geschaffen war.

Als letzter Schritt der Reform erfolgte die dem Willen des Ordensgründers entsprechende Übergabe des Konventsvermögens an den Pfleger des städtischen Heilig-Geist-Spitals, damit es dieser für die in seiner Einrichtung geleisteten, den Armen und Kranken Nürnbergs zugutekommenden Dienste verwende[65], wie es Bischof Antonius von Bamberg bestimmt hatte[66]. Damit war demjenigen Zustand, der von seiten der observant orientierten Franziskaner als Hauptübel verstanden wurde und um dessentwillen sie die Reform angestrengt hatten, zumindest insoweit ein Ende gesetzt, als der Konvent nun über keine regelmäßigen Einkünfte mehr verfügte[67].

---

[62] Glassberger: Chronica, S. 318 f.

[63] Ebd., S. 319.

[64] Über die neuen Amtsinhaber wird nur kurz mitgeteilt: „P. Custos statim e Fratribus secum advectis novum guardianum instituit Hermannum de Bamberga, viceguardianum ac magistrum novitiorum et iuvenum professorum Henricum de Heilprunn, demum ‚tertianum [Prediger] sic dictum‘ Fr. Ioannem Schenck." Tabulae Capitulares, S. 673.

[65] Glassberger: Chronica, S. 319 f.

[66] STAN Rst. Nbg., Losungsamt, 7-farbiges Alphabet, Urkunden, Nr. 1971. Vgl. dazu auch SCHMIDT: Franziskanerkloster, S. 24 f.

[67] Die Tatsache, daß der Konvent weiterhin reichen Sachbesitz sein eigen nannte, wie es das 1448 angefertigte Sakristei-Inventar (STAN Rst. Nbg., Losungsamt, 7-farbiges Alpha-

Bereits knapp zehn Jahre nach der Reform des Konvents fühlte sich der Rat jedoch erneut aufgefordert, in Rom Beschwerde über die mangelnde Disziplin im Franziskanerkloster zu führen. Dort hätten, so der Rat, wieder „conventuales Fratres" die Führung übernommen und die Folge davon sei, daß die Barfüßer weder dem Volk ein frommes Beispiel noch der Stadt durch ihre Gebete eine Hilfe sein könnten[68]. Gegen Ende der 50er Jahre gewann schließlich die strenge Konventsdisziplin endgültig die Oberhand, so daß auch der Rat Lebenswandel und Führungsstil im Franziskanerkloster nicht mehr zu kritisieren brauchte.

Natürlich stellt sich an diesem Punkt die Frage, aus welchem Grund und aus welcher Motivation heraus der Nürnberger Rat sich so massiv für die Reform der in seinem Einflußgebiet befindlichen Konvente einsetzte, d.h. weshalb er, einmal abgesehen von der Abschaffung vereinzelter Mißstände in dem einen oder anderen Kloster[69], ganz allgemein die strenge Beobachtung der Ordensregeln gegenüber den konventualen, weniger strikten Vorstellungen innerhalb der Orden favorisierte, aber auch, warum er die Einführung der Reformen selbst in die Hand nahm. Man könnte dies in einigen Fragen formulieren: Was versprach sich der Nürnberger Rat von der Durchführung von Klosterreformen? Weshalb überließ er sie nicht den dafür von Haus aus zuständigen, nämlich kirchlichen Stellen, sondern wurde selbst tätig? Welche Schlüsse lassen sich von diesem Verhalten auf das Selbstverständnis des Rates und damit der Spitze der Nürnberger Bürgerschaft ziehen? Vermutlich hängen die Antworten auf diese Fragen eng zusammen, denn es kann davon ausgegangen werden, daß sich der Rat nur dann auf zeit- und kostenintensive Verhandlungen mit kirchlichen Institutionen einließ, wenn er die Reformen für wirklich erstrebenswert und nützlich hielt und überzeugt war, daß sie in seinen Kompetenzbereich fielen[70].

---

bet, Urkunden, Nr. 2029. Edition durch PICKEL: Klosterinventar) belegt, das umfangreiche Bestände an liturgischem Gerät und Gewändern, Teppiche, Zierdecken, Meßbücher und Leuchter auflistet, scheint nicht als Problem empfunden worden zu sein, obwohl der Wert der vorhandenen Gegenstände enorm gewesen sein muß.

[68] Glassberger: Chronica, S. 356 f.

[69] In der Literatur werden im allgemeinen nicht näher bestimmte Mißstände oder der innere Verfall von Konventen als Ursache für Reformanstrengungen genannt (z.B. HOLZAPFEL: Handbuch, S. 81; KIST: Klosterreform, S. 31), aber gerade in Nürnberg ist festzustellen, daß diese nicht im Zentrum des Strebens nach Erneuerung standen. Disziplinäre Probleme existierten in der Tat im Katharinenkloster (FRIES: Kirche, S. 23) sowie in St. Klara (KIST: Klarissenkloster, S. 19–51), waren aber augenscheinlich nur bei den Dominikanerinnen von einer gewissen Relevanz für die durch den Rat angestrebte Reform.

Wird mit sittlichen und moralischen Verfehlungen in den Klöstern argumentiert, so ist stets zu beachten, daß viele zeitgenössische Quellen zu diesem Thema aus der Hand von Observanten bzw. Förderern der Observanzbewegung stammen und keinesfalls objektive Geschichtsdarstellung bieten. Vgl. dazu SCHMITZ: Zustand. Zu Nürnberg bes. S. 18.

[70] Das sehr wohlüberlegte, auf Privilegien, Vergünstigungen und vor allem städtisches Mitwirkungs- und Gestaltungsrecht in Kirchenfragen hinzielende Verhalten des Nürnber-

Da die Untersuchung dieses Themas im Rahmen einer detaillierten Studie noch aussteht[71], muß sich der folgende Versuch, das Vorgehen des Rates
zu erläutern, auf vereinzelte Beobachtungen zu den Geschehnissen um die
Nürnberger Klosterreformen und den Vergleich mit dem Verhalten von
weltlichen Herrschern und Räten in anderen Städten bzw. Territorien beschränken. Ich komme dabei auch nicht umhin, den Bereich von Vermutungen zu berühren, ohne diese hier in wünschenswertem Maße an Quellen
nachprüfen zu können.

Wie oben gezeigt, unternahm der Nürnberger Rat bereits seit dem Ende
des 14. Jahrhunderts verschiedene, in der Regel erfolgreiche Versuche, seinen
Zugriff und Einfluß auf die städtischen Konvente auszudehnen und zu intensivieren. Deshalb muß es zumindest als naheliegend angesehen werden,
daß er diesen einmal eingeschlagenen Weg in der ersten Hälfte des 15. Jahrhunderts, einem vom Ruf nach Reform und der Bereitschaft zu seiner Erfüllung gekennzeichneten Zeitraum, zielgerichtet weiterverfolgte, bot sich
doch nun beispielsweise die Gelegenheit, auswärtige Institutionen – seien es
übergeordnete Ordensstellen, sei es aber auch der Bamberger Bischof[72], dem
der Rat mit seinen Initiativen in der Regel „zuvorkommt" – in ihrem Einwirken auf die Klöster einzuschränken oder ganz auszuschalten. Dabei mag
im Verlauf der Reformanstrengungen des 15. Jahrhunderts auch die Überlegung mitgespielt haben, daß es, begründet durch die allgemein und vielerorts
vertretenen Erneuerungsforderungen und die innerhalb der einzelnen Orden stattfindenden Diskussionen früher oder später auch in Nürnberg zu
Klosterreformen kommen würde; nahm der Rat nun von sich aus das Problem in Angriff, so hatte er zum einen die Möglichkeit, die Wiederholung
der Auseinandersetzungen zwischen Anhängern der einzelnen Ordensrich-
tungen innerhalb der Konvente abzuwenden, indem er hier seine Autorität
und seine Beziehungen zur Kurie in die Waagschale warf[73], anderseits aber
konnte er so einer Gefahr wehren, welche die Vornahme von Erneuerungen
auf alleinige Initiative der Ordensleitungen möglicherweise mit sich gebracht hätte: der Gefahr nämlich, an der Einführung von Reformen und ihrer inhaltlichen Ausrichtung nicht oder nur in geringem Maße beteiligt zu
werden. Ging der Wunsch nach Änderungen in den Klöstern dagegen vom

---

ger Rates kirchlichen Institutionen – insbesondere der Kurie – gegenüber stellt ausführlich
KRAUS: Beziehungen dar. Vgl. dazu auch unten, S. 205–213.

[71] KIST übergeht in seinem Aufsatz über die Nürnberger Klosterreformen dieses Thema fast völlig. Er verweist zwar am Beginn und am Ende seiner Untersuchung (S. 31 f. und
44 f.) darauf hin, daß in Nürnberg durch die Erneuerungen gegen Mißstände vorgegangen
werden sollte und der Rat dieses Bestreben in unterschiedlichem Maße unterstützte, aber
er stellt nicht die Frage nach der Begründung des Eingriffs einer weltlichen Macht in einen
kirchlichen Bereich.

[72] STAHL: Nürnberg, S. 157.

[73] Der Rat ließ sich seine Vorhaben wie auch sein Vorgehen in der Regel durch den
Papst genehmigen und bestätigen, vgl. KRAUS: Beziehungen, S. 64–70.

Rat aus und wandte sich dieser an die übergeordneten Ordensstellen, so
konnte er sicher sein, daß er Gelegenheit haben würde, seine Vorstellungen
und Vorschläge im Sinne der Stadt zu äußern und mit dem ordensinternen
Vorgehen abzustimmen. In den meisten Fällen bejahten die angesprochenen
Ordensleitungen und die Kurie die von Ratsseite aus vorgetragenen Bitten
um Reform, ja sie ersuchten ihn um Mithilfe und Unterstützung bei der
praktischen Durchführung der Neuerungen oder beauftragten ihn sogar damit, wie es die Beispiele des Franziskaner- und Klarissenklosters zeigen. Sie
leisteten somit dem Anspruch des Rates, die Klöster und deren interne Angelegenheiten in höherem Maße als bisher zu kontrollieren und mitzugestal-
ten, kaum Gegenwehr.

Was die Frauenkonvente anbelangt, so tritt aus den Quellen ein (wenn
auch sekundäres, da auf der Überführung der Männerklöster in die Observanz beruhendes) klares Motiv entgegen: Hatte sich erst einmal der männli-
che Zweig eines Ordens in der Stadt der Observanz angeschlossen, so war der
Rat bestrebt, auch die unter dessen Aufsicht stehenden Schwestern der Reform zuzuführen, da nur so eine ordnungsgemäße seelsorgerliche Betreuung
der Nonnen als gewährleistet galt. Darüber hinaus scheint der Rat in grund-
sätzlicher Weise die Aufsicht über alle Veränderungen in den Frauenkonventen mit dem Hinweis auf Besitzrechte beansprucht zu haben, denn schon
1444 muß Papst Eugen IV. dem Nürnberger Magistrat im Hinblick auf die
Klöster St. Katharina, St. Klara und Pillenreuth weitgehende Mitsprache-
rechte in konventsinternen Angelegenheiten zugestehen, weil die Konvente
durch Nürnberger Bürger und Bürgerinnen eingerichtet, ausgestattet und
bewohnt seien[74]. Die Tatsache, daß vor allem Nürnberger Töchter in den
Frauenkonventen lebten, gab in zumindest einem Fall auch Anlaß, deren
Reform aus wirtschaftlichen Erwägungen heraus voranzutreiben[75].

Daß der Nürnberger Rat neben den bereits genannten Gründen auch aus
frommer Orientierung und frommem Streben heraus die Klosterreformen in
Angriff nahm und mit einer segensreichen Rückwirkung der angestrebten
intakten Zustände innerhalb der Konvente auf die Stadt als ganze rechnete,
läßt sich ebenso wie in anderen Territorien und Städten zeitgenössischen
Quellen entnehmen[76]. Die Ratsherren der Reichsstadt rechtfertigen sich

---

[74] STAN Rst. Nbg., Losungsamt, 7-farbiges Alphabet, Urkunden, Nr. 1767. Die Bulle
Eugens ist abgedruckt bei KIST: Klarissenkloster, S. 171 f. Vgl. auch dazu STAHL: Nürnberg,
S. 156.
Als für den Rat günstiger Nebeneffekt ergab sich aus der Bulle, daß die Übertragung
der Visitations- und Aufsichtsrechte an Nürnberger Kleriker und Bürger gleichbedeutend
mit der weitgehenden Ausschaltung des Einflusses auswärtiger Ordensoberer auf die Frauenklöster war.
[75] Vgl. dazu FRIES: Kirche, S. 23 und HÖSS: Leben, S. 141.
[76] Beispielhaft wird die religiöse Reformmotivation eines städtischen Rates durch ein
Schreiben des Baseler Magistrats verdeutlicht, der 1422/23 seinen Wunsch nach der Reform des dortigen Klosters St. Maria Magdalena an den Steinen damit begründet, daß ein
wieder zum Blühen gebrachtes Gebetsleben der Nonnen seinen Segen über das ganze

unmittelbar nach der Reform des Klaraklosters 1452 dem bei der Entscheidung für die Überführung der Schwestern in die Observanz übergangenen und deshalb erbosten konventualen Franziskanerprovinzial gegenüber mit einer zumindest teilweise religiösen Erklärung: Man hebt hervor, „das in diesen sachen […] allein gottes lob und ere in dem allerpesten gesucht ist, darzu dann unser allerheiligster vater der babst auß veterlicher gut [Güte] sunder gunst und gnedig zuneigung gehabt" habe. Darüber hinaus setze man eine Nürnberger Tradition fort, indem man der „eltern fußstapfen nachvolgend gottesdienste zu seinem [Gottes] ewigen lobe allweg gerne fürdern" und sein „vermügen darinne ungern sparen" habe wollen[77]. An dieser Stellungnahme ist zunächst aufschlußreich, daß auch der Nürnberger Rat sich auf Autoritäten außerhalb seiner selbst stützt, dabei aber nüchterner denkt als Graf Ulrich von Württemberg, der sich unmittelbar vom Heiligen Geist beauftragt fühlt[78]: Zuerst stellt er sich unter die Verfügungsgewalt des Papstes, der das Vorgehen der Stadt ausdrücklich für gut geheißen hat, was strenggenommen allerdings nicht als Begründung gelten kann, da die päpstliche Bestätigung ja eine Folge des Nürnberger Drängens auf Reform darstellte. Dann aber verweisen die Ratsherren auf die eigenen Vorfahren und den aus ihrem Handeln ersichtlichen Brauch der Nürnberger, „gottesdienste" zu „fürdern", woraus im konkreten Falle die Sorge um den rechten ordnungsgemäßen Vollzug des Gottesdienstes im Klarakloster abgeleitet wird. Damit berufen sie sich auf eine Art Gewohnheit, die sowohl das Moment des Rechtes wie auch das der Pflicht umfaßt: einerseits das Recht, Reformen zu initiieren, auf welches die Schreiber im Brief an den Franziskanerprovinzial pochen, andererseits aber die Verpflichtung den Vorfahren und deren als Tradition verstandenem, das kirchliche Leben gestaltendem Handeln gegenüber.

Was nun die durch die Schreiber ausdrücklich genannte religiöse Zielrichtung der einzig zu „gottes lob und ere" vollzogenen Reform anbelangt, so darf bei der Wertung dieses Satzes nicht vergessen werden, daß er einem

---

durch Unglauben und Krieg geschädigte Land entfalten könne, da „sölich bilich an rüffen dem ewigen got von erbern, gaistlichen lüten enpfencklicher und genemer ist, denn von andren sündigen menschen." Zitiert nach Meyer: Buch, S. 51. Zur Rolle der Stadt Basel im Reformprozess vgl. auch Neidiger: Stadtregiment, S. 542 f.

In ähnlicher Weise äußert sich der Augsburger Rat 1441 über das Kloster St. Ulrich und Afra, von dessen Reform er für den Orden, die Stadt Augsburg und das Land Heil erhofft (siehe Stievermann: Klosterreformen, S. 98) und der württembergische Graf Ulrich reflektiert 1478 die bereits abgeschlossene Reform eines Dominikanerinnenkonvents bei Schlettstadt den Schwestern gegenüber, indem er betont, „uß sonnderlicher vermanung Gottes und Ingebung des heyligen Geystes" die Neuerungen im Kloster vorangetrieben zu haben. Außerdem bittet er die Nonnen, ihn bei der Reformierung eines weiteres Ordenshauses zu unterstützen, „da es Gott löblichen und üch und üwerm Orden erlichen und unserm Lande nutzlichen syg […]" (Zitiert nach Stievermann: Klosterreformen, S. 96).

[77] Stan, Rst. Nbg., Briefbücher des inneren Rates, Nr. 23, Bl. 18. Einen Abdruck des Briefes bietet Kist: Klarissenkloster, S. 178.

[78] Siehe oben, S. 18, Anm. 76.

Schriftstück entstammt, das der Nürnberger Rat verfaßte, um sein Handeln gegen die Angriffe der konventualen Provinzleitung zu verteidigen. In diesem Falle versprach der Rekurs auf eine religiöse Motivation natürlich die größten Erfolgsaussichten. Damit soll nicht der Eindruck erweckt werden, für den Nürnberger Rat habe bei der Reform des Klaraklosters der Gedanke an die Ehre Gottes und das Bemühen, diese zu fördern, keine Rolle gespielt; vielmehr läßt der Kontext vermuten, daß aus einem Syndrom von Begründungen diejenige aufgegriffen wurde, die man in der gegenwärtigen Situation für die wichtigste und zentrale hielt und mit der gleichzeitig am besten argumentiert werden konnte.

Deutlicher noch werden die religiösen Interessen des Rates und sein frommes Selbstverständnis, für das aus einem ordnungsgemäßen Leben und Gottesdienst der Ordensbrüder erwachsende Wohl der ganzen Stadt zuständig zu sein, aus dem Brief, mit dem sich die Nürnberger 1456 an Papst Calixt III. wenden[79]: Sie beklagen, die Bereitschaft der örtlichen Franziskaner, die strengen Regeln der Observanz zu befolgen, sei bald nach der Reform wieder abgeflaut und stärker konventual gesinnte Brüder hätten im Kloster die Führung übernommen. Dem Rat erscheine dieser Umschwung insofern gefährlich, als seiner Überzeugung nach die Fürbittgebete der ihren Gelübden treu ergebenen Brüder die Stadt in der jüngsten Vergangenheit (das Kloster war gerade erst neun Jahre lang observant!) immer wieder vor Gefahren und Übergriffen bewahrt hätten und er außerdem um die intensive emotionale Vertrauensbindung der städtischen Bevölkerung an die Brüder wisse; bei einer Machtübernahme durch die Konventualen im Franziskanerkloster werde diese Zuneigung ein jähes Ende finden, weshalb man den Papst eindringlich bitte, für die Unterwerfung der Konventualen unter die Observanten zu sorgen und somit gleichsam eine zweite, endgültige Reform des Konvents durchzusetzen. Dem Ersuchen wird durch den Hinweis auf die im gesamten Reich zustimmend aufgenommene konstitutive Funktion des reichsstädtischen Leitungsgremiums bei der Übergabe des Konvents an die Observanten im Jahre 1447 Nachdruck verliehen, denn der Rat erscheint nun in der Rolle dessen, der mit Recht an die Kurie herantritt und sie zum Handeln auffordert, da er einst – die durch die Reform hervorgebrachten Folgen für die Stadt machten das deutlich – erfolgreich für eine gute Sache gekämpft hat und nun zusehen muß, wie seine Anstrengungen sich langsam ins Nichts auflösen.

Will der Nürnberger Rat den Bestand und die Fortführung der Observanzbewegung durch die Kurie unbedingt gesichert wissen, so geht es ihm seiner eigenen Aussage nach um einen doppelten Nutzen für die Stadt, den die Existenz der Observanten erwiesenermaßen hervorbringt, die Konventualen hingegen keineswegs erwarten lassen: Zum einen hebt er die außenpolitische Konsequenz des strikten Regelgehorsams der strengen Barfüßer

---

[79] Glassberger: Chronica, S. 357 f.

hervor, denn Gott scheint das fürbittende Gebet der gelübdetreuen Mönche, er möge in problematischen Situationen verläßlich seine bewahrende Hand über Nürnberg halten, gerne zu erhören. Stärker noch betont der Rat den die Stadt betreffenden Aspekt, wenn er davon spricht, daß es die als „fidei christianae speculum" lebenden Observanten verstünden, durch „vita", „mores" und „exemplum" die Bürgerinnen und Bürger eng an sich zu binden, womit die Neigung vieler Menschen, die durch die Franziskaner angebotenen seelsorgerlichen Leistungen in Anspruch zu nehmen, gemeint sein dürfte. Damit wird deutlich, daß sich der Rat in die Pflicht genommen sah, sowohl für das leibliche – auch dieses führte er auf einen religiösen Urgrund zurück – wie für das geistliche Wohl der zur Stadt gehörenden Bevölkerung zu sorgen, und daß er davon ausging, beides durch das energische Eintreten für die strenge Richtung im Franziskanerorden fördern zu können.

Versucht man, alle bisher genannten Gründe zusammenzufassen, die den Rat der Reichsstadt veranlaßten, sich auf seinem Territorium für Konventsreformen einzusetzen, und ruft man sich dabei nochmals die oben formulierten Fragen nach der inhaltlichen Anziehungskraft der Observanz sowie der Motivation des Rates, die Erneuerungen selbst anzustoßen bzw. durchzuführen, ins Gedächtnis[80], so läßt sich nunmehr erkennen, wie vielfältig und verschiedenartig, aber doch auch verflochten, voneinander abhängig und aufeinander aufbauend die inhaltlichen und die motivationalen Komponenten sind, die hier sichtbar werden. Ihr Facettenreichtum wie auch die zwischen ihnen bestehenden Interdependenzen machen die Einflußwünsche und Einwirkungsmöglichkeiten von Laien auf Nürnberger Klöster, die sich im Verhalten des Rates als der Spitze städtischer Meinungsbildung und Handlungsvollmacht manifestierten und verdichteten und in ein aus vielen Spielarten laikaler Einwirkung auf die verschiedenen kirchlichen Bereiche in der Reichsstadt zusammengesetztes Gesamtgefüge eingeordnet werden können, erkennbar. Im Blick auf das Engagement des Rates für die Konventsreformen sind Bemühungen um die Wahrung der Ordensdisziplin und den ordnungsgemäßen Gottesdienst ebenso zu nennen wie die Sorge um die angemessene wirtschaftliche Versorgung der Konventsmitglieder. Dazu kam das Streben, auswärtige Einmischungsversuche und -rechte auf das geringstmögliche Maß zu begrenzen, die Einigkeit innerhalb der Stadt zu stärken und die eigene Führungsrolle auch im kirchlichen Sektor bis zu dem Punkt hin auszubauen und zu festigen, an dem Ordensleitungen, Bischof oder Kurie dem selbstbewußten städtischen Expansionseifer Einhalt geboten[81]. Obwohl diese durch den Rat immer wieder neu praktizierten Formen des Umgangs mit

---

[80] Siehe oben, S. 16.

[81] Eine solche Grenze erreichte der Rat beispielsweise im Jahre 1448, als er in Rom vergeblich darum bat, die Nürnberger Franziskaner einen Vertreter aus ihrer Mitte wählen zu lassen, der in seinem eigenen und dem Klarissenkonvent die Rechte eines Ordensgenerals wahrnehmen sollte. Vgl. KRAUS: Beziehungen, S. 68.

der Erneuerung der Klöster und anderen Fragen des kirchlichen Bereichs[82]
leicht den Eindruck entstehen lassen könnten, die Stadt habe sich im bestän-
digen Kampf mit leitenden Ordenseinrichtungen, Diözesanorganen und
Rom befunden, war dem nicht so[83]: Nürnberg achtete vielmehr darauf,
möglichst erfolgreich auf dem schmalen Grat, der sich zwischen der Vertre-
tung eigener Interessen und der Unterstützung von Belangen kirchlicher
Machthaber und Institutionen erstreckte, zu wandeln; man versuchte, Ver-
stimmungen so weit als möglich zu vermeiden und investierte oft beträchtliche finanzielle Mittel in kirchliche Einrichtungen und Vorhaben (auch
außerhalb Nürnbergs), ohne dabei jedoch die in der Reichsstadt stark ausge-
prägten Qualitäten von Selbstbewußtsein, Zielstrebigkeit und Durchset-
zungsvermögen einzuschränken[84].

Handelte es sich bei all diesen, auf Klosterreformen hin ausgerichteten
Interessen um solche, die primär auf kirchen-, sozial- und wirtschaftspoliti-
sche Erwägungen zurückgingen, so darf das erst auf den zweiten Blick sichtbar werdende, aber ebenso vorhandene fromme Streben von Ratsleuten
nicht unterschätzt werden, das sie zum Eintreten für die Observanz bewegte.
Im Drängen auf Veränderungen in den geistlichen Instituten der Stadt wird
zum einen die Überzeugung deutlich, die Ehre Gottes zu mehren und den
Nutzen der Stadtbevölkerung zu fördern, zum anderen aber auch die Bereitschaft des Rates, für beides nach Kräften Verantwortung zu übernehmen. Da
dem Rat, der sich aus der Erfahrung und dem Erleben engster Verbindung
und Verflechtung von weltlichem und kirchlich-religiösem Bereich heraus
verpflichtet fühlte, als städtisches Leitungsgremium das Wohl aller Bürger
und Bürgerinnen zu gewährleisten, weder die Zustände innerhalb eines
Konventes noch die daraus erwachsenden Folgen für die Gemeinschaft der
Stadt gleichgültig sein konnten, sah er sich in der Frage nach der Befürwor-
tung oder Ablehnung von Klosterreformen, die sich am Ende des 14. und in
der ersten Hälfte des 15. Jahrhunderts für nahezu jede Obrigkeit stellte, gezwungen, zumindest Stellung zu beziehen; daß dies in der geschilderten
Form als bewußte Entscheidung für die observante (und damit gegen die
konventuale) Richtung der Regelauslegung und als Entschluß, die Durchführung der anstehenden Veränderungen selbst in die Hand zu nehmen, geschah, wird aus den oben genannten Gründen verständlich.

Was nun das Franziskanerkloster anbelangte, so hatte zu Beginn der 60er
Jahre des 15. Jahrhunderts nicht nur der Nürnberger Rat keinen Grund
mehr, sich über die dortigen Zustände zu beklagen; auch in den Augen der

---

[82] Siehe dazu auch unten, S. 205–213.
[83] Vgl. dazu auch SCHLEMMER: Gottesdienst, S. 361–363.
[84] Daß sich diese Tendenz des reichsstädtischen Handelns nicht auf die Klöster beschränkt, sondern auf nahezu allen Ebenen der Kommunikation und des Umgangs zwischen Nürnberg und hochrangigen kirchlichen Stellen zu beobachten ist, zeigt umfassend
KRAUS: Beziehungen.

observanten Provinzleitung muß der reichsstädtische Konvent ein gutes Bild abgegeben haben, denn er hielt Mitglieder des Nürnberger Konvents für so sehr in den Idealen und Zielen der Reform gefestigt, daß der Nachfolger Nikolaus Carolis im Amt des Leiters der Reformkommission, Johannes von Lare[85], auf Barfüßer aus Nürnberg zurückgriff, als die Überführung der Bamberger Niederlassung in die Observanz anstand.

2.1.2. Das Bamberger Franziskanerkloster

Während wir über die Geschichte und Entwicklung der Nürnberger Minderbrüder durch eine Vielzahl von Quellen gut unterrichtet sind, liegen über die Niederlassung der Barfüßer in Bamberg, in der Stephan Fridolin ab 1460 nachzuweisen ist, nur vergleichsweise spärliche Zeugnisse vor: Der Franziskanerkonvent in der Bischofsstadt war im Jahre 1223 gegründet[86] und zu Beginn des 14. Jahrhunderts in die Innenstadt umgesiedelt worden[87]. Dort nahmen die Brüder Aufgaben wahr, die sich größtenteils mit den Tätigkeiten der Nürnberger Barfüßer deckten und sie in das Leben Bambergs einbanden: Neben der Seelsorge im Klarissenkonvent und unter der Bevölkerung[88] ist besonders hervorzuheben, daß sie zwar auch regelmäßig in der eigenen Kirche predigten und häufig als Aushilfen auf Kanzeln der Umgebung tätig waren[89], vor allem jedoch bereits früh eine der einflußreichsten Predigtstellen der Stadt, die Obere Pfarre „Unsere Liebe Frau" versorgten[90] und deshalb in Kontakt zu den Bamberger Bürgerinnen und Bürgern kamen. Auch in der Bischofsstadt blieben reiche Schenkungen an die Franziskaner nicht aus, so daß der Konvent im Laufe der Zeit ein beträchtliches Vermögen ansammelte[91] und sich mit der Frage nach der rechten Beachtung des Armutsgebotes auseinandersetzen mußte. Die um dieses Problem kreisenden Diskussionen in der Stadt mögen 1452 einen neuen Schub bekommen haben, da Johannes Capistran auf seinem Weg von Nürnberg nach Leipzig in Bamberg Station machte[92]. Während seine flammende Bußpredigt bei der Stadtbevölkerung nachhaltigen Eindruck hinterließ, reagierten die Franziskaner zunächst sehr reserviert; es sollte noch fast ein Jahrzehnt vergehen, bis ihr Konvent reformiert wurde[93]. Wie in Nürnberg, so kam auch hier der Anstoß zur Einführung der Observanz nicht aus dem Konvent, sondern wurde von der zustän-

---

[85] Johannes von Lare war 1455–62 erstmals Vikar der observanten oberdeutschen Provinz. Vgl. MINGES: Geschichte, S. 54, sowie Tabulae Capitulares, S. 817.
[86] Glassberger: Chronica, S. 29.
[87] Das ehemalige Franziskanerkloster, S. 456 f. sowie GÖTZELMANN: Geschichte, S. 61.
[88] GERNHARDT: Predigtgeschichte, S. 63. GÖTZELMANN: Geschichte, S. 62.
[89] Das ehemalige Franziskanerkloster, S. 460.
[90] GERNHARDT: Predigtgeschichte, S. 63.
[91] Das ehemalige Franziskanerkloster, S. 456 f.
[92] Dazu PAULDRACH: Bußpredigten.
[93] Das ehemalige Franziskanerkloster, S. 458.

digen Obrigkeit, die in Bamberg allerdings kein städtischer Rat, sondern der Bischof war, gegeben. 1459 wandte sich Georg von Schaumberg mit der Bitte an Papst Pius II., ihm die Genehmigung für die Reform mehrerer Konvente in der Diözese zu übertragen, und erhielt noch im gleichen Jahr eine positive Antwort[94]. Was die praktische Durchführung der Übergabe des Konvents an die Observanz anbelangt, so sind − anders als im Falle Nürnbergs − nur sporadische Nachrichten überliefert: Zu Beginn des Jahres 1460 wird der zur Visitation im Nürnberger Franziskanerkonvent weilende Johannes von Lare durch Bischof Georg ersucht, die Reform auch im Bamberger Barfüßerkonvent zu vollziehen, worauf sich der Provinzvikar zusammen mit dem Nürnberger Guardian Püchelbach und einer Abordnung von Brüdern aus der Reichsstadt nach Bamberg aufmacht und dort die Reform des Konvents durchführt[95]. Ähnlich wie in Nürnberg scheint es auch hier zu Ämterneubesetzungen gekommen zu sein, jedenfalls trat der Bamberger Guardian Johannes Gerner[96], wie das Nekrologium des Konventes mitteilt[97], von seinem Amt zurück.

Über die wirtschaftlichen Verhältnisse im Franziskanerkloster nach der Überführung in die Observanz, also etwa die Höhe des verbliebenen konventseigenen Vermögens, den Umfang von Liegenschaften und Sachwerten sind kaum Nachrichten erhalten. Lediglich von einem zweckgebundenen Almosen − 1460 zur Vergrößerung der Konventsbibliothek − und einer Bücherstiftung mit Werken Augustins ist in den darauffolgenden Jahren die Rede[98]. Beibehalten wurde neben den bisher schon wahrgenommenen seelsorgerlichen Aufgaben auch die Stelle an der Oberen Pfarre, und es ist das Jahr 1460, das Jahr der Reform also, als erstmalig der Name des dort tätigen Franziskanerpredigers genannt wird: Stephan Fridolin.

2.2. Zur Biographie Stephan Fridolins

2.2.1. Herkunft und Ausbildung

Über Fridolins Leben in den Jahren vor seiner Erwähnung als Bamberger Prediger können nur Vermutungen angestellt werden, denn weder er selbst noch andere zeitgenössische Quellen gehen auf seine Jugendzeit ein. Sein Geburtsdatum dürfte um 1430 anzusetzen sein, denn im 1491 erschienenen *Schatzbehalter* schließt sich der Autor in einem fiktiven Dialog dem „frager",

[94] Glassberger: Chronica, S. 384.
[95] Glassberger: Chronica, S. 385.
[96] Eine Übersicht über die Bamberger Guardiane bietet MOORMAN: Houses, S. 49. Wer bei Durchführung der Reform als neuer Guardian gewählt wurde, ist unbekannt; vermutlich war es ebenso wie in Nürnberg ein Mitglied der Reformdelegation.
[97] Nekrologium, S. 25 (Eintrag zum 1. April).
[98] Das ehemalige Franziskanerkloster, S. 463.

der seine Verwirrung über ein aufgeworfenes Problem damit entschuldigt, schon „bey guten iaren" zu sein, an, indem er beipflichtet: „Ich byn nichts iu(e)nger den(n) du"[99]. Die Bemerkung, ein bestimmter Sachverhalt werde „hernach (gibts got) außgelegt"[100], deutet vielleicht ebenfalls auf das fortgeschrittene Alter des Verfassers hin, der sich berechtigterweise Gedanken darüber machte, ob er das Großprojekt *Schatzbehalter* noch abschließen würde können.

Auch die Tatsache, daß Fridolin im Jahre 1460 auf einer der renommiertesten Stellen der Bischofsstadt Bamberg als Prediger tätig ist, läßt vermuten, daß er zu dieser Zeit nicht mehr zu den jüngsten Konventsmitgliedern zählte und darüber hinaus schon eine Ausbildung hinter sich hatte, die ihn zu diesem wichtigen Amt befähigte. Wie der auf den Predigtdienst vorbereitende Unterricht zu Fridolins Zeiten genau aussah, wie er praktisch durchgeführt wurde und welche Inhalte man den zukünftigen Predigern vermittelte, ist zwar, was die Details anbelangt, weitgehend unbekannt, aber wir wissen immerhin, daß eines der Hauptziele der in jedem Konvent durch den Lektor erteilten Unterrichtsstunden darin bestand, eine möglichst große Anzahl von Brüdern zu fähigen Predigern auszubilden[101]. Nach ihrem frühestens im Alter von 15 Jahren gestatteten Ordenseintritt[102] hatten die jungen Mönche zunächst das einjährige Noviziat zu absolvieren, in dessen Verlauf sie primär in der Ordensregel, dem Lesen der Messe und der Meditation unterwiesen wurden[103], aber keine theologischen Studien im engeren Sinne zu absolvieren hatten, wie ein Brief Johannes Capistrans aus dem Jahre 1452 belegt[104]. Üblicherweise setzte der durch den jeweiligen Konventslektor erteilte Unterricht nach der Profeß ein und umfaßte neben den artes und Grundlagen der Philosophie vor allem Bibel und Sentenzen[105]. Zwar wurde auch von den älteren Konventsmitgliedern einschließlich der Klosterleitung erwartet, bei den täglichen Unterweisungen anwesend zu sein, für die jungen Brüder waren die Unterrichtsstunden jedoch verpflichtend, und nur diejenigen, die

---

[99] *Schatzbehalter* T2 va, Z. 26–29.
[100] Ebd., ae3 vb, Z. 40 f.
[101] LANDMANN: Predigtwesen (13), S. 345.
[102] IRIARTE: Franziskusorden, S. 96.
[103] NYHUS: Franciscans, S. 7.
[104] Glassberger: Chronica, S. 342.
Capistran verleiht darin seiner Besorgnis Ausdruck, daß in den Konventen – der Brief ist zwar ausschließlich an den Nürnberger Guardian gerichtet, fordert aber ausdrücklich dazu auf, die Novizenausbildung nach Capistrans Vorstellungen abweichend vom bisher üblichen Schema zu gestalten – dem Predigtunterricht zugunsten der Einübung im Chorgesang zuwenig Zeit gewidmet werde und warnt deutlich vor den daraus entstehenden Folgen. Er wendet sich damit gegen die auf Bonaventura zurückgehende Regel, das Noviziat von der Mitwirkung bei seelsorgerlichen Tätigkeiten und Studien, die nicht unmittelbar der eigenen geistlichen Weiterentwicklung dienten, freizuhalten, vgl. FELDER: Geschichte, S. 342.
[105] NYHUS: Franciscans, S. 7. FELDER: Geschichte, S. 343.

zwei bis drei Jahre lang daran teilgenommen hatten, konnten überhaupt für den Predigtdienst ausgewählt werden[106]. Ausschlaggebendes Kriterium für die Ernennung zum Prediger nach Ablauf der etwa drei Ausbildungsjahre waren dann die soliden theologischen Kenntnisse eines Kandidaten und seine Fähigkeiten, das Gelernte zu vermitteln[107]. Da die einzelnen Klöster bestrebt waren, möglichst geachete Brüder als Prediger zu berufen, machte man sich diesbezügliche Entscheidungen in der Regel nicht leicht, sondern überlegte sehr genau, wen man mit der wichtigen und bei der Bevölkerung einflußreichen Position betrauen wollte, wie bereits am Beispiel Nürnbergs sichbar wurde: Dort sah man sich genötigt, der Erneuerung des Konvents Rechnung zu tragen, indem man die zum Kloster gehörige Predigerstelle unmittelbar im Anschluß an die Reform neu besetzte[108].

Die Hochschätzung der mit Predigtaufgaben betrauten Personen nicht nur in den einzelnen Klöstern, sondern im Gesamtorden ist darüber hinaus daran ablesbar, daß häufig die für die städtische Bevölkerung zuständigen wie auch die den Klarissen zugeordneten Prediger als Diskreten und Definitoren für die Provinzkapitel gewählt wurden, so auch Fridolin in den Jahren 1475, 1481 und 1487[109]. Während das Amt des Diskreten dabei stärker konventsbezogen war, da jede Niederlassung der Franziskaner das Recht besaß, einen Abgesandten ihrer Wahl als Teilnehmer zum Provinzkapitel zu entsenden, wurden die Definitoren (pro Jahr insgesamt nur vier) durch das Kapitel selbst festgelegt, um zusammen mit dem Provinzial die beim Kapitel anfallenden Arbeiten zu erledigen[110]. All das deutet darauf hin, daß es sich bei Fridolin um keinen unerfahrenen oder wenig befähigten Bruder mehr gehandelt haben kann, als er im August 1460[111] durch das Tübinger Provinzkapitel zum Prediger in Bamberg eingesetzt wird[112]. Somit liegt spätestens der Anfang der dreißiger Jahre als Geburtszeitraum nahe[113].

Einen Geburtsort Fridolins geben lediglich drei der erhaltenen Handschriften an: Die Berliner Predigthandschrift mgf 1040 aus dem Jahre 1501[114] und das auf 1487 datierte Buch von den Kaiserangesichten[115] nennen den kleinen nordöstlich von Waiblingen gelegenen Ort Winnenden, die Predigt-

---

[106] IRIARTE: Franziskusorden, S. 96. FELDER: Geschichte, S. 343–351 und 367.

[107] FELDER: Geschichte, S. 349–351.

[108] Vgl. oben, S. 15 f.

[109] Tabulae Capitulares, S. 688–690, 697–699, 706. Fridolin nimmt außerdem am Provinzkapitel 1484 in Leonberg als Diskret und Definitor teil, ist in diesem Jahr aber nicht ausdrücklich als Prediger erwähnt.
Zur besseren Übersicht über die durch Fridolin wahrgenommenen Ämter vgl. die unter Punkt 11 beigelegte tabellarische Datenübersicht.

[110] HOLZAPFEL: Handbuch, S. 173 und 189.

[111] Glassberger: Chronica, S. 386.

[112] Schellenberger: Geschichte, S. 144.

[113] Vgl. dazu aber unten, S. 29, Anm. 128.

[114] Mgf 1040, 1, 1ra, Z. 7 f.: „stephan fridelinuß von winende(n)".

[115] Cent IV, 90, 1r, Z. 2 f.: „Steffan Fridolini von Wynnenden".

nachschrift mgf 1592[116] von 1519 hingegen „Windenheim", was wohl als Lesefehler zu erklären sein dürfte. Die Ortsangabe „Winnenden" dürfte schon deshalb der Wahrheit entsprechen, da sie sich in der Einleitung des einzigen erhaltenen Textes befindet, den Fridolin wahrscheinlich eigenhändig korrigiert und somit gelesen hat[117], und nur schlecht erklärbar wäre, weshalb er einen an exponierter Stelle befindlichen Fehler nicht hätte verbessern sollen.

Über Fridolins familiäre Herkunft, seine Kinder- und Jugendzeit ist ebensowenig etwas bekannt wie über die Zeit oder den Ort seines Ordenseintritts. Faßte er den Entschluß, sich den Franziskanern in dem Konvent anzuschließen, der Winnenden am nächsten lag, so begann seine Ordenslaufbahn im Esslinger Barfüßerkloster[118]. In diesem 1237 gegründeten Konvent hätte der junge Novize dann manches kennengelernt, das den Zuständen in der Nürnberger Niederlassung der Franziskaner ähnelte: Auch im Esslinger Kloster war es spätestens ab der Mitte des 14. Jahrhunderts zu einer erheblichen Lockerung des Armutsgebotes gekommen. Es fällt auf, daß in den zeitgenössischen Quellen der Bettel immer mehr in den Hintergrund tritt und statt dessen die Rede von umfangreichen, teilweise mit regelmäßigen Einnahmen für die Brüder verknüpften Stiftungen Außenstehender, Hinterlassenschaften einzelner Konventsmitglieder und ausgedehntem Landbesitz des Konvents ist[119]. Bestätigt werden die reichen Schenkungen und Gaben an das Kloster ganz ähnlich wie in Nürnberg durch die zahlreichen Grabdenkmäler und Wappen in der Esslinger Franziskanerkirche, die im Gedächtnis an Stifterinnen und Stifter des 13.–15. Jahrhunderts angebracht wurden. Während

---

[116] Kolophon von mgq 1592 (166r): „Gedencket durch gott Des wirdigen andechtigen Vatters Stephani frydolini von windenhaim(m) barfüsser ordens Der […] diße mattery der außlegung Beati in maculati vnd der Complet mit großem fleiß gepredigt hat […] Laus deo. Orate pro me 1519".
Fridolin erscheint deshalb in der Vorrede zur (unkritischen) Ausgabe der Kompletpredigten in den „Gaben des katholischen Pressvereins der Diözese Seckau" etwas verwirrend als „Pater Windenheim". Vgl. Das bittere Leiden, S. 3 f.

[117] Bereits JOACHIMSOHN hat bemerkt, daß die am Textrand des *Buches von den Kaiserangesichten* nachgetragenen Bemerkungen mit großer Wahrscheinlichkeit vom Autor selbst stammen (Hans Tuchers Buch (Joachimsohn), S. 23). Sie ähneln dem Text selbst sprachlich und stilistisch so sehr, daß eigentlich nur Fridolin als Verfasser in Frage kommt. Vgl. dazu auch unten, S. 145 f.

[118] In den noch erhaltenen Archivalien des Klosters ist Fridolin zwar nicht erwähnt, aber die Quellenlage muß auch als relativ schlecht bezeichnet werden, da aus den Jahren ab etwa 1270 bis 1536 lediglich die Namen von 42 Brüdern überliefert sind. Dennoch zeigt diese Auflistung von Konventsmitgliedern – die allerdings oft ohne Angaben über ihre Herkunft genannt werden – daß zumindest ein Bruder aus Winnenden, wenn auch erst im 16. Jahrhundert in Esslingen lebte: „Hans von Wyneda", der 1536 aus dem Kloster austritt (UHLAND: Esslingen, S. 306, 339, 348). Es war also durchaus möglich, daß Fridolins erste Station im Leben als Mönch Esslingen hieß.

[119] UHLAND: Esslingen, S. 314, 321–326 und UHLAND: Klöster, S. 21–23.

durch die Wappen fast alle namhaften Familien der Stadt vertreten sind[120], weisen die Grabstätten vor allem auf die Hochschätzung hin, die das Barfüßerkloster durch das Esslinger Patriziat erfuhr[121].

An einem sehr wesentlichen Punkt jedoch unterschied sich Esslingen von allen anderen Konventen, in denen Fridolin sein Leben verbrachte: Anders als Bamberg, Mainz, Basel und Nürnberg schloß es sich nie der strengen Observanz im Franziskanerorden an, sondern vollzog im Jahre 1487 eine Reform im Sinne der Martinianischen Konstitutionen[122].

Bedenkt man, daß im Jahre 1460, als Fridolin in Bamberg und damit in einem observanten Konvent erstmals nachzuweisen ist, von den mehr als sechzig in der oberdeutschen Provinz zusammengeschlossenen Häusern[123] gerade einmal neun und damit weniger als ein Sechstel der Reformrichtung des Franziskanerordens angehören[124], so wird deutlich, daß es für den Lebensweg des Barfüßers bis zum Jahre 1460 im wesentlichen drei Möglichkeiten gibt: Entweder verbrachte er seine ersten Ordensjahre in einem Kloster, das sich während seines Aufenthaltes der Reform anschloß[125], und wurde so quasi ohne eigenes Zutun observant, oder er traf sehr bewußt die Entscheidung für die strenge Minderheit im Orden. In diesem Falle trat Fridolin entweder tatsächlich ins Esslinger Kloster ein, um irgendwann vor 1460 den Entschluß für den Wechsel in einen observanten Konvent zu fassen[126], oder er begann seine Ordenslaufbahn nicht in Esslingen, sondern von vorneherein in einem bereits reformierten Konvent, vielleicht in Tübingen, Heidelberg oder Pforzheim, die seinem Heimort am nächsten lagen.

---

[120] Vgl. dazu BERNHARDT: Dominikaner und Franziskaner, S. 15 f.

[121] UHLAND: Esslingen, S. 319 f.

[122] NEIDIGER: Observanzbewegungen, S. 177 mit Angabe der Archivquellen und UHLAND: Esslingen, S. 330–332. Zu den Konstitutionen siehe oben, S. 10 f.

[123] EUBEL: Minoritenprovinz, S. 10 f. mit Anmerkung 112 auf S. 218 f.

[124] Zur strengen Regelbeobachtung wurden bis 1460 überführt: Heidelberg (1426), Rufach (1435), Pforzheim und Basel(1443), Tübingen (1446), Nürnberg (1447), Amberg (1452), Weißenburg im Elsaß (1459) und Bamberg (1460). Vgl. Glassberger: Chronica, S. 282, 309 f., 316, 318–320, 380, 385 und EUBEL: Minoritenprovinz, S. 61 f.

[125] Dafür kämen bis auf Heidelberg, Rufach und Bamberg theoretisch alle der vor 1460 erneuerten Niederlassungen in Frage, Fridolin hätte allerdings wahrscheinlich einen der näher bei seinem Heimatort gelegenen Konvente gewählt.

[126] Diese Entscheidung mußte nicht notwendigerweise in Esslingen selbst fallen; sie ist beispielsweise gut denkbar als Folge eines im Rahmen der Ausbildung zum Prediger und Lektor in einem anderen, möglicherweise observanten Konvent verbrachten Studienaufenthaltes. Zu Fridolins Ausbildungsweg liegen allerdings keinerlei Informationen vor, da weder er selbst sich darüber äußert noch andere seinen Werdegang hin zum Prediger und Lektor erwähnen.

2.2.2. Prediger in Bamberg

Wie dem auch sei, Fridolin muß sich bereits 1460 durch solides theologisches Wissen, vor allem aber durch eine sicher-verläßliche observante Gesinnung ausgezeichnet haben, da er andernfalls nicht bereits sechs Monate nach der Bamberger Reform zum Inhaber einer der wichtigsten Predigtstellen der Bischofsstadt ausgewählt worden wäre. Daß er seine Haltung zur Observanz und seine Einbindung in diese Bewegung in keiner seiner erhaltenen Schriften erwähnt oder gar reflektiert, darf weder irritieren noch verwundern, stammen doch die heute bekannten Fassungen seiner Werke aus den letzten zwanzig Jahren seines Lebens, in denen seine ersten Erfahrungen mit der strengen Regelbeobachtung schon weit zurückliegen und die Observanz längst eine gesicherte, etablierte Position im Orden übernommen hat[127].

Es ist unbekannt, auf welche Weise oder wann Fridolin Mitglied im Bamberger Franziskanerkonvent wurde. Vielleicht lebte er bereits längere Zeit dort und sein Vertrautsein mit den örtlichen Verhältnissen war ausschlaggebend für die Ernennung zum Prediger an der Oberen Pfarre. Denkbar wäre aber auch, daß er noch in Württemberg in Kontakt mit Nikolaus Caroli gekommen war, der ihn 1447 für die Gruppe von Brüdern auswählte, die den Nürnberger Konvent reformierten[128], und es wäre weiterhin möglich, daß Fridolin dreizehn Jahre später zu denjenigen Barfüßern der Reichsstadt gehörte, die unter Führung ihres Guardians Albert Püchelbach nach Bamberg übersiedelten, um dort den Grundstock der Konventsreform zu legen.

Da die Liste mit Namen und Ernennungsdaten der Prediger an „Unserer lieben Frau" in Bamberg zwischen Fridolin und dem nächsten Amtsinhaber eine Lücke von einundzwanzig Jahren aufweist[129], ist ihr nicht zu entnehmen, wie lange der Barfüßer dort seiner Tätigkeit nachging. Spricht aber schon die Tatsache, daß alle weiteren aufgeführten Prediger das Amt höchstens drei Jahre lang versahen[130], gegen die Annahme, Fridolin habe die Franziskaner bis 1481 auf der Kanzel der Oberen Pfarre vertreten, so wird dies durch bruchstückhaft erhaltene Aufzeichnungen der Provinzkapitel bestätigt: 1475 nimmt Fridolin am Kapitel in Ingolstadt als einer der vier Definitoren teil und wird in der dort zusammengestellten Liste, die einen Überblick über die gegenwärtigen Amtsinhaber bietet, als wiederernannter Prediger in Bamberg festgehalten[131], das zwei Jahre später in Bamberg tagende Kapitel

---

[127] Zur sogenannten „Capistrantafel" als möglichem Dokument für Fridolins Favorisierung der Observanz siehe unten, S. 183, Anm. 75.

[128] Siehe dazu oben, S. 14. Das würde allerdings ein Geburtsdatum Fridolins vor 1430 nahelegen und damit in die Nähe Zawarts weisen, der (freilich ohne Angabe von Gründen) annimmt, daß Fridolin zwischen 1420 und 1425 geboren wurde. ZAWART: History, S. 343.

[129] Der nächste bekannte Prediger ist Wilhelm Reitzenthaler, dessen Ernennung das Provinzkapitel in Heidelberg 1481 vornimmt. Schellenberger: Geschichte, S. 144.

[130] Für die Jahre 1481 bis 1496 sind lückenlos zehn Prediger überliefert. GERNHARDT: Predigtgeschichte (3), S. 64.

[131] Tabulae Capitulares, S. 688 und 690.

hingegen stellt ihn in einem anderen Kloster und in einem völlig neuen Tätigkeitsbereich vor: Als magister iuvenum und Lektor[132] im 1469 zur Observanz übergegangenen Mainzer Franziskanerkonvent[133]. Damit liegt der Schwerpunkt seiner Arbeit nicht mehr in der Predigt für die städtische Bevölkerung, sondern einerseits in der Sorge um die Professen des Konvents[134], andererseits aber in der verantwortlichen Position als Leiter des hausinternen Unterrichts.

2.2.3. Ausbildung zum Lektor und erste wissenschaftliche Interessen – der Aufenthalt in Mainz

Widmete der Franziskanerorden bereits dem Unterricht und der Auswahl seiner Prediger außerordentliche Aufmerksamkeit und Sorgfalt, so wurde dieses Bemühen noch bei weitem durch die übliche Praxis der Ausbildung zum Lektor übertroffen. Im Gegensatz zum Unterricht für zukünftige Prediger und andere Brüder fand die Lektorenausbildung in der Regel nicht in den einzelnen Konventen statt, sondern wurde den Generalstudien und Universitäten überlassen. Die einzelnen Provinzkapitel wählten jeweils geeignete Kandidaten aus – Grundvoraussetzungen waren die Profeß und die Teilnahme am konventsinternen Unterricht während eines Zeitraumes von zwei bis drei Jahren[135] –, die aufgrund ihrer Intelligenz, Gesundheit, Rednergabe und vorbildlichen Lebensführung den erfolgreichen Abschluß des Studiums erwarten ließen[136], und sandte diese an eine der großen Ausbildungsstätten. Da die Zahl der an den Universitäten zur Verfügung stehenden Plätze stark begrenzt war, absolvierten die meisten der für das Lektorenamt Ausersehenen ihre zunächst vier, später zwei vorgeschriebenen Studienjahre[137] an einem der für einen umfassenden Unterrichtsbetrieb ausgestatteten Klöster, einem

---

[132] Ebd., S. 691.
[133] Glassberger: Chronica, S. 443 f. Zum Mainzer Barfüßerkloster liegt bisher keine umfassende Untersuchung vor. Einen fragmentarischen Einblick in seine Geschichte ermöglicht MOORMAN: Houses, S. 282.
[134] Da das Amt des Novizenmeisters in Mainz durch einen anderen Bruder versehen wird, muß mit „magister iuvenum" der Tätigkeitsbereich derjenigen Person bezeichnet sein, der die jungen Konventsmitglieder nach Abschluß des Noviziats unterstellt waren. Darauf weist auch die Liste des Provinzkapitels von 1480 hin, auf der Fridolin als „Magister iuvenum professorum" in Nürnberg erscheint. Tabulae Capitulares, S. 694. Zu diesem Amt vgl. auch IRIARTE: Franziskusorden, S. 96.
[135] Die Dauer des verpflichtenden Studiums im Konvent konnte allerdings verkürzt werden, wenn der Bruder schon vor seinem Eintritt in den Orden die höheren Studien absolviert hatte. So FELDER: Geschichte, S. 364.
Ob Fridolin sich die Grundlagen von Artes, Philosophie und Theologie vor Beginn des Noviziats oder erst nach der Profeß angeeignet hat, ist nicht bekannt.
[136] FELDER: Geschichte, S. 364.
[137] FELDER: Geschichte, S. 364. IRIARTE: Franziskusorden, S. 124.

„studium generale". Diese Häuser existierten sowohl auf Ordens- wie auch auf Provinzebene, wobei „studia generalia ordinis" wie Paris, Oxford oder Köln ausgewählten Brüdern aus allen Provinzen offenstanden, „studia generalia provinciae" hingegen primär Studenten aus den verschiedenen Kustodien der eigenen Provinz aufnahmen[138]. Ebenso wie an den Universitäten standen auch an den universitätsähnlichen, international ausgerichteten Generalstudien für jede Provinz nur wenige Plätze zur Verfügung[139], so daß für die Mehrzahl der begabten jungen Barfüßer das jeweilige „studium generale provinciae" der Ort wurde, an dem sie die Ausbildung in Philosophie, Theologie und kanonischem Recht erhielten, die sie für den späteren Unterricht an einem der Haus- oder Partikularstudien qualifizierte. Obwohl in Fridolins Fall natürlich auch die Ausbildungsgänge an einer Universität und einem „studium generale ordinis" denkbar wären, ist es doch aufgrund der eben skizzierten Verhältnisse wahrscheinlicher, daß er am Generalstudium der oberdeutschen Provinz zum Lektor herangebildet wurde, nämlich in Straßburg[140].

Wo und wann auch immer er das für die Erteilung der Leseerlaubnis durch das Provinzkapitel benötigte Zeugnis über den erfolgreichen Abschluß seiner Studien erhalten hatte[141], sicher ist einzig, daß er 1477 zum Lektor in Mainz ernannt wurde und sich während seines dortigen Aufenthaltes nicht auf den üblicherweise zweimal täglich in Form von Vorlesungen, Repetitionen und (seltener) Disputationen[142] abzuhaltenden Unterricht für die Mitbrüder beschränkte, sondern auch predigte und auf Drängen zweier Benediktinermönche ein Werk verfaßte, das noch 1512 dem Bibliothekar des Klosters auf dem Jakobsberg bei Mainz vorlag, danach aber verlorenging. Es handelte sich dabei um eine Studie, die den Stammbaum Christi bis auf Adam zurückverfolgte, die „Genealogia Salvatoris liber I"[143]. Dieser Titel si-

---

138   Courtenay: Franciscan Studia, S. 83.
139   Über die Organisation des Unterrichtsbetriebes und des Zusammenlebens der Studenten an den Generalstudien sowie den Modus, mit dessen Hilfe die vorhandenen Studienplätze auf die Ordensprovinzen verteilt wurden, informiert Esser: Generalstudium, S. 15 f.
140   Zum Straßburger Generalstudium: Knepper: Schul- und Unterrichtswesen, S. 60–67. Minges gibt zwar an, der Papst habe der oberdeutschen Provinz im Jahr 1448 die Einrichtung eines zweiten Generalstudiums in Nürnberg bewilligt, führt jedoch keinen Quellenbeleg dafür an. Minges: Geschichte, S. 59.
Da nicht bekannt ist, ob in Nürnberg jemals ein überregionales Studienhaus eingerichtet wurde – ich halte seine Existenz für unwahrscheinlich, da Glassberger, dem sehr an der Darstellung der rühmlichen Verhältnise im Nürnberger Konvent gelegen ist, kein Wort darüber verliert – spricht nichts dafür, daß Fridolin sein Studium in seinem späteren Stammkloster absolvierte.
141   Zur Notwendigkeit solcher Zeugnisse als Voraussetzung für die Einsetzung als Lektor vgl. Felder: Geschichte, S. 366.
142   Esser: Generalstudium, S. 15. Felder: 368–372.
143   Wolfgang Trefler, seit Beginn des 16. Jahrhunderts Bibliothekar des zur Bursfelder Reform gehörigen Benediktinerklosters auf dem Jakobsberg, legte 1512 ein neues Ver-

gnalisiert erstmalig ein Interessengebiet Fridolins, das für einen mittelalterlichen Theologen sicher nicht selbstverständlich war, das Werk des Franziskaners jedoch durchzieht und sogar charakterisiert: die Beschäftigung mit ver-
schiedensten Bereichen, Persönlichkeiten und Aspekten biblischer, antiker
und mittelalterlicher Geschichte[144]. Da Fridolin gerne auf unterschiedliche
literarische Formen zurückgreift, um seinen Leserinnen und Lesern Geschehnisse und Zusammenhänge der Vergangenheit nahezubringen, finden
sich in den beiden seiner Werke, die von historischen Themen dominiert
sind (*Buch von den Kaiserangesichten*) bzw. davon durchzogen und aufgelockert
werden (*Schatzbehalter*), Kurzbiographien, Heiligenlegenden, Beispielerzäh-
lungen, historische Begriffserläuterungen sowie umfangreiche Versuche, den
tieferen Sinn hinter bestimmten Entwicklungen in der Geschichte zu erläutern, und immer wieder auch Genealogien: So ist zwischen die Münzerklä-
rungen Fridolins ein Stammbaum des Kaisers Nero[145] eingeschoben und im
Schatzbehalter wird die Geschlechterlinie der Seleukiden zusammengestellt[146].

Aber nicht nur die erhaltenen Texte (und indirekt die verlorengegangene
Genealogie) bezeugen die Vorliebe des Franziskaners für die Beschäftigung
mit der Geschichte, auch ein großzügiges Geschenk, das er während seines
Aufenthaltes in Mainz erhielt, spricht dafür. Offensichtlich waren die Benediktiner nicht der einzige Orden, zu dem er dort Kontakte unterhielt, denn
der Prior der Kartause auf dem Michaelsberg[147] entschloß sich, Fridolin eine
Münzsammlung mit Porträts antiker römischer Kaiser zu überlassen, „vmb
des willen, das er sie kant vnd lesen kunt vnd vmb geschrifftlicher kuntschafft
willen der kayseren, der sie sint, ain wollust in ynen het"[148]. Der Kartäuser
war also wohl der Meinung, Fridolin interessiere sich für die Münzen und

---

zeichnis der Bücher in der Konventsbibliothek an, das im wesentlichen aus kurzen Artikeln
über die vorhandenen Autoren und deren im Kloster befindliche Werke bestand. Über
Fridolin findet sich folgender Eintrag: „Stephanus, ordinis fratrum Minorum, natione Teu-
tonicus, vir undecumque doctissimus et in sacris scripturis excellenter eruditus, hu-
manarum quoque litterarum neutiquam ignarus, in ipsa etiam philosophia non in postre-
mis exercitatus, acer ingenio, eloquio dulcis, conversatione singulariter devotus, et istius
modi, qui in lege domini meditaretur dies noctesque, declamator insuper sermonum ad
plebem fuit preclarissimus et in disputandis questionibus multum nervosus. Edidit preter
cetera, que nos penes minime habentur, opus valde egregium ad instantiam venerabilis
domini Hermanni abbatis cenobii nostri et fratris Bonifacii postea abbatis in Lindburge, …
[Auslassung bei Schillmann] quod ab Adam per lineamenta divisum usque ad Christum
perduxit. Claruit autem circa annum domini Moguntie primum et Bamberge predicationi
inserviens MCCCCLXXVIII,[…] Habemus ergo opus illud, quod ipse haud indocte in-
scribi voluit: *Genealogia Salvatoris liber I*". SCHILLMANN: Wolfgang Trefler, S. 8. Zitat ebd.,
S. 184.
[144] Vgl. unten Punkt 6: Buch von den Kaiserangesichten.
[145] Cent IV, 90, 41rf.
[146] *Schatzbehalter* T 1 vb.
[147] Es dürfte sich dabei um Johannes Lyse von Schmalkalden gehandelt haben, der
1469–1482 Kartäuserprior war. Zu seiner Person siehe SIMMERT: Geschichte, S. 33.
[148] Cent IV, 90, 4v, Z. 18–20.

wisse wirklich etwas mit ihnen anzufangen, da ihm die Abgebildeten und ihr Leben aufgrund seiner historischen Studien bekannt seien, und gab sie deshalb an ihn weiter[149]. Obwohl die Sammlung selbst verlorengegangen ist, können wir aus der Beschreibung der Münzen, die Fridolin etwa zehn Jahre später anfertigte, nachdem er sie dem Nürnberger Rat geschenkt hatte, einiges über ihren Charakter und Umfang[150], vor allem aber über den zwar nicht ausschließlich, aber doch primär theologischen Blickwinkel, unter dem er diese Zeugnisse antiker Herrschaft betrachtete, erfahren. Fridolin ist nämlich durchaus daran interessiert, historische Namen, Entwicklungen und Details festzuhalten, Zusammenhänge herauszuarbeiten und so Geschichte verstehbar werden zu lassen, sein Hauptanliegen dabei ist jedoch keineswegs die Heranführung seiner Leserinnen und Leser an die antike Lebens- und Geisteswelt, sondern eine für sein Publikum nachvollziehbare theologische Einordnung und Bewertung historischer Geschehnisse und Phänomene. Das zeigt nicht nur sein *Buch von den Kaiserangesichten*, in dem er besonders durch die Vorrede Rechenschaft über die Beweggründe seiner Beschäftigung mit dem römischen Kaisertum ablegt[151], sondern auch der *Schatzbehalter* mit seinen zahlreichen Einschüben und Exkursen historischen Inhalts.

Ein anderes, nicht genuin theologisches, aber sehr wohl auf die Theologie einwirkendes wie auch durch sie gespeistes Wissensgebiet, mit dem sich Fridolin seinen eigenen Worten nach immer wieder gern beschäftigte, war die Edelsteinkunde bzw. -symbolik, von deren Faszination er an zwei Stellen im *Schatzbehalter* spricht[152]. Beide Bezugnahmen auf die Kräfte und Qualitäten

---

[149] Auch im *Schatzbehalter* findet sich ein Hinweis darauf, daß der Kartäuser nicht irrte, wenn er von einem Interesse Fridolins an antiken Münzen ausging. Um seinen Leserinnen und Lesern die Gründung Roms lebendig zu schildern, fügt der Franziskaner dort nämlich folgende Bemerkung ein: „wer hat das ro(e)misch reych (der menschen halben [)] gestifftet, denn die zwen zwiling romus oder romulus vnd remus; wie die selben erneret seyn worde(n), dz bezeu(e)gt die alt ro(e)misch mu(n)tz in irem geprech, da die zwey zwiling ein wo(e)lffyn saugen" (s1 rb, Z. 29–35).

[150] Freilich ist unsicher, wie groß genau die Zahl der Porträts war, die Fridolin nach Nürnberg mitbrachte (siehe unten, S. 144). Dennoch kann man vermutlich davon ausgehen, daß die aus Mainz stammende Sammlung den Grundstock der schließlich 41 Exponate bildete, die in der Ratsbibliothek zusammen mit dem „abgus von einem der dreyssig pfennigen, darumb Cristus der herre verkauft ist worden" (Cent IV, 90, 42r, Z. 1–3) auf einer Tafel ausgestellt wurden. Ebensowenig ist heute nachweisbar, ob die Münzen wirklich die Porträts derjenigen Kaiser trugen, die Fridolin in seinem Buch beschreibt. Dazu siehe: Hans Tuchers Buch (Joachimsohn), S. 14.

[151] Siehe unten, Punkt 6. 2. Vgl. auch Schmidt: Franziskanerprediger, S. 139.

[152] So greift er etwa in seinen Ausführungen über das Gehirn des Gottessohnes auf den Iritis zurück, um die Schönheiten des Erkenntniszentrums Christi zu verdeutlichen: „Ein regenbog ist ein clars lauters sechseckets steinlei(n) vntter andern cristallen. In welche(m) regenboge(n) als ma(n) ine zu latein yride(m) heisset ich so scho(e)ne ding von farbe(n) gesehen vn(d) andern auch gezeiget hab, daz sie veriahen [zugaben], das sie ir lebtag scho(e)nere ding nye gesehen hette(n)" (B1 va, Z. 9–15).
Als Anhänger einer Lehre von der Bedeutung verschiedener Edelsteine, die auf Apk 21, 14 sowie der Vorstellung, jeder Glaubensartikel gehe auf einen der zwölf Apostel zurück,

der Steine zeugen davon, daß der Barfüßer seine neuen Erkenntnisse nicht als privaten Wissensschatz betrachtet oder lediglich zur Unterhaltung seiner Leserinnen und Leser einfließen läßt, sondern sie ebenso wie die Ergebnisse seiner numismatischen und historischen Studien der seelsorgerlich-theologischen Arbeit nutzbar macht.

Vielleicht hatte Fridolin – der Titel „Genealogia Salvatoris liber I" legt es nahe – eine Fortsetzung seines Mainzer Werkes geplant, dieses Vorhaben aber aufgrund anderweitiger Verpflichtungen oder wegen seiner Abberufung aus dem dortigen Konvent nicht mehr verwirklichen können. Spätestens 1479 nämlich verließ er die rheinische Kustodie, um zusammen mit seinem Ordensbruder Johannes Kempt eine Romreise zu unternehmen. Über den Zweck dieser Unternehmung ist nichts bekannt, aber vermutlich waren die beiden Franziskaner im Auftrag des Ordens oder noch wahrscheinlicher der oberdeutschen Provinz unterwegs. Fridolin selbst nutzte dabei auch die vor Ort gegebenen Möglichkeiten, historische und kulturgeschichtliche Studien zu betreiben, wie er im *Buch von den Kaiserangesichten* zu erkennen gibt, wenn er schreibt, bestimmte Informationen „zu Rom gefunden" bzw. „von Rom gezeichnet" mit nach Hause gebracht zu haben[153]. Das gleiche ist aus zahlreichen Bemerkungen im *Schatzbehalter* zu erschließen: Wiederholt werden Angaben über die Lage und Vorgeschichte römischer Kirchen gemacht, aber auch Hinweise auf Standort und gegenwärtigen Zustand von Denkmälern und baulichen Zeugnissen der Antike gegeben sowie deren Bedeutung und Ursprung erläutert. Daß es Fridolin bei diesen in Rom durchgeführten Forschungen nicht einfach darum ging, die Antike als solche besser kennenzulernen, macht seine Weise, das eine oder andere Studienergebnis im *Schatzbehalter* aufzugreifen, deutlich. Ebenso wie seine Rezeption historischer Quellentexte zielen die Verweise auf antike Monumentalquellen weniger darauf ab, das Publikum für die Beschäftigung mit der römischen Geschichte zu gewinnen, sondern dienen der Absicht, theologische Aussagen besser verständlich zu machen oder zu untermauern. Es sei ein Beispiel genannt: Im Rahmen seiner Ausführungen über die in Christi letzten Worten am Kreuz offenbar werdenden Stärken des sterbenden Erlösers kommt Fridolin auf „die stercke eins triumphirers" zu sprechen; und weil er davon auszugehen hat,

---

basiert, gibt er sich in seiner Erklärung des Credo zu erkennen: „Dar zu so gedenck auch, daz die zwelff artickel des glaubens bey den zwelff gru(e)nde(n) in dem eynvndzweintzigisten capitel des bu(o)chs der go(e)ttlichen offenbarung [Apk 21,19 f.] bedeu(e)t sind, die all edelgesteyn waren; darumb wenn du die selben artickel yn die glidlein der finger setzst [zur besseren Memorierbarkeit auf die einzelnen Fingerglieder verteilst], so hast an einem yglichenn glidlein als ein fingerlein [Ring] mit eym edele(n) stein. Der erst artickel ist bey dem Jaspis bedeu(e)t, der ander bey dem Saphir, der dritt bey dem Calcedonie(n), der vierd bey dem Smaragd vnd also nach einander wie sie an dem selbenn ortt genennt sind vn(d) die eygenschafft der artickel co(n)cordiert also scho(e)n mit der art vnd tuge(n)t oder krafft der selben edeln stein, daz es mir offt ein lust gegebenn hat, wenn ich ym nach gedacht od(er) dar vo(n) geredt hab" (U3 rb, Z. 7–25).

[153] Cent IV, 90, 15r, Z. 9 und 18r, Z. 10.

daß die Vokabel „Triumph" der Mehrzahl seiner Leserinnen und Leser nicht
geläufig ist, erklärt er sie sehr anschaulich folgendermaßen: „Einen triumpf
heissen die walhen [Italiener] ein gemalt spil, das etwas bedeu(e)t. Un(d) die
schwibo(e)gen, an den die sig der ro(e)mischen keyser gehawen sind, als
ma(n) sy noch zu rom siht, heissen arcus triumphales, dz als vil ist als die
schwibo(e)ge(n) d(er) triu(m)pf oder ansigung. Daru(m)b triumpf hieß
ma(n) die hohzeit vnd herligkeit, die man den zu gab, die dy feind vberwunden heten, wenn sie zu rom einritten oder fure(n) […] Aber nun versteet man
bey dem namen des triumpfs die vberwindu(n)g der feind; die selb vberwin-
dung mag verstande(n) werde(n) in dem sechsten wort vnsers herre(n), da er
sprach: Es ist volbracht. Den(n) kein erentreicher, tugenlicher, […] wirdiger
streit ist ye gefu(e)rt worde(n) denn der selb streit, den […] cristus gefu(e)rt
hat wider den feind des menschlichen geschlechts, de(n) teu(e)fel un(d) sein
heer."[154] Eine ähnliche Funktionalisierung ist im *Schatzbehalter* bei allen weiteren Bezugnahmen auf die römische Antike festzustellen[155].

Seine aus Rom stammenden Aufzeichnungen und Notizen hat Fridolin
durch das wahrscheinlich größte Abenteuer seines Lebens hindurchgerettet,
denn auf der Rückreise in die Heimatprovinz wurden Johannes Kempt und
er durch Piraten nach Korsika entführt, aber allem Anschein nach bald wieder freigelassen[156], zumindest erwähnt das im April 1480 tagende Provinzkapitel Fridolin als Professenmeister und Lektor des Nürnberger Klosters „ut
prius"[157], so daß wir davon ausgehen können, daß der Barfüßer bereits 1479
aus dem Süden zurückgekehrt war und durch das im gleichen Jahr stattfindende Kapitel (dessen Aufzeichnungen allerdings nicht erhalten sind) mit
diesen Ämtern betraut wurde.

Seit 1479 – trifft der angenommene Geburtszeitraum zu, so hat er Ende
der siebziger Jahre ein für das 15. Jahrhundert stattliches Alter von etwa 50
Jahren erreicht – bewegt sich Fridolins Leben in ruhigeren und übersichtli-
cheren Bahnen, denn, von einer einzigen zweijährigen Unterbrechung abgesehen, ist er wahrscheinlich von nun an bis zu seinem Tod im Jahr 1498 im
Dienste des Nürnberger Franziskanerklosters tätig. Die eindrucksvolle Liste

---

[154] *Schatzbehalte*r L1 vb, Z. 35 – L2 ra, Z. 1–3, 25–31 und 35–39.
[155] Erläutert werden unter anderem: Christi Treue seinen Feinden gegenüber durch
den Hinweis auf die Ernährung der Gründer Roms durch die Wölfin (s1 rb, Z. 27–s1 va,
Z. 9); die Eroberung und Zurschaustellung aller jüdischen Heiligtümer durch Titus und
Vespasian als Folge der Entblößung Christi durch die Juden (t4 va, Z. 13–b, Z. 11); das
furchtbare Schicksal von Menschen, die Christus verachtet haben durch das Beispiel des
Nero, der nach seinem Tod lange Zeit dort spuken mußte, wo zu Fridolins Zeit die Kirche
St. Maria de Populo steht (B6 rb, Z. 20–va, Z. 8).
[156] 1479, „cum fuisset frater Stephanus Fridelini de Provincia nostra Argentinensi ad
tempus Romae cum fratre Iohanne Kempt et rediturus ad Provinciam, quam citius et faci-
lius veniret, navem marinam conscendisset, supervenerunt piratae et captas naves homines-
que duxerunt in insulam Corsicae, ubi, mercatoribus detentis, Fratres liberos dimiserunt."
Glassberger: Chronica, S. 469.
[157] Tabulae Capitulares, S. 694.

seiner Wahlen in Konvents- und Provinzialämter[158] belegt, wie angesehen und geschätzt er in seinem Konvent gewesen sein muß: An den Kapiteln in Heidelberg (1481), Leonberg (1484) und Oppenheim (1487) nimmt er als Definitor teil, nachdem er vorher jeweils zum Diskreten seines Konvents gewählt worden ist[159], und für die Jahre 1480–1484 und 1486 ist Fridolin als Lektor in Nürnberg bezeugt[160]. In dieser Position ist er im Frühling 1482 an einer Ablaßkampagne beteiligt, die sein Ordensbruder Emericus von Kemel nach Nürnberg bringt[161]. Ebenso wie der Guardian seines Konvents, Johannes Ulrich Eisenflamm[162], erscheint Fridolin als Subcommissarius, also als Vertreter Kemels auf Ablaßbriefen[163]. Während Verkündigung und Verkauf des von Minoriten durchgeführten Ablasses zum Besten des Kampfes gegen die Türken wohl nach wenigen Monaten beendet waren, zog sich die Übergabe der Einnahmen an den zuständigen päpstlichen Beauftragten lange hin: Bestrebt, Finanzmittel soweit als möglich in der Stadt zu halten und den Ertrag aus Ablaßkampagnen Nürnberger Einrichtungen zugute kommen zu lassen, weigerte sich der Rat zunächst, den Inhalt der durch Kemel in der Kirche des Neuen Spitals aufgestellten Opferstöcke auszuhändigen; schließlich einigte er sich mit der Kurie darauf – eine ähnliche „Lösung" hatte man Kemel bereits im Frühjahr 1482 abgerungen – , zwei Drittel des Geldes auszubezahlen und den Rest für städtische Sozialeinrichtungen zu verwenden[164]. Ist auch unsicher, ob Fridolin in die langwierigen Verhandlungen

---

[158] Vgl. die unter Punkt 11 beigelegte Datenübersicht. Was die Informationslücken hinsichtlich der Ämter Fridolins ab 1475 anbelangt, so ist zu beachten, daß für die Jahre 1476, 1478, 1479, 1482, 1485, 1488, 1491, 1494 und 1497 keine Tabulae Capitulares erhalten sind.

[159] Tabulae Capitulares, S. 697–699, 702 f. und 706. Bei der Angabe des Leonberger Kapitels, Fridolin habe gleichzeitig das Amt des Lektors in Nürnberg und das des Diskreten in Kreuznach wahrgenommen, muß es sich um einen Irrtum handeln, da beide Aufgaben unmöglich ein und derselben Person übertragen werden konnten.

[160] Tabulae Capitulares, S. 694, 697, 699, 702 f., 751. Für das Jahr 1486 ist ausdrücklich erwähnt, daß sich Fridolin das Lektorenamt mit einem weiteren Bruder teilte, wobei Fridolin die Theologie und sein Kollege Ieorius Oelman die Artes las. Tabulae Capitulares, S. 751.

[161] Den Hinweis auf Fridolins Tätigkeit im Rahmen der Ablaßverkündigung verdanke ich Falk Eisermann. Da er erst kurz vor der Drucklegung der vorliegenden Arbeit erfolgte, war es nicht möglich, ausführlich auf die Hintergründe und den Vollzug der Ablaßkampagne einzugehen.

[162] Zu Eisenflamm siehe unten, S. 37, Anm. 171.

[163] Folgende der in der Universitätsbibliothek Erlangen aufbewahrten, in Nürnberg gedruckten Ablaßbriefe tragen den handschriftlich eingefügten Namen Fridolins: Einblattdrucke II, 32 (vgl. GW Bd. I, Nr. 35); Einblattdrucke II, 33 (vgl. GW Bd. I, Nr. 34); Einblattdrucke II, 35 (vgl. GW Bd. I, Nr. 35); Einblattdrucke II, 42ª und 42ᵇ (vgl. GW Bd. I, Nr. 32). Durch Eisenflamm als Subcommissarius ist ausgestellt: Einblattdrucke II, 34 (vgl. GW Bd. VIII, Nr. 9546). Nur mit Kemels Namen sind gezeichnet: Einblattdrucke II, 36 (vgl. GW Bd. VIII, Nr. 9298) und Einblattdrucke 38 (vgl. GW Bd. VIII, Nr. 9300). Zum Ablaßbrief als Druckerzeugnis siehe Corsten: Ablaßbrief.

[164] Zur Nürnberger Ablaßpolitik allgemein: Kraus: Beziehungen, S. 55–60, zum Ablaß von 1482 bes. S. 57.

zwischen Franziskanern, Rat und Sixtus IV. einbezogen war, so ist doch zu vermuten, daß er durch Eisenflamm über die geschickten Verhandlungsstrategien der Nürnberger Stadtspitze informiert wurde und insofern Erfahrungen mit dem Selbstbewußtsein des Rates machte.

Im Auftrag seines Klosters nimmt Fridolin auch ein Amt wahr, das ihn regelmäßig in die Niederlassung des weiblichen Zweiges seines Ordens in Nürnberg führt, denn von 1481 bis zu seinem Tod 1498 wird er mindestens elfmal zum Prediger des Klaraklosters bestimmt[165]. Unsicher ist hingegen die in der Literatur wiederholt auftauchende Behauptung, Fridolin habe neben dem Predigeramt auch die Aufgaben eines Beichtvaters im Nürnberger Schwesternkonvent wahrgenommen[166]. Einzig Würfels Auszug aus dem Totengedenkbuch der Klarissen und der Kolophon der Nürnberger Predigthandschrift über die Komplet, in denen Fridolin als „getrevver freunt vnd vater"[167] beziehungsweise als „besund(er) getrew(er) vnd wor(er) frewnt vn(d) vatt(er) unsers ordens"[168] bezeichnet wird, könnten als Hinweise in diese Richtung angeführt werden; dabei sollte allerdings Beachtung finden, daß andere Franziskaner wie Heinrich Vigilis, deren Tätigkeit als Beichtvater im Klarakloster auch durch weitere Quellen belegt ist, im Nürnberger Totengedenkbuch ausdrücklich mit dieser Bezeichnung versehen werden[169]. Deshalb dürfte mit „Vater" einfach derjenige der örtlichen Franziskanerpatres gemeint sein, der einem Teil der Seelsorgeaufgaben im Schwesternkonvent nachkam. Genau das legt auch die Näherbestimmung als „vatt(er) unsers ordens" in der Predigthandschrift nahe.

2.2.4. Prediger in den Klarissenklöstern Basel und Nürnberg

Die einzige örtliche Veränderung während der gut neunzehn Jahre, die Fridolin in der fränkischen Reichsstadt verbrachte, war ein gut zwei Jahre (Frühjahr 1487 bis Herbst 1489) andauernder Aufenthalt in Basel, wo er der Predigttätigkeit im 1447 reformierten Klarissenkloster Gnadental nachging[170]. Durch diesen Wechsel in das Hauptkloster der Custodia Basileae verstärkte Fridolin die engen Verbindungen, die sich in der zweiten Hälfte des 15. Jahrhunderts auf der Ebene der Konventsleitung zwischen dem Nürnberger und dem Baseler Minoritenkloster nachweisen lassen[171].

---

[165] Tabulae Capitulares, S. 697, 706, 775 f.

[166] So z.B. BONMANN: Fridelini, Sp. 1525 und SCHMIDTKE: Fridolin, Sp. 918.

[167] WÜRFEL: Nachrichten, S. 930.

[168] Cod 3801, 230v, Z. 15 f.

[169] „Pater Heinricus Vigilis, V jar prediger, VIII iar peicht-vater, anno Dni MCCC-CLXXXVII, ist ganz unser getreuer vater gevvest, hat vil mü vnd arbeit gehabt mit predigen vnd peicht hoeren [...]". WÜRFEL: Nachrichten, S. 930.

[170] Tabulae Capitulares, S. 799. DEGLER-SPENGLER: Klarissenkloster, S. 76–79. BONMANNs (Fridelini, Sp. 1525) Behauptung, Fridolin habe auch hier als Beichtvater gewirkt, entbehrt jedes Beleges.

[171] Johannes Heilmann von Lindenfels war 1475–1477 Guardian in Nürnberg, 1480–

Obwohl sich über die Baseler Zeit unseres Franziskaners vielleicht keine
Zeugnisse erhalten haben[172], so sind doch zwei die klösterlichen Adressatinnen
Fridolins betreffende und deshalb vom Prediger nicht zu vernachlässigende
Aspekte festzuhalten. Es handelt sich dabei sowohl um eine Übereinstimmung
als auch um einen gravierenden Unterschied zwischen Baseler
und Nürnberger Klarissen: In beiden Städten bestand das Auditorium Fridolins
aus Nonnen – in Gnadental etwa vierzig, in Nürnberg um die sechzig[173]
, die in der Mehrzahl aus örtlichen Familien stammten[174] und der
jeweiligen Führungsschicht (in Basel nicht nur dem Patriziat, sondern auch
dem Adel) sowie dem vermögenden, einflußreichen Bürgertum angehörten[175],
was eine enge Verflechtung von Stadt und Frauenkloster mit sich
brachte, die sich vor allem im 15. Jahrhundert durch massive städtische Einmischung
in Ordensangelegenheiten äußerte[176]. Hatte Fridolin also bereits
in Nürnberg die Einflußnahme einer Stadt auf das klösterliche Leben innerhalb
ihrer Mauern und die durch Laien ausgeübte Gestaltungskraft im religiösen
Bereich kennengelernt, so erlebte er in Basel durchaus Ähnliches.

Völlig unterschiedlich dürfte hingegen der Bildungsstand gewesen sein,
von dem der Prediger in den beiden Konventen ausgehen konnte: Während
in Gnadental zwar das Bildungsniveau durch die Einführung der Reform im
allgemeinen angestiegen zu sein scheint[177], aber weder eine hauseigene Bibliothek
noch andere Anzeichen wie eine hohe Zahl zur Erziehung anvertrauter
Mädchen[178] auf ein ausgeprägtes Interesse der Nonnen an der Aneignung
und Weitergabe von Wissen schließen lassen, die Schwestern vielmehr
für die Herstellung kunstvoller Handarbeiten wie den Heiligenberger Marienteppich
bekannt waren[179], standen die Nürnberger Klarissen im Rufe

1484 und in einer zweiten Amtszeit 1487–1490 Guardian in Basel (DEGLER-SPENGLER:
Observantenvikarie, S. 113). Johannes Funck nahm dieses Amt 1484 in Basel wahr, nachdem
er 1454 Vizeguardian in Nürnberg gewesen war (DEGLER-SPENGLER: Barfüsserkloster,
S. 131). Johannes Ulrich Eisenflamm schließlich, dessen Lebensweg sich ab 1475 weitgehend
mit dem Fridolins deckte, leitete 1475–1480 den Bamberger, 1481–1486 den Nürnberger,
1486 den Baseler und 1487–92 wieder den Nürnberger Konvent (DEGLER-SPENGLER:
Barfüsserkloster, S. 131). Es ist durchaus denkbar, daß Fridolins temporäre Versetzung
in die Schweiz auf die Empfehlung oder den Wunsch eines dieser Guardiane zurückging.

[172] Siehe dazu unten, S. 105.
[173] DEGLER-SPENGLER: Klarissenkloster, S. 35. GUTH: Caritas Pirckheimer, S. 13.
[174] DEGLER-SPENGLER: Klarissenkloster, S. 31 f. KIST: Klarissenkloster, S. 94–100.
[175] DEGLER-SPENGLER: Klarissenkloster, S. 32–35. GUTH: Caritas Pirckheimer, S. 13.
[176] In Nürnberg zog der Rat z.B. seit Ende der sechziger Jahre das Recht, über Neuzugänge
in den Frauenklöstern zu bestimmen, an sich. Sein Ziel war dabei die sichere Versorgung
Nürnberger Töchter in den Konventen, die er durch zuviele Zuzüge von außen gefährdet
sah (dazu unten, S. 40, Anm. 184 sowie KIST: Klarissenkloster, S. 94–96). Zum städtischen
Engagement in Baseler Klöstern siehe NEIDIGER: Stadtregiment, S. 563–567.
[177] Degler-Spengler deutet die in der zweiten Hälfte des 15. Jahrhunderts verstärkt
nachweisbare Abschreibetätigkeit im Kloster als Hinweis auf eine solche Steigerung. Klarissenkloster,
S. 79.
[178] DEGLER-SPENGLER: Klarissenkloster, S. 52.
[179] DEGLER-SPENGLER: Klarissenkloster, S. 55–58.

hoher Bildung. Viele der dortigen Chorschwestern sprachen und schrieben Latein, studierten die lateinische Bibel[180] und Kirchenväterausgaben, was dazu führte, daß sich zahlreiche patrizische und ehrbare Familien der Reichsstadt entschlossen, ihre Töchter zur Ausbildung zu den Klarissen zu schicken, ohne deshalb alle diese Mädchen für das Klosterleben zu bestimmen[181]. Sie nahmen somit den Konvent als Schulmöglichkeit in Anspruch. Gefördert wurde solche Studien- und Schulungsarbeit durch die Existenz einer Konventsbibliothek, in der zahlreiche Heiligenlegendare, durch franziskanischen Geist geprägte Schriften, liturgische Texte, Bibeln, erbauliche Werke und gegen Ende des Jahrhunderts auch durch die Bewegung des Humanismus angestoßene Literatur, vor allem Chroniken, vorhanden waren[182]. Angesichts dieser doch erheblichen Unterschiede im Bildungsniveau ist zu vermuten, daß Fridolin die in Gnadental gehaltenen Predigten etwas schlichter strukturiert und formuliert haben dürfte als seine Nürnberger Kanzelvorträge.

Auch das letzte durch Fridolin übernommene Amt bestätigt sein Ansehen innerhalb des Nürnberger Klosters und des Ordens, verfuhren die Provinzkapitel bei der Wahl der Prediger für die den Konventen anvertrauten Frauenklöster doch sehr sorgfältig[183], da die Prediger und Beichtväter in engem Kontakt zu den Nonnen standen und über eminenten Einfluß auf deren geistliches Leben verfügten. In einigen Fällen scheinen sie auch als Vermittler zwischen der Stadt und den Schwestern fungiert zu haben, denn Fridolin wurde beispielsweise im Jahre 1486 vom Nürnberger Rat herangezogen, als

---

[180] Caritas Pirckheimer weist im Jahre 1528 darauf hin, daß die Klarissen die Bibel täglich lateinisch und deutsch läsen (Pirckheimer: Denkwürdigkeiten, S. 10). Ein Brief, den Äbtissin Margarete Grundherr 1481 anläßlich des Besuches Wilhelm Berthos (1478–1481 Generalvikar der observanten Franziskaner und damit zur Visitation der reformierten Klarissenklöster befugt) an Georg Pirckheimer schreibt, bestätigt am Beispiel Caritas Pirckheimers das Vorhandensein solider Lateinkenntnisse bereits bei jungen, den Nonnen anvertrauten Mädchen. Es heißt dort, Bertho habe ein Gespräch mit Caritas Pirckheimer geführt „vnd wie sie mit im vnd er mit ir in latein redet vnd in verstin künt, das gefiel dem vatter so woll [...]" (Abdruck des Briefes bei HARMENING: Handschrift, S. 51–54, hier S. 54).
[181] STAHL: Alltagsleben, S. 104.
[182] KURRAS: Klostergeschichte, S. 91 f.
[183] LANDMANN: Predigtwesen (13), S. 341. Unabhängig von den Aufträgen der Franziskanerkapitel waren in manchen Klarissenklöstern auch Kleriker, die nicht dem Minoritenorden angehörten, als Prediger tätig: In Basel lassen sich durch Klarissen angefertigte Aufzeichnungen dominikanischer Predigten nachweisen, allerdings ist nicht klar, ob die Predigerbrüder regelmäßig bei den Gnadentaler Schwestern tätig waren. DEGLER-SPENGLER: Klarissenkloster, S. 66.
In der Nürnberger Klarakirche waren wegen der großzügigen Ausstattung des Klosters mit Altarpfründen auch Weltgeistliche vertreten, sie scheinen aber nur Messen gelesen zu haben, während der Predigtauftrag fest in Händen der Barfüßer blieb. Zahlreiche Streitigkeiten über Stellenbesetzungen (KIST: Klarissenkloster, S. 108–112) zeigen, daß es um das Verhältnis zwischen den Nonnen und den Inhabern der Pfründen nicht immer zum Besten bestellt war und somit der Einfluß dieser Meßpriester auf die Klarissen nicht mit demjenigen ihrer franziskanischen Seelsorger zu vergleichen ist.

dieser in Rom eine Änderung der für das Klarissenkloster gültigen Aufnah-
mebedingungen erreicht hatte[184] und die neuen Modalitäten des Eintritts in
den Konvent nun den Nonnen vermittelt werden sollten. Statt den Klarissen
aber eine vollständige Abschrift des entsprechenden päpstlichen Breves zu
überlassen, fand sich der Rat aus unbekannten Gründen nur bereit, eine sinn-
gemäße Zusammenfassung des Schriftstückes ins Kloster zu senden und erfuhr in seiner Haltung Unterstützung durch Fridolin, den Prediger an St.
Klara, der das vom Rat zur Verfügung gestellte Schreiben für ausreichend
informativ hielt[185]. Wie die Nonnen auf dieses Zusammenspiel des Rates mit
ihrem Seelsorger reagierten, ist zwar nicht überliefert, es scheint aber das Verhältnis zwischen den Klosterfrauen und Fridolin nicht nachhaltig gestört zu
haben.

Die Prediger wurden zumindest in Nürnberg materiell durch die Klarissen unterstützt, indem sie von diesen Lebensmittel und Kleidung erhielten,
wie aus den Denkwürdigkeiten der Caritas Pirckheimer bekannt ist[186], und
zusammen mit den Beichtvätern waren sie – abgesehen von den das Kloster
in unregelmäßigen Abständen aufsuchenden Visitatoren – die einzigen nicht
dem Konvent selbst Angehörenden, denen gestattet wurde, nötigenfalls den
Klausurbereich zu betreten. Falls die von der Ordensleitung mit der Visitation der Klarissenklöster betrauten Amtsträger selbst der deutschen Sprache
nicht mächtig waren, benötigten sie einen Übersetzer für ihre an die Schwestern gerichteten lateinischen Reden und griffen dabei in der Regel auf die
jeweils zuständigen Seelsorger zurück. Auch Fridolin übernahm vielleicht
einige Male diese Aufgabe, als der Generalvikar der Observanten Oliver
Maillard in den achtziger und neunziger Jahren mehrmals in Nürnberg weil-
te und im Klarissenkonvent predigte[187]. Weiterhin oblag es allein den Predigern und Beichtvätern, die Klosterfrauen mit den Sakramenten zu versehen[188]. Vor allem aber waren sie mit der Aufgabe betraut, in verantwortlicher
Art und Weise auf die religiösen Nöte, Bedürfnisse und Wünsche der Schwestern einzugehen und ihnen durch spezifische, auf die Situation der in einem
zum Orden der Heiligen Klara gehörenden Kloster lebenden Frauen eingehende Unterweisung, geistliche Einsichten und Kenntnisse zu vermitteln. In
einer über das hohe Bildungsniveau des Nürnberger Klarissenkonvents ver-

---

[184] Im Jahre 1476 hatte der Rat sein lang erstrebtes Ziel erreicht und den Papst dazu
bewegen können, die Frauenklöster der Reichsstadt anzuweisen, nur noch gebürtige
Nürnbergerinnen aufzunehmen (KRAUS: Beziehungen, S. 65). Bald darauf jedoch begann
er wieder auf eine Lockerung dieser Vorschrift hinzuarbeiten, da doch auch Frauen, denen
das Bürgerrecht nicht angeboren, sondern durch den Rat verliehen worden war, die Möglichkeit des Eintritts in die Konvente haben sollten. STAN Rst. Nbg., Ratsbücher Nr. 4, Bl.
181a. Dazu KRAUS: Beziehungen, S. 66.
[185] STAN, Rst. Nbg.: Klarakoster, Akten und Bände, Nr. 1, Bl. 68v.
[186] Pirckheimer: Denkwürdigkeiten, S. 6 und 9 f.
[187] So STRAGANZ: Ansprachen, S. 73.
[188] KIST: Klarissenkloster, S. 105–107.

fügenden Gemeinschaft eigneten sich die Schwestern voller Ausdauer frömmigkeitstheologische Kenntnisse[189] und liturgisches[190] Grundwissen sowie

---

[189] Als „frömmigkeitstheologisch" bezeichne ich in Anschluß an HAMM (reformatio,
S. 19 f., bes. Anm. 26) eine Theologie, die zwei Hauptkomponenten aufweist, welche allerdings von Person zu Person und sogar von Werk zu Werk unterschiedlich gewichtet sein
können: Frömmigkeitstheologie durchdringt und bearbeitet den christlichen Glauben
bzw. einzelne seiner Bereiche reflektiert, versucht aber gleichzeitig, ihre Ergebnisse (seltener auch den zu diesen Ergebnissen hinführenden Denkweg) für eine fromme Lebensgestaltung fruchtbar zu machen und so den Adressatinnen und Adressaten von Nutzen zu
sein. Das sie leitende Interesse ist deshalb weder die Suche nach immer neuen subtilen
Detailerkenntnissen noch der Drang zur Analyse spekulativer Theorien; ihr geht es vielmehr darum, sowohl methodisch als auch inhaltlich diejenigen Arbeits- und Vermittlungs-
formen sowie solche Stoffe und Probleme auszuwählen und aufzugreifen, die Impulse für
eine dem christlichen Glauben gemäße Lebensführung geben und damit in Zusammenhang stehende Fragen klären. Abhängig von den jeweils Angesprochenen, deren Fähigkeiten und Erwartungen, aber auch entsprechend der durch das Werk verfolgten theologischen Absicht werden entweder das reflektierend-analysierende oder das didaktisch-ver-
mittelnde Moment innerhalb eines Textes stärker betont; beide Komponenten bleiben jedoch stets eng aufeinander bezogen und sind nicht isoliert voneinander denkbar, ohne den
spezifischen Charakter der Frömmigkeitstheologie preiszugeben (Letzteres kritisch zu
Köpfs Anfrage an den Begriff „Frömmigkeitstheologie" in KÖPF: Monastische Theologie,
S. 124 f.).
  Legt man die beiden eben genannten Grundkriterien, nämlich theologisch-reflektier-
tes Vorgehen und auf die Frömmigkeitspraxis hinzielendes Vermittlungsbemühen zugrunde, so wird deutlich, daß Texte unterschiedlicher literarischer und sprachlicher Gattungen
als Zeugnisse frömmigkeitstheologischer Bemühungen gelten können: Briefe (man denke
nur an die Korrespondenz zwischen der Nürnberger Klarissenäbtissin Caritas Pirckheimer
und dem Propst an St. Lorenz Sixtus Tucher; Pirckheimer: Briefe, S. 31–69), Predigten wie
diejenigen Fridolins, der darin mündlich Impulse zur frommen Lebensgestaltung vermittelte, Traktate und umfangreiche Schriften wie der *Schatzbehalter*.
  Aber nicht nur die Gattungen, derer sich die Frömmigkeitstheologie bediente, waren
different, sondern auch ihre potentiellen Adressatinnen und Adressaten sowie der Kreis
derjenigen, die die Ergebnisse ihrer theologischen Reflexion als Anleitungen zur Ausfor-
mung oder Weiterentwicklung konkreter Spiritualität und Lebensführung weitergeben
wollten: Weltkleriker, Klosterleute und Laien mit unterschiedlicher Vorbildung verfaßten
frömmigkeitstheologische Texte, stellten jedoch umgekehrt auch deren Publikum dar. Den
dadurch gegebenen Voraussetzungen trugen ihre Verfasserinnen und Verfasser Rechnung,
indem sie die formale Gestaltung einer Schrift oder Predigt auf den jeweils angesprochenen Personenkreis hin ausrichteten (z.B. werden in manchen Schriften Lateinkenntnisse
vorausgesetzt, in anderen nicht), sich vor allem aber der spezifischen Interessen und Probleme dieser Gruppe annahmen. Trotzdem läßt sich immer wieder feststellen, daß ein im
Hinblick auf einen bestimmten Kreis von Menschen oder einen gesellschaftlichen Stand
formuliertes Werk nicht nur durch die „ursprünglichen" Adressatinnen und Adressaten,
sondern auch durch andere Menschen rezipiert wurde. So verfügten beispielsweise die
Nürnberger Klarissen offensichtlich über ein Exemplar des für ein außerklösterliches Publikum geschriebenen *Schatzbehalter*, denn Fridolin verweist im *Geistlichen Mai* und
im *Geistlichen Herbst* mehrmals auf dieses Werk und fordert seine Adressatinnen darüber hinaus sogar auf, im *Schatzbehalter* nachzuschlagen (Siehe unten, S. 93 und 95 ff.). Fridolin als
Autor des *Schatzbehalter* geht also davon aus, daß der umfangreiche Band nutzbringend
durch die Schwestern gelesen werden könne.
  Zum durch Berndt Hamm entwickelten Begriff „Frömmigkeitstheologie" siehe

erbauliche und spirituelle Inhalte[191] – die Grenzen zwischen diesen Bereichen waren fließend – sicherlich auch durch die Lektüre des in der Bibliothek vorhandenen und zum Teil im hauseigenen Scriptorium entstandenen
Schrifttums an, aber die unmittelbar auf ihre Gemeinschaft und deren einzelne Mitglieder zugeschnittene Betreuung der Franziskaner durch Predigten
und seelsorgerliches Gespräch vermochte den Zugang zu Erwerb und Gestaltung von religiösem Wissen und Erleben auf einer anderen, persönliche-
ren Ebene fortzuführen. Als Beispiel seien an dieser Stelle Fridolins Predigten
über die Psalmen und Hymnen der täglich im Kloster gebeteten Horen genannt. Er machte darin biblische Texte und Bestandteile der Liturgie zum
Gegenstand seiner Auslegung. Diese waren ihrem Wortlaut nach jeder Klarisse vertraut, bedurften in Fridolins Augen aber dennoch der Erläuterung,
wie sein Predigtzyklus verdeutlicht: Seinen Ausführungen stellt der Prediger
zunächst zwei kurze Anweisungen voran, durch die er den Nonnen die richtige Vorbereitung auf das Chorgebet im allgemeinen und den angemessenen
Umgang mit den in seinem Rahmen gebeteten Psalmen deutlich zu machen
versucht[192]. Eindringlich schärft er dabei seinem Publikum ein, daß es sinnlos, ja schädlich sei, das Offizium „zerströt vn(d) on vorbereittu(n)g […] mit
eilen vn(d) vnvffmercken"[193] hinter sich zu bringen, und versucht, durch die
exemplarische Deutung der ersten Verse von Psalm 118 („Beati immaculati")
Hilfestellungen zu geben, damit jede Zuhörerin ihre „zit in de(m)
gotliche(n) dienst wol an leg vn(d) […] bewegt werd in begirde(n) vn(d) erlücht in v(er)stentn(u)ß der ding, die„sie"singt oder list"[194]. Dazu sieht sich
der Prediger veranlaßt, weil ihm sehr wohl bewußt ist, wie oft die eine oder
andere Nonne der Versuchung erliegt, das Offizium mit „zerstrüwu(n)g
vn(d) fantasey" einfach nur herunterzubeten[195]. Dieser Ansicht hing – wo-
möglich aus eigener Erfahrung – übrigens auch die Schreiberin des Textes
bzw. deren Vorlage an, denn sie empfiehlt Fridolins Auslegungen jedem, der
„syn tagzeit andechtigklich volbringe(n) will vn(d) got recht bezalen, das er
im schuldig ist von gelüpt wegen"[196]. Sowohl Fridolin als auch die Verfasserin des Präskripts waren also davon überzeugt, daß trotz des privaten Bücher-
studiums der Nonnen und trotz (oder sollte man vielleicht sagen: gerade
wegen) der täglichen Routine des Chorgebets Predigten über die wohlbe-

---

grundsätzlich: HAMM: Frömmigkeit, S. 464–497; ders.: Frömmigkeitstheologie, besonders
S. 132–247 und ders.: reformatio, S. 19, Anm. 26.
  [190] KURRAS: Klostergeschichte, S. 90.
  [191] Zum Eigentum der Schwestern gehörte eine große Anzahl von Bänden mit Heiligenlegenden, aber auch Abschriften von Predigten und geistliche Briefe franziskanischer
Würdenträger. Vgl. KIST: Klarissenkloster, S. 119–122.
  [192] Mgf 1040, 1, 1ra–2va und 2va–5vb.
  [193] Mgf 1040, 1, 1ra, Z. 28–30.
  [194] Mgf 1040, 1, 2va, Z. 28–32.
  [195] Mgf 1040, 1, 2va, Z. 12–25.
  [196] Mgf 1040, 1, 1ra, Z. 1–4.

kannten Texte und in einer zweiten, zeitlich darauffolgenden Phase die Lektüre dieser Kanzelvorträge von besonderem Nutzen wären.

Noch stärker als in Konventen mit intensiver Lese- und Schreibtätigkeit dürfte der geistliche Einfluß von Predigern und Beichtvätern auf die Nonnen in Klöstern wie Gnadental angesetzt werden[197], in denen das eigene Studium der Schwestern im Vergleich zu handwerklichen Betätigungen nur eine geringe Rolle spielte und deshalb, abgesehen von den regelmäßig bei Tisch und während der Arbeit stattfindenden Lesungen, die Unterweisungen der in der Seelsorge tätigen Franziskaner Hauptquelle religiöser Information und frommer Anleitung der Klosterinsassinnen bildeten[198]. Prediger und Beichtväter waren es also, in deren Verantwortung es lag, die Frauen zur frommen Ausgestaltung des Alltags und des Kirchenjahres zu inspirieren, sei es durch seelsorgerlichen Rat in Einzelgesprächen, sei es durch entsprechende Auswahl der Predigtinhalte und Bereitstellung thematisch orientierter Schriften, mit deren Hilfe im Rahmen des Gottesdienstes bzw. in Form von Lesestoff (die Grenzen zwischen beidem waren fließend, wie bereits die Nachschriften der Predigten Fridolins zeigen) auf Probleme eingegangen werden konnte, die zur jeweiligen Zeit von allgemeinem Interesse waren oder die der individuelle, persönliche Kontakt zwischen Schwester und Seelsorger zutage förderte. Auch aus Fridolins Feder sind drei in den unmittelbaren Zusammenhang seiner beratenden und die Frömmigkeit der Nonnen anleitenden Tätigkeit einzuordnende Schriften erhalten: Die kleine, nur ein einziges Mal überlieferte und vielleicht auf eine Predigt zurückgehende *Lehre für angefochtene und kleinmütige Menschen*[199], in der er versucht, Antworten auf Fragen zu geben, die sich vor skrupulösen Schwestern auftürmten, sowie die erbaulichen Texte des *Geistlichen Mai* und des *Geistlichen Herbst*[200]. Sie knüpfen an Vorgänge im Jahreskreislauf der Natur an und fordern die Klosterfrauen zur innigen und intensiven Betrachtung der äußerlichen und innerlichen Leiden Christi auf. Die Auswahl des behandelten Stoffes bzw. die

---

[197] So auch Degler-Spengler, die allerdings zu stark verallgemeinert, wenn sie schreibt, im Mittelalter hätten „die meisten Nonnen nicht lesen und schreiben" können. Klarissenkloster, S. 65.

[198] Die verschiedenen Quellen, aus denen spätmittelalterliche Nonnen Wissen, Bildung und Anleitung zu frommer Lebensgestaltung bezogen, stellt (zwar mit starker Zuspitzung auf die Dominikanerinnen, aber dennoch im wesentlichen auf die Klarissen übertragbar) Marie-Luise Ehrenschwendtner zusammen. Sie nennt insbesondere Novizinnenunterricht, Lesungen im Gottesdienst, im Refektorium und bei der Anfertigung von Handarbeiten, Predigten, persönliche Lektüre und seelsorgerliche Gespräche. Dabei weist sie ausdrücklich auf die großen Unterschiede, die es hinsichtlich der Bildungsvoraussetzungen und -bemühungen zwischen den einzelnen Konventen und sogar innerhalb ein- und desselben Klosters gab, hin. EHRENSCHWENDTNER: Bildungswesen. Zur klösterlichen Frauenbildung des hohen und späten Mittelalters unter geschlechtsspezifischer Fragestellung vgl. OPITZ: Erziehung.

[199] Cgm 4439, 50v–54r. Siehe auch unten, S. 123–141.

[200] Zu beiden Texten siehe unten, S. 91–121.

Art seiner Behandlung geben Zeugnis davon, daß alle drei Werke ursprünglich an ein klösterliches Publikum gerichtet waren: Es fallen der Facettenreichtum und die Intensität der belastenden Gewissenserfahrungen und Skrupel auf, mit denen sich der Autor in der *Lehre für angefochtene und kleinmütige Menschen* auseinandersetzt; beides läßt an einen monastischen, umfangreiche Gelegenheit für die Selbsterforschung des frommen Bewußtseins gewährenden Kontext denken. Ebenso spricht die detaillierte, bis in feinste Einzelheiten hineinreichende Unterteilung und Aufgliederung der Leiden Christi in *Mai* und *Herbst* dafür, daß Fridolin sich mit seinen kunstvollen Ausführungen an Nonnen wandte, um ihnen Impulse für eine ausgefeilte, täglich geraume Zeit beanspruchende Betrachtungspraxis zu geben. Waren alle drei erbaulichen Schriften von Haus aus auf Frauen zugeschnitten, die ihre Tage in der Abgeschiedenheit klösterlichen Lebensvollzuges verbrachten, so bedeutete dies zumindest im Fall der beiden Anleitungen zur Leidensbetrachtung nicht, daß sich nicht auch Christen „in der Welt" dadurch angesprochen fühlen konnten. Nur mit der Existenz eines potentiellen Kundenkreises von außerhalb des Klosters lebenden Leserinnen und Lesern ist nämlich zu erklären, daß sowohl der *Geistliche Mai* wie auch der *Geistliche Herbst* während des 16. Jahrhunderts wiederholt redigiert und neu im Druck aufgelegt wurden[201].

2.2.5. Der frömmigkeitstheologische Autor im Schnittpunkt von Stadt und Kloster: Fridolin und das Publikum seiner Schriften

Nicht nur die beiden gartenallegorischen Schriften erreichten – wenn auch erst mehrere Jahrzehnte nach Fridolins Tod – schließlich ein Laienpublikum[202]; bereits zu seinen Lebzeiten gelang es dem Barfüßer, Nürnberger Bürgerinnen und Bürger als Predigtauditorium anzuziehen. In der Tat wandten sich die in der Klarissenkirche gehaltenen Predigten mit Sicherheit in erster Linie an die Schwestern, denn immerhin wurden die dort tätigen Franziskaner von ihrem Orden eigens als Seelsorger für die Nonnen abgestellt, aber es ist bekannt, daß auch der städtischen Bevölkerung die Teilnahme an den durch die Franziskaner gestalteten Gottesdiensten möglich war[203]. Wie ein handschriftlicher Eintrag auf dem Vorsatzblatt eines Exemplars des

---

[201] Siehe dazu unten, S. 118–121.

[202] Zum schillernden Begriff des „Laien" siehe unten, S. 198. Wenn nicht anders vermerkt, so werden im folgenden unabhängig von ihrem Bildungsstand solche Personen als Laiinnen und Laien bezeichnet, die nicht dem geistlichen Stand angehörten, also weder Klosterleute noch Weltkleriker waren.

[203] SCHLEMMER (Gottesdienst, S. VII) erklärt zwar, die Gottesdienste in den drei Nürnberger Konventen mit strenger Klausur (Kartause, St. Katharina und Klarissenkloster) seien auf die jeweiligen Konventsmitglieder beschränkt gewesen, führt dafür aber keinen Beleg an. Zumindest für St. Klara ist das Gegenteil nachzuweisen. Vgl. dazu die folgende Anmerkung.

Schatzbehalters beweist, wurden Fridolins Predigten tatsächlich durch Angehörige weltlicher Stände verfolgt, denn ein „Frater Matthias" teilt dort mit, er habe Vorträge des von ihm hochgeachteten Franziskaners (vielleicht über Psalm 118) gehört, bevor er selbst Geistlicher wurde[204]. Erhalten sind, wie bereits bemerkt, lediglich Nachschriften der Predigten über Hymnen und Psalmen der Sonntagshoren, d.h. dem täglichen Chorgebet der Klarissen entstammende liturgische Stücke, aber Fridolin selbst weist darauf hin, eine weitere Reihe von thematisch zusammengehörigen Predigten gehalten zu haben, deren Textgrundlage von viel allgemeinerem Interesse war: Als er nämlich im *Schatzbehalter* auf den Grund der Entstehung dieses Buches zu sprechen kommt, erwähnt er kurz, daß „ein prediger, der sunst vo(n) dem ampt der heyligen meß prediget" – und aus dem Kontext der Stelle ergibt sich, daß es sich bei diesem Theologen nur um ihn selbst gehandelt haben kann –, von einer Gottesdienstbesucherin darum gebeten worden sei, seine von der Kanzel herab vorgetragenen Gedanken über das „Kyrie Eleison" nochmals zusammenzustellen und zu erläutern[205]. Ob diese mit ihrer Anfrage an den Franziskaner herantretende Hörerin eine Nürnberger Bürgerin oder eine Klarisse war, sei zunächst dahingestellt[206], sicher ist jedoch, daß Fridolin den „weltlichen" Teil seiner Predigtgemeinde, die Gottesdienstbesucherinnen und -besucher aus dem nichtklösterlichen Bereich, im Auge hatte, als er ihrer Bitte entsprach[207], und im *Schatzbehalter* ein Werk konzipierte und verfaßte, das dezidiert auf ein am städtischen Leben partizipierendes, nicht im Orden lebendes Publikum hin ausgerichtet war. Freilich bedeutete das nicht, daß der *Schatzbehalter* ausschließlich außerhalb der Klostermauern Interessentinnen und Interessenten fand, wie zwei der drei Exemplare des Druckes zeigen, deren Standorte im 15. bzw. 16. Jahrhundert nachweisbar sind[208]: Neben einem Band in der privaten Büchersammlung des Nürnberger Arztes Hartmann Schedel[209] befand sich jeweils ein Exemplar im Besitz des Klaraklo-

---

[204] München, Staatsbibliothek Rar 293: „Frater stephan(u)s de ordine minoru(m) de conventu nurmpergensi hoc p(er)utile et devotu(m) volumen [Schatzbehalter] edidit. Sup(er) psalmu(m) [...] b(ea)ti immaculati alteru(m) insigne volumen teuthonice co(m)pilavit [...]. Ego fr(ater) matthias an(te) ingressu(m) religionis sepe hui(u)s doctissimi patris interfui p(rae)dicationi ad s(an)c(t)am clara(m) nurmperge." Der Eintrag stammt aus der Zeit nach 1498, da dem Schreiber Fridolins Todesdatum bekannt ist.

[205] *Schatzbehalter*, Z5 vb, Z. 35–41.

[206] Siehe dazu unten, S. 177 f. und 184.

[207] Zum „Kyrie Eleison" als Ausgangsbasis des *Schatzbehalters* siehe unten, S. 176–178.

[208] Daß sich ein repräsentativer Band wie der *Schatzbehalter* im Besitz einer bestimmten Bibliothek befand, bedeutet natürlich nicht automatisch, daß er von denjenigen, die Zugang zu diesem Bücherbestand hatten, auch gelesen wurde. Auch über die Häufigkeit seiner Benutzung sagt das Vorhandensein in einer Bücherei nichts aus (vgl. zu diesem Problem RUHE: lumière, S. 55). Um ein klares Bild über die tatsächlichen Leserinnen und Leser des *Schatzbehalters* zu gewinnen, müßten die erhaltenen Exemplare systematisch auf handschriftliche Eintragungen und Benutzungsspuren hin untersucht werden.

[209] Mittelalterliche Bibliothekskataloge, S. 802–844, hier: S. 834. Vgl. auch HENKEL: Zeugnis, S. 170.

sters[210] der fränkischen Reichsstadt und in der Laienbibliothek der Baseler Kartause[211].

Nicht nur der mündliche Vortrag der Predigten Fridolins und seine Gartenallegorien erreichten also einen Kreis, der über ihr Primärpublikum, die Klarissen, hinausging, sondern auch der *Schatzbehalter* überschritt – sozusagen in umgekehrter Richtung – bald nach Erscheinen die Grenzen seiner im Text ausführlich skizzierten Hauptzielgruppe. Beides ist nicht verwunderlich, denn obwohl der Autor in den Predigten Texte aus dem klösterlichen Alltag als Grundlage seiner Auslegung wählte und in den kurzen Erbauungsschriften Anleitungen zu einer Ausgestaltung frommen Lebens bot, die am einfachsten innerhalb einer Ordensgemeinschaft zu verwirklichen waren, im *Schatzbehalter* hingegen den städtischen Kontext welterfahrener, durch Handel und Gewerbe beanspruchter Laien voraussetzte[212], gelang es ihm doch, seine Ausführungen über weite Passagen hin so zu gestalten, daß die klosterorientierten Werke auch Bürgerinnen und Bürger, der auf den weltlichen Stand hin geschriebene *Schatzbehalter* auch Klosterfrauen anzusprechen vermochten. Als Beispiel sei der Aufbau der Predigtreihe über die Horen von der Prim bis zur Non genannt: Fridolin schickt diesem Zyklus zwei einführende Predigten voraus, um vor der Auslegung einzelner Psalmen- und Hymnentexte verschiedene, Sinn und geistlichen Gehalt der Horen im allgemeinen betreffende Fragen aufzugreifen und zu klären. Zunächst stellt er in der ersten dieser Predigten grundsätzliche Überlegungen über die Vorbereitung auf das Chorgebet an, die zweifellos im Hinblick auf die Klarissen formuliert sind; er erinnert daran, „dz man vor de(n) tagzeitte(n) in de(n) kor kum(m)en [...] vn(d) sich do versameln" solle, und ihm stehen deutlich Adressatinnen vor Augen, zu deren täglicher Routine die Teilnahme an den Horen gehört, wenn er jeder einzelnen der persönlich angesprochenen Hörerinnen zu bedenken gibt, daß die angemessene Vorbereitung auf das Stundengebet „entschuldigt, wz v(er)stümigkeit [Nachlässigkeit] darnach in de(n) tagzeitte(n) wide(r) [...] wille(n) zu fallent"[213]. Dazu mahnt er: „[...] so du dich got de(m) herre(n) hast ergeben all din lebtag vn(d) dich im nach sel vn(d) lyb zu geeiget vn(d) gleich als gewicht [geweiht] hast vn(d) du merckst, dz du dich nit allzeit mit im bekümer(n) magst, du must auch esse(n) vn(d) schlauffen vn(d) andre ding thon, so soltu in doch furderlich lobe(n) mit de(n) sybentagzeitten vn(d) da dine(n) höchste(n) fleiß für kere(n)"[214]. Auch in der zweiten der vorangestellten Predigten, die er Problemen des Verständ-

---

[210] Vgl. dazu unten, S. 93 und 96.

[211] Den Hinweis auf das Baseler Exemplar verdanke ich Volker Honemann, der darauf in seiner demnächst im Druck erscheinenden Habilitationsschrift über deutschsprachige Literatur in der Laienbibliothek der Baseler Kartause eingehen wird.

[212] Zum aus dem Text des *Schatzbehalter* entgegentretenden Profil der Adressatinnen und Adressaten siehe unten, S. 193–204.

[213] Mgf 1040, 1, 1ra, Z. 17 f. und 24–26.

[214] Mgf 1040, 1, 1rb, Z. 27–35.

nisses schwieriger, im Chorgebet häufig auftauchender Psalmaussagen widmet, spricht Fridolin primär zu den Nonnen, indem er ihnen etwa die durch das Ablegen der Ordensgelübde eingegangene spezielle Verpflichtung auf die evangelischen Räte ins Gedächtnis ruft[215]. Sobald er jedoch zu seinen Ausführungen über die Psalmen und Hymnen der Horen übergeht, treten die Klarissen als Adressatinnen merklich zurück. Nur noch ganz vereinzelt richtet er das Wort direkt an sie in ihrer speziellen Eigenschaft als geistliche Personen[216] oder erwähnt er den Klosterstand überhaupt[217]. Statt sein Auditorium zur Selbstreflexion des Ordenslebens anzuleiten, legt er seine Textgrundlagen nun ausführlich im Hinblick auf das Leben und Leiden Christi aus und bemüht sich, Mahnungen, Aufforderungen und Aussagen über die Beziehung zwischen Christus und dem Menschen so zu formulieren, daß sich alle Hörerinnen und Hörer angesprochen fühlen können[218]. Ausgangspunkte der Betrachtungen Fridolins sind also dem Chorgebet entstammende Stücke, und indem er gerade sie als Predigtgrundlage aufgreift, nimmt er seine Aufgabe als Seelsorger der ihm anvertrauten Klarissen wahr; durch die Art und Weise seiner Auslegung jedoch wird er ebenso seiner homiletischen Situation gerecht, die eben dadurch gekennzeichnet ist, daß sich auch Bürge-

---

[215] „[…] wer in dz ewig lebe(n) will eingen, der muß die gebott des herre(n) halte(n); wer sich dan(n) verbint zu geistliche(m) stand, der muß auch halte(n) die ret des herre(n), die *seind* semite [semitae], syn pfed oder fuß steig; wen(n) du den(n) sprichst den verß [… unleserlich]: deduc me d(omi)ne etc., quia <ipsam> volui [Ps. 118, 35], dz ist als vil gerett, als ob du sprechest: herr, ich hab v(er)heisse(n) zu halte(n) nit alein die zehe(n) gebott, der in gemeyn yderma(n) schuldig it, besunder ich hab auch gewölt, dz ist v(er)heisse(n), zu gen dein pfad, dz sind din rett […]“. Mgf 1040, 1, 4ra, Z. 24–37.
[216] Mgf 1040, 1, 38vb, Z. 6–37 hält Fridolin die Klarissen an, Gott darum zu bitten, daß er Standhaftigkeit im Einhalten der Gelübde verleihe und Fehltritte nicht mit der Verdammnis bestrafe.
Mgf 1040, 1, 6vb, Z. 39–44 mahnt er, die aus dem Hymnus „Iam lucis orto sidere" stammenden Worte „Linguam refrenans temperet" als Aufforderung zur Änderung der eigenen Redegepflogenheiten zu verstehen. Das konkretisiert er, indem er zunächst auf ein alle Hörerinnen und Hörer betreffendes Verhalten hinweist, dann aber noch speziell die Beobachtung des klösterlichen Schweigens anspricht: „Auch gedechstu dick, in wz grosse(n) engsten din got vn(d) herr vm(b) diner lieb wille(n) geschwige(n) hat, on zwifel, du zemest vm(b) syner lieb wille(n) din zunge(n) vnd hültest din silenciu(m) flisslicher."
[217] So z. B. Mgf 1040, 1, 38rb, Z. 10 – 38va, Z. 14.
[218] Z. B. Mgf 1040, 1, 7va, Z. 31–40: „Carnis terat superbiam. Mit dise(n) wortte(n) beger, dz dir got der herr söllche messigkeit geb in spiß vn(d) tranck zu halte(n), dz nit durch überflissigkeit dz fleisch wider spen(n)ig werd de(m) geist vn(d) dz bitt vm(b) des wille(n), dz vnser herr ihs <Christus> syn heilig <iunckfräwlichs> fleisch gedemüttigt hat vnder die geisel und streich, die de(n) puben zu gehören."
Mgf 1040, 1, 19rb, Z. 34–19va, Z. 8: „daru(m) wolt er beschnitte(n) werden, dz wir vo(n) alle(n) sünde(n) vn(d) gebreste(n) beschnitte(n) wurde(n) […]; daru(m) wollt er in eine(m) stall gebor(n) werde(n) als ein angeschribner knecht, der auch de(n) heiden vnderworffe(n) wer, vn(d) also von mutter lyb durch syn heiligs lebe(n) wolt er syn als ein eigner gehorsamer knecht der mensche(n), dz wir got underworffen wurde(n) vn(d) gefryet vo(n) de(m) gewalt des tüfels vn(d) als frye kinder gottes im diente(n)".

rinnen und Bürger Anleitung und Weisung von seinen Vorträgen erhoffen und deshalb seine Gottesdienste besuchen.

Umgekehrt läßt sich das gleiche für den *Schatzbehalter* konstatieren. Fridolin wendet sich mit den dort gebotenen Erläuterungen biblischer und dogmatischer Zusammenhänge und seinen Anweisungen zur Fruchtbarmachung des Leidens Christi für die persönliche Spiritualität und das Heil des Menschen an ein außerklösterliches Publikum, jedoch zeigt sich bereits bei einer ersten Durchsicht des Werkes: Nicht nur die kontemplativ-betrachtenden und die wissensvermittelnden Passagen des *Schatzbehalter* sind so angelegt, daß sie für Mitglieder geistlicher Konvente inspirierend und interessant zu sein vermochten, sondern auch die meisten seiner auf eine praktische Aus- und Umgestaltung des frommen Lebens hinzielenden Anregungen waren sowohl in einer weltlichen Existenz wie auch – und das sogar in erheblich konzentrierterer Form – durch Ordensleute aufzunehmen und zu verwirklichen[219]. War eine Nonne bei der Lektüre des *Schatzbehalter* darüber hinaus so flexibel, aus dem Leben von Bürgerinnen und Bürgern stammende Beispiele, die Fridolin als Ausgangspunkt für die Beschäftigung mit einem Thema dienten[220], durch eigene Erfahrungen aus ihrem Lebensbereich zu ersetzen, so vermochte sie durchaus von den Anweisungen des Franziskaners zu profitieren.

Dennoch bleiben spezifische Eigenarten beider Schriftgruppen Fridolins bestehen: Auf der einen Seite stehen die für die Klarissen geschriebenen Predigten und kleinen Erbauungsschriften, deren Charakteristikum es ist, einen Gedanken, ein Motiv oder ein Bibelwort assoziativ und meditierend gleichsam abzutasten und zu umkreisen. Fridolin leitet in diesen Werken zur intensiven Betrachtung geistlicher Inhalte an, die er unter immer neuen Blickwinkeln in ihren Einzelaspekten ausleuchtet, legt jedoch etwas weniger als im *Schatzbehalter* Wert darauf, seine Adressatinnen zu wesentlichen gedanklichen Fortschritten anzuregen. Das ist auch der Grund, weshalb die Vermittlung theologischen Wissens in diesen Werken des Franziskaners zwar immer wieder – in den Predigten wesentlich stärker als im *Geistlichen Mai* und *Geist-*

---

[219] So rät Fridolin seinen Leserinnen und Lesern eingangs, täglich des Leidens Christi zu gedenken (*Schatzbehalter* b5 rb, Z. 1–10), erinnert daran, Feiertage bewußt als Zeiten der Einkehr und der Buße für während des Alltags begangene Sünden zu nutzen (ebd. o4 vb, Z. 21–39) und fordert dazu auf, sich Einzelheiten des Leidens Christi ins Gedächtnis einzuprägen, um sie beim Betrachten künstlerischer Darstellungen von Passionsszenen in Gebete umformulieren zu können (ebd. Dd6 ra, Z. 39–b, Z. 8).

[220] Z. B. leitet Fridolin seine Ratschläge über den Umgang mit Angstgefühlen durch die Frage eines fiktiven Dialogpartners ein: „[...] wie so(e)l ich thu(n), wen(n) ich etwa(n) allein bin i(n) d(er) nacht auf dem feld od(er) wa es den(n) ist un(d) mich ku(m)pt [..]. ein grawe(n) [...] an, das mir die haut schaurn vnd das har gen berg geen wirt [...]?" Die als Antwort gegebenen Empfehlungen, auf bestimmte Weise das Kreuzzeichen zu schlagen und ausgewählte Gebete zu sprechen, konnten auch einer ängstlichen Klosterschwester hilfreich sein, die sich auf dem Gelände ihres Konvents fürchtete (*Schatzbehalter* O5 ra, Z. 6–b, Z. 27).

lichen Herbst – durch die meditativen Passagen hindurchschimmert, aber im Vergleich zum *Buch von den Kaiserangesichten* und zum *Schatzbehalter*, Fridolins Texten für ein Laienpublikum, lediglich eine untergeordnete Rolle spielt. Bildlich gesprochen muß man sich die Vorgehensweise des Autors in den Predigten als eine Gruppierung klar markierter, relativ lose im Raum verteilter, durch Kreise umgebener Punkte vorstellen: Jeder Punkt bedeutet dabei ein durch Fridolin aufgegriffenes Thema oder Bibelwort, das durch Betrachtungen, die sehr eng oder auch nur verhältnismäßig locker auf ihr Zentrum bezogen sein können, ausgelegt wird. Viele der Kreise umgeben konzentrisch einen dieser Punkte, manche überschneiden sich in Teilbereichen. Ein „roter Faden" ist nur insofern auffindbar, als die Passion Christi den Rahmen bildet, innerhalb dessen sich alle Auslegung vollzieht. Was die Passionsbetrachtungen *Geistlicher Mai* und *Geistlicher Herbst* anbelangt, so setzt sich das Bild ebenfalls aus Kreisen zusammen, deren Kern ein thematischer, meist jedoch nur noch ein begrifflicher Mittelpunkt bildet, aber es fällt auf, daß viele dieser Zentren gleichsam verblaßt erscheinen, da sich die zur Betrachtung verwendeten Naturbilder nahezu verselbständigen und oft den durch sie illustrierten geistlichen Inhalt überstrahlen[221]. Anders als in den Predigten sind die aus thematischen oder begrifflichen Zentren sowie betrachtenden Kreisen zusammengesetzten Gebilde hier gleichsam wie Perlen einer Kette aufgereiht; sie sind in eine relativ strenge Ordnung eingepaßt und auf ein Ziel hin ausgerichtet. Diese Zielorientiertheit haben die kleinen Erbauungsschriften mit dem *Schatzbehalter* gemeinsam, dessen einzelne Textelemente sind aber in vielen Fällen eher sternförmig zu denken: Da Fridolin seine Aufgabe häufig darin sieht, den Stoff durch Sachinformationen und Antworten auf fiktive, aber naheliegende Fragen zu erläutern und zu begründen, stellt sich der Stil weniger als meditativ ein Thema umkreisend, sondern stärker als belehrend und durch den ständigen Wechsel zwischen den Betrachtungsgegenständen selbst und erklärenden oder Wissen vermittelnden Passagen bestimmt dar. Selbstverständlich greifen dabei in beiden Werkgruppen – der *Geistliche Mai* und der *Geistliche Herbst* nehmen eine Art Zwischenstellung ein, stehen aber insgesamt den Predigten näher als dem *Schatzbehalter* – inhaltliche und formale Aspekte eng ineinander, wie ein Blick auf die darin behandelten Stoffe noch zeigen wird.

Das auf das Jahr 1487 datierte *Buch von den Kaiserangesichten* ist ebenso wie der *Schatzbehalter* Laien – wenn auch dem kleinen erlauchten Kreis der Ratsherren und deren Gästen – gewidmet, aber als geschichtstheologisches Werk vermittelt es seinen Lesern mit Hilfe eines historischen Überblicks eine ganz

---

[221] Dieser Eindruck drängt sich beispielsweise bei der Anweisung auf, das mit Christi Blut angefüllte, dem Menschen heilsame Maienbad mit einer Fülle verschiedenster Pflanzen und Kräuter zu würzen, deren einzelne Bestandteile und Merkmale (Stengel, Farbe, Blätter u. ä.) bestimmte Eigenschaften und Erlebnisse Christi illustrieren sollen, insgesamt aber eher ablenkend und verwirrend als klärend wirken (Hdschr 110, 99v–140v).

bestimmte, eng umgrenzte Glaubenseinsicht, versucht jedoch nicht, die spiri-
tuelle Praxis seiner Adressaten umfassend zu prägen. Der *Schatzbehalter* hingegen stellt ein frömmigkeitstheologisches[222] Werk im engeren Sinne dar.
Fridolin verfolgt darin von der ersten bis zur letzten Seite die Absicht, seine
Leserinnen und Leser zu einer das gesamte Leben umgreifenden frommen
Praxis anzuregen, indem er ihnen das Leiden Christi und andere, damit in
Zusammenhang stehende theologische Themen vertrautmacht und sie zum
rechten Gebrauch des so erworbenen Wissens anleitet. Dieses an einen offe-
nen Kreis von Laiinnen und Laien gerichtete Buch mit seinen mehr als sie-
benhundert Folioseiten war nicht nur die umfangreichste Schrift des Franziskaners, sondern auch die einzige, die noch vor Fridolins Tod gedruckt wurde,
und zwar in einer der größten und renommiertesten Offizinen des 15. Jahrhunderts, bei Anton Koberger in Nürnberg. Es ist deshalb davon auszugehen,
daß der *Schatzbehalter* unter allen Werken Fridolins dasjenige war, das zu seinen Lebzeiten die geographisch weiteste Verbreitung fand und wohl auch
den größten Kreis von Leserinnen und Lesern erreichte. Im Gegensatz zum
seit der Reformationszeit immer wieder neu gedruckten *Geistlichen Mai* und
Geistlichen Herbst erschien es jedoch mit hoher Wahrscheinlichkeit in nur einer einzigen Auflage. Das läßt darauf schließen, daß Koberger den für den
Schatzbehalter in Frage kommenden Markt nach dem Verkauf der Exemplare
des ersten Druckes für gesättigt hielt.

    Die Fridolin nach Erscheinen des *Schatzbehalters* noch verbleibenden
knapp sieben Lebensjahre können in theologischer Hinsicht als sehr fruchtbar bezeichnet werden, schuf er in diesem Zeitraum doch die Predigtzyklen
über Prim, Terz, Sext und Non[223] sowie wahrscheinlich auch *Geistlichen Mai*
und *Geistlichen Herbst*[224]. Unklar ist, ob auch die Predigtreihe zur Komplet
erst in den 90er Jahren gehalten wurde; zwar findet sich in der Literatur seit
Ulrich Schmidts Monographie unter Bezugnahme auf den Berliner Codex
mgf 1040 immer wieder das Jahr 1494 als ihr Enstehungsdatum[225], aber weder die Berliner noch die Münchener Handschrift geben einen Hinweis auf
das Ursprungsjahr der in ihnen schriftlich niedergelegten Texte.

---

[222] Zum Begriff „Frömmigkeitstheologie" vgl. oben S. 41, Anm. 198.
[223] Mgf 1040, 1, 3ra, Z. 8 f.
[224] Zur Problematik der Datierung beider Schriften siehe unten, S. 100–103.
[225] So SCHMIDT: Franziskanerprediger, S. 22 sowie in seinem Gefolge BIHL: Rezension,
S. 761 und ZAWART: History, S. 344. Schmidt bleibt allerdings den Beleg für seine Behauptung schuldig.

2.3. Erinnerung an Stephan Fridolin

Stephan Fridolin ist während der Jahre seiner Tätigkeit als Seelsorger in Nürnberg den dortigen Klarissen gerade durch seine Predigten ans Herz gewachsen, wird nach seinem Ableben im Totenbuch des Konvents doch festgehalten: „Pater stepfanus Fridilinus ist prediger gevvest XVI iar, ist ganz unser getrevver freunt vnd vater gevvest [sic]; obiit octava Sancti Laurencii Anno Dni MCCCCLXXXVIII [1488!] zu Nurnberg; hat vns gepredigt die schenen auslegung super ... [Auslassung bei Würfel] cuius anima requiescat in vulneribus Iehsu Christi"[226]. Bringt die kurze Notiz zwar die dankbare, von Hochachtung geprägte Rückschau der Schwestern auf den Verstorbenen zum Ausdruck, so darf sie doch nicht als Zeugnis für Fridolins Todesdatum gelten, denn dieser ist bis 1498 als Prediger in Nürnberg bezeugt[227]. Auch die Anmerkung im Münchener Predigtcodex, Fridolin sei „seliglich v(er)schiden den III tag nach Assu(m)ptio(n)is Marie 1499"[228] erweist sich als fehlerhaft. Richtig an der Nachricht ist sicher die mit dem Nekrolog übereinstimmende Angabe des 18. August als Todestag, da die Schwestern verpflichtet waren, jeweils am Jahrtag fürbittend der Verstorbenen des Ordens zu gedenken und deshalb stärker an der exakten Datierung eines Todestages als an der eines Todesjahres interessiert sein mußten[229]. Zieht man aber die Aufzeichnungen des um den 15. August 1499 in Zabern tagenden Provinzkapitels hinzu, so wird deutlich, daß Fridolin nicht am 18. August dieses Jahres verstorben sein kann, ist er doch bereits in die Liste der verschiedenen Brüder aufgenommen[230]. Damit ergibt sich der 18. August 1498 als Todestag des Franziskaners, was auch durch die Notiz des bereits erwähnten Frater Matthias auf dem Deckblatt des Münchener *Schatzbehalter*-Exemplars[231] sowie durch den Eintrag im Nekrolog des Nürnberger Franziskanerklosters[232] unterstützt wird.

Neben den Nürnberger Klarissen, die in Fridolin ihren geschätzten hochbetagten Prediger verloren hatten, gedachten die Ordensbrüder und zwei

---

[226] Abgedruckt bei WÜRFEL: Nachrichten, S. 930.

[227] Tabulae Capitulares, S. 776.
Die bei Würfel vorliegenden Auszüge aus den Aufzeichnungen des Klaraklosters weisen auch an anderen Stellen chronologische Fehler auf; so wird beispielsweise der Tod Oliver Maillards in das Jahr 1503 (WÜRFEL: Nachrichten, S. 530) datiert, obwohl der observante Generalvikar bereits im 1502 verstorben war.

[228] Cod 3801, 230v, Z. 17 f.

[229] Dafür spricht auch, daß im Falle des erwähnten Oliver Maillard (vgl. oben Anm. 227) das Todesjahr falsch, der Todestag hingegen korrekt angegeben ist: Maillard starb tatsächlich „an sant Anthonius tag von padua", dem 13. Juni. Siehe Glassberger: Chronica, S. 530.

[230] Tabulae Capitulares, S. 713.

[231] „Frater stephan(u)s de ordine minoru(m) de conventu nurmpergensi [...] Objit anno d(o)m(ini) 1498 in octa(va) s(ancti) laurentij". Staatsbibliothek München, Rar. 293. Vgl. dazu auch unten, S. 52.

[232] Necrologium (Schlager), S. 263.

Einzelpersonen, wenn auch unter verschiedenen Akzentsetzungen, ehrend des verstorbenen Franziskaners und seines Lebens: Das 1499 in Zabern tagende Observantenkapitel gab die Gesamtzahl der seit 1498 in der Provinz verstorbenen Brüder mit zweiundzwanzig an und hob aus der Gruppe der Toten drei besonders hervor, da es diese einer besonderen Erinnerung für würdig hielt. Neben Jodokus Kutzenbach und Heinrich Vigilis erscheint auch der im Dienst für den Orden erprobte, nunmehr in hohem Alter verschiedene Fridolin, der als ein stets zuverlässiger Ratgeber bezeichnet wird und als dessen besondere Qualitäten außerordentliches Wissen und eine vorbildliche Lebensführung hervorgehoben werden[233].

Handelte es sich bei der in Zabern ausgesprochenen kurzen Würdigung um einen für die observante Franziskanerprovinz offiziellen Nachruf, der deshalb auch auf Fridolins Verdienste aus der Sicht seines Ordens verweist, so hebt der später selbst dem geistlichen Stand angehörende Matthias – selbst wahrscheinlich kein Franziskaner, sondern möglicherweise Mitglied des Augustinerchorherrenstifts Rebdorf bei Eichstätt[234] – in seinem Gedenken an Fridolin dessen spiritualitätsfördernde Fähigkeiten hervor: Ihm erscheint erwähnenswert, daß der Nürnberger Prediger im *Schatzbehalter* ein „nützliches und andächtiges" Werk geschaffen und außerdem eine allegorische Auslegung des 118. Psalms verfaßt hat, mit der er Menschen zur Liebe Christi führen wollte[235].

Nochmals unter einem anderen Blickwinkel steht der Rückblick des Mainzer Benediktinerbiliothekars Trefler[236]; ihn interessieren besonders die umfassende Kenntnisse, über welche Fridolin auf allen wichtigen Wissensgebieten („vir undecumque doctissimus") verfügte, wobei er speziell die historische Forschungsarbeit hervorhebt. Dabei vergißt er jedoch nicht, auch die Tätigkeitsbereiche des Barfüßers zu erwähnen, welche es ihm ermöglichten, seine Fähigkeiten zur Weitergabe des eigenen Wissens auszuleben: die Volks-

---

[233] „Steffanus Fridelini, scientia, consilio et vita precipuus, emeriteque militie veteranus […]". Tabulae Capitulares, S. 713.
[234] Das in der Staatsbibliothek München unter der Signatur Rar. 293 aufbewahrte Exemplar des *Schatzbehalter*, in dem sich der Eintrag des Matthias befindet, stammt jedenfalls aus Rebdorf; auch die Tatsache, daß der Schreiber auf den im Augustinerinnenkloster Mariastein bei Rebdorf (vgl. WITHOLD: Rebdorf, S. 604) vorhandenen Band mit Predigten Fridolins verweist, spricht für seine Kenntnis der dortigen Verhältnisse.
[235] Die Notiz sei, obgleich schon einigemale zitiert, im Zusammenhang wiedergegeben: „Frater stephan(u)s de ordine minoru(m) de conventu nurmpergensi hoc p(er)utile et devotu(m) volumen edidit. Sup(er) psalmu(m) […] b(ea)ti immaculati alteru(m) insigne volumen teutonice co(m)pilavit, q(uo)d in mariastein habet(ur). Ego fr(ater) matthias an(te) ingressu(m) religionis sepe hui(u)s doctissimi patris interfui p(rae)dicationi ad s(an)c(t)am clara(m) nurmperge; nu(n)c aut(em) (ut pie credo) felicit(er) vivit cu(m) christo in celestibus. Exponit aut(em) p(rae)dictu(m) psalmu(m) solu(m) sensu allegorico nitens legente(m) induce(re) ad amore(m) christi. Obijt anno d(o)m(ini) 1498 in octa(va) s(ancti) laurentij." Staatsbibliothek München, Rar. 293, Vorderseite des vorderen Deckblattes.
[236] Treflers Katalogeintrag über Fridolin ist oben, S. 32, Anm. 143 zitiert.

predigt und die Disputation, also wohl das in Fridolins Mainzer Aufgabenbereich als Lektor fallende, im Rahmen des konventsinternen Unterrichts stattfindende theologische Streitgespräch.

Jeder der eben angeführten Texte versucht also auf seine Art, mit einigen wenigen Worten diejenigen Aspekte aus dem Leben des Franziskaners festzuhalten, welche den Verfasserinnen und Verfassern als bedeutsam und zentral, in gewisser Weise vielleicht auch als charakteristisch erschienen: Betonten die oberdeutschen Franziskaner primär die auf Provinzebene hervorgetretenen Qualitäten ihres Mitbruders, so trauerten die Nürnberger Klarissen um ihren langjährigen, geschätzten Prediger. Ganz in ihrer Nähe stand Frater Matthias, für den der *Schatzbehalter* und die Predigten Fridolins als Bereicherungen persönlicher Frömmigkeit wichtig sind. Wolfgang Trefler griff als einziger zur Feder, ohne Fridolin persönlich gekannt zu haben[237]. In seiner Eigenschaft als Bibliothekar konzipierte er eine Art „Verfasserlexikon", in dem er Kurzporträts aller Autoren entwarf, die mit ihren Werken in der Bibliothek seines Klosters vertreten waren. Dabei legte er natürlich besonderen Wert darauf, das wissenschaftliche Profil dieser Personen festzuhalten, versuchte aber auch, seinen Artikeln etwas Farbe zu verleihen, indem er Informationen über das Leben der einzelnen zusammentrug.

2.4. Zusammenfassung

In den soeben angeführten Textausschnitten kommen drei der zentralen Komponenten des Lebens und Wirkens Fridolins zum Ausdruck, die hier zusammen mit einigen weiteren Fakten als Ergebnisse der ersten Abschnitte der vorliegenden Arbeit festzuhalten sind[238]: Sein Einsatz im ordensinternen Bereich und in der Seelsorge sowie sein intensives theologisches Studium.

Stephan Fridolin widmete seine Kraft und sein Können nahezu vier Jahrzehnte lang dem observanten Zweig der Franziskaner, indem er zum Teil über lange Zeiträume hin verschiedene Ordensämter auf Konvents- wie auch auf Provinzebene versah und Sonderaufgaben wahrnahm (Romreise). Der Schwerpunkt seiner Arbeit lag, von einigen kurzen Unterbrechungen abgesehen, dabei immer im seelsorgerlich-unterweisenden Bereich, wobei auffällt, daß ihn die für die Wahl von Amtsträgern zuständigen Provinzkapitel seit seiner ersten Erwähnung im Jahre 1460 wiederholt an exponierten Stellen einsetzten, sei es, indem sie ihn zum Prediger an einer der damals wichtigsten Kirchen Bambergs ernannten, sei es, indem die Klarissen in Nürnberg

---

[237] Die aus Treflers Leben bekannten Stationen machen eine Begegnung zwischen ihm und Fridolin eher unwahrscheinlich. Zur Biographie des Benediktiners siehe SCHILLMANN: Wolfgang Trefler, S. 4 f.

[238] In tabellarischer Form sind Daten und Tätigkeitsbereiche Fridolins in der Übersicht bei Punkt 11 zusammengestellt.

und Basel seiner geistlichen Obhut anvertraut wurden. All diese Ämter deuten darauf hin, daß Fridolin nicht zu den unbedeutenden Angehörigen der
oberdeutschen Observantenprovinz gezählt werden darf; vielmehr muß er
unter seinen zeitgenössischen Mitbrüdern als ein zuverlässiger, theologisch
kompetenter und zur Vermittlung von Lehrinhalten befähigter Mönch bekannt gewesen sein.

Nicht nur die unter seiner Verantwortung stehenden Frauenkonvente,
auch sein eigenes „Stammkloster" in Nürnberg war von der Gründung bis in
Fridolins Zeit hinein stark durch die Vorstellungen und Anstrengungen von
Bürgerinnen und Bürgern, vor allem Angehörigen der oberen Schichten,
geprägt und fügte sich damit – wie im folgenden noch zu zeigen sein wird –
harmonisch in das insgesamt weitgehend nach deren Wünschen und Bedürfnissen geformte kirchliche Leben der Reichsstadt ein. Diese in der zweiten
Hälfte des 15. Jahrhunderts auch andernorts zu beobachtende Entwicklung
fortschreitender Einflußnahme von Laien auf religiöse Belange war so kraft-
voll, daß sie der Barfüßer bei der Konzeption und der Formulierung eines
Werkes wie des *Schatzbehalters* unmöglich ignorieren konnte.

War für seine wiederholte Wahl zum Lektor und Professenmeister eine
gewisse theologisch-wissenschaftliche Qualifikation Bedingung und Voraussetzung, so profitierte er auch bei der Ausarbeitung seiner erbaulichen
Schriften und Predigten von den umfangreichen Kenntnissen, die er im Laufe seines Lebens auf diesem Gebiet erworben hatte. Darüber hinaus konnten
hier teils in kurzen Bemerkungen am Rande, teils aber auch in umfänglichen
Exkursen viele Arbeits- und Forschungsergebnisse aus unterschiedlichen
Wissensgebieten einfließen, die Fridolin lange Jahre voller Interesse verfolgt
hatte. In den historischen Skizzen des *Buches von den Kaiserangesichten* erreichte das wissenschaftliche Interesse des Nürnberger Barfüßers seinen Höhepunkt.

Am Schluß dieses Abschnittes sei nochmals an die eingangs zitierte, von
Nikolaus Glassberger stammende Beschreibung der Verhältnisse im Nürnberger Franziskanerkloster nach dessen Überführung in die Observanz erinnert[239]. Um zu zeigen, daß die Nürnberger Minoriten nach dem einschnei-
denden Eingriff im Jahre 1447 einzig und allein auf geistliches Leben und
Wirken bedacht waren, nannte der Chronist dort drei Gebiete, auf denen seine Mitbrüder in der zweiten Hälfte des 15. Jahrhunderts sichtbaren Einsatz
an den Tag gelegt hatten: Das klösterliche Gemeinschaftsleben, das sorgfältige
theologische Studium und die Seelsorge. Die sich in diesen Bereichen intensiv engagierenden Brüder stellten für Glassberger ein Vorbild für die Bevölkerung der Reichsstadt dar, boten sie doch Anleitung zu einer tugendhaften,
sich bewußt von Lastern abwendenden Lebensgestaltung. Stephan Fridolin
dürfte in den Augen des Chronisten also recht genau dem Idealbild eines
observanten Nürnberger Franziskaners entsprochen haben, da er sich als De-

---

[239] Siehe oben, S. 4.

finitor und Diskret für Bedürfnisse seiner Mitbrüder einsetzte, den Belangen des Ordens diente, indem er seelsorgerlich die bei den Klarissen anfallenden Predigtaufgaben erfüllte, sich eine gründliche theologische Bildung aneignete und mit seiner Verkündigung auch Laiinnen und Laien ansprach.

Bevor im folgenden dieser letztgenannte Aspekt im Schaffen Fridolins, der seinen Gipfelpunkt im für ein nicht-klerikales und nicht-klösterliches Publikum verfaßten *Schatzbehalter* findet, genauer behandelt wird, seien die übrigen Werke des Franziskaners vorgestellt.

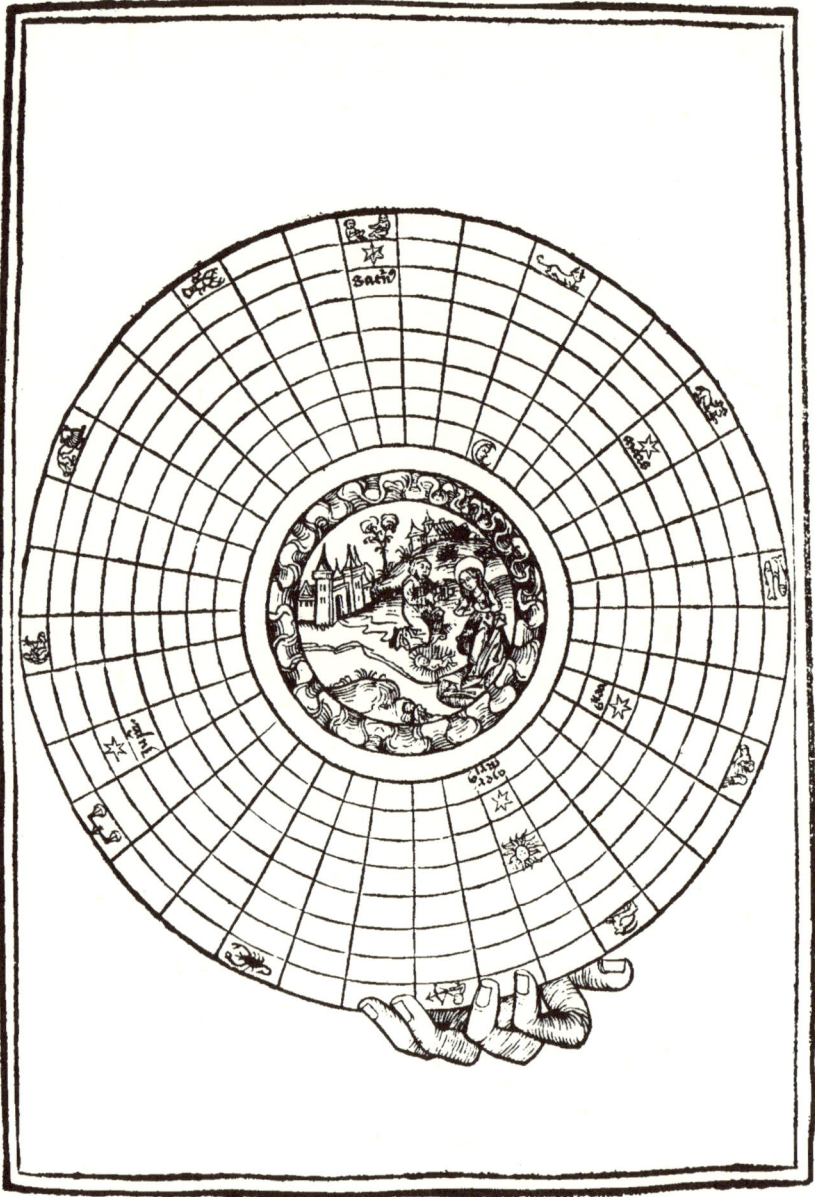

Fridolins Werk

3. Predigten

Hatten die Bettelordensprediger bereits während des 13. und 14. Jahrhunderts großen Zulauf seitens des Volkes verbuchen können, da sie die Predigt aus ihrer Schattenrolle innerhalb der Liturgie hervorholten und in den Mittelpunkt ihrer seelsorgerlichen Bemühungen stellten[1], so führte die Ausbreitung der Ordensreform im 15. Jahrhundert zu einem erneuten Aufschwung der Mendikantenpredigt[2]. Im Franziskanerorden verstanden es zunächst die vier „Säulen der Observanz"[3], beachtliche Scharen von Zuhörerinnen und Zuhörern anzusprechen, wie die Reisen Johannes Capistrans für den Raum diesseits der Alpen zeigen[4]. Sorgte der Besuch eines solchen durch die Städte und Territorien reisenden Trägers hoher Ordensämter auch zweifellos für einen beeindruckenden, allen Beteiligten noch lange im Gedächtnis haftenden Höhepunkt im kirchlichen Leben eines Jahres, so waren es doch die auf Provinz- und Konventsebene tätigen, oft ortsansässigen Mendikanten, die ein regelmäßiges Predigtangebot gewährleisteten, die Bevölkerung über längere Zeiträume hin begleiteten und damit auch über nachhaltigen Einfluß auf die Menschen verfügten. Unter den Minoriten sind hier unter anderem Johannes Gritsch († nach 1450), Heinrich von Werl († 1463), Johann Kannemann († um 1470), Johann Brugman († 1478), Johann Meder († 1494) und Dietrich Coelde († 1515) hervorzuheben[5].

Im Zusammenhang mit der Blüte der Observantenpredigt in der zweiten Hälfte des 15. Jahrhunderts wird in der Literatur häufig auch der Name Fridolins genannt[6], ja dieser sogar als repräsentativster Klosterprediger des ausgehenden 15. Jahrhunderts bezeichnet[7], dabei aber gelegentlich übersehen, daß der Nürnberger Barfüßer nicht in die Kategorie der erfolgreichen

---

[1] MENZEL: Predigt, S. 355–358.

[2] HOLZAPFEL: Handbuch, S. 219.

[3] Siehe oben, S. 9.

[4] Vgl. ELM: Johannes Kapistrans Predigtreise.

[5] HOLZAPFEL: Handbuch, S. 223 f. ZAWART: History, S. 345 f. LANDMANN: Predigtwesen (14), S. 300–307. Vgl. auch unten, S. 234.

[6] STAHL: Nürnberg, S. 135. HOLZAPFEL, ebd. und LANDMANN, ebd.

[7] ZAWART: History, S. 343.

„Volksprediger" einzuordnen ist[8] – Zeugnisse seiner wahrscheinlich nur kurzen Amtszeit in Bamberg haben sich ja nicht erhalten –, sondern seinen Kanzeldienst mindestens 16 Jahre lang in Konventen des zweiten Ordens versah. Während seine im Baseler Klarissenkloster gehaltenen Predigten verlorengegangen sind, liegen aus den Nürnberger Jahren umfangreiche Predigtzyklen über Hymnen und Psalmen der kleinen Horen vor. Bevor Fridolins Predigtsituation, äußere Form und Inhalt der Texte sowie ihre Wirkungsgeschichte vorgestellt werden, sei kurz auf ihre handschriftliche Überlieferung eingegangen[9].

3.1. Handschriftlicher Bestand

Die Predigten des Nürnberger Franziskaners sind in drei vom Anfang des 16. Jahrhunderts stammenden Nachschriften erhalten:

1. Codex 3801

Cod 3801 des Bayerischen Nationalmuseums München ist um das Jahr 1500 entstanden[10] und stellt damit vielleicht den ältesten der drei Bände dar. Ulrich Schmidt, der 1913 begann, eine kritische Ausgabe der Predigten Fridolins zu erstellen[11], war die Existenz dieses Codex noch nicht bekannt[12], da Paul Lehmann erst drei Jahre nach Erscheinen des ersten und einzigen Bandes der Schmidtschen Edition auf sein Vorhandensein im kleinen Handschriftenbestand des Bayerischen Nationalmuseums aufmerksam machte[13]. Die Autorschaft Fridolins und das Jahr 1499 als frühestmögliches Abschlußdatum der Schrift sind durch eine von der Schreiberin des gesamten Codex stammende Bemerkung am Schluß des Textes gesichert: „Alle, die diß ym(ermer) [jemals] horn oder leßen, die gedencken durch gottes wille(n) des andechtige(n) wirdige(n) geistlichen vatters Stephani Fridolini, d(er) uns diß

---

[8] So bei Holzapfel und Landmann, vgl. Anm. 5.

[9] Eine übersichtliche, aber nicht ganz vollständige Zusammenstellung der überlieferten Exemplare von Fridolins Predigten findet sich bei Schmidtke: Fridolin, Sp. 919 f.

[10] Lehmann: Mittelalterliche Handschriften, S. 43. Ruh: Franziskanisches Schrifttum, S. 151.

[11] Schmidt: Mittelalterliche Deutsche Predigten.

[12] Zu Unrecht allerdings macht Landmann (Predigtwesen (15), S. 325) Schmidt den Vorwurf, cod 3801 nicht zu erwähnen, obwohl dieser seit 1887 als Quelle einer Ausgabe der Kompletpredigten – es muß sich um die 1887 erschienenen „Gaben des katholischen Pressvereins der Diözese Seckau" handeln – bekannt gewesen sei. Tatsächlich basiert die genannte Edition nicht auf der Handschrift des Bayerischen Nationalmuseums, sondern auf mgq 1592.

[13] Lehmann: Mittelalterliche Handschriften, S. 43 f. Lehmann gibt auch eine kurze Beschreibung des äußeren Zustandes von cod 3801.

materi jn vnß(er) kirchen gepredigt hat mit allem fleiß […] vn(d) seliglich v(er)schiden „ist „den iij tag nach Assu(m)ptio(n)is Marie 1499"[14].

Läßt diese Notiz noch offen, wer die vorliegende Abschrift der Predigten anfertigte und um welche „kirchen" es geht, so geben darüber zwei weitere Einträge Aufschluß: Auf der Innenseite des vorderen Einbanddeckels findet sich der ebenfalls von der Hand der Schreiberin des Gesamttextes stammende Besitzvermerk „Das puch gehort zu sanct Clarn jn nurmberg. Ist vatter stephans selligen außlegung vber dy non vn(d) co(m)plet", und eine zweite, spätere Hand fügt auf der letzten, bis dahin leeren Seite hinzu: „Aber diße Matery hat die Wirdig mutter Caritas pirckhameri(n) selige(n) an der predig auß des obgemelte(n) wirdige(n) vaters mu(n)dt von wort zu wort angeschribe(n) […] got geb jr den ewigen lon darvmb auch, das sie die ding gemerckt vnd geschribe(n) hat, het ir sunst nit; und swester margaretha kreßin hat diß puch von ir abgeschribe(n). Req(ui)esca(n)t [sic] in s(an)cta pace. [von gleicher Hand etwas nach unten versetzt hinzugefügt:] die gestorbe(n) ist den nesche(n) [nächsten] tag nach d(er) heilige(n) XIIpoten symon + judas tag jm XV´vn(d) X [1510] jar"[15]. Damit steht auch fest, daß der Codex spätestens 1510 bzw. 1511[16] entstanden sein muß.

In seinem ersten Teil (1r–113v) umfaßt das Bändchen Predigten über Texte aus dem Offizium zur Non; zunächst wird ganz kurz und eher überblicksartig der Hymnus „Rerum Deus tenax" angeschnitten (2r–3r), darauffolgend Vers für Vers Psalm 118, 129–176 ausgelegt (3v–113v). Der zweite Teil der Handschrift enthält Predigten über drei Psalmen zur Komplet, nämlich Psalm 4 (114r–120r), Psalm 30 (120v–139v) und Psalm 90 (139v–230v).

Obwohl cod 3801, der im Nürnberger Klarissenkloster und basierend auf einer Niederschrift Caritas Pirckheimers[17] entstanden ist, die ursprünglichste und damit wertvollste Überlieferung der Predigten über Non und Komplet darstellen dürfte, wurde er bisher erst einmal und auch nur in einem wenige Seiten umfassenden Ausschnitt als Druckvorlage herangezogen[18].

---

[14] Cod 3801, 230v, Z. 9–13.

[15] Cod 3801, 231r, Z. 1–3 und 12–17. Diese aus der Reformationszeit stammende Bemerkung wird im Zusammenhang mit der Tradierung und der Wirkungsgeschichte der Predigten nochmals zu thematisieren sein, vgl. unten, S. 87.

[16] Die Angaben zum Todesjahr der Margarete Kress schwanken zwischen 1510 im Codex selbst und 1511 im bei Würfel abgedruckten Nekrolog der Nürnberger Klarissen. WÜRFEL: Nachrichten, S. 893.

[17] Vgl. auch SCHRAUT: Stifterinnen, S. 41. Bei cod 3801 handelt es sich allerdings um kein Autograph der Nürnberger Äbtissin, wie Hegers Bemerkung, Fridolins Predigten hätten sich „teilweise in der Nachschrift von Caritas Pirckheimer" erhalten, vermuten läßt. HEGER: Literatur, S. 719.

[18] Kurt RUH edierte die Predigt über den 1. Kompletpsalm (cod 3801, 114r–120r): Franziskanisches Schrifttum, S. 151–158.

2. Codex mgf 1040

Codex mgf 1040 gelangte bei der Auflösung des Klarissenklosters Söflingen in den Besitz des Kirchenhistorikers Georg Veesenmeyer[19] und von dorther in die Staatsbibliothek Preussischer Kulturbesitz, die ihn heute noch aufbewahrt. Über viele Blätter hin weist er so starke, durch Tintenfraß hervorgerufene Schäden auf, daß die Lektüre ganzer Abschnitte extrem erschwert, teilweise sogar unmöglich ist.

Bereits die ersten Sätze des Manuskripts geben Fridolin als Urheber zu erkennen und sie lassen sogar wissen, daß die Predigten über Prim, Terz, Sext und Non sowie die beiden Einführungen in die rechte Praxis des Chorgebetes im Jahre 1492 als mündliche Kanzelvorträge gehalten wurden: „Ain mensch, das syn tagzeit andechtigklich volbringe(n) will vn(d) got recht bezalen, das er im schuldig ist von gelüpt wegen, der fleiß sich diser hernach geschribne(n) stücklein, die in fuer pinttlein begriffen seind, die gebredigt hat der wirdig vatter stephan fridelinuß von winend(e)n, da man zalt 1492 ior zu Sant Clare(n) in nürenberg"[20]. Durch ihre Vorbemerkung weist die Schreiberin den Texten explizit einen Platz im klösterlichen Leben zu, indem sie die in den Gelübden eingegangene Verpflichtung, das tägliche Chorgebet zu pflegen, erwähnt[21]. Ihren Namen, Elisabeth Minsinger, das mit dem Nürnberger Konvent seit dessen Gründung in Kontakt stehende Söflinger Klarissenkloster[22] als Entstehungsort und den 11. Februar 1501 als Abschlußtermin der Niederschrift verraten sie selbst sowie ein Nachtrag von anderer Hand am Abschluß des ersten Teiles von mgf 1040[23]; nicht genannt wird im Gegensatz zur Nürnberger Abschrift die Quelle der Söflingerin.

---

[19] LANDMANN: Predigtwesen (15), S. 324.

[20] Mgf 1040, 1, 1ra, Z. 1–9. Mit der Formulierung, sie habe Fridolins Predigten von 1492 in „fuer pinttlein [Bündelchen]" festgehalten, bezieht sich die Schreiberin offensichtlich auf die Zusammenstellung der Auslegungen über Prim, Terz, Sext und Non; die beiden Einleitungsvorträge werden nicht als separate Einheit mitgezählt und auch die beigebundenen Kompletpredigten finden keine Erwähnung, was darauf hinweist, daß die Zusammenfügung beider Teile des Codex nicht von Anfang an geplant worden war.

[21] In der Tat nahmen gerade die Klarissen diese Verpflichtung sehr ernst, vgl. STAHL: Alltagsleben, S. 103.

[22] Die im Jahre 1279 vollzogene Überführung der Nürnberger Reuerinnen in den Klarissenorden war unter der Aufsicht von Söflinger Klosterfrauen geschehen. KIST: Klarissenkloster, S. 9. Im 15. Jahrhundert drehte sich dieses ordensgeschichtliche Mutter-Tochter-Verhältnis um: 1455 waren observante Schwestern aus der Reichsstadt nach Brixen gerufen worden, um die dortige Niederlassung des zweiten Ordens zu reformieren. Nachdem sie wegen kirchenpolitischer Auseinandersetzungen aus Brixen hatten fliehen müssen, fanden sie und die Brixener Nonnen Aufnahme in Pfullingen, von wo aus dann Söflingen reformiert wurde. FRANK: Klarissenkloster, S. 84–94.

[23] „Diß buch ist vß geschriben worden an de(m) nechste(n) dornstag nach de(m) tag der heiligen wirdige(n) junckfrawe(n) Sant Apolonia durch ein junge swester Sant Claren ordens jn maria roßgartte(n) zu seflinge(n) in de(m) iar als man zelet vo(n) xpi [Christi] unsers liebe(n) herren geburt Tuse(n)t fünff hundert vn(n) ein iar. Die arm sweste(r) begert vm gottes wille(n): wer dz buch leß od(er) hör lese(n), dz man got de(n) herre(n) für sy bitt

Der so abgeschlossene Schriftteil umfaßt als erstes eine Anleitung zur Vorbereitung auf das Chorgebet (1ra–2va) und eine Predigt über das Verständnis der nach dem Offizium zu betenden Psalmen (2va–5vb), um sich dann den kleinen Horen selbst zuzuwenden. Die Erläuterungen zur Prim beschäftigen sich mit dem Hymnus „Iam lucis orto sidere" (5vb–7vb), dem ersten Primpsalm 53 (7vb–14rb) und den Versen 1–32 von Psalm 118 (14rb–39va). Darauf folgen die Auslegungen zum Hymnus der Terz „Nunc sancte nobis spiritus" (39va–40ra) und zu Psalm 118,33–80 (40ra–73va). Die Sext stellt mit ihren mehr als 100 Blättern die am ausführlichsten erklärte Hore dar; Fridolin hält zwar die Behandlung des Hymnus „Rector potens, verax deus" (73va–75ra) ebenso knapp und überblicksartig wie die Einführungen in die zu den anderen Tagzeiten gehörigen Lieder, dehnt seine Gedanken über Psalm 118,81–128 aber stark aus (75ra–176va). Am Schluß folgen seine Erläuterungen zum Hymnus der Non (176va–177va) und zu Psalm 118, 129–176 (177va–222rb). Im Vergleich zu cod 3801, der ja den Abschnitt zur Non ebenfalls überliefert, ist festzustellen, daß die in Söflingen angefertigte Handschrift lediglich geringfügige, den Sinngehalt nicht tangierenden Abweichungen aufweist.

Erwähnte bereits die dem ersten Teil von mgf 1040 vorangestellte Bemerkung eine enge chronologische Zusammengehörigkeit der Auslegungen von Prim, Terz, Sext und Non, so legt der Text selbst sogar nahe, daß Fridolin die vier Predigtreihen in einem Guß geschaffen hat: Mit der Zählung der Verse von Psalm 118, der auf die vier Horen verteilt erläutert wird, setzt er nicht bei jeder der kanonischen Tagzeiten neu ein, sondern führt seine im Predigtzyklus über die Prim begonnene Gliederung in „Achter" oder „Octenarii"[24] einfach fort, so daß die Predigten zur Terz mit dem „fünften octenarius" und diejenigen zur Non mit dem „XVII Echter" beginnen[25].

Folio 1–39 der Handschrift, also die Predigten über die Prim, liegen seit 1913 in der bereits erwähnten kritischen Ausgabe durch Ulrich Schmidt vor.

An diesen ersten Teil des Codex ist ein zweiter, wesentlich kürzerer angefügt, der nicht von der Hand Elisabeth Minsingers stammt, aber nur zwei

---

[Andere Hand:] Scriptus est liber iste per Religiosa(m) sorore(m) Elyzabeth minsingerin de Vlma." Mgf 1040, 1, 222rb, Z. 12–34. Die Berechnung des Datums erfolgte nach den Maßgaben von GROTEFEND: Taschenbuch.

[24] Psalm 118 gehört zur Gruppe der alphabetischen Dichtungen innerhalb des alttestamentlichen Psalters, wie Fridolin seine Adressatinnen zu Beginn der Auslegung informiert, um ihnen seinen nicht unbedingt bekannten Zählmodus zu erklären. Dort heißt es, er wolle den Schwestern den Psalm „Beati immaculati in via" „schmackhafft" und „schmaltzig" machen, „de(n) man list durch die myndern gezit mit syne(n) echter(n), der er zwen vn(d) zweintzig hat, als vil dan(n) buchstabe(n) in de(m) hebreysche(n) alphabet sind, wann ein iettlicher octenari(u)s diß psalme(n) mit syne(n) nachfolgende(n) v(er)ße(n) facht an an eine(m) buchstabe(n) diß obgenan(n)te(n) hebreysche(n) alphabet […]". Mgf 1040, 1, 14rb, Z. 27–38.

[25] Mgf 1040, 1, 40ra, Z. 6. (Entspricht cod 3801, 5r, Z. 8).

Tage nach ihrer Abschrift fertiggestellt wurde[26]. Über die weiteren Hintergründe seiner Entstehung, also auch über das Jahr, in dem Fridolin die Reihe
der darin aufgezeichneten Kompletpredigten gehalten hat, ist nichts bekannt.
Durchaus denkbar ist allerdings, daß auch diese Handschrift ein Produkt des
noch weitgehend unerforschten Söflinger Skriptoriums darstellt[27]. Inhaltlich
erweist sich das Manuskript als identisch mit der Münchener Version der
Kompletpredigten: Bedacht werden Psalm 4 (1va–3rb), Psalm 30 (3rb–9va)
und Psalm 90 (9va–42vb). Beide Handschriften stimmen darin überein, daß
sie keine Auslegung zu Psalm 133 liefern, obwohl Fridolin dessen Behandlung in den Einleitungszeilen des Kompletzyklus in einer Reihe mit den anderen drei alttestamentlichen Liedern andeutet[28]. Möglicherweise hat also
der Franziskaner selbst die Auslegung des 133. Psalmes nicht in die Reihe
seiner Kompletpredigten aufgenommen.

3. Codex mgq 1592

Mgq 1592 stellt die jüngste der drei erhaltenen Handschriften dar, wie der
Kolophon belegt, in dem der Schreiber oder die Schreiberin auffordert: „Orate pro me 1519"[29]. Das Manuskript selbst gibt keinen Hinweis auf seine Provenienz, aber es fällt auf, daß dem Autorennamen hier die nähere Bestimmung
„barfüsser ordens" beigefügt wird, während sonst vom „frewnt vn(d) vatt(er)
unßers ordens"[30] die Rede ist oder Fridolins Ordenszugehörigkeit als selbstverständlich vorausgesetzt wird[31]. Vermutlich stammt mgq 1592 also nicht aus
einem Franziskaner- oder Klarissenkloster. Als Indiz dafür kann auch gelten,
daß Fridolins Geburtsort nicht mit „Winnenden" sondern – wahrscheinlich
aufgrund eines Lesefehlers – mit „Windenheim" angegeben ist. Der Text
weicht in Orthographie und Grammatik relativ häufig von cod 3801 und mgf
1040 ab, ohne allerdings den Sinngehalt wesentlich zu verändern, und überliefert Fridolins Auslegungen der Kompletpsalmen 4, 30 und 90.
    Obgleich es sich bei dieser lange Zeit in Privatbesitz befindlichen Hand-
schrift[32] um diejenige Textversion handelt, die am weitesten vom ursprüngli-

---

[26] Mgf 1040, 2, 42vb, Z. 33–36: „MV' vn(d) ein jar [1501] [...] Beendet an de(m)
nechste(n) samstag nach sant Apolonia tag."
[27] Bisher gibt es nur wenige Informationen über Handschriften, die aus Söflingen
stammen, so daß über das Profil und die Ausrichtung der dortigen Bibliothek keine siche-
ren Aussagen möglich sind. Dennoch ist festzustellen, daß die aus dem dortigen Bestand
bekannten Bände dem Spektrum der frömmigkeitstheologischen, an praktischer Umsetzung theologischer Inhalte interessierten Literatur zuzuordnen sind, vgl. FRANK: Klarissenkloster, S. 109 f.
[28] Cod 3801, 114r, Z. 9–11: „Aber der firt ps(alm) Ecce nu(nc) ist als ein danckperkeit
um alle vorgesprochne ding." (Entspricht mgf 1040, 2, 1ra, Z. 14 f.).
[29] Zum weiteren Text des Kolophons vgl. oben, S. 27.
[30] Cod 3801, 230v.
[31] Mgf 1040, 1, 1ra.
[32] DEGERING: Verzeichnis, S. 296 nennt unter anderem Clemens von Brentano und
Vincenz Hasak als Eigentümer.

chen Wortlaut der Predigten des Nürnberger Minoriten entfernt ist, liegt gerade sie in einer neuzeitlichen, jedoch unkritischen Druckausgabe durch die österreichische Diözese Seckau aus dem Jahr 1887 vor[33]. Bereits 1868 hatte Hasak einen Teil der Auslegung von Psalm 30, 3 auf der Grundlage von mgq 1592 herausgegeben[34].

3.2. Ursprungssituation

Während wir also mit Sicherheit feststellen können, daß es sich bei Fridolins Predigten um wirklich gehaltene und nicht, wie im Falle vieler anderer spätmittelalterlicher Predigtüberlieferungen zu vermuten[35], um von vorneherein als kontemplative Lektüre konzipierte Texte handelt, und sogar bekannt ist, auf welcher Kanzel ihr mündlicher Vortrag stattfand, bleibt im Dunkeln, zu welcher Gelegenheit sie der Barfüßer an die Klarissen richtete. In Nürnberg sorgte der Rat zwar dafür, daß der städtischen Bevölkerung in der Advents- und in der Fastenzeit ein besonders umfangreiches, nämlich tägliches Predigtangebot zur Verfügung stand[36], und bediente sich zu diesem Zweck durchaus der Angehörigen der Bettelorden, aber es ist nicht klar, ob der tägliche Vortrag auch in der Klarakirche Brauch war. Denkbar ist zwar, daß Fridolin die Auslegungen der Offiziumstexte ursprünglich als Fastenpredigtreihe(n)[37] gehalten hat, da sie die im Chorgebet gesprochenen Psalmen im Hinblick auf das Leiden Christi behandeln, andererseits muß berücksichtigt werden, daß Christi Passion und die Beziehung des gläubigen Menschen dazu den Mittelpunkt aller erhaltenen Schriften (mit Ausnahme der Anfechtungsschrift und des Münzbuches) des Franziskaners bilden, der Autor jedoch keinem seiner Texte einen Platz in der vorösterlichen Zeit des Kirchenjahres zuweist. Das Leiden und Sterben Christi war Grundthema, Zentrum und Hauptinteresse aller theologischen Arbeit Fridolins, ja die geistige Beschäftigung mit dieser Thematik und ihre literarische Umsetzung scheinen eine Art Charakteristikum seiner Person dargestellt zu haben, wie die Schlußbemerkung des Münchener Predigtcodex nahelegt. Dort heißt es,

---

[33] Das bittere Leiden, S. 3–117.

[34] HASAK: Glaube, S. 549–553. Der unkritisch abgedruckte Abschnitt entspricht 127r–132r in cod 3801.

[35] VÖLKER: Überlieferungsformen, S. 224, sowie SCHIEWER: Spuren von Mündlichkeit, S. 64 f.

[36] SCHLEMMER: Gottesdienst, S. 258.

[37] Da über die äußeren Bedingungen spätmittelalterlicher Predigten in der Fastenzeit (nicht zu verwechseln mit den am Karfreitag selbst gehaltenen „Passionen") bisher nur wenig bekannt ist, sind von hier aus keine Rückschlüsse möglich, die es erlauben würden, Fridolins Predigten dieser Textgattung zuzuordnen. Allerdings ist zu bedenken, daß eine Auslegung der liturgischen Teile des Chorgebets keineswegs eine der üblichen Formen der Quadragesimalpredigtreihe darstellte. Zur Fastenpredigt im allgemeinen: KEPPLER: Passionspredigt, S. 161 f.

Fridolin habe die niedergeschriebenen Predigten „mit allem fleiß als ein besunder groß(er) lieb hab(er) des heilligen leiden XPI, das er uns [den Klaris-
sen] gern ein getruckt [eingeprägt] vn(d) ein gebildet [vor Augen gehalten]
het", vorgetragen[38]. Außerdem steht der Franziskaner mit seiner engen Verknüpfung von Offiziumstexten und Gedenken der Passion Christi in einer
bis in die Alte Kirche zurückreichenden Tradition der Chorgebetsfrömmig-
keit, die keinesfalls jahreszeitlich gebunden war[39].

Eine zweite Möglichkeit der Verortung im Kirchenjahr bietet Zawart an,
der behauptet, Fridolins Predigten hätten ihren Platz nicht nur in Gottesdiensten der Passionszeit, sondern darüber hinaus an den Vorabenden der
Sonn- und Festtage gehabt[40], da ihr Verfasser ebenso wie alle anderen Mendi-
kantenprediger dem Volk den Gottesdienstbesuch in der jeweiligen Pfarrkirche hätte ermöglichen müssen. Auch diese Lösung erscheint nicht besonders
überzeugend, wäre doch wenigstens von einzelnen der in eine solche Predigtreihe aufgenommenen Sermone eine thematische Ausrichtung auf den
jeweils folgenden Feiertag zu erwarten, die sie im vorliegenden Falle jedoch
nicht bieten[41]. Außerdem sind die erhaltenen Predigten – und das wird in
diesem Zusammenhang in der Literatur meist übersehen – nicht primär im
Hinblick auf die Nürnberger Bevölkerung konzipiert, deren Bedürfnisse
durch die von der Stadt selbst eingerichteten und mit Weltklerikern besetz-
ten Prädikaturen[42] sowie durch die Mendikantenpredigtstellen[43] erfüllt wurden. Angesichts solch umfassender Versorgung der reichsstädtischen Bürgerinnen und Bürger konnte der Franziskanerorden Fridolin guten Gewissens
auftragen, sich auf die Klarissen zu konzentrieren, die ihre „tagzeit andechtigklich volbringe(n) […] vn(d) got recht bezalen" wollten, was sie ihm „von
gelüpt wegen" schuldig wären[44].

Es muß also offenbleiben, zu welcher Tages- und Jahreszeit Fridolin seine
Auslegungen der Hymnen und Psalmen des Chorgebets vorgetragen hat. Mit
Sicherheit ist allerdings davon auszugehen, daß zwischen den einzelnen Pre-

---

[38] Cod 3801, 230v, Z. 13–15.

[39] Vgl. dazu HILPISCH: Chorgebet, S. 275–281. Siehe auch unten, S. 72 f.

[40] ZAWART: History, S. 343. Ebenso BELLM: Schatzbehalter, S. 2.

[41] Auszüge aus einer Sammlung von Sonn- und Festtagspredigten des Nürnberger
Katharinenklosters wurden von Gabriel Löhr zusammengestellt (LÖHR: Klosterpredigten.
Die folgenden Seitenzahlen beziehen sich auf Löhrs Aufsatz). In den aus den Jahren 1482–
1487 stammenden Predigten werden immer wieder unmittelbare Bezüge zu dem Tag
sichtbar, an dem sie gehalten wurden, z.B. predigt Johannes Tzolner an Fronleichnam 1483
über das Altarsakrament (S. 41). Johannes Lock spricht an Trinitatis 1483 über die heilige
Dreifaltigkeit (S. 41 f.); an Annuntiatio Mariae 1487 macht er die Kraft der fürbittenden
Gottesmutter zum Thema seiner Ausführungen (S. 199 f.).

[42] Nürnberg hatte bereits im 14. Jahrhundert eine Predigtstelle am Heilig-Geist-Spital
geschaffen und richtete noch vor 1450 auch an den beiden Hauptkirchen Sankt Lorenz
und Sankt Sebald solche ein. SCHLEMMER: Gottesdienst, S. 255 f.

[43] Zum Predigtdienst der Nürnberger Franziskaner siehe oben, S. 7 f.

[44] Mgf 1040, 1, 1ra, Z. 1–4.

digtveranstaltungen keine allzu großen Zeiträume verstrichen, da ansonsten der fortlaufende Charakter der Auslegungen nicht mehr gewährleistet gewesen wäre. Aus dem gleichen Grund mußte der Prediger damit rechnen können, ein relativ konstantes, nicht von Predigt zu Predigt wechselndes oder nur in unregelmäßigen Abständen an den Gottesdiensten teilnehmendes Publikum vor sich zu haben, das über den „langen Atem" verfügte, sich langwierige, Halbvers für Halbvers, manchmal auch Wort für Wort[45] genau betrachtende Vorträge anzuhören.

3.3. *Überlieferte Gestalt*

Dem Kreis der klösterlichen Hörerinnen des Barfüßers entstammte die spätere Äbtissin des Nürnberger Klarissenkonvents, Caritas Pirckheimer, die nach dem Zeugnis des Münchener Codex 3801 die darin aufgenommenen Predigten „auß des [...] wirdige(n) vaters mu(n)dt von wort zu wort angeschribe(n)" hat[46]. Handelt es sich bei der uns heute vorliegenden Form der Fridolinschen Predigten also um Mitschriften aus den Gottesdiensten selbst? Geben sie exakt den ursprünglichen Wortlaut wieder oder fassen sie die vorgetragenen Gedanken zusammen? Mit anderen Worten: Besitzen wir zumindest im überlieferungsgeschichtlich wertvollsten der drei erhaltenen Handschriftenbände die authentischen Predigten des Nürnberger Franziskaners, obwohl es sich dabei um kein Autograph handelt? Diese Fragen führen eine grundsätzliche Problematik[47] vor Augen: Sind die überlieferten Predigtmanuskripte aus Nonnenhand nachträgliche Aufzeichnungen, so geben sie entweder eine durch die Schreiberin „gefilterte" Version der ursprünglichen Texte wieder[48] oder stellen nachträglich durch den Prediger korrigierte Aufzeichnungen dar; letzteres ist allerdings nur selten nachzuweisen. Wortwörtliche Mitschriften hingegen sind schon deshalb

---

[45] Psalm 30, 2 („In te Domine speravi") zergliedert Fridolin in die einzelnen Worte und legt diese zunächst getrennt voneinander aus, um den Halbvers schließlich auf dem Hintergrund seiner „Einzelexegesen" wieder zusammenzusetzen. Cod 3801, 121r, Z. 18–124v, Z. 16.

[46] Siehe oben, S. 59, Anm. 15.

[47] Zu Gestalt und Verschriftung mittelalterlicher Predigten sowie den sich daraus ergebenden Forschungsproblemen im allgemeinen siehe VÖLKER: Überlieferungsformen, sowie SCHIEWER: Spuren von Mündlichkeit.

[48] Die bewußten und unbewußten Filter der Hörerinnen dürften dazu geführt haben, daß in vielen Fällen gleichsam die Schnittmenge dessen vorliegt, was die Schreiberinnen selbst verstanden, was ihnen festhaltenswert erschien und was sie gleichzeitig im Gedächtnis behalten beziehungsweise aus ihren während des Gottesdienstes angefertigten Notizen rekonstruieren konnten. Je größer die intellektuellen, schreib- und mnemotechnischen Fähigkeiten und je stärker ausgeprägt das Sachinteresse einer (Nach-)Schreiberin waren, desto näher stand ihre Arbeit dem authentischen Text.

unwahrscheinlich, weil man im Frühneuhochdeutschen kein ausgefeiltes Abkürzungssystem kannte[49].

Was nun Fridolins in cod 3801 aufgezeichnete Predigten anbelangt, so fällt auf, daß sie sich weder im Hinblick auf einzelne Formulierungen noch im Satzbau signifikant vom *Schatzbehalter* und dem *Buch von den Kaiserangesichten* – beides authentische Texte des Franziskaners – unterscheiden; der von einer Nachschrift zu erwartende eigene Stil der Schreiberin[50] schimmert nur leicht durch. Gegen die nachträgliche Aufzeichnung des aus den Gottesdiensten mitgenommenen Gedächtnis- oder Notizenertrages spricht außerdem die komplizierte Gliederung mancher Textpassagen, die verschiedene, teilweise miteinander verflochtene Ebenen der Division und Subdivision des Stoffes aufweisen[51]. Dennoch muß aus den genannten Gründen auch die Möglichkeit der unmittelbaren Mitschrift bezweifelt werden, was bereits Schmidt und in seinem Gefolge Löhr vermuten ließ, Fridolin habe den Klarissen sein eigenes Manuskript als Schreibvorlage zu Verfügung gestellt[52]. Steht diese Annahme in gewissem Widerspruch zu den im Nachtrag des cod 3801 vorliegenden Angaben, so böte ein anderer denkbarer Entstehungsweg die Möglichkeit, höchste Treue dem Original gegenüber mit der Aussage, die Auslegungen seien „an der predig auß" Fridolins „mu(n)dt von wort zu wort

---

[49] So Völker: Überlieferungsformen, S. 215. Mitschriften waren allerdings möglich, wenn es sich nicht um die Aufzeichnung ganzer Predigtreihen wie derjenigen Fridolins, sondern um das Festhalten überschaubarer, besonders prägnanter „Stücklein", d. h. einzelner Predigtteile handelte. Wie Löhr zeigt, waren aber auch die Schreiberinnen solch fragmentarischer Predigtauszüge mitnichten gegen Fehler gefeit. Löhr: Klosterpredigten, S. 34.

[50] Völker gibt neben den stilistischen Differenzen zwischen Autograph und Nachschrift weitere Kriterien an, die die Identifikation einer vom Originaltext abweichenden Überlieferungsform ermöglichen. Auf Fridolins Predigten treffen sie meines Erachtens nicht zu. Vgl. Völker: Überlieferungsformen, S. 215 f.

[51] Als Beispiel sei ein Abschnitt aus der Predigt über den dritten Kompletpsalm angeführt: Nachdem Fridolin im Vorfeld die in Psalm 90, 5 f. erwähnten Gefahren (timor nocturnus, sagitta volans in die, negotium perambulans in tenebris, daemon meridianus) als den Menschen bedrohende Anfechtungen identifiziert hat, konzentriert er sich auf die drei wichtigsten in der Todesstunde zu erwartenden Versuchungen. Als deren zweite nennt er die Anstrengung des Teufels, dem sterbenden Menschen einzureden, nicht zur Zahl der Auserwählten zu gehören, also die Anfechtung „De praedestinatione". Zunächst erklärt er das Wesen solcher teuflischer Einflüsterungen, um dann sechs zum Teil nochmals mehrfach unterteilte Ratschläge zum Umgang mit Zweifeln an der eigenen Prädestination zu geben. Der letzte dieser Punkte (der Mensch ergebe sich gelassen in den Willen Gottes) geht über in eine dreifach gegliederte Reihe von Reflexionen über die Verdienstlichkeit der resignatio ad infernum, wobei Fridolin im zweiten Abschnitt das Problem der ungerechtfertigen Hinterfragung göttlicher Urteile auffächert und erörtert. Cod 3801, 167r, Z. 9–178v, Z. 18.

[52] Schmidt plädiert im Hinblick auf die sorgfältige Konzeption und Ausarbeitung der Predigten für direkte Abschriften aus den Aufzeichnungen des Franziskaners. Schmidt: Franziskanerprediger, S. 20. Löhr begründet seine Annahme zwar nicht, scheint sich aber auf Schmidt zu beziehen. Löhr: Klosterpredigten, S. 39. Beide formulierten ihre Vermutung über die Entstehung der Predigten, ohne cod 3801 zu kennen.

angeschribe(n)"[53] worden, zu vereinbaren: Caritas Pirckheimer hätte demnach die Predigten entweder gleich als Diktate des Seelsorgers außerhalb des
Gottesdienstes niedergeschrieben[54], oder – und das entspräche der Bemerkung im Münchener Codex noch stärker – ihre während der Predigten angefertigten, fragmentarischen Notizen mit Fridolins Hilfe nachträglich ergänzt, berichtigt und vervollständigt. Kann der exakte Verschriftungsvorgang
aus den vorliegenden Quellen auch nicht mehr mit Sicherheit rekonstruiert
werden, so bleibt dennoch festzuhalten, daß der Vergleich mit dem *Schatzbehalter* und dem *Buch von den Kaiserangesichten*, also den aus Fridolins eigener
Feder stammenden bzw. durch ihn selbst korrigierten Werken für ein hohes
Maß an Textauthentizität innerhalb der Predigtsammlungen spricht.

3.4. *Äußere Form und Quellen*

Die drei erhaltenen Handschriften geben keinerlei Anhaltspunkte, was die
Länge der einzelnen aufgezeichneten Predigten anbelangt, da sich abgesehen
von den Anfängen und Abschlüssen der Auslegungen zu den einzelnen Horen weder Einleitungsphrasen noch Schlußwendungen oder doxologische
Formeln finden[55]. Wir wissen deshalb nicht, aus welcher Anzahl von Predigten sich die erhaltenen Reihen zusammensetzen, können aber vermuten, daß
der Zyklus zur Sext mit seinen über 100 Blatt aus wesentlich mehr einzelnen
Vorträgen zusammengefügt ist als die anderen, zwischen 34 und 44 Blatt
umfassenden Horenauslegungen.

Was den Wortschatz anbelangt, so ähneln die Predigten stark den anderen
Werken des Franziskaners[56], Bilder und Vergleiche finden jedoch weitaus

---

[53] Siehe oben, S. 65, Anm. 46.

[54] So auch VÖLKER: Überlieferungsformen, S. 220. Kaum erklärbar wäre in diesem Fall
allerdings die Wendung „an der predig".

[55] Als Beispiel für die wenigen deutlich sichtbaren Zäsuren seien der in ein Gebet aus-
mündende Schluß der Predigten zur Prim und der Anfang der Auslegungen zur Non angeführt: Nun also „bitt ich dich, zerbreitt [öffne] auch myn hertz in dine(r) götliche(n) lieb,
dz ich ferttig werd zu loffe(n) de(n) weg diner gebott, dardurch ich müg v(er)diene(n) nach
diser zit zu lauffe(n) de(n) rechte(n) weg in die ewige(n) seligkeit, do ich dich werd lobe(n)
i(n) s(ae)c(u)la s(ae)c(u)lor(um). Amen." Mgf 1040, 1, 39va, Z. 3–10. „In no(m)i(n)e
d(o)m(ini) Jh(es)u xpi [Christi] crucifixi hept an ein andechtige vßlegung des ymn(u)s
vn(d) der psalme(n) zu der non zit." Mgf 1040, 1, 176va, Z. 13–16.

[56] Typisch ist etwa Fridolins Vorliebe für ein farbiges, anschauliches, nicht jedoch dra-
stisches Vokabular, wie es exemplarisch die akribische, aber im Vergleich mit zeitgenössischen Texten dennoch maßvolle Schilderung der Fürsorge Christi für den Leib des Menschen und umgekehrt der Behandlung des Leibes Christi durch Menschen verdeutlicht:
„Dan(n) für die seiden vnd die baumwollen vn(d) zarte leynine hemde, mit den er unsern
groben, [...] schno(e)den leib vmbgibt vnd cleidet, hat man seine(n) zarten iunckfrewlichen, heiligen, kostbarn leyb umbgebenn mit geyseln; für die pflaumfedern, auff die <er>
unsern faulen leib leget zerue(n), hat man das blo(e)cket [...] creu(e)tz [...] auffgelegt".
Schatzbehalter x3 ra, Z. 24–36. Auch eine Passage aus den Predigten über die Non, in der

weniger Verwendung als im *Schatzbehalter*. Worauf Fridolin in den Predigten
nahezu völlig verzichtet, sind Heiligenlegenden, historische Exkurse, etymologische und sprachgeschichtliche Erläuterungen, Sagen und Erzählungen,
kurz gesagt all das, was er in seinem großen, für Laien konzipierten Werk
„vmb ku(e)rtzweil vnd lustes willen"[57] weitergibt oder als vertiefende Hintergrundinformation mitteilt[58]. Dennoch bemüht sich Fridolin auch in seinen an die Nürnberger Nonnen gerichteten Auslegungen um Anschaulichkeit und Lebendigkeit der Darstellung, denn er spricht seine Adressatinnen in
allen Predigtreihen persönlich an, gibt unmittelbar in die Praxis umsetzbare
Anweisungen und Ratschläge[59] und spielt auf zeitgenössische Gepflogenhei-
ten an[60], so daß seine Sermone in der Tat als „packend, herzlich" und „anzie-
hend" bezeichnet werden können[61].

Tauchen also legendarische und erzählende Texte nicht als Quellen in den
Predigten auf, so zitiert der Verfasser dennoch immer wieder andere Autoren
und Werke. An erster Stelle stehen natürlich das Alte und Neue Testament,
gefolgt von Bernhard, der in der Frömmigkeitstheologie des 15. Jahrhunderts
am häufigsten herangezogenen Autorität des Mittelalters. Angeführt – allerdings erheblich seltener – werden auch die Glossa Ordinaria, Augustin, Hieronymus, Cassiodor, Johannes Chrysostomos, Alexander von Hales, Johannes
Damascenus, Thomas von Aquin sowie einige andere christlich-antike und
mittelalterliche Lehrer. Zeigt bereits diese Liste, daß Fridolin in den Predigten weitaus stärker auf praktisch-exegetische und frömmigkeitstheologische
Literatur als auf scholastische Größen zurückgreift, so wird sich das im Hinblick auf seine anderen Schriften noch bestätigen.

Nimmt Fridolin hier Bezug auf einen Autor, so nennt er ganz anders als im
Schatzbehalter in nahezu allen Fällen nur dessen Namen, nicht jedoch den
Titel des Werkes, aus dem das mitgeteilte Zitat stammt. Gehen wir also, wie
oben erläutert, davon aus, daß er die Erstabschrift seiner Predigten selbst
nochmals mit der dafür zuständigen Nonne durchging und ergänzte, so legt
sich der Schluß nahe, daß Fridolin nicht intendierte, es den Leserinnen der
Abschriften – und an diesem Punkt geht es nicht mehr um die Nürnberger

---

die Nöte des neugeborenen Christus geschildert werden, bringt diese Züge des Fridolinschen Sprachstils zum Ausdruck. Christus hält dort dem Menschen vor: „So sich in mich,
sih mein armut, mein durftikeit und ellend, das ich nit hab weder hauß noch hoff, weder
wigen noch kußlein [Kisslein], das ich gebreste(n) hab in alle dem, das eine(m) zartten new
geporn*en* kind nott wer[…]". Cod 3801, 27r, Z. 4–8.

[57] *Schatzbehalter*, i2 rb, Z. 10 f.

[58] So vor allem in den großen Dialogen P3 rb–Z5 va.

[59] Z. B. cod 3801, 4v, Z. 16 f.: „Also wen(n) du die non anfachst, so pild dir fur [stelle dir
vor Augen] das creuz xpi [Christi] vn(d) loß dich eben [ebenso] duncken, wie du vor dem
kreutz stunst […]".

[60] Cod 3801, 216v, Z. 12–14 erklärt Fridolin die Forderung der Juden, dem Gekreuzigten mit Stangen die Beine zu brechen: „Wann was man den armen(n) mensche(n) yzunt
thut mit dem rad, das thet man dazumal mit kolbe(n)."

[61] So LÖHR: Klosterpredigten, S. 39.

Hörerinnen seiner Vorträge, da die Grenze zwischen mündlicher Predigt und
für das persönliche Studium oder die Lesung im Konvent angefertigen Ma-
nuskripten, zwischen einmaliger akustischer, in den festen Rahmen eines
Gottesdienstes eingepaßter und wiederholt möglicher, dem eigenen spiri-
tuellen Bedürfnis angepaßter Rezeption überschritten wird[62] – zu ermöglichen, die verwendeten Zitate im Zusammenhang nachzulesen, sei es, weil er
selbst die weitere Lektüre für unnötig hielt, sei es, weil er nicht damit rechnete, daß jemand nachlesen wollte. Die Art und Weise seiner Zitation in den
Predigten sowie die Funktion, die er den Autoritäten dort zuweist, stützen
diese Annahme: Anders als im *Schatzbehalter*[63] nimmt Fridolin in seinen Kanzelvorträgen öfters nur kurze Sentenzen, seltener lange Abschnitte aus Werken der Kirchenlehrer in den Text auf; er diskutiert deren Inhalt nicht, geht
auch nicht vertiefend auf den einen oder anderen, in den Zitaten angeklun-
genen Aspekt ein, sondern gebraucht sie als eine Art Gedächtnisstütze, als
Zusammenfassung oder als prägnant formulierte Abstützung seiner eigenen
Position[64].

Da der Verfasser mit den Predigten eher meditativ-kreisende als dozie-
rend-unterweisende Texte zu schaffen beabsichtigte, reduzierte er konsequent Zahl und Umfang der primär belehrenden Abschnitte. Sie finden sich
zwar dennoch[65], geraten aber bei weitem nicht so breit wie im *Schatzbehalter*,
in dem sie sich gelegentlich quasi verselbständigen, so daß sich Fridolin zuweilen genötigt sieht, am Ende einer solchen Passage auf deren eigentliche
Funktion innerhalb des Textes aufmerksam zu machen[66]. Darüber hinaus

---

[62] Die unterschiedliche Zitationspraxis in *Schatzbehalter* und Predigten kann also nicht
auf der grundsätzlich differenten Kommunikationssituation beider Werke beruhen. Im
Schatzbehalter legt Fridolin großen Wert darauf, seine Leserinnen und Leser nicht nur zur
Nachprüfung der eingearbeiteten Zitate, sondern zur weiteren, vertiefenden Lektüre zu
motivieren. Siehe unten, S. 197.

[63] Zur Rolle der Zitate im *Schatzbehalter* siehe unten, S. 229 f.

[64] Am Schluß der Auslegung von Psalm 118, 3 etwa bündelt er seine Gedanken:
„Daru(m) wen(n) du in der prim sprichst: no(n) e(ni)m, q(ui) op(er)ant(ur) iniq(ui)tate(m),
so gedenck an dictu(m) s(an)cti Augustini: Qua(m) ini(qui)tate(m)? Quia voluceru(n)t occi-
dere d(omin)um Jh(esu)m xpm [Christum], q(ui) p(er)tulit o(mn)es infirmos eoru(m)“.
Mgf 1040, 1, 18ra, Z. 13–18. (Fast wörtlich übernommen aus: Enarratio in psalmum LXIII,
Sermo ad plebem. PL 36, Sp. 762).

[65] Als Beispiel sei ein Teil aus seiner Überleitung zur Auslegung von Psalm 118, 9–16
zitiert: „Der ander octenari(u)s facht an de(m) buchstaben bes an, de(n) wir beth nenne(n),
vn(d) ist als vil gesproche(n) als haus, als in de(m) name(n) betlehe(m) erschint, dz als vil ist
als ein haus des brottes, vn(d) wölchs ist dz recht brott haus, den(n) die heilig schrifft vn(d)
besunder die, die in ir begriffe(n) hat die wort vn(d) ler cristi, als dieser psalm vn(d) sun-
derlicher diser echter, der zu hand [sogleich] in de(m) anfa(n)g meltt die red, gebott vn(d)
wort xpi [Christi], vo(n) dene(n) der herr selbs zu de(m) bösen find [Feind], (der ine des
brottes halb anfacht), *sprach*: No(n) insolo pane etc.. Der mensch lebt nit alein des brottes, v(er)ste: das materlich ist, sunder vo(n) eine(m) iettliche(n) wort, das vß dem mund
gottes get. Daru(m) folgt diser buchstab beth billiche(n) nach de(m) erste(n) buchstabe(n)
aleph“. Mgf 1040, 1, 22ra, Z. 25– 22rb, Z. 2.

[66] So äußert sich Fridolin zur im Haupt Christi vorhandenen vollkommenen Erkennt-

sind sie durchgängig weniger kompliziert aufgebaut und mit leicht verständlichen Hinweisen auf ihren Nutzen für die fromme Praxis der Leserinnen durchsetzt, was ihren Sinn im Kontext unmittelbar einsichtig macht.

Ebenso wie *Schatzbehalter*, *Geistlicher Mai* und *Geistlicher Herbst* sind auch die Predigten durch zahlreiche Divisionen und Subdivisionen aufgegliedert. Fridolin gebraucht in geradezu verschwenderischer Art und Weise Segmentierungen, Aufzählungen, Bezifferungen, Stufungen, Differenzierungen und Kategorisierungen[67], um mit deren Hilfe den Text zum einen übersichtlicher und durchschaubarer zu gestalten – was nicht immer gelingt, da er passagenweise selbst den Überblick verliert –, zum anderen aber auch Merkhilfen zu geben[68]. Wie wichtig ihm gerade der letztgenannte Aspekt, also Memorierbarkeit und daraus resultierende möglichst problemlose Abrufbarkeit des

---

nis aller Dinge (*Schatzbehalter* A2 vb–B3 vb), die unter anderem darauf zurückzuführen sei, daß Christus während seines kurzen Lebens mannigfaltige Erfahrungen (vor allem im Umgang mit aus guten oder schlechten Motiven an seiner Person interessierten Menschen) gemacht habe und diese ein breitgefächertes, erlebnisgespeistes Wissen mit sich gebracht hätten. Relativ unvermittelt ist dabei die Rede von zwei römischen Bauwerken, dem auf Oktavian zurückgehenden „Himmelsaltar" und dem angeblich in der Geburtsnacht Christi zerfallenen „Tempel des Friedens". Fridolin muß selbst gemerkt haben, daß nicht allen Leserinnen und Lesern klar sein konnte, weshalb er seine kunst- und architekturhistorischen Belehrungen gerade an dieser Stelle eingeflochten hatte, denn er schreibt etwas später: „Das ich darumb hie her gesetzt hab, das man merck, das könig vnd keyser, auffgang vnd nyderga(n)g der werlt, iherusalem vn(d) rom, Juden vn(d) heiden in der zeit der kintheit vnsers herren seiner halb bewegt sind worden." Erst aus dem weiteren Textverlauf wird aber wirklich deutlich, was er damit aussagen will: Einzelne Menschen, ganze Völker und Naturkräfte wurden durch das Auftreten Christi berührt, betroffen und erschüttert; sie reagierten auf dieses Geschehen, was wiederum Rückwirkungen auf Christus selbst mit sich brachte. Da aber das Erfahrungswissen eines Menschen vor allem auf „vil leiden, [...] vil anstössenn [Anfechtungen und Angriffe] vnd" dem, was ihm „zu hande(n) geet [widerfährt]", beruht, wird der immense Wissensschatz Christi deutlich. Vgl. ebd., A3 rb, Z. 15–20 und A2 vb, Z. 28–30.

[67] Die leidenschaftliche Neigung zur Zählung und Untergliederung teilt Fridolin mit zeitgenössischen Kollegen, wie Renners Überblick über Predigten aus dem Nürnberger Katharinenkloster in der zweiten Hälfte des 15. Jahrhunderts zeigt: Besonders Johannes von Kirchschlag, Peter Kirchschlag und Friedrich Stromer liebten diese Art der Predigtstruktur; sie sprachen über Themen wie die 6 Grade der Güte Gottes, die 7 Gaben des Heiligen Geistes und die 12 Brunnen, aus denen alle Lehrer trinken. RENNER: Klosterpredigten, S. 203–206.

[68] Die Predigt über die rechte Vorbereitung auf das Chorgebet stellt Fridolins Bestreben, den Hörerinnen die Inhalte seiner Auslegungen (in diesem Falle praktisch anwendbare Verhaltensregeln) ins Gedächtnis einzuprägen, eindrücklich vor Augen: Er betont zunächst, daß sich eine Schwester unbedingt „durch feür ding" auf die Horen vorbereiten müsse, wolle sie nicht „on frucht dar von gen": „Durch ordenu(n)g der meynu(n)g, durch uß schliessu(n)g der ku(m)mernuß, durch vffmercku(n)g der gewyssen, durch betrachtu(n)g der bedeuttu(n)g." Mgf 1040, 1, 1ra, Z. 40 f. und rb, Z. 3–6. Der Rest der Predigt besteht aus einer genauen Erklärung der vier angegebenen Punkte, wobei jeder Abschnitt ordentlich durch „Zu dem ersten ... Zu dem andern... Zu dem drütten ... Zu dem feürden..." eingeleitet ist.

mitgeteilten Inhaltes, nicht zuletzt aus theologischen Gründen ist, verdeutlicht Fridolin im *Schatzbehalter*[69].

Bereits der mehrfach zitierte, von einem Zeitgenossen des Nürnberger Franziskaners stammende Eintrag im Rebdorfer Exemplar des *Schatzbehalter*[70] hält fest, daß Fridolin auch in seinen Kanzelvorträgen die allegorische Auslegungsmethode bevorzugte. In ihrem Rahmen zieht er ganze neutestamentliche Perikopen heran[71], um seinen Adressatinnen die Psalmen zu erklären und deutet Stück für Stück die einzelnen Verse und Begriffe[72] seiner Predigttexte.

3.5. Inhalt und zentrale Absicht

Indem Fridolin in seinen Predigten Hymnen und Psalmen der bei den Klarissen gebeteten Horen im Hinblick auf die Passion Christi auslegte, schuf er keine Passions- oder Fastenpredigten im „klassischen Sinne", da nicht die Passionsberichte der Evangelisten die Textgrundlage seiner Ausführungen bildeten. Er führte seinen Leserinnen weder in chronologischer Folge die Ereignisse der letzten Lebenstage und -stunden Jesu vor Augen noch traf er eine Auswahl aus der Fülle der in den Evangelien geschilderten Vorgänge

---

[69] Siehe unten, S. 222–225.

[70] Siehe oben, S. 52, Anm. 235.

[71] In den Predigten zur Sext erklärt er den christologischen Sinngehalt von Psalm 118, 114 (Adjutor et susceptor meus es tu) durch die allegorische Deutung einzelner Komponenten der Geschichte vom verlorenen Sohn (Lk 15, 11–32): Christus wurde durch Gottvater am Kreuz wie ein wirklich reuiger, verlorener Sohn aufgenommen, nachdem seine menschliche Natur in die Welt gezogen und ein Dienstverhältnis mit einem Bürger, der das Geschlecht der Juden symbolisierte, eingegangen war, ihre Zeit mit den Seelen der Menschen verbracht und alles für diese sündigen Wesen hingegeben hatte. In Anwesenheit des älteren Bruders, d. h. der Engel, die immer im Himmel geblieben waren, bekannte der Heimkehrer in der Person der menschlichen Natur seine Sünde und wurde vom Vater wieder zur Gnade aufgenommen, allerdings „nit syne(n)halb [um seinetwillen], sund(er) für all syn gelyder jn de(r) p(er)son als ein gemeyner büßer fur alle(r) welt sünd, dz er zu got de(m) vatt(er) mocht spreche(n): Susceptor meus." Mgf 1040, 1, 144vb, Z. 12–145va, Z. 20, hier zitiert: 145va, Z. 16–20.

[72] Die im dritten Kompletpsalm (Ps 90, 13) erwähnten, den Menschen bedrohenden Tiere („super aspidem et basiliscum ambulabis et conculcabis leonem et draconem") identifiziert er zunächst im Gefolge Bernhards mit vier Versuchungen: Eigenwille, neidvolle Ichbezogenheit, Zorn und Kleinmut. Dem setzt er vier Gründe entgegen, die den Menschen zur Dankbarkeit Gott gegenüber bewegen sollten und warnt vor den vier in den Tieren sichtbar werdenden, solcher Haltung zu Gott entgegengesetzten Aktivitäten. Schließlich legt er noch in aller Ausführlichkeit dar, auf welche Weise die vier Tiere Christus angefochten haben und schließt, indem er den Leserinnen den soteriologischen Sinn des Psalmverses vor Augen stellt: Christus hat alle diese Anfechtungen „dar vm(m) geliede(n), das wir entlich vo(n) allen anfechtunge(n) erlost wurden vnd kunlich mochte(n) gyn vber diße boße teuffelische tier vnd vnv(er)sert mochte(n) kume(n) zu der ewigen seligkeit. Fiat, fiat." Cgm 3801, 217v, Z. 20–218r, Z. 3.

und Details, um daraus einen auf Schwerpunkte konzentrierten Predigtzyklus zusammenzustellen und dessen einzelne Elemente durch umfangreiche Belehrungen und Hinweise auf Nutzanwendungen auszugestalten, wie
es typisch für spätmittelalterliche Predigten der vorösterlichen Zeit war[73]. Indem Fridolin seinen Ausführungen liturgische Stücke als Textbasis zugrundelegte, wählte er einen anderen Blickwinkel als die meisten seiner spätmittelalterlichen Predigerkollegen, denn damit gaben die Verse, ja passagenweise
die einzelnen Worte der Hymnen und Psalmen des Chorgebets, den Auslegungen die beherrschende Perspektive vor. Von dem durch sie gebildeten
Strukturgerüst aus griff er auf die biblischen Passionserzählungen sowie
kirchliche Lehre und Überlieferung zurück und erläuterte mit deren Hilfe
das Offizium. Dennoch entwickelte er mit seiner engen Zusammenschau
von Passion und Chorgebet nichts Neues, sondern reihte sich damit in eine
Tradition ein, deren Wurzeln bis in die Zeit des Urchristentums zurückreichen: Im Anschluß an das Markusevangelium, in dem die dritte, sechste und
neunte Stunde als markante Daten des Sterbens Christi genannt sind[74], wurden diese Tageszeiten schon bald zu bevorzugten Terminen für das gemeinsame Gebet der frühen Christen. Spätestens seit Cyprian von Karthago
(† 258)[75] verband man dabei die Terz mit dem Kreuzigungsakt und aufgrund
von Apg 2,15 mit der Ausgießung des Heiligen Geistes am Pfingstfest, erinnerte sich zur Sext an die vor dem Verscheiden des Gottessohnes eingetre-
tenen Finsternis und gedachte in der Non des Todes Christi und des eigenen
Sterbens[76], stellte also eine Beziehung her zwischen Tageszeit und Heilsge-
schichte. Im Mittelalter wurde die Verbindung zwischen Christi Leiden und
dem Stundengebet auf alle sieben (bzw. in Ausnahmefällen acht) durch die
Angehörigen des geistlichen Standes gebeteten Horen ausgedehnt, wie eine
Fülle von Werken belegt. Namhafte und im Mittelalter wieder und wieder
kopierte Vertreter dieser Betrachtungsweise sind etwa das *Officium passionis*
Bonaventuras[77], die *Meditationes vitae Jesu Christi* des Johannes von Caulibus[78]
und die Passionskapitel aus Ludolf von Sachsens *Vita Christi*[79]. Daneben leite-
ten aber auch weitgehend unbekannte Theologen und Theologinnen wie
die Villinger Klarisse Ursula Haider zu solcher Versenkung in die Passion
Christi an[80]. Wie allgemein verbreitet es war, Einzelaspekte des Leidens und

---

[73] Keppler führt die im Spätmittelalter gängigen Grundtypen der Passionspredigt auf
und stellt Beispiele der einzelnen Formen vor. Keppler: Passionspredigt, S. 286–304.
[74] Mk 15, 25. 33. 34.
[75] Oliger: Leidensuhr, S. 101. Hilpisch: Chorgebet, S. 275.
[76] Hilpisch: Chorgebet, S. 275.
[77] Oliger: Leidensuhr, S. 103. Imle: Passionsminne, S. 64–67.
[78] Oliger: Leidensuhr, S. 108.
[79] Baier: Untersuchungen, S. 142–146.
[80] Zu Ursula Haider und ihren um das Jahr 1480 entstandenen Mahnungen, sich mit
dem Leiden Christi zu beschäftigen siehe Richstätter: Herz-Jesu-Verehrung, S. 190–
192, Imle: Passionsminne, S. 56, sowie Ringler: Haider.

Sterbens Christi den kanonischen Gebetszeiten zuzuordnen, bzw. sich an diesen zu orientieren, wenn es um die Gliederung der Passionsmaterie ging, zeigen zum einen die sich seit dem 14. Jahrhundert durchsetzende, auf unterschiedliche Textgattungen angewandte Praxis, den Passionsstoff in sieben Einheiten aufzugliedern[81], zum anderen aber auch die große Zahl von anonym überlieferten Memorierversen und Reimgebeten, durch deren knappe Formulierungen die Andachtsgegenstände ins Gedächtnis eingeprägt werden sollten[82].

Es ist deutlich, daß der in allen solchermaßen strukturierten Werken zutagetretende, auch Fridolins Predigtreihen bestimmende Modus, die Betrachtungsinhalte zu verteilen, von der Spiritualität eines zum geistlichen Stand gehörenden Kreises von Adressatinnen und Adressaten, in dessen Tagesablauf die sieben Horen Fixpunkte bildeten, ausging und primär daran orientiert war; Laien und Laiinnen blieben davon zwar nicht ausgeschlossen, sondern übernahmen einzelne Elemente dieser Form der Klerus- und Klosterfrömmigkeit für die Gestaltung ihrer eigenen täglichen Glaubenspraxis, was beispielsweise die große Anzahl mittelalterlicher Stundenbücher bezeugt, in denen Bestandteile des Breviers für weltliche Privatpersonen aufbereitet wurden[83]. Dennoch bedeutete es einen gewaltigen Schritt hin in Richtung auf eine – wenn auch nicht beabsichtigte und vielleicht deshalb durch die Forschung nicht als eine solche zur Kenntnis genommene[84] – Laisierung der

---

[81] Neben den bereits Genannten nehmen unter anderem Jordan von Quedlinburg, Peter Keyserlach, Johannes Meder und Johannes Brugmann eine solche Siebenteilung ihrer Werke zur Passion vor. Im Laufe der Zeit verbreitete sie sich auch als Gliederungsschema in Texten, die keinen direkten Bezug mehr zum Stundengebet aufwiesen. Sie beeinflußte wohl sogar die Gestaltung der im Mittelalter sehr beliebten Kreuzwege, die sich oft aus sieben Stationen zum Gedächtnis der sieben „Fälle" Christi zusammensetzten und führte zur Verehrung der „7 Blutvergießungen", „7 Worte am Kreuz", „7 Schmerzen Mariens" und ähnlicher Andachtszyklen. Siehe dazu OLIGER: Leidensuhr, S. 110 f. IMLE: Passionsminne, S. 69. STADLHUBER: Laienstundengebet, S. 310–315. KISSER: Gedichte, S. 46.

[82] Ein spätmittelalterliches Beispiel lautet: „Deus homo captus est hora matutina // Hora prima ductus est Jesus ad Pylatum // Crucifige clamitant hora terciarum // Hora sexta Jesus est cruci condemnatus // Hora nona Dominus Deus expiravit // De cruce deponitur hora vespertina // Hora completorii datur sepultura." Zitiert nach OLIGER: Leidensuhr, S. 106. Möglicherweise dienten erweiterte Formen solcher Gedichte, in der Forschung häufig als „Reimoffizien" bezeichnet, als eine Art Stundengebetsersatz für Laien, wie STADLHUBER (Laienstundengebet, S. 304 und 307 f.) und KISSER (Gedichte, S. 43–50) andeuten, die einige dieser Reimtexte abdrucken.
Ein Text, der die „Sieben Tagzeiten Christi" nicht ausschließlich in gebundener Sprache, sondern in einer Mischform aus Versen und Prosa bietet, findet sich bei HELDMANN: Gebete, S. 256–258.

[83] STADLHUBER: Laienstundengebet, S. 291 f. Die oft starken Abnützungsspuren an den Handschriften zeigen, daß diese nicht nur als repräsentative Geschenke und prestigeträchtige Besitztümer dienten, wie man aufgrund der oft kostbaren Ausstattung mit prächtigen Illuminationen vermuten könnte, sondern tatsächlich regelmäßig für die tägliche Andacht gebraucht wurden. Ebd., S. 297.

[84] So stellen die von ihren Verfassern oft „Zeitglöcklein" und „Leidensuhren" genann-

Passionsbetrachtung, als einige Theologen begannen, Christi Leiden und
Sterben nicht mehr auf sieben liturgische Tagzeiten, sondern auf die zwölf
bzw. auf die vierundzwanzig Stunden eines Tages zu verteilen. Wilhelm Du-
randus († 1328) scheint erstmals Überlegungen in dieser Richtung angestellt
zu haben[85], ausgearbeitete Werke liegen in Bruder Bertholds (OP) zu Beginn
des 14. Jahrhunderts verfaßtem *Andächtigen Zeitglöcklein des Lebens und Leidens
Christi. Nach den vierundzwanzig Stunden ausgeteilt,* an das sich eine Passionspredigt Johannes Gersons anschließt[86], und in der um 1450 entstandenen *Leidensuhr* eines anonymen Straßburger Franziskaners[87] vor. Wurde der Laisie-
rungsimpuls der in zwölf oder vierundzwanzig Abschnitte gegliederten
Schriften oben als unbeabsichtigt bezeichnet, so deshalb, weil es sich die Autoren nicht zum Ziel gesetzt hatten, durch ein neues methodisches Vorgehen
verstärkt ein Laienpublikum anzusprechen, um dadurch die Passion zu einem
verbreiteten und beliebten Betrachtungsgegenstand im Volk zu machen —
beides war längst der Fall. Sie scheinen vielmehr zur Erkenntnis gekommen
zu sein, daß Christi Leiden rund um die Uhr andauerte und der Mensch deshalb auch zu jeder Stunde des Tages und der Nacht die Möglichkeit haben
sollte, es unter kompetenter Anleitung andächtig zu bedenken[88]. De facto
knüpfen sie damit aber stärker an den Tagesrhythmus des in der Welt lebenden Menschen als an den des geistlichen Standes an, was dadurch bestätigt
wird, daß in der Straßburger *Leidensuhr* auf eine allgemein-städtische statt auf
eine klösterliche Einrichtung als Instrument der Tageseinteilung verwiesen
wird: Der Verfasser ermahnt sein Publikum nämlich, sich beim Ansetzen der
Betrachtungszeiten an der Uhr des Münsters zu orientieren[89]. Fridolin bleibt
in seinen Predigten — und angesichts ihrer primären Adressatinnen ist das
auch durchaus konsequent — also dem traditionellen Siebenerschema treu,
löst sich hingegen im *Schatzbehalter,* der für städtische Bürgerinnen und Bürger geschrieben ist, völlig von allen an Tageszeiten oder liturgische Feiern
gebundenen Gliederungen, um eine Form zu wählen, die den Menschen zu
jeder Zeit und an jedem Ort befähigt, Christi Leiden zu bedenken[90].

    Während sich andere Theologen des späten Mittelalters bei der Ausgestal-
tung und Verarbeitung ihrer für das Chorgebet empfohlenen Betrachtungs-

---

ten Werke mit ihrer Einteilung der Passion nach Stundenschlägen für Oliger und Imle einfach eine nicht näher qualifizierte „Weiterentwicklung" der an den kanonischen Horen
ausgerichteten Konzeptionen dar. Oliger: Leidensuhr, S. 159. Imle: Passionsminne, S. 70.

   [85] Oliger: Leidensuhr, S. 159.

   [86] Dazu Oliger: Leidensuhr, S. 159 f. und 163 sowie Keppler: Passionspredigt, S. 296–
298.

   [87] Oliger: Leidensuhr, S. 164–175.

   [88] So leitet Gerson seine Predigt mit den Worten ein: „ Et diducam textum in quatuor
et viginti partes secundum quod horae quatuor sunt et viginti." Zitiert nach Oliger: Leidensuhr, S. 163.

   [89] Oliger: Leidensuhr, S. 169.

   [90] Zu Fridolins Gliederung des Passionsstoffes im *Schatzbehalter* siehe unten, Punkt 7.
4. 2.

gegenstände weitgehend von den durch die Liturgie vorgegebenen Grundla-gen lösten[91], ja die Horen insgesamt oft nur noch als Hülsen verstanden, die durch einzelne Teile des Passionsstoffes gefüllt und so zu Zeiten fruchtbarer Andacht ausgestaltet werden konnten, orientierte sich Fridolin eng an den Hymnen und Psalmen des Offiziums, die er Zeile für Zeile und Vers für Vers erläuterte. Das darf allerdings nicht im Sinne moderner, die historische und theologische Eigenart des auszulegenden Textes untersuchender Exegese und auf den Ergebnissen der damit verbundenen Arbeitsschritte aufbauender Homiletik verstanden werden, wie die zweite der Einleitungspredigten deut-lich macht, die Fridolin den Vorträgen über Prim, Terz, Sext und Non voran-stellt. In diesem knapp gehaltenen Text legt Fridolin Rechenschaft über sein Verständnis der in den Tagzeiten gesprochenen Psalmen und seine Ausle-gungsmaximen ab, die er – wenn auch ohne sie dort ausführlich zu reflektie-ren – bereits im *Schatzbehalter* angewandt hatte. Er belehrt seine Leserinnen über eine vierfache Weise des Umganges mit den Psalmen, um so zu errei-chen, daß der einzelne Beter[92] „bewegt werd in begirde(n) vn(d) erlücht in v(er)stentn(u)ß der ding, die er singt oder list…"[93]: Die Psalmverse sind nach Fridolin zunächst einmal „vo(n) einer gemeyne(n) p(er)son, die xps [Chris-tus] der herr ist vn(d) die kristennlich kirch" her zu verstehen; das ermög-licht es dem Menschen, auch diejenigen Textaussagen im Chorgebet nachzu-sprechen, die er aufgrund seines sündhaften Lebens nicht für sich selbst bean-spruchen kann, indem er die Kirche oder deren Haupt Christus zum Subjekt solcher Sätze macht[94]. Als zweites mahnt er, „dz man mutir modu(m) indica-tivu(m) in modu(m) optativu(m) oder deprecativu(m)" und „preteritu(m) in futuru(m) temp(u)s", worunter er versteht, daß die Betenden ihre Versäum-nisse der Vergangenheit bereuen und Gott bitten sollten, ihnen ab sofort und für alle Zukunft die Kraft zu geben, ihm allein nachzufolgen[95]. Die dritte und vierte Art des durch Fridolin vertretenen und empfohlenen Psalmenver-ständnisses hängen eng zusammen: Besteht die „drütt weiß" darin, die bibli-schen Verse in der Person Christi und hier besonders im Gedenken an den leidenden und sterbenden Erlöser zu sprechen[96], so erinnert er im letzten Sinnabschnitt der Predigt eindringlich daran, die Textinhalte Gott „modo obsecrativo" vorzuhalten, das heißt, ihn „vm(b) etwz heiligs di(n)gs wille(n), dz im lieb ist", also um seiner Majestät, vor allem aber um des verdienstvollen

---

[91] HILPISCH: Chorgebet, S. 274, 276 und 279.
[92] Fridolin gebraucht trotz seines weiblichen Publikums in den Predigten so gut wie immer grammatikalische Formen des Maskulinums oder des Neutrums.
[93] Mgf 1040, 1, 2va, Z. 30–32.
[94] Mgf 1040, 1, 2va, Z. 39–3ra, Z. 24. Hier zitiert: 2vb, Z. 2–4.
[95] Mgf 1040, 1, 3ra, Z. 24 – 4va, Z. 27. Hier zitiert: 3ra, Z. 29–31 und 3rb, Z. 43–3va, Z. 1.
[96] Mgf 1040, 1, 4va, Z. 27 – 5ra, Z. 29.

Lebens und der Passion Christi willen zu bitten, sich dem Menschen barmherzig zuzuwenden[97].

Fridolin wendet alle vier Punkte dieser Auslegungsmethodik in seinen
Predigtreihen wie auch im *Schatzbehalter* an und legt dabei den Schwerpunkt
deutlich auf die beiden letztgenannten Verständnisweisen. In den Predigten
versucht er also intensiv, den Nürnberger Schwestern klarzumachen, daß sich
der Sinn der besprochenen liturgischen Stücke am stärksten durch ihre chri-
stologische Interpretation erschließe und die Texte deshalb „vff dz lide(n)
xpi" im allgemeinen, speziell aber im Blick auf dessen an die Chorgebets-
stunden gekoppelte Einzelaspekte „gezoge(n) vn(d) verstande(n)" werden
müßten[98]. Hymnus und Psalmen der ersten Hore sollten zwar auch „vff die
genadenriche(n) geburt xpi [Christi]" hin betrachtet werden, da „die prim
zu de(m) erste(n) gesunge(n) wirt in de(m) anfang des tags" und man deshalb
gehalten ist, sich bei dieser Gelegenheit Gedanken über den Beginn des
menschlichen Lebens Christi zu machen[99]; weil für Fridolin das Leiden
Christi aber keineswegs auf dessen letzte Lebenstage und -stunden begrenzt
war, sondern bereits mit der Geburt im unwirtlichen Stall von Bethlehem
begann und sich über die gesamte Zeit der irdischen Existenz Jesu erstreckte,
wie er im *Schatzbehalter* erläutert[100], erscheinen auch in den Predigten alle
anderen Aspekte des Lebens und Wirkens Christi fast ausschließlich unter
dieser Perspektive, so daß man Nikolaus Paulus zustimmen kann, der feststell-
te, daß Fridolin die „Psalmen Vers für Vers mit steter Beziehung auf das Leiden Christi" erkläre[101].

Die einzelnen Predigtreihen unterscheiden sich wohl durch Akzentsetzungen voneinander, aber mit Ausnahme der Kompletpredigten – die sich in
mancherlei Hinsicht von den anderen vier Auslegungszyklen abheben – sind
kaum thematische Grundlinien zu beobachten, die klar dem einen oder anderen Predigtkomplex zuzuweisen wären.

Die Reihe der Predigten zur Komplet bildet nicht nur in der handschriftlichen Überlieferung einen klar von den Auslegungen der ersten vier Horen
getrennten Komplex – sie ist einmal allein (mgq 1592) und einmal in nur lok-
kerer Anbindung an die anderen Zyklen (mgf 1040)[102] tradiert –, sondern
unterscheidet sich auch in formaler und inhaltlicher Hinsicht davon: Als einzige der Fridolinschen Predigtreihen übergeht sie den Hymnus der erläuterten Chorgebetszeit, beschäftigt sich dafür aber mit drei Psalmen. Jeder der
Psalmauslegungen ist ein Grundthema zugeordnet, das der Franziskaner auch
konsequent durch den gesamten Text verfolgt, ohne allerdings auf umfangreiche Exkurse und eher locker in den Zusammenhang eingefügte Gedanken

---

[97] Mgf 1040, 1, 5ra, Z. 31–5vb, Z. 23.
[98] Mgf 1040, 1, 5vb, Z. 26–37.
[99] Ebd.
[100] *Schatzbehalter*, z.B. d6 vb–e va.
[101] PAULUS: Franziskaner, S. 471.
[102] Vgl. oben, S. 62.

zu verzichten. Durch diese Vorgehensweise löst sich Fridolin bei der Abfassung der Kompletpredigten auch etwas stärker von seinen vorgegebenen Grundlagen, den Psalmversen, als er es in den anderen Horenauslegungen tut[103]. Die Erklärung des ersten Kompletpsalms ist dem Thema der letzten Nacht Jesu und vor allem seinem vom Vater nicht erhörten Gebet am Ölberg sowie dessen Gnadenfolgen für die betenden Gläubigen gewidmet. Auf den dabei gelegten Grund bauen die Predigten über den zweiten Kompletpsalm (Psalm 30) auf, die das Bedürfnis des Menschen nach Erhörung durch Gott beschreiben und einerseits besonders die Todesstunde als diejenige Zeit in den Mittelpunkt stellen, in der solche Erhörung am allernötigsten ist, andererseits aber auch immer wieder tröstend auf den Gekreuzigten und seine Gnadenbereitschaft hinweisen: „[…] gedenck auch, wie er sich an dem heilligen kreutz gantz vns zu eyge(n) geben hat, als jn der neygung seins heilligen haubts, jn dem auch die neygung aller sein(er) syn(n) begryffen ist, erzeigt hat. Hat er den(n) sein syn so genediglich geneygt zu den, die sein gespott vn(d) jn gelestert vn(d) gesmecht haben, wie hertz*lich* myniglich will er den(n) sein syn zu dir neigen, wenn du jn auß grund deins hertzen jn deine(n) letzte(n) notten(n) wirst anruffen vn(d) seiner genad vn(d) barmhertzikeit begern!"[104] Die Reihe über den dritten Kompletpsalm (Psalm 90) wiederum nimmt ihren Ausgang von der Schilderung der Todesstunde als der allesentscheidenden Situation im Leben des Menschen, denn „nit eigentlich wie einer gelebt hat, sunder wie er beschleußt an seine(n) letzte(n) zeitten(n), also wirt er geurteilt […]"[105] Fridolin klärt hier über die besonders perfiden Versuche des Teufels auf, Sterbende zur Verzweiflung oder zur endgültigen Abwendung von Gott zu treiben und rät seinem Publikum eindringlich, noch zu Lebzeiten Vorkehrungen gegen diese größte aller Gefahren zu treffen, sich mit den verschiedenen Arten der Anfechtung zu beschäftigen und den Umgang mit probaten Gegenmitteln einzuüben.

Obwohl es unmöglich ist, auf gedrängtem Raume eine an Inhalten statt an den ausgelegten Psalmversen orientierte Gliederung der Predigten Fridolins über die ersten vier Horen zu erstellen oder gar eine Analyse der darin behandelten theologischen Stoffe zu bieten, soll doch versucht werden, wenig-

---

[103] Beispielhaft verdeutlicht das die an Psalm 90,5b und 6 anknüpfende Unterweisung über bedrohliche Anfechtungen und ihre mögliche Abwehr: Fridolin dehnt seine Gedanken dazu auf eine Länge von fünfundzwanzig Blatt aus (cod 3801, 155v–181r), so daß sich eine Entfernung von der biblischen Vorlage ergibt, die bei weitem über das Maß dessen hinausgeht, was bei der kurzen Kommentierung eines Verses oder Halbverses zu erwarten wäre.

[104] Cod 3801, 132v, Z. 7–17. Damit stimmt sinngemäß überein: 130r, Z. 5–9. Ebenso *Schatzbehalter* ae6 ra, Z. 18–27.

[105] Cod 3801, 146v, Z. 19–21. Auch im *Schatzbehalter* läßt Fridolin nicht davon ab, seinen Leserinnen und Lesern die zentrale Rolle der „letzten zeitten" wieder und wieder vor Augen zu führen, denn schließlich macht der Mensch, der im Sterben vor den Anfechtungen des Teufels kapituliert, alle seine zu Lebzeiten vollbrachten guten Werke zunichte, vgl. z.B. *Schatzbehalter* T4 rb, Z. 8–17.

stens einige Schlaglichter zu setzen, um kurz den Charakter dieser Werke des Franziskaners sichtbar zu machen[106].

Fridolin beginnt jede Predigtreihe mit einer Bezugnahme auf die Bedeutung, die der jeweiligen Hore durch die Tradition im Gesamtgefüge der liturgischen Tagzeiten zugewiesen wird: Er fordert auf, beim Sprechen der Prim das Motiv des Anfangs (Beginn des Tages und des Lebens Christi), aber vor allem die Leiden zu betrachten, die Christus in der ersten Morgenstunde erlitt[107], sich zur Terz der Sendung des Heiligen Geistes und der Christus um die dritte Stunde angetanen Qualen zu erinnern[108], zur Sext zu bedenken, daß der Erlöser um die Mittagszeit am Kreuz hing[109], sich zur Non in die Todesstunde Christi zu versenken[110] und in der Komplet alle Aufmerksamkeit der letzten Nacht Christi sowie seiner und der eigenen Todesstunde zu widmen[111]. Damit wird deutlich, daß er mit seinen Predigtreihen den Adressatinnen in beispielhafter Weise das vorführte, was er in der ersten Einführungspredigt herausgearbeitet hatte. Diese vorausgeschickten Seiten besitzen wirklich Einleitungsfunktion, denn sie geleiten im wörtlichsten Sinne in die folgenden Predigten hinein und bilden damit eine Art Gebrauchsanweisung für die Nonnen: Im vierten der dort aufgeführten Punkte mahnt Fridolin, sich auf das Chorgebet „durch betrachtu(n)g der ding, die die tagzeit bedeütte(n)," vorzubereiten, „wan(n) zu einer iettliche(n) tagzeit hat vns got ettwz sunder grosser gutter gethon vn(d) vnser herr ihs [Jesus] xpi [Christus] ettwz sunders für vns gelitte(n) vn(d) im die vndanckper(n) mensche(n) wider syn gut thet ettwz besunders groß übels gethon; die selben ding bedenck vor [im voraus], so mügen sy dir darnach in der tagzeit dester mer andacht geben"[112]. Die Predigten stellen also in exemplarischer Weise eine praktische Umsetzung seiner eingangs aufgestellten Vorbereitungsmaximen dar. Eine Schwester, die Fridolins Predigten konzentriert[113] hörte oder las und ver-

---

[106] Es sei hier darauf hingewiesen, daß eine detaillierte Untersuchung der Predigten des Nürnberger Barfüßers noch aussteht. Schmidts Monographie über Fridolin als Prediger, die einzige Arbeit zu diesem Thema, entstand lediglich auf der Basis von mgf 1040 und ist eher die Zusammenstellung einzelner Aussagen des Franziskaners zu systematisch-theologischen Fragestellungen (u. a. Christologie, Ekklesiologie, Mariologie, Sakramenten- und Prädestinationslehre) als ein Gesamtüberblick über die Texte. Auch was die Herausarbeitung der zentralen Absicht des Autors anbelangt, bleibt Schmidt weitgehend im allgemeinen stecken, so daß seiner Arbeit nur ein sehr fragmentarisches Bild und Profil der Predigten Fridolins zu entnehmen ist.

[107] Mgf 1040, 1, 5vb, Z. 26–37; 7vb, Z. 35–43.

[108] Mgf 1040, 1, 39va, Z. 10–20.

[109] Mgf 1040, 1, 73va, Z. 9–12.

[110] Cgm 3801, 1r, Z. 3–1v, Z. 19.

[111] Cgm 3801, 113v, Z. 19–114r, Z. 11; 120v, Z. 16–19.

[112] Mgf 1040, 1, 2rb, Z. 27–37.

[113] Die Punkte eins bis drei der ersten Einleitungspredigt (mgf 1040, 1, 1ra–2rb) zielen darauf ab, die Schwestern zu befähigen, ihre ungeteilte Aufmerksamkeit auf die Texte des Chorgebets zu richten. Deshalb lehren sie sie, möglichst viele der störenden inneren und äußeren Einflüsse auszuschalten. Vgl. oben, S. 70, Anm. 68.

suchte, sich die eine oder andere der darin angestellten Betrachtungen einzuprägen, durfte also damit rechnen, nach den Vorgaben ihres Konventspredigers angemessen auf die Chorpflicht vorbereitet zu sein.

Fridolin selbst löst sich jeweils bereits nach den ersten Zeilen oder Seiten einer Predigtreihe von den nicht unmittelbar auf die Passion bezogenen Vorgaben der biblischen Texte und der Lieder. Er konzentriert sich darauf, jeden der auszulegenden Hymnen- bzw. Psalmverse intensiv „auf das Leiden Christi zu ziehen". Dabei stellt er seinen Leserinnen die historischen Geschehnisse der Passion vor Augen, indem er etwa den Konflikt zwischen Pilatus und den Juden wegen der Kreuzesinschrift ausmalt[114] oder die Gestalt Christi beim Verhör durch Pilatus und die Hohenpriester beschreibt[115]. Solche an den äußerlichen Vorgängen der letzten Lebensstunden Jesu orientierten Passagen sind im Vergleich zum *Schatzbehalter*, der ihnen auch weniger Platz zugesteht als viele andere spätmittelalterliche Passionsbetrachtungen, sehr knapp gehalten; der Grund dafür dürfte zum einen in Fridolins starkem Interesse an psychischen Vorgängen, zum anderen in der Tatsache, daß er in den Predigten vor allem Psalmverse auslegte und diese in ihrer christologischen Interpretation stärker auf die innerlichen als auf die äußerlichen Leiden Christi hinwiesen, zu suchen sein. Er beschäftigt sich deshalb ausführlich mit psychischen und seelischen Zuständen des seine Qualen bewußt erlebenden und durchleidenden Gottessohnes, was ein Abschnitt über den Schmerz, der ihm dadurch bereitet wurde, daß so viele Menschen seinen Tod wünschten, deutlich macht, der Psalm 118, 157 erläutert: „Multi qui p(er)secu(n)t(ur) <persequuntur> me: Vil sind der, die mich durchechten [verfolgen]. Dar jnnen meldt er [Christus] aber ein sach [Ursache] seins jnner(n) leidens. Wan(n) es gyn [ging] jm fast [sehr] zu hertze(n), das der so vil warn, die an seine(m) heilligen leiden schuldig warn"[116]. Ähnliche Betrachtungen über Christi Gefühlsregungen finden sich in sämtlichen Predigten Fridolins. Sie nehmen zuweilen beträchtlichen Umfang an und werden mit großem Engagement vorgetragen, wie die Beschreibung der Seele Christi in den Überlegungen zur Sext[117] und die zahlreichen Abschnitte über das Herz Jesu[118] exempla-

---

[114] Cod 3801, 6r, Z. 3–12: „da pilat(u)s den tittel Jhe(su)s Nazaren(u)s rex iudeor(um) über das creutz het laßen schreiben und die juden maintten(n), man solt jm keine(n) tittel der eren sunder eine(n) tittel der falßheit vn(d) lugen schreiben. Da liß sich der richter nit tuwren [gereuen], das es sein schand was [war] vnd das dar durch erken(n)t was, das sein urteil falsch was. Er sprach: was ich geschriben hab, das hab ich geschriben".

[115] Mgf 1040, 1, 6va, Z. 5–18. 6vb, Z. 6–15.

[116] Cod 3801, 62r, Z. 18–62v, Z. 1. Den hier anklingenden Aspekt der Verstärkung des Schmerzes Christi durch das Wissen um die Folgen, die für Menschen aus ihrer Beteiligung an der Verfolgung und Hinrichtung des Gottmenschen entstehen würden, betont Fridolin immer wieder im *Schatzbehalter*.

[117] Mgf 1040, 1, 75ra–79vb. Dazu auch SCHMIDT: Franziskanerprediger, S. 61.

[118] Z. B. Mgf 1040, 1, 196vb–197rb. Da sich Fridolin auch im *Schatzbehalter* sowie im *Geistlichen Mai* und im *Geistlichen Herbst* ausführlich über das Herz Christi und seine Ei-

risch zeigen. Besonders stark beherrschen sie jedoch den Predigtteil zum ersten Kompletpsalm, der die Schwestern anweist, „mit fleiß vnd andacht [...]
die großen angst vnd nott, die dem herr(n) Jhm [Jesum] bestanden hat jn der
letzten nacht seins heillige(n) lebens beide in leib vnd sel von aussen vn(d)
von jnne(n) besunder an dem olperg"[119] zu bedenken.

Natürlich bleibt Fridolin nicht dabei stehen, seinen Adressatinnen das Leiden Christi lediglich als objektives Geschehen der Vergangenheit vorzufüh-
ren; seine Schilderungen zielen vielmehr zunächst einmal darauf ab, Ursache,
Sinn und „nutz" der Passion in Erinnerung zu rufen und zu erläutern: Um
des sündigen Menschen willen, der von sich aus für seine Verfehlungen niemals Genugtuung leisten kann, ergab sich der Gottessohn ins Leiden und
Sterben und aufgrund seines dadurch erworbenen Verdienstes ist es dem
Gläubigen nicht nur möglich, Gott um Barmherzigkeit anzurufen, sondern
auch Gnade zu erlangen: „So du also begerst der parmhertzigkeit gottes, so
gedenck darwider, wie hert got der himelisch vatter ist gewest seine(m) lieben vnschuldigen einigen sun, der doch allwegen jn allen dingen seine(n)
willen volpracht het, do er jn solchen forchten, betrubtn(u)s, angst vn(d) nott
vn(d) hertz leid, jn pluttigen swaiß, zytter(n) vn(d) pidmen vor jm so demu-
tiglich knyet vnd auf seinem angesicht auf der erden lag vn(d) jn so kintlich
vn(d) treulich anruffet: Abba < ... > p(ate)r, Vatter mein vatter, ist es muglich,
so gee dißer kelch von mir. Vnd dennoch ist jm jn dißen allen der himelisch
vatter so hert gewest, das er jn nit hat wollen erhore(n) noch erloßen nach der
selben begird ... Diß soll vns pillich große zu v(er)sicht geben, das vm(m) vns
boß vndanckper knecht got der vatter seinem einigen gelibten sun jn solichen engste(n) vn(d) notten so hert ist gewest. Wann auß dem haben wir sach
[Grund, Ursache], mit recht der parmhertzigkeit gottes zu beger(n), so der
herr solche herttigkeit hat fur vns gelieden, damit er vns v(er)dint hat, das uns
got der vatter parmherzig ist."[120]

Der Franziskaner wird nicht müde, immer wieder detailliert herauszu-
streichen, durch welche Vielzahl einzelner Leiden Christus dem Menschen
bestimmte Barmherzigkeitserweise Gottes verdient hat, und er greift dazu
ebenso wie im *Schatzbehalter* häufig auf eine für ihn charakteristische Formulierung, eine Art kontrastierender Reihung, zurück: „[...] sein schand ist
mein ere. Sein sterben ist mein lebe(n). Sein hangen am morder galgen
v(er)dint mir, das ich gesetzt mag werde(n) jn den thron des himelischen
reichs. Sein sweigen ist mein v(er)sprechen. Sein ploßheit ist mein bedek-
ken"[121]. Wurde der Gottessohn bereits am Tage seiner Geburt deshalb

---

genschaften äußert, tituliert ihn Richstätter etwas pathetisch als „Nürnberger Herz-Jesu-
Apostel". RICHSTÄTTER: Herz-Jesu-Verehrung, S. 189.
    [119] Cod 3801, 114r–120v. Hier zitiert: 114r, Z. 12–17.
    [120] Cod 3801, 117r, Z. 7– 117v, Z. 8.
    [121] Cod 3801, 122v, Z. 2–6. Solche auf der gegenüberstellenden Inbeziehungsetzung
von Eigenschaften und Leiden Christi zu denen der Menschen im allgemeinen, der Christen oder einzelner Gläubiger basierende Aufzählungen durchziehen alle Predigten des

Mensch, um aus Liebe zu seinem Geschöpf durch die Inkarnation die Zeit der Gnade einzuleiten[122], und erwarb er auch durch sein von stetem Verzicht und unbefleckter Reinheit geprägtes Leben unschätzbare Verdienste[123], so sieht Fridolin doch im Karfreitag „de(n) aller heilsamste(n) tag, der vo(n) anbegyn(n) der welt ie ist gewest"[124], da Christus „an de(m) selbe(n) tag syns heilige(n) lidens vff sich genume(n) hat zu liden alles, dz wider vns ist"[125] und als völlig Hilfloser am Kreuz[126] den festen Willen zeigt, alle zu erhören, die ihn um Gnade, Barmherzigkeit und Beistand anflehen. Der Moment größter Not und stärksten Ausgeliefertseins fällt also mit dem Raum unvergleichlicher Zuwendungbereitschaft und Liebe zusammen. Deshalb stellt die Betrachtung des Kreuzes, das Symbol der Passion Christi und ihrer Gaben ist, die sicherste Zuflucht für den in seiner Sünde gefangenen Menschen dar; versenkt er sich voller Andacht in das Kreuz, so vermag er sich in den Wun-

---

Franziskaners (z.B. cod 3801,115r und mgf 1040,1,6va) und auch den gesamten *Schatzbehalter* (z.B. g5 rb, m6 va, y5 vb, Dd4 vb). Fridolin übernimmt dabei zuweilen Formulierungen aus seinen Quellen (Chrysostomos, *Schatzbehalter* c6 ra; Bernhard, *Schatzbehalter* r5 rb), verwendet diese Denkstruktur jedoch auffallend oft; sie bildet im *Schatzbehalter* ein Element des stärker als in den Predigten ausgeformten, mittels zahlreicher thematisch und formal vielfältiger Kontrastierungen und Gegenüberstellungen aufgebauten Folieneffektes, der in den 100 „Gegenwürfen" des Hauptteils seinen Gipfel findet. Siehe unten, S. 218–221 und 240–243.

[122] „Daru(m) so ma(n) singt: ‚Iam lucis orto sidere', so gedenck an die genadenriche(n) geburt xpi, in der der wor ster(n) des liechtes vn(d) die ewig sun(n) vff gange(n) ist, die de(n) tag der gnade(n) aller welt gebracht hat […] Deu(m) p(re)cemur supplices. Dise heilsame geburt gibt vns groß sach, mit gutter zuv(er)sicht de(n) herre(n) in(n)igklich anrüffe(n), wan(n) so vns got der vatter syne(n) eingeborne(n) sun hat geben, wie hat er vns dan(n) nit alle ding mit im gebe(n), so sich der herr vns in syner heilige(n) geburt hat gebe(n) zu eine(m) künig, zu eine(m) brud(er), zu eine(m) meister, zu eine(m) mittler, zu eine(m) für sprech(er) vn(d) zu eine(m) pfand etc., so habe(n) wir gut recht, in mit zuv(er)sicht zu bitte(n)". Mgf 1040,1,5vb, Z. 37–6ra, Z. 9.

[123] Fridolin weist die Schwestern immer wieder auf Jesu vorbildliche Lebensführung hin und ermahnt sie, Gott „durch die abstinentz [Enthaltsamkeit] xpi [Christi] vnd durch v(er)dienst syns gnadenriche(n), tugentliche(n) lebens, dz gantz frey ist gewest, vo(n) alle(n) sünde(n) rein vn(d) got dem vatter gefellig vn(d) gantz loblich", zu bitten, auch ihre eigenen Tugendkräfte zu stärken und sie so zur besseren Erfüllung ihrer klösterlichen Gelübde zu führen. Mgf 1040,1,6rb, Z. 35–39.

[124] Mgf 1040,1,6va, Z. 3–5.

[125] Mgf 1040,1,6vb, Z. 2–4.

[126] „Deduces me [Psalm 30,4]: Du wirst mich furn. Wie kan der ander leut furn, der selbs jn der hoh hangt? Also angenagelt, das er nit ein fuß bewege(n) mag zu gyen? Es ist ein wunder, das wir den pitte(n), das er vns für [führe], der weder mit seine(n) eygen fuß*en* gyn mag noch kein arm oder hant ledig hat, mit dem er eine(n) furn mocht. Sequitur: Et enutries me. Du wirst mich ernern. Sprechen wir zu dem, der <in> seinem letzten pitter(n) hunger kein andre speiß gehabt hat den(n) galle(n). Vn(d) sunst nit ein(er) linßen groß vo(n) aller speiß, die er doch alle manigfaltiglich geschaffen hat […] Den selbe(n) ruffen wir an, das er vns erner vn(d) das gar pillich. Wann recht als sein heilliger tod ist vnser leben, Also ist sein hunger vnßer speißung […] Wann er hat dar vm(m) großen ma(n)gel gehabt […] jn der zeit, do jm speiß vn(d) tranck aller notst wer gewest, das er vns mocht erloßen von dem ewigen hunger vn(d) durst." Cod 3801,137v, Z. 8–138r, Z. 8.

den des Herrn zu bergen[127] und dadurch Teufel, Anfechtungen und Begier-
den zu widerstehen[128].

Fridolin beabsichtigt, die Nonnen in seinen Predigten aber noch einen
Schritt über die Versenkung in die Passion und ihre Bedeutung für die Chri-
stenheit hinauszuführen, denn das heilbringende Leiden und Sterben des
Gottessohnes will ja nicht nur bedacht und meditiert, sondern durch die einzelne Betrachterin auch ganz persönlich nutzbringend angewandt werden.
Er erinnert deshalb immer wieder an das Elend der gefallenen menschlichen
Natur, das in den Nürnberger Schwestern wie in allen anderen „Würmern"
deutlich zutagetritt[129], und unterstreicht das Leiden Christi als die alleinige
Wirkursache von Heil und Seligkeit; beides „mügen wir von vns selber nymer ewiglich v(er)dyne(n), allein hat vns der herr das v(er)dint mit seinem
pitt(er)n sterben"[130]. Die so begründete und betonte Notwendigkeit der fle-

---

[127] Psalm 30,3 „et in domum refugii ut salvum me facias" erläutert Fridolin darum mit
dem Ausruf: „Ach wo ist ein sichere zu flucht den forchtsame(n) gemutte(n) den(n) jn den
wunden xpi [Christi], jn denen sy so vil sichere(r) sind, so vil sy sich fester an das kreutz
halten vn(d) wie die tauben nyssten jn den lochern der maurn oder der felßen [Jer 48,28]
jn den wunden des behalters. Do ist die sicherst vn(d) gewißt zu flucht jn allen vnßer(n)
engsten vnd notten." Cod 3801,135v, Z. 15–136r, Z. 1.
[128] „Origenes spricht: Sölche krafft hat dz kr<e>utz xpi: ist es, ★das es★ für die inner(n)
auge(n) gesetzt wirt vn(d) es de(r) mensch stettiglich, trüwlich vn(d) andechtiglich jn
synem hertze(n) hat, so mag kein bese begirt, kein bese(r) [böse] wollust, kein zor(n), kein
nyd noch listigkeit des tüfels ★de(n) m(en)sche(n)★ ube(r)winde(n), sund(er) zu hand [zu-
gleich, sogleich] zu de(r) gege(n)wirttigkeit des kr(e)utz xpi wirt dz ga(n)tz her [Heer] des
tüfels vn(d) des fleisch v(er)iagt." Mgf 1040, 1, 172ra, Z. 25–36.
[129] „Wer pistu? Pistu nit ein arm durftig mensch, so er worer almechtiger got ist? Pistu
nit ein zeitlicher erd wurm, so er ewig vn(d) himelisch ist? Pistu nit der knecht, so er der
herr ist? Pistu nit ein creatur, so er der schopfer ist? Pistu nit ein v(er)demlich(er) wurm, so
er die endloß seligkeit ist?" Cod 3801, 178r, Z. 7–13.
In einer modellhaft ausgearbeiteten und einer fiktiven Beterin in den Mund gelegten
Selbstreflexion formuliert Fridolin sein Menschenbild noch genauer: „durch de(n) fal
adams bin ich vergifft vn(d) v(er)hönd worde(n) in alle(n) myne(n) krefte(n): ie mer ich
d(e)s liechts weltlicher weyßheit hab, ie blinder ich geistlich bin; ie reicher ich bin in
zergengliche(n) gütter(n), ie ermer ich bin in dine(n) gnade(n); ie stercker ich bin an de(m)
leib, ie krencker ich bin an de(m) geist". Mgf 1040, 1, 9ra, Z. 25–32.
[130] Cod 3801, 3r, Z. 8–10. Aus diesem Grund empfiehlt er angesichts des einst bevor-
stehenden Gerichts auch folgendes Gebet: „O herr Jhs [Jesu] xpe [Christe], nym war der
wunderpern hoffnu(n)g, das ich vnd alle cristen menschen all vnß(er) hoffnu(n)g allein jn
dich gekreutzigte(n) setze(n). Wie wol du so jemerlich do hangst als ein verdorbner ge-
schentter mensch, so hoffen wir doch die rechten worn himelischen weißheit, die hohsten
ere, das ewig leben vnd alle seligkeit allein durch dich zu haben." Cod 3801, 124v, Z. 9–16.
Ein Mißverständnis wäre es jedoch, Fridolins Hervorhebung des alleinwirksamen, verdienstlichen Leidens Christi im Sinne eines reformatorischen „solus Christus" und das
daraus resultierende Angenommenwerden des Menschen als ebensolches „sola gratia" zu
interpretieren, denn: „Auß dißem opfer [dem Leiden und Sterben Christi] entspringt vns
gutte hoffnu(n)g zu dem herr(n) das wir jn jm vn(d) durch jn genug muge(n) thu(n) für alle
vnß(ere) sund. Daru(m) volgt her nach: Et sperate i(n) d(omi)no. Und hofft jn den herr(n).
Nit hoff auf dein gerechtikeit, die du gethu(n) hast oder das du vil gelieden hast, sunder
allein auff die ding, die xps [Christus] für dich gethu(n) vn(d) geliedte(n) hat. Das soll vns

hentlichen Hinwendung jeder Nonne zu Gott setzt er in die Praxis um, indem er konkrete Anleitungen liefert, Christus um seiner Passion willen um Hilfe zu bitten: „salvu(m) me fac; ie mer du din übel bekenst [erkennst], ie mer soltu schrie(n): O herr, mach mich selig, sterck mich, mach ⋆mich⋆ gesunt, mach mich lebendig vn(d) dz in de(m) namen des heils, dz ist in krafft dines heilige(n) leidens, welcher nam ist <dir> vffgesetzt worde(n) an de(m) tag, do du ⋆zu(m) erste(n) mal⋆ vm(b) vnser lieb wille(n) verwunt woltest werden […] du bist gestorbe(n), das wir lebendig wurde(n) […] Also wen(n) du des heils begerst mit dise(n) wortte(n) […]: saluu(m) me fac, so gedenck, wie du es begerst von de(m), der vm(b) dine(n) wille(n) verwunt ist worde(n) biß in de(n) tod vn(d) alles dz gelitte(n) hat, dz wider dz heil ist.“[131] Wie der eben zitierte Abschnitt zeigt, können solche Modellgebete sehr allgemein formuliert sein, oft aber setzt der Prediger anschaulich einzelne Leiden oder vorbildliche Verhaltensweisen des bedrängten Christus zu bestimmten Problemen und Schwächen der Adressatinnen in Beziehung, damit diese es lernen, um der Passion willen gezielt Stärkung und Hilfe zu erbitten: „Lingua(m) refrena(n)s temp(er)et. Fürbaß soltu bitte(n), dz got der herr din zunge(n) zem vn(d) messig, vff dz nit der grauw des kriegens un(d) zanckens gehört werd. By dise(n) wortte(n) gedenck, wie der herr ihs [Jesus] so strencklich syn schwige(n) hat gehalten an de(m) selbe(n) tag vnsers heils vn(d) syns grosse(n) lidens, inde(m) er so tuge(n)thafftigclich v(er)clackt ist worde(n) von syne(n) finde(n) [Feinden] vn(d) so frefenlich [unverschämt] gefragt vo(n) de(n) richter(n); noch hielt er sich si(cu)t mut(u)s no(n) aperiens os suu(m) [Ps 37,14]. Auch gedechstu dick, in wz grosse(n) engsten din got vn(d) herr vm(b) diner lieb wille(n) geschwige(n) hat, on zwifel, du zemest vm(b) syner lieb wille(n) din zunge(n) vnd hültest din silenciu(m) flisslicher. Bit in dz, dz er din zunge(n) wöll zeme(n) vm(b) des wille(n), dz er in der gröste(n) sach vn(d) inde(m) [in dem] gröste(n) übel, dz er litt, sich nit hat v(er)sproche(n) [verteidigt] noch ein ungedultig wort gerett.“[132] Was nun die zentrale Absicht der Predigten des Nürnberger Barfüßers angeht, so kann sie wesentlich klarer und präziser formuliert werden, als es Ulrich Schmidt mit etwas erbaulichem Timbre tut, wenn er es als ihr Hauptziel bezeichnet, durch die Beschäftigung mit dem Leiden und Sterben Christi, „das das Menschenherz so gewaltig bewegt und zum Guten anfeuert […]“, die „Zuhörer für das Gute und Edle zu begeistern, sie zu gleicher Gottes- und Nächstenliebe emporzuheben, von der sein Herz erfüllt war

---

die größte(n) hoffnu(n)g mache(n), das wir xpo [Christo] dem herr(n) zu gehorn, durch des v(er)dinsts vn(d) heillig leiden alle vnßere gutte werck got angenem werden. Deshalb ist sein leiden vnßer schatz, wan(n) er hat es fur vns geliden.“ Cod 3801, 119r, Z. 14 –119v, Z. 4. Zu Fridolins Verständnis der „alleinigen“ Rechtfertigung des Menschen durch Christi Leiden siehe unten, S. 272–275.

[131] Mgf 1040, 1, 9rb, Z. 19–39.
[132] Mgf 1040, 1, 6vb, Z. 27–7ra, Z. 4.

[…]"[133]. Fridolins Intention erschöpfte sich nicht darin, Auslegungen der Hymnen und Psalmen des Chorgebets im Hinblick auf die Passion zu verfassen, um damit den Klarissen Meditationszyklen über das Leiden Christi zur Verfügung zu stellen, die einzelne Teilbereiche dieser Thematik so aufbereiteten, daß sie besser verständlich wurden oder die letzten Tage und Stunden des Lebens Christi nacherlebbar machten, indem sie das Mitleid der Betrachtenden weckten und mehrten[134]. Er räumte solch kognitiven und affektiven Abschnitten durchaus breiten Raum ein, blieb dabei aber nicht stehen, sondern benutzte sie als Voraussetzung und Grundstufe für sein eigentliches Ziel: Ihm ging es in erster Linie darum, jeder Schwester eine persönliche Beziehung zum verdienstvollen Leiden des Gottessohnes zu eröffnen, ihr vor Augen zu führen, daß sie selbst den dadurch angehäuften Schatz benötige und gebrauchen müsse, um selig zu werden. Er wollte seine Adressatinnen anleiten, sich das Leben und Leiden fruchtbar zu machen, indem sie Christus selbst um seiner Passion willen anriefen oder dem Vater das Leiden seines Sohnes opferten[135] – nichts anderes meint er ja, wenn er in der zweiten Einleitungspredigt davon spricht, die Psalmen ‚modo obsecrativo' zu gebrauchen[136].

Damit wird deutlich, daß Fridolin mit seinen Predigten das Ziel verfolgte, das er im Jahre 1491 im *Schatzbehalter*[137] umriß: Er wollte sein Publikum anleiten, Gott das heilbringende Leiden und Sterben Christi im vertrauensvollen Gebet vorzuhalten und um seinetwillen Gnade und Vergebung zu erbitten. Eine Akzentverschiebung tritt insofern ein, als der *Schatzbehalter* in die Hinwendung zu Gottvater einweist, während in den Predigten Christus selbst als Empfänger der Gebetsanliegen im Mittelpunkt steht.

---

[133] SCHMIDT: Franziskanerprediger, S. 65.

[134] Im *Schatzbehalter* erklärt Fridolin sogar expressis verbis, daß es bereits genug Literatur gebe, die Christi Passion anschaulich ausmale und zu ihrer mitleidigen Betrachtung auffordere; er selbst wolle aber über diese Art der Leidensfrömmigkeit hinausweisen und bewußt dazu erziehen, die Heilsbedeutung der Passion für die eigene Person zu erkennen und in bestimmter Weise zu nutzen. Siehe unten, S. 249, Anm. 400.

[135] „Sacrificate sacrificiu(m) iusticie [Ps 4,6]. Jr solt opfer(n) das opfer der gerechtikeit, das ist das wirdig leide(n) xpi [Christi], das ein vber genugsams opfer ist fur alle vnßer sund. Fur dein hoh fertikeit opfer got dem vatt(er) die demutikeit seins suns. Fur dein geytikeit [Geiz] sein armut. Fur dein senfts leben sein strenigkeit [ernste Entschlossenheit]." Cod 3801, 119r, Z. 8–13. Zu Fridolins Verständnis vom opfernden Gebet siehe unten, S. 246–249.

[136] Siehe oben, S. 75 f.

[137] Vgl. dazu unten, S. 246–252.

3.6. Gebrauch und Wirkungsgeschichte

Die mündliche Version der Predigten Fridolins hatte ihren ursprünglichen Sitz im Leben zwar im gottesdienstlichen Bereich, aber zumindest die in cod 3801 enthaltenen Reihen über Non und Komplet wurden den Nürnberger Klarissen vermutlich bereits zu Lebzeiten des Barfüßers und unter seiner Mitwirkung[138] in schriftlicher Form zugänglich gemacht, so daß sich die Frage stellt, wann und auf welche Art und Weise die Betrachtungstexte über das Chorgebet von den Nonnen gebraucht werden sollten und wurden.

Fridolin selbst mahnt mehrmals an, sich nicht während der Horenfeier mit seinen Ausführungen zu beschäftigen: „die selben ding bedenck vor [vorher], so mügen [können] sy dir darnach in der tagzeit dester mer andacht geben"[139]. Er rät, sich dann in die Meditationen zu versenken, wenn man „der muß" habe[140], ja er schlägt sogar eine konkrete Zeit für das Studium der Betrachtungen vor, wenn er am Anfang der Auslegung des 53. Psalms schreibt: „Vnd so du in de(m) götliche(n) ampt nit zeit magst [vermagst zu] habe(n) de(n) dinge(n) nach zu gede(n)cke(n), so soltu dich zu ander(n) zeitte(n) dar vff gebe(n), besunder in de(m) inker [klösterliche Einkehrzeit] magstu ettwa(n) [bisweilen] gedencke(n), wie wiltu de(n) ps(alm) od(er) de(n) verß morge(n) spreche(n), wz wiltu darvnder gedencken, wie wiltu in vff das lebe(n) oder leide(n) xpi ziehe(n)"[141]. Wer so vorgehe, braucht sich nach Meinung des Franziskaners nicht zu sorgen, während des Chorgebets plötzlich die Erinnerung an den Inhalt der Betrachtungen zu verlieren, denn das im Vorfeld Bedachte werde der Beterin während des liturgischen Gebets und Gesanges immer wieder ins Gedächtnis kommen und ihre Andacht stärken[142]. Außerdem komme es auch gar nicht darauf an, stets jedes in den Predigten behandelte Detail parat zu haben, obgleich die oftmalige Beschäftigung mit ihrem Stoff die beste Vorbereitung auf die Chorpflicht darstelle, wie er der Benutzerin seiner Textsammlung beruhigend, aber auch mit forderndem Unterton erklärt: Du bist „nit schuldig zu eine(m) iettliche(n) mal [jedesmal] die ding alle zu betrachte(n) vn(d) für setze(n), für ein notturfft ist dz genug, dz du es ein mal thust vn(d) da by gedenckst, dz für baß [fortan] din meynu(n)g [Absicht] allweg also sol syn; aber ie dicker [häufiger] du es ernüwerst, ie besser es ist; wz dan(n) wid(er) dine(n) wille(n) darnach geschicht, dz ist gar bald zu verzeihen, wen(n) du anders vor der tagzeit dine(n) fleiß hast gethon mit diser bereittu(n)g"[143].

---

[138] Siehe oben, S. 66 f.
[139] Mgf 1040, 1, 2rb, Z. 34–37.
[140] Cod 3801, 4v, Z. 15.
[141] Mgf 1040, 1, 7vb, Z. 43 – 8ra, Z. 8.
[142] Mgf 1040, 1, 2rb, Z. 15–27.
[143] Mgf 1040, 1, 2rb, Z. 37–2va, Z. 7. Fridolin weist hier wie in vielen anderen Fällen dem festen Willen die Präferenz vor der vollzogenen Tat zu, vgl. etwa unten, S. 133 f.

Was die ganz praktischen Umstände der Lektüre von Fridolins Predigten
durch einzelne Nonnen anbelangt, so ist davon auszugehen, daß interessierte
Schwestern die entsprechenden Codices aus der gut bestückten Konventsbibliothek entleihen und in ihre Zellen mitnehmen konnten, um sie dort zu
studieren[144]. Standen die in der Abgeschiedenheit der individuellen Betrach-
tungszeit benutzten Texte immer nur einer einzigen der Klosterfrauen zur
Verfügung – nichts deutet auf den Besitz mehrerer Exemplare ein und desselben Buches in der Nürnberger Klarissengemeinschaft hin – und vermochten
sie deshalb auf diese Weise innerhalb des Konvents keine umfassende Breitenwirkung zu erlangen, so weisen die Schlußbemerkungen von cod 3801
und mgf 1040 auf eine weitere Gebrauchssituation für die Handschriften hin:
Beide Male nämlich werden nicht nur die Leserinnen, sondern auch die
Hörerinnen der Texte um ihre Fürbitte für den Autor bzw. die Schreiberin
gebeten[145]. Vermutlich fanden die Predigtcodices also auch Verwendung als
Vorlesestoff im Konvent, wobei man in erster Linie an die Refektoriumslektüre bei den gemeinsamen Mahlzeiten der Schwestern denken kann[146].

Wie dem auch sei, sicher ist, daß sich die Abschriften der Predigten Fridolins am Ende des 15. und zu Beginn des 16. Jahrhunderts im Nürnberger Klarissenkloster und auch über dessen Grenzen hinaus einer gewissen Beliebt-
heit erfreuten. Immerhin entstammen den Jahrzehnten nach Fridolins Tod
mehrere handschriftliche Exemplare und ein Frühdruck seiner Auslegungen
der Hymnen und Psalmen des Chorgebets: In Nürnberg selbst wurden mindestens zwei Aufzeichnungen angefertigt; zwar ist nur eine der dortigen
Handschriften erhalten (cod 3801), da aber mgf 1040 auf eine Vorlage aus der
Reichsstadt zurückgeht und drei Predigtreihen überliefert, die cod 3801
nicht enthält, muß es eine weitere Nünberger Version gegeben haben. Eventuell handelte es sich dabei um die durch Caritas Pirckheimer erstellte „Ur-
fassung" der Werke. Für die den Auslegungen ihres verstorbenen Predigers
entgegengebrachte Wertschätzung der Nürnberger Klarissen spricht auch,
daß die Texte den Weg aus dem mittelfränkischen Konvent bis in das Kloster
des zweiten Ordens in Söflingen fanden und dort erneut kopiert wurden.
Zwei Bände mit den Predigten Fridolins gelangten sogar über die Grenzen
des Franziskanerordens hinaus: Einmal mgq 1592, zum anderen das verschol-
lene Exemplar aus Kloster Mariastein, das zumindest die Auslegungen zu
Prim, Terz, Sext und Non enthielt[147].

---

144 Vgl. VAVRA: Buchbesitz, S. 627.
145 Cod 3801, 230v, Z. 9–11: „Alle, die diß ym(ermer) [jemals] horn oder leßen, die
gedencken durch gottes wille(n) des andechtige(n) wirdigen geistlichen vatters Stephani
Fridolini […]". Mgf 1040, 1, 222rb, Z. 21–24: „Die arm sweste(r) begert vm gottes wille(n):
wer dz buch leß od(er) hör lese(n), dz man got de(n) herre(n) für sy bitt […]."
146 Zur Verwendung verschriftlichter Predigten in mittelalterlichen Klöstern vgl.
SCHIEWER: Spuren von Mündlichkeit, S. 70–76.
147 München, Staatsbibliothek Rar 293, Vorsatzblatt: Frater Matthias schreibt dort über
Fridolin: „Sup(er) psalmu(m) […] b(ea)ti immaculati alteru(m) insigne volumen teutho-

Noch vor der aus dem Jahre 1519 stammenden Kompletabschrift unge-klärter Provenienz (mgq 1592) entschloß sich der Inhaber einer der damals berühmtesten Nürnberger Offizinen, Fridolins Erläuterungen zum zweiten Psalm der letzten Hore zu drucken: Friedrich Peypus veröffentlichte sie 1514 unter dem Titel *Die walfart der pilgerin auff steigent in die heilige stat des hymme-lischen Hierusalem*[148]. Ob der Drucker in der Erwartung eines entsprechenden Absatzes von sich aus den Entschluß faßte, die Predigten zu veröffentlichen, oder ob er dazu beauftragt wurde[149], ist nicht mehr feststellbar, jedoch spricht schon allein die Tatsache der Drucklegung für die Existenz eines zumindest potentiellen Kreises von Kaufinteressentinnen und -interessenten.

Stammen alle bisher erwähnten Hinweise auf die Wertschätzung, die Fri-dolins Predigten innerhalb und außerhalb Nürnbergs genossen, aus der Zeit ungebrochener altgläubiger Kirchlichkeit des Spätmittelalters, so entstand die an cod 3801 angefügte Schlußbemerkung frühestens in den dreißiger Jahren des sechzehnten Jahrhunderts. Die anonyme Schreiberin gedenkt dar-in voller Bewunderung der verstorbenen Caritas Pirckheimer, „die vns nutz-lich vnd trostlich ist gewest. Auch vil mw [Mühe], arbeit vnd angst vnd not gehabt hat besunder die luterischen jar, in den sie fur sich vnd vns ritterlichen gestritte(n) vn(d) mit der hilf gottes bestendiglich(n) verhart wider alle ket-zerey pis jn ir endt", und fügt dem einen Wunsch für die verehrte Vorsteherin der Schwesterngemeinschaft hinzu: „got geb jr den ewigen lon darumb auch, daß sie die ding gemerckt vnd geschribe(n) hat, het ir sunst nit." Auch die Verfasserin dieser Zeilen maß den Werken des ehemaligen Konventspredi-gers also einen hohen Wert bei, bildeten sie doch den Grund für besondere Verdienste, die sich die Äbtissin um ihr mittlerweile zum Aussterben verur-teiltes Kloster[150] erworben hatte, denn nur durch ihre Niederschrift standen den Nonnen die auch nach den reformatorischen Stürmen noch für kostbar erachteten Predigten über das Chorgebet zur Verfügung.

Nach dem Untergang der Klöster des zweiten Ordens, in deren Bibliothe-ken Abschriften der Auslegungen Fridolins aufbewahrt wurden, gerieten diese Texte über dreihundert Jahre lang in Vergessenheit. Sie wurden erst in der zweiten Hälfte des neunzehnten Jahrhunderts durch Vinzenz Hasak wie-derentdeckt, der in ihnen wie auch im *Schatzbehalter* ein Mittel sah, die durch protestantische Theologen vertretene Forschungsmeinung, die spätmittelal-

---

nice co(m)pilavit q(uo)d in mariastein habet(ur)." Unklar bleibt dabei, ob die Mariasteiner Abschrift inhaltlich mit mgf 1040 übereinstimmte, also auch die beiden Einleitungspredig-ten und die Betrachtungen zum Hymnus der Prim und Psalm 53 einschloß oder tatsäch-lich nur die Auslegung des 118. Psalms überlieferte.

[148] SCHMIDTKE: Fridolin, Sp. 919. KEUNECKE: Peypus, S. 50.

[149] Verlegte Peypus die Predigten auf Bestellung hin, so kommen am ehesten das Kla-rissen- oder das Franziskanerkloster der Stadt als Auftraggeber in Frage, da dort das Ge-dächtnis Fridolins am lebendigsten gewesen sein dürfte.

[150] Seit der Reformationszeit waren Neuaufnahmen ins Kloster untersagt. Die letzte Nürnberger Klarisse starb 1596. LORZ / ULRICH: Caritas Pirckheimer, S. 144.

terliche Bevölkerung habe kaum etwas vom christlichen Glauben gewußt, da sie durch Prediger mit Märchen abgespeist worden sei, zu widerlegen. Aus wissenschaftlich-apologetischen Gründen nahm Hasak also kurze Ausschnitte aus beiden Werken des Franziskaners in seine Blütenlese deutschsprachiger theologischer Texte aus vorreformatorischer Zeit auf[151]. Ähnliche Motive nennt auch das Vorwort der Ausgabe, die der katholische Pressverein der österreichischen Diözese Seckau 1887 erstellte: Sein Ziel war zum einen ebenfalls ein apologetisches, wollte er mit Hilfe der Texte Fridolins doch die völlige Haltlosigkeit rechtfertigungstheologischer Kritikpunkte protestantischer Theologie verdeutlichen[152] und so wieder die Brücke zu der Epoche schlagen, „die durch die sogenannten ‚Reformatoren' und Sectenstifter so entsetzlich verleumdet wurde"[153]. Eine ähnliche Absicht verfolgte auch Schmidt, dessen Hauptanliegen darin bestand, die großartigen Leistungen der observanten Konvente des Franziskanerordens auf dem Gebiet von Predigt und Volksunterweisung herauszustellen[154] und seinen protestantischen Gegnern Irrtümer in ihrer Darstellung katholischer Theologie und Frömmigkeit am Vorabend der Reformation nachzuweisen. Er versuchte vor allem, die Konzentration spätmittelalterlicher Verkündigung auf die eine Heilswahrheit, nämlich die „segensreichen Folgen der großen Gottestat auf Golgatha", nachzuweisen[155] und ihr Gespür für die richtige Mitte zwischen theorieverpflichteter Lehrvermittlung und trockener Moralpredigt aufzuzeigen[156]. Fridolins Predigten sind für ihn Beispiele einer wirklich gelungenen Synthese von Dogmentreue, Konzentration auf das Eine, Wesentliche und Streben nach Tugend und Besserung[157]. Spielten bei der Seckauer Edition durchaus apologetische Interessen mit, so stand dennoch ein anderes Motiv im Vordergrund der Drucklegung: Man war beseelt von dem Wunsch, „dem Volke" fromme Betrachtungen der Vergangenheit vorzulegen, „weil die alten [religiösen Schriftsteller] in der Regel viel gemüthsvoller zu reden und zu schreiben verstanden, wie die neuen."[158] Die Herausgeber hielten Fridolins Predigten also gerade wegen ihres Alters für geeignet, die Frömmigkeit der katholischen Bevölkerung zu fördern und zu befruchten. In ihrer Veröffentlichung treten die Klosterfrauen als das ursprüngliche Publikum des

---

[151] HASAK: Glaube, S. IV–XVI, 151–158 und 549–553.
[152] Die Herausgeber wenden sich in ihrer Einführung vor allem gegen Luthers Vorwurf der Werkgerechtigkeit, da Theologen wie Fridolin ihrer Meinung nach „alleiniges Vertrauen auf Christi Verdienst" predigten und deshalb die reformatorische Kritik an diesem Punkt ad absurdum zu führen vermögen (Das bittere Leiden, S. 4).
[153] Das bittere Leiden, S. 3 f.
[154] SCHMIDT: Franziskanerprediger, S. 1–3. Schmidts Monographie gleitet aufgrund ihrer den Katholizismus verteidigenden Haltung stellenweise nahtlos vom Wissenschaftlichen ins Erbauliche hinüber.
[155] Ebd., S. 24 f.
[156] Ebd, S. 25 f.
[157] Ebd.
[158] Das bittere Leiden, S. 4.

Franziskaners wie auch der Hintergrund seiner Auslegungen, das Chorgebet, völlig zurück. Fridolin wird zum erbaulichen Volkschriftsteller, dessen Spezialität es ist, „das bittere Leiden Christi" in immer aktueller Form als Betrachtungsmaterial aufbereitet zu haben.

4. Geistlicher Mai und Geistlicher Herbst

4.1. Form

Autoren und Autorinnen, die sich im späten Mittelalter mit dem damals wohl am häufigsten bearbeiteten Thema der Theologie[1], nämlich der Passion Christi beschäftigten, stand eine Fülle teils schon seit der frühen Christenheit erprobter und bewährter, teils in den letzten Jahrhunderten entwickelter literarischer Formen und strukturierender Methoden zur Verfügung[2]. Bei der Ausarbeitung seiner Predigten über Hymnen und Psalmen des Chorgebets hatte sich Fridolin entschieden, auf die verbreitete Tradition der an den kanonischen Horen orientierten Passionsbetrachtung zurückzugreifen, und es war ihm durchaus gelungen, dieser alten Form ein eigenes Gepräge zu verleihen. Obwohl er durch die schriftliche Version seiner Predigten den Schwestern des zweiten Ordens bereits anregende Grundlagen für die Versenkung in Christi Leiden und Sterben zur Verfügung gestellt hatte, entschloß er sich in den achziger oder neunziger Jahren des 15. Jahrhunderts, zwei weitere kleine Werke für die Klosterfrauen zu verfassen, die ebenfalls die Passion Christi zum Thema hatten. Wie bereits die Titel *Der geistliche Mai* und *Der geistliche Herbst* signalisieren, handelt es sich dabei aber nicht um Predigten oder der chronologischen Abfolge der biblischen Passionsberichte folgende Überlegungen, sondern um allegorische, also einen tieferen als den wortwörtlich mitgeteilten Sinn vermittelnde Betrachtungen[3]. Sie knüpfen an die Bilderwelt eines blühenden sprießenden Frühlingsgartens und der herbstlichen Weinernte an und gehören damit in den Bereich der Gartenallegorien[4].

---

[1] So RUH: Prosa, S. 583. Ulrich KÖPF (Passion, S. 23) differenziert hier stärker, wenn er bemerkt, die Passion habe während des späten Mittelalters, „unterhalb der streng wissenschaftlich-theologischen Ebene […] eine herausragende Rolle" gespielt.

[2] Vgl. unten, S. 237–239.

[3] Zum Verständnis des Begriffs der Allegorie im Mittelalter siehe STAMMLER: Studien, bes. S. 2 f.

[4] Strenggenommen entsprechen weder der *Geistliche Mai* noch der *Geistliche Herbst* in allen Einzelheiten dieser literarischen Gattung. Die Schrift über den Mai trägt zwar zahlreiche einschlägige Züge, da sie auf der Betrachtung eines aus mehreren Elementen (Blumen, Bäume, Wasser usw.) zusammengesetzten Naturkomplexes basiert, weist aber durch Einzelelemente wie die Thematisierung des Maibades oder die Edelsteinallegorien in der letzten Woche (siehe unten, S. 117 f.) auch über die Grenzen der Gattung hinaus. Der *Geistliche Herbst* wiederum stellt den Vorgang der Weinlese, also die landwirtschaftliche Be-

Der Garten wird schon im Alten Testament als Sinnbild gebraucht; dort
symbolisiert er als Gesamtanlage oder in einzelnen seiner Gewächse das Paradies[5] und die Schönheit des Menschen[6]. Durch die synoptischen Evangelien
findet er Eingang in die Passionsthematik, denn Christi betendes Ringen um
die Annahme des Leidenskelches wird im „Garten Gethsemani" lokalisiert[7].
Der Weinstock wiederum gilt als edelste Kulturpflanze Israels und steht als
Bild für die messianische Heilszeit (Mk 14,25) und die enge Lebensbezie-
hung zwischen Christus und den Seinen (Joh 15,1–8)[8].
      Indem Fridolin die Allegorie vom Garten als Stätte natürlichen Werdens
und das Bild des Weinstocks als Ursprung der lebensnotwendigen Versorgung des Menschen aufgriff und mit ihrer Hilfe Christi Leiden und Sterben
auslegte[9], stellte er sich in eine Reihe mit zahlreichen anderen, vor allem dem
klösterlichen Bereich entstammenden Predigern und Seelsorgern des ausgehenden Mittelalters[10]: Sein Ordensbruder Johannes Meder etwa beschrieb in
seinem 1495 erstmals gedruckten *Quadragesimale novum* die Leidensereignisse
durch das Bild eines Myrrhengartens mit sieben Beeten, auf denen verschiedene Pflanzen als Zeichen der Bitterkeit und des Trostes der Passion wach-

---

arbeitung einer Pflanze in den Mittelpunkt und bewegt sich damit im Grenzbereich zwischen Garten- und Ackerbauallegorie. (Zur Einordnung religiöser Texte des Mittelalters in
die einzelnen Gattungen vgl. SCHMIDTKE: Studien, S. 74, 80 f. und 234.)
      Aus mehreren Gründen werden hier beide Werke des Franziskaners dennoch unter
dem Oberbegriff „Gartenallegorie" behandelt: Es beschäftigen sich sowohl *Geistlicher
Herbst* wie auch *Geistlicher Mai* nicht mit der Natur als solcher, sondern widmen sich einem
durch den Menschen kultivierten Bereich – das spricht gegen ihre Einordnung in die sehr
allgemein gefaßte Gruppe der Natur- oder Pflanzenallegorien. Was die Schrift über den
Mai anbelangt, so dominiert zudem die Symbolik vom Frühlingsgarten und seinen Pflanzen bei weitem über alle der zugegebenermaßen zahlreich verwendeten, aus anderen Formen der Allegorie entlehnten Bilder. Im Blick auf den *Geistlichen Herbst* läßt sich feststellen,
daß die Bezeichnung als „Ackerbauallegorie" nicht wirklich trifft, weil es dem Text nicht
um eine geistliche Deutung aller im Weinbau praktizierten Tätigkeiten, also Pflanzung,
Pflege und Ernte geht. Außerdem verweist der Autor selbst darauf, daß er seinen An-
dachtstext über die Weinlese in die Gartenthematik einbezogen sehen möchte, denn er
stellt seinen Überlegungen den programmatischen Satz voran: „Mein gieleipter ist mir ain
cipper treubel [Cyperntraube] in dem wein garten engade [Engeddi]" (Hdschr 110, 161r,
Z. 10 f.). Versucht man deshalb, den Eigencharakter des *Geistlichen Herbstes* innerhalb der
übergeordneten Gattung der Gartenallegorie festzuhalten, so ist es sinnvoll, ihn als Weinle-
seallegorie zu apostrophieren.
      [5] Gen 2,8–3,24.
      [6] Z. B. Hld 4,12. 5,1. 7,1–10.
      [7] Mk 14,32–42 parr.
      [8] ROLOFF: Weinstock. Vgl. Hdschr 110, 193r, Z. 15–23.
      [9] Es kann hier nur die Deutung des Gartens im Hinblick auf die Passion Berücksich-
tigung finden. Andere Interpretationsmuster stellen SCHMIDTKE: Studien und WINDEL: Erbauungsliteratur, v. a. S. 10–17 vor.
      [10] Schmidtke konnte im Rahmen seiner umfangreichen Untersuchung über Gartenal-
legorien im Spätmittelalter nachweisen, daß diese Textgattung vor allem in der monastischen Theologie beheimatet war und dort wiederum verstärkt im Bereich der Observanzbewegung, der ja auch Fridolin angehörte, gepflegt wurde. SCHMIDTKE: Studien, S. 230.

sen[11], und Bonaventuras Schrift *vitis mystica*, in der mit Hilfe einer Schilderung von sieben Blättern am Weinstock Christus die sieben Worte des Ge-
kreuzigen ausgedeutet werden[12], regte im 15. Jahrhundert verschiedene Autoren zur teils eigenständigen, teils an die Vorlage angelehnten Bearbeitung
der Weinstockthematik an[13]. Fridolin selbst macht in den allegorischen Gar-
tenschriften von beiden Möglichkeiten Gebrauch, schwelgt er doch im
Geistlichen Mai geradezu in Details der Flora und Fauna einer im Mai zu
neuem Leben erwachenden Natur und läßt er im *Geistlichen Herbst* keine
Einzelheit der Weinlese aus, um seinen Leserinnen minutiös Christi innere
Leiden zu schildern.

4.2. Autor und Datierung

Da sowohl der *Geistliche Mai* wie auch der *Geistliche Herbst* anonym überliefert sind, ist zunächst die Frage nach der Verfasserschaft und der damit eng
zusammenhängenden Datierung beider Schriften zu klären. Die spärlichen
Beiträge bisheriger Forschung werden dabei jeweils an passender Stelle Erwähnung finden.

Hatte Hasak, der sich erstmals Gedanken über ihre Entstehung machte, die
Schrift über den Mai ins erste Drittel des 16. Jahrhunderts datiert und die
Weinstock-Betrachtungen für noch jünger gehalten[14], so vermuteten wenig
später Hattler und Paulus[15], Fridolin sei der Autor des *Geistlichen Herbstes*, da
dessen Verfasser den *Schatzbehalter* als ergänzende Lektüre zu allen Andachts-
punkten empfiehlt und dabei die Kenntnis der Strukturierung dieses Werkes
in ',,Gegenwürfe" bei seinem Publikum voraussetzt: ,,Zw alle(n) artickeln
ains yetliche(n) tags magstu alletag leße(n) eine(n) gege(n)wurf auß de(m)
schatz behalter, der da get auf den selbe(n) artickel."[16] Paulus führt darüber
hinaus einige weitere Gründe an, die den Nürnberger Barfüßer als Urheber
des *Geistlichen Herbstes* nahelegen, nämlich die Bezugnahme auf die franziskanischen Regelfasten am Textbeginn[17], die Erwähnung der heiligen Klara[18]

---

[11] LANDMANN: Predigtwesen (14), S. 303–307.
[12] IMLE: Passionsminne, S. 139–142.
[13] Vgl. SCHMIDTKE: Studien, S. 17 f. und 80 f. Schmidtke nennt darüber hinaus eine
Vielzahl weiterer Beispiele von Garten-, Weinlese- und Weinstockallegorien, die als ganze
oder in einzelnen Passagen die Passion verdeutlichen. Eine erste Orientierung ermöglicht
sein Register ebd., S. 12–18.
[14] HASAK: Luther, S. 231.
[15] Mai und Herbst (Hattler), S. IV. PAULUS: Literatur, S. 546 f.
[16] Hdschr 110,166r, Z. 16–19.
[17] Ebd., 161v, Z. 1–3: ,,So sol pillich ein ytlichs geistlichs kind jn dem anfang der regel
faste(n) sych bekumern mitt dem jnwendige(n) leiden cristi". PAULUS: Literatur, S. 546.
[18] PAULUS: ebd. Klara ist die einzige im *Geistlichen Herbst* überhaupt genannte Heilige;
dies sowie ihre nähere Bezeichnung als ,,muter" deutet auf eine enge Beziehung zwischen

und die Bezeichnung des Herzens Christi als „schatz behalter"[19]. Schmidt, für den der Nürnberger Franziskaner bereits als Autor feststeht, weist vor allem auf sprachlich-stilistische Gemeinsamkeiten von *Herbst,* Predigten und *Schatzbehalter* hin[20]. Es lassen sich jedoch auch inhaltliche Gesichtspunkte ins Feld führen, die für Fridolin als Verfasser des *Geistlichen Herbstes* sprechen: So macht der ausführliche Rekurs auf die liturgische Verehrung der heiligen Lanze[21], die im Rahmen der jährlichen Heiltumsweisung seit 1424 in der Reichsstadt besonders gepflegt wurde, nicht nur einen Nürnberger als Autor

---

ihr und dem Verfasser des Textes, also wahrscheinlich einem Franziskaner, hin. Die Erwähnung des Mutterseins der Heiligen läßt darüber hinaus Angehörige des Klarissenordens als ursprüngliche Adressatinnen des Werkes vermuten.

[19] Hdschr 110, 173v, Z. 18. PAULUS: ebd. An dieser Stelle sei auf ein sowohl den *Geistlichen Mai* wie auch den *Geistlichen Herbst* betreffendes Problem hingewiesen, das im Zusammenhang mit den bei Paulus und Schmidt gemachten Angaben auftritt: Beide Forscher belegen ihre Behauptungen nur äußerst sporadisch und legen ihren Arbeiten unterschiedliche Druckausgaben, nicht aber die wahrscheinlich älteste Textüberlieferung, die Berliner Handschrift 110 zugrunde, so daß die Nachprüfung ihrer Aussagen erschwert, oft sogar unmöglich ist.

[20] SCHMIDT: Franziskanerprediger, S. 94–96 (Mit Ausnahme der Belegstelle zum „cyperwein" stammen im folgenden alle Quellennachweise von der Verfasserin, da Schmidt auf solche verzichtet). Schmidt nennt zurecht vor allem die vielen das Verhalten der Menschen und dasjenige Christi gegenüberstellenden Kontrastierungen (z.B. Hdschr 110, 182r, Z. 14 und 22–182v, Z. 6: Der Autor fordert seine Leserin auf, den „surn [saueren] pittere(n) most" des Verstehens zu trinken, um zu erkennen, „warumb die freyhait gefange(n) ist: das wir ewig frey wurden; warumb er fur die falschen richter gefurt hat wölen werden, vor in verclagt, v(er)logen, uberzeugt vn(d) dar zu geschwygen? Darumb das sein gedultigs schwyge(n) uns versprech vor dem strenge(n) gericht gotz; wan er hat in so vil weißen wöllen werden verspott vnd verspeitt, darum(b) das wir ewigklich geert würden [...]"), versäumt es aber, darauf hinzuweisen, daß die Kontrastierungen nicht einfach als stilistische Eigenart des Franziskaners zu sehen sind, sondern eines seiner zentralen theologischen Anliegen (siehe unten, S. 240–243) widerspiegeln. Sie sind das Ergebnis der Bemühung Fridolins, seine Worte in eine sprachliche Gestalt zu fassen, die genau seiner inhaltlichen Absicht entspricht. Darüber hinaus verweist Schmidt auf die signifikante Bezeichnung des Blutes Christi als „cyperwein" oder „cipper treubel" (mgf 1040, 1, 166ra, Z. 2 f. und Hdschr 110a, 161r, Z. 10) und das zur näheren Erläuterung eines Sachverhaltes wiederholt gebrauchte „das ist" (z.B. Hdschr 110, 162r; 169v). Nicht verifizierbar war seine Behauptung, es fänden sich ebenso wie in den übrigen Werken Fridolins außergewöhnlich viele mit „Item" bzw. „und" eingeleitete Sätze.

[21] Hdschr 110, 172v–173r gibt der Autor zu bedenken, daß der rote Wein des Blutes und der weiße Wein des Wassers aus Christi Herz geflossen sei, „da der ritter longinus mit seiner lantze(n) hat auf gethon die seyte(n) xpi [Christi] vnd also berurtt vnd angezepft das vol feßlein des mynsame(n) hertze(ns) xpi, in dem da wont die vo(e)l der gothait, auß dem gefloße(n) ist das allermy(n)samst hailsamst kostperst tranck als wyr singen: ‚das feßlein des hertzen xpi ist durchstoche(n) worden; das hailsam trincklein ist darauß geschenckt worden, so die lantze(n) eingedunckt wirt in die seytte(n) xpi, so wirt gelecht [angelegt] das hailsam trichterlein, die speyß [?] der lieb; vn(d) aber sy haben gefange(n) die sel xpi des grechte(n), da sy auß furte(n) das tranck des mosts von dem kelter des hertze(ns) xpi'." (Zitiert: 173r, Z. 6–20). Der hier zitierte Gesang entstammt dem Offizium am Fest der heiligen Lanze, vgl. Mai und Herbst (Hattler), S. 270.
Zur Nürnberger Heiltumsweisung siehe auch unten, S. 158 f. und 203, Anm. 170.

wahrscheinlich, sondern erinnert auch an einen Abschnitt über das Herz Christi im *Schatzbehalter*, in dem dieses Fest und das damit begangene Heilsereignis eingehende Berücksichtigung erfahren[22].

Größeres Gewicht aber besitzt schließlich eine Reihe von theologischen Gedanken im *Geistlichen Herbst*, die sich auch im *Schatzbehalter* oder den Predigten Fridolins wiederfinden. In allen drei Werken wird Wert auf die Tatsache gelegt, daß Christi Passion als historisches Geschehen unter anderem deshalb allumfassend war, weil sich der Leidende von Feinden und Feindinnen umgeben sah und bei keiner Bevölkerungsgruppe auf Unterstützung hoffen konnte[23]. Die Leserinnen und Leser werden im *Herbst* aufgefordert, sich vor Augen zu halten, von wem ihr „schöpffer geliden hat: von yuden vnd haiden, von yunge(n) vnd alten, von frawen vn(d) man(nen), von pfafen vn(d) layen, daß er wol mocht sprech(en): ich pin worden ein gespet vnd gelechter alle(m) meine(m) volk."[24] Im *Schatzbehalter* lautet die entsprechende Passage: „Von wem leidet er aber? Von herre(n) vnd von knechten, von juden vnd von heiden, von frawen vnd von manne(n), von haimschem [sic] vnd von fremdenn"[25], und in der Predigtreihe über die Non findet sich ein ganz ähnlicher Abschnitt[26]. Ebenso verhält es sich mit einem Argumentationsmuster, das der Autor heranzieht, um seinem Publikum die nur schwer faßbare Größe der Barmherzigkeit Christi zu verdeutlichen. Er ermutigt zum Vertrauen auf die Bereitschaft Christi, auch der Leserin persönlich barmherzig zu sein, denn „so du schawst, das dein parmhertziger erlößer so gutig vnd parmhertzig ist gewest in der stund, da jm sein feint so hertzlich [sic] wee theten [...], das er sy vor seine(m) himelisch(en) vater entschuldiget vnd ynniglich fur sy gepete(n) hat, so magstu wol ein gut hertz habe(n) zu jm in hofnung seiner parmhertzigkait, das er dir die auch werd mit taile(n)."[27] Die Liste theologischer Gemeinsamkeiten ließe sich beliebig fortsetzen, denn die drei Werke fassen ihre Verarbeitung des Leidens Christi wohl in unterschiedliche literarische Gattungen, überschneiden sich aber in der Auswahl der einzelnen aus dem Stoffgebiet herausgegriffenen Aspekte und kommen bei deren Behandlung zu identischen Ergebnissen.

Weisen somit alle Anzeichen auf Fridolin als Verfasser des *Geistlichen Herbstes* hin, so bleibt noch die Frage der Datierung zu klären. Der Terminus post quem wird zunächst durch die Empfehlung des *Schatzbehalters* im Text

---

[22] *Schatzbehalter*, C5 rb–va.
[23] Siehe dazu auch unten, S. 264 f.
[24] Hdschr 110, 186v, Z. 5–10.
[25] *Schatzbehalter*, d5 rb, Z. 30–34.
[26] Cod 3801, 62r, Z. 18–62v, Z. 5. Siehe dazu auch oben, S. 79.
[27] Hdschr 110, 172v, Z. 5–13. Der Gedanke, aufgrund des überwältigenden Gnadenhandelns Christi am Kreuz Hoffnung für die eigene Person schöpfen zu können, taucht im *Schatzbehalter* wiederholt auf, z.B. ae6 ra. In den Predigten zur Komplet ist er aufgenommen in cod 3801, 132v. Siehe oben, S. 77.

fixiert[28], so daß die Weinstockallegorie als Spätwerk des Franziskaners bezeichnet werden kann, das möglicherweise zwischen 1492 und 1498 entstanden ist [29].

Ging die Forschung im Falle des *Geistlichen Herbstes* schon früh von der Autorschaft Fridolins aus, so gestaltete sich die Identifizierung des hinter dem *Geistlichen Mai* stehenden Verfassers zunächst aus zwei Gründen schwierig: Zum einen stellte erst Paulus im Jahre 1897 fest, daß auch in der Maiallegorie Fridolins *Schatzbehalter* in einer Weise erwähnt wird, die einen hohen Grad an Vertrautheit seitens des Autors wie auch der Adressatinnen mit dem zweiten Teil des umfangreichen Erbauungsbuches nahelegt. Hattler war dies zehn Jahre vorher entgangen[30]. Zum anderen lag beiden Forschern als vermeintlich ursprüngliche Version ein Druck von Andreas Schobsser aus dem Jahre 1549 vor, in dem das Himmelreich denen verheißen ist, „die gute Werke thun und nicht bloß allein glauben"[31], was natürlich als Hinweis auf den gegenreformatorischen Ursprung der Schrift gedeutet wurde[32]. Mit der Entdeckung eines Exemplars der älteren, ersten Redaktion durch Paulus erwies sich diese dezidierte Kritik am reformatorischen „sola fide" jedoch als nachträgliche Interpolation[33], so daß kein Grund mehr bestand, den *Geistlichen Mai* in die erste Hälfte des 16. Jahrhunderts zu datieren. Damit wurde der Blick frei für die große Ähnlichkeit zwischen *Mai* und *Herbst* einerseits, den beiden Gartenallegorien und dem übrigen Schriftcorpus Fridolins andererseits.

Neben sprachlichen Gemeinsamkeiten[34] fallen auch im *Mai* inhaltliche Aspekte auf, die auf den Nürnberger Franziskaner hinweisen. Als erstes ist die

---

[28] Siehe oben, S. 93.

[29] Zur Frage der Datierung beider Gartenallegorien siehe aber nochmals unten, S. 100–103.

[30] PAULUS: Thätigkeit, S. 150.
Der Verfasser des *Mai* hält es weder für nötig den Autor des *Schatzbehalter* zu nennen, noch den Titel des empfohlenen Werkes anzugeben. Er gibt einmal den schlichten Rat: „zeuch herein den erste(n) artickel des erste(n) gege(n)wurfs" (Hdschr 110, 12r, Z. 14 f.) und weist die Leserin an einer anderen Stelle an: „liß den lxxxviii gege(n)wurff von der naigug dr syn xpi [Christi], so wirstu finde(n), wie gutig vnd gedultig er ist gewessen in seine(m) heilige(n) leide(n)." Hdschr 110, 48r, Z. 6–9.
Sowohl Hattler wie auch Paulus hatten zuvor in dem Benediktiner Wolfgang Seidl († 1562) den Verfasser der Allegorie über den Mai vermutet, da er als Hofprediger in München – wenn auch nur indirekt – in Kontakt mit Herzogin Jakobäa stand, auf deren Veranlassung hin Andreas Schobsser das Werk im Jahre 1549 gedruckt hatte. Mai und Herbst (Hattler), S. III–V und PAULUS: Literatur, S. 547.

[31] Der geystlich May, Schobsser, 1549 München, D1a. Zitiert nach PAULUS: Literatur, S. 547.

[32] PAULUS: Ebd.

[33] In der wahrscheinlich ältesten Vertreterin der ersten Redaktionsstufe lautet die gleiche Stelle: „[...] betracht die große(n) himelische(n) lon, die der her jhs [Jesus] in seine(m) predige(n) hat v(er)haiße(n) vmb die gute(n) werk." Hdschr 110, 24r, Z. 8–10. Hier fehlt also jeder kritische oder gar polemische Impetus.

[34] Die Erläuterungsformel „das ist" findet sich etwa in Hdschr 110, 11vf, 18rf, 19r und

ebenso wie im *Geistlichen Herbst* vorhandene Bezugnahme auf die Liturgie
der Heiltumsweisung und die selbstverständliche Annahme ihrer Kenntnis
beim Publikum der Schrift zu nennen[35]. Vor allem aber zeichnen sich enge
theologische Verbindungslinien zwischen Fridolins Predigten, dem *Schatzbehalter* und dem *Mai* ab, die nur durch die Annahme ein- und desselben Autors
zu erklären sind: So hebt der Verfasser die Vorzüge der Betrachtung des geistlichen Maies hervor, indem er die Mängel der sinnenhaften Kreaturerfah-
rung im natürlichen Frühling mit den Worten „aller lust der creatur ist ain-
weder nit lustlich oder nit nutzlich oder nit erlich [ehrenvoll]"[36] beschreibt,
dabei aber auf eine nähere Erläuterung der ja nicht ohne weiteres verständlichen Begriffe „lustlich", „nutzlich" und „erlich" verzichtet[37]. Das ist nebenbei bemerkt für die praktische Vorgehensweise in beiden Gartenallegorien
charakteristisch, denn anders als im *Schatzbehalter* wird hier eine Fülle von
Gedanken kurz angerissen, aber nicht diskutiert, erklärt oder sonst irgendwie
weiterverfolgt; der Verfasser scheint in *Mai* und *Herbst*, die an einen Kreis klö-
sterlicher Leserinnen gerichtet sind, die schlichte Erwähnung einzelner Themen für ausreichend zu halten, während er in seinem für ein Laienpublikum
formulierten Buch die Leserinnen und Leser Schritt für Schritt auf dem Weg
hin zum Verständnis der behandelten Stoffe führt und begleitet[38]. Im *Schatzbehalter* nun tauchen die Adjektive „lustlich", „nutzlich" und „erlich" ebenfalls im Zusammenhang einer Gegenüberstellung von Zeitlichem und Ewi-
gem auf, und Fridolin versieht sie hier mit einer interpretierenden Erläuterung, die auch als Weiterführung der oben zitierten Stelle im *Geistlichen Mai*
Verwendung finden könnte[39]. Starke, abschnittweise sogar wörtliche Über-

---

öfter. Immer wieder ist auch die Rede vom „minnesamen" Herzen Christi, von seinem
„jungfräulichen" Leib oder Fleisch und seinem „rosenfarbenen" Blut.

[35] Hdschr 110, 146rf. Zur Heiltumsweisung im *Schatzbehalter* siehe unten, S. 203, Anm.
170.

[36] Hdschr 110, 2v, Z. 17–19.

[37] Fridolin übernimmt hier vermutlich einen Gedanken aus der nikomachischen Ethik
des Aristoteles. Vgl. Aristotelis Opera, Bd. 2, S. 1104b–1105a.

[38] Die Differenz zwischen der praktischen Vorgehensweise in den Gartenallegorien
und derjenigen im *Schatzbehalter* verdeutlichen auch die beiden Stellen, an denen der Franziskaner zur Betrachtung der „Umbstend" des Leidens Christi aufruft. Im *Geistlichen Mai*
mahnt er lapidar: „schaw die tief der verworfe(n)hait vn(d) v(er)schmechu(n)g diß
heilige(n) leides xpi [Christi], welche schmachait groß scheint auß der größ der edlen
hoche(n) person, die solchs geliden hat der zeit halb, der stet halb, der der [sic] person halb,
der sach halb, Die diß leiden geursach habe(n) vn(d) ander vnzelich vmbstend halben".
Hdschr 110, 8r, Z. 23–8v, Z. 3. Die hier in acht Zeilen gerade einmal genannte Reihe von
Passionskomponenten (Zeit, Ort, Person usw.) liegt im *Schatzbehalter* in einer erweiterten
Version vor und beansprucht dort immerhin gute sechzehn Textspalten. *Schatzbehalter*, d3
va, Z. 21–e va, Z. 37.

[39] Seine These, es sei die Liebe Christi, die dem Menschen alle Gaben der Gnade und
der Seligkeit verleihe, untermauert Fridolin im *Schatzbehalter* durch die Interpretation des
Begriffes „Paradies": Das letzte Wort in der Zusage des Gekreuzigten an den Schächer
(„fu(e)r war sag ich dir, heu(e)t wirdst du mit mir sein in dem paradeis") symbolisiert die
Fülle der himmlischen Güter und damit „alles das, darauff unser begird gericht ist [...]

einstimmungen zwischen *Schatzbehalter* und *Geistlichem Mai* zeigen sich auch
in der Frage nach der herausragenden Rolle, die der Kreuzigung Christi im
Vergleich zu anderen Heilsereignissen zukommt, eine Frage, die Fridolin
durch ein und denselben kompakt formulierten Text[40] beantwortet; sieht es
auf den ersten Blick zwar so aus, als handle es sich bei den zwei Passagen um
völlig unterschiedliche Sinnzusammenhänge – in der Gartenallegorie geht es
um das Auffinden des „wolriechende(n) maye(n)", im *Schatzbehalter* liegt
eine Gebetsbetrachtung zum Thema Kreuzigung vor –, so wird bei näherer
Betrachtung durchaus eine gemeinsame Zielrichtung sichtbar: Gegen Ende
seines für städtische Bürger und Bürgerinnen ausgearbeiteten Werkes faßt
Fridolin nämlich seine bisherigen Gedanken über das Leiden Christi und die
darin beschlossene Heilswirksamkeit in einer Reihe von Gebeten zusammen[41], die vom ewigen Ratschluß Gottes, seinen Sohn zu opfern, ausgehen,
dann verschiedene Leidensstationen behandeln und am Schluß in einer
großangelegten Erklärung des Kreuzes als Zentrum aller Barmherzigkeit und
demzufolge auch Zielpunkt allen frommen Bestrebens gipfeln[42]. Im *Geistli-*

Wan(n) es bedeu(e)t wollust, gezierd vn(d) reichtu(m). Bey der wollust werden die
lu(e)stlichen gu(e)tter, Bey der gezierd die erlichenn, Bey den reichtu(e)men die nu(e)tzen
gu(e)tter verstande(n). Hie [im irdischen Bereich] sind ettliche ding lu(e)stlich, aber nitt
erlich noch nu(e)tz. Ettliche sind nu(e)tz vn(d) lu(e)stlich noch erlich, etliche sind erlich
vnd nu(e)tz, aber nit lu(e)stlich etc. Essen vnd trincke(n), bu(o)le(n) vn(d) den begierde(n)
des fleischs gnugthu(n) ist lu(e)stlich, aber nit erlich noch nu(e)tz. Wuchern vn(d) auff setz-
lich [listig] nach de(m) gutt stellen scheint nu(e)tz vn(d) gewi(n)lich [einträglich] sei(n), es
ist aber nit erlich; desselbe(n) gleiche(n) dz gutt sparen vnd zusame(n) halten vnd dasselb
sparlich vn(d) ka(e)rgclich brauche(n) schei(n)t nu(e)tz sei(n), es ist aber weder erlich noch
lu(e)stlich. Hinwiderum(m) dz gut muttigclich angreiffen vnd miltigclich [freigiebig] auß-
geben vnd reylich [reichlich] brauche(n) scheint erlich sein, es ist aber nit nu(e)tz wen(n) es
vm(b) d(er) werlt willen beschiht. Beschiht es aber den armen vmb gottes willen, so
scheint es nit lu(e)stlich, denn allein den tuge(n)thafftige(n) menschen. Aber die tugentlich
ubu(n)g als schwere ding angreiffe(n) vn(d) grosse ding thu(n) um(b) d(er) gerechtigkeit
willen, wid(er)stand vn(d) durchechtu(n)g [Verfolgung] leiden vm(b) d(er) warheit willen
schei(n)t nit lu(e)stlich sei(n). Deßgleiche(n) vasten, wache(n), walle(n) vn(d) d(er)
gleiche(n); wer weyß nit, ob dise ding de(m) me(n)sche(n) scho(n) nu(e)tz vn(d) vor gott
erlich sind, so sind sy doch nit lu(e)stlich dem menschen. Darumb ob man die auch tut, so
tut ma(n) sy doch gewo(e)nlich nit gern, sunder daru(m)b, dz ma(n) die vo(n) gebots oder
gelu(e)btnus oder buss wegenn muss thun. Also sind die gutten ding yn diser werlt geteilt
vn(d) widereinander, daz man ejns geratten [entbehren] muß, so ma(n) das ander habe(n)
will. Aber d(er) nam des paradeis „Eden" bedeuet das volku(m)men gutt da das gutt alles
beyeinander vn(d) ungeteylt vn(d) ga(n)tz ist". *Schatzbehalter* N1 vb, Z. 2 f. und Z. 10–N2
ra, Z. 12. Auch hier schärft Fridolin seinen Leserinnen und Lesern den Stückwerkcharak-
ter allen irdischen Strebens und Tuns mithilfe der drei Kategorien des Nützlichen, Ehren-
vollen und Lustvollen ein und setzt dem die Vollkommenheit der Gnadengabe Christi gegenüber.
    [40] Es war mir nicht möglich, zu entscheiden, ob der sowohl im *Schatzbehalter* wie auch
im *Geistlichen Mai* etwas unvermittelt eingepaßte Text von Fridolin selbst stammt oder aus
einer anderen Schrift übernommen wurde.
    [41] *Schatzbehalter*, Dd6 ra–Hh5 rb.
    [42] Fridolin empfiehlt das Kreuz als sicherste, auch dem sündenbeladenen Gläubigen
offenstehende und deshalb unbedingt anzusteuernde Zufluchtstätte: „Also wenn vns dein

chen Mai hingegen werden die Qualitäten der Stunden auf Golgatha und wichtiger Aspekte im Leben Christi bereits zu Beginn der eigentlichen Betrachtungstexte gegeneinander abgewogen, aber auch hier empfiehlt der Autor, die Andacht vor allem auf eine Pflanze im Maigarten zu konzentrieren, nämlich auf den Maibaum selbst: „so du nu(n) diße(n) wolriechende(n) maye(n) gefunden hast, der dir vber alle ding, die in himel vn(d) in erde(n) sind, aller past gefelt, aber ny(n)dert [nirgends] sol dir dißer may begirlicher sein den an dem hoche(n) ast des heilige(n) creutz; da der may stat in hocher plüe [Blüte], da findstu den here(n) wie du in habe(n) wilt, tzu de(m) du wol spreche(n) magst: o her jhu [Jesu], mein begirlicher may: in de(m) himel pistu mir zu hoch, in der hell pistu mir zu tief, in de(m) criplein werest du mir ebe(n), wan ich rain wer, aber ich sich an, das dich in deiner kinth(eit) allain die raine(n) vnd heilige(n) sind [sic] handlen als die aller leuterst junckfraw [...] vn(d) der geleichen[...]; in deine(m) predige(n) erschreckstu mich mer dan du mich tröst, den(n) du gibst solche hoche volkumen(e) gepot, das sich mein pledigkait dar vor entsetzt, dan ob du auch große(n) lon den[en], die sy halte(n), v(er)haiße(n) hast, so hastu doch auch den vber tretter(n) pein vnd das ewig fuer getrot; in deine(n) werke(n) treubst du mich zu erseuf<z>e(n) deiner wunderp(ar)liche(n) allmechtigkait; in dem grab ligstu todt vnd was du wunders wirckst in de(r) helle(n), wisse(n) wir nit als wir wölle(n); in deiner vrstend [Auferstehung] erscheinstu vntödlich vn(d) wanderst nit mer pey vns nach gewonlicher weiß; in deiner aufart erscheinstu wunderp(ar)lich; in dem sitze(n) zu der gerechte(n) deines himelische(n) vaters hochwirdig vnd gewaltig; aber gege(n) vnßer kunftige(n) vrteil pistu verporge(n) vnd erschrecklich. Darumb furchte(n) wir vns nit vnpillich vor deiner may[e]stat richterstuoll; aber an dem plüende(n) paum des creutz pistu aller genade(n) vn(d) parmhertzigkait vol, darumb erwell [erwähle] ich dich da fur meine(n) aller lustlichste(n) maye[n], in dem ich allain lust, freud vnd tröst will suchen alle tag meines lebes"[43]. Damit wird deutlich, daß der Autor – und es dürfte nunmehr als sicher gelten, daß es sich bei ihm um den Nürnberger Barfüßer handelt – den Klarissen und seinem Laienpublikum mit Hilfe ein- und derselben Begründungsstruktur die Schlüsselstellung verdeutlicht, welche sein „Lieblingsthema", das im Kreuz gipfelnde Leiden und Sterben Christi für den sich an Gott wendenden Menschen einnimmt[44].

---

gerechtigkeit troet zeverdamme(n), so winckt vnns dein barmhertzigkeit, dz wir vns beru(e)ffen vn(d) appelliern zu dem creu(e)tz als fu(e)r de(n) thro(n) d(er) verzeihu(n)g un(d) gnedigkeit, für den richterstul dei(n)er gedult vn(d) barmhertzigkeit. Wan(n) da finde(n) wir dich, wie wir dich haben wo(e)llen, da finden wir ein gestalt nit die vns erschrecke(n) so(e)ll, sund(ern) die vns erbarme(n) mag: In dem hymel bist du mir zu hoch [...]". *Schatzbehalter*, Hh4 ra. Z. 27–37. Es folgt die unten aus dem *Mai* zitierte Lobeshymne auf das Kreuz (ebd., Z. 37–rb, Z. 29); abgesehen von einigen den Sinn nicht tangierenden Abweichungen im Vokabular und einigen kurzen Erweiterungen in der Allegorie stimmen beide Textversionen genau überein.
[43] Hdschr 110 6v, Z. 12–7v, Z. 1.
[44] *Schatzbehalter* und *Geistlicher Mai* weisen zahlreiche weitere Parallelen inhaltlicher

Was die Frage der Datierung anbelangt, so ist zunächst ebenso wie im Falle der Herbstallegorie festzuhalten, daß die Textverweise auf den *Schatzbehalter*[45] eine Entstehung der Schrift nach dem angeführten Werk sicher machen. Geht deshalb aber noch Schmidtke von einer Abfassung beider Allegorien nach dem Erscheinen des *Schatzbehalters* im Jahre 1491 aus[46], so ist dieses Urteil nach einem Blick auf die komplizierte, bisher in der Literatur nicht thematisierte Entstehungsgeschichte des *Schatzbehalters* in Frage zu stellen.

Betrachtet man die in den Gartenallegorien vorhandenen Hinweise auf den *Schatzbehalter* nämlich genauer, so fällt auf, daß stets Abschnitte aus dem zweiten Teil des Werkes, dem in einhundert „Gegenwürfe" eingeteilten „andern puch"[47], wie es der Nürnberger Franziskaner nennt, zur Lektüre empfohlen werden. Sie entstammen damit dem Hauptteil des *Schatzbehalters*, der Fridolins Worten zufolge bereits vor der Drucklegung nicht nur in Form seines eigenen, vermutlich von Koberger als Vorlage verwendeten Autographs existierte, sondern auch Dritten als Lektüre zur Verfügung gestellt wurde[48]. Es ist also durchaus denkbar, daß der Autor bei der Niederschrift von *Mai* und *Herbst* nicht auf ein gedrucktes Exemplar des *Schatzbehalters*, sondern eine handschriftliche Fassung der einhundert Gegenwürfe zum Leiden Christi verwies, die später zum Zentralstück im gedruckten Buch wurde. Können die beiden Gartenallegorien deshalb nicht ohne weiteres auf den Zeitraum zwischen der Publikation des *Schatzbehalters* und Fridolins Tod datiert werden, so bieten dennoch die Texte selbst einige Hinweise, die eine genauere chronologische Fixierung ermöglichen.

Zunächst einmal helfen einige kurze Bemerkungen, das Abfolgeverhältnis von *Mai* und *Herbst* untereinander zu klären, denn am Ende des erstgenannten Werkes gibt der Autor seiner Leserin folgenden Rat: „was du aber in dem maye(n) nit ales kanst auß richte(n), daß thu darnach; hastu aine(n) tag nit

---

Art auf. Hier sei lediglich noch kurz ein Passus genannt, der die beiden Werke als zwei Zweige am Stamm der Schriften Fridolins bestätigt: Sowohl in der Maiallegorie (Hdschr 110,14r, Z. 17–15v, Z. 5) wie auch im *Schatzbehalter* (Hh2 vb, Z. 14–Hh3 rb, Z. 6) wird die Frage aufgegriffen, ob ein Mensch, der Passion und Tod Christi ernsthaft bedenkt, das heißt, der sich sowohl dem grauenhaften Leiden des Gottessohnes wie auch der Heilswirksamkeit der Geschehnisse um das Kreuz stellt, erschreckt oder erfreut, verwundert oder beschämt reagieren sollte. Das Problem wird beidemale mit Hilfe analoger Argumente erörtert und auch die Lösung ist die gleiche, da sich zeigt, daß die diskutierte Frage falsch gestellt ist: Es geht nicht darum, erschreckt o d e r erfreut, verwundert o d e r beschämt zu sein; worauf es vielmehr ankommt ist, im Erschreckenden und Beschämenden den Urgrund aller Freude und Verwunderung zu erkennen.

[45] Siehe oben, S. 96, Anm. 30.

[46] SCHMIDTKE: Fridolin, Sp. 921 und Studien, S. 13.

[47] *Schatzbehalter*, f4 v–H6 v.

[48] Fridolin erklärt im dritten Buch des *Schatzbehalters*, es habe jemand „andacht zu den fo(e)rdere(n) [den 100 Gegenwürfen des zweiten Buchs]" gehabt, diese aber nicht richtig verstanden, da ihm „die entlich mainung, war zu [wozu] sy gemaynt sind", nicht klar wurde; auf seine Bitten hin formuliere der Autor nun weitere, die zentrale Absicht des gesamten Werkes verdeutlichende Gegenwürfe. *Schatzbehalter*, Z6 ra, Z. 21–27.

zeit, so thu es an aine(m) andern also daß du aine(n) gantzen sumer zu
schafe(n) hast in de(m) garte(n) deines gesponßen piß der reich herbst kumpt,
in de(m) du in das lustlich wein leße(n) des inern leide(n)s deines
gesponße(n) [Christus] gest...“⁴⁹. Da Fridolin ganz selbstverständlich vom
Wissen der Leserin um die Gepflogenheit, im Herbst unter dem Bild der
Weinlese das innerliche Leiden Christi zu betrachten, ausgeht, können wir
vermuten, daß er die Schrift über die Weinlese seinem Publikum schon vor
den Betrachtungen zum Mai überlassen hatte, der *Geistliche Herbst* also das
ältere der beiden Werke ist.

Darüber hinaus enthält das wahrscheinlich älteste erhaltene Exemplar des
Geistlichen Mai, die in Berlin aufbewahrten Handschrift 110, Datierungen
einzelner Tage, die Rückschlüsse auf das Abfassungsjahr der Schrift gestatten.
Immer wieder nämlich werden die Wochentage angegeben, an denen die
Schwestern bestimmte Teile des Andachtsstoffes bedenken sollen: Der zehnte
Tag im Mai etwa fällt dabei auf einen Sonntag, der neunzehnte auf einen
Dienstag, der fünfundzwanzigste auf einen Freitag⁵⁰. Da der Verfasser außer-

---

⁴⁹ Hdschr 110, 159v, Z. 14–20. Diese Bemerkung macht nebenbei bemerkt einen typischen Grundzug der Fridolinschen Didaktik sichtbar, demonstriert sie doch, daß der Autor
einerseits zwar klare Vorstellungen vom praktischen Gebrauch seiner Betrachtungstexte
besitzt, andererseits aber über die Bereitschaft verfügt, von der eigenen Konzeption abzuweichen und stattdessen Alternativen aufzuzeigen. Er scheint bereits bei der Niederschrift
der Texte damit zu rechnen, daß Teile seines Publikums – aus welchen Gründen auch immer – nicht gewillt oder fähig sein werden, den durch ihn ausgearbeiteten Formen der
Andacht zu folgen, sieht aber keine Notwendigkeit, sie auf seine Position einzuschwören,
sondern gesteht die Brauchbarkeit anderer Gestaltungsarten der Spiritualität zu, die ebenfalls eine angemessene Bewältigung des Betrachtungsstoffes gewährleisten. Im Falle der
oben zitierten Schlußbemerkung zum *Geistlichen Mai* bedeutet das: Fridolin schreibt seine
Gedanken über die geistliche Bedeutung des Frühlingsmonats in der Absicht nieder, die
Andacht seiner Leserinnen zum äußeren Leiden Christi in den Wochen nach St. Philipp
und Jacob, also nach dem 1. Mai zu vertiefen (vgl. dazu Hdschr 110, 2r, Z. 8–16). Er hat aber
nichts dagegen einzuwenden, wenn sich die Nonnen nicht täglich in die Betrachtungseinheiten versenken, sondern sie in größeren Abständen als im Text vorgesehen über den Mai
hinaus ausdehnen. Fridolin vermag dieser Vorgehensweise sogar Positives abzugewinnen,
brächte sie doch den Vorteil eines nahtlosen Übergangs vom Bedenken der äußeren zur
Meditation der inneren Leiden Christi mit sich.
In ähnlicher Weise zeigt der Franziskaner im *Schatzbehalter* Verständnis für eventuelle
Sonderbedürfnisse bzw. Eigenarten seines Publikums, als es darum geht, eine praktische
Memorierhilfe für die Einprägung der im zweiten Teil des Werkes zusammengestellten
hundert Gegenwürfe zum Leiden Christi zu entwickeln: Obwohl er sich selbst nicht zuletzt aus theologischen Gründen für den Gebrauch zweier Abbildungen entscheidet, die
menschliche Hände darstellen (e6 und f1 r), ist ihm bewußt, daß diese eher ungewohnte
Idee manchen Benutzer seines Buches überfordern könnte und er schlägt deshalb vor:
„Wem aber ye zu schwer wer, dise hu(n)dert gege(n)wu(e)rf an die hend zebild(n), d(er)
mo(e)cht im [sich] einen pater noster [Perlenschnur zur Zählung von Gebeten] mit
hu(n)dert kornern lassen machen vnd an die selben ko(e)rner die gegenwu(e)rff pilde(n)“.
Schatzbehalter, f 1 va, Z. 3–7.
⁵⁰ Hdschr 110, 34r; 76v; 105r. Außerdem werden auf folio 46r, 49v und 89r Wochentage
genannt.

dem den Tag der Apostel Philipp und Jakob, also den 1. Mai, als Beginn der
durch die Texte seines Werkes auszugestaltenden Tage festsetzt[51] und mit
Hilfe des Ostertermins[52] errechnet werden kann, in welchen Jahren der erste
Mai ein Freitag war, wie es sich durch Zählung von den genannten Wochentagen aus ergibt, kann man – vorausgesetzt, man geht davon aus, daß die Datierungen vom Autor selbst stammen – im Hinblick auf das Entstehungsjahr
des *Geistlichen Mai* folgendes vermuten: Schrieb Fridolin seine allegorische
Betrachtung nach dem Erscheinen der Druckversion des *Schatzbehalters*, so
muß er dies für den Mai des Jahres 1495 getan haben. Aktualisierte er nicht
einen älteren Text aus seiner Feder, indem er Wochentagsangaben einfügte,
sondern verfaßte er die Schrift speziell für den Frühlingsmonat 1495, so dürfte der *Geistliche Mai* Ende 1494 oder Anfang 1495 entstanden sein. Gehen wir
davon aus, daß im *Mai* nicht auf die Druckfassung, sondern auf die handschriftliche Vorform des *Schatzbehalters* angespielt wird, von der der Autor
bekennt, sie auf Bitten einer Predigthörerin niedergeschrieben zu haben[53],
und erinnern wir uns, daß Fridolin frühestens Ende 1479 sowohl als Prediger
wie auch als Seelsorger in einem Nonnenkloster tätig war[54], also erst in seinen letzten beiden Lebensjahrzehnten über Kontakte zu Predigthörerinnen
und gleichzeitig zu Angehörigen des in der Maiallegorie angesprochenen
Personenkreises verfügte, so ist auch eine Abfassung des *Geistlichen Mai* für
das Jahr 1485, in dem der 1. Mai ebenfalls auf einen Freitag fiel, denkbar. Die
Weinstockallegorie müßte dementsprechend vor 1485 oder vor 1495 entstanden sein, wurde aber ebenfalls wohl nicht vor 1480 verfasst. Fridolin war
ja erst 1479 von seiner Romreise zurückgekehrt, und selbst wenn er bald
nach seinem Eintreffen in Nürnberg als Prediger eingesetzt und von der erwähnten Hörerin dieser Vorträge mit der Bitte um eine schriftliche Ausarbeitung seiner Gedanken angesprochen worden wäre, so mußte er doch zunächst den Hauptteil des *Schatzbehalters* zu Papier bringen[55], um dann die
Ausarbeitung des *Geistlichen Herbstes* beginnen zu können. Vor Spätsommer
1480 dürfte er dazu kaum in der Lage gewesen sein. Möglich ist allerdings
auch, daß die Zuordnung der einzelnen Abschnitte des *Mai* zu bestimmten
Wochentagen nicht von Fridolin stammt, sondern erst durch die Schreiberin
von Hdschr 110 eingefügt, bzw. von dieser aus einer Vorlage, die jedoch nicht

---

[51] Hdschr 110, 2r, Z. 8–16 und 25–2v, Z. 2: „An der heiligen zwelfpotten tag sant philip
vn(d) jacob, der der erst tag ist jn de(m) naturlichen lustlichen mayen […] er may [sic. Vielleicht: „ermaie dich", d. h. verschaffe dir umso mehr Freude] dich doch so vil mer in den
geistliche(n) sele(n) waide(n), so vil mer dir das zeitlich v(er)sagt ist".

[52] Nach GROTEFEND: Taschenbuch.

[53] *Schatzbehalter* Z5 v. Siehe unten, S. 176–178.

[54] Siehe oben, S. 35–37.

[55] Theoretisch könnte Fridolin den *Schatzbehalter* auch schon vor seiner Italienreise
geschrieben haben, aber die bereits erwähnten zahlreichen Anspielungen auf römische
Geschichte und Architektur und die Thematisierung der Nürnberger Heiltumsweisung
sprechen deutlich für eine Datierung der heute vorliegenden Form des Buches nach der
Rückkehr des Franziskaner aus Rom und seiner Niederlassung in der Reichsstadt.

erhalten ist, übernommen wurde. Trifft ersteres zu, so sind keinerlei Rückschlüsse auf den Zeitraum der Textniederschrift durch Fridolin möglich, da
Hdschr 110 nicht vor 1522/23 entstanden ist[56]. Lediglich vage Aussagen über
die Abfassung sind möglich, wenn die Eintragung einzelner Tage auf ein ver-
lorenes Manuskript aus dem 15. Jahrhundert zurückgeht, das die Grundlage
von Hdschr 110 gebildet haben könnte: Da der Geistliche Mai durch die
Schreiberin eines solchen Exemplars 1485 oder 1495 für die Andacht in einem Kloster vorgesehen gewesen wäre, hätte er spätestens im Frühling 1495
abgeschlossen vorgelegen haben müssen. Der *Geistliche Herbst* wäre in diesem
Fall zwischen 1480 und Spätsommer 1494 entstanden.

Zusammenfassend läßt sich also festhalten: Die Allegorien *Geistlicher
Herbst* und *Geistlicher Mai* sind sprachlichen und inhaltlichen Kriterien zufolge Stephan Fridolin als Autor zuzuschreiben. Eine eindeutige Datierung der
Schriften kann nicht erfolgen, aber aufgrund der in ihnen selbst wie auch im
Schatzbehalter vorfindlichen Bemerkungen zur Entstehungsgeschichte der
drei Werke ist die Abfassung beider vor 1480 als unwahrscheinlich anzusehen. Die Niederschrift des *Mai* ist in den Jahren 1484/85 oder 1494/95
denkbar und erfolgte sicher nach Abschluß des *Geistlichen Herbstes*.

4.3. Adressatinnen und Gebrauchssituation

Bereits die ersten Zeilen beider Gartenallegorien richten sich an Klosterleute, denn der *Geistliche Herbst* empfiehlt sich selbst als angemessene Lektüre
für „ain jedlichs geistlichs kind", das sich mit dem innerlichen Leiden Christi
beschäftigen will[57], und im *Geistlichen Mai* wird auf die Früchte hingewiesen,
die „geistlichen eingeschlossen p(er)sone(n)" aus der Beschäftigung mit dem
vorliegenden Text erwachsen[58]. Bleiben hier aber Einzelheiten wie die Ordenszugehörigkeit oder das Geschlecht der Angesprochenen offen, so ermöglicht eine Vielzahl kleiner Bemerkungen und Bezugnahmen auf ihre
Lebenssituation die Erstellung eines differenzierten Profils des potentiellen
Publikums.

Zunächst ist festzuhalten, daß Fridolin hier ungleich häufiger als in den
Predigten Bezug auf die spezifischen Eigenarten des Lebens hinter Klostermauern nimmt. Der Grund dafür dürfte in der im Vergleich zu öffentlichen
Predigten stärkeren Abgeschlossenheit der Gruppe, die die Gartenallegorien
zur Bereicherung ihrer täglichen Frömmigkeitspraxis heranzog, zu suchen
sein. Dennoch ist es durchaus möglich, daß der Franziskaner die darin behandelten Themen ursprünglich Predigten zugrundegelegt hatte[59], um sie erst in

---

[56] Siehe dazu unten, S. 119.
[57] Hdschr 110, 161r, Z. 1–9.
[58] Hdschr 110, 2r, Z. 1–7.
[59] So LANDMANN: Predigtwesen 15, S. 327.

einem zweiten Schritt in erbauliche Schriften zu Lesezwecken umzuarbeiten und die dafür notwendigen Veränderungen vorzunehmen, obwohl Schmidtke das zumindest für den *Geistlichen Mai* in Frage stellt[60]. Fridolin greift die Situation des klösterlichen Eingeschlossenseins nicht nur auf, als er zur eifrigen Versenkung ins äußerliche Leiden Christi ermuntert[61], sondern er mahnt auch, durch die Betrachtung der Demut Christi Wünsche nach Außenkontakten oder weltlichen Freuden zu bekämpfen und statt dessen willig die Abgeschiedenheit der Existenz im Konvent zu akzeptieren[62]. Auch schärft er ein, Christi Leiden als Antrieb für die freudige Befolgung der Gebote und Regeln des Ordenslebens zu verstehen[63].

---

[60] SCHMIDTKE (Studien, S. 288) beobachtet zwar zurecht die augenfälligen strukturellen Unterschiede zwischen der Frühlingsallegorie – die sich darin m. E. nicht von der Weinleseschrift unterscheidet – auf der einen, sowie *Schatzbehalter* und Predigten auf der anderen Seite: In letzteren werden Betrachtungspunkte breit ausgeführt, im *Mai* hingegen meist nur genannt, so daß ihre weitere Verfolgung den Benutzerinnen der Texte überlassen bleibt. Sein daraus gezogener Schluß, die Entwicklung des *Mai* aus Predigten sei „nicht ganz wahrscheinlich", ist jedoch nicht wirklich stringent, denn zum einen ging auch der *Schatzbehalter*, Fridolins umfangreichstes zu Lese- und Vorlesezwecken geschaffenes Werk, aus Predigten hervor, ohne deren Struktur- und Stileigenschaften unverändert zu übernehmen, zum anderen wäre es zu kurz gegriffen, wollte man vermuten, der Nürnberger Klosterseelsorger habe seine Predigten ohne alle Modifikationen als Erbauungsbuch deklariert und den ihm anvertrauten Nonnen übergeben. Der Rückschluß von vermeintlich fehlenden Sprach- und Textaufbaukennzeichen hin auf die Literargeschichte des *Mai* erweist sich deshalb als problematisch.

[61] Seinen *Geistlichen Mai* versteht er als eine Kompensation für die Gewohnheit der Weltmenschen, in der neu erwachenden Natur spazierenzugehen, eine Kompensation, die allen außerhalb des Klosters möglichen, die Sinne erfreuenden Ausflügen weit überlegen ist, da sie über den Umgang mit Kreaturen hinausgeht und sich dem zuwendet, was für den Menschen wirkliche Relevanz besitzt: dem Leiden und Sterben Jesu Christi. Im *Mai,* „In dem das ertrich sich vernewt vn(d) alles laub vn(d) graß grunt, die paum pluen vn(d) die minigliche(n) plumlein herfur springe(n) vn(d) yderma(n) spacire(n) get in die lustliche(n) garte(n) vn(d) auf die grune(n) wissen […] vnd du dich vmb liebwille(n) deines aller liebste(n) herr(n) jhu [Jesu] dißer freyhait vnd lustp(ar)kait vnd spacirens verwege(n) [darauf verzichtet] hast, so er may [vgl. dazu S. 102, Anm. 51] dich doch so vil mer in den geistliche(n) sele(n) waide(n), so vil mer dir das zeitlich v(er)sagt ist vn(d) gang zu deine(n) allerliebste(n) treuste(n) frainden, alle(m) himelischen ho(e)r [Heer] […] vnd pit sy, das sy dich füere(n), […] das du mügst suchen aine(n) fredgebende(n) [sic] mayen, der deine auge(n) erwitter, dein sel erquick vnd aller deiner sele(n) kreft er getz […] aber ny(n)dert [nirgends] sol dir dißer may begirlicher sein, den [denn] an dem hoche(n) ast des heilige(n) creutz". Hdschr 110, 2r, Z. 16–2v, Z. 11 und 6v, Z. 15–17.

[62] Für den zweiten Tag im Herbst gibt Fridolin folgende Anweisung: „gib deine(r) lieben horbsterin [Helferin bei der Weinlese] iunckfraw humilitas den tag *fenging* [Tagpfennig] […] zw lon, das du den demutige(n) zehern [Tränen] des lieblich(en) kindlein in egipte(n) zw lieb gern alle die tag deins lebe(ns) demutiklich welst flyechen alle vpikait [Üppigkeit] dißer welt vnd demutiklich verporge(n) beleiben jn dem closter vn bekant den mensche(n) vnnd vnbekumert mit fremden dingen." Hdschr 110, 163r, Z. 7–15.

[63] So sollen sich die Adressatinnen Christus gern in ewiger jungfräulicher Keuschheit opfern, da der Gottessohn sein Blut für sie vergossen hat (Hdschr 110, 167r, Z. 4–15). Sie werden aufgefordert, Gottvater um der Barmherzigkeit willen, die auch Christus in der

Deutet bereits die beiläufige Erwähnung des herbstlichen Regelfastens in der Allegorie über die Weinlese auf einen Barfüßer als Verfasser hin, der bei seinem Publikum Erfahrung im Umgang mit dieser in der franziskanischen Ordensfamilie praktizierten Frömmigkeitsform voraussetzen kann[64], so findet sich auch im *Geistlichen Mai* ein Hinweis darauf, daß es sich beim Autor und bei den durch ihn Angesprochenen um Angehörige des genannten Ordens handeln muß: Mehrmals nämlich ist ehrfürchtig die Rede von „vnßer heilige(n) muter sant clara"[65] bzw. dem „heilige(n) vater franciscu(m) un(d)" der „heilige(n) muter clara"[66], die aus der Menge der Heiligen ausgewählt werden, um vorbildliche demütige Christusnachfolge zu illustrieren[67], und um den Menschen in die Passion einzuführen.

Da Fridolin seine Einladung in den Garten Klaras ausdrücklich an eine „sponßa" Christi richtet[68], ist es möglich, den Kreis der potentiell Angesprochenen noch weiter einzugrenzen, so daß die Nürnberger, ja eventuell auch die Baseler[69] Klarissen als die Adressatinnen der Gartenallegorien anzusehen sind. Es ist zwar aus keinem der beiden Konvente ein Exemplar erhalten, aber der wahrscheinlich älteste heute noch vorhandene Band trägt auf seiner letzten Seite den zeitgenössischen Besitzvermerk „dz puch kert den swostern des goczhawß sant Johannes jn Jngolstat"[70]. Er stammt also aus einem Kloster,

---

Passion angerufen hat, zu bitten, ihnen die „manigfaltig vber trettung in vber flüßikait essens, trinckens, schlafens vnd ander vberflüßig zarthait" ihres „sindige(n) kotsacks" zu vergeben (Hdschr 110, 167v, Z. 21–168r, Z. 5. Hier zitiert: 168r, Z. 2–5). Besonders aber sollte es jeder einzelnen Nonne zu Herzen gehen, daß sich Christus, der majestätische Gottessohn zu ihr, einem „armen, schnöden, sundige(n) wurm", ins Elend begeben hat, obwohl er um „alle gute werck", die sie jemals durch „vbertrettung der gotliche(n) gepot, [...] regel vnd statuten" versäumt hat, wußte (Hdschr 110, 179r, Z. 8–20 und 179v, Z. 13–14).

[64] Hdschr 110, 161r, Z. 27–161v, Z. 3: „dan so die weltliche(n) leit sych bekumer(n) jn der vaste(n) mit dem auswendige(n) leiden cristi, So sol pillich ein ytlichs geistlichs kind jn dem anfang der regel faste(n) sych bekumern mitt dem jnwendige(n) leiden cristi".

[65] Hdschr 110, 66r, Z. 22 und 108r, 23.

[66] Ebd., 85r, Z. 7–9.

[67] „sych hie an, wie der mangel diß liebe(n) volcks [der Heiligen], den sy zu eren dem here(n), der umb irent wilen nye lieben tag gewan auf erd, geliden haben, in so groß lusperkait vnd ersetigu(n)g aller begird ist verwandlet worden, als wir besunder singe(n) von vnßer heilge(n) muter clara, das sy fur die claine(n) leibs naru(n)g, die sy hat gehabt, sych doch freut ob dem tisch der öbe(r)ste(n) purger". Hdschr 110, 108r, Z. 17–25.

[68] „[...] besunder gee spazire(n) in den lustliche(n) maye(n) garte(n) vnßer heilige(n) muter sant clara, in de(m) vil gotformig(e)r himelischer lilye(n) wachße(n). Eija, sponßa xpi [Christi], freu dich auch vo(n) hertze(n)". Hdschr 110, 66r, 21–25.

[69] Vor allem der *Geistliche Herbst*, der wegen seiner im Vergleich zum *Mai* niedrigen Anzahl von verwendeten Bildern die leichter lesbare Schrift darstellt, ist durchaus als Frucht des Aufenthaltes Fridolins in der Schweiz vorstellbar. Vielleicht hatte er diesen Text für die Gnadentaler Nonnen (siehe dazu oben, S. 37–39) geschrieben, ihn 1489 mit nach Nürnberg zurückgebracht und später durch eine zweite Gartenallegorie, den *Geistlichen Mai*, ergänzt.

[70] Hdschr 110, Vorderseite des unnummerierten Blattes nach fol. 193. Der Band gehörte damit ursprünglich in das 1468 in die Observanz überführte Klarissenkloster Gnaden-

das ebenso wie Fridolins Nürnberger und Baseler Wirkungsstätten der franziskanischen Ordensfamilie angehörte.

Über die Gebrauchssituation der Werke sind nur sehr allgemeine Aussagen zu machen. Die oben zitierte Schlußbemerkung zum *Geistlichen Mai*[71], in der Fridolin eine Schwester, die ihre Betrachtungen zum äußeren Leiden Christi nicht im Verlaufe des Monats Mai abzuschließen vermag, beruhigt, läßt darauf schließen, daß der Seelsorger die Verwendung der Schriften als erbauliche Lektüre im Rahmen der täglichen privaten Einkehrzeit der Nonnen im Auge hatte. Darüber hinaus mögen sie in der jeweils passenden Jahreszeit bei den gemeinsamen Mahlzeiten im Konvent auch als Tischlektüre verlesen worden sein, ein sicheres Zeugnis für diesen gemeinschaftlichen Gebrauch liegt jedoch erst sehr spät, nämlich seit der Mitte des 17. Jahrhunderts[72], vor. Deutlich ist allerdings, daß *Mai* und *Herbst* ebenso wie Fridolins Predigten und anders als sein *Schatzbehalter* weitaus stärker der Erbauung und dem Anreiz zur regelmäßigen andächtigen Betrachtung der Klosterfrauen als der Vermittlung von Wissen dienten[73], enthalten sie sich doch weitgehend aller nicht in unmittelbarer Verbindung zu den verwendeten Naturbildern stehenden Unterweisung über biblische oder dogmatisch-theologische Themen.

4.4. Quellen und eventuelle Vorbilder

Die äußerst sporadische Anführung von Autoritäten zur Untermauerung der Position des Verfassers deutet darauf hin, daß Fridolin *Geistlichen Mai* und *Geistlichen Herbst* als Grundlagen für die Ausgestaltung der praktischen Frömmigkeit seiner Ordensschwestern verfaßt, dabei jedoch nicht beabsichtigt, den theologischen Kenntnisstand der ihm anvertrauten Nonnen durch die Verpackung von Wissenstoff in das Medium der meditativen Betrachtung gleichsam indirekt zu heben. Er zielt mit den Allegorien auf das sinnende, meditative Bedenken der aufgenommenen Tier- und Pflanzenbilder ab und benötigt dazu kaum Verweise auf andere Werke. Die am häufigsten herange-

---

thal in Ingolstadt. Zu Gnadenthal vgl. ZOEPFL: Ingolstadt, Sp. 671 und SCHMIDTKE: Studien, S. 58.

[71] Siehe oben, S. 100 f.

[72] In einem der überlieferten Drucke aus der Werkstatt Andreas Schobssers ist handschriftlich festgehalten, daß der vorliegende Band in den Jahren 1649, 1651 und 1696 „ad mensam" gelesen wurde. So SCHMIDTKE: Studien, S. 288.
Da nicht nachzuweisen ist, daß Fridolin selbst die Texte als Refektoriumslektüre konzipierte, erweisen sich Schmidtkes ebd., S. 293 f. im Hinblick auf den *Geistlichen Mai* vorgetragene, auf diese Funktion der Schriften ausgerichtete Beobachtungen zur sprachlichen Gestalt als wenig aussagekräftig.

[73] Zum völlig anders gestalteten Verhältnis von Wissen, Betrachtung und Andacht im *Schatzbehalter* siehe unten, S. 253–257.

zogenen Texte sind die biblischen Passionserzählungen und die neutesta-
mentlichen Briefe. Kirchenlehrer wie Bernhard oder Gregor[74], Legenden[75]
und auch liturgische Stücke[76] werden dagegen nur ganz selten genannt.

Obwohl ihre Namen in Fridolins Gartenallegorien nicht begegnen,
machte doch bereits Hattler auf zwei mittelalterliche Autoren aufmerksam,
die er in einer unterschiedlich engen Verbindung zur Gesamtthematik von
Mai und *Herbst* sah: Zum einen vermutete er in Bonaventuras *Vitis mystica* ein
direktes Vorbild der Schrift über die Weinlese[77], was allerdings mit großer
Sicherheit ausgeschlossen werden kann, da Fridolin anders als der doctor se-
raphicus nicht die Pflege des Weinstocks und seiner Teile, sondern den Vorgang der herbstlichen Lese als Bild für die Betrachtung der Passion wählt[78].
Hattler lenkt den Blick aber nicht nur auf Fridolins Ordensbruder, sondern
auch auf einen der berühmtesten, in spätmittelalterlichen Klöstern vielgele-
senen Mystiker, auf Heinrich Seuse[79]. Dieser hatte sich in seiner Lebensbeschreibung zur Errichtung und Schmückung eines „geistlichen Maien" bekannt, in dem er die Passion Christi verehrte, denn unter „allen den
scho(e)nen zwiern [Zweigen], dú ie gewu(o)hsen, kond er [Seuse] nit gli-
chers vinden dem scho(e)nen meyen, denn den wúnneklichen ast des heiligen crúzes, der blu(e)nder ist mit gnaden und tugenden und aller scho(e)ner
gezierde, denn alle meyen ie wurden."[80] Geht Fridolin auf seinem umfangreichen Spaziergang durch den Maiengarten auch andere Wege, als sie Seuse
im kurzen zwölften Kapitel seiner Autobiographie anreißt, so scheint ihm
zumindest der eben zitierte Satz des Mystikers bekannt gewesen zu sein, denn
er identifiziert auf den ersten Seiten des *Geistlichen Mai* in ganz ähnlicher
Weise Maibaum und Kreuz[81]. In einer seiner anderen Schriften, dem *Horologium Aeternae Sapientiae*, entwickelt der Dominikaner hingegen einen Gedanken, der Teile der Maiallegorie Fridolins stark prägt. Er rät dort allen Anhängern der ewigen Weisheit, den in vielen Gegenden durch junge Männer gepflegten Brauch, als Zeichen der Zuneigung und Liebe am ersten Tag des
Maimonats Zweige oder junge Bäume vor den Häusern verehrter Mädchen
aufzustellen – die aufgerichteten Bäumchen symbolisierten dabei die Ange-

---

[74] Z. B. Hdschr 110, 157r, 180v und 191v.

[75] Im *Geistlichen Mai* wird kurz die Legende vom heiligen Andreas aufgegriffen (Hdschr 110, 11r), mit der sich Fridolin im *Schatzbehalter* (T1 ra-b) ausführlicher auseinandersetzt.

[76] Als Beispiel seien der Hymnus zur Verehrung der heiligen Lanze (Hdschr 110, 173r)
und ein Kreuzeshymnus (ebd., 15v) erwähnt.

[77] Mai und Herbst (Hattler), S. VIII.

[78] So bereits SCHMIDT: Franziskanerprediger, S. 97 f.

[79] Mai und Herbst (Hattler), S. V f.

[80] Seuse: Lebensbeschreibung, Kapitel XII. Zitiert nach Seuse: Schriften, S. 32 f.

[81] „ny(n)dert [nirgends] sol dir dißer may begirlicher sein den an dem hoche(n) ast des
heilige(n) creutz; da der may stat in hocher plüe [Blüte]". Hdschr 110, 6v, Z. 16–18. Zum
Kontext dieses Satzes siehe oben, S. 104, Anm. 61.

betete[82] –, geistlich umzudeuten und diesen Tag in besonderer Weise der
Verehrung des Kreuzes zu widmen[83], eine Gewohnheit, die er sich selbst zueigen gemacht hatte, wie der angeführte Abschnitt aus seiner Lebensbeschreibung nahelegt. Ob der Nürnberger Franziskaner bei der Ausarbeitung
seines ersten und dritten Tages im Mai[84], an denen er das Aussuchen und
Abbrechen sowie das Herumtragen und Aufrichten des Maibaums als leitende Bilder verwendet, bewußt Seuse folgt oder selbst durch entsprechende
Bräuche angeregt worden ist[85], müßte ein eingehender Vergleich beider Texte untersuchen.

Fridolin mag also durchaus andere Werke gekannt haben, die sich mit den
im *Geistlichen Mai* und *Geistlichen Herbst* behandelten Themen befaßten –
angesichts ihrer vor allem im spätmittelalterlichen Nürnberg nachweisbaren
Popularität[86] grenzte es sogar fast ans Wunderbare, hätte er nicht um ihre
Existenz gewußt und zumindest den einen oder anderen Band auch einmal
in die Hand genommen –, aber er gestaltete seine beiden Gartenallegorien in
einer eigenständigen, seiner theologischen Zielsetzung gemäßen Art und
Weise.

4.5. Inhalt und zentrale Absicht

4.5.1. Geistlicher Herbst

In seiner kurzen, dem älteren beider Texte, also dem *Geistlichen Herbst* vorangestellten Einleitung erläutert Fridolin seinen Adressatinnen, weshalb sie
sich in Christi innerliche Leiden versenken und mit solchen Betrachtungen
den Herbst ausgestalten sollten: Beschäftigen sich nämlich „die weltliche(n)
leit" während der Fastenzeit mit den äußeren Qualen des Gottessohnes, so
steht es Klosterfrauen gut an, sich im September das Leiden des Herzens
Christi zu vergegenwärtigen, denn ebenso wie aller Wein zunächst in Trau-
ben eingeschlossen ist und durch die Lese erst wirklich zu Wein wird, so ist

---

[82] SARTORI: Maibaum, Sp. 1517.

[83] „[…] prima dies mensis Maii, cum vernalis serenitas omnibus grata et desiderabilis
incipit in terrae germinantibus pulchre apparere. Nam tunc consuetum est, et maxime in
partibus Sueviae terrae Alamaniae, quod adolescentes de nocte silvas petunt et arbores viri-
ditate foliorum venustas praecidunt et floribus ornatas prae foribus locant, ubi se putant
habere amicas, in signum amicitiae et fidelitatis." Seuse: Horologium, Lib. II, cap. VII, zitiert
nach der Edition KÜNZLES, S. 600 f.

[84] Hdschr 110, 2r–7v und 11v–16r.

[85] Zumindest für Fridolins Heimat Schwaben ist das Aufstellen von Maibäumen als
Verehrungsgeste nachweisbar. SARTORI: Maibaum, Sp. 1517 f.

[86] Schmidtke weist nach, daß vor allem im Katharinenkloster eine Vielzahl von garten-
allegorischen Texten aufbewahrt wurde und Nürnberg mit Autoren wie Johannes Herolt
(OP, †1468) und Peter Kirchschlag eine Art Produktionszentrum für diese Gattung bildete.
SCHMIDTKE: Studien, S. 223.

„ales hertzlaid cristi [...] beschlosen gewest jn seinen hailigen zehern [Trä-
nen], schwaiß vnd plu(o)tz tropfe(n)"[87] und muß vom Gläubigen in geistlicher Lese geerntet und verarbeitet werden. Dieser Stoff ist demzufolge im
Herbst, genauer gesagt vom Fest der Kreuzerhöhung an bis zum 18. Oktober[88], zu bedenken, damit jede Leserin durch den süßen Most der Passion
getränkt wird und so die Regelfasten ihres Ordens verdienstlicher hinter sich
bringen kann[89].

Den in der Schrift behandelten Stoff verteilt Fridolin auf fünf Wochen zu
je sieben Tagen, wobei er im großen und ganzen konsequent darauf achtet,
alle Tage einer Woche gleich zu strukturieren. Ganz anders als im Falle der
Gegenwürfe des *Schatzbehalter*, die abgesehen von ihrer Zweiteilung in kontrastierende Artikel völlig unterschiedlich aufgebaut sind, gelingt es ihm so,
die einzelnen Betrachtungseinheiten transparent zu gestalten und spätestens
ab dem zweiten Tag einer jeden Woche ins Auge springende feste Bezugs-
punkte zu setzen. Den Leserinnen dürfte es deshalb möglich gewesen sein,
zumindest die Makrostruktur der fünf Siebenergruppen zu durchschauen
und sie ohne Schwierigkeiten einzuprägen, so daß sie sich auch auf die zahlreichen Exkurse und Seitenpfade[90] ihres Seelsorgers einlassen konnten, ohne
den Faden zu verlieren.

In der ersten Herbstwoche[91] soll die beflissene Betrachterin sieben Weinleserinnen[92] (Jungfrau Gehorsam, Demut, Friede, Gerechtigkeit, Geduld,

---

[87] Hdschr 110,161r,18–20.

[88] Der Text selbst gibt etwas unpräzise die Anweisung, am „tag des hailige(n) cruitz"
mit den Betrachtungen zu beginnen, aber eine von anderer Hand auf Blatt 160v vorangestellte Notiz nennt „den tag des h<eiligen> Creitz Erhöbung" und damit das einzige in
den September fallende Kreuzesfest als Termin für die Beschäftigung mit dem Stoff des
ersten Tages. Die Beendigung der Lektüre am 18. Oktober ergibt sich aus der Fortzählung
der fünfunddreißig im Text behandelten Tage vom 14. September aus.

[89] Hdschr 110,161r, Z. 16–161v, Z. 8.

[90] Beispielsweise rückt am siebten Tag der zweiten Herbstwoche die Behandlung des
Herzens Christi, seiner Eigenschaften und der aus ihm herausströmenden Heilsaspekte so
stark in den Mittelpunkt, daß sie die Weinlesethematik auf den ersten Blick überstrahlt;
eine erneute Lektüre des Tagesabschnittes macht aber die Einbettung des Herzens Christi
in den Abschluß der zweiten Herbstwoche, die im Bedenken der Geschehnisse „auff der
spitz des hochen pergs Calvarie" aufgipfelt, verständlich: Die gläubige Betrachterin wird
angehalten, sich mit Hilfe der vorgegebenen und bereits sechs Tage lang eingeübten Medi-
tationsschritte in das Persönlichkeitszentrum des Gottessohnes zu versenken, um es als
Quelle und Höhepunkt aller Gnadengaben zu erkennen. Hdschr 110, 172v, Z. 22–174r,
Z. 14. Zur Verehrung des Herzens Jesu bei Fridolin siehe RICHSTÄTTER: Herz-Jesu-Verehrung, S. 185–190. Zur Verankerung dieser Form der Spiritualität im Franziskanerorden vgl.
MINGES: Herz-Jesu-Kultus.

[91] Hdschr 110,161r–166v.

[92] Die hier lediglich in der Darstellung der ersten Herbstwoche exemplarisch genann-
ten und jeweils in Klammern ( ) nach den Betrachtungsfixpunkten gesetzten Namen und
Begriffe sind in der Reihenfolge der Tage, an denen sie bedacht werden sollen, angeordnet.
Z. B. wird den Nonnen am ersten Herbsttag empfohlen, unter Anleitung von Jungfrau
Gehorsam zu meditieren: Bethlehem, Christi Gehorsam, eigenen Ungehorsam und eige-
nen Gehorsam.

Barmherzigkeit, Liebe) anwerben, um mit ihrer Hilfe zu entdecken, an welchen Orten (Bethlehem, Ägypten, Nazareth, Wüste, Stätten der Predigt Jesu, Stätten mitleidiger Hilfe Jesu, Calvarienberg) der Wein der Tugenden Christi (Gehorsam, Demut, Friede, Gerechtigkeit, Geduld, Barmherzigkeit, Liebe) geblüht hat, denn dort hat Christus besonders unter den Untugenden (Ungehorsam, Hoffart, mangelnde Friedfertigkeit Gott und dem Nächsten gegenüber, fehlende oder zu geringe Bußfertigkeit, Ungeduld, zuwenig Mitleid mit dem Nächsten, mangelnde Gottes- und Nächstenliebe) der Menschheit, aber auch der Betrachterin selbst gelitten. Der den Weinleserinnen zu entrichtende Lohn besteht darin, sich fest vorzunehmen, auf dem durch Christus vorgezeichneten Pfad der Tugend zu wandeln und sich verstärkt der Nachfolge in den aufgezeigten Bereichen (Gehorsam, Demut usw.) zu widmen.

Ist der Wein des Leidens Christi nach den ersten sieben Betrachtungstagen lokalisiert, so sucht die Nonne in der zweiten Herbstwoche[93] zusammen mit ihren Lesehelferinnen die sieben Stätten des Blutvergießens und der Tränen Jesu auf. Dort soll sie ein zweischneidiges Messer, Symbol ihrer Erlösungsbedürftigkeit einerseits und ihrer Dankbarkeit für Christi um ihretwillen ertragenes Leiden andererseits gebrauchen, um den roten Wein des Blutes Christi und den weißen Wein seiner Tränen abzuschneiden. Ihr Bewußtsein um die beiden durch das Lesemesser bildlich dargestellten Dimensionen von Erkenntnis und Dank schärft die Betrachterin, indem sie sich täglich von neuem vergegenwärtigt, um welcher ihrer Sünden willen Christus Blut und Tränen vergossen hat, gleichzeitig aber auch eifrig danach trachtet, den zur Verbesserung ihres Verhältnisses zu Gott und dem Nächsten nötigen Willen aufzubringen.

Die dritte Herbstwoche[94] ist ganz dem Keltern des Weines gewidmet, wozu die jungfräulichen Erntehelferinnen eine zweiteilige Presse verwenden, welche die in Christus vollkommene Erkenntnis[95] und seine Liebe bedeutet. Sowohl Gott wie auch die Christenheit und sogar die aufgrund ihres Unglaubens Verdammten erkannte und liebte Christus so umfassend und intensiv, daß seine Seelenkräfte davon ganz und gar durchdrungen wurden. Zum einen litt er deshalb beim Gedanken an alles wider den göttlichen Willen Geschehende und wurde besonders durch das Wissen um die vielen Formen menschlicher Sünde gequält, zum anderen war er aber bereit, um der Liebe zu seinem Vater und dem auf sein Verdienst angewiesenen Menschen willen alles Leiden auf sich zu nehmen.

---

[93] Hdschr 110,166v–174r.

[94] Hdschr 110,174r–181v.

[95] Das Motiv der vollkommenen Erkenntnisfähigkeit Christi, die Fridolin – allerdings ohne dies im *Geistlichen Herbst* zu thematisieren – als erfahrungs- und bewußtseinsintensivierenden und damit konsequenterweise leidensverstärkenden Faktor versteht, taucht auch im *Schatzbehalter* (A2 ra-B1 va) auf. Fridolin liefert hier eine breite, schwer durchschaubare Erklärung seiner Erkenntnisvorstellung (vgl. oben, S. 69, Anm. 66).

Während der vierten Herbstwoche[96] wird der gekelterte Wein des Leidens Christi in die verschiedenen „Fässer" der leib-seelischen Gegebenheiten der Betrachterin abgefüllt, indem ihr die jungfräulichen Begleiterinnen unter sieben Fragestellungen nähere Umstände und Sinn des Leidens und Sterbens Christi vor Augen führen[97]. Die Betrachterin wird dabei aufgefordert, sich vollkommen durch diesen Wein erfüllen zu lassen, so daß ihre Bereitschaft zur Hingabe an Gott und zum Dank Christus gegenüber zunimmt.

Nachdem mit der vierten Herbstwoche der Vorgang von Weinlese und -verarbeitung abgeschlossen wurde, entfällt auf die nunmehr noch folgende, das Werk abschließende Reihe von sieben Tagen[98] der im Rahmen einer feierlichen Versammlung zelebrierte Genuß des edlen Getränkes. Die Lesehelferinnen werden ausgeschickt, um verschiedene, die Stände innerhalb der Kirche symbolisierende Gruppen einzuladen, die jeweils dadurch gekennzeichnet sind, daß sie eine typische Eigenschaft der Trunkenheit aufweisen[99]. Da die Charakteristika der geistlichen Weinseligkeit gute Gaben Gottes an den Menschen und deshalb erstrebenswerte Tugenden sind, soll die Betrachterin ihre Festgäste bitten, ihr ein reichliches Quantum süßen Mostes zu überlassen[100], damit auch sie ihm zusprechen kann und auf der Basis der so erreichten Volltrunkenheit ihr Verhältnis zu Gott und zum Nächsten in neuer, besserer Weise zu gestalten vermag. Vor allem steht die Betrachterin in der Pflicht, die siebte und letzte Eigenschaft der Trunkenheit, die Nichtachtung eigenen Besitzes und seine freudige Hingabe an Bedürftige, ernstzunehmen und in die Tat umzusetzen: Kann sie selbst aus ihrem in der Meditation des Leidens Christi verbrachten Herbst den Wein der Passion als Ernteertrag mitnehmen, so soll sie anderen Menschen daran großzügig Anteil geben, indem sie Blut, Schweiß und Tränen des Gottessohnes um ihrer noch lebenden

---

[96] Hdschr 110, 181v–187r.

[97] Thematisch ähnelt die Reihe der in dieser Woche behandelten Probleme und Inhalte stark dem Abschnitt „Von den vmbstendenn des leidens cristi" im *Schatzbehalter* (d3 va-e va). Während dort aber die Sachfragen selbst im Mittelpunkt der Darstellung stehen (Wie Christus gelitten hat; Für wen Christus gelitten hat usw.) bilden im allegorisch verstandenen *Herbst* die etwas unklar und inkonsequent gefaßten sieben anthropologischen Konstanten Verstand, Gedächtnis, Wille, Herz, Mund, Sinne und Leib das Grundgerüst, in das Fridolin stichwortartig seine Grundaussagen über die Passion und ihre Heilsbedeutung für den Menschen einpaßt.

[98] Hdschr 110, 187v–193r.

[99] So verfügen etwa die am dritten Tag eingeladenen Apostel, Evangelisten und Jünger über außergewöhnliche Kühnheit und den tags darauf herbeigerufenen Märtyrern ist die Gabe der Schmerzunempfindlichkeit gegeben. Beides stellt in Fridolins Augen die geistliche Adaption eines Kennzeichens von Trunkenheit dar.

[100] Hier verliert das bisher konsequent durchgehaltene Bild von der Betrachterin als Gastgeberin des Weinfestes und den einzelnen, als Gäste geladenen Gruppen seine Stimmigkeit, denn die Rollen verschwimmen: Es sind nun die Gäste, die ihrer Gastgeberin Wein einschenken, während der vorher durch die Betrachterin und ihre Lesehelferinnen geerntete und verarbeitete Wein, zu dessen Verkostung ursprünglich eingeladen wurde, keine Rolle mehr spielt.

Mitmenschen, aber auch um der armen Seelen im Fegfeuer willen anruft. Auf diese Weise verdient sie sich Anteil an dem Christuswort Joh 15,5, denn Christus wird ihr zum lebenspendenden Weinstock, sie selbst aber zur fruchtbringenden Rebe werden.

Wie bereits in Fridolins Predigten, so ist auch im *Herbst* (und dieses Urteil ist ohne weiteres auf den *Geistlichen Mai* zu übertragen) eine nachdrückliche Akzentuierung des menschlichen Willens zu konstatieren: Ohne das Gewicht tatsächlicher Tugendübungen zu leugnen – in solche mündet ja jeder einzelne Tag der Schrift aus –, hebt der Franziskaner stets hervor, daß es schließlich und endlich auf das ankomme, was die Christi Leiden bedenkende Klarisse intendiere und zu tun bzw. zu vermeiden begehre[101]. Da ihm dieser Sachverhalt vollkommen selbstverständlich erscheint und er ihn auch bei seinem Publikum als wohlbekannt voraussetzt, sieht er sich weder hier noch an anderer Stelle seines Gesamtwerkes genötigt, das Verhältnis von Wille und Tat grundlegend zu reflektieren und zu erläutern. In Fridolins Augen stellt der menschliche Wille eine Größe dar, mit deren Hilfe der Gläubige Gottes Minimalanforderungen durchaus zu erfüllen vermag, birgt sie doch gleichsam die Potenz der Vollbringung guter Werke, die für die Erlangung des Seelenheils unverzichtbar sind, in sich[102].

Seine an das Ende eines jeden Tages gestellten Anleitungen zur praktischen Nutzanwendung des Geschilderten, im Regelfall ein schlicht und einprägsam formulierter Appell an den Willen der Nonnen, führt der Franziskaner zwar nicht breit aus, er vergißt sie aber auch nie. Auf diese Weise wird der Imitatio-Gedanke, ein in der spätmittelalterlichen Passionsliteratur[103] wichtiges Moment, stärker als in seinen Predigten betont, vor allem aber wesentlich häufiger thematisiert und umfassender herausgearbeitet als im *Schatzbehalter*[104]. Als Ziel des *Geistlichen Herbstes* können deshalb die Stärkung bereits vorhandener guter Ansätze wie auch die Neugestaltung der Spiritualität und der alltäglichen Lebenspraxis der Betrachterin festgehalten werden. Fridolin feuert mit Hilfe sinnenhafter Bilder die seiner Seelsorge anvertrauten Nonnen an, ihre Gottesbeziehung und ihr Verhältnis zum Nächsten durch das Beschreiten des Weges zu erneuern und zu kräftigen, den der leidende und sterbende Christus vorangegangen ist. Nur wenn sie mit festem Willen den Tugenden des für alle Menschen ans Kreuz Gegangenen nacheifern, wird

---

[101] Am Ende des dritten Tages der ersten Woche weist er deshalb an: „gib dißer andechtigen herbsterin pax, die dir den rechtenn herbst in diße(m) vole(n) wein land zaygt zw lone, das du dir für setzest aine(n) gute(n) wile(n), alles das zw v(er)meyden, das mitell möchtt mache(n) zwyschen got vnd dir". Hdschr 110, 163v, Z. 24–164r, Z. 2.

[102] Siehe unten, S. 133f.

[103] Siehe unten, S. 239 f.

[104] Die stereotype Abfolge von contemplatio und imitatio, derer sich zahlreiche andere Autoren spätmittelalterlicher Passionswerke geradezu als Gliederungsprinzip bedienen, schimmert im *Schatzbehalter* kaum durch und wird keinesfalls konsequent verfolgt.

sich die Zusage erfüllen: „ich pin der war weinstock vnd ir seyt die schußling; der beleibt in mir vnd ich in im, der selb pringt vil frucht"[105].

4.5.2. Geistlicher Mai

Als mögliches Indiz für den Erfolg des *Geistlichen Herbstes* bei Fridolins Adressatinnen darf gelten, daß sich der Autor entschloß, eine zweite, wesentlich längere, vielschichtiger und phantasievoller ausgestaltete Gartenallegorie zu schreiben. *Geistlicher Mai* und *Geistlicher Herbst* bilden zusammen eine Art spirituelles Jahresprogramm, das einen Großteil der langen Monate zwischen Fastenzeit und Advent abzudecken vermochte. Mit seiner Zusammenstellung machte sich der Nürnberger Franziskaner eine im 15. und 16. Jahrhundert auch andernorts nachweisbare Praxis der Verknüpfung in sich geschlossener, mit Gartensymbolen arbeitender Erbauungstexte zu jahreszeitlich orientierten Betrachtungszyklen[106] zueigen, hob seine beiden Schriften aber auch davon ab. Während das verbindende Element anderer Werkkombinationen nämlich lediglich auf der Art der verwendeten Bilder beruht und sich somit weitgehend im formalen, sprachlichen Bereich erschöpft[107], wird bei Fridolin ein enger inhaltlicher Konnex beider Texte sichtbar, da der ältere die inneren, seelischen, der jüngere die äußeren, körperlichen Leiden Christi behandelt und der Autor im *Mai* immer wieder Details aufnimmt, die er schon im *Herbst* eingeführt hatte[108].

Wie bereits bemerkt, gliedert Fridolin seinen *Geistlichen Mai* anspruchsvoller und weniger transparent als dessen herbstliches Pendant. Das wird zunächst daran sichtbar, daß er die starre Strukturierung des Textes nach Sieben-Tage-Gruppen aufbricht, indem er der ersten Woche neun Tage[109] zuweist und die ersten drei dieser Betrachtungseinheiten völlig anders als alles Folgende sowie jeweils unterschiedlich aufbaut. Sie übernehmen gleichsam

---

[105] Hdschr 110,193r, Z. 15–18.

[106] Siehe dazu SCHMIDTKE: Studien, S. 96.

[107] Schmidtke zeigt das anhand von Johannes Kreutzers (OP, †1468) *Geistlichem Mai*, der zweimal zusammen mit Herbstallegorien, aber eben mit verschiedenen, nicht in jedem Fall von Kreutzer stammenden Vertretern dieser Textgattung tradiert ist. Offensichtlich befand man die einheitliche Bildebene der Schriften für ausreichend, um Kompilationen vorzunehmen, während man einen inneren thematischen Zusammenhang für nicht unbedingt notwendig hielt. SCHMIDTKE: ebd.

[108] So tauchen z.B. am ersten Maitag die Gruppen von Engeln, Patriarchen, Propheten usw. erneut auf, mit deren Einladung zum Weinfest Fridolin den *Herbst* abgeschlossen hatte. Ebenfalls begegnen einzelne Stätten (Bethlehem, Nazareth usw.) des Leidens Christi wieder, die in den ersten beiden Herbstwochen eine wichtige Rolle gespielt hatten.

[109] Durch dieses Vorgehen erreicht der Autor die exakte Übereinstimmung von Meditationseinheiten und Maitagen, hätten doch vier Wochen zu je sieben Tagen nur den 1.–28. Mai abgedeckt. Außerdem beginnen die zweite bis vierte Woche dank der Vorschaltung der beiden zusätzlichen Tage nun jeweils am ersten Tag der kirchlichen Wochencinteilung, nämlich dem Sonntag.

die Rolle einer Hinführung zum eigentlichen, von der angesprochenen Klosterfrau mit gemächlichen Schritten zu durchmessenden Maiengarten, denn der erste Tag[110] vermittelt die Fähigkeit, aus der Fülle der im Mai aufbrechenden und zu neuem Leben erwachenden Flora die wertvollste aller Maienpflanzen, das Kreuz Christi auszuwählen, es innig zu begehren und als geistlichen Maibaum abzubrechen[111]. Der noch kahle Baum wird danach am zweiten Tag[112] mit einundzwanzig durch die Buchstaben des Alphabets markierten Spiegeln versehen[113], die der Betrachterin als Sinnbilder für den ewigen göttlichen Erlösungsratschluß und die Bedeutung der Passion für den Menschen dienen. Am letzten Einführungstag[114] schließlich steht die zentrale Rolle des Kreuzes fest und die Leserin kann beginnen, ihren „Maibaum" herumzutragen, indem sie ihn im Gebet der Trinität, der Gottesmutter und den Heiligen vor Augen stellt, ihn zuguterletzt aber auch in ihrem eigenen Herzen aufrichtet, um so den Blick auf nichts anderes zu richten als auf das kostbare Symbol ihrer Erlösung.

Mit dem vierten Tag beginnen nun die eigentlichen Betrachtungen zum äußeren Leiden Christi, die Fridolin mit einer überwältigenden und deshalb auch manchmal verwirrenden Fülle von Pflanzen- und Tierbildern illustriert. Die Benutzerin der Schrift wird angewiesen, sich bis zum neunten Tag unter Anleitung einzelner Stände des Christentums mit verschiedenen blühenden Wiesen zu beschäftigen und die dort wachsenden Blumen und Kräuter genau zu inspizieren, da sie einzelne Eigenschaften und Gnadenerweise Christi abbilden. Sie soll seiner im Gesang der Vögel hörbaren Stimme lauschen und sich an den hervorquellenden Wasserbrunnen, den Tränen und Schmerzen Christi und seiner Getreuen, laben. Dem Autor liegt dabei besonders am Herzen, der durch die Wiesen spazierenden Nonne das Mitleid[115] als angemessene Grundhaltung dem gequälten Christus gegenüber einzuschärfen, indem er ihren Blick auf den Schmerz und das Leiden des unschuldigen Gottessohnes und die beispielhaften Tränen der um ihn Trauernden lenkt. Er rät ihr deshalb eindringlich, sich aus den mit Kummer, Sorgen und

---

[110] Hdschr 110, 2r–7v.

[111] Etwas verwirrend stellt sich im gesamten Text die Vielfalt des Wortfeldes „Mai" dar: Fridolin spricht von „Mai", „Maiengarten", „Maiblumen" und „Maibaum", ohne die einzelnen Begriffe klar voneinander zu scheiden oder abzugrenzen. Der Maibaum bezeichnet stets das Erlösung spendende Kreuz Christi, die anderen Termini können hingegen auch solche Ergötzungen symbolisieren, die quasi Vorstufen zum eigentlichen Zielpunkt der Betrachtungen bilden und durch die Betrachterin mit Hilfe der vorliegenden Schrift überwunden werden sollen, indem sie sich auf den wahren Maiengarten, den wahren Mai usw. besinnt.

[112] Hdschr 110, 7v–11v.

[113] Vielleicht spielt Fridolin mit seiner Anweisung auf den volkstümlichen Brauch, Maibäume bunt zu schmücken, an.

[114] Hdschr 110, 11v–15v.

[115] Zur zentralen Rolle der Rezeptionskategorie „Mitleid", die Fridolin v. a. im *Schatzbehalter* entfaltet, siehe unten, S. 244 f.

Not angefüllten Brunnen tränken zu lassen, wenn sie selbst „dürr vnd kalt" sei[116], um die in den folgenden Wochen zu bedenkenden Aspekte der Passion mitleidig in sich aufnehmen zu können, anstatt „als die erd on waßer" zwar den Boden für eine üppige Vegetation zur Verfügung zu stellen, aber unfruchtbar zu bleiben, da die eingesäten Pflanzen notgedrungen zum Verdorren verurteilt seien.

Während der zweiten Maiwoche[117] gilt es, in Gesellschaft von sieben durch Jungfrauen personifizierten Tugenden und Ordensgelübden täglich eine Blumenart im Garten Christi zu betrachten, abzuschneiden und als Strauß an den himmlischen Bräutigam zurückzugeben. Die Blumen stehen dabei für die um des Menschen willen praktizierten Tugenden Christi, ihre Überreichung aber beinhaltet ein doppeltes Motiv: Zum einen soll sie Christus voller Dankbarkeit vor Augen halten, was er für die Gläubigen getan hat, zum anderen wird zusammen mit den Blumen die Bitte vorgebracht, der Gottessohn möge der Betrachterin die Fähigkeit verleihen, sich ebenfalls in den symbolisierten Tugenden zu bewähren[118].

---

[116] Hdschr 110, 32v, Z. 23–33r, Z. 2.

[117] Hdschr 110, 33v–68v.

[118] An dieser Stelle sei angemerkt, wie sehr die zweite Redaktion des *Mai* in der Betonung der guten Werke über die erste hinausgeht: Fridolin selbst macht durch zahlreiche Passagen durchaus deutlich, daß sich der *Geistliche Mai* nicht in der Anleitung zur Passionsbetrachtung erschöpft, sondern auch zu deren Früchten, nämlich gottgefälligen Verhaltensweisen und Taten, verhelfen will, denn nur diejenige Leserin weiß das Werk wirklich recht zu nutzen, die sich darum bemüht, dem Vorbild des leidenden Christus im eigenen Leben nachzueifern. So ermahnt er beispielsweise am Abschluß des 17. Tages: „mach auch auß der süßigkait, die du auß dißer edlen plüd [Blüte; gemeint ist das Christuswort „Vater, vergib ihnen, denn sie wissen nicht, was sie tun!"] saugst, wachß, das ist, dz du nach volgst dem here(n) in seine(n) worte(n), das du allweg gu(e)thertzig seyst gege(n) deine(n) feinte(n) vn(d) pitest für die, die dich verfolge(n), wan so dein gesponß hat gepet für sein tödter, warumb wolstu nit pite(n) für dein nachreder vn(d) im wolthu(n), der dir vbel thut? so vil du mer vn(d) ee vergibst vnd mit gute(m) suße(n) hertze(n) pitest für dein v(er)folger, so vil mer honig vnd wachß saugstu auß dißr plüd […]" (Hdschr 110, 72v, Z. 25–73r, Z. 10). Immer wieder dringt er auch auf die freudigere Befolgung der klösterlichen Gelübde: „pind die schone(n) plabe(n) lilye(n) zu same(n) mit der seyde(n) schnur dein(e)r profeßio(n), in der du dich deine(m) gesponße(n) verlobt, vm seine(n) wille(n) deine(n) öber(n) an seiner stat gehorsam zu sein alle die tag deines lebe<n>s; entpfilch diße schmecke(n) [duftender Blumenstrauß] etwan ii heilige(n) von deine(m) orde(n); pit sy, das sy die pringen deine(m) aller liebste(n) gesponßen vnd im da sage(n) deine(n) wilige(n) deinst vnd vnderworfene gehorsam heut vnd ymer" (Hdschr 110, 54v, Z. 17–55r, Z. 2). Die zweite, aus nachreformatorischer Zeit stammende Redaktion empfand solche Akzentuierungen allem Anschein nach jedoch nicht mehr als ausreichend, denn sie neigt dazu, den Text um Zusätze zu erweitern, die Gottes Forderung an die Gläubigen und das menschliche Leistungsvermögen hervorheben. Sie fügt solche Ergänzungen bevorzugt an Schlüsselstellen neu ein, wie der unmittelbare Vergleich des Abschlusses der zweiten Maiwoche zeigt. In Hdschr 110 heißt es hier: „also solt du die zwu(o) woche(n) spaciere(n) in de(m) maye(n)garte(n) deines aller liebst gesponße(n) vnd deine <Augen> erwitter(n) [die Augen erheitern. Vgl. GRIMM: Deutsches Wörterbuch, Art. Erwittern, Sp. 1070] in den schone(n) myniglliche(n) plu(e)men, das ist in den schöne(n) tugente(n), die in dem lebe(n)

Zu Beginn der dritten Woche[119] verläßt die Betrachterin die Blumenwiese, und begibt sich in einen Garten, der sein Gepräge vor allem durch die sieben dort wachsenden Baumarten erhält, um die Worte Christi am Kreuz zu bedenken[120]. Jeder Baum im Maiengarten steht für einen der Ausrufe des Gottessohnes auf Golgatha und die Blätter seiner im Frühling aufspringenden und durch den Tau der Gaben des Heiligen Geistes benetzten Blüten weisen auf Eigenschaften hin, die Christi gesamte irdische Existenz begleiteten, besonders aber in seinen letzten Lebensstunden hervorbrachen[121]. Da jeder der am Kreuz gesprochenen Sätze eine spezifische Qualität der Zusage,

---

vnd leide(n) deines aller liebste(n) here(n) aller fürderlichst erscheine(n) sind, darumb er sey geb(e)n(e)deyt von alle(n) in ewigkait der ewigkait ame(n)". (68v, Z. 14–22). Die zweite Redaktion streicht die Schlußdoxologie, fügt aber mit dem Satz: „Das bringt dir Besserung deines Lebens und ein seliges Ende" (Zitiert nach: Mai und Herbst (Hattler), S. 87) eine Anmerkung hinzu, die umso schwerer wiegt, da sie eben nicht an einer beliebigen Stelle plaziert ist, sondern einen Block von sieben Betrachtungstagen abschließt. Die gleiche Tendenz zeigt auch die massive Betonung der Reue des Sünders als Grundvoraussetzung für die Aneignung der Verdienste Christi: Die Erklärung „also hat der her jhs [Jesus] auf dißer lustliche(n) sum(m)er waid seines v(er)porgne(n) heilige(n) wandels ales seines heilige(n) v(er)deinsts […] vns alles so gemain gemacht, dz ain ytlicher mensch, de(m) aigens v(er)deinsts gepricht, mag ab preche(n) vn(d) sych des aneme(n) als sein aige(n), wan alles, das vnßer lieber her die lange(n) zeit hat gewirckt, das hat er vns gewirckt […]" (Hdschr 110, 20r, Z. 8–18) wird in der zweiten Redaktion mit der Einschränkung „Aber dazu gehört eine rechte Reue über die gethanen Sünden und ein starker Vorsatz, sein Leben zu bessern" fortgesetzt (Zitiert nach Mai und Herbst (Hattler), S. 28).

[119] Hdschr 110, 69r–99v.

[120] Die dritte Maiwoche bildet denjenigen Teil der Gartenallegorien Fridolins, der sowohl in sprachlicher wie auch inhaltlicher Hinsicht die größte Nähe zu einer zusammenhängenden umfangreichen Textpassage im *Schatzbehalter* (I1 r-P 3r) aufweist. In seinem Unterweisungsbuch für Nürnberger Bürgerinnen und Bürger paßt der Franziskaner die sieben Kreuzesworte in sein um der einfachen Memorierbarkeit willen angewandtes Fünferschema ein (siehe unten, S. 298–302) und strukturiert ihre breit ausgeführte Erklärung systematisch, indem er sie der Reihe nach unter jeweils fünf verschiedenen Sachgesichtspunkten bedenkt. Im *Geistlichen Mai* dagegen werden die Worte des Gekreuzigten auf sieben Tagesabschnitte verteilt und unter Zuhilfenahme der Bilder von Bäumen und Baumteilen auf knapp bemessenem Raum meditiert. Dennoch stimmen vor allem die Reflexionen über die „fu(e)nfferley gestalt vn(d) form" (I 6r-P 3r) der Kreuzesworte im *Schatzbehalter* (Fridolin versteht darunter die sich am Kreuz in einzigartiger Weise zeigenden Attribute Christi: Stärke, Schönheit, Schmerz, Liebe und Süßigkeit) und die Bedeutungen, die der Autor den Blütenblättern seiner allegorischen Bäume beimißt, bis in die Begrifflichkeit hinein überein.

[121] Ebenso wie im *Schatzbehalter* (siehe unten, S. 256) und Predigten (siehe oben, S. 77) hebt Fridolin auch hier immer wieder die grenzenlose Barmherzigkeitsbereitschaft des Leidenden hervor. Zu dem am 17. Maitag besprochenen Ausruf „Vater, vergib ihnen, denn sie wissen nicht, was sie tun!"(Lk 23,34) etwa fordert er die Leserin auf, wie eine Biene den süßen Honig aus Christi Wort zu saugen, „wan du magst wol gedencke(n): so dein gesponß so mylt vn(d) parmhertzig ist gewese(n), das er so ynigklich gepete(n) hat fur die, in so grymigklich getödt habe(n) […] vnd sein so schentlich spotte(n); hat er sych so größlich erparmt vber die, die seiner gnad nit begerte(n), o was genad vnd parmhertzigkait will er den(n) beweiße(n) den[en], die in ynigklich an rüeffe(n); diß ist sußigkait vber alle sussigkait!" Hdschr 110, 72v, Z. 9–18.

Stärkung und Tröstung in sich trägt, soll sich die Leserin nicht nur im Mai mit Christi letzten und wichtigsten Worten beschäftigen, sondern auch dann möglichst oft auf die Betrachtungen der dritten Woche zurückgreifen, wenn sie die Neigung zu bestimmten Sünden verspürt oder durch Anfechtungen des Teufels verunsichert wird.

Die letzte Maiwoche[122] verbringt die Betrachterin nicht mehr in einem Garten, sondern in sieben mit dem Blut, das Christus von seiner Beschneidung bis zur Öffnung seiner Seite am Kreuz vergossen hat, angefüllten „Maibädern". Sie macht sich an jedem Tag ihr Verfallensein an eine andere der sieben Folgesünden des Hochmuts[123] bewußt, um sich dann ein reinigendes Bad zu bereiten, in dem sie Christi völlige Sündlosigkeit und sein von jeglicher Verfehlung unberührtes Leben erkennen kann. Nachdem sie das Bad durch verschiedene Kräuter aromatisiert hat, lädt sie jeden Tag eine Gruppe von Gästen ein – damit schließt sich der Kreis der Schrift, denn die Geladenen sind identisch mit den Betrachtungsbegleiterinnen und -begleitern der ersten Woche – und läßt sich von ihnen mit kostbaren edelsteinbesetzten Kleinodien beschenken, die sie im Widerstand gegen die bedrohlichen Anfechtungen der Sünde stärken können. Ihren Höhepunkt erreicht die Woche in der anbetenden Betrachtung des Herzens Christi, da dieses die eigentliche und ursprüngliche Quelle allen für die Menschheit vergossenen Blutes des Erlösers darstellt und deshalb höchste Verehrung genießt. Seine allumfassende Rolle illustriert Fridolin anschaulich und einprägsam durch ein „gantz abc von de(m) allerheiligste(n) hertze(n) jhu [Jesu]"[124].

Die enge Verbindung beider Gartenallegorien wird auch daran sichtbar, daß Fridolin im *Geistlichen Mai* ebenso wie in dessen Vorgängerschrift wiederholt dazu auffordert, trotz der überwältigenden Fülle der verwendeten Bilder nicht in einer reinen Betrachtungsfrömmigkeit steckenzubleiben, sondern stets die Linie von der andächtigen Versenkung in die Passion über das Eingeständnis der eigenen Sündhaftigkeit hin zur persönlichen Aneignung der Erlösungsverdienste auszuziehen. Nach dem Willen des Autors soll die Leserin die im *Geistlichen Mai* erkannten einzelnen Aspekte des Leidens

---

[122] Hdschr 110, 99v–160r.

[123] Vgl. SCHOLZ: Sünde, Sp. 1183.

[124] Fridolin entwirft hier zunächst ein Bild vom Herzen Christi, das von „a: das aller andechtigst vn(d) angsthaftigst" bis „z: das allerzirlichst" (Hdschr 110, 140v, Z. 3–141r, Z. 3) reicht und leitet dann dazu an, den Schritt über die bloße Betrachtung hinauszugehen und sich seiner Gaben teilhaftig zu machen, indem man „die ayge(n)schaft des allerheiligest hertze(n) […] als ain hailsams pflaster vber die schade(n)" des eigenen Herzens legt (ebd., 141r, Z. 24–141v, Z. 5): „dem aller andechtigste(n) hertzen xpi [Christi]" biete man sein „args, außgeschwaifigs, angefochte[ne]s argwueinigs, arglistigs hertz" und bitte ihn um Andacht, damit so alle bösen mit dem Buchstaben „a" beginnenden Eingeschaften vertrieben würden. Analog solle man das Alphabet bis zum Buchstaben Z durchgehen, denn jeder Buchstabe weise auf schlimme Angewohnheiten und Charakterzüge des menschlichen Herzens hin, gegen die das am Kreuz durch die Öffnung der Seite bloßgelegte Herz Christi ein Art Apotheke voller Heilmittel bilde (ebd., 147v, Z. 23–148r, Z. 1).

Christi mit der flehentlichen Bitte um Gnade Gottvater vorhalten, intensiv
in der Fürbitte nutzen und immer wieder zur eigenen Stärkung bedenken[125],
so daß es ihr möglich wird, sich durch die neugewonnenen oder vertieften
Einsichten in das vorbildliche Leben Christi zur Buße führen zu lassen und
entschlossen an ihrer Abkehr von der Sünde zu arbeiten. Die Schrift gewinnt
insofern ein eigenes, sie vom *Geistlichen Herbst* unterscheidendes Gepräge, als
der Franziskaner hier etwas stärker sein Menschenbild herausarbeitet[126] und
öfter auf die Anforderungen Bezug nimmt, denen sich eine Klosterfrau in
ihrer spezifischen Situation zu stellen hat.

4.6. Überlieferung

Der *Geistliche Herbst* scheint schon zu Fridolins Lebzeiten im weitesten
Wortsinne „erfolgreich" gewesen sein, entschloß sich sein Autor doch, einen
zweiten, der Weinleseschrift formal wie inhaltlich nahestehenden Text, den
Geistlichen Mai zu schreiben. Aber auch in den Jahrzehnten, ja sogar Jahrhun-
derten nach dem Tod des Franziskaners fanden beide Werke immer wieder
Interessentinnen und Interessenten:
Ist die Anzahl der Auflagen frühneuzeitlicher Drucke sowie parallel dazu
angefertigter handschriftlicher Exemplare eines Werkes als Indiz für dessen
Bekanntheit und Popularität zu werten, so handelt es sich bei Fridolins
Herbst- und Maiallegorie sogar um diejenigen seiner Schriften, die am
Übergang vom Spätmittelalter zur frühen Neuzeit die weiteste Verbreitung
fanden. Der *Geistliche Mai* gehört darüber hinaus zu den wenigen Vertretern
der Gattung „Gartenallegorie", die überhaupt als Frühdruck vorliegen[127]
und damit als relativ erfolgreich zu bezeichnen sind.

---

[125] Fridolin erklärt zum Abschluß der Schrift: „nym [...] etlich zeit fur dich, mit den
öpfeln zu pollen [die Früchte der Betrachtung zu werfen], das ist, das du alle artickel des
laidens xpi [Christi] in den himel hinauf werftest vnd got de(m) himelische(n) vater opfers,
so wirt dir fur ain yetlichs ain himelische genad wider herabfalen; nymm dir darnach zeit,
dz vberig abc zu verkaufe(n) vn(d) dein schuld damit zu bezalle(n), das ist, dz du dz heilig
leide(n) xpi an rufst fur lebendig vn(d) tod vn(d) fur alle, die du schuldig pist zu pite(n); was
dir den vberbeleibt, das leg in den keller deines hertze(ns); was dir den begegnet in allen
zufalle(n) dz du allwege ain sticklin von de(m) wirdige(n) leiden xpi [Christi] an der hand
habst, dein sel damit zu labe(n)" (Hdschr 110, 159r, Z. 25–159v, Z. 13).
[126] Neben den vielen über das gesamte Werk verstreuten Bemerkungen ist vor allem auf
den Abschnitt des letzten Maitages zu verweisen, an dem die Personzentren Herz Christi
und Herz des Menschen einander gegenübergestellt werden (siehe oben, Anm. 124), so daß
die Betrachterin jede ihrer üblen Eigenschaften im Spiegel des sündlosen, grundlos leidenden Erlösers sehen und um Hilfe für ihre Besserung bitten kann.
[127] Im ausgehenden Mittelalter entstand zwar eine Fülle von Gartenallegorien, aber die
überwiegende Mehrzahl dieser Texte wurde nur handschriftlich tradiert. SCHMIDTKE:
Studien, S. 158.

Da durch Dietrich Schmidtke bereits ein Verzeichnis der noch vorhandenen Exemplare beider Schriften erstellt wurde[128], seien an dieser Stelle nur einige wichtige Gesichtspunkte und Beobachtungen festgehalten: Während der *Geistliche Herbst* vom Anfang des 16. bis ins 17. Jahrhundert hinein unverändert in fünf Handschriften und zwei Druckausgaben[129] überliefert ist, entwickelten sich drei stark voneinander abweichende Redaktionen des *Geistlichen Mai*, die zum Teil zeitgleich verbreitet wurden. Vier Handschriften und ein Druck (Anfang bis 2. Hälfte des 16. Jahrhunderts) sind der ersten Redaktion zuzurechnen, wobei auffällt, daß alle Exemplare in enger Verbindung zum klösterlichen Bereich stehen, denn sie tragen entweder den Besitzvermerk einer Ordensfrau bzw. eines Konventes[130] oder wurden durch eine Nonne in Druck gegeben[131]. Die meiner Darstellung zugrundegelegte Hdschr 110 unterscheidet sich ebenso wie der Münchener cgm 4473 lediglich durch das Fehlen einzelner lateinischer Termini von den anderen Exemplaren dieser Redaktionsstufe; sie entstammt dem ersten Drittel des 16. Jahrhunderts, möglicherweise den Jahren um 1520[132], und stellt die älteste Zusammenfassung beider Texte in einem Band dar. Ist Schmidtkes Datierung korrekt, so handelt es sich bei ihr um das älteste aller erhaltenen Exemplare des *Geistlichen Mai*, denn die nächstjüngere Handschrift cgm 4473 geht auf das Jahr 1529 zurück.

Die zweite Redaktionsstufe wird nurmehr durch eine Handschrift, aber vier Drucke repräsentiert[133], die allesamt in keinem nachweisbaren Konnex zu Ordenseinrichtungen stehen. Die drei durch den Augsburger Drucker Andreas Schobsser in Umlauf gebrachten Auflagen entstanden sogar „in verlegung" einer weltlichen Persönlichkeit, nämlich der bayerischen Herzogin Jakobäa. Trotz dieser verstärkten Verortung der Schrift außerhalb der

---

[128] SCHMIDTKE: Studien, S. 58–61 (Geistlicher Mai) und 270 (Geistlicher Herbst) sowie SCHMIDTKE: Fridolin, Sp. 921 (Geistlicher Herbst). Weitere allerdings lückenhafte Übersichten bieten auch VD 16, S. 245 und SCHMIDT: Franziskanerprediger, S. 162–164.
Zu den im folgenden genannten Exemplaren vgl. die im wesentlichen auf SCHMIDTKE basierende Auflistung im Quellenverzeichnis der vorliegenden Arbeit.

[129] Wichtig ist hier Schmidtkes Korrektur seines Artikels über Fridolin im Verfasserlexikon. SCHMIDTKE: Studien, S. 270.

[130] Eine der Handschriften war Eigentum des Ingolstädter Klarissenklosters (Hdschr 110), eine gehörte der Münchener Franziskanertertiarin Eufrosina Gartnerin (cgm 4473) und zwei (cod III,2,4°,3 und cod III,2,4°,34, der allerdings nur ein kurzes Bruchstück des Textes überliefert) sind dem Zisterzienserinnenkonvent Kirchheim im Ries zuzuordnen.

[131] Auftraggeberin der 1533 erschienenen Ausgabe (Weyssenburger 1533) war ebenfalls (vgl. oben, Anm. 130) eine Zisterzienserin, Affra Langmentlin, Äbtissin des Klosters Seligenthal bei Landshut. Der *Mai* schien sich also besonders in Zisterzienserinnenkonventen einer gewissen Popularität zu erfreuen.

[132] Das für die Niederschrift verwendete Papier stammt aus unterschiedlichen Jahrzehnten; einzelne Teile werden auf 1503, andere auf 1522/23 datiert. Vgl. SCHMIDTKE: Studien, S. 58 und Handschriften / Autographen (Katalog Hauswedell), S. 6.

[133] Schobsser 1549, Schobsser 1550, Schobsser 1555, Mayer 1581 und cgm 5951.

klösterlichen Sphäre werden in der zweiten Redaktion zwar die Erwäh-
nungen des *Schatzbehalter* beiseitegelassen – man geht also nicht mehr davon aus, daß die Leserinnen und Leser über die Möglichkeit verfügen, das
empfohlene Werk zu benutzen –, die Hinweise auf die monastische Existenz des Publikums hingegen werden in die neue Textversion übernommen. Vor allem aber differieren erste und zweite Überlieferungsfassung in
der Ausgestaltung der verwendeten Bilder [134] und in der Betonung der

---

[134] Ein augenfälliges Beispiel hierfür stellt ein Passus aus den Betrachtungen zum letzten Tag des Maimonats dar. Die Leserin wird dort aufgefordert, alle ihre Begleiterinnen
und Begleiter auf dem Weg durch den Maigarten um ein gemeinsames Geschenk zu bitten,
das ihre eigene Verbindung mit dem himmlischen Bräutigam besiegelt und deshalb mit
einer Hochzeitsgabe vergleichbar ist. In Hdschr 110 heißt es dazu: „also geistlich pit dein
allerliebste schwiger [Schwiegermutter], die vbergebndeyt [sic] iunkfraw maria vnd werd
muter deines aller liebste(n) gesponße(n), das sy dir durch das fur pit des gantze(n)
himelische(n) hörs erwerb vo(n) deine(m) aller liebste(n) gesponße(n) das heftlein [Ge-
wandspange] oder furspanglein [Heftspange] seiner ware(n), rechte(n), hertzliche(n),
getrewe(n), gotliche(n) lieb, mit der du dein hertz zu sperne(n) [versperren?] mügst […] das
du allain dein hertz geben mügst, der im sein hailigs hertz von deiner lieb wege(n) hat
laße(n) aufthun vn(d) v(er)wunde(n) […] diß ist dz aller köstlichest heftlein, das dein hertz
mit de(m) hertze(n) deines gesponße(n) also v(er)ainiget werd […] die heftlein sind
gewe(n)lich gemacht von sylber vn(d) gold; pey dem gold v(er)ste die gotliche(n) lieb, die
du nach de(m) gotliche(n) gepot schuldig pist zu habe(n) got deine(m) herre(n), de(n) du
verpunde(n) pist lieb zu habe(n) von gantze(m) hertzen vn(d) von gantzer sel, von
gantze(m) gemüt vn(d) von allen krefte(n); pey dem sylber v(er)ste die lieb, die du solt
habe(n) gege(n) der vergote(n) sel xpi [Christi] […] Ite(m) in die heftlein setz man
gewe(n)lich kostlich edel gestain; also in dz heftlein der lieb beger, das versetzt werd ain
liecht scheinender karfunckelstain, das ist, dz dein v(er)stent(n)us erleucht werd mit kostli-
cher erkantnus, das du deine(n) gesponße(n) mugst lieb habe(n) weißlich, wan wen(n) du
weiß pist, dz du bekenst, wer dein gesponße ist, so mustu in vo(n) not lieb habe(n)" (156r,
Z. 24–157r, Z. 21).
Im 1581 in Dillingen erschienenen Druck Johann Mayers lautet die gleiche Stelle dagegen: „Rufe herzlich an Maria, die Mutter Gottes, die milde, gütige und barmherzige Kö-
nigin der Himmel und der Erde, daß sie dir mitsamt dem ganzen himmlischen Heere er-
werbe ein Kleinod, womit deine Seele geziert werde dem himmlischen Könige zu einer
Braut, weil er dich aus großer Liebe gewaschen hat in seinem Blute […] Er [Christus]
schickt dir eine schöne, köstliche, goldene Kette, daran gehängt ist ein köstliches Kreuz, das
mit einem gar köstlichen Karfunkel, Smaragd, Demuth (Diamant), Saphir und mit vielen
schönen rothen Rubinsteinen und köstlichen Perlen allenthalben besetzt und geziert ist.
Bei dieser goldenen Kette, die gar lustig zusammengefügt ist, betrachte die Liebe Gottes
und deines Nächsten. Du sollst Gott, deinen Herrn, lieben über alle Creatur, ja über alles,
das da lebt […] Sodann sollst du deinen Nächsten wie dich selbst. Hilf und rathe ihm, zu halten
die Gebote Gottes […] Bei dem köstlichen Karfunkel, welcher Stein bei der Nacht leuch-
tet, als ob es Tag sei, verstehe das einige göttliche Wesen der heiligen würdigen Dreifaltigkeit. Sie ist das wahre, rechte, ewige Licht, welches ist und bleibt in sich ewig ohne Ende.
Dieses Licht erleuchtet Himmel und Erde […]" (Zitiert nach Mai und Herbst (Hattler),
S. 228 f.). Die in der ersten Redaktion vorgegebenen Betrachtungsgegenstände werden
also durch die zweite weitgehend übernommen – die Verwandlung der Gewandspange in
eine Kette mit Kreuz stellt dabei eine gewisse Ausnahme dar –, aber mit anderen Betrach-
tungsanregungen verbunden und gefüllt.

Rolle menschlicher Leistung für die Erlangung der Seligkeit[135] abschnittweise erheblich.

Eine dritte Redaktion liegt einzig in einem um 1575 erschienenen Druck
mit dem Titel „Der Seelen Lustga(e)rtlin" vor[136]. Dabei handelt es sich um
das Werk einer unbekannten Nonne, die einzelne Passagen aus Fridolins
Geistlichem Mai auswählt und partiell neu kombiniert, so daß die Bilder von
Mai und Maibaum zurückweichen und stattdessen Teileelemente der Garten-
symbolik wie Blüten- oder Kräuterallegorien in den Mittelpunkt treten[137].

Nicht nur die Predigten des Nürnberger Franziskaners, auch seine beiden
hier dargestellten Schriften gerieten über lange Zeit hin in Vergessenheit, um
gegen Ende des 19. Jahrhunderts als erbauliche Lektüre wiederentdeckt und
neu aufgelegt zu werden. Mit zahlreichen zeitgenössischen Radierungen
versehen gab sie 1897 der Jesuit Franz Hattler, den weniger das wissenschaftliche Interesse als vielmehr das Bestreben auszeichnete, den um intensive
Betrachtung der Passion Bemühten zwei „auserlesene Büchlein" zur Verfügung zu stellen, in handlichem Kleinformat heraus[138].

---

[135] Siehe oben, S. 115, Anm. 118. Damit weichen beide Überlieferungstypen wesentlich weiter voneinander ab, als es SCHMIDTKE (Studien, S. 143) nahelegt.

[136] Mayer 1575.

[137] Schmidt, der den Druck als „fast wortgetreuen […] Auszug aus dem geistlichen
Mai" bezeichnet (SCHMIDT: Franziskanerprediger, S. 163), leitet also auf die falsche Fährte.
Zur Vorgehensweise der anonymen Klosterfrau vgl. auch SCHMIDTKE: Studien, S. 143.

[138] Mai und Herbst (Hattler), vgl. v. a. Titelblatt und S. IX f.

5. Lehre für angefochtene und kleinmütige Menschen

Nicht nur in seinen Schriften über die Passion Christi und ihre Bedeutung für den Menschen griff Fridolin eines der populärsten Themen in Kirche und Frömmigkeit seiner Zeit auf, auch die lediglich knapp vier Blatt umfassende *Lehre für angefochtene und kleinmütige Menschen* spiegelt die Bereitschaft und Fähigkeit des Franziskaners wieder, sich mit einem Problem auseinanderzusetzen, das vielen seiner Zeitgenossen zu schaffen machte.

Da es sich bei ihr um diejenige seiner Schriften handelt, die bislang in der Forschung am wenigsten Interesse und Beachtung fand, kann im folgenden nur gelegentlich auf deren Ergebnisse zurückgegriffen werden.

5.1. Autor und Datierung

Die Zuweisung der *Lehre* an Fridolin gestaltet sich zumindest auf den ersten Blick schwierig, da die unbekannte Schreiberin des einzigen erhaltenen Exemplars[1] zwar Vornamen und geistlichen Stand des Verfassers erwähnt[2], darüber hinaus aber keine weiterführenden Informationen liefert. Geht die Forschung seit Nikolaus Paulus[3] dennoch von der Autorschaft Fridolins aus, so beruht das darauf, daß die Trostschrift zusammen mit einer kurzen Unterweisung Oliver Maillards († 1502) überliefert ist[4]. Maillard, zwischen 1487 und 1502 dreimal zum Generalvikar der ultramontanen Observanten gewählt[5], stand 1488 einem Provinzkapitel seines Ordens in Nürnberg vor, das in der Reichsstadt großes Aufsehen erregte[6]. Ebenso wie Paulus genügte auch Schmidt die Tatsache des Aufenthaltes Maillards im Nürnberg des Jahres 1488, um nicht nur eine Verbindung zwischen dem Ordensoberen und

---

[1] Der Text ist auf Blatt 50v, Z. 15–54r, Z. 7 der Sammelhandschrift cgm 4439 enthalten.

[2] Die Überschrift lautet: "Dise noch volgende ler hat gethu(n) d(er) andechtig vater steffan vnd gehor zu angefochte(n) vnd klein mutige(n) mensche(n)." Cgm 4439, 50v, Z. 15–17.

[3] PAULUS: Franziskaner, S. 467 f.

[4] Cgm 4439, 48v–50v.

[5] 1487–90, 1493–96 und 1499–1502. Vgl. HOLZAPFEL: Handbuch, S. 695.

[6] Glassberger: Chronica, S. 504 f. Paulus' These, der in cgm 4439 genannte Vater Stephan sei „sicher Niemand ander als unser Fridolin" vermag nicht zu überzeugen, begründet sie der Verfasser doch lediglich mit dem Hinweis auf den Besuch des Ordensoberen Maillard in Nürnberg.

Fridolin, sondern auch zwischen den Schriften beider in cgm 4439 herzustellen. Schmidt allerdings erweiterte die durch Paulus in den Raum gestellte These noch, indem er auf vermeintliche Ähnlichkeiten zwischen der 1488 gehaltenen Predigt Maillards über die heilige Lanze und Ausführungen Fridolins zum gleichen Thema verwies, die in seinen Augen nur dadurch zu erklären waren, daß sich Fridolin „ohne Zweifel unter dem Auditorium des P. Maillard befunden hat"[7]. Bedenkt man, daß unser Franziskaner seiner Tätigkeit im Jahre 1488 nicht in Nürnberg, sondern in Basel nachging[8], so erweisen sich die Thesen beider Forscher als fragwürdig, aber sogar wenn man den Besuch des Kapitels und damit einen Kurzaufenthalt Fridolins in Nürnberg annnehmen wollte, dürfte dies kaum eine hinreichende Erklärung für die Zuweisung der *Lehre für angefochtene und kleinmütige Menschen* an den Barfüßer darstellen[9].

Erweisen sich also alle Versuche, den Autor der *Lehre* deshalb in Fridolin zu sehen, weil dieser in Kontakt zu Maillard stand, als unbefriedigend, so darf es den genannten Forschern doch als Verdienst zugerechnet werden, auf die in der Sammelhandschrift cgm 4439 schlecht zugängliche *Lehre* überhaupt aufmerksam gemacht zu haben. Sie verfolgten zwar den falschen Weg, gelangten letztendlich aber ans richtige Ziel, denn die Schrift stammt in der Tat aus Fridolins Feder, wie zahlreiche sprachliche und vor allem inhaltliche Indizien beweisen: Bereits auf den ersten Blick fallen etwa die Vokabel „burmlei(n)"[Würmlein][10] als Bezeichnung für den sündhaften, im Angesicht Gottes sein eigenes Wesen betrachtenden Menschen und der Wunsch, in der Hölle zur Ehre Gottes zu brennen[11], auf. Darüber hinaus stimmen

---

[7] SCHMIDT: Franziskanerprediger, S. 125.

[8] Siehe oben, S. 37.

[9] Noch fragwürdiger ist Zawarts Behauptung, Fridolin sei 1488 mit Maillard in Berührung gekommen, als er in seiner Eigenschaft als Konventsseelsorger an die Nonnen gerichtete Predigten des Generalvikars übersetzte, da dieser kein deutsch sprach; Fridolin hatte im fraglichen Jahr ja kein Konventsamt in Nürnberg inne. ZAWART: History, S. 344. Zawart greift damit eine Äußerung Straganz' auf, der ebenfalls von Fridolin als Dolmetscher der Ansprachen Maillards ausgeht, aber kein bestimmtes Jahr nennt. Vgl. STRAGANZ: Ansprachen, S. 73.

[10] Cgm 4439, 53r, Z. 6. Ebenso u. a.: Hdschr 110, 179r. 186r. Schatzbehalter d6 rb. d1 rb. Cod 3801, 178r. 201v.

[11] Cgm 4439, 52r, Z. 14–24: „den(n) ich mag vnd wil auch, daz dar nach ymer vnd ewiglich all mei(n) groß leide(n) vnd ewige pein dir ein angenem opfer vnd ein hochs lob sey [...] vnd recht als man hie auf zunt ein wachß kertze(n), die do pri(n)t zu bedewte(n) dein maigestatliche groß tetigkeit. Also sol ich v(er)dampt werde(n), so beger ich, daz mein sel vnd leib ewiglich prin dir zu eine(m) angezunte(n) opfer vnd zu eine(r) lobliche(n) erzeigu(n)g deine(r) gerechten vrteil."

Cod 3801, 171v, Z. 18–172r, Z. 4: Ich opfer es [das Leiden] dir yz(u)nt auf, also das mein prunst jn dem hellischen fewr sey als ein ewigs licht, das pryn(n) zu dein(er) glory vnd leucht vor dein(er) maiestat zu lust dem gesicht. Sol es ye sein, so beger ich, dz ,fum(us) tormentor(um) meor(um)' [vgl. Apk 14,11] Der geruch mein(er) pein ewiglich sey ein

manche Abschnitte der *Lehre* nicht nur in ihrer Grundintention, sondern bis in Einzelheiten hinein mit Passagen aus anderen Werken des Franziskaners überein: Die durch die Angst vor ewiger Trennung von Gott angefochtene Nonne etwa wird in der *Lehre* durch den Verweis auf die Allgegenwart Gottes getröstet und aufgefordert, ein Gebet folgender Art zu sprechen: „[…] so trost ich mich dez, daz ich waiß, daz ich nymer so weit vo(n) dir gefert mag werde(n), ich beleib den(n)och alweg jn deine(n) gewalt vnd jn deine(r) fursichtigkeit; jch mag nit so verr(n) von dir schaide(n), daz ich dir mug entrine(n). Wan(n) ,sy asce(n)de<ro> jn celu(m)' jst es, daz ich auf steig jn de(n) himel, so pistu do; steig jch jn die hell, so pistu aber do. Darvmb frew ich mich, so jch schun v(er)dampt pin, daz du dennoch mei(n) herr pist."[12]. Die gleiche Problematik beschäftigt Fridolin in seiner Predigt über den dritten Kompletpsalm und auch dort kleidet er seine Gedanken in ein Modellgebet, wenn er schreibt: „,Quo ibo aspu [ab spiritu] tuo etc. sy ascendero i(n) celu(m) tu es illic; si desce(n)dero ad i(n)fernu(m) ades etc.' Wo soll ich hin gen vor deine(m) geist vn(d) wo soll ich hin flihen vor deine(m) angesicht; ob ich auf auf [sic] wird steigen jn den himel, so pistu do; ob ich ab wird steigen jn die hell, so pistu auch do. Ich mag dir nit entryne(n). Es gee mit mir wie es wo(e)ll, so must du mich doch haben jn deine(r) fursichtikeit."[13]. Auch der *Schatzbehalter* greift immer wieder Sorgen und Probleme auf, die in der *Lehre* ausführlich dargelegt und zu einer Lösung gebracht werden[14]. Der grundsätzliche Unterschied zwischen dem gedruckten Erbauungsbuch und der kleinen Trostschrift liegt dabei nicht im theologischen Standpunkt des Verfassers, sondern in der praktischen Intention der Werke, geht doch ersteres von Leserinnen und Lesern aus, die ein durchschnittliches Selbstbewußtsein besitzen, aber im „Bedarfsfall", also beim Eintreten von Glaubenszweifeln und Anfechtungserfahrungen, die Möglichkeit haben sollen, auf die Informationen des *Schatzbehalter* zurückzugreifen. Die Lehre hingegen hat als Adressatinnen Nonnen vor Augen, deren fromme Lebenspraxis durch das sehr konkrete Erleben eigenen Ungenügens und Ausgeliefertseins an den Teufel erschüttert ist. Liest man im *Schatzbehalter* also die in eher katechetisch-belehrendem Ton geschriebene Festellung: „[…] ye mer ma(n) sich

---

suß(er) geruch vn(d) dir ein wolrichende(s) Holocaustu(m), das gantz vm(b) deiner ere wille(n) verpren(n)t […] wirt."

12 Cgm 4439, 51v, Z. 5–13. Der Fehler im Vulgatazitat aus Ps 138,8 dürfte auf mangelhafte Lateinkenntnisse der Schreiberin zurückgehen.

13 Cod 3801, 170r, Z. 19–170v, Z. 5. Insgesamt weisen die auf den Seiten 170r–172v der Predigthandschrift aufgezeichneten Ratschläge für den Umgang mit Prädestinationszweifeln starke Ähnlichkeit mit der *Lehre für angefochtene und kleinmütige Menschen* auf. Der Autor gliedert seien Stoff zwar unterschiedlich, argumentiert aber in gleicher Weise.

14 Z. B. wird die Rolle des menschlichen Willens im Zusammenhang mit der Wirksamkeit von Anfechtung und Sünde thematisiert (*Schatzbehalter* L4 ra; Bb3 ra), und der Autor instruiert dazu, entschieden dem Teufel und seinen Einflüsterungen Widerstand zu leisten: ebd., T4 rb–U1 va.

seinem [Gottes] willen vnd seinem gesetz vntterwirfft, ye [desto] mer man
den vntugenden, anfechtu(n)gen, su(e)nde(n) vn(d) dem teufel obligt vn(d)
ansiget"[15], so klingt das wie eine summarische Zusammenfassung der Wil-
lensproblematik, die auch die *Lehre für angefochtene und kleinmütige Menschen*
unter verschiedenen Fragestellungen beleuchtet, um ihr Publikum zu trösten
und im Kampf gegen die eigenen Ängste wie auch gegen Anfechtungen von
außen zu stärken[16]. Ähnliche sachliche Übereinstimmungen mit den übrigen
Werken Fridolins lassen sich im Hinblick auf nahezu alle in der *Lehre* ange-
schnittenen Themen feststellen. Sei es die Erfüllbarkeit göttlicher Gebote[17],
das Wesen der Todsünde[18], die resignatio ad infernum[19] oder immer wieder
die zentrale Rolle des menschlichen Willens[20]: Der Autor nimmt sich ihrer
mit unterschiedlicher Intensität und Gewichtung innerhalb des jeweiligen
Gesamtzusammenhanges an, bringt seine Überlegungen dazu auch in verschiedenen sprachlichen Formen zu Papier, aber die entscheidenden Punkte,
nämlich der gedankliche Duktus der Ausführungen sowie die Lösung der
aufgeworfenen Fragen bleiben gleich[21].

Kann also Fridolin zweifelsfrei als Autor der *Lehre für angefochtene und kleinmütige und angefochtene Menschen* identifiziert werden, so bleibt doch unklar,
aus welcher Phase seines seelsorgerlichen Dienstes im zweiten Orden die
Trostschrift stammt. Das erhaltene Exemplar befindet sich in einem frühe-

---

[15] *Schatzbehalter* F5 va, Z. 4–7.

[16] Zur Rolle des menschlichen Willens in der *Lehre für angefochtene und kleinmütige
Menschen* siehe unten, S. 133–141.

[17] *Schatzbehalter* Dd1 va. Cgm 4439, 53v.

[18] *Schatzbehalter* Dd1 va–Dd3 ra. Cgm 4439, 53bf.

[19] Cgm 4439, ab 51r; angedeutet auch im *Geistlichen Herbst*: Hdschr 110, 172v.

[20] Siehe oben, Anm. 16 sowie cod 3801, 142r und mgf 1040, 1, 151va.

[21] Allein die im *Schatzbehalter* übliche Empfehlung, in Anfechtungen das Leiden Christi zu betrachten (z.B. ae6 ra; I4 ra), fehlt in der *Lehre*, was zunächst zur Vermutung führen
könnte, die Trostschrift stamme doch nicht von Fridolin, da die Passion in dessen Gesamtwerk den Dreh- und Angelpunkt aller Theologie bildet. Der Ansatz zur Erklärung dieses
erstaunlichen Phänomens dürfte jedoch nicht in prinzipiellen theologischen Differenzen,
sondern in praktischen Erwägungen des Autors zu suchen sein: Anders als im *Schatzbehalter*
und in seinen Predigten versucht Fridolin in der *Lehre*, auf gedrängtem Raum ganz praktische Ratschläge für den Umgang mit Erfahrungen zu geben, die seine Adressatinnen be-
drängen und bedrücken, es liegt ihm aber wenig daran, Anfechtungen und Erwählungszweifel in ihrer Beziehung zu anderen Inhalten der kirchlichen Tradition wie Prädestina-
tions- oder Rechtfertigungslehre darzustellen. Er verzichtet deshalb darauf, die mögliche
Frage nach der Berechtigung des angefochtenen Menschen, überhaupt auf Gottes Verge-
bungsbereitschaft zu hoffen – an dieser Stelle müßte er auf das stellvertretende Leiden und
Sterben Christi zu sprechen kommen – auch nur anzuschneiden, läßt sich aber die Tür für
vertiefende Gespräche und Beratungen offen, indem er einschärft, sich keineswegs auf das
eigene Urteil zu verlassen, sondern der Einsicht anderer, weiser Menschen zu vertrauen
(cgm 4439, 53v, Z. 5–17). In diesem außerhalb des Textes und seines Gebrauchs bestehenden Seelsorgeraum wäre dann Platz für die Verankerung des menschlichen Vertrauens auf
Gott in der Passion Christi.

stens im Jahre 1500 entstandenen Codex[22] und auch die gemeinsame Überlieferung mit einem thematisch verwandten Text Maillards hilft an diesem Punkt aus mehreren Gründen nicht weiter: Zum einen kann nicht davon ausgegangen werden, daß die Rede des Generalvikars Fridolin als Anregung oder gar Vorlage für seine eigenen Überlegungen zur Anfechtungsthematik diente[23], da die Übereinstimmungen zwischen beiden Texten zu allgemein sind, um die Abhängigkeit oder Beeinflussung des einen durch den anderen und damit ein zeitliches Folgeverhältnis festzumachen. Darüber hinaus ist das Abfassungsjahr der Ansprachen des Generalvikars nicht bekannt[24] und der Gesamtcharakter der Handschrift legt ohnehin nahe, daß beide Texte nicht aufgrund ihres eng beieinanderliegenden Entstehungsdatums, sondern dem Interesse der Schreiberin[25] oder ihrer Auftraggeberin entsprechend in einem Codex zusammengefaßt wurden[26]. Da der Wortlaut der Schrift keine Rückschlüsse auf Ort oder Jahr der Niederschrift durch Fridolin erlaubt, kann ich nur vermuten, daß auch die *Lehre für angefochtene und kleinmütige Menschen* eine Frucht der letzten beiden Lebensjahrzehnte des Franziskaners darstellt. Sie ist vermutlich nach 1479 und damit nach der Rückkehr aus Rom entstanden, denn in diesem oder dem folgenden Jahr war Fridolin allem Anschein nach erstmals zum Prediger in einem Frauenkloster ernannt worden. Er hatte damit eine Tätigkeit aufgenommen, die ihn in Kontakt zu dem Publikum brachte, an das sich die *Lehre* richtet.

---

[22] Siehe unten, S. 129.

[23] Die Bemerkungen von Straganz und Zawart (siehe oben, S. 124, Anm. 9) sprechen diese Möglichkeit zwar nicht an, rücken sie aber in den Bereich des Denkbaren: aufgrund seine Übersetzerfunktion hätte Fridolin Maillards Predigten kennen und darin ausgesprochene Gedanken in seinem eigenen Text verwenden können.

[24] Nicht verifizierbar ist deshalb Landmanns Behauptung, Fridolins *Lehre* stamme aus der Zeit um 1488, da sie an einen Text Maillards angefügt sei, der im gleichen Jahr die Nürnberger Klarissen besucht habe. Vgl. LANDMANN: Predigtwesen (15), S. 328.

[25] Zur Kopistin siehe unten, S. 129, Anm. 33.

[26] Da alle in cgm 4439 enthaltenen Texte auf die Hand ein- und derselben Schreiberin zurückgehen und lückenlos aufeinanderfolgen ist sicher, daß es sich bei der Handschrift um eine von vornherein planvoll konzipierte Sammlung und nicht um eine aus späterer Zeit stammende willkürliche Zusammenstellung ursprünglich separat abgeschriebener Traktate handelt. Kriterium für die Auswahl der aufgenommenen Texte scheinen persönliche Interessen und Vorlieben gewesen zu sein, zeigt der Band doch keine durchgängige thematische Einheitlichkeit: Auf eine Abhandlung des Benediktiners Johannes Trithemius über klösterliche Verhaltensregeln (1r–48v) folgen die beiden kurzen Trostschriften der Franziskaner Maillard und Fridolin (48v–50v und 50v–54r) und ein von Johannes Einzlinger (OFM) stammender Traktat über die Gelassenheit (54r–57r). Den Schluß bilden ein kurzer Bernhard von Clairvaux zugeschriebener Text über das heilige Abendmahl (57rf) und die Aufzeichnung der anläßlich des Weihnachtsfestes vorgetragenen Gedanken einer unbekannten Äbtissin (57v–60r).

5.2. Überlieferung und Adressatinnen

Wie bereits erwähnt liegt die *Lehre für angefochtene und kleinmütige Menschen* heute nur noch in einer einzigen Handschrift vor. Ob es sich bei den Seiten aus cgm 4439 um eine Abschrift vom Autograph Fridolins oder um die Kopie einer solchen handelt, ist heute nicht mehr zu entscheiden, man kann jedoch davon ausgehen, daß die Schreiberin des Codex auch Predigt-mit- oder nachschriften als Vorlage benutzt hat, wie einige in den Vortrag Maillards eingestreute Bemerkungen nahelegen[27]. Hier tritt nun gleich das nächste Problem zutage, denn da am Texteingang lediglich mitgeteilt wird, Vater Stephan habe die *Lehre* „gethu(n)"[28], wissen wir nicht, ob es sich dabei ursprünglich um eine Predigt[29] oder eine schriftliche Trostzuwendung gehandelt hat.

Aus der Nennung einer ganz spezifischen Form der geistlichen Verunsicherung gegen Ende des Textes wird hingegen deutlich sichtbar, für welchen Personenkreis Fridolin seine Gedanken bestimmt hat. Dort beschäftigt er sich nämlich mit der Frage, wie mit der Betrübnis umzugehen sei, die daraus entsteht, daß „die sweste(r) frum od(er) frolich" ist, man selbst aber nichts Gutes an sich zu entdecken vermag[30]. Die *Lehre* ist also an Klosterschwestern gerichtet, in deren Konvent eine interiorisierte, stark an persönlichen Empfindungen und Erfahrungen orientierte Frömmigkeit und damit verbunden eine intensive Gewissenserforschung gepflegt wurden, wendet sich vielleicht aber auch an eine einzelne, besonders von verschiedenen Anfechtungen und Ängsten gequälte Nonne. Gilt die durch Johannes von Dambach (OP, † 1372) geäußerte Festestellung, besonders einer strengen Erziehung, Ordensregel oder Bußdisziplin unterworfene Menschen neigten dazu, ein enges, durch vielerlei Erwählungssorgen und Zweifel gemartertes Gewissen zu entwickeln[31], auch noch im 15. Jahrhundert – und nichts spricht gegen diese Annahme –, so kann man die Adressatinnen der *Lehre* wohl noch genauer bestimmen und sie im Kreise der Fridolin anvertrauten Schwestern, also der zum strengen, reformierten Zweig im Franziskanerorden gehörenden Klarissen in Basel oder Nürnberg vermuten[32].

---

[27] Cgm 4439, 49r: „Er [Maillard] gab ein geleichnus:" und 50v: „Item mer sprach er, wir solten vnser getrawe(n) auf keine(n) mensche(n) setze(n)".

[28] Cgm 4439, 50v, Z. 15.

[29] So SCHMIDTKE: Fridolin, Sp. 920.

[30] Cgm 4439, 53r, Z. 3–10.

[31] Vgl. APPEL: Anfechtung, S. 27.

[32] Wie strikt und gewissenhaft zumindest einzelne der Nürnberger Nonnen ihre Ordensregel beobachteten, wird unter anderem aus dem Briefwechsel zwischen Sixtus Tucher und der Klarissenäbtissin Caritas Pirckheimer deutlich. Obwohl die Ermahnungen des Propstes an St. Lorenz, es mit Askese und frommen Übungen nicht zu übertreiben (Pirckheimer: Briefe, S. 33 und 44), erst Jahre nach Fridolins Tod übersandt wurden, können sie doch zusammen mit den zahlreichen Bezugnahmen auf die Anfechtungsproblema-

Obwohl die Sammelhandschrift cgm 4439 keine direkten Angaben zur Klärung ihrer Provenienz enthält, weisen doch einige Kennzeichen darauf hin, daß es sich bei ihr um das Ergebnis der Kompilations- und Abschreibetätigkeit einer Nonne handelt: Das ganze Bändchen ähnelt durch seine schlichte äußerliche Gestaltung und die exakte, sorgfältige Schrift stark an andere Produkte aus Skriptorien in Frauenklöstern[33]. Der auf den letzten Seiten niedergeschriebene Text, die Weihnachtsansprache einer namentlich nicht genannten Äbtissin, deutet ebenfalls in diese Richtung. Fridolins Anfechtungsschrift wurde also nach dem Tod ihres Autors in den Kreisen weitertradiert, für die sie bestimmt gewesen war.

Relativ genau läßt sich außerdem nachweisen, wann und wo die *Lehre* als hilfreich empfunden und deshalb in ein Andachtsbuch aufgenommen wurde, denn die Schreiberin erwähnt einerseits bereits das Weihnachtsfest des Jahres 1500[34], stellt aber Johannes Trithemius, den Verfasser des ersten Traktats noch als Abt von Sponheim vor[35]. Sie dürfte ihr Bändchen also während der ersten zehn Jahre des 16. Jahrhunderts, vielleicht zwischen 1500 und 1507[36] zusammengestellt und niedergeschrieben haben. Eine relativ genaue Fxierung des geographischen Entstehungsraumes ermöglichen die franziskanischen Autoren, deren Texte in den Codex aufgenommen sind: Neben der Zugehörigkeit zum gleichen Orden ist ihnen die Verbindung zum Nürnberger Barfüßerbzw. Klarissenkloster gemeinsam – Einzlinger war 1481–87 Fridolins Konventsbruder und versah das Predigeramt in Nürnberg[37] –, was die Vermutung nahelegt, daß der gesamte Codex aus dem Klarakloster der Reichsstadt stammt. Ein Vergleich der auf Blatt 57–60 festgehaltenen Ansprache einer Äbtissin mit anderen Texten der Nürnberger Konventsvorsteherin Caritas Pirckheimer sowie die Untersuchung der Hand der Schreiberin könnte über diese Frage wohl Klarheit schaffen.

Die Handschrift enthält so gut wie keine Verzierungen, weist ein kleines handliches Format auf und ist auf den relativ preisgünstigen Grundstoff Pa-

---

tik in den Predigten des Franziskaners und der erwähnten, an die Schwestern gerichteten Ansprache Maillards als Hinweis darauf gewertet werden, daß im Klarakloster Fragen zu Themen wie Erwählung, Heilsstand und Gnade eine zentrale Rolle spielten. Der daraus entstehende Klärungsbedarf fiel primär in den Zuständigkeitsbereich der Prediger und Beichtväter, die im persönlichen Gespräch, in mündlichen Vorträgen und seelsorgerlichen Schriften den einen oder anderen Aspekt aufgriffen, ermahnten, Trost zusprachen und den Nonnen Vorschläge für einen adäqaten Umgang mit den belastenden Erfahrungen unterbreiteten.

[33] Cod 3801 und cgm 4439 gleichen einander in Format, Ausstattung und Schrift so sehr, daß eine genauere Untersuchung herausarbeiten müßte, ob Margarete Kress (siehe oben, S. 59) nicht beide Bände geschaffen hat.

[34] Cgm 4439, 57v.

[35] Ebd., 1r.

[36] Trithemius verließ Sponheim im Herbst 1506 und lebte ab diesem Zeitpunkt in der Schottenabtei St. Jakob in Würzburg. VOLK: Trithemius, Sp. 366.

[37] Einzinger (in cgm 4439 „Eincziger" genannt) ist auch unter den Namen Einzlinger, Inslinger, Unthlinger u. ä. bekannt. LADISCH-GRUBE: Einzlinger, Sp. 434.

pier geschrieben, so daß ihre Verwendung in den persönlichen Andachtszeiten einer einzelnen Schwester angenommen werden kann. Der Gebrauch als repräsentativer, zur Unterweisung des gesamten Konvents herangezogener Band darf hingegen als weniger wahrscheinlich gelten.

Fridolins schwer zugängliche kleine Trostschrift erschien 1936 im Rahmen der Zeitschrift „An heiligen Quellen" in kritischer Edition[38].

5.3. Inhalt und zentrale Absicht

Wie bereits zu Beginn des Abschnitts erwähnt, stellt sich Fridolin in seiner *Lehre für angefochtene und kleinmütige Menschen* einem Problem, das breite Kreise innerhalb der verschiedenen Orden aber auch Laien und Laiinnen beschäftigte, ihnen Sorgen bereitete und sie nach Lösungen suchen ließ, die Erleichterung für das gequälte Gewissen versprachen. Ausgangspunkt all der in der *Lehre* aufgegriffenen Überlegungen und Gedanken war die mit der Sehnsucht nach ewiger Seligkeit einhergehende bedrängende Heilsunsicherheit spätmittelalterlicher Menschen. Rief sie bei der Mehrzahl der Gläubigen gesteigertes Interesse und willige Beteiligung an eher äußerlichen Formen der Frömmigkeit und den durch die Kirche angebotenen Gnadengaben hervor[39], so fanden andere, eher auf die persönliche Spiritualität ausgerichtete Einzelpersonen und Kreise keine Befriedigung in solcher primär an Quantität orientierter Glaubenspraxis und wandten sich deshalb verstärkt nach „innen"[40]. Diese beiden Zweige am Baum des Sicherheitsstrebens mußten einander keineswegs ausschließen; wie auch Fridolins *Lehre* zeigt, führte der Weg vielmehr oft vom einen zum anderen, denn je vehementer die objektive Kraft der kirchlichen Heilsvermittlung betont wurde, desto genauer mußte sich der einzelne Mensch fragen, ob er wirklich über die Voraussetzungen verfügte, die eine Zueignung des objektiven Gnadengeschehens an seine Person ermöglichten[41]. Man fühlte sich deshalb zu intensiver

---

[38] Konferenz (Bonmann). Der Herausgeber stellt der Lehre hier zwar eine mit zahlreichen Fehlern und als Tatsachen ausgegebenen Spekulationen durchsetzte Einleitung voran, die überdies alle bislang ungeklärten Fragen zu Entstehung, Verfasser und Adressatinnen offenläßt, gibt jedoch den Wortlaut der *Lehre* bis in die Orthographie hinein korrekt wieder. Seine Druckausgabe kann durchaus als Arbeitsgrundlage dienen, wenn auch der beigegebene Apparat lediglich aus wenig hilfreichen Worterklärungen besteht.

[39] Zur Fülle der in Nürnberg teils durch kirchliche Institutionen vorgegebenen, teils durch den Rat initiierten, vor allem aber durch die Leitung der Stadt kontrollierten Formen privater und öffentlicher Frömmigkeit wie Wallfahrten, Fasten, Reliquienverehrung, Almosen, Ablaßzahlungen und Stiftungen vgl. z.B. Kraus: Beziehungen, S. 55–59; Schlemmer: Gottesdienst, v. a. S. 32 f., 229–247, 294–308, 336–360; Schnelbögl: Reichskleinodien; Stahl: Nürnberg, S. 18–88.

[40] Vgl. Hamm: Frömmigkeitstheologie, S. 216–221.

[41] Zur Verflechtung von äußerlicher Kirchen- und interiorisierter Individualfrömmigkeit siehe Werbeck: scrupulositas, S. 340 f.

Gewissenserforschung, zum Abwägen zwischen eigener geistlicher Leistung und Versagen, zur Auseinandersetzung mit den durch Bibel und Kirche an einen herangetragenen Forderungen, zu möglichst genauer Analyse seines Verhältnisses zu Gott gedrängt. Damit verschob sich das Problem weg vom allgemeinen, durch die Kirche und ihre zwischen Gott und Mensch, ewiger Seligkeit und irdischer Existenz vermittelnden Angebote aufgefangenen Sicherheitsstreben hin in eine Richtung, deren Zentrum Sehnsucht und Suche nach persönlicher Heilsgewißheit des einzelnen Individuums war. Begleitung und Unterstützung der von Zweifeln und Anfechtungen Geplagten boten neben persönlichen Seelsorgegesprächen oder beratender, vor allem zwischen Beichtvater und Beichtkind geführter Korrespondenz die zahlreichen handschriftlich überlieferten oder im Druck erschienenen Trostschriften, deren Flut das Europa des späten Mittelalters geradezu überschwemmte[42]. Diese Literatur läßt sich grob in drei Grundrichtungen unterteilen, die sich freilich oft überschneiden oder berühren: Die Werke der ersten Richtung versuchen, Trost in Anfechtungen zu spenden, die auf die vielfältigen Leiden im Verlaufe des menschlichen Lebens zurückgehen[43], diejenigen der zweiten widmen sich der Vorbereitung und rechten Gestaltung der über Verdammnis oder Seligkeit entscheidenden Sterbestunde[44], die zugleich den Gipfelpunkt aller teuflischen Angriffe auf den Gläubigen bildet – beides thematisiert Fridolin ausführlich im *Schatzbehalter* und in seinen Predigten[45].

In Fridolins Anfechtungsschrift wird diese Verbindung bereits zu Anfang sichtbar, wenn der Autor erklärend und tröstend die Selbstzweifel aufgreift, die seine Adressatin beim Gedanken an einen konstitutiven Bestandteil des Bußsakraments bedrücken: „Ite(m) dich tunckt, du habst nit rew genuck, dar vmb hab daz sacrame(n)t d(er) peinte(n)z nit kraft an dir: Daz kumpt dar auß, daz du so groß schetzt die sund, die wid(er) got gescheche(n), daz du deinen halbe(n) nymer mer gemunck [genug] dar fur magst thun. Dise bekantnus ist auch pillich vnd recht." Cgm 4439, 51r, Z. 8–13.

[42] So WERBECK: scrupulositas, S. 341 und APPEL: Anfechtung, S. 3.

[43] Dazu AUER: Leidenstheologie, sowie die dort genannte Literatur.

[44] Auf Beispiele für im Nürnberg des ausgehenden 15.Jahrhunderts nachzuweisende Trostschriften dieser Art macht STAHL: Nürnberg, S. 44 f. aufmerksam.

[45] Im Hinblick auf die Frage nach dem Sinn des Leidens, der daraus resultierenden Theodizeeproblematik und dem bestmöglichen Verhalten eines durch diese Themen belasteten Menschen beschreitet Fridolin unterschiedliche, einander jedoch nicht ausschließende, sondern zu einem einzigen, in der Predigt über den dritten Kompletpsalm kompakt zusammengefaßten Ziel hinführende Argumentationswege. Er weist grundsätzlich darauf hin, daß Gott niemanden unschuldig leiden läßt, da alle ein gerüttelt Maß an Sünde auf sich lasten haben und eher Reue zeigen als Beschwerden gegen die göttliche Gerechtigkeit anmelden sollten (*Schatzbehalter* E5 ra. Mgf 1040,1,118vaf). Besonders streicht er die positiven Eigenschaften irdischer Last und Drangsal heraus, indem er etwa an die zu Gottvater und Christus hintreibende Funktion der „widerwertigen ding" erinnert (*Schatzbehalter* M1 rbf. Cod 3801, 41vf und 226v) und vor allem die im Jenseits zu erwartende Belohnung geduldigen diesseitigen Leidens plastisch ausmalt (*Schatzbehalter* Bb3 vb). Ebd. Z5 ra-va verdeutlicht er den sinnvollen Umgang mit Leiden am Beispiel eines Mannes, der sich sein neu erbautes Haus mit Mist und Kot anfüllt, weil ihm Gott verspricht, allen dort angehäuften Unrat einstmals in Gold zu verwandeln). Insgesamt ist das Leiden in Fridolins Augen

Texte der dritten Kategorie wie die *Lehre* unseres Franziskaners dagegen bemühen sich um die Stärkung des Menschen im Kampf gegen die das gesamte Leben begleitenden Erwählungszweifel und die auf die Prädestination hinzielenden Anfechtungen durch den Teufel. Aus dem 14. und 15. Jahrhundert sind zahlreiche Vertreter der letztgenannten Richtung überliefert, sei es als Abschnitte innerhalb eines Trostwerkes allgemeiner Art, sei es als selbständiger Traktat oder als Predigt[46]. Ohne Texte benennen zu können, die Fridolin als Inspiration oder als direkte literarische Quelle verwendet hat, dürfen wir wohl davon ausgehen, daß dem Barfüßer das eine oder andere dieser häufig kopierten handschriftlichen oder gedruckten Werke bekannt war, so daß er seine eigenen Gedanken zum Thema durch die Überlegungen anderer Theologen zu ergänzen vermochte.

Fridolin hält seine *Lehre* in formaler Hinsicht sehr schlicht, indem er sich einer geradlinigen Gedankenführung befleißigt und auf nicht unmittelbar zur Erläuterung des Themas beitragende Exkurse verzichtet; durch die angedeutete Dialogform[47], Modellgebete[48] und die deutliche Bündelung des Stoffes in fünf Themenabschnitte trägt er dem Bedürfnis einer von Zweifeln

---

also „der besten gutt(er) eins, das wir jn zeit [im irdischen Leben] muge(n) haben", ja er kann sogar sagen, es sei „ein zeit der genaden vn(d) parmhertzikeit gotes, wen(n) got leide(n) vber vns v(er)hengt." (Cod 3801, 226vf. Zitiert: 227r, Z. 4 f. und 226v, Z. 7 f.).

Noch ausführlicher nimmt sich der Franziskaner der Sterbestunde des Menschen an. Er bestätigt, daß man ihr aus gutem Grund voller Angst und Grauen entgegenblickt (z.B. *Schatzbehalter* s3 rb. T6 ra. Z1 ra), schärft ihre Rolle als entscheidender Trennpunkt zwischen Heil und Verdammnis ein (ebd. T4 rb) und rät angelegentlich, Gott bereits in Zeiten geistiger Gesundheit und körperlichen Wohlbefindens vertrauensvoll um gnädige Bewahrung in der Sterbestunde zu bitten, da man nicht wissen könne, ob man später noch Gelegenheit dazu haben würde (ebd. Hh5 rb). Sei es aber einst soweit, daß man fühle, aus dem Leben scheiden zu müssen, so stünden zahlreiche verläßliche Hilfsmittel zur Verfügung: Das Sakrament der Ölung (ebd. C4 vb), die der Verehrung des Namens Jesu zugesprochene Kraft wider den Teufel (ebd. U1 va–U2 ra), das feste Vertrauen auf Gottes Milde (ebd. T5 vb), wie sie sich in herausragender Weise in den Worten am Kreuz zeigt (ebd. I4 ra. Z3 va), vor allem aber die Betrachtung des Leidens und Sterbens Christi und die Opferung einzelner Elemente der Passion vor Gottvater (*Schatzbehalter* r6 rb. Gg2 ra. Cod 3801, 147r). Zu Fridolins Verwendung der „Admonitio St. Anselmi", einer ins Ordinarium aufgenommenen Fragenreihe für die Todesstunde (*Schatzbehalter* a3 vaf) vgl. Appel: Anfechtung, S. 67–71. Zur im Franziskanerorden gepflegten, im Werk Fridolins immer wieder thematisierten Verehrung des Namens Jesu (z.B. Mgf 1040, 1, 9ra. *Schatzbehalter* d4 ra–d5 ra) vgl. Iriarte: Franziskanerorden, S. 104 und Riedel: Liturgie, S. 730.

[46] Vgl. etwa die bei Auer: Anfechtung und Appel: Anfechtung genannten Werke und Teilabschnitte. Als Beispiel für eine aus Nürnberg stammende Schrift sei ein um das Jahr 1500 entstandener Traktat aus dem Katharinenkloster genannt, der mit den Worten beginnt: „Hye hernach sten etlich schon ler von der rew vnd von nuczen trostung wider klein muttikeit". Dazu Werlin: Mystikerzitate, S. 240–242.

[47] Besonders zu Textbeginn wird jeder Abschnitt durch das Aufgreifen einer Sorge der Adressatin eingeleitet („Ite(m) wen(n) dich dunckt, du mugst nit […]") und sodann in der Entkräftung dieser Selbsteinschätzung fortgesetzt. Z. B. cgm 4439, 50v, Z. 18–21. Z. 21–23. Z. 24–51r, Z. 2.

[48] Ebd., 51r, Z. 19–52r, Z. 23. 53r, Z. 5–10. 53r, Z. 13–15.

geschüttelten Nonne nach Überschaubarkeit und problemloser Lesbarkeit Rechnung.

Der erste Teil[49] holt die Adressatin gleichsam am Ort ihrer geistlichen Misere ab, denn nacheinander werden fünf Ergebnisse ihrer Selbsterforschung[50] betrachtet, die der Angefochtenen Anlaß geben, ihre Zugehörigkeit zum Gnadenstand zu bezweifeln. Ohne Zögern wird jede Infragestellung der eigenen Leistungsfähigkeit sogleich als Resultat eines besonders hohen Anspruchs der Klosterfrau an sich selbst entlarvt und durch den Hinweis auf den in ihrem Innersten schlummernden guten Kern sowie eine Art ‚Minimalisierungsprogramm‘[51] entkräftet, wie es in beispielhafter Weise der erste Abschnitt dieses Teils belegt: „Item wen(n) dich dunckt, du habst diß vnd daz vn(d) kein gut vnd tugent nit: Daz kumpt auß großer begird, die du zu de(m) gute(n) hast, dez du nit ersetigt magst werden; daz ist recht."[52] Fridolin bestreitet hier weder die Rolle der Tugend als Voraussetzung zur Erlangung des Heils, noch tastet er den Konsens an, der alle theologischen Schulen des Spätmittelalters einschloß, wenn es darum ging, die grundsätzliche Notwendigkeit des „facere quod in se est" festzuhalten. Auch als Notlösung in der Situation bedrückendster Anfechtung gibt es für ihn wie für viele zeitgenössische Theologen[53] keine Hoffnung unter Absehung guter Werke[54]. Nicht durch die generelle Negierung menschlicher Leistung entkräftet er

---

[49]   Cgm 4439, 50v, Z. 18–51r, Z. 13.

[50]   Besprochen werden das Empfinden des Mangels an Tugend, Gerechtigkeit, Glaube, Einwilligung in den göttlichen Willen und Reue.

[51]   Der Begriff „Minimalisierungsprogramm" wurde in Anlehnung an Berndt HAMM formuliert, der die Entwicklung eines auf die Masse der Christen hin ausgerichteten ethischen „Minimalprogramms" durch den Augustinereremiten Johannes von Paltz herausarbeitete (ders.: Frömmigkeitstheologie, vgl. dort das Sachregister S. 373). Anders als Hamm spreche ich von einem „Minimalisierungsprogramm", um so den prozessualen Charakter dieser Lehre und Anleitung, die die Stufen der an den Menschen gestellten religiösen Anforderungen immer weiter nach unten schreitet und schließlich vor dem absoluten Minimum steht, zu verdeutlichen.

[52]   Ebd., 50v, Z. 18–21.

[53]   Zur generellen Ablehnung des Vertrauens auf Gottes Gnade ohne den Willen zur eigenen Leistung in der Spätscholastik siehe APPEL: Anfechtung, S. 57.

[54]   Ebensowenig verficht Fridolin jedoch die Meinung, gute Werke allein seien bereits erlösend. Da er in der *Lehre* auf jede weitere Erklärung dieser Problematik verzichtet, sei auf die Auslegung des ersten Kompletpsalms verwiesen, wo er über Ps 4,6 („et sperate in domino") schreibt: „Und hofft jn den herr(n). Nit hoff auf dein gerechtikeit, die du gethu(n) hast oder das du vil geliden hast, sunder allein auff die ding, die xps [Christus] fur dich gethu(n) vn(d) geliedte(n) hat. Das soll vns die größte(n) hoffnu(n)g mache(n), das wir xpo [Christo] dem herr(n) zu gehorn, durch des v(er)dinsts vn(d) heillig leiden alle vnßere gutte werck got angenem werden. Deshalb ist sein leiden vnßer schatz, wan(n) er hat es fur vns geliden." (cod 3801, 119r, Z. 17–119v, Z. 4). Christi Leben und Leiden erst ermöglichen es dem Menschen, Werke zu tun, die Gott dem Gläubigen auf der „Haben-Seite" seines Lebenskontos anrechnet, die er als „gute Werke" akzeptiert. Obwohl es deshalb grundfalsch wäre, auf die Erlösungsfähigkeit des eigenen Tuns, der Tugenden und des Verzichts zu vertrauen, so wäre es ebenso verhängnisvoll, sich auf der durch Christus am Kreuz

also die Bedenken der durch ihr eigenes Unvermögen entmutigten Nonne, sondern der Nachweis des guten, ja des zu kultivierenden Ansatzes, den er hinter ihrer Mutlosigkeit entdeckt, dient ihm als Stärkungsmittel, wenn er ihr erklärt, sie meine nur deshalb nichts Gutes in sich finden zu können, weil ihr Streben nach Tugend zu stark sei, um befriedigt zu werden. Ist nun bereits der Wunsch nach eigenen guten Werken für Fridolin nicht zu tadeln, sondern auch dann aufs Höchste zu loben, wenn dem Wollen keine Taten folgen, so muß man den hier verwendeten Terminus der „begird [...] zu de(m) gute(n)" auf dem Hintergrund dessen lesen, was der Autor in seinen anderen Werken über das Zusammenspiel von göttlichem und menschlichem Willen sowie seine Funktion für das Heil schreibt und hier offenbar stillschweigend voraussetzt. Nur so ist die auf Minimalanforderungen beruhende Trostdimension der schlichten Sätze über das Genügen der Begierde nach Gutem wirklich verstehbar. Der Barfüßer zerstreut die Bedenken der Nonne, indem er den von der Angefochtenen selbst unbemerkten Besitz eines guten, sich Gott hingebenden Willens aufzeigt[55] und dabei selbstverständlich von dessen Heilsqualität ausgeht: Gott ist für ihn nämlich bereit, Taten, die ein Mensch tun will, so zu bewerten, als habe er sie wirklich vollbracht, wie es die Predigt über das Verständnis der Psalmen deutlich macht, in der es heißt: „wen(n) ein mensch also begriffe(n) wird in dise(m) gute(n) wille(n) [in der Reue über bisher versäumte Taten und dem Willen, fortan besser zu handeln], so rechnet es de(r) herr, als ob er dz gut ytzu(n)t gethon het"[56]. Insgesamt kann sich die angefochtene, den Verfasser der *Lehre* um Hilfe ersuchende Nonne also glücklich schätzen, verfügt sie doch über die „begird" zum Guten, die nicht nur signalisiert, daß sie sich eigentlich auf dem rechten Weg befindet und den Antrieb zur Umkehr und Nachfolge in sich trägt, sondern die auch von Gott honoriert wird. Ihre Zweifel sind lediglich das zwar unangenehme, aber auch als Indikator des ihr innewohnenden guten Tatwillens fungierende Nebenprodukt eines an sich begrüßenwerten Sachverhalts. Mit Hilfe der hier exemplarisch aufgezeigten Argumentationsstruktur geleitet Fridolin seine Adressatin durch alle im ersten Teil der *Lehre* behandelten Bedenken und Sorgen, ohne jedoch die Wurzel des Problems, die quälerische Selbsterforschung und das gebannte Schauen auf die eigene Leistungsfähigkeit, anzutasten. Menschliches Wollen und Tun bleiben für ihn in ihrer Eigenschaft als Heilsgarantien bestehen.

---

geleisteten Genugtuung auszuruhen. Worauf es ankommt ist, sich selbst in eine fruchtbare Beziehung zum „pro nobis" der Passion zu setzen, was nur durch Glauben und Nachfolge geschehen kann – und auch muß.

[55] Fridolin geht in keiner seiner Schriften von einem ungebrochenen, durch die Sünde unberührten Willen des Menschen aus. In der *Lehre* deutet er dies kurz an, wenn er seiner Adressatin erklärt: „allei(n) nach der sindligkeit [Sinnlichkeit] fleuchst" du „de(n) wille(n) gotes, d(er) dir swer ist zu leide(n), aber nach d(er) v(er)nunft erwelstu jn". Cgm 4439, 51r, Z. 6–8. In den Augen des Franziskaners besitzt der Mensch mehrere Willensebenen, die in unterschiedlichem Maße von den Folgen des Sündenfalls betroffen und geschädigt sind.

[56] Mgf 1040, 1, 3va, Z. 32–36.

Der zweite und mit Abstand längste Abschnitt des Textes[57] dient nun dazu, der Angesprochenen die Angst vor Verdammnis und Hölle zu nehmen, denn der Autor weiß, daß auch ein Mensch, der sich seines guten Kernes bewußt ist, in „unorde(n)tliche swermutigkeit" verfallen kann und deshalb umfassender Hilfe bedarf. Er reduziert das Problem dabei auf einen einzigen Punkt, den er von verschiedenen Seiten her beleuchtet, kommt aber, von welchem Blickwinkel aus auch immer er sich ihm nähert, zu der einen Lösung: Erwählungszweifel und Höllenangst verschwinden, sobald das Verdammtsein seinen Schrecken verliert, der Mensch also keinen Grund mehr hat, sich das mögliche Ergebnis des göttlichen Gerichts schon heute voller Grauen vorzustellen und in den schlimmsten Farben auszumalen. Um das zu erreichen, muß die Adressatin die völlige Unterordnung ihres eigenen Willens unter den göttlichen Erwählungs- und auch Verdammungswillen anstreben; sie muß lernen, sich vertrauensvoll mit einem Gebet wie dem folgenden an Gott zu wenden: „Woll an, es ist gar gut; sol ich jn die hell farn, so wil ich es wiliglich thu(n) als fern daz du es lieber herr ordenst zu deine(r) err [Ehre]"[58]. Weshalb aber sollte die geplagte Nonne freiwillig in die Fahrt zur Hölle einstimmen? Weil sie erkennen kann, daß auch die Existenz der Seelen im Reich der Verdammnis Gottes Ratschluß entspricht, da sie Gott „zu hoch(er) ewig(er) gl(or)i" dient[59], und daß auch in der Hölle niemand aus seinem Machtbereich herausfällt, um in die Fänge einer anderen, bedrohlichen Gewalt zu geraten. Das Wissen um diese Zusammenhänge ermöglicht es ihr, Gott für ihre auf ewiges Leiden hin ausgerichtete Erschaffung zu danken, falls sie wirklich zur Zahl derer gehören sollte, die zur ewigen Pein bestimmt sind und in der Hölle „als ein suser rawch" oder „ein wachß kertze(n)", die „man hie auf zunt", um Gottes Herrlichkeit zu veranschaulichen, brennen[60]. Natürlich fällt ihr die Zustimmung zum Willen ihres Erschaffers unter Umständen trotzdem nicht leicht, aber was sie nicht wirklich zu wollen fähig ist, das kann sie sich wenigstens wünschen zu wollen. Falls ihre Kräfte auch dazu nicht mehr ausreichen, so sollte sie zumindest ein Stoßgebet sprechen, denn auf diese Weise hervorgebrachte Worte sind „gewißlich nit v(er)lorn; sy springe(n) hinten nach auß de(m) mund jn das hertz" und stellen eine zuver-

---

[57] Cgm 4439, 51r, Z. 14–53r, Z. 3.
[58] Cgm 4439, 51r, Z. 19–22.
[59] Cgm 4439, 52v, Z. 6. Der Autor begründet das damit, daß Gott sich den Menschen zu seiner Ehre erschaffen und so dem menschlichen Leben – sei es dem irdischen, sei es dem jenseitigen – einen klaren Sinn verliehen habe: Die Verherrlichung des Schöpfers durch sein Werk. Dieser Gedanke taucht in Verbindung mit dem alttestamentlichen Bild vom Handwerker, der mit seinem Produkt tun kann, was er will (Jer 18,1–10. Jes 45,9 f.) im zweiten Textteil wie auch im *Schatzbehalter* (z.B. E4 vbf) immer wieder auf und bildet einen Grundpfeiler des fridolinschen Menschenbildes. Er besitzt seine Relevanz zum einen im irdisch-ethischen Handlungsbereich, da der Mensch verpflichtet ist, sein Leben entsprechend der Schöpfungsabsicht zu führen, außerdem bringt er aber auch eschatologische Konsequenzen, eben das Höllenleiden zur Ehre Gottes mit sich.
[60] Cgm 4439, 52r, Z. 16–20.

lässige Abwehr gegen den listigen Teufel dar[61]. Wie ungemein wichtig die Einwilligung des Menschen in den göttlichen Willen[62] für den Umgang mit Anfechtungen und Höllenangst ist, zeigt sich nun, da Fridolin nach all seinen Anstrengungen, der angesprochenen Nonne die Verdammnis als sinnvolle Existenzmöglichkeit nach dem Tod vorzustellen, seinen bislang zurückgehaltenen Vorbehalt offenlegt und durch die Versicherung: „Ite(m) wen(n) du dich oft got also [durch Willensvereinigung] ergibst, so ist es seiner entlose(n) gutigkeit vnmuglich, daz er dich mug v(er)damen"[63] den ersten Höhepunkt der *Lehre* erreicht. Interessant ist an dieser Stelle der Vergleich mit einer Aussage des *Schatzbehalter* zum gleichen Thema. Dort beantwortet der Franziskaner die Frage nach dem einen unfehlbaren Heilsgaranten, der den Menschen vor der Fahrt in die Hölle bewahrt, nicht mit dem Hinweis auf die Willensvereinigung, sondern durch eine Lobrede auf die Reue, die er in der rhetorischen Frage zuspitzt: „Sag mir, welhe su(e)nd mag dich verdammen, wenn du rew vnd layd darumb hast vnd willt sie bu(e)ssen vnd bessern, vnd welhe su(e)nd mag dir verzygen werden on die reu(e), es sey yn sund(er) oder in gemeyn?"[64] Die differente Bestimmung der vor der Hölle bewahrenden Größe dürfte in den unterschiedlichen Adressatinnen und Adressaten beider Schriften begründet sein; anders als im *Schatzbehalter*, der sein Publikum vor allem unter gebildeten und interessierten Laien findet, wendet sich Fridolin in der *Lehre* an Klosterschwestern, so daß er einen Schritt über die Reue, deren wichtige Rolle er für sein Laienpublikum erst herausarbeiten muß[65], während er sie bei den Nonnen in Form der vera contritio als gegeben voraussetzt, hinausgehen und vom völligen „Sich in den Willen Gottes ergeben" sprechen kann. Gemeinsam bleibt beiden Stellungnahmen aber das Postulat einer verläßlichen Garantie für das ewige Heil: Wer sich Gott anvertraut und seine Sünde – mag sie so schwer sein, wie sie will – bereut bzw. den eigenen Willen rückhaltlos Gott unterordnet, darf also auf Vergebung vertrauen. Mit diesem Infallibiliter-Denken vertritt der Barfüßer übrigens keine Einzelposi-

---

[61] Cgm 4439, 52r, Z. 1–6 und Z. 24–52v, Z. 17 (zitiert: Z. 8–10). Eine ähnliche Struktur (Wenn du schon nicht … tust, so tu doch wenigstens…) findet sich auch in Predigten des Franziskaners, z.B. mgf 1040, 1, 4rb.
Die Vorstellung, durch bewußte Vereinigung des Eigenwillens mit dem Willen Gottes einerseits und dezidierte Ablehnung satanischer Umschmeichelungen und Drohungen andererseits im Sinne eines „Cogere non potest" den Teufel überwinden zu können, findet sich in zahlreichen spätmittelalterlichen Trostschriften, vgl. APPEL: Anfechtung, S. 134 und WERBECK: scrupulositas, S. 344.
[62] In der *Lehre* tauchen Vokabeln aus dem Wortfeld „Wille", also „Wille Gottes", „wollen", „einwilligen", „williglich" usw. (wenn auch unter verschiedenen Aspekten) vierunddreißigmal auf und sie werden durch andere Begriffe, die mit ihnen inhaltlich eng verknüpft sind, z.B. „begehren" und „Mißfallen haben" (d. h., nichts tun wollen, was Gottes Willen widerspricht) ergänzt, was ihre exponierte Stellung anzeigt.
[63] Cgm 4439, 52v, Z. 17–19.
[64] *Schatzbehalter* Y2 vb, Z. 14–19.
[65] Vgl. unten, S. 277 f.

tion, sondern befindet sich in der Gesellschaft bedeutender spätmittelalterlicher Theologen wie z.B. Johannes Gerson[66] und Johannes von Staupitz, der in seinen Nürnberger Predigtstücken verkündet: „Sein [Gottes] parmherzigkait ist unmessig und unendtlich und der aigenschaft, wan der mensch die herzlich begert, das die keinem rechtbegerenden kan versagt werden."[67] Während Fridolin im *Schatzbehalter* offensichtlich davon ausgeht, durch die eindringliche Hervorhebung der Reue alle sein Publikum bewegenden Fragen beantwortet zu haben, scheint er beim Niederschreiben der *Lehre* gespürt zu haben, daß die Zweifel der angefochtenen Nonne noch nicht restlos ausgeräumt sind, denn er schiebt nun Tröstungen für den (vermeintlich) schlimmsten aller denkbaren Fälle nach: „Und ob es schu(n) wer, daz du jn die hell komst, so du dich for [vorher] jn solcher lieb gotz jn seine(n) wille(n) zu seine(r) glory wiliglich jn die pein ergeben hest, so wer es vnmuglich, daz dir die pein d(er) hell we tet, wan(n) sie newr den v(er)dampte(n) so vil we thut, so vil sy wid(er) de(n) wille(n) gotez strebe(n) vnd d(er) pey(n) nit wolle(n)"[68]. Die Hingabe an Gottes Willen bewahrt den Menschen vor den grauenhaften Auswirkungen der Verdammnis, denn die Hölle vermag sich nur denjenigen als Ort des Schreckens zu präsentieren, die sie nicht als gute, der Gerechtigkeit Gottes entsprechende Gabe zu akzeptieren lernen; für Menschen, deren Eigenwille völlig im Willen Gottes aufgeht, wird sie hingegen „jn daz himelreich v(er)wandelt"[69], wie es der Autor im *Schatzbehalter* näher erläutert. Er erklärt dort, daß die Verdammnis keineswegs durch lokale Fixierung, sondern durch existentielle Erfahrungen zu definieren sei, stelle sie doch gleichsam die Kurzbezeichnung „fu(e)r die pein des synns des schmertzens, dz ist fu(e)r die pein der enpfindung des hellische(n) feu(e)rs vn(d) and(er) qual" dar[70]. Deshalb könne man nur diejenigen als Verdammte bezeichnen, die nach ihrem Tod wirklich niemals endenden grauenhaften Qualen ausgesetzt seien[71], ganz gewiß jedoch nicht solche Menschen, die sich freudig bereiterklären, die Ewigkeit „mit dem willen gotez lieber jn d(er) hell den(n) an [ohne] seine(n) wille(n) jn de(m) himel" zu verbringen[72], da für sie ja der göttliche Wille das erstrebenswerteste Gut und somit ihr Himmelreich darstelle[73].

---

[66] Vgl. dazu WERBECK: scrupulositas, S. 349.
[67] Staupitz: Werke, S. 24 (Nürnberger Predigt- und Lehrstücke vom Frühjahr 1517).
[68] Cgm 4439, 52v, Z. 19–25.
[69] Cgm 4439, 53r, Z. 3.
[70] *Schatzbehalter* X6 ra, Z. 8–11.
[71] Ebd., Z. 31–rb, Z. 1.
[72] Cgm 4439, 52v, Z. 26–53r, Z. 2.
[73] Ohne wirklich eine mystische Theologie zu entwickeln – es gibt bei ihm weder einen Stufenweg hin zur unio noch die Vereinigung aller leib-seelischen Kräfte des Menschen mit Gott – lehnt sich Fridolin hier vielleicht an eine im Werk Eckharts und Seuses anklingende Vorstellung an, derzufolge das Empfinden von Leid und Schmerz ein sicheres Zeichen für die Unvollkommenheit und das Nicht-mit-Gott-Einssein des Gläubigen bildet. Er dreht diesen Denkweg um und kommt deshalb zu dem Schluß, daß der mit Gott

Die Zustimmung zum göttlichen Willen klingt auch im sehr kurzen dritten Teil der *Lehre* an[74], in dem Fridolin praktische Verhaltensratschläge für Anfechtungssituationen gibt, die aus der Beobachtung gottwohlgefälliger Qualitäten der Mitschwestern entstehen. Er empfiehlt zunächst einmal, auf dem Hintergrund des Vergleichs mit anderen Nonnen nicht über die der eigene Person anhaftenden Mängel zu klagen und in bohrende Selbstzweifel zu verfallen, sondern den Willen Gottes, der jeden einzelnen Menschen auf ein bestimmtes Ziel – und sei es auf eine arme, elende, erbarmenswerte Existenz – hin geschaffen hat, sowohl für die eigene Unzulänglichkeit wie auch für das fromme Leben der Mitschwestern dankbar zu bejahen[75]. Außerdem ermahnt er, Gott um die Annahme von Leiden als Ersatz für fehlende gute Werke, also um ihre Anrechnung als Verdienste zum Heil zu bitten[76], statt sich zu Neidgefühlen hinreißen zu lassen.

Nach der Besprechung eher praktischer Probleme im dritten Teil folgen im vorletzten Abschnitt des Textes[77] nochmals grundsätzliche Klärungen, stellt sich auf die Erläuterungen über den Sinn des Leidens doch fast zwangsweise die Frage nach Ursprung und Bedeutung von Anfechtungen und Zweifeln ein, die ja durchaus auch als leidvolle Erfahrungen bezeichnet werden können. Zuvor allerdings konzentriert sich der Autor nochmals auf das bereits zu Beginn kurz angeschnittene Thema der Reue und ihrer Rolle im Prozeß der Annahme zum Heil. Für die Adressatin der *Lehre* steht die elementare Bedeutung der Differenzierung zwischen attritio (Reue „vo(n) forcht wege(n)") und contritio (Reue „vo(n) lieb wege(n)")[78] fest, da nur letztere über die Kraft verfügt, das Tor zur Seligkeit zu öffnen. Fridolin

---

willenseinige Mensch keine Qual und Pein spüren, sondern die Freuden seiner willentlichen Hingabe genießen wird. Zum vorgetragenen Gedanken bei Eckhart und Seuse siehe APPEL: Anfechtung, S. 11 f., 15 und 21. Zur Leidenstheologie der Mystiker im allgemeinen AUER: Leidenstheologie, v. a. S. 55–70.

[74] Cgm 4439, 53r, Z. 3–15.

[75] Der Autor verbindet hier augenscheinlich sein Verständnis von Rö 5,20b (ubi autem abundavit delictum superabundavit gratia) mit dem in seinem Werk nur selten thematisierten franziskanischen Armutsideal, wenn er erklärt: Je größer die geistliche Armut der demütig betenden Schwester, desto mehr entspricht es Gott, seine „grosmechtigkeit mit erparme(n) an" ihr „zu erzaige(n)". Cgm 4439, 53r, Z. 9 f.

[76] Der Ausgangspunkt des Gedankens von der Verdienstlichkeit des Leidens und seiner Fähigkeit, den Mangel an guten Werken zu kompensieren, liegt für Fridolin in Joh 16,33 („In der werlt werdet ir zwangsal habe(n). Aber ir so(e)lt ein getrawen haben; ich hab die werlt vberwunde(n)". Zitiert nach *Schatzbehalter* Bb3 vb, Z. 9–11). Mit diesem Satz habe Jesus seinen Nachfolgern eröffnet, daß ihr „verdie(n)st in diser zeit allermeist in de(m) leiden" bestehe (ebd., Z. 15 f.), weshalb man Drangsal und Schmerz nicht fliehen, sondern freudig als Gelegenheit der Bewährung und der Anhäufung von Verdiensten wahrnehmen sollte. Zu bedenken bleibt dabei allerdings: Nicht das Leiden per se verfügt über Heilsqualitäten, sondern erst durch Christi genugtuende Passion und ihre willige Annahme durch den Gläubigen wird menschliches Leiden verdiensträchtig (So mgf 1040, 1, 25va).

[77] Cgm 4439, 53r, Z. 15–53v, Z. 13.

[78] Cgm 4439, 53r, Z. 15 f.

schließt sich dieser Auffassung an, attestiert aber der alarmierten Nonne, die glaubt, selbst nur von attritio bewegt zu sein, mehrfach den bereits am Texteingang beschworenen „gute(n) grunt"[79], eine Größe, die ihm aus der Mystik vertraut gewesen sein dürfte[80]. Durch die Beantwortung der Frage, weshalb seine Adressatin den guten Kern ihrer Persönlichkeit nicht selbst wahrnehmen könne, stößt er dann zur Erklärung des in Leiden und Anfechtung eingeschlossenen tieferen Sinnes und damit zum zweiten Gipfelpunkt der *Lehre* vor: Gott nämlich ist es, der Menschen der Anfechtung aussetzt, um ihnen nach bestandener Bewährungsprobe den Besitz des Gnadenstandes zu offenbaren, vor allem aber, um bereits zu Lebzeiten der Gläubigen eine Läuterung herbeizuführen, deren Lohn nach dem Tod empfangen werden kann. Der auf Erden leidenden und demzufolge glücklich zu nennenden Klosterfrau versichert Fridolin deshalb: „Got gibt dir daz leide(n) zu eine(m) feg fewr vnd zu eine(m) zeichen großer lieb, daz er dich hie stroft, daz er dein dort mug schune(n) [verschonen]"[81].

Steht nun der Nutzen des recht verstandenen, von Gott gesandten und angewandten Leidens fest, kann Fridolin zum Schlußteil[82] übergehen und

---

[79] Ebd., Z. 17–53v, Z. 1: „so dir einfelt ein gedanck wider got pald ee du gedenckst an die hell od(er) an daz vrteil d(er) sunde(r): So erschrickstu vnd hast eine(n) grauen vor d(er) sund. Daz ist ein zaiche(n), daz ein guter grunt jn dir ist, de(nn) daz arg widerzein ist gotes halb vnd nit allei(n) der hell halb. Also entspringt alle dei(n) anfechtu(n)g auß eine(m) gute(n) grunt; wer dei(n) grunt nit gut: Der mangel dez gute(n) vnd die enpfindu(n)g dez arge(n) tet dir nit als wee".

[80] Die dort vertretene Vorstellung vom innersten Seelengrund, der nicht von der Sünde verdorben ist und deshalb als Ausgangspunkt der Umkehr zu Gott hin dient, reduziert der Franziskaner allerdings stark auf die nach dem Fall erhalten gebliebene Fähigkeit des Menschen, Gott zu lieben. Wie der Gläubige in den Besitz der amor dei kommt, ob sie etwa zu den natürlichen, jedem Menschen innewohnenden Fähigkeiten gehört oder eine Gabe der göttlichen Gnade darstellt, interessiert ihn nicht.

[81] Cgm 4439, 53v, Z. 9–12. Auch in der letzten Kompletpredigt und im *Schatzbehalter* finden sich Äußerungen über die Möglichkeit, durch irdische Leiden den Aufenthalt im Fegfeuer zu verkürzen bzw. die Intensität der dortigen Strafen zu mildern. Ein Zitat aus der Predigt zeigt dabei deutlicher als die *Lehre*, daß Fridolin nicht jeder Art von Bedrängnis und Schmerz solche Qualitäten zumißt, sondern nur an den Leiden eine Bußwirkung festmacht, die der Mensch als verdiente Strafe für seine zahlreichen Übertretungen der göttlichen Gebote erkennt: „[…] ob [wenn] du gedultiglich leidst, pistu den(n) jn sunde(n), so werde(n) sy dir durch die trubsal v(er)zigen; so du jn dich selber schlechst vn(d) gedenkst, das du pillich leidst, so ist dir das leide(n) ein abwaschen der sund. Du magst jn gedultigem leide(n) der pein des fegfewr mer ablegen den(n) dort hunder jar, so du hie püst genu(n)g, so darfftu [brauchst du] dortt nit püßen." (Cod 3801, 230r, Z. 3–20). Im *Schatzbehalter* hingegen spricht er nicht von allgemeinen Leiden, bei deren Auftreten dem gepeinigten Menschen gar nicht klar ist, für welches konkrete Vergehen er nun gezüchtigt wird; es geht ihm hier um die Ahndung einzelner, genau fixierbarer Missetaten, die Eltern und Erzieher quasi als verlängerter Arm Gottes an ihren Kindern strafen: „[…] was die eltern vnd meyster mit der gerten abnemen, das verzeicht gott d(er) herr auch gar leicht. Denn was hye zeittlichen gebu(e)st wirdt, das will gott der herr dort lassen verzygen sein." (*Schatzbehalter* Y1 va, Z. 5–10).

[82] Cgm 4439, 53v, Z. 14–54r, Z. 7.

seiner Adressatin gleichsam zusammenfassend nochmals eine Anzahl von Trostgründen nennen, aber auch abschließende Ermahnungen aussprechen. Zentraler Begriff im letzten Abschnitt ist wiederum der „Wille", diesmal allerdings in seiner Funktion als Differenzierungsfaktor bei der Unterscheidung von peccatum mortale und peccatum veniale. Dem Franziskaner ist bekannt, wie sehr die ihm anvertrauten Nonnen dazu neigen, hinter jedem Gedanken und Werk eine Todsünde zu vermuten, obwohl Gott bekanntlicherweise vom Menschen nicht mehr fordert, als dieser zu tun vermag[83]. Die Identifizierung eines Vergehens als Todsünde hängt außerdem nicht nur von der vermeintlichen Schwere der Tat, sondern vor allem von der Zustimmung des handelnden Menschen ab[84], so daß die angesprochene Schwester nicht befürchten muß, unbemerkt und unwillentlich in eine Todsünde hineinzuschlittern, denn „ob du schon ein dinck thest, daz vo(n) aige(n) geschiet [an sich] tod sund wer, zu de(m) wurstu gezwunge(n), daz du es must thu(n). So tar [wage] jch spreche(n), daz es dir kein todt sund wer, wan(n) die sund muß [...] wilig sein[85]". Natürlich ist es bei der skizzierten, in doppelter Hinsicht zentralen Rolle des menschlichen Willens unabdingbar, sich Klarheit über die Befindlichkeit des eigenen Willens zu verschaffen. Ständige Selbsterforschung ist aber ganz sicher kein zu diesem Zweck geeignetes Mittel, ist der angefochtene, zweifelnde Mensch doch „v(er)plent vnd v(er)wickelt"[86] und vermag sich deshalb der Neigung, sich „selbs sund" zu machen[87], nicht zu entziehen. Neben der Empfehlung, die unablässige Grübelei über den gegenwärtigen oder zukünftigen Gnadenstand sein zu lassen[88], schließt sich Frido-

---

[83] Cgm 4439, 53v, Z. 14 f. warnt er deshalb: „Item vor alle(n) dinge(n) hut dich, daz du dir nit selbs sund machst, [...] got fodert nit mer vo(n) vnß dan wir v(er)muge(n)". Zum im Spätmittelalter häufig vertretenen Grundsatz von der Erfüllbarkeit des Gesetzes bei Einsatz aller dem Menschen einwohnenden Kräfte vgl. APPEL: Anfechtung, S. 28–32.

[84] Fridolin kommt zum gleichen Ergebnis, wenn er sich im *Schatzbehalter* mit dem Wesen der Todsünde, ihren Voraussetzungen, Kennzeichen und ihrer Bekämpfung auseinandersetzt (Dd1 va–Dd3 ra). Statt wie in der *Lehre* einen seelsorgerlichen Impetus an den Tag zu legen, erläutert er seinem Publikum dort in belehrendem Ton, daß Todsünden „leichtlich beschehen vn(d) auch nit leichtlich" (Dd2 rb, Z. 9 f.). Menschen, die „gewisse(n)los vn(d) verachter irer selen heyl seye(n)" (Dd2 rb, Z. 16 f.), gerieten nämlich häufig von einer Todsünde in die nächste, während andere – er nennt hier als Beispiel ausdrücklich Mönche und geistliche Personen mit engem Gewissen – aus Gottesfurcht ihren Willen unter Kontrolle hätten und deshalb kaum in der Gefahr stünden, bereitwillig zu sündigen.

[85] Cgm 4439, 53v, Z. 18–22.

[86] Ebd., Z. 16.

[87] Ebd., Z. 14 f.

[88] Auch die Predigt über die Vorbereitung auf das Chorgebet zeigt, daß der Franziskaner seine Ordensfrauen auf die in der Beschäftigung mit Anfechtungen und Zweifeln liegende Gefahr aufmerksam machen will. Da man den teuflischen Einflüsterungen Tür und Tor öffne, sobald man auch nur einen Gedanken an sie verschwende, legt er den Nonnen ans Herz, die problematischen Erfahrungen zu ignorieren und sich stattdessen auf anderes zu konzentrieren; für die konkrete Situation der kanonischen Horen gibt er deshalb die Anweisung: „kumpt es [gotteslästerliche und wider den christlichen Glauben gerichtete

lin demzufolge dem Rat vieler seiner Kollegen an[89], indem er mahnt, sich vertrauensvoll in die seelsorgerliche Begleitung und Führung derer zu begeben, „die auß d(er) geschrift vnd auß erfarvng jrselbs vnd and(er) leut paß [besser] wisen"[90], wie der rechte Umgang mit Anfechtungen aussieht. Am intensivsten sollen die Nonnen ihr Augenmerk aber darauf richten – hier nimmt er ein letztes Mal das den gesamten Text durchziehende Motiv von der rückhaltlosen Zustimmung zum göttlichen Willen auf –, ihr Schicksal Gott zu überlassen und sich „gantz jn sein milt hend" zu ergeben[91], was als abschließendes Resümee der vorhergehenden Ausführungen Fridolins Meinung nach wohl nicht mehr schwer fallen dürfte.

Nach diesem Überblick über Aufbau und Inhalte der *Lehre für angefochtene und kleinmütige Menschen* lassen sich die Ziele, die der Nürnberger Franziskaner bei der Niederschrift vor Augen hatte, wie folgt zusammenfassen: Der Autor greift für das angesprochene monastische Publikum typische Fragen und Erfahrungen aus dem Problemkreis der Anfechtung auf und bemüht sich, für alle denkbaren Bedrängnissituationen und Seelenzustände passende Antworten und Hilfestellungen aufzuzeigen, um so der Angst vor der Hölle, aber auch Zweifeln an eigener Leistungsfähigkeit, an Gnadenstand und Erwählung den Boden zu entziehen. Er tut das ansatzweise in Form theologischer Reflexion (es sei an seine Überlegungen über das Wesen der Todsünde und die Leidensdimension der Verdammung erinnert), vor allem aber durch die Erteilung konkreter, in die fromme Glaubenspraxis umsetzbarer Ratschläge und Anweisungen.

Obwohl Fridolins Ansinnen, den Nonnen Trost und Stärkung zu spenden, von der ersten bis zur letzten Zeile des Textes deutlich spürbar ist und zumindest durch die Schreiberin oder Auftraggeberin von cgm 4439 insofern Anerkennung erfuhr, als sie seine kleine Schrift in ihren Band aufnahm, bleibt doch festzuhalten, daß es ihm in der *Lehre* nicht gelingt, den in sich geschlossenen Kreis von Gewissenserforschung, Angst und Zweifel zu durchbrechen, da er den Blick der Schwestern immer wieder auf den Willen und damit eine Größe innerhalb ihrer selbst lenkt. Eine extra nos, also unbhängig vom menschlichen Wollen und Handeln bestehende Dimension zeigt er hingegen nicht auf.

Anfechtungen] dan(n) vnder de(m) gebett [Chorgebet] wider vn(d) will nit von im [dem Menschen] lossen, so solle(n) sy als vil sy mügen vff dz gebett mercken." (Mgf 1040, 1, 2ra, Z. 25–27).

[89] Zu nennen sind beispielsweise Johannes v. Dambach (APPEL: Anfechtung, S. 27), Johannes Nider (WERBECK: scrupulositas, S. 342) und der anonyme Verfasser eines an Salzburger Benediktinerinnen gerichteten Textes in der zweiten Hälfte des 15. Jahrhunderts (HÖVER: Theologia, S. 225).

[90] Cgm 4439, 53v, Z. 6 f. Nur am Rande sei bemerkt, daß der Autor durch seine Verweise auf kompetente Ratgeber (53v, Z. 5–9 und 12–15) gleichsam Werbung für den eigenen Text betreibt, stellt dieser doch die zu Papier gebrachte Sammlung von Überlegungen eines erfahrenen Seelsorgers dar.

[91] Cgm 4439, 54r, Z. 4 f.

Die sechsundtreissigist figur

6. Buch von den Kaiserangesichten[1]

Das *Buch von den Kaiserangesichten*[2] hebt sich in mehrerlei Hinsicht von den anderen Werken Stephan Fridolins ab: Zum einem können die Umstände seiner Entstehung genauer als im Falle sämtlicher anderer Schriften des Franziskaners nachgezeichnet werden, da die erhaltenen Quellen über den Anlaß seiner Abfassung, die Empfänger und den Aufbewahrungsort des Bandes sowie die ungefähre Zeit seiner Niederschrift Aufschluß geben. Zum zweiten fällt eine inhaltliche Differenz zu den übrigen Texten Fridolins auf, scheint es sich beim *Buch von den Kaiserangesichten* auf den ersten Blick doch nicht um eine theologische, sondern eine historische, von humanistischen Interessen motivierte und durchdrungene Darstellung zu handeln, so daß in der Forschung etwas plakativ die Rede von Fridolin als Mitglied des Nürnberger Humanistenkreises der achtziger Jahre[3] und als Vertreter des örtlichen „Klosterhumanismus"[4] ist, ja Ulrich Schmidt den gesamten dritten Abschnitt seiner Monographie über den Franziskaner mit „P. Stephan Fridolin als Humanist"[5] überschreibt.

Im folgenden wird zunächst ein kurzer Überblick über die Entstehungshintergründe des Werkes gegeben und danach im Zusammenhang mit der Darstellung seines Inhalts der Versuch einer differenzierten Einordnung des Autors in das Spektrum des Nürnberger Humanismus am Ausgang des 15. Jahrhunderts unternommen. Die spärlichen Anregungen und Ergebnisse der bisherigen Forschung fließen dabei an geeigneter Stelle ein.

---

[1] Textgrundlage des folgenden Kapitels ist das in der Nürnberger Stadtbibliothek unter der Signatur Cent IV, 90 aufbewahrte Original. Die Zählung der Blätter folgt nicht den Eintragungen mit roter Tinte an der oberen Blattmitte, sondern beginnt mit der ersten beschriebenen Seite. Bei den Zeilenangaben werden die doppelzeiligen Überschriften jeweils als eine Zeile gezählt.

[2] Der Titel geht zum einen auf den Deckeleindruck von Cent IV, 90 zurück, der das Buch mit „Etliche Keyser Angesicht" überschreibt, findet sich aber auch unter den Rechnungseinträgen Hans Tuchers für den Februar 1487, wo es heißt: „Item am 12. tag febrer beczalt ich [Tucher] dem Nicklas Fincken fur das puch zw den keisserangesichten czw schreiben". Zitiert nach: Mittelalterliche Bibliothekskataloge, S. 782.

[3] SCHMIDT: Franziskanerprediger, S. 135.

[4] MACHILEK: Klosterhumanismus, S. 27.

[5] SCHMIDT: Franziskanerprediger, S. 129.

6.1. Verfasser, Datierung und Anlaß der Schrift

Da Stephan Fridolin schon während seines Mainzer Aufenthaltes gegen Ende der siebziger Jahre im Rufe stand, sich nicht nur für die römische Antike zu interessieren, sondern auch entsprechende Sachkenntnis zu besitzen, hatte er vom Prior der örtlichen Kartause auf dem Michaelsberg eine Sammlung antiker Silber- und Kupfermünzen übereignet bekommen[6]. Nachdem er sie knapp zehn Jahre lang in Besitz gehabt[7] und vielleicht noch um einige Exemplare erweitert hatte[8], faßte er den Entschluß, die geprägten Kaiserporträts „mit verwilligung seiner obern"[9] als Geschenk an den Nürnberger Rat zu übergeben, da er sich davon eine Art bleibende Mahnung an alle erhoffte, die in Zukunft die in den Ratsräumen ausgestellten Herrscherbildnisse aus vergangener Zeit betrachteten[10].

Das reichsstädtische Führungsgremium fügte diesem Grundstock weitere Münzen, darunter den Abguß eines der 30 Pfennige, für die Christus verkauft worden war, hinzu[11] und ließ sie 1486 durch Albrecht Dürer d. Ä. und Bartelmeß Egen vergolden, um ihnen ein repräsentatives Äußeres zu verleihen. Darüber hinaus wies der Rat an, sie an einer Tafel anzubringen, so daß es

---

[6] Siehe oben, S. 32 f. Über das Material der Münzen gibt Hans Tuchers Rechnungseintrag für Vergoldungsarbeiten von 1486 Aufschluß, vgl. JOACHIMSOHN: *Buch*, S. 1 und *Mittelalterliche Bibliothekskataloge*, S. 781.

[7] Es ist unklar, ob es Fridolin als observantem Franziskaner gestattet war, eine Münzsammlung in Privatbesitz zu haben. Möglicherweise übernahm er die Kollektion des Mainzer Kartäuserpriors und überführte sie in die Verfügungsgewalt seiner Konventsoberen, was bedeutet, daß sie nicht ihm persönlich gehörte, sondern zum Gemeinschaftseigentum der Nürnberger Franziskaner zählte. Dafür spricht, daß im Text des *Buches von den Kaiserangesichten* ausdrücklich erwähnt wird, Fridolin habe die Porträts mit Genehmigung seiner Vorgesetzten verschenkt (siehe unten, Anm. 9). Da er es war, der die Münzen in die Gemeinschaft einbrachte und über ausreichende Sachkenntnis für den Umgang mit ihnen verfügte, ist erklärbar, weshalb er im *Buch von den Kaiserangesichten* als Besitzer und deshalb konsequent als Schenker der Sammlung erscheint, sollte er auch nie private Eigentumsrechte an ihr gehabt haben.

[8] Die Bemerkung, Fridolin habe die ihm überlassenen Münzen „mit anndern, die man ze wege(n) pringen mocht, ze samen geordent" (Cent IV, 90, 4v, Z. 24 f.) läßt offen, ob die Sammlung durch den Rat oder den Franziskaner aufgestockt wurde; immerhin wäre es möglich, daß das Geschenk des Kartäusers Fridolins eigenen Sammeleifer entfacht hatte und er deshalb während seines Romaufenthaltes versuchte, die eine oder andere Münze zu erwerben.

[9] Cent IV, 90, 4v, Z. 23 f.

[10] Dazu siehe unten, S. 161 f.

[11] Im Präskript des *Buches von den Kaiserangesichten* heißt es, die „geprech [Gepräge]" stammten „der mererteil von dem genanten hern Stephan Fridolini" (Cent IV, 90, 1r, Z. 8 f.). Nicht mehr zu ermitteln sind allerdings die Namen der einzelnen an der Aufstockung der Sammlung beteiligten Ratsmitglieder und auch aus Hans Tuchers an das Ende des Textes angefügter Bemerkung über den Abguß des Silberpfennigs (Cent IV, 90, 42r, Z. 1–8) wird nicht klar, ob es sich dabei um eine Spende des Patriziers selbst (so vermutet SCHMIDT: *Franziskanerprediger*, S. 144) oder um das Geschenk eines anderen Ratsherrn handelte.

möglich war, die gesamte Sammlung übersichtlich und geordnet in der „librey"[12], einem für Bücher, Kunstwerke und Kuriosa reservierten Raum im Rathaus, auszustellen. Fridolin war mit seinem Münz-Geschenk also spätestens 1486 an den Rat herangetreten und hatte zu diesem Zeitpunkt vielleicht auch schon eine vorläufige Version des Begleitbuches abgeschlossen. Die endgültige Textfassung wird vermutlich zwischen der Übergabe der Sammlung an die Nürnberger (dem Autor ist bereits die Ergänzung durch einige Exemplare bekannt) und dem Januar 1487 erstellt worden sein (der Kopist des Textes wird im Februar für seine Leistungen entlohnt[13]). Die wohl von Fridolins eigener Hand stammenden Randbemerkungen hingegen entstanden aller Wahrscheinlichkeit nach frühestens im Jahre 1489[14].

Bei allen die Kaiserporträts betreffenden Verhandlungen wurde der Rat durch den Patrizier Hans Tucher (1428–1491) vertreten, in dessen Aufgabenbereich während der achziger Jahre die Pflege und Vergrößerung der Bibliothek fiel. Ihm scheint dieses Tätigkeitsgebiet sehr am Herzen gelegen zu haben, denn seine penibel geführte, Rechenschaft über Bücherankäufe ablegende Liste zeigt, daß er in nur vier Jahren den bisherigen Bestand mehr als verdoppelte und sich so 1490 insgesamt 371 Bände in seiner Obhut befanden[15]. Nicht nur die beträchtliche Erhöhung der Bandzahl jedoch ist ihm als Verdienst zuzurechnen, er verlieh vielmehr der Bibliothek einen völlig neuen Charakter, indem er die bisherige, neben juristischen sowie einigen wenigen medizinischen und naturphilosophischen Titeln vor allem theologische Werke umfassende Sammlung durch gezielte Neuerwerbungen aus dem Bereich antiker und humanistischer Literatur ergänzte[16].

---

[12] Zur Nürnberger Ratsbücherei siehe PETZ: Beiträge, v. a. S. 124 und 126 sowie Mittelalterliche Bibliothekskataloge, S. 772–795.

[13] Siehe oben, S. 143, Anm. 2.

[14] Siehe unten, S. 146, Anm. 17. Für die These, Fridolin habe die fertig kopierte Schrift zu einem späteren Zeitpunkt nochmals durchgesehen und dann mit eigener Hand Verbesserungen und Kommentierungen angebracht, spricht nicht nur die sprachliche und inhaltliche Ähnlichkeit von Textkorpus und Anmerkungen, auf die Joachimsohn aufmerksam macht (siehe oben, S. 27, Anm. 117), sondern auch zwei eher formale Gesichtspunkte deuten in diese Richtung: Grundsätzlich wäre natürlich denkbar, daß die Randtexte durch einen Stadtschreiber auf die genaue Anweisung des Autors hin eingetragen wurden, aber das ist zum einen deshalb unwahrscheinlich, da sich ein von der Stadt angestellter und bezahlter Kopist um eine sorgfältigere Schriftart und um eine für das Auge etwas gefälligere Aufteilung des Anmerkungstextes auf den zur Verfügung stehenden Platz an den Seitenrändern bemüht haben dürfte. Darüber hinaus zerstört die Hand des Korrektors an mehreren Stellen durch marginale grammatikalische Verbesserungen oder überflüssige Worterklärungen den optischen Gesamteindruck und fügt an einigen Stellen sogar noch Anmerkungen zu Randtexten an. Beides ist als Vorgehensweise eines professionellen Schreibers nur schwerlich erklärbar, so daß wir mit hoher Wahrscheinlichkeit Fridolin nicht nur als den geistigen Vater, sondern auch als den Schreiber der Zusätze annehmen dürfen.

[15] PETZ: Beiträge, S. 125 f.

[16] Bestandsverzeichnisse für die Zeit vor und nach der Tucherschen Erweiterung bietet PETZ: Beiträge, S. 138–143 und 155–162. Der Patrizier erwarb dabei nicht nur druckfrische

Was nun das großzügige Geschenk des ortsansässigen Franziskaners Fridolin betraf, so veranlaßte Tucher neben dessen augenfälliger Präsentation im
Rathaus auch die Abschrift eines Begleitkommentars, eben des *Buches von
den Kaiserangesichten*, das Anfang 1487 durch den Ratsschreiber Nicklas Finck
sorgfältig auf Pergamentblätter übertragen und durch aufwendige ornamen-
tale Verzierungen, Vergoldung von Überschriften, Hervorhebung der Herr-
schernamen in farbenprächtigen Majuskeln und durch Initialen an den Anfängen der einzelnen Abschnitte kostbar ausgestaltet wurde[17].

Auf den ersten Blick könnte man nun meinen, Fridolin sei lediglich insofern an der Entstehung der Schrift beteiligt gewesen, als er den Grund für
ihre Abfassung, nämlich das Geschenk an den Rat lieferte; wenngleich an
keiner Stelle ausdrücklich als Autor bezeichnet, käme in diesem Fall eigentlich nur Tucher als solcher in Frage, denn sein Name wird in allen im Zusammenhang mit dem *Buch* stehenden Dokumenten genannt und findet sich
überdies auch auf der Innenseite des hinteren Einbanddeckels sowie im Text
selbst[18]. Wie seine 1482 erschienene Beschreibung einer drei Jahre vorher
zusammen mit dem Nürnberger Bürger Sebald Rieter unternommenen
Reise ins Heilige Land[19] und sein Engagement bei der Erweiterung der „Librei" beweisen, ist dem Patrizier weder das Interesse an historischen Persönlichkeiten und Vorgängen, noch die Fähigkeit, einen umfangreichen Text
auszuformulieren, abzusprechen[20]; aber die Tatsache, daß das *Buch von den*

Bände, sondern übernahm im Jahre 1486 auch 59 Bücher aus dem Nachlaß des humanistisch interessierten Nürnberger Arztes Hermann Schedel, vgl. KÄSTNER: Fortunatus,
S. 279.

[17] Zur äußeren Gestalt des Buches siehe: Handschriften der Stadtbibliothek Nürnberg,
S. 436 f.

Finck erhielt für seine Arbeiten zwei rheinische Gulden, wie der Rechnungseintrag Tuchers aufführt (siehe dazu oben, S. 143, Anm. 2). Der auf den ersten Blick erlesene Gesamteindruck des Bandes leidet allerdings etwas durch die in winziger Schrift an den Seitenrändern zusammengedrängten Korrekturen und Anmerkungen des Autors; die Frage, weshalb
Fridolin seine Änderungen nicht noch vor der Abschrift durch Finck einarbeitete, ist vielleicht durch seinen Aufenthalt in Basel zu erklären: allem Anschein nach kam er erst nach
seiner Rückkehr dazu, den Codex nochmals durchzusehen und er hatte deshalb keine andere Möglichkeit mehr, als seine Verbesserungswünsche im Ausstellungsexemplar des Werkes anzubringen.

Die bei Joachimsohn nicht erwähnten Fehler bei der Aufeinanderfolge der einzelnen
Porträtierten (an falschen Stellen eingetragen sind die Abschnitte über Nero (41rf) und
Philippus (25vf)) wurden hingegen so früh entdeckt, daß Finck noch von eigener Hand
Umstellungsanweisungen eintragen konnte (jeweils mit roter Tinte auf den letzten Linie-
rungen der entsprechenden Seiten).

[18] Cent IV, 90, 1r, Z. 6 f. und 42r, Z. 3.

[19] Vgl. JOACHIMSOHN: Buch, S. 3–11.

[20] Tuchers kreative literarische Leistung wird allerdings dadurch geschmälert, daß er
seinem eigenen Reisebericht das Itinerar seines Begleiters Sebald Rieter zugrundelegte,
dessen Aufriß sowie zahlreiche Details übernahm und nur dann und wann durch eigene
Eindrücke und Interpretationen ergänzte. Vgl. JOACHIMSOHN: Buch, S. 4–11 und KÄSTNER:
Fortunatus, S. 265.

Kaiserangesichten starke sprachlich-stilistische[21] sowie inhaltliche[22] Übereinstimmungen mit dem *Schatzbehalter* aufweist, vor allem aber in der Frage
nach dem Sinn der Auseinandersetzung mit den Herrschern und Herrscherinnen im antiken Rom sinngemäß völlig mit den entsprechenden Abschnitten aus Fridolins großem Erbauungsbuch übereinstimmt, läßt den vormali-
gen Besitzer der geprägten Porträts auch als Verfasser der Schrift über die
römische Antike hervortreten[23]. Die kurze, ans Ende der Einleitung des *Buches* gestellte Bemerkung, der Franziskaner habe dem Rat sein Geschenk
„mit ain wenig schriftlicher erclerung" übergeben[24], ist also als Anspielung
auf den vorliegenden Abriß der römischen Geschichte und nicht als Hinweis
auf Notizen Fridolins, die durch Tucher ergänzt und weiterverarbeitet wurden, zu verstehen. Tuchers Beitrag zur Entstehung des *Buches von den Kaiserangesichten* dürfte sich demnach in der Auftragsvergabe für die mit einer repräsentativen Ausstellung der Münzsammlung und ihres Begleitbandes verbundenen handwerklichen und künstlerischen Arbeiten sowie deren Beauf-
sichtigung erschöpft haben; Vermutungen wie die Schmidts, der meint, in
dem Patrizier denjenigen erkannt zu haben, der „eine Verbindung zwischen
dem humanistischen Theologen Stephan Fridolin und dem humanismus-
feindlichen [sic] Nürnberger Rat" anbahnte[25], sind jedenfalls reine Spekula-
tion[26].

---

[21] Zu nennen ist beispielsweise die Wendung „behallt ich es recht" (Cent IV, 90, 26r,
Z. 24 f. *Schatzbehalter* N3 ra; Z1 rb), mit der Fridolin darauf hinweist, das er eine Quelle aus
dem Gedächtnis zitiert und sich über einzelne ihrer Aussagen nicht mehr völlig sicher ist.
Außerdem fällt die Einfügung zahlreicher Parenthesen in den Text auf, die der Verfasser als
nicht unbedingt geläufiges sprachliches Hilfsmittel betrachtet und deshalb jeweils bei ihrem ersten Auftreten im Werk erklärt (Cent IV, 90, 4r, Randanmerkung neben Z. 4–6.
Schatzbehalter a3 ra, Z. 3–19).

[22] Neben den vielen Stellen, an denen Fridolin wie im *Schatzbehalter* seine vor Ort erworbenen Kenntnisse über Kunst und Architektur des antiken Rom einflicht (siehe oben,
S. 34 f.), ist hier vor allem auf sein Interesse an politischen Ereignissen in der einstigen
Hauptstadt des römischen Weltreiches zu verweisen (vgl. Cent IV, 90, 20r, Z. 20–v, Z. 16
mit *Schatzbehalter* A5 rb, Z. 7–30).

[23] Bereits JOACHIMSOHN (Buch, S. 2 f. und 11–23) erkannte in Fridolin den Autor des
Buches von den Kaiserangesichten, vermochte seine Position aber nicht fundiert zu begründen.
Weiteren Aufschluß über die Verfasserfrage könnte ein Vergleich der mit großer Wahrscheinlichkeit vom Autor selbst stammenden Randbemerkungen (siehe oben, S. 145) mit
von der Hand Hans Tuchers stammenden Schönschriftproben erbringen. Stammen die
Zusätze nicht von Tucher, so kommt er kaum als Verfasser des *Buches* in Frage.

[24] Cent IV, 90, 4v, Z. 25 f.

[25] SCHMIDT: Franziskanerprediger, S. 140.

[26] Nur kurz sei an dieser Stelle die durch KÄSTNER entwickelte These von Fridolin als
Autor des 1509 in Augsburg erschienenen ersten deutschsprachigen Prosaromans der Neuzeit, des *Fortunatus* erwähnt. Zuzustimmen ist KÄSTNER insofern, als er feststellt, daß Fridolin über die intellektuellen und literarisch-methodischen Qualitäten sowie über eine gewisses Maß an eigener Erfahrung (Romreise) verfügte, die ihn befähigt hätten, den *Fortunatus* zu schreiben (vgl. KÄSTNER: Fortunatus, S. 286–290).
Der Roman erzählt spannend und mit viel Liebe zum Detail die abenteuerlichen Le-

Wie dem auch sei, der Nürnberger Barfüßer scheint von seinem Mainzer Bekannten eine der ältesten thematisch ausgerichteten Münzsammlungen erhalten oder die Medaillen nach dem Übergang in sein Eigentum in eine

---

bensgeschichten des aus Zypern stammenden Weltreisenden Fortunatus und seiner zwei ebenfalls stets auf Wanderschaft befindlichen Söhne. Er schildert seinem Publikum alle nur denkbaren Höhen und Tiefen menschlicher Existenz, durch die seine drei abenteuerlustigen Protagonisten gehen, um letztendlich aufgrund ihrer übermächtigen Diesseitsorientierung als Gescheiterte zu sterben.

Den Kästnerschen Ausführungen gegenüber ist vor allem aus drei Gründen eine gewisse Vorsicht angebracht: Erstens wird KÄSTNER zunächst einmal auf Fridolin als möglichen Verfasser des Romans aufmerksam, da eine nur handschriftlich überlieferte Fassung des Reiseberichts Hans Tuchers über die Fahrt ins Heilige Land dem *Fortunatus* als Quelle diente (KÄSTNER: Fortunatus, S. 266–269). Gleichzeitig geht er von einer engen Beziehung, ja Freundschaft zwischen dem Nürnberger Patrizier und dem Franziskaner aus – er meint, Fridolin habe seine Münzsammlung auf Tuchers Empfehlung hin dem Rat geschenkt, sei durch ihn auch zur Niederschrift des *Buches von den Kaiserangesichten* angeregt worden und habe dem Ratsherren vielleicht bei der Überarbeitung seines Reiseberichtes zur Seite gestanden (KÄSTNER: ebd., S. 279 f., 283 und 286)-, ohne seine Annahmen jedoch durch Quellen decken zu können. Ob also gerade Fridolin die Möglichkeit hatte, Zugriff auf das Tuchersche Itinerar zu nehmen, um es weiterzuverarbeiten, muß offenbleiben. Zum zweiten überzeichnet Kästner das Engagement und die Rolle des Barfüßers innerhalb der humanistischen Bewegung der Reichsstadt, wenn er behauptet, Fridolin müsse „zu den bedeutenden Vertretern der neuen Geistesrichtung gezählt werden, die aus dem Nürnberger Ordensklerus stammten" und habe im *Buch von den Kaiserangesichten* „das erste typische Werk des deutschen Frühhumanismus" vorgelegt, „weil hier das Bestreben der frühen Vertreter der neuen Geistesrichtung, antikes, christlich-mittelalterliches und humanistisch-italienisches Gedankengut zu vereinen, vollständig zur Geltung" komme (KÄSTNER: ebd., S. 283 und 286). Da der Fortunatusroman, wie Kästner in seiner Monographie herausarbeitet, aber bei aller Verhaftung an kirchliche Lehrtraditionen und mittelalterliches Denken deutliche Ansätze eines neuen, in der Renaissance aufbrechenden Bewußtseins aufweist und der Autor die ‚moderne' Lebensführung seiner Protagonisten zwar indirekt hinterfragt, jedoch nirgends explizit theologisch Stellung dazu bezieht, erscheint es mir eher unwahrscheinlich, daß er von Fridolin stammt. Zum dritten findet Kästner das Fazit des *Fortunatus*, die Empfehlung, Weisheit dem Reichtum vorzuziehen („Dem nach ain ygklicher dann solliche wal gegeben wurde / bedencke sich nit lang / volge der vernunfft und nit seinem frechen torechten gemu(e)t / und erkeyß [erwähle] Weißhait für reichtumb". *Fortunatus*, S. 194 f.), durchaus zu Recht in einem anderen Werk Fridolins, dem *Schatzbehalter*, wieder, aber es kann weder die Rede davon sein, daß die „Alternative zwischen Weisheit und Reichtum das zentrale Thema" des großen Erbauungsbuches darstellt, noch daß es dort „unendliche Variationen […] zum Weisheitsthema" nachzulesen gebe (KÄSTNER: ebd., S. 290 f.). Wegen dieses Fehlurteils über die zentrale Absicht des *Schatzbehalters* gelangt Kästner schließlich dazu, eine grundsätzliche Übereinstimmung der Ziele beider Werke zu postulieren: „Der ‚Schatzbehalter' als Laienunterweisung stellt die positive Fassung desselben Programms dar, das der Fortunatus-Roman mit negativen Exempelerzählungen über das menschliche Streben nach Reichtum, Ruhm, Ehre und über das Laster menschlicher Neugier in Erzählung faßt. Das Erbauungsbuch propagiert in direkter Lehre den Vorrang der Selbsterkenntnis vor der Welterfahrung, eine christliche Maxime also, die dem Romanleser im Epilog des Romans ebenso nahegelegt wird."(KÄSTNER: ebd., S. 291 f.). Der *Schatzbehalter* stellt jedoch ebensowenig die Bedeutung der Weisheit für eine gelingende Lebensführung in den Vordergrund, wie er seine Leserinnen und Leser primär zur Selbsterkenntnis anhalten möchte; ihm geht es statt dessen um die Herstellung

solche umgestaltet zu haben[27], denn er ordnet seine Bestände mit Sachverstand[28] soweit als möglich chronologisch an[29] und erkennt in ihnen ein Darstellungsmedium, dessen er sich bedient, um seinem geschichtstheologischen Ansatz und damit verbunden einem kräftigen Memento Ausdruck zu verleihen. Die Münzen fungieren dabei allerdings lediglich als Anlaß für die Niederschrift des *Buches von den Kaiserangesichten*, werden doch nur drei von ihnen überhaupt im Text erwähnt[30], weshalb das Werk nicht als „Münzbuch" oder als „Kommentar" im engeren Sinne zu bezeichnen ist[31], obwohl es im Nürnberger Rathaus die Rolle einer erläuternden Beigabe zur ausgestellten Sammlung innehatte und von Fridolin trotz aller oft weitschweifiger Loslösung von den Medaillen auch als solche geschrieben worden war[32]. Allem Anschein nach handelt es sich bei dem *Buch* um ein Werk, das der Franziskaner auf lediglich ein einziges Exemplar hin konzipierte und das allem Anschein nach auch nie außerhalb der städtischen Bibliothek, das heißt ohne die Möglichkeit, einen Blick auf die Münzsammlung zu werfen, benutzt wurde.

---

und Intensivierung des innigen Verhältnisses der Gläubigen zur Passion – beides ist natürlich sowohl mit Weisheit wie auch mit Selbsterkenntnis verbunden – und um den rechten Umgang mit diesem größten aller Schätze. Die Alternative von Weisheit oder Reichtum geht im *Schatzbehalter* in der Synthese auf: Wirklicher Reichtum besteht in der Erkenntnis und gottgefälligen Nutzung des Leidens Christi.
Es soll hier nicht abgestritten werden, daß Fridolin über eine ganze Reihe von Fähigkeiten und Möglichkeiten verfügte, die zur Abfassung des *Fortunatus* nötig waren, aber es sei festgehalten, daß die durch Kästner zur Untermauerung seiner These vorgestellten Hauptargumente nicht überzeugen können.

[27] Den früheren Sammlungen fehlen die klare Einordnung der einzelnen Exemplare in einen historischen Kontext sowie zusammenhängende Kommentierungen. Vgl. v. Busch: Studien, S. 1.

[28] Fridolin versteht es nicht nur, sich Literatur zu verschaffen, um Auskünfte über die einzelnen Porträtierten zu erhalten und sein Wissen über ihr Leben und ihren Charakter zu vertiefen, sondern er ist auch fähig, die mittels zahlreicher Abkürzungen auf die Münzen aufgeprägten Inschriften zu entziffern, wie seine Ausführungen über Kaiser Trajan zeigen. Er erklärt dort der auf einer kleinen Münze untergebrachten Informationen, vergißt aber nicht darauf hinzuweisen, daß sie nur „wer es lesen kan" wirklich zu verstehen vermöge, denn die „wort steen nit gancz da. Sunder vntterweilen ein silb, vnderweilen ein ayniger buchstab fu(e)r ein gancz wort etc." (Cent IV, 90, 31v, Z. 9 und 18–20). Im gleichen Sinne dürfte es auch zu verstehen sein, wenn er in der Einleitung schreibt, er selbst habe die Medaillen geschenkt bekommen, weil er sie „lesen kunt". Siehe oben, S. 32.

[29] Zur Frage der Kongruenz von Münzbildern und Text vgl. die bei Joachimsohn: Buch, S. 14 f. vorgetragenen Bedenken.

[30] Cent IV, 90, 22r, Z. 2. Ebd. 26v, Z. 17. 31v, Z. 8–17. v. Buschs Feststellung, Fridolin erwähne im *Buch* nur eine einzige Münze (v. Busch: Studien, S. 6), ist also nicht zutreffend.

[31] Damit hebt sich Fridolins *Buch* von den nächsten bekannten Begleitbänden zu Münzsammlungen, die Johann Huttich und Conrad Peutinger im ersten Drittel des 16. Jahrhunderts zusammenstellten, ab. v. Busch: Studien, S. 6.

[32] Seine empörten Ausführungen über die durch Kaiser Nero verübten Greueltaten kürzt Fridolin jedenfalls mit der Begründung ab: „Ich wil davon hie nit schreiben, dann mein fu(e)rnemen ist nit, von dem leben der kaiser ze schreiben. Sunder allein die Schwa(e)cz [?] oder gebreck [Gepräge], welcher kaiser sie sein, anzaigen vnd zu erkennen geben" (Cent IV, 90, 41r, Z. 15–18).

Während sich Fridolins Motivation, die Kaiserporträts samt „erclerung" der Reichsstadt zum Geschenk zu machen, erst durch die Herausarbeitung seiner mit dem *Buch* verfolgten Absicht erschließt – die lapidare Bemerkung im Text, er habe „angesehen die namhafftickait vnd fu(e)rnemickait diser weytberu(e)mten kaiserlichen Stat Nu(e)remberg"[33], läßt mehr offen als sie klärt –, kann vom Aufbewahrungsort beider Präsente, dem methodischen Vorgehen des Autors und Hinweisen im Text selbst her bereits an dieser Stelle das mutmaßliche Publikum recht genau umrissen werden, was wiederum Rückschlüsse auf das Ziel des Franziskaners erlaubt.

Die Nürnberger Ratsbibliothek, 1370 als älteste städtische Bücherei im deutschen Sprachraum nachweisbar[34], weist auf ein bereits im 14. Jahrhundert vorhandenes kommunales Interesse am Buch und der dadurch vermittelten Bildung hin. Das gleiche gilt für die Tatsache, daß die „Librei" schon 1429, also lange bevor sich die Reichsstadt in den zwei Jahrzehnten nach der Erfindung Gutenbergs zu einer der wichtigsten Druckerstädte Europas entwickelte[35], durch die großzügige Dauerleihgabe eines Bürgers kräftig aufgestockt wurde. Kann man schon aus der Tatsache, daß Johannes Kunhofer die 151 (!) bislang in seinem Privatbesitz befindlichen Bände lange Jahre vor seinem Ableben dem Rat überließ und somit ein Stück weit der Öffentlichkeit zur Verfügung stellte, die Bemühung um den Erhalt und die Förderung einer repräsentativen Bildungseinrichtung erkennen, so legt der Spender bei der endgültigen Übereignung im Jahre 1451 Rechenschaft über die Hoffnungen ab, die er mit seinem Geschenk verbindet, denn er bestimmt, die Bücher sollten „dem almechtigen got zu lob vnd ere vnd dem rate der stat vnd der gantzen gemeyn zu nutz ewiclichen beleiben"[36]. Wir dürfen die Bemerkung des Stadtjuristen sicherlich nicht so verstehen, als habe er gemeint, der Nutzen der Stadt werde insofern gemehrt, als nun – dank der großzügigen Spende – breite Bevölkerungsschichten die Bücherei aufsuchen und gebrauchen könnten. Wir haben vielmehr von einer Art Diffundierung der durch die Lektüre erworbenen Erkenntnisse von oben nach unten auszugehen: Angehörigen des Klerus, Mitgliedern des Rats, anderen Patriziern und wohl auch Ehrbaren standen die Bibliotheksbestände zum Lesen vor Ort – manche der Bände waren zu diesem Zweck auf Lesepulten befestigt[37] – und in Ausnahmefällen auch für die Ausleihe[38] zur Verfügung, wobei man vermutlich da-

---

[33] Cent IV, 90, 4v, Z. 21–23.

[34] So SCHNELBÖGL: Stadt, S. 218.

[35] CORSTEN zählt Nürnberg zu den 31 bis zum Jahr 1475 bedeutendsten Zentren der neuen Technik. CORSTEN: Buchdruck, S. 10. Zu den ersten Jahren des Buchdrucks in der Reichsstadt vgl. ebd., S. 10–13.

[36] Zitiert nach PETZ: Beiträge, S. 138.

[37] PETZ: Beiträge, S. 124.

[38] Es ist bekannt, daß der Guardian des Franziskanerklosters zweimal mehrere Bände aus der Ratsbibliothek entlieh, um sie im Konvent kopieren zu lassen; während er im Jahr 1464 dafür ein Pfand zu hinterlegen hatte, wurde ihm zehn Jahre später die Ausleihe der Bücher auch ohne Sicherheiten gestattet. PETZ: Beiträge, S. 145.

von ausging, daß die Studienergebnisse nicht als Privateigentum behandelt wurden, sondern in irgendeiner Form weiteren Kreisen oder der Reichsstadt als ganzer zugutekamen. Nur so waren ja auch die immensen finanziellen Aufwendungen zu rechtfertigen, die unter Tuchers Ägide für die „Librei" aufgewendet wurden.

Fridolins *Buch von den Kaiserangesichten* bestätigt durch einen Zug im methodischen Vorgehen und durch das Grundanliegen seines Autors beides, sowohl die primäre Nutzung der Bücherei durch Bürger der führenden Bevölkerungsschichten, die über einen gewissen Bildungsstand verfügten, wie auch die Vorstellung von der Lektüre im Hinblick auf die eigene politische Führungsrolle (geistliche Amtsträger spricht der Text nicht expressis verbis an) und den gemeinen Nutzen: Entgegen seiner in *Schatzbehalter* und Predigten verfolgten Praxis, lateinische Zitate kurz zu halten und wörtlich zu übersetzen, geht er im *Buch von den Kaiserangesichten* offensichtlich von einem sprachkundigen Publikum aus, denn immer wieder nimmt er einzelne Sätze oder ganze Passagen aus seinen antiken und humanistischen Quellen auf, um sie nur frei zusammenzufassen oder überhaupt keine Übertragung in die deutsche Sprache beizufügen[39]. Darüber hinaus versprach der in der Schrift behandelte Stoff ohnehin nicht, die Aufmerksamkeit breiter Kreise der Nürnberger Bevölkerung zu wecken, zählten das Interesse an der nichtchristlichen Antike und ihre Kenntnis doch keineswegs zu den durch die mittelalterliche Schulbildung vermittelten Allgemeingütern. Die Beschäftigung mit diesem Thema entwickelte sich von Italien ausgehend im deutschen Sprachraum erst während des 15. Jahrhunderts und blieb zunächst im wesentlichen auf einzelne Vertreter des Klerus und die kleinen, vor allem in den Städten heranwachsenden Humanistenzirkel begrenzt[40]. Gelang es Fridolin, mit seinem *Buch von den Kaiserangesichten* die Aufmerksamkeit der am Humanismus Interessierten zu wecken, so sprach er damit gleichzeitig einen Teil derjenigen an, die Zugang zum Rathaus und damit vermutlich auch zur Ratsbibliothek besaßen, da die Mehrzahl der Ehrbaren durch den Rat vergebene Aufgaben wahrnahm, ein kommunales Amt innehatte oder in einer anderen Beziehung zum städtischen Leitungsgremium stand[41].

Neben der Auswahl der behandelten Stoffe änderte sich durch den Einfluß des Humanismus auch das methodische Vorgehen der Historiographen:

---

[39] Lateinische Abschnitte finden sich sowohl in der Kopie durch Nicklas Finck wie auch in Fridolins Randbemerkungen, vgl. Cent IV, 90, 31v, Z. 17. Ebd., 22v, Z. 16–29 und die erste Randbemerkung auf Blatt 32r. Ebd., 23v, Z. 16–24r, Z. 12. Ebd., 34r, Z. 2–6.

[40] Diese Einschränkung erstreckt sich nicht allein auf das Gebiet eines an genauerer historischer Kenntnis der Antike interessierten Fragens und Forschens, sondern bezieht sich auf den gesamten Bereich humanistischer Interessen, als dessen Trägerkreis sich in Nürnberg ausschließlich Angehörige des höheren Klerus, des Patriziats und der städtischen „Ehrbarkeit", also der sozialen, kulturellen und wirtschaftlichen Oberschicht erweisen. Vgl. Hamm: Ethik, v. a. S. 73–115.

[41] Ebd., S. 78 f., 96–99 und 101 f.

Die Suche nach Originalquellen, ihre Lektüre und Verarbeitung (und wie
aus dem Fridolinschen Abriß ersichtlich, der Einbezug gegenständlicher, aus
der untersuchten Zeit stammender Überreste) gewinnt ein Übergewicht
über die Rezeption und Weitergabe von Anekdoten und Legenden zweifel-
hafter Herkunft. Die Erzählung von unterhaltsamen oder anrührenden Geschichten mit moralisierender Zielsetzung tritt hinter dem Blick auf Ereignisse, Prozesse und Personen als Zeugnisse einer Epoche eigenen Wertes
zurück, Ansätze von Quellenkritik beginnen aufzukeimen[42], kurz: Man un-
ternimmt die ersten Schritte hin in Richtung auf eine differenzierende, weniger der kirchlichen Lehre und ihren Ansprüchen an die Gläubigen als dem
Bemühen um Faktentreue verpflichtete und deshalb durchaus im modernen
Sinne des Wortes „wissenschaftlich" zu nennende Weise, sich mit der Vergangenheit auseinanderzusetzen[43]. Was den deutschsprachigen Raum anbelangt, so stecken all diese Ansätze noch in den Kinderschuhen, als Fridolin
sein *Buch von den Kaiserangesichten* schreibt[44], und das Werk kann insofern als
typisches Beispiel der frühen, von humanistischem Geist berührten Schriften
bezeichnet werden, als es an vielen Punkten gewissermaßen zwischen Mittelalter und Neuzeit anzusiedeln ist: Fridolin stützt sich auf antike und früh-
mittelalterliche Quellen[45], die er teilweise sogar erstmals ins Deutsche übersetzt haben dürfte[46], verwertet Chronikwerke aus verschiedenen Jahrhunder-

---

[42] Auch Fridolin macht sich im *Buch von den Kaiserangesichten* und im *Schatzbehalter*
Gedanken über die Zuverlässigkeit seiner Vorlagen und über deren Abhängigkeit voneinander, wenn er etwa anmerkt: „Einer schreibt, sie [Mamea] sey von Im [Lucius Aurelius
Alexander] getott worden. Aber derselb velt [macht Fehler] offt in seiner Cronik" (Cent IV,
90, 35v, Z. 5 f.). An anderer Stelle referiert er zunächst biographisches Material über den
angeblichen Christenhasser Maximian, stellt schließlich aber den Wahrheitsgehalt seiner
Quellen in Frage, indem er zu bedenken gibt: „[...] doch irrent die historien vnd die legenden offt in den namen vnd nennen Maximinu(m) Maximianu(m)" (Cent IV, 90, 38r,
Z. 22 f.).
Zur Wertung von Quellen im *Schatzbehalter* siehe unten, S. 230 f.
[43] Gegenstand des Interesses bildete freilich nicht immer die Antike; ohne ein deutli-
ches humanistisches Profil aufzuweisen, aber angeregt durch die neue Denkrichtung trat
gerade die Erarbeitung der eigenen Stadt-, Ordens- oder Klostergeschichte auf der Basis
überlieferter Quellen (unterschiedlicher Qualität!) in den Mittelpunkt des Interesses, wie
das Beispiel Nürnbergs gegen Ende des 15. Jahrhunderts zeigt: Fridolins Konventsbruder
Glassberger erstellte seine Ordenschronik und war vielleicht derjenige, der die Niederschrift der Geschichte des Klarissenklosters durch Nonnen anregte (vgl. Caritas Pirckheimer, Nr. 87 (Kurras), S. 98) und Sigismund Meisterlin (OSB) machte sich – vermutlich im
Auftrag des Rates – an den Entwurf einer Chronik der Stadt Nürnberg (vgl. JOACHIMSOHN:
Geschichtsschreibung, S. 159).
[44] Zur spätmittelalterlichen Historiographie in Deutschland vgl. : SPRANDEL: Geschichtsschreiber.
[45] Ausdrücklich genannt werden Aristoteles, Livius, Orosius, Florus, Augustin, Sueton,
Josephus und Hegesipp.
[46] Zumindest die Übersetzung der umfangreichen Abschnitte aus dem ersten Buch
von Livius' *Ab urbe condita libri*, mittels derer Fridolin seinen kurzen Überblick über die
römische Königszeit bestreitet, geht wohl auf ihn selbst zurück. Das antike Geschichtswerk

ten[47] und rezipiert humanistische ebenso wie iuristische Literatur[48], bezieht aber auch Legenden und die Nürnberger Heiltumsliturgie[49] mit ein; er beschäftigt sich mit einer chronologischen Abfolge von Herrscherinnen und Herrschern der römischen Geschichte, verfolgt damit aber eine theologische Zielsetzung[50]. Über den oben skizzierten Kreis von Humanisten und humanistisch Interessierten hinaus hatte das Werk also durchaus auch stärker der traditionellen Bildung verhafteten, der neuen Denk- und Forschungsart gleichgültig oder kritisch gegenüberstehenden Ratsherren und Amtsträgern etwas zu bieten.

Können wir aufgrund des methodischen Vorgehens, des behandelten Stoffes und des Aufbewahrungsortes den kleinen, ja elitären Kreis erschließen, an den sich das *Buch von den Kaiserangesichten* richtete, so bekennt Fridolin selbst am Ende seiner Texteinleitung, nicht nur gebildete Bürger Nürnbergs, sondern auch „die, die zu zeiten von weyten herko(e)men,"[51] ansprechen zu wollen. Wahrscheinlich handelt es sich bei diesem potentiellen Publikum um auswärtige Gäste einzelner Ratsherren oder der Reichsstadt, denen die „Librei" mit ihren Büchern, Kunstwerken und Kuriositäten zur Besichtigung geöffnet wurde. Natürlich konnte der Franziskaner nicht damit rechnen, daß sich solche Besucher Zeit für die Lektüre seines ganzen Bandes nehmen würden; bestenfalls würde die eine oder andere Münze ihre Aufmerksamkeit auf sich ziehen, so daß man im Begleitbuch unter dem Namen des Abgebildeten nachschlagen und den entsprechenden Abschnitt lesen, vielleicht aber auch noch die Einleitung (ein Schlußwort oder eine Zusammenfassung fehlen) überfliegen würde. Von Anfang bis Ende würden den Band also vermutlich nur die vor Ort lebenden Benutzer der Bibliothek studieren, vor allem sie würde Fridolins warnendes Memento, auf das das *Buch* hinzielt, erreichen.

---

war 1469 erstmals lateinisch im Druck erschienen und während des 15. Jahrhunderts auch in Humanistenkreisen nur wenig bekannt, vgl. JOACHIMSOHN: Buch, S. 21.

[47] Joachimsohn weist auf Ekkehards *Chronicon Universale* und den Geschichtsüberblick des Jacobus Bergomensis hin. JOACHIMSOHN: Buch, S. 16. Schmidt erkannte darüberhinaus, daß die Chroniken des Martin von Troppau (Martinus Polonus) und des heiligen Hieronymus als Quellen dienten. SCHMIDT: Franziskanerprediger, S. 148.

[48] Aus Boccaccios *De illustribus mulieribus* stammen die Ausführungen über Kaiserin Faustina (Cent IV, 90, 34rf). Ein Bezug auf das *Corpus iuris civilis* findet sich im Text an zahlreichen Stellen, z.B. Cent IV, 90, 33v, Z. 6. Ebd. 38r, Z. 21.

[49] Heiligenlegenden z.B. Cent IV, 90, 22v. 25vf. 32r. Zur Heiltumsweisung äußert sich Fridolin ebd., 24rf.

[50] Vgl. dazu unten Abschnitt 6. 2.

[51] Cent IV, 90, 4v, Z. 27.

6.2. Inhalt und zentrale Absicht – Fridolin als Humanist?

Der Hauptteil des *Buches von den Kaiserangesichten* lädt seine Leser zu einem an einzelnen Herrscherinnen und Herrschern, ihren Taten und ihrem Schicksal orientierten Gang durch die römische Geschichte ein, der mit den sagenhaften Königen der Frühzeit beginnt und in der konstantinischen Zeit endet. Obwohl der Buchtitel signalisiert, daß sich das Werk auf die Darstellung antiker Kaiser beschränkt, stellt Fridolin eine weitschweifige Einführung in die Kämpfe um den Königsthron von Ancus Marcius bis Lucius Junius Brutus voran, ergeht sich in Erklärungen zu den komplizierten Stammbäumen und Familienverhältnissen seiner Protagonisten und stellt seinen Lesern deren üble Machenschaften und Intrigenspiele plastisch vor Augen. Trotz der ganz offensichtlichen Einleitungsfunktion dieses Abschnitts – im weiteren Textverlauf finden sich keine Rückbezüge auf die Königszeit – verwendet der Autor immerhin elf Blatt[52] und damit über ein Viertel des Hauptteiles der Schrift auf diese frühe Epoche der antiken Stadt. Er äußert sich zwar an keiner Stelle über den Sinn seiner Schilderung, aber man kann vermuten, daß er mit ihrer Hilfe den Weg vom krisengeschüttelten Stadtstaat hin zum späteren Weltimperium nachzeichnen will, da er in der Überleitung zum nächsten Teil schreibt, Rom sei durch die das Königtum überwindende und ablösende Regierungsform, die Republik, zum Gipfelpunkt seiner Macht aufgestiegen[53] und damit – so ergänze ich hier auf dem Hintergrund der „Vorrede" des *Buches* – zum Zeichen göttlichen Handelns in der Welt, ja zum Spiegel des Wesens Gottes geworden.

Nach einem kurzen Passus über die beiden ersten Konsuln, Lucius Junius Brutus und Tarquinius Collatinus[54] überspringt der Text die Zeit bis ins erste vorchristliche Jahrhundert, um mit den durch Gneus Lentulus und das Triumvirat von Marcus Crassus, Gneus Pompeius und Gaius Julius ausgelösten Konflikten erneut einzusetzen[55]. Ab dem Absatz über Marcus Crassus, der losgelöst von seinen Koalitionspartnern und Widersachern nochmals einzeln vorgestellt wird, ändert sich nun die methodische Vorgehensweise Fridolins; der Text wird insgesamt übersichtlicher, die einzelnen Themenabschnitte kürzer, statt ganzer Epochen oder komplizierter Beziehungsgeflechte zwischen mehreren Personen stehen nun jeweils ein Herrscher bzw. eine Herrscherin – übrigens saßen nicht alle von ihnen einmal auf dem Kaiserthron, wie es der Buchtitel glauben macht – im Blickpunkt. Mehr oder weni-

---

[52] Cent IV, 90, 6r–17r.
[53] „Also ward Rom von der wuterey der kunig erledigt vnd frey [...] vnd wurden darnach ierlichen zwen Consules, das sein Ratherren, erwelt, die regiren solltten. [...] vnd vntter denselben Ratherren nam Rom so vast zu, das sie die geweltigist vnd mechtigist ward aller stete, die ye gewesen seint vnd pej aller welt mechtig." Cent IV, 90, 17r, Z. 15–30.
[54] Cent IV, 90, 18r–19r.
[55] Cent IV, 90, 19v–20v.

ger ausführlich werden beschrieben[56]: Marcus Crassus († 53), Vibius Pansa
Caetronianus († 43 v. Chr.), Gaius Octavius Augustus († 14 n. Chr.), Julia[57],
Germanicus[58], Drusus († 23), Tiberius Nero († 37), Nero († 68), Vespasian
(† 79), Titus († 81), Domitian († 96), Trajan († 117), Hadrian († 138), Antoninus Pius († 161), Marcus Aurelius († 180), Antoninus Caracalla († 217), Faustina Augusta († 140/141), Lucius Aurelius Commodus († 193), Severus
Alexander († 235), Gordianus III. († 244), Philippus Arabs († 249), Galienus
(† 268), Probus († 282), Carus († 283), Diokletian († 305), Maximinian
(† 305), Maximinus († 313), Constantius († 306), Constantinus († 337), Severus († 307), Licinius († 324) und Crispus († 326), mit dessen Vorstellung das
Buch ohne Nachwort oder Schlußerklärung etwas unvermittelt schließt.

Der Autor legt weder sämtliche Kurzbiographien nach dem gleichen
Schema an noch hakt er bei allen vorgestellten Persönlichkeiten gedanklich
ein und dieselbe Liste von Fragen ab, um seine Leser möglichst ausgewogen
und objektiv in Leben und Werk antiker Herrscherinnen und Herrscher einzuführen. Art und Umfang des gebotenen Materials scheinen vielmehr einerseits von den verfügbaren Quellen abzuhängen, andererseits bestimmte
Interessen und Neigungen des Verfassers widerzuspiegeln[59]. Letztere bilden
auch den Auslöser für die vielen wortreichen Exkurse, die weit vom historischen Stoff wegführen und kräftig die theologischen Anliegen des Autors
zum Tragen bringen. Als Beispiel sei zum ersten der Abschnitt über den heiligen Pontius genannt, der seiner Legende[60] zufolge Philippus Arabs bekehrte
und zum ersten Christen auf dem römischen Thron machte. Fridolin berichtet dem Leser ausführlich über eine den noch ungeborenen Heiligen betreffende Prophezeiung, erwähnt kurz seine eigentliche Bekehrungstat sowie
den Kampf gegen die Abgötter seiner Umwelt und flicht all das in die Lebensbeschreibung des Kaisers ein[61], wobei er mehr als zwei Drittel des Textes
auf den Heiligen verwendet, die Beschreibung des Philippus Arabs hingegen
auf wenige Zeilen reduziert. Meines Erachtens entscheidet sich der Autor an
dieser Stelle deshalb für einen breiten Exkurs, weil er erklären möchte, wie
das Christentum Eingang ins römische Kaiserhaus fand; den Schritt in die

---

[56] Die Identifizierung der Persönlichkeiten und ihre chronologische Einordnung erfolgte nach: Der Kleine Pauly. Vgl. dort die entsprechenden Artikel.

[57] Fridolin dürfte Augustus' Tochter Julia mit seiner Frau Livia Drusilla († 29) verwechselt haben.

[58] Vermutlich Claudius Nero Germanicus († 54).

[59] So erschöpfen sich die Auskünfte über Germanicus und Drusus in einer nur schwer
durchschaubaren Erklärung über die numismatischen Konsequenzen der Feldzüge beider
in Germanien, während der Leser über Familie, Charakter, Denken und politische Leistungen beider nichts erfährt. Vgl. Cent IV, 90, 26v, Z. 7–27r, Z. 4. Fällt die Biographie Neros
dagegen besonders umfangreich aus (Cent IV, 90, 41rf), so nicht deshalb, weil Fridolin das
Leben des Kaisers von der Wiege bis zur Bahre schildert, sondern weil er seiner Vorliebe
nachgibt und eine Genealogie des Herrschers entwickelt, die bis zu Adam (!) zurückreicht.

[60] Acta SS Mai III, S. 272–279.

[61] Cent IV, 90, 25v, Z. 1–26v, Z. 6.

Zeit vor der Konversion und Taufe des Herrschers wiederum geht er zurück, um zu zeigen, daß die tragende Rolle, die Pontius einst als erwachsener Christ bei der Überwindung des Heidentums im Weltimperium spielen sollte, schon vor seiner Geburt durch Gott geplant und festgelegt worden war. Fridolin hebt in der Einleitung zum *Buch von den Kaiserangesichten* eindringlich Gott als den Herren der Geschichte, den Lenker allen Geschehens in der Welt hervor und entwickelt somit bereits am Eingang der Schrift den Gedanken, den er in der Pontius-Episode exemplarisch erläutert: Gott ist es, der die Römer mitsamt ihrer Abgötterei zu Herren über die Christen hat werden lassen, und er hat dies aus gutem Grund getan[62]; ebenso aber sorgt er dafür, daß der christliche Glaube unter ihnen Fuß faßt und sie schließlich überwindet, indem er ihnen das nimmt, dessen sie sich am meisten gerühmt haben: ihre Macht über andere Völker und die Kirche[63].

Es sei nun noch ein zweites Beispiel für Fridolins ungehemmte, aber keineswegs planlose Exkursfreudigkeit genannt, das uns gleichzeitig zum letzten im Kapitel über das *Buch von den Kaiserangesichten* zu klärenden Problem, nämlich der Frage nach dem Einfluß des Humanismus oder einzelner seiner typischen Grundzüge auf den Franziskaner, hinführen kann. Fridolin beschäftigt sich im Rahmen seines Abrisses der römischen Kaisergeschichte wiederholt mit dem Ursprung und der frühen Geschichte Nürnbergs, der Erklärung des Städtenamens und dem eventuellen Gründer der Ansiedlung rund um den „Noricus mons"[64]. Er greift damit ein im Nürnberg des ausgehenden 15. Jahrhunderts in der Luft liegendes Thema auf, denn sowohl der vom Rat für die Erarbeitung einer Stadtchronik entlohnte Benediktiner Sigismund Meisterlin wie auch der wohl bekannteste deutsche Humanist Konrad Celtis widmeten ihm in den Jahren 1485/1488 und 1495/1502 gelehrte Abhandlungen[65]. Meisterlin, dessen mit großem Aufwand betriebene Forschungsarbeit in die Entstehungszeit des *Buches von den Kaiserangesichten* und die Monate unmittelbar nach seiner Ausstellung im Rathaus fällt, fühlte sich

---

[62] Cent IV, 90, 2v, Z. 5–30. Siehe auch unten, S. 159–161 f.

[63] Vgl. dazu *Schatzbehalter* Cc3 va–Cc4 ra.

[64] Cent IV, 90, 3r, Z. 22–v, Z. 5 und die Anmerkung am Rand von 3v. Ebd. 23r, Z. 6–25r, Z. 22. Indirekt, da die Folgen der Gründung durch einen römischen Monarchen behandelnd, taucht das Thema auch 28r, Z. 17–29r, Z. 23 auf.

[65] Meisterlin hatte die erste Fassung seiner Chronik der Reichsstadt 1485 beendet und noch im gleichen Jahr (auf Wunsch des Rates?) mit einer aufwendigen Überarbeitung begonnen, die er erst nach Fridolins *Buch von den Kaiserangesichten*, nämlich 1488 abschloß. Die Version von 1485 liegt als Autograph Meisterlins in clm 23877 der Staatsbibliothek München, diejenige des Jahres 1488 ist abgedruckt in: Chroniken, S. 32–305. Zu Entstehung, Hintergründen und Inhalt beider vgl. JOACHIMSOHN: Geschichtsschreibung, v. a. S. 159–243, zu Meisterlin allgemein auch COLBERG: Meisterlin.
Celtis legte seine Position zunächst in der Schrift *De origine, situ, moribus et institutis Norimbergae* nieder und gab deren revidierte Version unter dem Titel *Norimberga* nach der Jahrhundertwende in Druck. Beides liegt kritisch ediert vor bei WERMINGHOFF: Celtis, S. 99–204.

in den zwischen beiden Versionen seiner Chronik liegenden drei Jahren wiederholt durch „gegeneiferer" und „anneider"[66] angegriffen, die seine dort entwickelte Theorie von der Gründung Nürnbergs durch Tiberius Nero kritisierten, ja es nicht bei einer Diskussion unter gelehrten Fachleuten beließen, sondern die ganze Thematik an die Öffentlichkeit trugen. Vielleicht hatte er auch Fridolin im Auge, als er deshalb 1488 erbost schrieb, seine Widersacher hätten ihre eigenen Gedanken zur Gründungsproblematik sogar „über die Kanzel gehustet"[67]. In Wirklichkeit dürfte der Franziskaner aber nicht zu den sich an der Frage erhitzenden Gemütern und Eiferern gehört haben, lassen doch alle seine erhaltenen Schriften das Bild eines ausgeglichenen, besonnenen Menschen entstehen, den weder unmäßiger Zorn noch übertriebene Begeisterung hinzureißen vermochten. Auch seine im *Buch von den Kaiserangesichten* vorgetragenen Ansichten deuten keineswegs auf ein leidenschaftliches Engagement, sondern eher auf ein ermahnendes und die gegnerischen Parteien zur Besinnung rufendes Über-der-Sache-Stehen hin. Sein eigener Standpunkt in der Gründungsfrage ist nicht eindeutig festzumachen, da er zum einen zwar betont, es sei „das gewissest [...] auss geschrifften oder brieven", daß Nürnberg „nurenberg als norigberck oder norigenberg, in latein Noricus mons" heiße, diese Auffassung aber sofort wieder hinterfragt, wenn er nüchtern zu bedenken gibt, „es mo(e)cht sein, man hett im [ihm, d.h. der Stadt Nürnberg] einen solichen namen in latein fingirt, das ist ertracht nach dem dewtschen, als man zu zeiten tut, als man nach der Ethymologei, das ist nach der plumu(n)g der rede mocht sprechen, es hiess Nerenberg, das sich vil da oder von dannen neren"[68]. Vor allem aber kann er an späterer Stelle doch nicht der Versuchung widerstehen, gedanklich Konsequenzen durchzuspielen, die sich aus der seiner Ansicht nach immerhin möglichen Gründung der Reichsstadt durch Tiberius Nero ergäben[69]. Insgesamt jedoch, und darauf kommt es hier an, ist für ihn der Streit um den historischen, den irdischen Ursprung Nürnbergs belanglos, denn für die Reichsstadt gilt ebenso wie für alle anderen Orte der Welt: Nicht das Aufspüren eventueller antiker ‚Väter' und ‚Mütter' der Stadt ist wichtig, sondern das klare Wissen um die ‚geistlichen' Eltern der Nürnberger Bevölkerung und der gesamten Christenheit[70]. In den alles entscheidenden Fragen des Heils und

---

[66] Chroniken, S. 32 f.

[67] Chroniken, S. 39.

[68] Cent IV, 90, 3r, Z. 27–v, Z. 4.

[69] Ausdrücklich zur „kurczweil yhener, die gern von alten dingen ho(e)ren oder lesen" gibt Fridolin einen Überblick über die „magschafft" oder „zu gehorung", also die historischen Verbindungen und Beziehungen, in denen sich Nürnberg im Falle seiner Gründung durch den römischen Kaiser mit verschiedenen anderen Städten befände, die ebenfalls in einer besonderen Beziehung zu Tiberius standen. Cent IV, 90, 28r, Z. 17–29r, Z. 23.

[70] Cent IV, 90, 24r, Z. 23–25r, Z. 12 schreibt er deshalb: „Aber wer es, das Nurmberg von dem Nero [Tiberius Nero] gepawt vnd genennt wer, so wer die Julia, die auch gemeinlicher vnd gewonlicher Livia heisset, als ir ★ das ist der nerenberger★ mutter, so sie des Stiffters, des Nerons mutter gewesen ist. Aber sie [die Nürnberger] vnd all Cristen haben on zu

der Verdammnis hilft niemandem die Tatsache der Städtegründung durch
einen römischen Kaiser oder die Kenntnis der etymologischen Ableitung eines Ansiedlungsnamens weiter; allein das, was einen Menschen im christlichen Glauben begründet, was ihn zum Glied der Kirche und zum „Kind des
ewigen Lebens" macht, verdient bedacht und verehrt zu werden. Nürnberg
freilich hat an diesem Punkt eine besonders begünstigte Stellung inne, kennen doch seine Einwohnerinnen und Einwohner eine ganze Anzahl solcher
Helfer zum Heil aus eigener Anschauung, da der Schatz des „Heiltums" in
der Reichsstadt aufbewahrt und in regelmäßigen Abständen zur ehrfürchti-
gen Betrachtung und Bewunderung ausgestellt wird. Seine Bedeutung für
jeden Christen wird durch die am Weisungstag festlich begangene Liturgie
erläutert, so daß sich jeder Teilnehmer und jede Teilnehmerin der Feier gewiß sein kann: Die mit dem irdischen Jesus in Berührung gekommenen ur-
alten arma Christi, die zu Reliquien gewordenen Körperteile großer Heiliger[71] und die überall auf der Welt gleichermaßen um Hilfe und Trost anzuru-

---

gleichung ain edeler vnnd saliger mutter an der, aus der plut vnd flaisch wir kinder gotes
zu der ewigen salickeit vnd in dem hymelischen reich geboren seint, das ist an der mutter
gottes, der[en] plut vnd flaisch Cristus ist, aus des plut, das aus seinem herczen geflossen ist
mit dem wasser, alle, die geporen werden, die getaufft werden. So aber die, die zu solcher
gepurt helffen, als die das kind heben oder tragen zu dem tawff oder empfahen aus dem
tauff, werden mutter oder veter solcher kind vnd mitveter oder mit mutter ir eltern (die
man gevattern heisst) genennt vnd gehalten, vnd solche kinder sollen dieselben eren als
vater vnd mutter, was sol man dann halten von dem sper, das die seyten Cristi geoffnet hat,
das aus ir das plut vnd wasser fluss, aus dem alle kinder des ewigen lebens vnd die gganncz
Cristenhait geporen wurden. Des selben frew man sich zu Nurmberg vnd frew sich also,
das man got dester mer vo(e)rcht vnd im derselben vnausssprechlichen gaben danck, das
ist des Speres, das als der schlussel des himels ist, wenn [denn] es hat vns die tu(e)r des ewigen lebens (als Sannt Augustin vber Johannem schreibt) geoffnet. Es hat vns die seyten
Cristi (vns zu geberen zu dem Reich vnd erb gotes) geoffnet, welche seyt der Cristenheit
mutter ist, als man denn singt in der historien von dem heiligtum in dem Antiphonen vber
das Magnificat [...]; ist die seit Cristi ain mutter der cristenhait worden durch das, das sie
geoffnet ist worden, das aus ir fluss das, aus dem die cristenhait geporen wurd, das ist das
plut cristi vnd wasser, mag man denn nit sprechen, das Longinus durch mittel seins Speres
gleich in ettlicher weise als ein vater der Cristenhait sey nach gleichnuss [in gleicher Wei-
se]? Dar zu hat man den nagel, durch den das plut aus der hannt, die alle ding gibt vnd auf
enthellt, geflossen ist [...]. Man hat die dorn, durch die das kospar plut aus dem hochwir-
digen haubt xpi [Christi] gedrungen oder gezogen ist; Man hat da des heiligen Creuczs
ainen grossen tail, durch das wir alle erlost sein. Man hat ein tail vn(d) einen merckli(e)n
tail von dem leibe der [derer], die vnns(er) aller vnd der mutt(er) gotes mutter ist, sa(n)t
Annen. Dise stuck sey(n) vb(er) lennd(er) vn(d) kunigreich ze halte(n)." Fridolin knüpft
damit an die durch Augustin (PL, Bd. 35, Sp. 1953: Tractatus 120 in Johannem) entwickelte
und in einer Bulle Papst Innozenz' VI zur Verehrung der Heiltümer aufgenommene Interpretation der heiligen Lanze als mittelbares Heilswerkzeug an, vgl. SCHNELBÖGL: Reichskleinodien, S. 86.
[71] Zu den alljährlichen Vorbereitungen Nürnbergs auf die Heiltumsweisung, zu ihrer
Durchführung, den Möglichkeiten der Bevölkerung, am Ereignis teilzunehmen und den
einzelnen zur Verehrung dargebotenen Heiltümern vgl. SCHNELBÖGL: Reichskleinodien,
sowie ERLEMANN / STANGIER: Festum.

fende jungfräuliche Gottesmutter sind es, denen das Interesse, die Zuneigung, die Dankbarkeit und die innige Andacht der Nürnberger wie aller Christen zuteilwerden sollten.

Betrachten wir nun die zentrale Absicht, die Fridolin mit seinem *Buch von den Kaiserangesichten* verfolgt, so stellen wir fest, daß nicht nur einzelne, wenn auch umfangreiche Exkurse, sondern das gesamte Werk eine theologische Zielrichtung aufweisen. Grundlegend für das Verständnis der Schrift ist die bisher nur am Rande erwähnte „Vorrede"[72], in der der Autor expliziert, weshalb er dem Studium antiker Herrscherbiographien überhaupt Sinn abzugewinnen vermag und warum er seine Studien in Form eines Begleitbandes zur Münzsammlung an den Rat Nürnbergs weitergibt.

Fridolin setzt ein, indem er sich zunächst die erste der beiden Fragen vornimmt und daran erinnert, daß allen Menschen ein prinzipieller Durst nach Wissen, Erklärung und Verstehen innewohne, der am befriedigendsten durch die Erforschung der Ursache aller Dinge und Vorgänge zu stillen sei. Da die geschaffene Kreatur Gott den Schöpfer aber einzig und allein durch seine Werke erkennen könne, müsse sie sich notgedrungen intensiv mit seinen in der Welt sichtbaren Zeugnissen beschäftigen, um mit ihrer Hilfe Klarheit über den Grund allen Seins zu erlangen. „[…] vntter allen wercken gottes", so fährt er fort, „ist die regirung diser werlt gar fu(e)rnem, in der vnzeliche wunder begriffen seint, der man sich wol verwundern mag"[73]. Die analysierende Betrachtung weltlicher Macht eignet sich also besonders gut, um dem Wesen Gottes auf die Spur zu kommen, denn Gott selbst ist es ja, der die ihr zueignenden wundersamen Eigenschaften hervorbringt und dem Menschen darin wie in einem Spiegel seinen eigenen göttlichen Willen und sein Wesen offenbart. Das römische Weltreich bildet nun das denkbar geeignetste aller Studienobjekte, „als es das allermechtigist ist gewesen […], also hat es got der herr sunderlichen erwelt vnd gepravcht zu erzaigung seines gewaltes, wann er hat es schir pey dreyen hundert iaren wider sich vnd sein hailige kirchen oder Cristenhait lassen streyten"[74]. Niemand komme demzufolge auf die

---

[72] Cent IV, 90, 2r–5r.

[73] Cent IV, 90, 2r, Z. 24–27.

[74] Cent IV, 90, 4r, Z. 3 und Z. 29–4v, Z. 1. Mit dem gleichen Gedankengang leitet Fridolin im *Schatzbehalter* seine Antwort auf die Frage ein, weshalb in der Welt die Christen zuweilen durch Heiden unterworfen würden, manchmal aber auch selbst siegreich blieben. Bevor er Gottes Vorgehen an diesem Punkt ausführlich begründet (übrigens unter Verwendung der Argumente, derer er sich auch in Cent IV, 90, 2v, Z. 14–30 bedient), schreibt er: "Wie wol wir […] nit leichtlich den sin gottes oder sein rat mu(e)gen erfaren, doch so uns gott der herre etwas yn der geschrifft fu(e)rhellt, so scheint es ye, das gott d(er) herr wo(e)lle, das wir seiner werck vnnd vrtaile, seiner wunder vnnd gerechtigkeit, seiner weißhait vnnd anderer volkummenheyt so(e)llen warnemen, das wir dardurch yn gro(e)ssere kuntschafft seiner allerheyligistenn vnnd ho(e)sten gottheit kummen, die wir nit denn in yren wercken hie schawen mu(e)gen. Darumb so gott der herre so vil vo(n) den reichen dyser werlt, allermaist den vieren fu(e)rnemen ko(e)nigreichen vnd yn sunder dem ro(e)mischen in den propheten vnnd vorauß durch daniel gemeldt, fu(e)rgehalten, vntter

Idee, die Unterdrückung der frühen Christenheit sei ein Hinweis auf göttliches Versagen oder Ohnmacht! Gerade das Gegenteil ist er Fall: Gott bediente sich der römischen Kaiser aus den gleichen Gründen, die ihn in den vorhergehenden Jahrhunderten veranlaßt hatten, auf andere mächtige Regierungen zurückzugreifen[75], denn durch die seinen Plänen entsprechende Verteilung von Herrschaft auf die eine und Beherrschtwerden auf die andere Seite zeigt er den Gläubigen besonders deutlich, wie es um seine Weisheit und Güte, ja letztlich um seine alles Existierende einschließende Gewalt bestellt ist[76]. Fridolin läßt die ersten beiden Begriffe auf sich beruhen und konzentriert sich entsprechend seinem mit dem *Buch von den Kaiserangesichten* verfolgten Ziel völlig auf den Gedanken der Allmacht Gottes, indem er seinen Lesern die bisher eher theoretisch formulierten Überlegungen in eine praktische Anwendung übersetzt. Er führt ihnen vor Augen, daß es in der Tat

---

gleichnussen yn gesihten erzaigt vnnd geoffenbart hat, so hat er vns anlaittung daru(e)ber vnnd darvon zegedencken gegeben. Darumb wo got der herre ettwas tut besund(er) in grossen dingen, die ein gantze gemayn allermaist der gantzen cristenheit antreffen, zympt es vns, das wir darynne die weißheit, gerechtigkeit, guttheyt vnd ander volkummenheit der allerho(e)hstenn gottheit su(e)chen vnd ynen nachspu(e)ren." *Schatzbehalter* Cc4 ra, Z. 36–b, Z. 24. Der Unterschied zwischen dem *Buch von den Kaiserangesichten* und dem *Schatzbehalter* liegt somit nicht in einer unterschiedlichen, nämlich historischen bzw. frömmigkeitstheologischen Grundtendenz beider Werke, sondern in der Untermauerung der großenteils identischen Feststellungen und Argumente: Während Fridolin im Kommentar zur Münzsammlung vielfach auf die Bestätigung seiner Aussagen durch Zitate aus kirchlichen Autoritäten und der Bibel verzichtet sowie seinen Lesern kaum längere theologische Gedankengänge zumutet, schöpft er im *Schatzbehalter* jeweils aus dem Vollen.

[75] Cent IV, 90, 2v, Z. 5–12:"In der regirung diser werlt ist das ein gross wunder, das got der herr denen, die in nit erkennt haben, den vnglaubigen so grossen gewalt verlihen hat vber sein glawbigen, als denen von egipten veber das israhelisch volck in irem egipten lannd. Darnach denen von assirien vnd den caldeischn oder Babilonischen, darnach den kungen [Königen] von dem kricheschen reych, zum leczsten den ro(e)mern vber die Cristen".

[76] Gott verlieh den Heiden Gewalt über die Seinen „zu v(e)bung vnd zu bewerung seiner ausserwelten [...] vnd zu erzaigung seiner weisshait, seins gewalts vnd seiner guthayt; sein weisshait wirt dar inn erzaigt, das er so cluglichen vrsach der vbung, der bewerung, der demutigu(n)g, der straffung in den geprechen der ausserwelten auss dem gewalt vnd missprauchung des gewalts der bo(e)sen lesen vnd erkiesen [erwählen] kan; sein gewalt wirt dar inn bewert, das er die guten vntter dem gewalt vnd wider den gewalt der po(e)sen so mechtiglichenn vnuersert [unversehrt] vnd vnbeschedigt beschutzen, behu(e)ten vnd behaltt(e)n, ia meren, stercken vnd ir hail fu(e)rdern vnd die bo(e)sen in irem gewalt geschenden, verstricken vnd zum leczsten vmb der missprauchung willen mit recht so geweltiglichen verdammen mag. Seyn gutheit wirt dar inn bewisen oder beweiset, das er alles, das die guten von den bo(e)sen vnd von irem gewalt leyden, zu ir guten, zu ir eer, zu irem frum(m)en, zu merung ir kron vnd salickait ordnet." Cent IV, 90, 2v, Z. 14–30.

Was hier unter den Leitbegriffen der Weisheit, Gewalt und Güte Gottes subsumiert ist, behandelt Fridolin auch im *Schatzbehalter*. Unter der Überschrift „Waru(m)b gott d(er) herre den grossen irrsal der abtgo(e)tterey verhengt [zugelassen] hab allermaist vber die, die die mechtigiste(n) ware(n) yn der werlt zu der zeit der gnaden" trägt er dort die Gründe zusammen, aus denen Gott die Römer im Unglauben beließ und sie als Herrscher über die Christen setzte. Vgl. *Schatzbehalter* B5 ra, Z. 34–va, Z. 35.

ein Akt des freien göttlichen Willens gewesen war, die Römer zur Herrschaft über die Christen zu bringen und sie jahrhundertelang darin zu unterstützen und zu stärken, daß es aber ebenso dem ewigen Plan des Weltenlenkers entsprach, sie eines Tages wieder abzulösen und nun ihrerseits zu Untertanen der Kirche zu machen, „dar inn man sich wol der macht Cristi verwundern vnd dieselben erkennen vnd loben sol" [77].

Neben dieser Geschichtsdeutung, in der die Macht Roms lediglich als Mittel zum Erweis der Überlegenheit des Christentums über einen gewaltigen Feind ungeheuren Ausmaßes erscheint[78], gibt der Franziskaner zwei weitere Ursachen für solche auf den ersten Blick widersprüchliche Entwicklungen in der göttlichen Lenkung der Geschichte an. Den ersten Grund sieht er in Versuchen der antiken Kaiser, die ihnen zugebilligten Kompetenzen zu überschreiten und sich ungerechtfertigterweise Autorität in Bereichen anzumaßen, die ihnen überhaupt nicht zustanden, kurz gesagt in ihrem Machtmißbrauch. Zum zweiten, und das hängt eng mit dem eben vorgetragenen Argument zusammen, verweist er erneut auf die Allmacht Gottes, die den Herrn über die gesamte Schöpfung frei entscheiden läßt, wem er in der Welt Einfluß schenkt und wem nicht – ein gut franziskanischer Gedanke übrigens. Im *Schatzbehalter* bringt er diese Überlegungen kurz und knapp auf den Punkt, wenn er mit einer unverhohlenen Warnung an alle Mächtigen zu bedenken gibt: „Darumb eygentlich zerede(n) ist allein cristus nit allein der o(e)berst ko(e)nig, bischoff, richter vn(d) herr, sunder auch wesenlich ist er allein warer vnd volkomner bischoff, ko(e)nig, richter vnd herr. In des gewalt alle keyser, ko(e)nig, fu(e)rsten vnd herren, Babst, bischof vnd aller gewalt vn(d) wirdigkeit der creatur vo(e)lligclich steen, die allen iren gewalt von im haben vnd darumb nit weitter oder lenger iren gewalt mu(e)gen prauchen, denn er zu gibt oder verhengt [zuläßt] vnd sie sind sein statthalter vnd als vil sie recht regiere(n), so regirt er in ynen vnnd durch sie, darumb belonet er sie. Aber wo sie vnrecht regieren, darumb mu(e)ssen sie ym rechnu(n)g thun, die schwer wirt sein." [79].

Man kann sich nun unschwer denken, worin Fridolins Anliegen bestand, da das *Buch von den Kaiserangesichten* nicht in ausschließlich belehrend- historistischer Absicht geschrieben wurde. Der Verfasser selbst formuliert sein Ziel zum Abschluß der Vorrede klar und deutlich, indem er erklärt, die Betrachter der Münzsammlung „mo(e)chten der namhafftigen kaiseren gestalt zum mynsten nach glidmass des antlicz mercken, dar durch auch pru(e)fen, wie alle weltliche eer zer geet vnd pleibt allein gedechtnuss der personen. Aber die eer gu(o)ter werck, als auch die schant der posen bleibt lanng; Aber die peyn der posen vnd lon der guten, vntter ★welhe gu(o)ten★ die [sic] vns

---

[77] Cent IV, 90, 4v, Z. 4 f.

[78] So bereits v. Busch, die Fridolins Interpretation der Antike allerdings fälschlicherweise auf dieses eine Deutungsmuster reduziert. Vgl. v. Busch: Studien, S. 6.

[79] *Schatzbehalter*, i2 ra, Z. 20–36.

got der herr barmhercziglichen zelen well, wirt dort ewiglichen weren"[80]. Liegt den Lesern der Schrift, mehrheitlich sicher Träger politischer, wirtschaftlicher und sozialer Leitungsfunktionen, daran, ihren Nachkommen in angenehmer Erinnerung zu bleiben, vor allem aber: wollen sie die Ewigkeit nicht in den strafenden Qualen der Hölle, sondern als Belohnte im Himmel verbringen, so müssen sie sich schon heute entsprechend verhalten und ihre Amtsführung danach ausrichten. Dennoch wäre es wohl eine Übertreibung, Fridolins Text als das Produkt obrigkeitskritischer Denkart zu bezeichnen, da weder die Struktur einer in Obrigkeit und Untertanen aufgegliederten Gesellschaft grundsätzlich in Frage gestellt wird, noch einzelne, beim Namen genannte Obrigkeiten oder konkrete Ausprägungen von Machtmißbrauch Anprangerung erfahren. Der Franziskaner scheint sein Werk eher als eine Möglichkeit gesehen zu haben, träge gewordene Gewissen wachzurütteln und dadurch manchem Amtsinhaber eine Hilfestellung zu geben. Die theologische Rechtfertigung für sein Vorgehen dürfte er in Sap 6, 1–21 gefunden haben, wie sein ausdrücklicher Verweis auf diesen alttestamentlichen Text im Anschluß an das oben angeführte Zitat aus dem *Schatzbehalter* nahelegt[81].

Auf dem Hintergrund von Aufbau, Inhalt und Ziel des *Buches von den Kaiserangesichten* ist abschließend nochmals ein Blick auf die Frage nach dem Verhältnis des Autors zum Humanismus des 15. Jahrhunderts zu werfen. Fridolins Begleitband zur Münzsammlung „erscheint" im Nürnberger Rathaus im Frühjahr 1487 und damit zu einem Zeitpunkt, der ohne Übertreibung als glanzvoller Höhepunkt humanistischer Bemühungen und Interessen bezeichnet werden darf: Am 18. April dieses Jahres krönt Friedrich III. Konrad Celtis auf der Kaiserburg feierlich zum „poeta laureatus" und lenkt damit den Blick der Gebildeten in ganz Europa auf die Reichsstadt als Zentrum der neuen Denkart[82]. Es muß offen bleiben, ob Fridolin selbst oder einzelne Nürnberger Bürger das *Buch* als eine Art Beitrag der Stadt zu dem großen Ereignis verstanden – auswärtiges Publikum für die ungewöhnliche Sammlung antiker Münzen und ihren prachtvollen Kommentar dürfte jedenfalls in reichem Maße vertreten gewesen sein.

In Nürnberg selbst hatte der Humanismus nach einem kurzen Aufflakkern während der vierziger Jahre endgültig im letzten Viertel des Jahrhunderts Fuß gefaßt[83], da die Söhne verschiedener Patrizier- und Ehrbarenfamilien nach dem Studium an italienischen Universitäten ab etwa 1475 in ihre Heimatstadt zurückgekehrt waren[84] und nun mit der Pflege ihrer im Ur-

---

[80] Cent IV, 90, 4v, Z. 27–5r, Z. 4.
[81] *Schatzbehalter* i2 ra, Z. 36–39.
[82] Zur Dichterkrönung siehe WUTTKE: Celtis, S. 275.
[83] Einen grundlegenden Überblick über humanistische Kreise und Einzelpersonen in der Reichsstadt sowie zahlreiche Literaturhinweise zum Thema bieten KRAUS: Gestalten, PFANNER: Humanismus und HAMM: Ethik.
[84] KRAUS: Gestalten, S. 585.

sprungsland der Renaissance geweckten Interessen andere Angehörige der
oberen Bürgerschichten wie den bereits erwähnten Verwalter der Ratsbibliothek Hans Tucher und den Kirchenmeister an St. Sebald, Sebald Schreyer
ansteckten[85]. Schon bald fand die neue Denkrichtung darüber hinaus in den
Klöstern Anklang[86], so daß Fridolin keineswegs der einzige Ordensgeistliche
der Stadt war, der humanistische Ambitionen erkennen ließ. Selbst innerhalb
des örtlichen Barfüßerkonvents stand er damit nicht allein, denn auch Nikolaus Glassberger, seit 1483 in Nürnberg, legte ausgeprägte historiographische
Bemühungen an den Tag[87]. Fraglos entstand das *Buch von den Kaiserangesichten*
also in einer Umgebung, die in ihrer Gesamtheit dem Humanismus weder
unwissend noch ablehnend begegnete, aber gerade deshalb ist zu fragen, ob
Fridolin sich mit seiner historischen Schrift tatsächlich als Anhänger dieser
Geistesbewegung erweist oder lediglich im Rückblick als solcher erscheint,
weil sich sein Abriß römischer Kaisergeschichte problemlos in das Bild des
lokalen Humanismus gegen Ende des 15. Jahrhunderts einfügen läßt.

Versuchen wir zunächst kurz zusammenzufassen, worin bei aller Vielfäl-
tigkeit und Disparität das Übergreifende und Gemeinsame in den Interessen,
der Arbeitsweise und den Zielen des Renaissancehumanismus lag, so lenkt
bereits dieser Name den Blick auf zwei Bereiche, die sich bei näherem Hin-
sehen als eng aufeinanderbezogen erweisen: Die Konzentration auf den
Menschen als Individuum und die rückgewandte Orientierung an der Antike als Norm. Man betonte das Subjektsein des Menschen, seine Möglichkeiten, die Welt und ihre Eindrücke zu erfahren sowie seine Pflicht, sich selbst
zu vervollkommnen und zu bilden, um so zur Verwirklichung des Mensch-
seins zu kommen. Die Leitlinien der Entwicklung hin zum wahren Ich suchte man in der griechischen und römischen Antike, ihrem Menschenbild und
ihrem Bildungsideal. Die intensive, mit einem weitgehenden Verzicht auf in-
terpretierende Autoritäten des Mittelalters verbundene Beschäftigung mit
antiken Originalquellen, das Studium ihres Sprachstils und ihrer Denkweise
nahmen deshalb in der Arbeit eines jeden Humanisten breiten Raum ein.

Auch die gegen Ende des 15. Jahrhunderts in Nürnberg lebenden Anhänger des Humanismus hoben sich im wesentlichen nicht von dieser Grundausrichtung ab, die die meisten von ihnen in Italien kennengelernt hatten[88].
Sie pflegten ihre Interessen in einer Art Lese-, Exzerpt- und Schreibbewe-
gung – man denke nur an den umfangreichen Bestand klassischer Titel in der
Ratsbücherei und an die berühmten Privatbibliotheken Hieronymus Mün-
zers und Johannes Pirckheimers[89] sowie an die in den achtziger Jahren ent-

---

[85] KRAUS: Gestalten, S. 586.
[86] MACHILEK: Klosterhumanismus, v. a. S. 19–45.
[87] Zum Humanismus im Franziskanerorden während des späten Mittelalters vgl. ELM:
Franziskanerobservanz und MASCHEK: Geschichte.
[88] Vgl. dazu HAMM: Ethik, S. 115–121.
[89] Vgl. PFANNER: Humanismus, S. 129 f.

stehenden humanistischen Schriften eines Sigismund Meisterlin oder das 1493 zum Druck gebrachte Großprojekt der Schedelschen Weltchronik – und widmeten sich der in ihren Augen vorbildlichen Sprache und Rhetorik antiker Quellen, um, durch deren Beispiel geschult, den eigenen Stil zu verbessern und neu zu formen. Außerdem übernahmen sie aber auch die elementare, den einzelnen Menschen wie die Gesellschaft als Gesamtheit ansprechende ethische Zielsetzung des Humanismus, die der sozialen Schichtung der in der Reichsstadt ansässigen Humanisten entsprechend besonders in Richtung auf eine Reflexion der aus der eigenen aristokratischen Position erwachsenden Rechte und Pflichten vorangetrieben wurde[90].

Betrachten wir auf diesem Hintergrund das Werk Fridolins, so kristallisieren sich neben einigen Stellen im *Schatzbehalter* vor allem im *Buch von den Kaiserangesichten* in der Tat Züge heraus, die für die Bezeichnung des Autors als ‚Humanist‘ sprechen: Das Bemühen, durch eigene, vor Ort erarbeitete Forschungsergebnisse bisher bekanntes Wissen über Geschichte und Architektur des alten Rom zu überprüfen und zu ergänzen[91], die Arbeit mit klassischen Originalquellen und Münzen, die wohl erstmalige Übersetzung eines antiken lateinischen Autors ins Deutsche, die Aufnahme und Weiterführung des durch Meisterlin aufgeworfenen Stadtgründungsthemas, der auf eine Art Ethik der Führungspersonen hin ausgerichtete Skopus des *Buches von den Kaiserangesichten*, schließlich das primär im *Schatzbehalter* zutage tretende und unter anderem auch von der Absicht, in ihnen Ansätze eines auf der Vernunft basierenden Urteilsvermögens zu wecken, getragene Anliegen, Laien und Laiinnen zumindest grundlegende Kenntnisse zentraler theologischer Themen zu vermitteln[92].

Wie wenig einige dieser in formaler Hinsicht durchaus „humanistisch" zu nennenden Aspekte in Fridolins Schriften den oben skizzierten Absichten des Humanismus entsprechen, zeigt sich jedoch bei genauerer Betrachtung der durch sie vermittelten Inhalte: Der Franziskaner bedient sich verschiedener, durch humanistische Gelehrte angewandter Arbeitsmethoden, versucht, seinen Zeitgenossinnen und Zeitgenossen den Zugang zu bisher unbekannten Quellen zu eröffnen und spricht in seinen Texten aus dem Humanismus entwachsende Forschungsthemen an, intendiert damit aber nicht, seinem Publikum antikes Denken und Leben nahezubringen und zum Vorbild für die eigene Existenzgestaltung werden zu lassen. Er vermag sich weder für die Antike als solche noch für die klassische griechische oder lateinische Poesie und Rhetorik zu begeistern und entwickelt selbst keinerlei sprachliche Ambitionen. Statt Menschen an durch die Antike gesetzten Normen zu messen und mit ihrer Hilfe den Weg hin zur Vervollkommnung aufzuzeigen, versucht er, Grundlagen der christlichen Lehre zu erläutern, seine Leserinnen

---

[90] Vgl. Hᴀᴍᴍ: Ethik, S. 122–126.
[91] Siehe dazu oben, S. 34 f.
[92] Siehe unten, S. 193–196.

und Leser im Glauben weiterzubringen, zu stärken und, wenn nötig, auch zu ermahnen und auf Defizite hinzuweisen. Um diesen frömmigkeitstheologischen Anliegen soweit als möglich nachzukommen, greift er auf seine Kenntnisse der antiken Geschichte und Literatur zurück, allerdings ohne ihnen einen selbständigen, von den theologischen und seelsorgerlichen Zielen unabhängigen Bereich zuzugestehen[93]. Um kein Mißverständnis aufkommen zu lassen: Der Unterschied zwischen Fridolins Denken und den Idealen der Nürnberger Humanisten bestand gewiß nicht darin, daß der Barfüßer als Ordensgeistlicher eine prinzipiell religiös-kirchliche Haltung innehatte, während die außerhalb der Klostermauern lebenden Vertreter der Orientierung an der Antike eine glaubenskritische, vielleicht sogar säkulare Überzeugung ihr eigen nannten; dies ist schon deshalb als unzutreffend abzulehnen, weil der Humanismus Nürnberger Prägung im 15. Jahrhundert – die intensive Einbindung vieler Humanisten in das kirchliche Leben der Stadt sowie das humanistische Interesse zahlreicher Theologen belegen, wie wenig sich christlicher Glaube und eine aus der Antike gewonnene Orientierung widersprechen mußten – keineswegs versuchte, eine Gegenposition zur Kirche und zur spätmittelalterlichen Frömmigkeit aufzubauen, sondern im Gegenteil in vielen Fällen als integrierende, Altes und Neues übergreifende wie auch verbindende Kraft wirkte, wenngleich auch die Neigung der einzelnen Gelehrten zur einen oder anderen Seite verschieden stark war[94]. Die Diffe-

---

[93] Mit dieser Vorgehensweise steht Fridolin innerhalb des Franziskanerordens nicht allein: Elm macht darauf aufmerksam, daß viele minoritische Prediger dem Humanismus durchaus zugeneigt waren und sich auch entsprechende Kenntnisse aneigneten, in der Regel aber stärkeres Interesse an seiner praktischen Umsetzung als an theoretischen Studien zeigten. ELM: Franziskanerobservanz, S. 208.

[94] Vgl. HAMM: Ethik, S. 127, Anm. 256a.
An dieser Stelle sei kurz auf den zu Beginn des Kapitels (siehe oben S. 143) erwähnten, etwas unscharfen Begriff des „Klosterhumanismus" eingegangen: Mir erscheint dieser Terminus nur begrenzt hilfreich, stellt er doch lediglich eine Formalbestimmung dar, indem er darauf aufmerksam macht, daß es im 15. und 16. Jahrhundert Ordensangehörige oder andere sich mit dem monastischen Stand beschäftigende Menschen gab, die in irgendeiner Form humanistische Interessen pflegten. Offen läßt er hingegen alle inhaltlichen Fragen wie die nach dem Ausmaß der Rezeption humanistischer Ideale und Zielvorstellungen (der eine Ordensangehörige zeigte mehr, der andere weniger an der neuen Denkweise orientierte Bestrebungen), nach der Art und Weise humanistischen Arbeitens durch Mönche und Nonnen (unterschied sich humanistisches Studium innerhalb von Klostermauern von dem außerhalb, weil z.B. die konvents- bzw. ordensinternen Kommunikationsstrukturen andere waren, weniger Literatur beschafft werden konnte, Frauen stärker partizipierten usw.?) oder nach der Intensität der spezifischen Anziehungskraft, die bestimmte Teilbereiche humanistischen Denkens und Forschens auf Klosterleute ausübten (zeigt sich z.B. im monastischen Bereich allgemein die Tendenz, sich historischen Studien hinzugeben und nur wenig Wert auf gelehrte philologische Anstrengungen zu legen? Sind in dieser Hinsicht Unterschiede zwischen den einzelnen Orden, den verschiedenen Ordens- und Konventsämtern oder zwischen Frauen und Männern festzustellen?). Darüber hinaus bleibt zu klären, ob nur solche an der Antike als Norm orientierten Bestrebungen als Hinweise auf „klosterhumanistische" Interessen bezeichnet werden, die von einer dem Ordensstand an-

renz ist vielmehr im Denkansatz sowie nicht zuletzt in der Gewichtung humanistischer Interessen zu suchen. Fridolins Ausgangspunkt bilden Bibel und kirchliche Tradition, sein Blickwinkel ist von daher bestimmt und legt die Auswahlkriterien fest, nach denen er humanistische Arbeitsweisen, Themen und Forschungsgegenstände aufnimmt oder unberücksichtigt läßt; insgesamt gesehen spielen sie im Gesamtwerk des Franziskaners aber nur eine vergleichsweise geringe Rolle[95]. Wirklich vom Humanismus Begeisterte hingegen neigten dazu, aus den Quellen erhobene antike Ideale zur Basis ihrer Studien zu machen bzw. ihrer religiösen Orientierung gleichwertig-harmonisierend beizugesellen (so etwa Sixtus Tucher) sowie Zeit, Mühen und oft auch erhebliche finanzielle Mittel in die Beschaffung, Lektüre und Verarbeitung klassischer und humanistischer Literatur zu investieren. Vor allem aber sind ihre Schriften in viel stärkerem Umfang und bis in die Sprache hinein von dem Bemühen durchdrungen, sich den antiken Bildungsidealen soweit als möglich anzunähern.

Stephan Fridolin ist also schwerlich als Humanist im Vollsinne des Wortes zu bezeichnen, gehörte aber wohl zur Gruppe derjenigen Gebildeten im 15. Jahrhundert, die sich in ihrem Denken durch den Humanismus anregen ließen und ihm in Teilbereichen ihres Lebens und literarischen Schaffens Raum gaben. Ihre Nähe oder Distanz dem Humanismus gegenüber hängt jeweils davon ab, durch welche anderen Kräfte sie beeinflußt wurden und in welcher Intensität das geschah. Was unseren Franziskaner betrifft, so ist

---

gehörenden Person als Forschungssubjekt ausgingen, oder auch Arbeiten unter diesen Begriff gefaßt werden, die zwar von „in der Welt" lebenden Menschen verfaßt wurden, sich jedoch mit der monastischen Lebensform oder einzelnen ihrer Aspekte als Forschungsgegenstand beschäftigen und gleichzeitig auf die Antike als Wertmaßstab ausgerichtet sind. Zahlreiche Beispiele belegen heute, daß humanistische Bestrebungen innnerhalb von Klöstern nicht notwendigerweise frömmer, unwissenschaftlicher oder weltabgewandter sein mußten als außerhalb, so daß zusammenfassend gesagt werden kann: Der Begriff „Klosterhumanismus" erweist sich insofern als problematisch, als er keine Hilfe für die Herausarbeitung des Propriums eines im monastischen Raum praktizierten Humanismus bietet, aber gerade durch seine plakative Schlichtheit den Eindruck erweckt, eine verschiedene Orden und Konvente übergreifende und verbindende Einheitlichkeit des Humanismus hinter Klostermauern sei längst nachgewiesen. Es bleibt also eine Aufgabe zukünftiger Forschung, Denken und Werk humanistisch interessierter Ordensmänner und -frauen wie auch weltlicher, den Klosterstand reflektierender Personen zu untersuchen, zu vergleichen und, falls sich typische Charakterzüge eines solchen Humanismus herauskristallisieren sollten, einen neuen Terminus zu prägen, der diese erkennbar zum Ausdruck bringt. Einen ersten Ansatz hin in Richtung auf eine fruchtbare Annäherung an das Problem des Verhältnisses von Orden und Humanismus bietet KRISTELLER: Contribution, v. a. S. 14–20.
[95] Auch Kists knappe Bemerkung in der Matrikel des Bistums Bamberg (ebd., S. 123), Fridolin habe sein Leben „der Seelsorge und der Wissenschaft" geweiht, verschiebt deshalb die Schwerpunkte in der Arbeit des Franziskaners, gleichgültig ob man unter „Wissenschaften" von seinen praktischen, frömmigkeitstheologischen Zielen lösgelöste, akademisch-lehrhafte Studien oder humanistisch beeinflußten Züge seiner Texte versteht. Für Fridolin gibt es kein gleichberechtigtes Nebeneinander beider Interessen- und Arbeitsbereiche, sondern ein klares Unterordnungsverhältnis des einen unter den anderen.

Berndt Hamm zuzustimmen, der Fridolin als einen Theologen beschreibt, dessen „humanistische Neigungen sehr begrenzt und durch die kirchlichen Lehrtraditionen des Mittelalters" sowie, so bleibt zu ergänzen, durch seine frömmigkeitstheologische Zielsetzung „überlagert und marginalisiert sind"[96].

---

[96] HAMM: Ethik, S. 127, Anm. 256a.

7. Schatzbehalter

7.1. Drucklegung und Überlieferung

Der *Schatzbehalter* ist das einzige Werk Stephan Fridolins, das bereits zu Lebzeiten seines Autors in gedruckter Form veröffentlicht wurde. Wie der Kolophon mitteilt, erschien der Band am 8. November 1491 bei Anton Koberger in Nürnberg[1]. Mit seiner Länge von 352 Blatt, dem Folioformat und den 96 ganzseitigen Holzschnitten stellt das Buch einen Höhepunkt in der Geschichte der berühmten Nürnberger Offizin dar, ja es gehört in Umfang und Ausstattung sogar zu den größten und aufwendigsten Druckprojekten des 15. Jahrhunderts.

Die fränkische Metropole zählte in den letzten Jahrzehnten des genannten Zeitraums zu den wichtigsten Druckstädten Europas, wobei sie bemerkenswerterweise eine unwiderstehliche Anziehung auf Drucker ausübte, obwohl sie anders als die meisten Orte, an denen sich die Meister des neuen Handwerkes niederließen, weder einen Bischof noch eine Universität als Initiatoren des Buchgewerbes vorweisen konnte[2].

Berühmtester in Nürnberg ansässiger Drucker war Anton Koberger, der seit den achtziger Jahren einem der größten Unternehmen Europas vorstand[3], das nicht nur Bücher herstellte, sondern auch ihren Verlag und Vertrieb besorgte. Koberger besaß einen für damalige Verhältnisse beeindruckenden Betrieb, wovon noch Johann Neudörffers über fünfzig Jahre später entstandene „Nachrichten von Künstlern und Werkleuten" Zeugnis ablegen, wenn es dort heißt, der Drucker habe zeitweise mit mehr als hundert Gesellen auf vierundzwanzig Pressen gearbeitet[4]. Mag das auch etwas übertrieben sein – genaue zeitgenössische Zahlen über die Betriebsgröße sind nicht erhalten, – sicher ist, daß Koberger mit seinem Unternehmen eminen-

---

[1] „[...] durch den Erbern vnnd Achtpern Anthonien Koberger yn der keyserlichen Reichstatt Nurmberg. Nach der geburt Christi vierzehenhundert vnd yndem eynvnndneu(e)ntzigisten iar. Am Eritag dem achtenden tag dess Monats Novembris außgedruckt." *Schatzbehalter*, 3. ungezähltes Blatt nach Hh6, dort rb, Z. 18–24.

[2] CORSTEN: Buchdruck, S. 10.

[3] So HASE: Koberger, S. 53.
Wie Winteroll zeigt, befand sich Kobergers Betrieb in den Jahren zwischen 1481 und 1492 auf seinem Höhepunkt, da in diesem Zeitraum drei Viertel aller erhaltenen Drucke der Werkstätte erschienen. WINTEROLL: Summae innumerae, S. 312.

[4] Vgl. RÜCKER: Weltchronik, S. 13.

ten Gewinn erwirtschaftete und seine Heimatstadt die Bemühungen und
Erfolge ihres Bürgers um das Buchwesen honorierte, indem sie den Sproß
einer ‚ehrbaren' Familie 1488 zum ‚Genannten des großen Rats' machte und
ab 1506 zweimal zum Tanz aufs Rathaus lud[5], was seiner Aufnahme ins Patriziat gleichkam. Bis an die Wende zum 16. Jahrhundert erschienen im Kobergerschen Betrieb 200–250 Titel[6], die zum einen im hauseigenen Verkaufsla-
den am Egidienberg an einheimische und aus der näheren Umgebung Nürnbergs anreisende Interessentinnen und Interessenten verkauft wurden; der für
die Ratsbibliothek zuständige Hans Tucher erwarb beispielsweise im Jahr
1488 179 Bände für die städtische Bildungseinrichtung[7]. Zum anderen baute
Koberger durch Auftragsdruckereien, feste Niederlassungen, regelmäßige
Präsenz auf Märkten und maßgeblichen Buchmessen wie der in Frankfurt
sowie durch reisende Buchdiener ein Netz von Handelsknotenpunkten auf,
das ihm Zugang zu neuen Absatzgebieten erschloß, so daß seine Drucke in
ganz Europa Verbreitung fanden[8]. Die durch den Nürnberger Buchhändler
erreichten Verkaufszentren treten noch heute in groben Zügen in den Stand-
orten der erhaltenen bzw. bekannten und im Laufe der Zeit verschwundenen
Exemplare seiner Erzeugnisse hervor[9] und lassen sich auch an der Verbreitung von Fridolins großem Erbauungsbuch ablesen[10]: Die Mehrzahl seiner
Bände, etwa siebzig an der Zahl, ist im deutschen Sprachraum, vor allem in
Süddeutschland nachzuweisen, die ca. dreißig übrigen Exemplare verteilen
sich jedoch trotz der Sprachbarriere auf nahezu alle umliegenden europäischen Länder[11].

---

  [5] KEUNECKE: Koberger, S. 49–51. Zu Nürnberger Stadtstruktur und Ämterwesen vgl.
ENDRES: Sozialstruktur; HIRSCHMANN: Patriziat; KNEFELKAMP: Städte und WEISS: Lebenshaltung.
  [6] CORSTEN: Koberger, S. 256.
  [7] Für die enge Beziehung Kobergers zur Nürnberger Führungsschicht spricht auch,
daß er vermutlich in doppelter Hinsicht Gewinn aus der örtlichen Büchersammlung ziehen konnte, da er das Vertrauen bestimmter Ratsleute genoß: Einerseits nahm ihm die
„Librei" eine ganze Anzahl von Titeln ab, andererseits glich die Stadt einen Teil des dafür
anfallenden Kaufpreises allem Anschein nach ab, indem man ihm den Entleih bibliotheks-
eigener Handschriften als Druckvorlagen gestattete. HASE: Koberger, S. 270.
  [8] Durch Filialbetriebe und mobile Verkaufseinrichtungen erreichte er so gut wie alle
wichtigen Handelszentren, die von Nürnberger Kaufleuten angesteuert wurden: Er setzte
seine Produkte von den Niederlanden bis Mailand und Venedig, von Paris und Lyon bis
Polen und Schlesien ab bzw. ließ vor Ort drucken, um Kosten und Transportwege einzu-
sparen. HASE: Koberger, S. 272–300. KEUNECKE: Koberger, S. 52 f. GRIMM: Buchführer,
Sp. 1198–1201.
  [9] Corsten weist auf die Möglichkeit hin, von der heutigen Verbreitung der Inkunabeln
auf ihren Vertriebsbereich während des 15. Jahrhunderts zurückzuschließen, da „die heutigen Standorte im großen und ganzen das Ergebnis des Vertriebs von damals sind". COR-
STEN: Buchdruck, S. 27.
  [10] Da der *Schatzbehalter* in deutscher Sprache gdruckt ist, kann er allerdings nicht als
repräsentatives Beispiel für Kobergers Produktion und Vertriebsbereich gelten, vgl. unten,
S. 171.
  [11] Dieser vorläufigen Berechnung sind die Auflistungen bzw. Überblicke im Gesamt-

Der Schwerpunkt in Kobergers Produktion lag entsprechend der internationalen Ausrichtung seines Betriebs auf der Herstellung lateinischer Titel[12]; aber obwohl volkssprachliche Publikationen wie der *Schatzbehalter* nur einen Bruchteil des Unternehmensprogramms ausmachten, zählte die Nürnberger Druckerei dennoch zu den sechs Offizinen im Reich, die den Markt auf diesem Sektor beherrschten[13].

Interessant ist ein Blick auf das Druck- und Verlagsprogramm, denn es zeigt sich, daß Koberger zwar im handwerklichen Bereich beträchtliche Innovationsbereitschaft besaß, da er schon früh das Wagnis einging, auf die noch junge Technik des Drucks mit beweglichen Lettern zu vertrauen und seine wirtschaftliche Existenz darauf zu gründen, jedoch keineswegs als Neuerer gelten darf, was die Inhalte seiner Erzeugnisse betraf. Er veröffentlichte hauptsächlich bereits eingeführte und bewährte juristische, philosophische und theologische Fachliteratur, beliebte erbauliche Schriften und die Bibel, aber kaum klassisch-antike und humanistische Titel[14], was darauf hindeutet, daß er bemüht war, Verkaufsrisiken zu vermeiden und nur solche Werke in Angriff zu nehmen, für die er sich eines ausreichenden Kundenkreises – in der Regel Fachpublikum, worauf auch die lateinische Sprache der Mehrzahl seiner Erzeugnisse hinweist – sicher sein konnte[15]. Auch die Ausstattung zahlreicher Drucke zeugt von einem eher auf traditionelle Vorstellungen ausgerichteten Element im Denken des Kaufmanns Koberger, der wie viele seiner zeitgenössischen Kollegen die Käufer für seine Produkte weniger in den Reihen der humanistisch interessierten Gelehrten, als vielmehr unter denjenigen suchte, die bisher aus beruflichen und privaten Gründen Handschriften erworben und sich durch deren Inhalt und äußere Form angesprochen gefühlt hatten[16]. Deshalb orientiert er sich in der Gestaltung von Bänden wie dem *Schatzbehalter* am Vorbild handschriftlicher Codices, wenn er beispielsweise Platz für die individuelle Ausgestaltung von Initialen läßt und die Mehrzahl seiner Exemplare im ‚Rohzustand‘ verkauft, so daß

---

katalog der Wiegendrucke, bei Bellm, im Inkunabelkatalog der Universität Cambridge sowie im Katalog der Bibliothek Otto Schäfer zugrundegelegt. Die wenigen heute in den USA befindlichen Bände wurden dabei außer acht gelassen. Vgl. GW Bd. IX, S. 134 f., Bellm: Schatzbehalter. Textband, S. 39, A Catalogue of Books, S. 199 und Katalog der Bibliothek Otto Schäfer, S. 302 f.

[12] Winteroll: Summae innumerae, S. 306.

[13] Sauer: Inkunabeln, S. 70–72.

[14] Vgl. Keunecke: Koberger, S. 40–43 und Winteroll: Summae innumerae, S. 306 f.

[15] Die 1493 auf den Markt gebrachte *Schedelsche Weltchronik* widerspricht diesem Prinzip nicht, obwohl sie sich als geradezu katastrophales Verlustgeschäft erwies. Koberger fungierte in ihrem Fall lediglich als Lohndrucker, nicht aber als Verleger, so daß er kein finanzielles Risiko zu tragen hatte, wie die erhaltenen Verträge belegen. Vgl. Rücker: Weltchronik, S. 43–48.

[16] Zur Frage der Kontinuität von Lesefähigkeit und potentieller, für den Erwerb von Schrifterzeugnissen zu interessierender Kundschaft am Übergang vom Handschriften- zum Druckzeitalter vgl. Schmidt: Lesen, S. 324–327.

den Kunden neben der nachträglichen Bindung ihrer Erwerbungen[17] auch die Kolorierung der Holzschnitte und die Verzierung der freien Seitenränder überlassen bleibt[18].

Was das in unserem Zusammenhang relevante Engagement auf dem Gebiet der Produktion und des Vertriebs theologischer Werke anbelangt, so bemüht sich der Nürnberger, möglichst das gesamte Spektrum gewinnversprechender literarischer Formen und Inhalte abzudecken[19]. Er publiziert eine Reihe von Bibelausgaben in unterschiedlicher Ausstattung, verschiedene Liturgica, Sentenzenbücher und Summen, Predigtsammlungen und vor allem eine große Anzahl älterer und neuerer Titel erbaulicher Art: 1481 etwa erscheint das *Speculum aureum* des Mystikers Hendrik Herp (OFM)[20], seit 1478 wiederholt Jacobus a Voragines *Legenda aurea* (1488 in einer üppig bebilderten volkssprachlichen Ausgabe)[21], ebenso Ludolf v. Sachsens *Vita Christi*[22] und schließlich 1492 die berühmte *Imitatio Christi* des Thomas von Kempen[23]. Fridolins *Schatzbehalter* paßte als erbauliches, mit unterhaltenden Elementen und umfassenden Belehrungen durchsetztes Werk also durchaus in das Druckprogramm der Offizin auf dem Egidienberg, und es war auch nicht die einzige Schrift eines in Nürnberg tätigen Theologen, die dort unter die Presse genommen wurde[24].

Ob sich Koberger seit Ende der siebziger Jahre tatsächlich vermehrt dem Druck und Verkauf franziskanischen Schrifttums zuwandte[25], sei hier dahingestellt; sicher ist jedoch, daß er Kontakte zum Nürnberger Minoritenkonvent und zu einzelnen seiner Mitglieder unterhielt, die allem Anschein nach allerdings nicht über das zu erwartende normale Maß hinausgingen: Belegt sind die Teilnahme seines Mitarbeiters Johann Beckenhaub an der großartigen, anläßlich des oberdeutschen Provinzkapitels in Nürnberg abgehaltenen wissenschaftlichen Disputation der observanten Franziskaner[26] und die In-

---

[17] Vgl. KEUNECKE: Koberger, S. 54.
[18] Vgl. HASE: Koberger, S. 113 f. und SAUER: Inkunabeln, S. 25.
Stephan Fridolin muß gewußt haben, daß die meisten Exemplare des *Schatzbehalters* ungemalt verkauft würden – auch heute noch sind die wenigsten der erhaltenen Bände durchgehend koloriert –, denn er erteilt Leserinnen und Lesern, die den einen oder anderen Holzschnitt nachträglich farbig verschönern möchten, zumindest in einem Fall genaue Anweisungen: „Und wenn man die egenanten tyer [die auf dem 10. Holzschnitt abgebildeten Tiere] will mit varbe(n) ausstreichen, so sol die ku rot geferbt werden." *Schatzbehalter* h2 rb, Z. 27–29.
[19] Siehe dazu Hases Verzeichnis der Werke Kobergers. HASE: Koberger, S. 445–462.
[20] Catalogue, S. 419.
[21] Siehe SCHRAMM: Bilderschmuck, S. 8.
[22] Catalogue, S. 417, 426 und 440.
[23] RÜCKER: Weltchronik, S. 12.
[24] 1496 druckte Koberger das *Praeceptorium divinae legis* des 1425–49 in der Reichsstadt lebenden Dominikaners Johannes Nider. Vgl. HAIN: Repertorium ★ 11796.
[25] So WINTEROLL: Summae innumerae, S. 307–309.
[26] MACHILEK: Klosterhumanismus, S. 15. Zum Kapitel von 1488 vgl. Glassberger: Chronica, S. 504 f.

itiative des im örtlichen Barfüßerkloster lebenden Chronisten Nikolaus Glassberger, der Koberger bewegte, 1498 Ludwig von Preußens (OFM) *Trilogium animae* herauszubringen[27]. Inwiefern solche Kontakte dazu führten, daß im Jahre 1491 das Hauptwerk des örtlichen Predigers an St. Klara, der *Schatzbehalter*, in der Offizin am Egidienberg erschien, ist ungeklärt. Da bislang keine Quellen über Herstellung und Verkauf des Buches bekannt sind, wissen wir weder, ob der Autor selbst oder wie im eben erwähnten Fall des *Trilogium animae* einer seiner Konventsbrüder mit dem Ansinnen, die Schrift zu drukken, an Koberger herantraten, oder ob Bellms These, die Nürnberger Klarissen hätten den Band veröffentlicht, zutrifft[28]. Die Vorstellung einer „Veröffentlichung" durch das Klara- oder das Franziskanerkloster, d.h. eines Zusammenwirkens von Koberger als Lohndrucker und den Schwestern oder Brüdern als Verlegende hat jedoch wenig für sich: Es ist kaum anzunehmen, daß die observanten Konvente über die Finanzmittel verfügten, die nötig gewesen wären, um eine solche Unternehmung in Gang zu setzen[29]. Durchaus denkbar ist es hingegen, daß Ordensleute einen oder mehrere Geldgeber, vielleicht auch Koberger selbst auf den *Schatzbehalter* aufmerksam machten und so tatsächlich als Initiatoren des Druckes fungierten, mit dessen wirtschaftlicher Seite aber nichts zu tun hatten. Vielleicht erhob sich das Interesse an einer Publikation des Buches aber auch unter den weltlichen Predigthörern Fridolins; der Barfüßer war zu Beginn der neunziger Jahre ja durch sein *Buch von den Kaiserangesichten* zumindest unter den im Rathaus verkehrenden, finanzkräftigen Ehrbaren und Patriziern hinlänglich als Buchautor bekannt, so daß wir den oder die Geldgeber für das Druckprojekt eventuell in ihren Kreisen suchen dürfen. Sind das alles auch nur Vermutungen, so ist angesichts der konservativen Ausrichtung des Verlagsprogramms und Kobergers Bemühung, möglichst geringe wirtschaftliche Risiken einzugehen, nur schwer vorstellbar, daß der Inhaber der Offizin im Falle des *Schatzbehalters* sowohl als Drucker wie auch als Verleger arbeitete, indem er für die praktische Ausführung der handwerklich-technischen Arbeitsgänge sorgte und gleichzeitig die Finanzierung übernahm. In der Nürnberger Werkstatt erschien kaum ein Werk im Erstdruck[30], und als die Produktion des *Schatzbehalters* anlief, steckten die Erfahrungen im Umgang mit aufwendigen Textillustrationen noch in den Kinderschuhen[31]. Indem Koberger Fridolins Schrift in der heute vorlie-

---

[27] WINTEROLL: Summae innumerae, S. 310.

[28] BELLM: Schatzbehalter, S. 2.

[29] Vgl. dazu die Abkommen über die einzelnen, im Zusammenhang mit Druck und Vertrieb der *Schedelschen Weltchronik* anfallenden Kosten und Darlehen, RÜCKER: Weltchronik, S. 43–48 darstellt.

[30] WINTEROLL: Summae innumerae, S. 307.

[31] Eine Zusammenstellung der bebilderten Drucke Kobergers liegt vor bei SCHRAMM: Bilderschmuck, S. 8–10. Vor dem *Schatzbehalter* brachte der Nürnberger nur zwei reich illustrierte Ausgaben (1483 eine *Deutsche Bibel* mit 109, 1488 die *Legenda aurea* mit 259 Holzschnitten) auf den Markt. Über ihren Absatz brauchte er sich keine Sorgen zu machen.

genden Form aufbereitete und druckte, mußte er sich also einem doppelten
Wagnis gegenübersehen: Zum einen war nicht zu prognostizieren, ob der
dickleibige *Schatzbehalter* tatsächlich ein Verkaufsschlager sein würde, obwohl er eines der populärsten religiösen Themen, das Leiden und Sterben
Christi, behandelte und dem Zeitgeschmack auch insofern entgegenkam, als
er seinen Leserinnen und Lesern eine geradezu unglaubliche Stofffülle bot[32].
Zum anderen lag durch die 96 eingefügten Holzschnitte ein beträchtlicher
Teil des Werkes nicht in der Hand des Druckers, sondern in der Verantwortung einer beauftragten Künstlerwerkstatt.

Wer auch immer die für das Projekt erforderlichen Geldmittel zur Verfügung stellte: Er muß entweder vom Erfolg des *Schatzbehalters* ausgegangen
sein – dieser war allem Anschein nach allerdings bereits durch eine Auflage
erschöpft[33] – oder er hatte es gar nicht nötig, aus dem Verkauf des Buches
Gewinn zu ziehen, sondern wollte ganz einfach Fridolins theologische Unterweisungen einem breiten Publikum zugänglich machen. Beides spricht
nicht so sehr für Koberger als vielmehr für eine im Verlagswesen weniger er-
fahrene Person als Anreger und Finanzier, obwohl der Inhaber von Nürnbergs größter Offizin als Verleger auch nicht mit Sicherheit ausgeschlossen
werden kann.

Im Zusammenhang mit der Finanzierung des *Schatzbehalters* seien noch
zwei weitere, wenn auch nicht klärbare Fragen kurz angesprochen: die nach
dem Preis und der Auflagenhöhe des Werkes. Kobergers üblicher Praxis entsprach es, die überwiegende Zahl seiner Bücher ungebunden und unkolo-
riert auszuliefern, einzelne Exemplare auf besonderen Wunsch hin aber auch
mit Einbänden versehen oder ausgemalt an die Kunden auszuhändigen, und

---

[32] Zur Stofffülle als verkaufsförderndem Element in Büchern der Inkunabelzeit siehe
SAUER: Inkunabeln, S. 75.
[33] Irmgard Höss (Leben, S. 24) behauptet zwar, bereits 1482 sei eine erste Ausgabe des
Buches erschienen, belegt dies jedoch nicht.
Als möglicher Hinweis auf die Produktion mehrerer Auflagen könnte allerdings die
Tatsache gedeutet werden, daß die Kopfzeile von h2 v in zwei Versionen existiert: In Inc.
385 2° der Nürnberger Stadtbibliothek lautet die Überschrift über dem zehnten Holz-
schnitt „Die ehend figur", in anderen Exemplaren hingegen „Die zehend figur" (so z.B.
Staatsbibliothek München, Rar. 293 4°). Der in der Auslassung des „z" vorliegende Fehler
wurde also bemerkt und durch die Einfügung einer weiteren Druckletter verbessert. Die
Änderung von „ehend" in „zehend" läßt sich aber nicht nur durch die Annahme einer
zweiten Auflage erklären, sondern könnte auch darauf beruhen, daß man aus logistischen
Gründen einen Neusatz vornahm (vgl. dazu GERHARDT: Neusatz und CORSTEN: Auflagenhöhe), oder daß man das satztechnische Versehen während des Druckvorganges bemerkte und diesen nur unterbrach, um die nötige Verbesserung vorzunehmen. Immerhin
befindet sich der Fehler in der Kopfzeile einer Seite und damit an exponierter Stelle; darüber hinaus ist bekannt, wie stolz Koberger auf seine Bemühungen um sorgfältige Korrektur der Erzeugnisse war, die seine Werkstatt verließen (dazu vgl. HASE: Koberger, S. 81 f.).
Auch die Tatsache, daß die korrigierte Textversion weder einen neuen Kolophon aufweist,
noch anderweitig von der im Nürnberger Exemplar Inc. 385, 2° vorliegenden Form ab-
weicht, spricht gegen eine zweite Auflage des *Schatzbehalters*.

wir haben keinen Grund, im Falle der Schrift Fridolins ein anderes Vorgehen anzunehmen[34]. Aber nicht nur, weil das Buch in mindestens vier unterschiedlichen Ausstattungen verkauft wurde, sind keine klaren Aussagen über einen konkreten Preis möglich; ausschlaggebend ist vor allem, daß keine Rechnung über den Erwerb eines *Schatzbehalter*-Exemplars erhalten ist. Einen vagen Anhaltspunkt für weitere Überlegungen findet man allerdings in der *Schedelschen Weltchronik*[35], deren einfachste Ausführung 1495 in England für den Gegenwert von fünfeinhalb Schlachtochsen zu haben war und im Jahre 1509 in Deutschland etwa 2 rheinische Gulden gekostet hat[36]. Da der *Schatzbehalter* insgesamt erheblich einfacher gestaltet ist, dürfte er im Vergleich zur zwei Jahre nach ihm erscheinenden Chronik preisgünstiger gewesen sein, doch stellte zweifellos auch er ein recht kostspieliges Druckerzeugnis dar. Er war insgesamt voluminöser als das humanistische Werk und gehörte mit seinem Umfang eindeutig zu den Büchern, die sich in den ersten Jahrzehnten nach der Erfindung Gutenbergs „nur Personen von sehr hohem Einkommen oder Vermögen" leisten konnten, waren doch dickleibige Bände im Vergleich zu dünneren Ausgaben unverhältnismäßig teuer[37].

Nicht nur über den Preis des *Schatzbehalters*, auch über die Auflagenhöhe sind keine gesicherten Auskünfte möglich. War durch den Verleger – wer es auch sein mochte – beabsichtigt, das Werk über Kobergers übliches Handelsnetz zu verkaufen und wenigstens die festen Zweigniederlassungen des Nürnbergers mit dem Band zu beliefern, so darf die Auflage nicht zu niedrig angesetzt werden. Diese Annahme wird durch die Anzahl der noch erhaltenen bzw. bekannten, aber verschollenen oder zerstörten Exemplare gestützt: Weltweit sind noch knapp 140 Drucke nachweisbar[38], so daß wir mit einiger Berechtigung annehmen können, daß Fridolins Erbauungsbuch Kobergers

---

[34] Die in der British Library (IB. 7413 und IB. 7414) und im British Museum (Department Print and Drawings: 158 a. l.) aufbewahrten Exemplare etwa wurden in Kobergers Werkstatt gebunden (vgl. hierzu wie auch zum folgenden die als Vorsatzblatt in die beiden Bände eingehefteten Informationen der British Library und des British Museum). IB. 7413 und IB. 7414 zeigen, daß zwischen dem im Kolophon angegebenen Erscheinungstermin des *Schatzbehalters* (8. November 1491) und dem Zeitpunkt, zu dem einzelne Exemplare mit einem Einband versehen wurden, mitunter mehrere Monate verstrichen: Bei der Herstellung des Einbandes von IB. 7414 fand ein Blatt eines Druckes von Angelus de Clavasios *De caribus conscientiae* (erschienen im Februar 1492; vgl. HAIN *5395) Verwendung. Frühestens im April 1493 wurde schließlich IB. 7413 gebunden, stammt ein Teil der verarbeiteten Makulatur doch von einem Vulgatadruck, den Koberger in diesem Monat herausbrachte.

[35] Vgl. dazu RÜCKER: Weltchronik, S. 47 f.

[36] Um eine ungefähre Vorstellung von der Höhe dieses Betrags entwickeln zu können, sei darauf verwiesen, daß Albrecht Dürer für sein um die gleiche Zeit erworbenes großes Stadthaus 500 fl bezahlte. RÜCKER: Weltchronik, S. 48.

[37] So SAUER: Inkunabeln, S. 21–25.

[38] Zur Grundlage der Bestandsermittlung siehe oben, S. 170, Anm. 11.

Presse in mindestens 150 Exemplaren verließ und damit eine für das 15. Jahrhundert durchschnittliche Auflagenhöhe erreichte[39].

Zusammenfassend bleibt festzuhalten: Der *Schatzbehalter* hatte im Rahmen der Möglichkeiten seiner Zeit optimale Verbreitungsvoraussetzungen, denn wer auch immer seine Publikation initiierte und finanziell trug, gab das Werk in die Hände des erfolgreichsten, in der Herstellung und dem Verkauf erbaulicher Literatur erfahrenen und in gutem Kontakt zur städtischen Führungsschicht stehenden Druckers und Buchhändlers in Nürnberg. Umfang und Ausstattung des Bandes lassen auf die Absicht schließen, Kunden und Kundinnen aus den reichen, aber nicht notwendigerweise lateinkundigen Bevölkerungsschichten anzusprechen. Die Tatsache, daß der *Schatzbehalter* heute in Bibliotheken und Sammlungen in allen Teilen Europas und der USA nachzuweisen ist, spricht für seinen Verkauf im verzweigten Handelsnetz Anton Kobergers, das weit über die Grenzen Nürnbergs und seiner Umgebung hinausreichte.

7.2. Entstehung und Gesamtkonzeption

Klingt in der Literatur über Stephan Fridolins *Schatzbehalter* die Frage nach dessen Entstehung überhaupt an, so erschöpft sich ihre Beantwortung in einem Verweis auf die im Werk erwähnte, den Franziskaner zur Niederschrift des Buches anregende „edel fraw". Einzig die kunsthistorische Forschung darf sich das Verdienst zugutehalten, im Rahmen ihrer Untersuchung des Zusammenhangs von Holzschnitten und Text des *Schatzbehalters* den einen oder anderen Aspekt der Vorgeschichte des Werkes wenigstens angesprochen zu haben. Gänzlich unberücksichtigt blieben bis heute aber die Fragen nach dem Entstehungszeitraum und der Zusammenfügung mehrerer Teile zur im Kobergerschen Druck vorliegenden Form des Buches sowie die Funktion der einzelnen Abschnitte innerhalb der Gesamtschrift.

7.2.1. Anlaß der Niederschrift

Fridolin selbst erwähnt an mehreren Stellen beiläufig, wodurch er sich veranlaßt sah, den Hauptteil des *Schatzbehalters* niederzuschreiben. Seinen Worten zufolge faßte er den Entschluß, Gedanken über das Leiden Christi und seinen Nutzen für die Gläubigen in verständlicher Form zusammenzustellen, nicht von sich aus, sondern auf Anregung von außen hin[40], denn er

---

[39] Vgl. CORSTEN: Auflagenhöhe. Den an anderer Stelle vorgetragenen vorsichtigen Schätzungen des gleichen Autors zufolge (CORSTEN: Buchdruck, S. 22) könnte der *Schatzbehalter* aber auch zu den „Massenauflagen" des Spätmittelalters zählen.

[40] Wann genau der Franziskaner diesen Anstoß empfing, ist weder dem *Schatzbehalter* selbst noch irgendeiner anderen Quelle zu entnehmen. Kästners Behauptung, Fridolin sei

erklärt zunächst, das „bu(e)chlein [...] auff frag vn(d) bitt etlicher andechtiger person geschribe(n)" zu haben[41], und führt das an späterer Stelle noch
genauer aus, indem er mitteilt, worin das Anliegen bestand, mit dem man an
ihn herantrat: „Wann es was eyn edel fraw, die pracht das an einen prediger,
der geprediget hett, wye man yn den kyrieleyson die drey person in der
heylige(n) drifeltigkeit vmb die barmhertzigkeit anru(e)ffen solt"[42]. Nachdem der Prediger, der kein anderer als Fridolin selbst gewesen sein kann, dazu
aufgefordert hatte, Gott durch das liturgische Kyrie neunmal anzurufen[43],
„begeret eyn andechtyge edle fraw, das er das selb baß od(er) noch einmal
erynnern vnnd erclerenn wollt. Da im d(er) prediger nach synnet vber daz
and(er) kyrieleyson, wye man got den vater aller tyeffest bey dem verdienst
seynes suns ermanen vn(d) allerkrefftigerst mo(e)chte anru(e)ffen[44] [...], da
ordiniert er also die selbe(n) hu(n)dert gegenwu(e)rff"[45]. Der Kernteil des
Schatzbehalters, das sogenannte zweite Buch[46] mit seinen einhundert Gegenwürfen zum Leiden Christi, entstand demnach als eine Art gigantische Auslegung der zweiten Kyrie-Bitte. Fridolin dürfte bewußt gewesen sein, daß er
damit dem Anliegen seiner Hörerin nur partiell nachgekommen war, hatte
sie ihn doch nicht um eine Anleitung zur Betrachtung speziell der zweiten
Erbarmensbitte, sondern um die Niederschrift seiner Überlegungen zum

---

1483 mit der Abfassung des Werkes beauftragt worden, bleibt daher unverständlich. Vgl.
KÄSTNER: Fortunatus, S. 284.

[41] *Schatzbehalter* G6 ra, Z. 4–12.

[42] *Schatzbehalter* Z5 vb, Z. 12–17. Die Predigten über das Kyrie gehörten vermutlich zu
einem Zyklus über die Messe, in dessen Rahmen auch andere Teile des Ordinariums betrachtet und erläutert wurden, jedenfalls heißt es einige Zeilen weiter, „ein prediger, der
sunst vo(n) dem ampt der heyligen meß prediget,,, habe „vber daz kyrieleison vntter andern außlegungenn" auch in die jeweils dreimalige Hinwendung zu jeder der göttlichen
Personen eingeführt. Ebd., Z5 vb, Z. 35–38.

[43] Fridolin greift hier die alte Tradition des neunteiligen Kyriegesanges auf (dreimal
„Kyrie eleison", dreimal „Christe eleison", dreimal „Kyrie eleison"), vgl. STÄBLEIN: Kyrie,
v. a. Sp. 1933.

[44] Der Autor muß damit gerechnet haben, daß die neunfache bittende Hinwendung zu
Gott nicht allen Leserinnen und Lesern vertraut sein würde, denn er erläutert ihren Aufbau
und Sinn folgendermaßen: „In dem erstenn kyrieleyson" soll man „den vater vmb sein
selbs willenn, das ist den vater vmb des vaters willen" anrufen. „In dem andernn kyriely-
son den vater vmb des suns willenn. In dem drittenn kyrieleyson den vater vmb des heyligen geyst willen. In dem ersten cristeleyson solt man den sun anru(e)ffen vm(b) des vaters
willen. In dem andern vmb sein selbs willen. In dem dritte(n) den sun vmb des heyligen
geystes willen. In de(m) letsten kyrieleyson solt man oder mo(e)cht den heyligen geyst
anru(e)ffen. In dem ersten vmb des vaters willen. In dem andern vmb des suns willen. In
dem dritten vmb sein selbs willenn." *Schatzbehalter* Z5 vb, Z. 20–35. Mit dem „and(er)
kyrieleyson", über das der Prediger beim Versuch, die Bitte seiner Predigthörerin zu erfüllen, nachdenkt, ist also die Anrufung Gottvaters um der Verdienste seines Sohne willen
gemeint.

[45] *Schatzbehalter* Z5 vb, Z. 39– Z6 ra, Z. 11.

[46] Zu den einzelnen Teilen und Abschnitten des *Schatzbehalters* siehe unten, 7. 2. 2. und
7. 2. 3. sowie 9.

gesamten Kyrie ersucht. Er fügt deshalb zum zweiten Buch, das den Kern des
Schatzbehalters bildet und deshalb wohl als sein ältester Teil betrachtet werden
darf, einige wenige Seiten hinzu, auf denen er in sehr komprimierter Form
erneut die Dreierstruktur des Kyrie erläutert, alle neun Anrufungen Gottes
anspricht und modellhaft in Gebete umsetzt[47]. In diesem letzten Abschnitt
des *Schatzbehalters* ist allerdings weder von einer einzelnen Frau als Anregerin
die Rede, noch von ihrer Bitte, bereits vorgetragenen Predigtstoff erneut auszulegen. Der Autor erinnert zwar nochmals daran, daß „das kyrieleyson ein
vrsach ist gewesen diß gantze(n) puchs" und deshalb „nit unbequemlich [un-
passend] ein betrachtung vber das selb kyrieleyso(n) hie hernach" folge[48],
gibt aber an, seine Betrachtungen „fu(e)r die, dy nit anders oder bessers
habe(n) vn(d) wollten doch gern ettwas haben, mit dem sy die zeit vntter
dem langen[49] gesang fruchtberlichen hynbrechte(n)", zusammengestellt zu
haben[50]. Beide Aussagen müssen nicht notwendigerweise als Widersprüche
aufgefaßt werden: zur Bitte der einen Predigthörerin können ähnliche Anfragen anderer Personen hinzugekommen sein, und die schriftlich niedergelegten, schon auf der Kanzel vorgetragenen Erklärungen konnten sicher auch
als Betrachtungs- und Gebetsgrundlagen für Hörphasen während der Messe
dienen. Die Frage, ob mit der erwähnten „edlen fraw" oder den „andechtigen personen" tatsächlich die Nürnberger Klarissen und ihre spätere Äbtissin
Caritas Pirckheimer gemeint waren, die ihren Prediger zur Abfassung des
Schatzbehalters motivierten, wie es in der Literatur gern vorgeschlagen oder
behauptet wird[51], sei vorerst zurückgestellt; Aufschluß hierüber kann nur die
Näherbestimmung des Verhältnisses von Holzschnitten und Text des Werkes
geben. Festgehalten sei allerdings noch, daß sich alle Aussagen Fridolins über
das Kyrie als Auslöser seiner Schrift unmittelbar nur auf das zweite Buch mit
seinen einhundert Gegenwürfen und auf die Schlußbetrachtung über die
neunteilige Anrufung des göttlichen Erbarmens beziehen. Über die rest-
lichen Teile des *Schatzbehalters* hingegen äußert sich der Autor an anderer
Stelle[52].

---

[47] *Schatzbehalter* Hh5 va-Vorderseite des letzten ungezählten Blattes.

[48] Ebd., Hh5 va, Z. 1–4.

[49] Zur musikalischen Ausgestaltung des Kyrie während des Mittelalters, die im 15. Jahrhundert einen Höhepunkt erreichte, vgl. STÄBLEIN: Kyrie, Sp. 1935.

[50] *Schatzbehalter*, nicht numeriertes letztes Blatt ra, Z. 32–b, Z. 2. Ebenso Hh5 va,
Z. 12 f., wo es heißt, man möchte die im *Schatzbehalter* vorgetragenen Gedanken betrachten, während man das Kyrie „so(e)ng oder ho(e)rte singen".

[51] Lohr spricht nur von der Möglichkeit, daß Fridolin seine Predigten auf Wunsch der
Nonnen aufzeichnete (LOHR: Schatzbehalter, S. 232), Halbey hingegen behauptet, der
Schatzbehalter sei „auf Veranlassung der Schwestern des Nürnberger Klarissenklosters und
ihrer Äbtissin, Caritas Pirckheimer, von dem Prediger und Beichtvater an St. Martha [sic]
[…] verfaßt" worden (HALBEY: Schrift, S. 75) und Bellm meint gar, der Franziskaner habe
den Klarissen auf deren Bitten hin „seine zu theologischen Abhandlungen erweiterten
Predigten" zur Veröffentlichung überlassen (BELLM: Schatzbehalter. Textband, S. 2).

[52] Siehe unten, S. 186–192.

7.2.2. Zusammenhang von Text und Bild – Der Hauptteil des Werkes

Wolfgang Stammler erkannte Ende der dreißiger Jahre erstmals den Zusammenhang zwischen einigen der Holzschnitte[53] im *Schatzbehalter* und einem im Historischen Museum der Stadt Bamberg aufbewahrten Bilderzyklus. Ihm fiel auf, daß sich alle fünfzehn auf der sogenannten „Capistrantafel"[54] dargestellten Szenen biblischen und allegorischen Inhalts in Fridolins Buch wiederfinden[55]. Aufgrund seiner Bewertung des handwerklich-künstlerischen Stils gelangte er jedoch zu der irrigen Folgerung, die Illustrationen des Erbauungsbuches müßten dem Maler der Tafel als Vorlage gedient haben[56]. Richard Bellm und Andrea Thurnwald hingegen waren in der Lage, ein umgekehrtes Folgeverhältnis nachzuweisen, indem sie die Entstehung des Gemäldes auf etwa 1460–1470 datierten[57] bzw. verschiedene Hinweise auf die Bamberger Bilder im Text des *Schatzbehalters* herausarbeiteten[58].

---

[53] Faksimileabdrucke sämtlicher Holzschnitte des *Schatzbehalters* bietet BELLM: Schatzbehalter. Bildband.

[54] Eine Abbildung der Tafel findet sich in: Der Bußprediger Capestrano auf dem Domplatz in Bamberg, S. 17 (zu den bibliographischen Angaben siehe unter THURNWALD). Zur Capistrantafel vgl. auch Staatsgalerie Bamberg, S. 43.

[55] STAMMLER: Studien, S. 21.
Die ursprünglich beidseitig bemalte Tafel wurde später aufgespalten und erst anläßlich einer Ausstellung 1989 wieder in ihrer alten Form zugänglich gemacht. Sie zeigt auf der Vorderseite die Bußpredigt Capistrans in Bamberg sowie die als unmittelbare Folge seiner Ermahnungen geschehende Verbrennung von Luxusartikeln, auf der Rückseite die erwähnten fünfzehn Szenen. Vgl. THURNWALD: Ikonographie, S. 19. Im folgenden sind die Bildausschnitte der Tafel entsprechend Thurnwalds Vorschlag von links oben nach rechts unten gezählt.
Zu Inhalten und Anordnung von Holzschnitten und Tafelbildern vgl. die auf S. 306–311 beigefügte Übersicht.

[56] STAMMLER: Studien, S. 21 f.

[57] BELLM: Schatzbehalter. Textband, S. 9. Laut GOLDBERG und AN DER HEIDEN (Staatsgalerie Bamberg, S. 43, Nr. 5 und 6) ist die Entstehung der Tafel leicht nach vorne (1470–75) zu verlegen, was aber am Folgeverhältnis von Gemälde und Holzschnitten nichts ändert.

[58] Zu THURNWALD vgl. unten, S. 181, Anm. 67.

[59] *Schatzbehalter* a2 vb, Z. 30–32.
Lediglich zu spekulieren ist über die Verwendung der Tafel (Vgl. auch SUCKALE: Kunstgeschichtliche Stellung, S. 87). Ihre fünfzehn Bildszenen sind jeweils etwa dreißig Zentimeter hoch und knapp fünfundzwanzig Zentimeter breit, was bedeutet, daß sie nur von Menschen genau betrachtet werden konnten, die sie unmittelbar vor Augen hatten. Da die Bilderfolge aus sich selbst heraus unverständlich gewesen sein dürfte, wurde sie vielleicht im Auftrag einer Privatperson (vielleicht dem Leser der Vorform des *Schatzbehalter*-Kernteils? Siehe unten, S. 186), der das hinter der Tafel stehende theologische Programm vertraut war, gemalt und als Betrachtungsmedium im kleinen Kreis, eventuell in einer Familie genutzt. Ebenso ist denkbar, daß sie für Situationen oder Veranstaltungen geschaffen wurde, in deren Rahmen ihre Erläuterung gewährleistet war. Wie Glassbergers Chronik zu entnehmen ist, pflegten zumindest gegen Ende des fünfzehnten Jahrhunderts verschiedene

Tatsächlich bekennt Fridolin schon in der Einleitung des *Schatzbehalters*, die im zweiten Teil des Werkes behandelten Inhalte, also die hundert Gegenwürfe vom Leiden Christi, seien „zum erste(n) nit in buchs weyse, sunder yn einer tafeln(n) mit verku(e)rtzu(n)g entworffen worden"[59], und er erwähnt diese Tafel nochmals expressis verbis, um den zweiunddreißigsten Holzschnitt, die – wie es der Druck nennt – „dreyssigist figur"[60], genauer zu erklären[61]. Legen bereits diese kurzen Anmerkungen nahe, daß der Autor die Bamberger Tafel kannte, als er sein Buch verfaßte, so wird das durch zwei weitere, allerdings nicht auf den ersten Blick erkennbare Anspielungen klar belegt. Die Darstellung der Geburt Christi, einer kreisrunden, durch Sternzeichen und Planetenkonstellationen aufgeteilten Scheibe, in deren Zentrum winzig klein das Geschehen in Bethlehem eingefügt ist, kommentiert er mit folgenden Worten: „Vnd merck, das die figur nit on sach […] fu(e)rgehalten wirt, wan(n) die sibe(n) planete(n) sind auß fu(e)rsatz also gezeichnet vnd die xii zeichen als sie nach der meinu(n)g vnnd rechnung etlicher sternseher in der stund der gepurt cristi gestande(n) sind vnd die zirckel der planeten sind also scheckend [gescheckt] gemalt zu einer bedeu(e)tung, das sich cristus den gesetzen der zeit vn(d) der natur vnterworffen hat."[62] Diese Beschreibung ist insofern besonders interessant, als sie nicht nur beweist, daß Fridolin das Bamberger Gemälde genau kannte, sondern eine ganz verblüffende Tatsache aufdeckt. Der Franziskaner kann sich damit nämlich unmöglich auf den Holzschnitt im *Schatzbehalter* beziehen, da die Weltscheibe dort nicht

Minoritenprediger während ihrer Vorträge Bilder zu zeigen, um die Aufmerksamkeit des Publikums zu fesseln (Glassberger: Chronica, S. 513); vielleicht liegt in der Capistrantafel ein Zyklus solcher, die – allerdings vor nur wenigen Hörerinnen und Hörern gehaltene – Predigt unterstützender und im wörtlichen Sinne ausmalender Bilder vor. Auszuschließen ist mit an Sicherheit grenzender Wahrscheinlichkeit, daß die Tafel angefertigt wurde, um in einem öffentlich zugänglichen Raum beliebigen an geistlicher Betrachtung Interessierten Andachtsstoff zu bieten; wie gesagt ist ihr Programm ohne verbale oder schriftliche Erläuterung schon kaum als wohldurchdachter Bilderzyklus identifizierbar. Ihre Funktion als Illustrierung des Leidens und Sterbens Christi bleibt auch für phantasievolle Betrachterinnen und Betrachter unsichtbar.

[60] Die Differenz in der Numerierung von Holzschnitten und „Figuren" ergibt sich daraus, daß im Druck die ersten beiden Holzschnitte, die Abbildung der als Merkhilfe dienenden Hände, nicht mitgezählt sind.

[61] „Dise zwen gegenwu(e)rff [gemeint sind der 19. und 20. Gegenwurf. Vgl. dazu die Inhaltsübersicht über den *Schatzbehalter*, S. 292–306], die hie in einer figur bedeu(e)tet werden, sind in einer tafeln, die vor disem bu(e)chlein gemacht ist worden, bedeutet bey zweie(n) figure(n)" (*Schatzbehalter* n1 rb, Z. 8–12). Im *Schatzbehalter* wurde der Sinngehalt beider Tafelbildausschnitte komprimiert und in einer einzigen Darstellung zusammengefaßt. Im Nachhinein scheint sich Fridolin nicht mehr im klaren darüber gewesen zu sein, welche der beiden Illustrationsmöglichkeiten die verständlichere war (die zwei Bilder des Gemäldes lenkten den Blick des Betrachters leichter auf Einzelheiten, das eine Bild im Buch hingegen machte stärker den Gesamtzusammenhang des Dargestellten einsichtig), so daß er die eine mit Hilfe einer Beschreibung der anderen erklärt (*Schatzbehalter* n1 rb, Z. 12–37).

[62] *Schatzbehalter* n1 rb, Z. 37–va, Z. 6. Zu Fridolins Haltung gegenüber Astronomie und Astrologie vgl. RIES: Betrachtung, v. a. S. 52.

„scheckend", sondern als weiße, durch auf die Kreismitte hinzielende schwarze Striche unterteilte Fläche dargestellt ist; er beschreibt vielmehr genau den entsprechenden, die Geburt des Weltenherrschers illustrierenden Ausschnitt aus der Capistrantafel!

Lassen wir diesen überraschenden Befund zunächst auf sich beruhen und wenden wir uns der zweiten inhaltlichen Bezugnahme auf das Gemälde zu. Sowohl auf der Bamberger Tafel wie auch im *Schatzbehalter* folgen die Darstellung der göttlichen Befreiung Israels aus der ägyptischen Knechtschaft und die Geißelung Christi unmittelbar aufeinander[63], da Fridolin dadurch plastisch vor Augen führen will, wie fürsorglich sich Gott den Menschen gegenüber erwies und wie grausam im Gegenzug der Gottessohn durch Menschen behandelt wurde. Nach ausführlicher Erläuterung der von Gott gesandten ägyptischen Plagen schreibt er deshalb: „Aber dar wider hat dasselb volk, das der herr von den geyslern, den heyden erlo(e)set het, yne den hayden eben in der selbenn zeit zegeyseln gegebenn, da er sie von den geyslern erlo(e)set vnd ledig gemachet het […] dz ma(n) da bey verstee, das dasselb volck de(n) herre(n) gegeyselt hat, das der herr durch sein geyslung von den geyslernn erlo(e)set het: nit das es die selben person weren, sunder sie warn dasselb volck des geschlechtes halb."[64] Kennt man nur Text und Illustration des *Schatzbehalters*, so erscheint einem diese Warnung zunächst etwas merkwürdig; wer sollte schon auf die Idee kommen, die aus der Sklaverei erlösten Israeliten für identisch mit den Geißlern Christi zu halten? Der Verstehensschlüssel liegt auch hier wieder in der Bamberger Tafel. Ihr anonymer Maler[65] sah ebenso wie Fridolin einen Zusammenhang zwischen dem befreiten und dem quälenden Volk, zwischen aus Ägypten befreiten Israeliten und jüdischen Folterknechten. Basis dieses Gedankens mögen die Improperien der Karfreitagsliturgie gewesen sein, in denen es heißt: „Ego propter te flagellavi Aegyptum cum primogenitis suis: et tu me flagellatum tradidisti."[66] Auf dem Tafelbild macht der Künstler die in seinen Augen kollektive Identität von jüdischen Sklaven und Geißlern Christi durch einen raffinierten Kunstgriff sichtbar, indem er zeigt, wie dieselben, an Kleidung und Haartracht leicht erkennbaren Personen Frondienste für den Pharao leisten und den gefangenen Christus schlagen. Zweifellos war Fridolin also die Capistrantafel sehr genau bekannt, als er mit der Niederschrift des *Schatzbehalters* begann[67], aber weshalb tauchen inmitten seiner akribisch-deskriptiven Holzschnitterklärungen im *Schatzbehalter* plötzlich Bezugnahmen auf einzelne Elemente ei-

---

[63] Capistrantafel: Bildausschnitte 14 und 15. *Schatzbehalter*: Holzschnitt 69 (z2 r) und 70 (z2 v).

[64] *Schatzbehalter* z3 ra, Z. 5–10 und 18–24.

[65] Eine Annäherung an den unbekannten Künstler bzw. seine Werkstatt versucht SUCKALE: Kunstgeschichtliche Stellung, v. a. S. 90 f.

[66] Liber usualis, S. 594.

[67] So bereits THURNWALD (Ikonographie, S. 23, 26, 32 f. und 39 f.), die diese Erkenntnis allerdings nicht zum Ausgangspunkt weiterer Überlegungen macht.

nes Bamberger Gemäldes auf? Der Versuch, diese Frage zu klären, kann helfen, Licht in einige andere, bisher im Dunkel liegende Themenbereiche zu
bringen, die den Prozeß von der gedanklichen Konzeption bis hin zum ferti-
gen Druck des *Schatzbehalters* betreffen.

Die 96 ganzseitigen Holzschnitte im *Schatzbehalter* – 92 von ihnen sind auf
das zweite Buch verteilt, jeweils zwei finden sich im ersten und dritten
Buch[68] – stammen aus der Werkstatt der bedeutenden Nürnberger Künstler
Michael Wolgemut und Hans Pleydenwurff[69], die die Bamberger Tafel als
Vorlage für die Erstellung der Druckstöcke benutzten. Es ist unbekannt, ob
sie das Gemälde an seinem damaligen Standort aufsuchten, um es zu studieren, oder ob es zu diesem Zweck in ihren Betrieb gebracht wurde, aber wir
wissen, daß sie die Szenen der Capistrantafel nicht unmittelbar auf die
Druckvorlagen für den bei Koberger erscheinenden Band übertrugen, sondern zunächst Skizzen davon anfertigten, die teilweise im sogenannten
„Skizzenbuch Wolgemuts" erhalten sind[70]. Dieses Vorlagenbuch stellt somit
das künstlerische Verbindungsglied zwischen der um 1470 gemalten Tafel
und dem zu Beginn der neunziger Jahre gedruckten *Schatzbehalter*, zwischen
Fridolins Bamberger Zeit und seiner Tätigkeit in Nürnberg dar[71].

Da im *Schatzbehalter* Bild und Text eng aufeinander bezogen sind, d.h., die
Holzschnitte nicht nur ein schmückendes Beiwerk darstellen[72], sondern den
Inhalt wirklich illustrieren, unterstreichen und leichter einprägbar machen –
Fridolin erklärt das Prinzip ihrer Verteilung im Buch[73] und kommentiert jeden einzelnen akribisch –, ist sicher, daß nicht Wolgemut und Pleydenwurff
als ihre geistigen Väter angesehen werden können und sie auch nicht das Ergebnis verkaufsstrategischer Überlegungen Kobergers sind. Die Idee, die auf
dem Bamberger Gemälde vorliegenden Szenen stark zu erweitern, teils zu

---

[68] Fünf der 96 Schnitte tauchen zweimal auf (Figur 25, 39, 46, 68, 71), so daß insgesamt
91 Druckstöcke hergestellt wurden. Grundsätzlich ist zu differenzieren zwischen den biblischen und allegorischen Darstellungen der Holzschnitte im zweiten Buch und den didak-
tisch-mnemotechnischen Abbildungen der Hände im ersten und dritten Buch.

[69] Zur Zuordnung der einzelnen Holzschnitte auf beide Künstler und eine dritte Hand
siehe BELLM: Schatzbehalter. Textband, v. a. S. 5–8. Elisabeth Pfeiffer meint darüber hinaus
nachweisen zu können, daß die Figuren 13, 22, 33 und 35 von Albrecht Dürer stammen.
PFEIFFER: Dürer S. 292–313. Zu Wolgemut und Pleydenwurff siehe auch BETZ: Wolgemut.

[70] BELLM: Schatzbehalter. Textband, S. 8 f.

[71] Auf eine weitere personelle Verbindung zwischen Bamberger Tafel und Holzschnit-
ten weist Suckale hin, der künstlerische Details des Gemäldes auf Hans Pleydenwurff, den
Lehrer Michael Wolgemuts und Vater Wilhelm Pleydenwurffs zurückführt. SUCKALE:
Kunstgeschichtliche Stellung, S. 91.

[72] So bereits BELLM: Schatzbehalter. Textband, S. 4.

[73] „Es ist auch zewissen, das ettlich gegenwu(e)rff von pildwerck figuren haben […]
Vntterweile(n) hat ein gantzer gegenwurff allein ein figur, vntterweyle hat ein yeglicher
artikel ein sundere figur. Vil gege(n)wu(e)rff haben keyne, wann sie sein zu geistlich vnd in
figuren nit wol erfintlich; vntterweil dient ein figur zu vil gegenwu(e)rffen od(er) mer dann
einem". *Schatzbehalter* f4 vb, Z. 4 f. und 12–19.

modifizieren und dann als bildliche Darstellungen der Leiden Christi im zweiten Buch des *Schatzbehalters* zu verwenden, stammt vielmehr zweifellos vom Autor selbst. Er war entweder mit der Capistrantafel bestens vertraut und von ihrer Aussagekraft beeindruckt oder hatte ihr Bildprogramm sogar selbst entworfen[74]; mit hoher Wahrscheinlichkeit trifft letzteres zu, obgleich Aussagen hierüber nicht mit absoluter Sicherheit gemacht werden können, wie gleich zu zeigen sein wird.

Sowohl das Kennenlernen des durch einen anderen Theologen konzipierten Gemäldes wie auch die Ausarbeitung der Bilderfolge durch Fridolin selbst wäre zur Zeit des Bamberger Aufenthalts ab 1460 ohne weiteres möglich gewesen[75], beides bringt aber auch entscheidende Konsequenzen für die Entstehungsgeschichte des *Schatzbehalters* mit sich, die keinesfalls übergangen werden dürfen: Ist Fridolin nicht der Urheber der Bamberger Bildszenen, so kann dies als Hinweis darauf gewertet werden, daß auch die Grundidee seines Erbauungsbuches, die Erläuterung der zweiten Kyriebitte durch thematisch geordnete Gruppen von Gegenwürfen zum Leiden Christi, nicht von ihm stammt. Orientierte er sich nämlich bei der Erfüllung der Bitte seiner Predigthörerin am originellen Programm des Gemäldes, so machte er sich damit gleichzeitig den durch die Bildabschnitte illustrierten theologischen Einfall eines anderen Predigers oder Seelsorgers zueigen; trifft das zu, so kann das Grundgerüst des *Schatzbehalters* nur noch bedingt als das geistige Eigentum des Franziskaners bezeichnet werden. Zu fragen bleibt bei dieser Lösungs-

---

[74] So THURNWALD: Ikonographie, v. a. S. 19 und 44 sowie SLENCZKA: Bildtafeln, S. 161.

[75] Sind beide Seiten der Capistrantafel einander in einer inhaltlichen Beziehung zugeordnet (so THURNWALD: Ikonographie, S. 44–46 und vor allem SLENCZKA: Bildtafeln, v. a. S. 162 f. und 185 f.), so deutet die Abbildung der Predigt Capistrans 1452 in Bamberg (vgl. PAULDRACH: Bußpredigten) darauf hin, daß die Kunstwerk durch eine Person entworfen wurde, die dem örtlichen Barfüßerkloster, vor allem aber der observanten Richtung im Franziskanerorden, für die der italienische Bußprediger gleichermaßen ein Symbol war, nahestand; der Bamberger Konvent war ja nicht lange vor der Erschaffung der Tafel zur strengen Beobachtung der Regel übergegangen, so daß die Erinnerung an die Überführung in die Reform und deren Ideale noch relativ frisch gewesen sein dürfte. Darüber hinaus legt auch der Fundort der Tafel, das Refektorium des Franziskanerklosters (vgl. SUCKALE: Kunstgeschichtliche Stellung, S. 87), ihren Ursprung in minoritischen Kreisen nahe. Geht die Konzeption beider Tafelseiten auf Fridolin zurück, so liegt in ihr der deutlichste noch erhaltene Hinweis auf seine Zuneigung zur observanten Richtung seines Ordens vor. Ob unser Franziskaner im Bußprediger Capistran allerdings ein Vorbild für die eigene homiletische Tätigkeit sah, wie SLENCZKA vermutet (Bildtafeln, S. 186), ist zu bezweifeln; eindeutige Beweise dafür liegen nicht vor.

Ob das Gemälde bereits zu Beginn der sechziger Jahre, das heißt zur Zeit der frühen Bamberger Jahre Fridolins, oder vielleicht sogar erst nach seinem Weggang aus der Bischofsstadt geschaffen wurde, ist für unsere Fragestellung unerheblich. Nachdem er die Idee für die Tafel geliefert hatte, war seine Anwesenheit ja nicht mehr unbedingt nötig; das Kunstwerk konnte problemlos auch ohne ihn realisiert werden, und die Verwendung als Lehr-, Betrachtungs- und Andachtsmedium war nicht notwendigerweise an seine Präsenz gebunden.

möglichkeit allerdings, weshalb Fridolin ein derart kompliziertes, nicht aus sich selbst heraus verständliches, sondern erst nach ausführlicher Einarbeitung und Erläuterung einleuchtendes Bildprogramm (nicht umsonst gelang es erst Thurnwald, die planvolle Anordnung der Szenen auf der Bamberger Tafel nachzuweisen[76], während man vorher über die Zusammenhänge zwischen den einzelnen Bildausschnitten nur zu rätseln vermochte[77]!) zum Ausgangspunkt für den Hauptteil des *Schatzbehalters* hätte nehmen und durch zahlreiche neue Abbildungen ergänzen sollen, wenn das die Capistrantafel strukturierende Konzept nicht von ihm selbst entwickelt worden war. Gehen die Bamberger Bilder aber doch auf unseren Barfüßer zurück, so scheidet eine Nürnberger Klarisse als Anregerin der Vorform des späteren zweiten Buches im *Schatzbehalter* aus, da in diesem Falle die ersten Entwürfe des Kernabschnittes zu Beginn der Tätigkeit Fridolins im Klarakonvent bereits über ein Jahrzehnt alt sind. Als Initiatorin der schriftlichen Ausarbeitung und Erweiterung seiner Predigten wäre dann eine Bürgerin der Bischofsstadt denkbar, was auch erklären würde, weshalb aus der Kyrieauslegung schließlich kein Buch für Klosterleute, sondern eines für Laiinnen und Laien wurde.

Kehren wir nun nochmals zu den oben vorgestellten[78] eigenartigen Anspielungen auf Abbildungen der Bamberger Tafel im *Schatzbehalter* zurück, die uns einen Einblick in die Vorgänge von Niederschrift und Drucklegung des Werkes gewähren. Wie wir festgestellt hatten, läßt Fridolin im Text nicht nur erkennen, daß ihm die Capistrantafel bis in ihre Einzelheiten hinein vertraut ist, sondern kommentiert zwei Bilder auf eine Art und Weise, daß aufmerksame Leserinnen und Leser, die zugleich die entsprechenden Holzschnitte des *Schatzbehalters* vor Augen haben, einen merkwürdigen Widerspruch konstatieren müssen: Der Autor gibt zwar vor, die Holzschnitte zu beschreiben, nennt dabei aber künstlerische Details, die sich in den Arbeiten Wolgemuts und Pleydenwurffs nicht finden. Wie ist dieser Umstand zu erklären? Wohl nur durch zwei einander überschneidende und nicht unbedingt widersprechende Annahmen:

Fridolin muß bei der Niederschrift der betreffenden Passagen entweder davon ausgegangen sein, daß seinem Publikum die Bamberger Tafel zur Betrachtung zugänglich war[79], oder er formulierte den Text in der Überzeugung, die für den *Schatzbehalter* neu angefertigten Holzschnitte würden in

---

[76] THURNWALD: Ikonographie, S. 19.
[77] So z.B. Staatsgalerie Bamberg, S. 43, Nr. 6.
[78] Siehe oben, S. 179–182.
[79] Da dies bei einem wohl in ganz Europa, sicher aber weit über den Bamberger und Nürnberger Raum hinaus verkauften Druck (siehe oben, S. 170) nicht zu erwarten war, dürfte es sich bei den Notizen über die gescheckte Weltscheibe und die Identität von Geißlern und Gegeißelten um alte Bildbeschreibungen handeln, die der Autor unbesorgt aus einer Bamberger Vorform des zweiten *Schatzbehalter*-Teiles übernahm, weil er meinte, – und hier kommen wir bereits zur zweiten Lösungsmöglichkeit –, die Gemäldeszenen und die Holzschnitte seien an den entscheidenden Punkten gleich gestaltet.

den angesprochenen Einzelheiten mit den Darstellungen der Capistrantafel übereinstimmen – darin allerdings irrte er.

Als Fridolin den Hauptteil des *Schatzbehalters* in seiner endgültigen, im Druck vorliegenden Form schrieb, hatte er mit Wolgemut und Pleydenwurff zweifellos Anzahl, Gestaltung und viele Details in der Motivik der Holzschnitte abgesprochen – die genaue Abstimmung von Bildern und Text aufeinander lassen sogar auf eine intensive Zusammenarbeit zwischen dem Autor und den Künstlern schließen. Auch sind ihm die meisten Illustrationen vertraut[80], sei es im Entwurf, sei es vielleicht sogar im bereits eingedruckten Original[81]. Dennoch zeigt sich, daß er im Falle von drei Holzschnitten den Künstlern gegenüber seine Vorstellungen nicht deutlich genug geäußert hatte, ihm aber die Korrektur der daraus resultierenden Fehler auch nicht mehr vor der Drucklegung gelang, so daß ihm nur noch die Möglichkeit blieb, im Text selbst Verbesserungen anzubringen beziehungsweise seine Leserinnen und Leser aufzufordern, die Bilder wenigstens in Gedanken richtigzustellen[82]. Vier weitere Holzschnitte kann er in ihrer Endgestalt überhaupt nicht

---

[80] Beispielsweise kommt er bei der Erläuterung des ersten Gegenwurfes, der den Plan Gottvaters, Christus über alles Geschaffene zu erheben sowie den Leidensvorsatz des Sohnes betrifft, auf die „erst figur" (*Schatzbehalter* f5 r) zu sprechen. Der in kostbare Gewänder gehüllte Gottvater sitzt hier auf einem prächtig verzierten Baldachinthron und hält eine Krone für Christus bereit; zu seinen Füßen kniet der schlicht gekleidete Menschensohn und weist auf das neben sich liegende Kreuz. Diese Geste entpuppt sich als zentraler Teil des Bildes, da sie die beabsichtigte theologische Aussage illustriert: „ […] der ander artickel des ersten gege(n)wurffs ist diser: Got der sun hat von ewigkeit im [sich] fu(e)rgesetzt [vorgenommen], fu(e)r das werck, das der vatter durch yn schuff […] zu der ere seins vaters, zuerlo(e)sung vn(d) wid(er)bringu(n)g desselbe(n) wercks zeleide(n) vn(d) zesterbe(n) an de(m) creutz in me(n)schlicher natur vn(d) der selb fu(e)rsatz ist nie vntterproche(n) worde(n); dasselb zebedeu(e)tten so zeigt d(er) sun in d(er) figur auff dz creutz als der, der ein zeit [einst] die scha(n)de vn(d) pein des creutzs auss liebe des vatters vn(d) seines liebste(n) wercks me(n)schlicher natur fu(e)r die ere d(er) gotheit erwelt" (*Schatzbehalter* f6 ra, Z. 10–26). Fridolin muß dem Erschaffer des Holzschnitts also genau mitgeteilt haben, wie er die beiden göttlichen Personen dargestellt zu sehen wünschte, da er nur so seine theologische Zielsetzung auch bildlich unterstreichen konnte.

[81] Immer wieder weist er im Text auf „vorgeende figuren" hin (z.B. *Schatzbehalter* i5 va, Z. 1. m4 ra, Z. 1. t4 va, Z. 1). Er wußte also, daß bestimmte Holzschnitte schon vor ihrer Kommentierung abgedruckt waren.

[82] Vielleicht hatten die mit der Herstellung der Druckstöcke befaßten Formschneider ihre Arbeit bereits abgeschlossen, als Fridolin die Fehler bemerkte, so daß Nachbesserungen wegen des dafür anfallenden Zeit- und Geldaufwandes nicht mehr in Frage kamen. Eventuell waren die Bilder sogar schon fertig gedruckt und die Beanstandung von Mängeln kam unwiderruflich zu spät. Korrigiert werden die untere Szene der 11. Figur, „die also sten solt, das der bischof allein baid he(n)d auf dz haubt des bocks legte" (*Schatzbehalter* h3 rb, Z. 12–14), die 41. Figur, in der „solt man gemacht haben den herren an dem tisch sitzend vnd auch etlich von seinen iungern, doch was nit in der figur stet, das erfu(e)ll man mit pildnussen in d(er) gegedechtnuß [sic]" (p6 ra, Z. 4–9) und die 66. Figur. Hier gilt seine Kritik sogar einer auf dem Holzschnitt nicht leicht erkennbaren, aber inhaltlich gewichtigen Einzelheit, denn er beschwert sich über die Darstellung eines kleinen Wiedehopfs, „der deßhalb nit recht ist ge-

gekannt haben, denn er beschreibt sie entweder nach dem Muster der Capistrantafel[83] oder so, wie er sich ihre Realisation vorgestellt hatte, die von
den Künstlern allerdings nicht aufs Papier gebracht wurde[84].

Wir können also festhalten, daß der Hauptteil des *Schatzbehalters* mit hoher
Wahrscheinlichkeit auf einen wesentlich älteren Entwurf zurückgeht, der in
der Capistrantafel verwirklicht worden war und wohl von Fridolin stammt.
Obwohl die Grundidee des Buches, die Erklärung der zweiten Kyriebitte
durch eine Vielzahl von „Gegenwürfen" zum Leiden Christi, ihre Wurzeln
deshalb in der Bamberger Zeit und nicht in der Tätigkeit des Franziskaners
als Prediger der Nürnberger Klarissen haben dürfte, kam es aber offenbar erst
unmittelbar vor und allem Anschein nach sogar noch während des Druck-
vorgangs zur Ausformulierung der endgültigen, heute vorliegenden Form
des Werkes.

7.2.3. Das „dritte Buch" und die übrigen Teile

Informieren uns zum einen Fridolin selbst, zum anderen die Verbindungs-
linie zwischen Capistrantafel und Holzschnittillustrationen recht gut über
Entstehungsanlaß und Prozeß der Niederschrift des zweiten Buches im
Schatzbehalter, so sind wir in beiden Fragen wesentlich stärker auf Vermutungen angewiesen, wenn wir uns mit den anderen Teiles des Werkes beschäftigen. Deutlich erkennbar ist hingegen deren jeweilige Funktion innerhalb der
Gesamtschrift, wenngleich dies in der Literatur bisher nicht thematisiert
wurde.

Grundgedanken und zentrale Absicht des *Schatzbehalters* hatte der Franziskaner zwar schon in dem Abschnitt des Werkes fixiert, der später den Hauptteil des gedruckten Buches bildete, aber er mußte feststellen, daß er sein Anliegen offensichtlich nicht deutlich genug formuliert hatte, verstand doch ein
Leser die Vorform der einhundert Themenpunkte zur Passion in geradezu
klassischem Sinne falsch. Um solchen Fehlinterpretationen zukünftig vorzu-
beugen, sieht Fridolin sich genötigt, sein Werk um fünfundzwanzig Gegenwürfe zu erweitern[85]: „Sie [die neuen Gegenwürfe] weren nit nott zu dyser
matery, den(n) dz sy vmb eins [eines Menschen] gebets [Bitte] willen vrsech-
lich gesetzt sind worden, der andacht zu den fo(e)rdere(n) [den hundert Gegenwürfen des zweiten Buchs] het vn(d) west [wußte] nit die entlich mainung, war zu sy gemaynt sind; darum(b) bat er, man so(e)llt von der begrebt-
nus christi auch hynzu setze(n), als ob dise gege(n)wu(e)rf allermeyst vmb der
betrachtung willen des lebens vnnd sterbens cristi gesetzt weren, das doch nit

---

malet, wann er solt umbgekert sein vnnd [...] wider den herren fliegen", um so zu zeigen,
daß die durch den Vogel symbolisierten unreinen Menschen Gegner Christi waren (x5 ra,
Z. 14–16 und rb, Z. 20).
[83] Wie schon erwähnt die dreißigste Figur (m5 r) und die Abbildungen von der
Knechtschaft Israels in Ägypten und der Geißelung Christi (z2 r und v).

die fo(e)rderlichst mai(n)ung ist; sunder sie sind darumb gesetzt, das man sy gott dem vatter fu(e)rhallt yn dem andechtigen anru(e)ffen vnd gebett, das er vns umb des verdyenens willen seins allerliebsten vnd liebhabenste(n) eyn gebornen suns wo(e)lle geben vnd verleyhen, des wir vnsers verdiensts halb vnwirdig weren ze empfahe(n)."[86] Der erwähnte Leser hatte demzufolge in den Gegenwürfen zum Leiden Christi eine Zusammenstellung von Themen gesehen, die einzig und allein den Zweck hatte, Stoff für die Betrachtung der Passion zu liefern[87]. Allem Anschein nach angetan von Fridolins Modus, die dafür relevanten Inhalte auszuwählen, zu ordnen und aufzubereiten, suchte er bei ihm um eine Art Fortsetzung des Textes nach, die ihm Material für die Versenkung in die Geschehnisse nach Jesu Kreuzestod bieten sollte. So will der Autor jedoch sein Werk nicht gebraucht wissen; er lehnt zwar die Betrachtung des Leidens Christi und seiner Einzelheiten keineswegs ab, ja räumt ihr sogar breiten Raum ein[88], die „entlich" oder „fo(e)rderlichst" Absicht des *Schatzbehalters* ist sie aber nicht. Fügt er fünfundzwanzig Gegenwürfe hinzu, so will er damit bewußt verdeutlichen, daß seine Ambitionen über die Betrachtung der auf das Kreuz folgenden Ereignisse hinausweisen[89]. Die Leser und Leserinnen der ersten einhundert Gegenwürfe werden angehalten, die im Leiden durch Christus erworbenen Verdienste bittend vor Gottvater zu bringen und sich bei der Lektüre und dem Nachdenken über die fünfundzwanzig Abschnitte im dritten Buch zu vergegenwärtigen, welche Güter ihnen durch die gerade im vermeintlichen Scheitern am Kreuz und in den Tagen vor Ostern aufleuchtende Macht des Gottessohnes zuteil werden[90], oder wie es Fridolin selbst formuliert, welche „fru(e)cht" ihnen Christi Leiden

---

[84] Zur zweiundvierzigsten Figur schreibt Fridolin: „[…] da der herr mu(e)d vn(d) hellig [erschöpft] bey dem brunne(n) saß vn(d) ym die iungern auß der stat zuessen prachten vnd maneten yne, das er essen solt, da sprach er […]" (p6 rb, Z. 9–13), obwohl auf dem Holzschnitt die Jünger überhaupt nicht zu sehen sind, sondern nur die als nächste erläuterte Szene, die Begegnung zwischen Jesus und der Samaritanerin am Jakobsbrunnen (Joh 4,7 und 9–26) abgebildet ist.

[85] *Schatzbehalter* Z5 va–Dd6 ra.

[86] Ebd., Z6 ra, Z. 21–38.

[87] Zu Fridolins Verständnis von der Betrachtung religiöser Inhalte und seinem Willen, über diese hinauszuführen siehe unten, S. 243–249.

[88] Dazu siehe unten, S. 244 f.

[89] Allerdings überschreibt er diesen Teil in seiner Inhaltsangabe des gesamten Bandes selbst sehr mißverständlich, wenn er vermerkt, er wolle im dritten Buch „von den dingen, die […] nach dem tod cristi beschehen sind", sprechen (*Schatzbehalter* a2 vb, Z. 39–a3 ra, Z. 1). Thurnwald betitelt den Abschnitt deshalb etwas unglücklich mit „Die Dinge nach seinem [Christi] Tod". Thurnwald: Ikonographie, S. 30.

[90] Beides, die Macht Christi wie auch sein Sich-Hineingeben in die bedrückendsten Umstände menschlicher Existenz, bringt Fridolin in sehr komprimierter Form beispielsweise im 118. Gegenwurf zum Ausdruck: „Der außfu(e)rer der beschloßnen, der ledigmacher der gefangne(n) ist eingeschlossen worden; der die totte(n) vo(n) den grebern weckt, der ist begraben worden." *Schatzbehalter* Dd5 rb, Z. 6–9.

und Sterben zu bringen vermag[91]. Mit anderen Worten: Das zweite Buch des *Schatzbehalters* soll sie lehren, weshalb sie Gott überhaupt anzurufen vermögen – weil Christus durch sein Leiden und Sterben einen endlosen Schatz von Verdiensten angehäuft hat, die Gottvater als Satisfaktionsleistungen akzeptiert –, die Gegenwürfe des dritten Teils dagegen sollen ihnen in Erinnerung rufen, worum sie Gott durch Christi Verdienste bitten können (etwa um Befreiung vom Gesetz und seinen Forderungen, um Sicherheit vor Feinden und um Frieden[92]). Dem Franziskaner muß bewußt gewesen sein, daß er in den neuen Gegenwürfen manches wiederholte oder mit anderen Worten nochmals formulierte, was an der einen oder anderen Stelle des Werkes bereits angeklungen war[93], jedenfalls weist er ausdrücklich auf ihre vergleichsweise untergeordnete Rolle hin[94].

Zwischen diesen fünfundzwanzig Gegenwürfen und dem Hauptteil des *Schatzbehalters* befindet sich eine großangelegte Textkomposition, in deren Mittelpunkt die Betrachtung der sieben Worte am Kreuz steht[95]. Sie war vermutlich kein Bestandteil der ansatzweise durch die Capistrantafel repräsentierten Urform des *Schatzbehalters*, da sie im Druck nahezu unbebildert ist[96], mit keinem der Bamberger Bildausschnitte Verbindung aufweist und deutlich über die in den hundert Gegenwürfen des zweiten Buches behandelten Inhalte hinausführt. Fridolin begründet ihre Aufnahme in sein Werk, indem er darauf verweist, daß der Lebensbaum (Christus) nicht nur Früchte (Werke und ihre imitatio), sondern auch Blätter (Worte) trug und letztere im zweiten Buch des *Schatzbehalters* nicht thematisiert wurden[97]. Er versucht deshalb, seinem Publikum die während des Passionsgeschehens und der Kreuzigung gesprochenen Worte Christi nahezubringen und ihre Relevanz für die Gläubigen herauszuarbeiten. Für eine grundlegende Weiterführung seiner bis zu diesem Punkt des Buches vorgetragenen Gedanken sorgt er dabei insofern, als er bei der Behandlung der Leidensworte nicht die Christus entgegenge-

---

[91] Vgl. dazu Fridolins Einleitung zum 106. bis 110. Gegenwurf des dritten Buches, die ohne weiteres auch für die anderen zwanzig Punkte Geltung beanspruchen kann. Ebd., Aa4 ra, Z. 12–17.

[92] So im 106.–108. Gegenwurf (Aa4 rb-Cc6 va).

[93] So begegnet mancher Gedanke aus dem 114. Gegenwurf (Dd4 vaf), der sich mit dem Durst des Gekreuzigten und dem aus der Seitenwunde strömenden Wasser und Blut Christi beschäftigt, bereits im 33. und 90. Gegenwurf (p6 raf und ae6 rb-va).

[94] „Hie volgen hernach die vbrigen gege(n)wu(e)rff nach den hundertenn, die yn dem andern teyl dyß bu(e)chleins entworffen sind worden, das <die> aygentlichen gegenwu(e)rf sind, aber die nachfolgende(n) sind nit also ayge(n)tlich, sund(er) nur zu einer gezierd vnd scho(e)nen beschlyeßung. Als fu(e)r ein pfabenschwantz hyn zu gesetzt; darumb werde(n) nit vil wort darauf geen". Z5 va, Z. 24–33.

[95] I1 ra-Z5 va.

[96] Die beiden als Merkhilfe für Apostel, Glaubenszeugen und Credo abgedruckten Hände haben keine Parallele in der Bamberger Tafel. Ebenso wie die beiden Hände im „ersten Buch" wurden sie vermutlich erst für den gedruckten *Schatzbehalter* erdacht.

[97] I1 ra, Z. 6–va, Z. 21.

schleuderten gehässigen Beschimpfungen und Schmähreden einerseits und
die geduldigen milden Erwiderungen des Gottessohnes andererseits auflistet,
wie es ein Vorgehen in Analogie zu den hundert Gegenwürfen des zweiten
Buches nahegelegt hätte; Fridolin entscheidet sich für eine neue, seinem Anliegen entsprechende literarische Form[98], indem er auf die aus dem Kernteil
des Werkes vertraute kontrastierende Gegenüberstellung zweier Sachverhal-
te pro Gegenwurf verzichtet und statt dessen die einzelnen Worte Christi auf
die durch sie angesprochenen Menschen und auf ihren heilsgeschichtlichen
Bedeutungsgehalt hin untersucht. Seine Ausführungen hängen insoweit eng
mit den beiden sie umrahmenden Teilen des *Schatzbehalters* zusammen, als
der erste Gegenwurfkomplex die meritorischen Voraussetzungen der bitten-
den Hinwendung zu Gottvater offenlegt, die fünfundzwanzig Gegenwürfe
des dritten Buches in exemplarischer Weise die Inhalte der Bitten nennen
und nun, im Abschnitt über die Leidensworte, vorgeführt wird, aufgrund
welcher Eigenschaft Gottes es der Mensch überhaupt wagen kann, mit seinem Flehen an Gott heranzutreten: Die Worte am Kreuz nämlich bezeugen
in einzigartiger Weise, wie wohltuend, liebevoll und verläßlich Gott ist[99]; wer
um Gott und sein Wesen weiß, kann erkennen, daß sie seine grenzenlose
unwiderrufliche Gnadenbereitschaft demonstrieren, die auch durch anders-
lautende, ängstigende Herrenworte nicht außer Kraft gesetzt wird. Fridolin
erklärt das sehr lebendig, indem er seine Leserinnen und Leser in einen auf
den Kreuzesworten und ihrer Botschaft basierenden Dialog hineinnimmt,
der sich den Fragen nach der Gotteserkenntnis und der Theodizee widmet
und schließlich in eine grandiose Auflösung des Problems der Widersprüchlichkeit von erschreckenden und tröstlichen Worten, von Gericht und Barmherzigkeit Gottes einmündet[100]. Nimmt der Mensch also Gottes „Testa-

---

[98] Zwar nennt er auch seine zu Papier gebrachten Gedanken über die Leidensworte
„Gegenwürfe", denn er führt seine Leserinnen und Leser durch die Ankündigung, er wolle
„von den worten cristi, die er in der zeite [sic] seins leidens geredt hat, zehen gegenwu(e)rff
melde(n), nemlich fu(e)nff vo(n) den worten, die er vor sei(n)er creu(e)tzigu(n)g vnd
fu(e)nf vo(n) den worten, die er an dem creu(e)tz geredt hat" (I1 va, Z. 16–21), in den beginnenden Buchabschnitt ein, aber er bekennt im gleichen Atemzug, zumindest die ersten
fünf der im folgenden besprochenen Themeneinheiten hätten „ir gege(n)wu(e)rff nit also
gar eige(n)tlich als die vorige(n), die in den wercken steen [die Werke Christi betreffen]"
(I1 va, Z. 40–vb, Z. 1.) Bei der Darlegung der weiteren Aussprüche Christi kommt er gar
nicht mehr auf den Begriff „Gegenwürfe" zu sprechen.
[99] „Nun von den worten vnsers herre(n), die er an dem creu(e)tz geredt hat, ist
zemercke(n), das vntter allen worten, die d(er) herr ye geredt hat, die doch vber alle
me(n)schliche wort weyt von wirdigkeit wege(n) der go(e)ttlichen person zemerckenn,
zebehalten, zeachten, zeeren vnd zeerhebenn sind, wie der herre in den wercke(n) in seinem letsten, als in seinem leiden vnd sterben die gro(e)sten [sic] liebe bewisen hat, also
sind seine letste wort vber vnd vntter andern als die allersu(e)ßesten, die allermynnsame-
sten, die allertro(e)stlichsten, die allerkrefftigisten, die allertieffisten, sunderlichen zemer-
cken, zebehalten, zeergru(e)nden, zebedencken, anzeru(e)ffen, zespreche(n), zebette(n), zeeren" (I3 vb, Z. 29–I4 ra, Z. 4).
[100] I3 vb–P3 rb.

ment", seine ultimative am Kreuz ausgesprochene Willensäußerung ernst und setzt er sie in die gebotene Beziehung zur göttlichen Gerechtigkeit, so kann er sich getrost an Gott wenden und unter Vorhaltung der Verdienste Christi um Erhörung bitten.

Bilden die bislang erläuterten Teile, also das sogenannte zweite und dritte Buch des *Schatzbehalters* denjenigen Abschnitt, in dem Fridolin seinem Publikum den für sein Ziel relevanten theologischen Stoff vorstellt, entfaltet und verständlich macht, so sind die noch folgenden Blätter der praktischen Umsetzung des erworbenen Wissens über die Möglichkeit der Anrufung Gottes um des Leidens und Sterbens Christi willen, der „betrachtung yn gebettes weys"[101], gewidmet. Der Autor begnügt sich nämlich nicht damit, den mit der Lektüre seines Werkes Befaßten wieder und wieder die Notwendigkeit einzuschärfen, sich die in der Passion angehäuften Verdienste persönlich fruchtbar zu machen, nein, er gibt ihnen eine Vielzahl guter Ratschläge für die Benutzung des *Schatzbehalters* mit und führt sogar die Umformung der Mehrzahl seiner Gegenwürfe in modellhafte Gebete vor[102], womit er das Thema seines Werkes zu Abschluß und Ziel bringt.

Zuletzt seien noch die einleitenden Abschnitte des *Schatzbehalters* erwähnt. Sie machen die Leserinnen und Leser mit der Materie und dem methodischen Vorgehen der Schrift vertraut. Was ihre im Druck vorliegende Form anbelangt, so dürfte es sich bei ihnen aus verschiedenen Gründen um relativ junge, abschnittweise vielleicht sogar die jüngsten Teile des Werkes handeln: In der „ersten vorrede"[103] erläutert der Autor den von ihm gewählten Buchtitel[104] und stellt die Gliederung des Ganzen vor, in der „andern vorrede"[105] preist er sein Opus als probate Möglichkeit an, sich ohne großen Aufwand und in völliger Übereinstimmung mit der kirchlichen Lehre das Wichtigste und für Christen Nützlichste aller nur denkbaren Wissens- und Andachtsgebiete anzueignen. Die erste dieser Einführungen zeigt deutlich, daß die Konzeption des gesamten Bandes im großen und ganzen bereits feststand, als sie geschrieben wurde[106], die zweite wiederum weist starke Verbindungen zur ihr vorausgehenden Vorrede und zum „ersten Buch" des *Schatzbehalters* auf, so daß ihre Entstehung schwerlich unabhängig davon anzunehmen ist.

---

[101] a3 ra, Z. 2.

[102] Dd6 ra–Hh5 rb.

[103] a2 ra–a3 ra.

[104] Dazu siehe unten, S. 260 f.

[105] *Schatzbehalter* a3 ra–a4 ra.

[106] Auch die unzähligen, alle Werkteile durchziehenden Querverweise nach vorne (z.B. F4 rb, Z. 24 f.: „[...] davon wirt ettwas gemelt werde(n) in dem dritten teyl diss pu(e)chleins") und hinten (ad5 rb, Z. 39–41: „[...] als in de(m) ersten teil diß puchs gemeldt ist worde(n) von der figur der roten ku(e)e.") bestätigen: Fridolin besaß während der Niederschrift des *Schatzbehalters* eine klare Vorstellung darüber, welche Aspekte und Themen des behandelten Stoffes er aufgreifen und wie er sie anordnen und besprechen wollte.

Der dritte hier noch anzusprechende Textabschnitt ist das eben erwähnte „erste Buch"[107], in dem Fridolin alle Register seiner Kenntnis theologischer Literatur zieht. Er selbst rechnet es nicht zu den „Vorreden", bezeichnet es aber in seiner allgemeinen Inhaltsübersicht auf dem ersten Blatt als „ein beraitung zu de(n) ander(n)", darauf folgenden Kapiteln des Werkes[108]. Seine Funktion ist eine doppelte, da es zunächst durch umfangreiche, ja ihrer Redundanz wegen fast ermüdende Heranziehung von biblischen, patristischen und mittelalterlichen Autoritäten die Verwurzelung der im *Schatzbehalter* favorisierten Verehrung und Fruchtbarmachung von Passion und Kreuzestod Christi in der kirchlichen Lehre unterstreicht und danach in die praktische Benutzung des Werkes einführt, also die angewandte Betrachtungsmethode vorstellt und zum Umgang mit den vorgeschlagenen Memorierhilfen anleitet. Vor allem der auf den praktischen Gebrauch von Fridolins Ausführungen bezogene Teil[109] macht nur als Bestandteil des vorliegenden Buches, nicht jedoch der in der Bamberger Bildtafel sichtbar werdenden Vorform des *Schatzbehalters* Sinn: Ausführlich erläutert werden nämlich die Aufteilung des Stoffes in kontrastierende Gegenwürfe und vor allem die Funktion der menschlichen Hand als Gedächtnisstütze, beides strukturierende und methodische Vorgehensweisen, für deren Existenz die Capistrantafel keine Hinweise liefert. Ob sie der Franziskaner erst für die Druckversion des *Schatzbehalters* entwickelte oder schon ansatzweise in der mißverstandenen Form des zweiten Buchteils[110] verwendet hatte, ist allerdings nicht mehr zu entscheiden.

Obwohl im vorliegenden Abschnitt der Untersuchung in weitaus größerem Maße Fragen zu formulieren und Vermutungen anzustellen waren als gesicherte Fakten erarbeitet werden konnten, wurde deutlich, daß sich sowohl der Entstehungsprozeß des *Schatzbehalters* wie auch das Aufspüren der Funktionen seiner einzelnen Teile im Rahmen der Gesamtschrift komplizierter gestalten als bisher angenommen worden war. Der *Schatzbehalter* ist mit großer Sicherheit kein Werk aus einem Guß, seine Wurzeln dürften vielmehr auf Predigten über die zweite Kyriebitte zurückreichen, die Fridolin wohl zunächst in Bamberg gehalten und in erweiterter Form schriftlich niedergelegt hatte. Ob die um den illustrierten und eng mit der Capistrantafel verbundenen Kernteil des Bandes herum angeordneten Teile nach und nach entstanden oder erst abgefaßt wurden, als die Drucklegung durch Koberger bereits ins Haus stand, ob der Franziskaner auch im ersten und dritten Buch des Werkes auf Predigten[111] oder Unterrichtsmaterial aus seiner Tätigkeit als

---

[107] a4 va–f4 rb.
[108] a2 vb, Z. 5 f.
[109] c4 ra–f1 va.
[110] Siehe oben, S. 186 f.
[111] STRIEDER (Frömmigkeit, S. 119) muß also nicht völlig Unrecht haben, wenn er schreibt, der *Schatzbehalter* sei „wohl aus Predigten vor den Klarissinnen" erwachsen. Diese Vorträge bildeten zwar nicht den Grundstock des Fridolinschen Buches, können dort im einen oder anderen Falle aber durchaus Aufnahme gefunden haben.

Lektor zurückgriff oder eigens für den *Schatzbehalter* Studien betrieb und deren Ergebnisse niederschrieb, muß offenbleiben.

Trotz dieses mehrphasigen Entstehungsprozesses ist es möglich, die, wenn auch nicht auf den ersten Blick erkennbare und verständliche, aber doch vorhandene, klare Konzeption des *Schatzbehalters* nachzuzeichnen: Nachdem Fridolin unter eindringlicher Betonung der vorteilhaften Eigenschaften seines Werkes den Leserinnen und Lesern in geraffter Form die Vorzüge der Passionsbetrachtung und ihren Sinn vor Augen gehalten hat (Vorreden und erstes Buch), stellt er ihnen die unendlichen, im Leiden und Sterben erworbenen Verdienste Christi vor (zweites Buch), erläutert die grenzenlose Gnaden- und Erhörungsbereitschaft Gottes (Abschnitt über die Kreuzesworte und sich daraus entspinnender Dialog) und beschreibt die Früchte, die Gläubigen aus der vertrauensvollen Vorhaltung der Verdienste des um der Menschen willen Gestorbenen vor Gott erwachsen können (die 25 Gegenwürfe des dritten Buches). Ergänzt wird diese Unterweisung durch eine praktische Anleitung zur Umsetzung der vorgetragenen Inhalte in konkrete Bittgebete und eine Belehrung über die Anrufung des Erbarmens der heiligen Dreifaltigkeit (Schlußteil).

7.3. Publikum

Ebenso wie die Fragen nach Entstehung und Gesamtkonzeption des *Schatzbehalters* stellt auch das Thema des folgenden Kapitels ein in der Forschung bislang weitgehend ignoriertes Gebiet dar. In der einen oder anderen Untersuchung findet sich unter Verweis auf eine kurze Stellungnahme des Autors über Sinn und Rolle der Holzschnitte[112] zwar die knappe Angabe, das Werk sei für „Laien" gedacht gewesen[113], aber nirgends wird ernsthaft der Versuch unternommen, ein Porträt derjenigen herauszuarbeiten, die das potentielle Publikum von Stephan Fridolins *Schatzbehalter* bildeten. Um ein Bild dieses keineswegs homogenen Personenkreises zu gewinnen, ist zum einen der *Schatzbehalter* selbst zu befragen, zum anderen müssen Ergebnisse der einschlägigen Forschung vor allem im lokal- bildungs- und wirtschaftshistorischen Bereich berücksichtigt werden: Fridolins großes Erbauungsbuch bietet eine Fülle von Hinweisen, die Aufschluß darüber geben, wen der Autor bei der Niederschrift seines Werkes als Adressatinnen und Adressaten im Auge hatte. Neben zahlreichen eher beiläufig in den Text eingestreuten Bemerkungen erweisen sich dabei vor allem das didaktische Vorgehen des Franziskaners und die Gesamtkonzeption der Schrift als instruktiv. Darüber hinaus ist zu fragen, für wen die Lektüre der umfangreichen frömmigkeitstheo-

---

[112] *Schatzbehalter* f4 vb. Siehe dazu die folgende Seite.
[113] SCHMIDT: Franziskanerprediger, S. 73. THURNWALD: Ikonographie, S. 30. SLENCZKA: Bildtafeln, S. 181.

logischen Schrift von Interesse war, wer über die notwendigen Bildungsvoraussetzungen verfügte, um sich ihre Inhalte anzueignen, und wer sich den
Kauf des dickleibigen Bandes leisten konnte.

7.3.1. Der Schatzbehalter – ein Buch für Laiinnen und Laien

In seiner Vorrede zum zweiten, mit 92 Holzschnitten ausgestatteten Buch
des *Schatzbehalters* erklärt Fridolin die Einfügung der zahlreichen Abbildungen in sein Werk mit einer auf den ersten Blick sehr schlichten, deshalb aber
auch leicht mißzuverstehenden Begründung. Er schreibt: „Es ist auch zewissen, das ettlich gegenwu(e)rff von pildwerck figuren haben, vmb der layen
willen, fu(e)r die diss bu(e)chlein allermaist entworffen ist, auff das, das die,
die sunst nit geschrifft od(er) pu(e)cher habe(n), sich desterbas behelffen
mu(e)ge(n) in der verstentnus vnd behaltung diser gegenwu(e)rf durch die
auslegung vn(d) ein pildung sollicher figuren"[114]. Man könnte nun vermuten, Fridolin habe den Band im Blick auf Menschen zusammengestellt, die
im Lesen und im Nachvollzug schriftlich niedergelegter Gedanken wenig
routiniert und deshalb auf anschauliche Illustrationen angewiesen waren, um
den vermittelten Stoff überhaupt zu verstehen[115]. Nur zu leicht erliegt man
dabei der Versuchung, den Begriff des „layen" ungebrochen mit Adjektiven
wie „ungebildet" oder „unbelesen" zu verbinden. Schon ein ganz oberfläch-
licher Blick auf den *Schatzbehalter* als Gesamtwerk muß hier aber stutzig machen: Wie kann Fridolin etwa erwarten, daß so ungeübte Leserinnen und
Leser den 100. Gegenwurf mit seiner komplizierten, vielfach untergliederten
Darstellung der Erkenntnisfähigkeit Christi begreifen? Weshalb kam er auf
die Idee, solch schlichte Gemüter mit Belehrungen über die Eigenschaften
des Begriffes „Wahrheit"[116] oder die Frage nach den Voraussetzungen, die zur
Verdammung eines Kindes führen[117], zu belasten und seine Ausführungen zu
diesen Themen nicht einmal zu bebildern? Weshalb läßt er nur das zweite
Buch des *Schatzbehalters* illustrieren, wenn die Holzschnitte für das Textver-
ständnis der Benutzerinnen und Benutzer des Bandes unbedingt nötig sind?
Die Beantwortung der Frage nach dem Publikum, für das Fridolin sein Buch
schrieb, gestaltet sich also komplizierter, als es zunächst erscheinen mag.

In der Tat bemüht sich der Franziskaner wiederholt, seine Ausführungen
so zu formulieren, daß denjenigen, „die scharps gedicht zuuersteen nit gewo-
net [Gewohnheit] haben, dise materi zu ho(e)rn oder zu lesen nit verdrieslich

---

[114] *Schatzbehalter* f4 vb, Z. 4–12.
[115] In seinem Bemühen, theologische Inhalte durch Bebilderung leichter verständlich
zu machen, geht Fridolin keine neuen Wege; er steht damit in einer Tradition, die bis zu
Gregor dem Großen zurückreicht. Zu Gregors Reflexion der Rolle von Bildern in der
Laienunterweisung und seiner Rezeption im Spätmittelalter vgl. SCHREINER: Laienfrömmigkeit, S. 21.
[116] *Schatzbehalter* P4 va–P6 rb.
[117] X6 ra–Y2 vb.

werde"[118]: Zur Verteilung seiner Gegenwürfe des Leidens Christi auf die beiden als Memorierhilfe dienenden Hände etwa leitet er zunächst weitschweifig und redundant mit Worten[119], dann nochmals mit Hilfe zweier Holzschnitte an, und als er im Schlußteil des Werkes demonstriert, wie die Gegenwürfe in Gebete umgesetzt und ihrer praktischen Verwendung zugeführt werden können, warnt er die „schlechten [schlichten] leu(e)tte"[120] unter den Adressatinnen und Adressaten davor, sich bei der Anrede Gottes zu irren und ihr Anliegen der falschen Person der Trinität vorzutragen[121]. Bei dieser durch zahlreiche Wiederholungen gekennzeichneten Vorgehensweise nimmt er bewußt in Kauf, den etwas anspruchsvolleren Teil seines Publikums zu unterfordern, ja sogar zu langweilen, wie seine schon auf der zweiten Seite des Bandes vorgetragene Entschuldigung deutlich macht[122].

Betrachtet man sodann, welche Kenntnisse und Fähigkeiten Fridolin bei denen, die er nicht ausdrücklich als den „schlichten" oder „einfältigen" Teil seiner Leserinnen und Leser bezeichnet, für selbstverständlich erachtet, so ist festzustellen, daß er weder Latein- noch Griechischkenntnisse voraussetzt und deshalb theologische Fachwörter aus beiden Sprachen konsequent übersetzt und in ihrem Bedeutungsgehalt erklärt[123]. Er bemüht sich sehr, sein Publikum nicht nur mit den Ergebnissen seines eigenen Denkens zu konfrontieren, sondern versucht es in seine Gedankengänge miteinzubeziehen, so daß es nachvollziehen kann, auf welche Weise der Verfasser des ihm vorliegenden Buches zu einer bestimmten Schlußfolgerung kommt, weshalb er ei-

---

[118] a2 va, Z. 40–b, Z. 3.

[119] e2 ra–e6 ra.

[120] Gg2 ra, Z. 11–23.

[121] Ee1 ra, Z. 16–b, Z. 1: „Item ettliche gebet werden zu der person gottes des vaters gericht [...] Ettlich sind gericht zu d(er) person des suns, aber ma(n) mag die selbe(n) eigenschafft vmbkere(n), doch mit so(e)lliche(m) vntterschaid, das man die eigenschafft oder zu eigung der persone(n) auch wend, wen(n) man die personen verwandelt vnd das gantz gebet richte, das so(e)llich verendrung nit vermengu(n)g vn(d) vnordnung pringe; wer diser bescheydenheyt [Bescheidwissen] oder solliches vntterscheides nit weyß, dem rat ich, dz er bey der form beleib, die hie entworffen ist vnd an mich die eynfeltigen mercken, wie ich es main: wen(n) ma(n) das gebette zu der person des vatters richt, so bitt man yn vmb seins suns od(er) vmb des suns tugend vnd gedult wille(n) [...] vnd so(e)llich weyse sol ma(n) nit fu(e)ren, wen(n) man das gebet zu dem sun richt, also man soll den sun nit bitte(n) vm(b) seins suns wille(n) oder vmb seines sunes gedult oder verdie(n)sts willen, dan(n) d(er) sun hat keinen sun [...]".
Ähnlichen Eifer im Kampf gegen Verwechslungen legt er an den Tag, wenn er versucht, Hilfestellung gegen Unklarheiten zu geben, die er bei Teilen seines Publikums vermutet, was Engelshierarchien und -chöre (S4 rb) sowie die Apostel (T2 va) betrifft.

[122] Was im *Schatzbehalter* „vberflu(e)ssigs oder mynder zierlichs darinn erschine, das wolle der leser diß buchs nit in arg, sunder gu(e)tlich zulegen dem, der das zusamen gelesen und etliche vberflu(e)ssige vnd mynder tapfere [bedeutende] wort eingeme(n)gt vn(d) sich einer slechten [schlichten] form vnd weyse yn dem aufschreibenn geprauecht". Der Autor habe diese Darstellungsform schließlich um der einfachen Leser und Leserinnen willen gewählt. a2 va, Z. 31–39.

[123] Z. B. a3 va: Ordinarium. O1 rb: Synderesis. O2 ra: Enchiridion.

nen bestimmten Weg geht, um dorthin zu gelangen[124] und aus welchem Grund er die eine oder andere mögliche Frage nicht weiterverfolgt[125].

Obwohl er seine Adressatinnen und Adressaten also gleichsam bei der Hand nimmt und Schritt für Schritt durch sein Werk geleitet, stellt er doch auch einige nicht zu unterschätzende Anforderungen an sie: Neben dem durch den gesamten Band hindurch nötigen grundsätzlichen Vertrautsein mit der Bibel, in erster Linie den Evangelien und dem Pentateuch, sind vor allem die Fähigkeit, Analogieschlüsse zu bilden[126], und die Bereitschaft, sich auf lange, ineinander verschachtelte und nicht immer beim ersten Lesen durchschaubare Argumentationsgänge einzulassen, unabdingbar. Außerdem sind die Adressatinnen und Adressaten immer wieder aufgefordert, sich über Fridolins Meinung ein eigenes Urteil zu bilden – allerdings erfolgt die Hinleitung zu diesen Appellen stets so, daß ihnen kaum etwas anderes bleibt, als dem Autor zuzustimmen[127]. Dem Franziskaner selbst ist die Gefahr, große Teile seines Publikums – und nicht nur die ganz schlichten Gemüter – passagenweise zu überfordern, wohl bewußt, denn er rät unter anderem, die unzähligen, den Lesefluß zuweilen empfindlich störenden Parenthesen erst dann zu berücksichtigen, wenn der Gedankenduktus eines Textabschnittes erfaßt ist[128] und erinnert am Ende besonders schwieriger oder von der inhaltlichen Hauptlinie abschweifender Darlegungen an das ursprünglich behandelte, aber aus seiner Mittelpunktstellung verdrängte Thema[129]. Immer wieder spendet er auch denjenigen Trost, die seine Ausführungen nicht verstanden haben[130], wendet sich andererseits jedoch auch mit der Bitte, Rücksicht auf die Schwächeren zu nehmen, an die besonders gebildeten, mit einer wachen Auffassungsfähigkeit begabten Benutzerinnen und Benutzer des *Schatzbehalters*[131]. Auf ihre Bedürfnisse geht er besonders im Rahmen der

---

[124] Z. B. A3 rb, Z. 15–30.

[125] Z. B. S4 rb, Z. 30–40.

[126] Z. B. s6 rb, Z. 27–30: „Deßgleichen thu auch in den vor vnd nachgeschriben gege(n)wu(e)rffen, das man es zu einem yeglichenn in sunderheit nit setzen bedu(e)rffe."

[127] Z. B. i3 vb, Z. 31–36 und p4 rb, Z. 5 f.

[128] a3 ra, Z. 4–19: „[…] so ist zu einer warnung vn(d) hilff oder fu(e)rderu(n)g clerer verstentnus zu wissen, das in disem buch gar vil vnd(er)setz sind, die ma(n) kriechisch parentheses nent vnd weren also ( ) gezaichnet vn(d) ein tail sind vast lang vn(d) vnderweil yn den selben langen ander klain ader [oder] kurtz. Welcher nun clar verstentnus der materien will haben, der laß zum(m) ersten(n) alles das vnterwegen [unterwegen lassen = auslassen], das zwischen solchen zaichen steet vn(d) lese, was darnach volget zu dem, das vorsteet on mittel, vn(d) wen(n) er die mainung vnd verstentnus des fu(e)rderlichen syns hat, darnach lese er es mit einander gantz."

[129] Z. B. Bb1 ra, Z. 4–14. p6 vb, Z. 27–41.

[130] „Vnd ob yemandt in diser betrachtung nit geu(e)bet wer vnnd ym dise ding nit einfellig [einleuchtend] noch angenem sein wolten, der wo(e)lle dannoch geduldig sein vnnd diß nit als pald verachten, sunder hoffen, wo er vil vnd offt anclopffe, dz ym vnzweifellich aufgethan vnd er einen werden schatz finden werd" (ab4 va, Z. 19–26).

[131] Seinen Verzicht auf die weitere Auslegung einer Möglichkeit des Gottesbeweises begründet er damit, „daz vil sind, die so(e)lchs nit begreiffen mu(e)gen, wenn man es auch

großen Themendialoge des dritten Buches ein, in denen er auf anspruchsvolle Weise katechetische Stoffe, dogmatische Probleme, ja im Falle der Engellehre sogar eine spekulative Fragestellung unter verschiedenen Blickwinkeln beleuchtet und in der Person von „frager" und „antwortter" solange diskutiert, bis ein für beide Seiten akzeptables Ergebnis gefunden ist. Diese Gespräche spiegeln nämlich nicht den Gedankenaustausch zwischen einem „einfältigen", nur über elementarste Kenntnisse der christlichen Lehre verfügenden Menschen und dem Lehrer Fridolin wider, sondern den zwischen zwei am intensiven Dialog über komplizierte Inhalte interessierten Partnern, die beide über ein gewisses Maß an Bildung verfügen. Gewiß verschwimmt nirgends die klare Trennung zwischen der Rolle des Unterweisung erteilenden „antwortters" und der des belehrten „fragers", aber letzterer gibt in seinen Fragen an vielen Stellen durchaus Sachverstand zu erkennen[132]. Einmal – allerdings in einem Dialog zwischen Christus, dem „herrn" und dem um Rat und Information nachsuchenden „knecht" – legt Fridolin letzterem sogar das Bekenntnis in den Mund, einen weiterführenden Gedanken bei Petrus Lombardus, mithin in einem Werk der scholastischen Schultheologie, gelesen zu haben[133]!

Es ist also die Intention des Autors, mit dem *Schatzbehalter* ganz unterschiedliche Adressatinnen und Adressaten anzusprechen. Auf der einen Seite hat er die im Umgang mit dem geschriebenen Wort völlig Ungeübten, ja sogar die des Lesens nicht Fähigen im Blick, denn er macht sich immer wieder nicht nur um diejenigen Gedanken, die sein Werk lesen, sondern auch um diejenigen, die es hören, denen es somit vorgelesen wird[134]. Andererseits wendet er sich mit dem *Schatzbehalter* natürlich primär an Lesekundige, deren Anteil in der mittelalterlichen Stadtbevölkerung nicht zu unterschätzen ist, wie das Beispiel Nürnbergs[135] zeigt: Dort existieren seit dem 14. Jahrhundert vier Lateinschulen mit jeweils einhundertfünfzig bis zweihundertfünfzig Schülern[136] sowie zahlreiche „deutsche Schulen", die vor allem aus Handwerker- und Kaufmannsfamilien stammenden Kindern Grundkenntnisse im

---

außleget. So(e)lchen menschen, wenn sie dyß bu(e)chlein aufftete(n) vn(d) begegnet yn [ihnen] so(e)lch ding, das sie nit vernemen, so mo(e)chte(n) sie gedencken, das gantz bu(e)chlein wer also vnuerstentlich vnd mo(e)chtenn also abgewendt vn(d) gehindert werde(n) an den dingen, die ynen zu gutt vnd zu andacht dieneten" (X4 va, Z. 40–b, Z. 9).

[132] Vgl. dazu vor allem den Dialog über Gottes Gnade und Gerechtigkeit sowie die daraus resultierende Seligkeit bzw. Verdammung des Menschen (X6 ra-Y2 vb).

[133] „Der herre: Wer sagt dir so(e)lliche ding? Der knecht: Mein eige(n) vernu(n)fft sagt mir das, wiewol ich es auch gelesen hab, wen(n) [denn] der meister vo(n) den go(e)ttlichen synnen spricht in d(er) dreyundzweintzigsten vntterscheid des andern bu(o)chs [...]" (K5 ra, Z. 32–38).

[134] Z. B. i2 rb, Z. 9–13. y1 va, Z. 9–19.

[135] Zur Bildungssituation in der fränkischen Reichsstadt gegen Ende des 15. und Anfang des 16. Jahrhunderts siehe ENDRES: Bildungswesen.

[136] ENDRES: Schulwesen, S. 176–178.

Lesen und Schreiben vermittelten[137]. Der Besuch dieser Schulen war nicht die einzige Möglichkeit, Lesen zu lernen und eine gewisse Allgemeinbildung zu erwerben, wurde doch auch in den Klöstern an Jungen und Mädchen Unterricht erteilt[138] und beschäftigten manche wohlhabenden Familien Hauslehrer für die Erziehung ihrer Söhne[139]. Ob Hamms vorsichtig vorgetragene These, im spätmittelalterlichen Nürnberg sei „vielleicht […] fast die Hälfte der Bewohner"[140] lesefähig gewesen, nicht etwas zu hoch angesetzt ist, sei hier dahingestellt; es dürfte jedoch deutlich geworden sein, daß der Kreis derjenigen, denen die Lektüre des *Schatzbehalters* aufgrund ihrer Lesekenntnisse möglich war, sicher nicht auf eine kleine Gruppe besonders Gebildeter zu beschränken ist. Angehörige des Patriziats, der Ehrbarkeit und des geistlichen Standes, aber auch Handwerker, Kaufleute und Frauen der oberen und mittleren Bevölkerungsschicht gehörten zu den „litterati" bzw. „litteratae" im ursprünglichen Sinne des Wortes[141] und kamen demnach als Leserinnen und Leser, aber auch als Vorlesende des großen Erbauungsbuches in Frage.

Fridolin bringt nicht nur seine Erwartung zum Ausdruck, mit dem *Schatzbehalter* das gesamte Spektrum von Lesefähigkeit zu erreichen, er äußert sich noch weitergehend über die Zusammensetzung seines potentiellen Publikums: daß für einen Teil derer, die sich durch sein Werk zur Betrachtung und Fruchtbarmachung des Leidens Christi anleiten lassen, die Lektüre ein ungewohntes Unterfangen darstellt, weil sie „sunst nit geschrifft od(er) pu(e)cher habe(n)"[142], hält ihn nicht davon ab, anderen Leserinnen und Lesern sogar den Schritt hinter den vorliegenden Text zurück zu ermöglichen. Er gibt ihnen fortwährend Hinweise auf seine Quellen und weiterführende Literatur, ja fordert wieder und wieder dazu auf, dort nachzuschlagen, um das eigene Wissen zu vertiefen[143] und um sich von der Korrektheit der Fridolinschen Ausführungen zu überzeugen[144]. Freilich konnte er unmöglich glauben, daß sich auch nur ein Bruchteil der empfohlenen Titel im Besitz derer befand, die er so unverdrossen zum Weiterlesen anspornte; selbst ansehnliche Klosterbi-

---

[137] ENDRES: Schulwesen, S. 190 und 201.
Zu Bildungseinrichtungen und -möglichkeiten in mittelalterlichen Städten siehe auch LEDER: Schulwesen, zur Entwicklung der Lese- und Schreibfähigkeit der deutschen Bevölkerung in diesem Zeitraum SKRZYPCZAK: Stadt.
[138] So z.B. im Klarakloster, siehe oben, S. 39 f.
[139] ENDRES: Schulwesen, S. 200.
[140] HAMM: Bürgertum und Glaube, S. 36.
[141] Zum Bedeutungswandel des Begriffspaares „litteratus" und „illiteratus" vgl. GRUNDMANN: Litteratus, v. a. S. 1–4.
[142] Siehe oben, S. 193.
[143] Z. B. *Schatzbehalter* o6 ra, Z. 33–35: „Doch wer disen gege(n)wurff baß erclert haben will, d(er) su(e)ch dz in glosa ordina<ria> […]".
[144] Z. B. Bb3 rb, Z. 20–24: "Das setz ich hie als es mich dunckt nach d(er) gedechtnus; wer es eigentlich [genau] wo(e)ll wissen, der such es in der historien des ertzbischoffs vo(n) remis mit name(n) Turpini."

bliotheken wie die der Nürnberger Konvente[145] verzeichneten nur den einen oder anderen Band. Wie sich der Franziskaner also den Zugang zu solchen Werken und ihre Aneignung durch die Bürgerinnen und Bürger, für die er den *Schatzbehalter* verfaßte, vorstellte, muß offenbleiben. Vielleicht führte er sie ja auch nicht nur an, um seinem Publikum die Möglichkeit zu geben, das eine oder andere Thema weiterzuverfolgen, sondern ebenso, um durch die Fülle der genannten Autoren und Titel[146] seine eigene Belesenheit und damit die Verankerung der vorgetragenen Gedanken in der kirchlichen Lehre unter Beweis zu stellen.

Wie dieser kurze Überblick belegt, hoffte Fridolin, mit dem *Schatzbehalter* den Ansprüchen und Bedürfnissen verschiedenster Menschen genügen zu können: Gebildete und über nur wenig Wissen Verfügende, routinierte Leserinnen und Leser wie auch Personen, die darauf angewiesen waren, das Buch vorgelesen zu bekommen, sollten sich angesprochen fühlen. Er rechnete mit einem Publikum, das sich aus Männern und Frauen, aus Jungen und Alten zusammensetzte[147] und somit eigentlich jeden einschließen konnte, der ein Exemplar des Werkes in die Hand bekam.

Was aber hält nun diesen völlig heterogenen Personenkreis zusammen? Was haben die Adressatinnen und Adressaten des *Schatzbehalters* in Fridolins Augen eigentlich gemeinsam? Wir kommen hier wieder auf den bereits zu Beginn dieses Abschnitts erwähnten, bislang durch die Forschung im Zusammenhang mit dem Erbauungsbuch des Franziskaners völlig unreflektiert verwendeten Begriff des „Laien" zurück. Zwar erwartete Fridolin vielleicht – nicht zu Unrecht übrigens, wie die einst in Klosterbesitz befindlichen Exemplare zeigen[148] – einige Leserinnen und Leser aus dem monastischen Bereich[149], aber in der Hauptsache wendet er sich an Menschen, die weder Ordensleute noch Kleriker sind und damit im kirchenrechtlichen Sinne, jedoch nicht unbedingt aufgrund ihres Bildungsstandes als Laien und Laiinnen zu bezeichnen sind[150]. Sie ermahnt er, sich während des Gottesdienstes ange-

---

[145] Vgl. dazu: Mittelalterliche Bibliothekskataloge, S. 422–670 und 752–765.

[146] Siehe dazu unten, Punkt 7. 5.

[147] Ausdrücklich erwähnt er den weiblichen und den jungen Teil seiner Leserschaft, als er voller Beschämung meint, die entsetzlichen sündigen Voraussetzungen, unter denen jedes menschliche Leben entsteht, „vm(b) d(er) iu(n)ge(n) vn(d) iu(n)ckfrawe(n) wille(n), die diß lese(n) mo(e)chte(n)", nicht näher ausführen zu können (12 vb, Z. 26–28). Schließlich darf auch nicht vergessen werden, daß Fridolin eine Frau als Initiatorin des *Schatzbehalters* nennt. Siehe oben, S. 176 f.

[148] Siehe oben, S. 46.

[149] Eventuell hat er Klosterleute im Blick, als er seine Beschreibung des obersten römischen Gottes, Jupiter, „vmb d(er) keu(e)schen augen vnd oren willen, die diß lesen od(er) ho(e)ren wu(e)rden", unvermittelt abbricht. *Schatzbehalter* B4 va, Z. 11 f.

[150] Die im Hochmittelalter noch mögliche Ineinssetzung von „Laie" und „Ungebildeter", „Kleriker" und „Gebildeter" entspricht nicht nur im *Schatzbehalter*, sondern in der spätmittelalterlichen Gesellschaft nicht mehr der Realität (dazu grundsätzlich: GRUNDMANN: Litteratus), da der Bildungsgrad eines Menschen dieser Zeit kaum mehr von dessen

messen zu verhalten – die Betrachtungen im *Schatzbehalter* entstanden nicht
zuletzt als Mittel gegen die eventuellen Folgen der während der Liturgie auf-
tretenden Langeweile[151]! – und Gottvater um des gegen Christus ausgesprochenen Vorwurfes der Tempelbeschmutzung willen um Vergebung für die
eigenen Verfehlungen zu bitten[152]. Ihren Alltag und ihre Erfahrungen als
städtische[153] Bürgerinnen und Bürger greift er durch alle Teile des *Schatzbehalters* hindurch auf[154]. Klosterleben und Priesterstand, ihre Eigenart und die
mit ihnen verbundenen spezifischen Verpflichtungen werden dagegen nur
sehr selten erwähnt, und wenn doch, so in rein deskriptiver Form als Vermittlung von Hintergrundinformation[155] oder als Beispiele bewundernswerter,
einst durch Gott belohnter Gläubigkeit und Lebensführung[156]. In keinem

---

Stand, sondern von seinen finanziellen Möglichkeiten und seinen Interessen abhängt
(SCHREINER: Laienfrömmigkeit, v. a. S. 28). Zur Frage der Laienbildung im Spätmittelalter
allgemein vgl. z.B. HONEMANN: Laie.

Spricht Fridolin in seiner eingangs zitierten Stellungnahme (siehe oben, S. 193) davon,
in den *Schatzbehalter* seien „vmb der layen willen, fu(e)r die diss bu(e)chlein allermaist entworffen ist, auff das, das die, die sunst nit geschrifft od(er) pu(e)cher habe(n), sich desterbas
behelffen mu(e)ge(n)“, Illustrationen eingefügt worden (f4 vb, Z. 5–9), so nennt er in diesem kurzen Satz zwei Personengruppen: das Buch wurde in der Tat für Laien und Laiinnen
geschrieben, die Holzschnitte jedoch nicht als unabdingbares Hilfsmittel für diesen Kreis
von Adressatinnen und Adressaten als solchen eingefügt, sondern mit Rücksicht auf bestimmte, nämlich im Umgang mit Büchern wenig geübte, zum Laienstand gehörige, ihn
aber keineswegs in seiner Gesamtheit repräsentierende Personen aufgenommen.

[151] Vgl. oben, S. 178.

[152] „Fu(e)r das, das du die heyligen stet als kirche(n) vnd kirchoff nit hast in eren gehalten, sunder da geschwatzt, nachgeredt, gemu(e)rmelt, der hohfart od(er) der eyteln ere
gepflege(n), bist verdrossen, vngedultig yn dem go(e)ttlichen ampt, an der predig, yn dem
gepet gewesen oder hast ander su(e)nd oder verpottne ding da geu(e)bet als kauffen, ver-
kauffen, teydygen oder tagen [Verhandlungen führen] oder was es dan(n) mo(e)cht sein,
denn vil dings ist an den geweyhte(n) stetten vnd an den heyligen zeiten vnd feyrtagen
verbotte(n), das sunst erlaubt ist: Fu(e)r so(e)llich vnere, die du den heyligenn stetten be-
weyset hast, hast du den fu(e)nfvndzwaintzigisten gegenwurff.“. Ff6 ra, Z. 41–b, Z. 15.

[153] Siehe dazu unten, S. 200–204.

[154] Immer wieder verwendet er Bilder aus dem Bereich des privaten Lebens und der
Familie: Die geradezu unglaubliche Größe der Wunder, die der noch ungeborene Christus
am ebenfalls noch im Mutterleib befindlichen Johannes dem Täufer zu tun befähigt war,
erklärt er etwa durch den Hinweis, „auch die volkome(n) starcke(n), wolgelerten vn(d)
weysen menschen“ vermöchten nur „wenig verfengklichs [nützliches] an den kindern, die
in muter leyb sind,„ zu wirken. „Man mag yne doch schade(n), aber nit vil nutze(n), den(n)
als vil ma(n) den mu(e)tern gu(e)tlich tut vn(d) sie helt, als ma(n) sy halten soll mit
bestellu(n)g [Versorgung] bequemlicher narung fu(e)r sie vn(d) auch fu(e)r die frucht.“ G2
vb, Z. 40–G3 ra, Z. 7. Die in den Kreuzesworten offenbare rückhaltlose Liebe Christi verdeutlicht er, indem er sein Publikum an den Zusammenhang von ehelicher Liebe und
Herrschaft des Mannes über seine Frau erinnert (O3 rb, Z. 39–vb, Z. 30).

[155] So etwa, wenn Fridolin das Handeln des Priesters beim Meßopfer kommentiert (d2
rb, Z. 5–va, Z. 8) oder erklärt, aus welchem Grunde Seelsorger die strenge, richtende Gerechtigkeit Gottes besonders zu betonen pflegen (Y4 rb, Z. 12–28).

[156] Hervorgehoben werden unter anderem das täglich in den Horen gesungene Got-
teslob der Stiftsgeistlichen und Ordensleute (ac2 vb, Z. 5–19) und der unbeschreibliche

Fall aber werden Angehörige des geistlichen Standes direkt angesprochen; die Distanz zwischen ihnen als Exempelgestalten oder Vertretern kirchlichen Lehrens und Handelns auf der einen und den in der Welt lebenden Leserinnen und Lesern des Werkes, in deren Bedürfnisse und Erwartungen sich Fridolin einzufühlen sucht, auf der anderen Seite, bleibt durchwegs bestehen[157].

Der bisherigen Forschung ist also durchaus zuzustimmen, wenn sie den *Schatzbehalter* als das Ergebnis der Bemühungen des Franziskaners bezeichnet, Lainnen und Laien in die Verehrung und praktische Anwendung der Verdienste des Leidens und Sterbens Christi einzuführen, keinesfalls jedoch darf das Publikum des Bandes pauschal unter denen gesucht werden, die aufgrund ihrer geringen, „laienhaften" Bildung andere Bücher über die Passion nicht kannten oder nicht verstehen konnten und deshalb auf Fridolins illustriertes Werk angewiesen waren.

7.3.2. Wirtschaftlicher Hintergrund des Publikums

Stephan Fridolin richtet sein großes erbauliches Werk auf Menschen hin aus, deren Alltag nicht durch die kanonischen Horen strukturiert ist, sondern durch in unregelmäßigen Abständen aufeinanderfolgende Phasen von freier, für geistliche Betrachtung zur Verfügung stehender Mußezeit und angestrengter Beschäftigung mit weltlichen Vorgängen bestimmt wird. Speziell für sie schreibt er den *Schatzbehalter*, wie er im ersten Teil erläutert: „Darumb dz vrsach vn(d) materi, raytzung, anlaittung vn(d) weiße den [denen] gegeben wu(e)rd, die sich selbs nit beku(e)mern mu(e)gen geschefts oder andrer sach halben zesuchen weyse vnd form, sich zeu(e)ben in der betrachtung des leidens cristi, ist diß bu(e)chlein als ein hantpu(e)chlein ku(e)rtzlich entworffen"[158]. Besonders augenfällig auf diesen Personenkreis zugeschnitten ist das zweite Buch des *Schatzbehalters*, denn anders als in seinen Predigten[159] wählt der Franziskaner hier eine vom klösterlichen Tagesrhythmus unabhängige Methode, um das Leiden und Sterben Christi in Andachtseinheiten aufzuteilen[160]: Er orientiert sich am Dezimalsystem und benutzt die menschliche Hand als jederzeit und für jeden Menschen verfügbares Memoriermedium, verhilft also den Benutzerinnen und Benutzern seines Werkes dazu, sich selbständig und ohne Bindung an Gottesdienstzeiten oder kirchliche Einrichtungen immer dann mit überschaubaren Betrachtungsblöcken zur Passion zu

---

Schmerz, den Franz von Assisi empfand, wenn er das Leiden und Sterben Christi betrachtete (N3 vb, Z. 23–41).

[157] Nicht auszuschließen ist freilich, daß sich mancher Geistliche den einen oder anderen der umfangreichen belehrenden Abschnitte des *Schatzbehalters* als Unterstützung der eigenen Seelsorgearbeit nutzbar machte, wie es Slenczka für Teile eines Dialogs aus dem dritten Buch (Y4 v–Z5 v) vermutet. SLENCZKA: Bildtafeln, S. 169.

[158] *Schatzbehalter* d1 vb, Z. 22–29. Ähnlich auch d3 va, Z. 34–39.

[159] Siehe dazu oben, S. 71–73.

[160] Dazu vgl. auch unten, S. 218–225.

beschäftigen, wenn sie die dafür benötigte Zeit haben. Es ist ihm auch bewußt, daß manche seiner Leserinnen und Leser durch ihre täglichen Pflichten stark beansprucht sind und deshalb nur selten Gelegenheit finden, sich in
Christi Leiden zu versenken, denn er mahnt zwar: „[…] welher me(n)sch
wo(e)ll vo(n) cristo de(m) vater empfolhe(n) werde(n), d(er) ha(n)g im an mit
geda(n)cken, mit begirde(n) vn(d) rede gern vo(n) im, ho(e)r gern vo(n) im,
lese von im, bekomer sich gern mit i(m); er halte alle zeit verlorn, die er nit
mit i(m) od(er) vm(b) seine(n) wille(n) beku(e)mert […]"[161], beruhigt aber
auch alle, die meinen, große Teile des *Schatzbehalters* auf einmal lesen und
betrachten zu müssen und sich gedrängt fühlen, sklavisch die Reihenfolge
der dort abgedruckten Betrachtungen einzuhalten: Seiner Ansicht nach ist es
nämlich besser, einige wenige Aspekte der Passion wirklich gründlich zu bedenken, als das gesamte Thema ohne ausreichende Konzentration und mit
nur oberflächlichem Interesse schnell zu überfliegen[162].

Mit welchen Tätigkeiten das potentielle Publikum des *Schatzbehalters* nach
Fridolins Vorstellungen seine Tage verbringt und wie sein Alltagskontext
aussieht, verraten zahlreiche kleine Bemerkungen, aber auch manche belehr-
rende und unterhaltsame Geschichte im Text. Während das Leben und Arbeiten auf dem Land, also beispielsweise der Wechsel der Jahreszeiten oder
landwirtschaftliche Vorgänge wie Saat und Ernte mit keinem Wort Erwähnung finden, wird immer wieder Bezug auf städtische Gegebenheiten genommen: Fridolin nennt Ladengeschäfte und die dort feilgebotenen Produkte[163], zieht zur Erläuterung von Handlungen, die Gott durch die Engel
vollbringt, eine typisch städtische, in Nürnberg die Hebel der Macht fest in
der Hand haltende Institution, nämlich den Rat heran[164] und schildert in einer anschaulichen kleinen Erzählung, wie bedrohlich und furchteinflößend
sich der Aufenthalt „auff de(m) veld außerthalb me(n)schlicher wonu(n)g"
gestalten kann[165]. Wiederholt greift er außerdem auf den Begriff des „Bür-

---

[161] *Schatzbehalter* L6 rb, Z. 31–37.

[162] In der Einleitung zu den Gebeten des vierten Teils im *Schatzbehalter* etwa schreibt
er: „Vn(d) ist nit die mainu(n)g, dz man das, das hie gesetzt wirdt, also vo(n) wort zu wort als
es hie gezeichnet ist, spreche(n) od(er) bedencke(n) su(e)lle [sic], man wo(e)ll es den(n)
sunst gern thun. Sund(er) dz ma(n) ye ein stu(e)ckleyn zu einer zeit mit auffmercku(n)g
vberlese vn(d) vber ein zeit aber [abermals] eins vnd also nach einand(er) mit gutter muß
vnd nem also die maynung darauß vn(d) vasse etwas daruo(n) i(n) die gedechtnus, was
ma(n) an dem baste(n) mo(e)cht behalten oder das mer zu der andacht dienet […]". Dd6 ra,
Z. 35–b, Z. 5.

[163] y2 rb ist die Rede von Kramläden und Apotheken, Bb6 rb von Fleischbank und
Metzgerei.

[164] Er differenziert dabei sogar zwischen dem „yndern" [inneren] und dem „gemeynen
großen rat" (S3 va) und lehnt sich damit im wesentlichen an die Struktur des aus zwei
Kammern bestehenden Leitungsgremiums Nürnbergs an. Zu Form, Größe und Aufgaben
des Nürnberger Rats vgl. GERLICH: Staat, S. 334–337.

[165] *Schatzbehalter* f1 va, Z. 29–b, Z. 16. Ebenso U2 ra, Z. 39–va, Z. 18, zitiert: U2 rb,
Z. 21 f. Es handelt sich dabei um die von Gregor dem Großen übernommene Geschichte

gers" und die damit verknüpften positiven Assoziationen zurück, um Christi Heilshandeln am Menschen zu verdeutlichen[166].

Der Franziskaner äußert sich aber nicht nur über die Stadt als Lebenshintergrund derer, die er mit seinem *Schatzbehalter* erreichen möchte; immer wieder flicht er in den Text auch Bemerkungen ein, die Rückschlüsse auf die beruflich-wirtschaftliche Sphäre erlauben, in der diese Bürgerinnen und Bürger entweder selbst einer Tätigkeit nachgehen oder die ihnen zumindest bestens vertraut ist. Er ruft das Kreuz als Hilfe der Binnenschiffer und Seefahrer in Erinnerung[167], läßt sich mitfühlend über die Gefahr aus, die skrupellose Straßenräuber für Fernhändler verkörpern[168] und benutzt ein Beispiel aus dem kaufmännischen Bereich, um seinem Publikum (vielleicht sogar mit mahnendem Unterton? Die Versuchung ist schließlich überall gegenwärtig...) den Unterschied zwischen Wahrheit und Lüge zu verdeutlichen[169].

über einen reisenden Juden, der umständehalber gezwungen ist, die Nacht in einem auf freiem Feld gelegenen Apollotempel zu verbringen, und dort vom Teufel und seinem höllischen Heer bedroht wird. Dank des Kreuzzeichens geht er, der Nichtchrist, unversehrt aus dieser Gefahrensituation hervor.

[166] So schreibt er in der Auslegung des 4. Gegenwurfes, Christus sei „fu(e)r vns fremd vnd ellend [...] worden auff der erden, so er doch vo(n) nott ei(n) herr was himelreichs vnd ertreichs, das er vns ellende(n), d(er) [deren] heymet nyndert solt sein, dann in der leidige(n) helle, Burger machte des himlischenn reichs" (g5 rb, Z. 18–24). An späterer Stelle präzisiert er diese Aussage, indem er – in Anlehnung an Eph 2,19 – die Taufe als den Akt erklärt, der den Menschen vom unfreien Knecht zum freien Bürger und sogar zum Miterben Christi macht: „In diser lxxvii. figur Kumpt cristus vn(d) die priesterschafft einem pilgra(m) entgegen mit einer proceß [Prozession], dar bey bedeu(e)t wirt, wie gnediglich vn(d) erlich [geziemlich] die fremden, die noch nit cristenn sind, in die gemainschafft der heiligen criste(n)heit auffgenum(m)en vnd enpfangen werden, wan(n) die tote(n) [Patinnen] oder gevattern, die das kind zu dem heilgen tauff tragen vnd heben oder auß dem tauff nemen vnnd enpfahen, bedeu(e)ten die mu(e)ter aller criste(n), die heiligen kirchen oder cristenheit, d(er) priester, der es taufft, bedeu(e)t die person cristi, die das kind geistlich wider gepyrt in die go(e)tlichen kintheit, vn(d) so d(er) me(n)sch durch die selbe(n) widergeperung auß de(m) stand der knechtlikeit des su(e)nd, der vngnadenn, des zorn gottes, des tods, der ewigen verdamnus in den stand d(er) freyen edelen kinder gottes, d(er) gerehtigkeit, der gnaden, der huld gottes, des lebe(n)s, der erbschaft des himelreichs vnd der ewige(n) seligkeit genum(m)en vnnd gesetzt wirt, vnd wirt nit allein ein purger des geistlichen iherusalems, ein hinderseß [Ortsansässiger ohne Bürgerrecht] des himlischen ko(e)nigs vnd ein haußgenoß gottes, sunder auch ein miterb des einige(n) natu(e)rliche(n) suns [...]: Wer ku(e)nd dise grosse gnad gnug [...] durchgru(e)nden [...]?" ac 5 va, Z. 23–b, Z. 12.

[167] c3 va.

[168] Dd2 rb.

[169] Der kurze Abschnitt sei hier im Zusammenhang zitiert, stellt er doch ein typisches Beispiel Fridolinscher Didaktik dar, indem er zeigt, wie es dem Franziskaner abstrakte Themen durch einleuchtende Vergleiche verständlich zu machen: „Das man mit warsagen [die Wahrheit sagen] liegen mag: SAgst du aber annders wenn du wayst oder maynst oder yn deim gemu(e)t leu(e)cht, so leu(e)gst du, es sey war od(er) nit, das ist, ym sey also oder nit. Vnd also leu(e)gst du, wenn daz schon war ist, daz du sagst. Als ich setz: Du wellest ein aynfeltigen betriegen vn(d) hast edel gestayn vnd abenteu(e)r [wertlose Fälschungen] nebenn einander oder sylber vnnd gunderfeyn [Wismut] vnnd du wilt aym ein

In Nürnberg, einer der wirtschaftlich bedeutendsten deutschen Städte des späten Mittelalters, hatte Fridolin einen der wichtigsten Handelsknotenpunkte nördlich der Alpen[170], die Stammhäuser vieler wohlhabender Wirtschaftsunternehmen und eine stattliche Anzahl ebenso erfolgreicher wie innovativer Handwerksbetriebe direkt vor der Klosterpforte liegen. Man organisierte von hier aus sowohl den Export hochwertiger Produkte aus örtlicher Fertigung wie auch den Vertrieb von Luxus- und Gebrauchsartikeln anderer Herkunft[171], engagierte sich im Finanzwesen und im Montangeschäft[172]. Nürnberger Kaufleute erreichten im Groß- und Fernhandel nahezu das gesamte Europa[173] und konnten eminente Gewinne erwirtschaften, was seit dem 14. Jahrhundert nicht nur zur Entwicklung einer kleinen, besonders reichen Oberschicht führte, sondern auch den Wohlstand vieler mittelständischer Händler und Handwerker mehrte. Gegen Ende des 15. Jahrhunderts werden in der Reichsstadt rund 450 Haushalte „mit einer großen narung" genannt[174]; es waren die Familien des Patriziats und die Mehrzahl der „Ehrbaren"[175], also zum einen der Stadtadel, zum anderen Juristen, Ärzte, Beamte,

gru(e)n glaß geben vnd sprichst, du wellest ym ein smaragd oder smarackel geben vnd wilt nun zum glas greyffen vn(d) mißgreyffst vnd greu(e)fst zum smaragde(n) vnd maynst, du habst ein gru(e)n glas, so ist es ein smaragd vnd es ist villeicht tunckel oder auff den abent oder nympst sein nit war, denn du mainst ye, es sey ei(n) glaß vnd sprichst, es sey ein smaragd, so ist es ye war, denn es ist in d(er) warheit ein smaragd, aber du leu(e)gst, denn du redst wyd(er) dein gemu(e)tt, so du es fu(e)r ein glas heltst vnd sprichst, es sey ein edel gestayn. Erwischest du aber ein glas vnd sprichst, es sey ein edelgestain, so leu(e)gst du vn(d) sagst darzu vnwar […] SPrichst du aber, es sey eyn glas vn(d) mißredst […], den(n) du wilt sprechen, es sey eyn edelstayn, wer will den(n) spreche(n), dz du lyegst oder vnwar sagst, So du weder wider die warheit noch wyd(er) dei(n) hertz redst. Mo(e)chst du spreche(n): wz ist dz selb? da sprich ich: dz selb ist ein lu(e)ge des hertze(n)<s> vnd des wille(n)s. Vn(d) dise exe(m)pel vo(n) de(n) edelgestain vnd dem glas zeu(e)ch auff and(er) ding auch, als auff silber vnd gunderfeyn od(er) gold vnd messing vn(d) war vnd falsch vn(d) gutt vnd bo(e)ß vnd derlay vnd einer and(er)lay gewiße maß, zal vnd gewicht vn(d) ein ander maß, zal vnd gewicht vnd der gleichen." P5 rb, Z. 7–va, Z. 10.
[170] Nimmt Fridolin im *Schatzbehalter* Bezug auf die Nürnberger Heiltumsweisung (C5 rb-vb), so weist er sein Publikum nicht nur auf den Höhepunkt des Kirchenjahres in der Stadt hin, sondern er nennt gleichzeitig das Ereignis, das die meisten Fremden – unter ihnen viele Geschäftsreisende – nach Nürnberg führte: Anläßlich der feierlichen Weisung von Reliquien und Reichskleinodien fand jedes Jahr ab dem Freitag nach Quasimodogeniti eine vierundzwanzig Tage dauernde und dank ihrer umfangreichen Privilegien Kaufleute aus nah und fern anziehende Reichsmesse statt (SCHNELBÖGL: Reichskleinodien, S. 129–148. KELLENBENZ: Gewerbe, S. 178. HÖSS: Leben, S. 18). Der Franziskaner scheint den Abschnitt über die Heiltumsweisung bewußt im Hinblick auf auswärtige Besucherinnen und Besucher der Reichsstadt hin formuliert zu haben, denn er spricht dabei nicht von „hier" als Ort des Festes, sondern von der „keyserliche(n) stat Nu(e)remberg". C5 va, Z. 20.
[171] Vgl. AMMANN: Stellung, bes. S. 48–50, 70, 119–124 und 179.
[172] HIRSCHMANN: Patriziat, S. 262. AMMANN: Stellung, S. 191 f.
[173] AMMANN: Stellung, S. 183.
[174] ENDRES: Sozialstruktur, S. 196.
[175] Zur Unterscheidung von Patriziat und Ehrbarkeit in Nürnberg vgl. HIRSCHMANN: Patriziat, v. a. S. 257–261.

Künstler und erfolgreiche Handwerksmeister, die extrem hohe Vermögen ihr eigen nannten. Bei einer geschätzten Einwohnerzahl von etwa vierzigtausend Personen[176] nimmt sich ihr Anteil an der Gesamtbevölkerung Nürnbergs relativ gering aus, aber, wie gesagt, gelang es auch dem Mittelstand der fränkischen Metropole, ansehnliche Kapitalmengen anzuhäufen. Damit vergrößerte sich die Gruppe derer, die nicht nur über die für den Lebensunterhalt unbedingt nötigen Mittel verfügten, sondern auch Geld für Produkte ausgeben konnten, die über den unmittelbaren täglichen Bedarf hinausgingen[177]. Angehörige der Unterschichten konnten sich das nicht erlauben, denn ihre Grundversorgung war ohnehin bestenfalls unter normalen Umständen gesichert, während sie in Krisenzeiten von der städtischen Fürsorgepolitik abhängig beziehungsweise sogar ständig auf Zuwendungen wohlhabender Bürgerinnen und Bürger angewiesen waren[178]. Vorsichtigen Schätzungen zufolge gehörten im spätmittelalterlichen Nürnberg etwa zwei Drittel der Bevölkerung zur Ober- und Mittelschicht[179], was bedeutet, daß die Schere zwischen arm und reich hier erheblich weniger weit als in anderen Städten auseinanderklaffte[180] und gleichzeitig deutlich macht, daß die Gruppe derer, die sich den Kauf eines Buches wie des *Schatzbehalters* leisten konnten, weder in der fränkischen Reichsstadt noch an anderen von Koberger angesteuerten Orten zu klein angesetzt werden darf.

An dieser Stelle ist nun zu fragen: Welche Menschen innerhalb der eben skizzierten Gruppe von wohlhabenden städtischen Laien und Laiinnen verfügten nicht nur über einen genügend großen finanziellen Spielraum, um den Kobergerschen Druck zu erwerben, sondern interessierten sich für den im *Schatzbehalter* behandelten Stoff und die Art seiner Darbietung? Mit anderen Worten: Welche Leserinnen und Leser erhofften sich durch Fridolins umfangreiches Werk Impulse für ihren Glauben, ihre Frömmigkeit und Lebenspraxis?

---

[176] So etwa ENDRES: Sozialstruktur, S. 194 f.
[177] Auch viele Angehörige des Weltklerus sind zur Mittelschicht zu zählen, einige wenige dürften sich sogar am unteren Rand der Oberschicht bewegt haben: Die beiden Plebane an den Hauptkirchen der Stadt, St. Sebald und St. Lorenz, erhielten ein festes Jahresgehalt von fünfhundert fl, andere Pfründeinhaber etwa hundert fl und viele einfache Pfarrer zwanzig bis vierzig fl. Siehe KURZE: Klerus, S. 291.
[178] ENDRES: Sozialstruktur, S. 197–199.
[179] ENDRES: Sozialstruktur, S. 199.
[180] Kühnel bemißt den Anteil der Unterschicht in Augsburg 1475 auf ca. 66%, in Basel 1446 auf knapp 52% und in Wien um 1450 auf etwa 48%. KÜHNEL: Minderbrüder, S. 45 f.

7.3.3. Das Publikum des Schatzbehalters – aktiv an der Gestaltung kirchlichen Lebens beteiligte Bürgerinnen und Bürger

Werfen wir wiederum einen Blick auf die Angehörigen der Nürnberger Ober- und Mittelschicht, die Fridolin schon gut zehn Jahre lang vor Augen hatte, als der *Schatzbehalter* erschien, und betrachten wir ihre Einbindung in das kirchliche Leben des späten Mittelalters, ihr Verhältnis zur Kirche als Institution und die vielfältigen Formen ihres frommen Denkens und Handelns.

Im Zusammenhang mit der Vorgeschichte des Franziskanerklosters der Reichsstadt war bereits oben[181] die nahezu unerschöpfliche Energie deutlich geworden, die der Rat als kommunales Leitungsgremium einsetzte, um einen Teilbereich kirchlichen Lebens, die städtischen Konvente, unter seine Aufsicht und Kontrolle zu bringen. Es hatte sich gezeigt, daß der Rat keineswegs immer aus der gleichen Motivation heraus für die Reform eines Konvents eintrat, sie vorantrieb und schließlich durchsetzte. Obwohl er sich aus unterschiedlichen Gründen entschloß, dezidiert Stellung zu beziehen und zu handeln, so ist dennoch an zwei Punkten die harmonische Zielgerichtetheit seiner Vorgehensweise erkennbar[182]: Grundsätzlich war der Nürnberger Rat bestrebt, alles zu initiieren, zu fördern und nach Kräften zu erhalten, was in seinen Augen dem irdischen und ewigen Wohl der Stadt und ihrer Bevölkerung dienlich sein konnte, und ebenso grundsätzlich war seine Überzeugung, als (weltlicher!) Rat für beides verantwortlich zu sein. Mochte es darum gehen, das Abwandern hoher Geldsummen aus Nürnberg zu verhindern[183], den Einfluß auswärtiger Ordensoberer auf örtliche Konvente einzudämmen oder die Disziplin einer Gemeinschaft wiederherzustellen, damit diese wieder die Zeit finde, vor Gott fürbittend für ihre Heimatstadt einzutreten: Der Rat war bereit, seiner Verantwortung gerecht zu werden, die jeweils erforderlichen Veränderungen durchzuführen und notfalls auch vorübergehende Unstimmigkeiten mit kirchlichen Stellen in Kauf zu nehmen. Grundkriterien seines Vorgehens waren das Wohl der Stadt und – unlösbar damit verbunden, denn das Wohlergehen Nürnbergs war ohne göttlichen Segen schlechthin undenkbar – die Ehre Gottes.

Es ist klar, daß es dem Rat bei dieser Sichtweise unmöglich war, seine Aktivitäten im kirchlichen Bereich auf die Klöster der Stadt zu beschränken; es galt vielmehr, die Belange der Bürgerinnen und Bürger in allen Teilgebieten religiösen Lebens und auf möglichst vielen Ebenen der kirchlichen Hierarchie angemessen zu vertreten. Im Laufe des 14. und vor allem des 15. Jahrhunderts gelang es den Nürnbergern dann auch, Schritt für Schritt ihre Herrschaft über die Angehörigen des geistlichen Standes zu steigern, Einfluß

---

[181] Siehe oben 2.1.1.2.
[182] Dazu siehe bes. oben, S. 21 f.
[183] So im Falle des Dominikanerinnenklosters (siehe oben, S. 18), aber auch im Zusammenhang mit päpstlichen Ablaßkampagnen (siehe unten, S. 208).

auf die Gestaltung des Gottesdienstes zu nehmen, Einrichtungen der öffentlichen Wohlfahrtspflege zu leiten und sogar in Fragen der Pflege persönlicher Frömmigkeitsformen beachtliche Eigeninitiative zu entwickeln. Einzig der Inhalt von Lehre und Verkündigung blieb noch weitgehend der Geistlichkeit überlassen, aber selbst hier zeichnet sich gegen Ende des 15. Jahrhunderts ein ebenso entschieden wie vorsichtig durchgeführter Zugriffsversuch ab[184].

Da bereits oben am Beispiel eines mit Fridolins engstem Lebensraum verknüpften Prozesses, der Einführung von Klosterreformen, im Zusammenhang gezeigt wurde, wie das reichsstädtische Leitungsorgan einen Vorgang, der ihm am Herzen lag, in Gang setzte, durchführte und ans Ziel brachte, seien hier nur noch kurz und überblicksartig einige Gebiete kirchlichen Terrains genannt, die der Rat, aber auch einzelne Bürger und Bürgerinnen im Laufe der Zeit (meist erfolgreich) ihren Vorstellungen und ihrer Kontrolle zu unterwerfen versuchten. Obwohl eine vollständige Aufzählung aller durch Laien und Laiinnen „eroberten" Teilbereiche weder angestrebt noch machbar ist, wurden die im folgenden berührten Beispiele so ausgewählt, daß sie eine möglichst große Bandbreite kirchlichen Lebens in Nürnberg abdecken und damit zeigen, wie umfangreich und weit ausgreifend der Gestaltungswille und die Prägekraft der Nürnberger Bürgerinnen und Bürger gegen Ende des 15. Jahrhunderts waren. Die fränkische Reichsstadt mag mit dieser fast ungebremsten Aktivität ihrer zur Ober- und Mittelschicht gehörigen Bevölkerung in mancher Hinsicht einzigartig gewesen sein[185], aber der Vergleich mit anderen Städten der Zeit ergibt doch, daß sich vielerorts das weltliche Stadtregiment anschickte, den Zugriff auf kirchliche Einrichtungen und Belange zu verstärken[186], und auch die Zahl der Einzelpersonen zunahm, die ihre Wünsche im Bereich der Frömmigkeit und der Gottesdienstgestaltung in die Tat umsetzten[187]. Orientierte sich Fridolin bei der Abfassung der Endgestalt des *Schatzbehalters* also an den Erwartungen und Bedürfnissen seiner zur aktiven Formung kirchlicher Belange bereiten und entschlossenen Mitbürgerinnen und Mitbürger, so konnte er durchaus damit rechnen, mit seinem Buch auch in anderen Städten Interessierte anzusprechen.

---

[184] Nachdem der Rat 1425 durch erhebliche finanzielle Mittel die Kanonisation des Stadtheiligen Sebald erreicht hatte, keimten in der zweiten Hälfte des Jahrhunderts erhebliche Zweifel am Wahrheitsgehalt der Sebaldlegende auf, so daß man schließlich Sigismund Meisterlin mit Nachforschungen und einer Überarbeitung des Textes beauftragte (Höss: Leben, S. 17). Damit griff der Rat bewußt in die Gestaltung eines für Nürnberg nicht ganz unwesentlichen Verkündigungsinhaltes ein.

[185] So Kühnel, der die Erfolge der laiisierten Sozialfürsorge Nürnbergs als „unerreichbares Vorbild" für andere spätmittelalterliche Städte bezeichnet. KÜHNEL: Minderbrüder, S. 49.

[186] Vgl. dazu oben, S. 10 und 18.

[187] Vgl. dazu etwa die Ergebnisse Wolfgang Schmids, der in einem Vergleich der Städte Köln und Nürnberg Gemeinsamkeiten und Unterschiede auf dem Gebiet von Stifterbildern herausgearbeitet hat. SCHMID: Tod.

Daß die Nürnberger Klöster und damit der den Orden angeschlossene Teil des geistlichen Standes seit der Mitte des 15. Jahrhunderts (wenn auch in unterschiedlichem Grad) unter der Aufsicht und Kontrolle des Rates standen, wurde bereits gesagt; erinnert man sich daran, welche Anstrengungen und Finanzmittel eingesetzt wurden, um dieses Ergebnis zu erreichen, und ruft man sich die Gründe ins Gedächtnis, die dafür ausschlaggebend waren, so ergibt sich die Antwort auf die Frage nach dem Verhältnis der Stadt zum innerhalb ihrer Mauern tätigen Weltklerus nahezu von selbst. Was die einfachen Meßpfründestellen anbelangte, so besaß der Rat schon seit dem 14. Jahrhundert Stellenbesetzungsbefugnis, übernahm er doch in der Regel nach dem Tod von Stifterinnen und Stiftern die Patronatsrechte[188]. Da man mit diesem Zustand jedoch nicht zufrieden war, entwickelte sich der Versuch, auch auf die Plebane der beiden großen Stadtkirchen Zugriff zu erhalten, zu einem der beiden Hauptziele Nürnberger Kirchenpolitik während des 15. Jahrhunderts. Ebenso wie das andere zentrale Vorhaben des Zeitraumes, die Erneuerung der Ordenskonvente, ist er teilweise der allenthalben spürbaren Bemühung um die Reform der Kirche, hier primär „in membris" zuzuordnen[189], denn die Stadt hatte natürlich ein berechtigtes Interesse daran, Pfarrstellen mit zuverlässigen, gut ausgebildeten und vor Ort wohnenden Priestern zu besetzen[190]. Dennoch fällt auf, wie eng dieses Interesse mit dem Streben verknüpft war, auswärtige Instanzen, also Papst und Bischof, so weit als nur möglich auszuschalten und wie sehr man sich selbst für geordnete Zustände innerhalb des „eigenen" Klerus zuständig fühlte: Die Übertragung des päpstlichen Präsentationsrechtes für St. Sebald und St. Lorenz im Jahre 1474[191] konnte die Stadt nämlich nicht befriedigen; sie arbeitete emsig auf die Erhebung beider Pfarrstellen zu Propsteien hin, um zu gewährleisten, daß die Jurisdiktion über die örtliche Geistlichkeit von der Kurie an Söhne der Stadt überging[192] – solche wählte man seit 1474 bevorzugt, wenn die Präsentation eines Anwärters in einen früher „päpstlichen", jetzt unter städtischer Kompetenz stehenden, und nicht in einen „bischöflichen" Monat fiel. Anders als in Bamberg stießen Nürnbergs energische Vorstöße beim Papst nur auf halbherzige Gegenwehr, ja Sixtus IV. begründete die Abgabe seiner Stellenbesetzungsrechte sogar in einer Weise, die das städtische Selbstbewußtsein nur noch bestätigen und steigern konnte, indem er auf eine Art eigenkirchlichen Status beider Gotteshäuser hinwies[193].

---

[188] KRAUS: Beziehungen, S. 71.
[189] Siehe dazu oben, S. 9 f.
[190] Vgl. Höss: Leben, S. 20. KRAUS: Beziehungen, S. 62.
[191] KRAUS: Beziehungen, S. 75. Die monatlich mit dem päpstlichen Patronatsrecht abwechselnde bischöfliche Präsentationsbefugnis konnte erst 1504 erworben werden. KRAUS: Ebd., S. 82.
[192] Nur drei Jahre nach der Übernahme der römischen Präsentationsrechte war auch dieses Ziel erreicht. KRAUS: Beziehungen, S. 73.
[193] „ […] et quod in eodem opido erant dumtaxat due parochiales ecclesie, una videli-

Bei der Durchsetzung von Nürnberger Belangen scheute der Rat jedoch auch den Konflikt mit der Kurie keineswegs, wie sein entschlossenes Vorgehen im Umgang mit Ablaßverkündigungen und den dadurch angesammelten Geldern zeigt: Er setzte alles daran, Ablässe, deren Ertrag ortsfremden Einrichtungen zugutekommen sollte, abzuwehren, oder trat mit den zuständigen Kommissaren und Predigern in Verhandlung, um einen Teil der Einnahmen einbehalten und für städtische Einrichtungen verwenden zu können[194]. Dabei scheinen nicht nur finanzielle Erwägungen mitgespielt zu haben, denn die Bemerkung eines Chronisten, der angesichts wiederholter Ablaßverkündigungen zugunsten von Kreuzzügen gegen die Türken klagt: „got waiß, wo es, das gelt, hin kumen ist"[195], legt nahe, daß die merkantil denkenden Nürnberger leise Zweifel an der Zuverlässigkeit manches Ablaßkommissars und dem Erfolg sich ihrem Einblick gänzlich entziehender Unternehmungen hegten.

Was das alltägliche kirchliche Leben in der Stadt anbelangte, so mußte dem Rat neben einem grundsätzlichen Mitsprache- beziehungsweise Alleinentscheidungsrecht bei der Bestellung von Geistlichen und der Gewährleistung geordneter Zustände in den Klöstern wie auch innerhalb des Weltklerus die geregelte Unterweisung der Bevölkerung besonders am Herzen liegen. Nürnberg hatte als eine der ersten Städte Süddeutschlands seit Ende des 14. Jahrhunderts auf die Einrichtung kommunaler Predigtstellen gedrungen und verfügte deshalb bereits vor 1450 über drei große Prädikaturen[196], die zusammen mit etlichen durch die Bettelorden beschickten Verkündigungseinrichtungen im Auftrage des Rates für ein regelmäßiges, zu Festzeiten im Kirchenjahr besonders üppiges Predigtangebot sorgten[197].

Auch die zahlreichen gottesdienstlichen Feiern ohne Predigtteil gingen weitgehend auf den Wunsch von Laien und Laiinnen zurück, die durch Stiftung von Meßpfründen, musikalisch ausgestalteten Feiern und Andachten zur Muttergottes, der Passion oder anderen hervorgehobenen Heilsereignissen Ablässe erwarben und die Frömmigkeit ihrer Mitbevölkerung fördern wollten[198]. Die freigebigen Spenderinnen und Spender legten üblicherweise großen Wert darauf, daß die gestifteten Gottesdienste der von ihnen vorgesehenen Form entsprechend gefeiert wurden und bestimmten deshalb die Aufeinanderfolge der liturgischen Elemente ebenso wie die Anzahl der entzündeten Kerzen und die Art des Glockenläutens[199], so daß dem mit ihrer

---

cet sub sancti Sebaldi et altera sub sancti Laurentii invocationibus constructe per predecessores incolarum taliter ordinate et dotate [...]", habe er seine Entscheidung in dieser Sache gefällt. Zitiert nach STAHL: Nürnberg, S. 91.

[194] KRAUS: Beziehungen, S. 55–57. Siehe auch oben, S. 36.
[195] Zitiert nach STAHL: Nürnberg, S. 67.
[196] Vgl. dazu oben, S. 64.
[197] Ebd.
[198] Vgl. SCHLEMMER: Gottesdienst, S. 296 und 300 sowie STAHL: Nürnberg, S. 97.
[199] Am Beispiel der 1479 durch Peter Harstörfer d. Ä. gestifteten, jeden Samstag und am

Durchführung betrauten Priester so gut wie kein Freiraum für eigene Gestaltungsvorstellungen mehr blieb.

Die Gottesdienststiftungen sind einer der Bereiche kirchlichen Lebens einer spätmittelalterlichen Stadt, die zeigen, daß die Übergänge zwischen dem aktiven Handeln des Rates auf der einen und dem der Bürgerinnen und Bürger auf der anderen Seite fließend waren: Es waren in der Regel Einzelpersonen – übrigens durchaus auch Ratsherren in privater Funktion –, die gottesdienstliche Veranstaltungen dotierten und ihre Durchführung regelten, aber der Rat hatte Stiftungen zu genehmigen und nach dem Tod des Urhebers oder der Urheberin die Verantwortung für ihre Weiterführung zu übernehmen.

Gleiches galt für die zahlreichen durch wohlhabende Nürnberger begründeten Sozialeinrichtungen. Sie unterstanden teils von Anfang an, teils nach dem Verscheiden ihres Begründers der Pflegschaft des Rates[200] und wurden unter anderem aus den bei der Einführung der Ordensreformen freiwerdenden Klostervermögen finanziert[201]. Die umfangreichsten dieser Stiftungen hatten ihre Anfänge zwar im 14. Jahrhundert[202], aber auch zu Fridolins Zeiten entschlossen sich immer wieder wohlhabende Nürnberger, einen Teil ihres Vermögens den Armen und Bedürftigen der Stadt zukommen zu lassen[203], was dazu führte, daß in der zweiten Hälfte des 15. Jahrhunderts nur noch wenige soziale Betätigungsfelder tatsächlich unter kirchlicher Leitung standen.

Als letzter, im großen und ganzen durch Laien und Laiinnen gestalteter Bereich kirchlichen Lebens sei noch das breite Feld dessen erwähnt, was man vorsichtig mit Begriffen wie „persönliche", „individuelle" und (allerdings sehr eingeschränkt) „private" Frömmigkeit umschreiben könnte. Es schließt beispielsweise die im Spätmittelalter fast unüberschaubare Menge an Kunstwerken, Memorial-Gegenständen, liturgischen Geräten und Gewändern ein, die zur Ausgestaltung sakraler Räume und Feiern gestiftet wurden, ohne sich jedoch in dieser Funktion zu erschöpfen: Sie waren bei aller Standardisierung in Motivik und Gestaltung doch immer auch sichtbares Zeugnis des Glau-

---

Vorabend großer Marienfeste in St. Sebald zu haltenden Salve-Regina-Andacht zeigt dies SCHLEMMER: Gottesdienst, S. 296–298.

[200] Dazu siehe STAHL: Nürnberg, S. 28 und SCHUBERT: Gestalt, S. 254 f. und 257.

[201] Siehe dazu oben, S. 15.

[202] Bedeutende Stiftungen, auf denen das Sozialgefüge der Reichsstadt basierte, waren beispielsweise das Heilig-Geist-Spital (Konrad Groß 1332), das „reiche Almosen" (Burkhard Seiler 1388) und das Mendelsche Zwölfbrüderhaus (Konrad Mendel 1488). Vgl. dazu KÜHNEL: Minderbrüder, S. 49 und SCHLEMMER: Gottesdienst, S. 352–354.

[203] So 1484 Georg Keipper mit seinem „großen Almosen" und 1487 Konrad Topler, der Keippers Spende ergänzt und an Feiertagen jeweils zwanzig „Hausarme" durch die Zuteilung von Grundnahrungsmitteln unterstützt. Beide Wohltäter legen in ihren Stiftungsurkunden übrigens eindeutig fest, daß nur Nürnberger Bürgerinnen und Bürger in den Genuß der Zuwendungen kommen dürfen. SCHLEMMER: Gottesdienst, S. 355 f.

bens der Stifterinnen und Stifter. Ihre oft öffentliche Präsentation machte sie
zur Demonstration der frommen Gebefreudigkeit und des patrizischen oder
bürgerlichen Selbstbewußtseins der spendenden Einzelpersonen und Familien und weist darauf hin, daß sie die Andacht der Gläubigen anregen, nicht
zuletzt aber auch an die häufig mit ihrer Stiftung verbundenen Fürbittver-
pflichtungen erinnern sollten[204]. Wie stark die einzelnen Spendemotive zu-
sammenspielten, belegt ein Vorfall aus dem Barfüßerkloster, der verdeutlicht,
wie wenig Nürnberger Familien davor zurückschreckten, ihrem Unmut
lautstark Luft zu machen, wenn es Kirchenvertreter wagten, reglementierend
in den Bereich der Kunst- und Gedächtnisstiftungen einzugreifen: 1469 versuchte man dort (interessanterweise nicht auf Betreiben der ortsansässigen
Brüder, sondern auf Drängen ihres nur vorübergehend in der Reichsstadt
weilenden Generalvikars hin), Schilder mit Stifternamen von den liturgischen Gewändern des Konvents abzutrennen, mußte dieses Vorhaben aber
aufgrund des energischen und mit einem drohenden Unterton vorgebrach-
ten Protestes noch lebender Angehöriger der großzügigen Spenderinnen
und Spender, die kein Verständnis für einen solchen Umgang mit den Ge-
schenken ihrer Familien hatten, aufgeben[205].

Sowohl die Begründung sozialer Maßnahmen und Einrichtungen wie
auch die Stiftung von Kirchenschmuck, sakralen Kunstwerken und liturgischen Gegenständen erfolgten in einer spätmittelalterlichen Stadt weitgehend durch Laien und Laiinnen, genauer gesagt durch Angehörige der
Ober- und Mittelschicht, die sich in Nürnberg aus patrizischen Geschlech-
tern und den Familien von Kaufleuten, Verlegern und Handwerkern zusammensetzten. Sie konnten aufgrund ihrer finanziellen Mittel, ihres Prestiges
und Einflusses (in der fränkischen Reichsstadt stammten sämtliche Ratsmitglieder aus ihren Reihen!) aber nicht nur lenken, wer Almosen und Zuwendungen empfing, wie Kirchenräume ausgestattet waren, welche Darstellungen Christi, der Heiligen oder biblischer Szenen für Andachtszwecke zur
Verfügung standen und wie gottesdienstliche Feiern ausgestaltet wurden.
Sie nutzten ihre Möglichkeiten darüber hinaus auch dazu, in Rom Vergünstigungen für sich selbst oder ihre Familien zu erwirken, da ihnen zum einen
das Normalangebot kirchlicher Seelsorge nicht ausreichte und sie zum anderen nicht gewillt waren, bestimmte Beschränkungen einzuhalten: Sie bemühten sich deshalb um Beichtbriefe, die die freie Wahl des konsultierten
Seelsorgers gestatteten, kamen immer wieder um die Erlaubnis für Hausaltä-

---

[204] Vgl. dazu SCHMID: Tod, S. 102 f.

[205] Der Nürnberger Barfüßerchronist Nikolaus Glassberger berichtet über den Vorgang: "Idem reverendissimus pater, visitando conventum Fratrum ibidem, iussit, etiam cly-
peos de casulis amoveri, dixeruntque saeculares, quorum progenitores illas casulas dederant,
non parum scandalizati: ,Ex quo est contra statum vestrum deferre insignia parentum no-
strorum in eorum et nostris casulis, restituite et nobis ipsas casulas, et nos inveniemus, qui
eos ad honorem Dei portabunt'". Glassberger: Chronica, S. 440 f.

re ein, an denen jeder von ihnen mit dieser Aufgabe betraute Priester die Messe lesen konnte, versuchten, Dispens von Ehehindernissen zu erreichen oder handelten Erleichterungen der unzähligen, kaum mehr überschaubaren Fastengebote aus[206].

Die Angehörigen der Nürnberger Ober- und Mittelschicht sind gegen Ende des 15. Jahrhunderts also durchaus „kirchlich" zu nennen[207], waren sie doch bereit, ihr Christsein weithin innerhalb des aus Glaubensinhalten und Frömmigkeitsformen bestehenden Rahmens zu leben, der ihnen von Kindesbeinen an vertraut und durch die Kirche sanktioniert war[208]. Das darf jedoch nicht mit einem genügsamen Sich-in-die-Tradition-Hineinfügen verwechselt werden, denn angeführt und oft auch vertreten durch den Rat agierten die selbstbewußten Bürgerinnen und Bürger innerhalb dieses abgesteckten Rahmens zunehmend ihren eigenen Wünschen, Vorstellungen und Bedürfnissen entsprechend. Sie trennten nicht nur kaum zwischen dem weltlichen und dem kirchlich-religiösen Lebensbereich, sondern verstanden die innerhalb ihrer Stadtmauern befindlichen kirchlichen Einrichtungen mit allem, was dazugehörte, als die „ihren". Nürnbergerinnen und Nürnberger waren es immerhin gewesen, die für die eine oder andere kirchliche Einrichtung Grund und Boden zur Verfügung gestellt oder sich als großzügige Stifter von Sachzuwendungen oder Meßpfründen hervorgetan hatten. Die Bevölkerung Nürnbergs schließlich war es, deren ewiges und in vielen Fällen auch irdisches Wohl (man denke nur an die zahlreichen durch religiöse Stiftungen mit dem Allernötigsten versorgten Menschen) auf geordneten kirchlichen Zuständen basierte[209], so daß es eigentlich eine Selbstverständlichkeit sein mußte, sich soweit als möglich an der Verwaltung und Gestaltung der religiösen Sphäre in der Reichsstadt zu beteiligen. Es konnte also niemandem daran gelegen sein, die Kirche als Leib Christi zu schwächen oder gar auszuschalten. Ganz im Gegenteil: Für Nürnberg trifft zu, was Kießling als kennzeichnend für das spätmittelalterliche Augsburg herausarbeitete: „Die Bürger

---

[206] Zahlreiche Beispiele für die Anstrengung Nürnberger Bürgerinnen und Bürger auf diesem Gebiet nennen Kraus: Beziehungen, S. 37–40 und Schlemmer: Gottesdienst, S. 345 f.
Eine erhebliche Lockerung der Fastenauflagen konnte der Rat 1476 sogar für die gesamte Einwohnerschaft Nürnbergs durchsetzen (Kraus: ebd., S. 40), aber man muß bedenken, daß die Aufhebung von Verboten, die sich auf den Genuß von Butter, Eiern und Fleisch bezogen, die unteren Schichten der Bevölkerung gar nicht betrafen, da sie sich solche Lebensmittel ohnehin nur sehr selten leisten konnten. Insofern handelt es sich beim Vorgehen des Rates an diesem Punkt um eine stark schichtspezifisch geprägte, an den Interessen wohlhabender Bürgerinnen und Bürger orientierte Maßnahme.
[207] Zur „geschlossenen Kirchlichkeit" des späten Mittelalters vgl. Moeller: Frömmigkeit. Vgl. aber auch unten, Anm. 211.
[208] Eine der wenigen bisher bekannten Ausnahmen von dieser Regel dürfte die Anziehungskraft sein, die der Pfeifer von Niklashausen auf manche Nürnberger ausübte (Vgl. Höss: Leben, S. 26).
[209] Siehe dazu auch oben, S. 21 f.

wollten den Sakralcharakter der Stadt erhöhen, aber auch selbst verwalten"[210]. Gerade weil die Nürnberger Ober- und Mittelschicht unter der Führung des Rates die Kirche in ihrer Funktion als Heilsanstalt, das heißt als Anstalt, die Gebenden und Empfangenden Heil zu vermitteln fähig war, ernst nahm, versuchte sie, die Effektivität von Legaten zu sichern und sorgte sie für pflichtbewußte Kleriker, verantwortungsbewußten Umgang mit Spenden, regelmäßige Verkündigung, angemessene Sozialversorgung und ansehnliche Ausstattung von Sakralräumen und gottesdienstlichen Feiern. Gerade weil man die Kirche als geistliche Autorität akzeptierte und für notwendig erachtete, sah man sich dazu aufgerufen, Papst, Bischof und Ordensleitungen in ihrer Eigenschaft als Symbole des „Machtbetriebes Kirche" mehr oder weniger sanft in ihre Schranken zu weisen und die dadurch entstandenen Vakuen durch eigenes Engagement zu füllen[211].

Natürlich erschöpfte sich die gelebte Frömmigkeitspraxis der Menschen, die die Gestalt der Kirche in ihrer Mitte beeinflußten, formten und prägten, nicht in Kontrollen, Reglementierungen, Verhandlungen und Stiftungen; sie äußerte sich darüber hinaus in einem gesteigerten Interesse an religiöser Bildung und im Verlangen nach Betrachtungsstoff und Stärkung des eigenen

---

[210] KIESSLING: Gesellschaft, S. 359.

[211] In seiner kritischen Auseinandersetzung mit Bernd Moeller (siehe oben, Anm. 207) versucht Gunter Zimmermann, den scheinbaren Widerspruch zwischen dem Vertrauen spätmittelalterlicher Menschen in die Problemlösungs- und Heilsvermittlungskompetenz der Kirche einerseits, der aufkeimenden Kirchenkritik und Bereitschaft von Laien, selbst Verantwortung für bislang durch die Kirche gesteuerte und dominierte Bereiche zu übernehmen andererseits dadurch zu erklären, daß er zwischen „Kirchlichkeit" und „christlichem Glauben" unterscheidet: „Kirchlichkeit" ist für ihn die Bereitschaft, sich der Institution Kirche unterzuordnen, „christlicher Glaube" hingegen das Bemühen von Laien, eine eigene Spiritualität zu entwickeln und zu vertiefen. Er kommt deshalb zu dem Schluß, es sei (in Abgrenzung von Moeller) sinnvoll, für das späte Mittelalter von einem Rückgang der Kirchlichkeit und einer Steigerung der Bemühung, „den christlichen Glauben zu leben", zu sprechen (ZIMMERMANN: Frömmigkeit, S. 81). Mir erscheint Zimmermanns Blickrichtung durchaus sachgemäß, seine Terminologie hingegen unklar und verwirrend: Für die Mehrzahl der spätmittelalterlichen Menschen waren Glaube und Kirche untrennbar miteinander verbunden; die Praktizierung christlichen Lebens außerhalb der von der Kirche akzeptierten Frömmigkeitsformen war nur schwer denkbar, da man die Kirche als Leib oder Braut Christi, als Raum, innerhalb dessen Glaube zur Seligkeit führen konnte, für lebenswichtig und unterstützenswert hielt. Anders stand es mit der Kirche als Hierarchie, als den Anfechtungen des Irdischen ebenso wie jede andere menschliche Einrichtung ausgelieferter, mit weltlicher Macht versehener Zusammenschluß von Klerikern. Dieser irdisch-institutionellen Existenzweise von Kirche gegenüber empfand man zunehmende Distanz, die für die Vermittlung der ewigen Seligkeit zuständige Heilsanstalt Kirche förderte man hingegen tatkräftig, wobei man um der verfolgten Zielsetzung willen auch irdische Einrichtungen (Klöster, Spitäler) und Glaubensformen (Gottesdienste, Heiligenverehrung) am Leben erhielt und ausbaute. Die sich im Spätmittelalter zunehmend stärker ausbildende, durch Zimmermann zu Recht diagnostizierte Grenze verläuft also weniger zwischen „Kirchlichkeit" und „Glaube", Form und Inhalt, als zwischen kirchlicher Machtentfaltung auf der einen und kirchlicher Heilsmitteilung auf der anderen Seite.

Glaubens[212]. Man war in erster Hinsicht begierig, Impulse für Zeiten persönlicher Andacht zu erhalten, stand aber auch Einführungen in Lehrinhalte und vertiefenden Belehrungen über Glaubensfragen aufgeschlossen gegenüber und setzte wohl manche neugewonnene Erkenntnis in die Praxis um, indem man bestimmte Formen der Frömmigkeit in der Stadt bevorzugt förderte. Neben Predigt und Seelsorge war es in der zweiten Hälfte des 15. Jahrhunderts vor allem die eine bis dahin unerreichte Breitenwirkung erlangende Menge kleiner und großer Publikationen zu religiösen Themen[213], die den Durst der Laiinnen und Laien nach Wissen und Erbauung stillte, ihnen Wegweisung und Hilfe anbot. Stephan Fridolins Beitrag zur Befriedigung solcher Interessen und Bedürfnisse ist der *Schatzbehalter*.

7.4. Didaktik und methodisches Vorgehen im Schatzbehalter

Wie oben gezeigt, nimmt sich Fridolin bereits auf der zweiten Seite des *Schatzbehalters* vor, sich „einer slechten [schlichten] form vnd weyse yn dem aufschreibenn"[214] zu befleißigen, um den ungeübten Leserinnen und Lesern den Zugang zu seinem Werk zu erleichtern. Mag es sich bei dieser kurzen Bemerkung auch um einen guten Vorsatz handeln, dem der Autor nur dann und wann die Treue erweist, insgesamt bemüht er sich doch sehr, sein Publikum durch eine anschauliche und lebendige Darbietung des Stoffes zu fesseln. Außerdem führt er sorgfältig in den wohldurchdachten Aufbau des Bandes wie in das überlegte methodische Vorgehen ein und erklärt genau, wie die einzelnen Buchteile angeeignet und benutzt werden sollen, damit jede Leserin und jeder Leser von der Lektüre profitieren kann.

7.4.1. Allgemeines

Sowohl Fridolins Werke für die Klarissen wie auch sein *Buch von den Kaiserangesichten* sind alles andere als langweiliger Lesestoff, versucht der Franziskaner doch merklich, auf sein Publikum einzugehen, dessen Verständnisfähigkeit und Interessen, Vorstellungsvermögen und Bedürfnisse zu berücksichtigen. Das gleiche tut er auch im *Schatzbehalter*, aber in seinem längsten zusammenhängenden Text zieht er in ungleich höherem Maße alle ihm zur Verfügung stehenden sprachlichen, stilistischen und didaktischen Register, um die Benutzerinnen und Benutzer bei der Lektüre zu halten. Er verwendet anschauliche Bilder[215] und erläutert viele theologische Aussagen anhand all-

---

[212] Zu den Beweggründen, die in Fridolins Augen Menschen zur Lektüre des *Schatzbehalters* veranlaßten, siehe unten, S. 253.
[213] Vgl. MOELLER: Frömmigkeit, S. 17 f.
[214] *Schatzbehalter* a2 va, Z. 37 f.
[215] So schildert er die Sakramente als „feslein oder bu(e)chßlein der gnaden", in die

gemeinverständlicher Beispiele[216]. Besondere Auflockerung gelingt ihm durch die hie und da eingestreuten Legenden und Geschichten unterschiedlichster Provenienz und Ausrichtung: Heiligenmartyrien mit Exempelcharakter[217] stehen neben Sagenstoffen[218], Ursprungslegenden[219] und „vmb ku(e)rtzweil vnd lustes willen der ienen, die dise materien […] lesen vnd ho(e)re(n) werde(n)" wiedergegebenen Erzählungen voller Farbe und Atmosphäre[220]. Fridolin kommt es bei ihrer Auswahl nicht darauf an, ob ein

---

Christus Gegenkräfte gegen die Sünden des Menschen eingeschlossen habe (Ebd., p2 vb, Z. 40). Die Kluft zwischen der göttlichen, von Christus bei seiner Menschwerdung freiwillig aufgegebenen Macht und der Stärke des Menschen beschreibt er mit dem Bild der Kraft, die „du(e)rre stu(e)pfeln gen eine(n) endlosen feu(e)r" besitzen (p3 va, Z. 37).

[216] Durch das „gleichnus" elterlicher Liebe etwa verdeutlicht er die Süßigkeit der Kreuzesworte. Er rät, das letzte Wort des Gottessohnes (Lk 23,46) „zubedencke(n) vntter dem ho(e)hste(n) grad d(er) erliche(n) su(e)ssigkeit, die die eltern, dz ist vater vn(d) mutter, in d(er) liebe ir [hier: zu ihren] kind(er) habe(n), besund(er) die weil sy clein sind. In welher weil oder zeit ir gepreche(n) vn(d) to(e)rete ding mer glechters vn(d) wolgefallens pringe(n) od(er) bewegen denn zorns. Vn(d) auf ein so(e)lche weyse hat sich der herr an dem creu(e)tz bewisenn gleich als ein muter, die vber die missetat yres ki(n)des vo(n) liebe wege(n), die sy zu im hat, nit zu(e)rne(n) mag, sund(er) sy zertlet im mer vn(d) wil dz dasselb and(er) leu(e)t auch tu(e)n. Vnd auff ein so(e)lliche maynu(n)g ist gesagt worde(n), dz der herr seinen geist in die hend seins vaters empfolhe(n) hat, gleich als zu einer bedeu(e)tu(n)g, dz er im die sele(n) vmb d(er) willen er sein sel in den tod gegebe(n) hett, in sei(n) he(n)d enpfelhe, als ein muter dz kind, i(n) dem sy ein wolgefallen hat, de(m) vatter in die he(n)d gibt, dz er auch sei(n) freu(e)d mit im beweise." P2 ra, Z. 23–b, Z. 2.

[217] Unter anderem machen Evodius, Anastasia, Cecilia und verschiedene andere Heilige durch ihr Verhalten vor und während des Martyriums deutlich, daß das Christentum jeder anderen Religion und Philosophie überlegen ist: Es gelingt ihnen nicht nur mühelos, alle Versuche, sie zum Abfall von Gott zu bewegen, abzuwehren, sondern auch jedes Argument ihrer Blutrichter durch den Hinweis auf Glaubenswahrheiten zu entkräften. F1 ra–F3 va.

[218] Gott sorgt nicht nur für seine Gläubigen, sondern kümmert sich (zumindest im irdischen Bereich) auch um das Wohl seiner Feinde: Als Kyros, Romulus und Remus, sowie möglicherweise auch Judas in ihrer Kindheit dem Tod nahe waren, griff Gott ein und rettete sie auf wundersame Weise (s1 ra-va).

[219] Z. B. wird erzählt, woher „sarracen vn(d) ir verfu(e)rer, der hinfallend machmet" stammen und von wem sie ihren Namen haben (s1 va-b, hier zitiert: a, Z. 13 f.).

[220] Ausführlichstes Beispiel ist eine Rahmenerzählung über den antiken jüdischen Fürsten Theodosius, den der Goldschmied Philippus zum Christentum zu bekehren versucht. Da der Christ mit seinen Missionsversuchen nicht nachläßt, gesteht ihm Theodosius schließlich, Christus längst als den Sohn Gottes erkannt zu haben, sich aber aus der Sorge heraus, als Christ weltlichen Ehren entsagen zu müssen, nicht zur Konversion entschließen zu können. Um sich bei Philippus für dessen zwar vergebliche aber aus ehrlicher Sorge um das Seelenheil des Fürsten hervorgehende Anstrengungen zu bedanken, entschließt sich Theodosius zur Preisgabe eines jüdischen Geheimnisses: Aufgrund einer Befragung Marias und der Untersuchung ihrer unversehrten Jungfräulichkeit durch den Rat der jüdischen Tempelpriester wüßten die Juden längst, daß Jesus der Sohn und Gesalbte Gottes war. Auf diese Offenbarung hin will Philippus sein frisch erworbenes Wissen zunächst für die Judenmission nützlich machen, schließt sich aber endlich der Meinung des Theodosius an, der besorgt vor dem notgedrungen mit solchen Bekehrungsversuchen einhergehenden Krieg und Blutvergießen warnt (i2 rb, Z. 9–i4 vb, Z. 15. Hier zitiert: i2 rb, Z. 10–12).

Text christlichen Ursprungs ist oder ob sich seine Protagonisten durch Wort und Tat als Gläubige erweisen; ebenso wie im Falle seiner im gesamten *Schatzbehalter* einfließenden Kenntnisse über die heidnische Antike kennt er keine Berührungsängste, sondern nimmt all das in sein Werk auf, was ihm geeignet erscheint, um theologische Zusammenhänge überzeugend und auf unterhaltsame Weise einsichtig zu machen. Bedenken wie die seiner Predigthörerin Caritas Pirckheimer, die zu Beginn des 16. Jahrhunderts Konrad Celtis eindringlich vor der Beschäftigung mit „den ruchlosen Fabeln des Jupiter, der Diana, Venus und anderen Verdammten" warnt[221], besaßen für ihn deshalb nur eingeschränkte Geltung.

Nicht nur um die möglichst anschauliche Vermittlung seines Stoffes macht sich Fridolin Gedanken, auch die Memorierbarkeit zentraler Glaubensaussagen liegt ihm am Herzen. Um ihretwillen entwirft er sein originelles Schema der Verteilung einzelner Themenpunkte auf die Finger beider menschlicher Hände[222], einige hebt er aber auch durch gebundene Sprache aus ihrer Umgebung hervor[223]. Ob die teils recht langen Reimketten von ihm selbst stammen, oder ob er sie (aus ungenannten Quellen) übernahm, weil er sie für zweckdienlich und hilfreich hielt, ist allerdings unklar.

Besonders diffizile Inhalte, die nach ausführlicher Erläuterung, Diskussion und Darstellung verschiedener Lösungsansätze sowie nach Schritt für Schritt entwickelter Antwort verlangen, kleidet der Franziskaner gern in die während des späten Mittelalters beliebte Form des Dialogs[224]. Die Rollen der jeweils zwei Gesprächspartner sind dabei klar festgelegt, wie schon aus den Personenbezeichnungen „Herr" und „Knecht" beziehungsweise „Antworter" und „Frager" hervorgeht: Knecht und Frager treten mit ihren durch Lehrinhalte aufgeworfenen Schwierigkeiten an „Herr" und „Antworter" heran, was bedeutet, daß die Dialoge nicht an die weit verbreitete Katechis-

---

[221] Zitiert nach Pirckheimer: Briefe, S. 108.

[222] Siehe dazu unten, S. 222–225.

[223] Gereimte Abschnitte finden sich M5 va (Mariologie), U1 va (Credo) und Hh4 rb–Hh5 ra (Lob auf den Gekreuzigten). Als besonders geglücktes Beispiel sei ein Teil aus dem Gedicht über das Credo zitiert: „Der glaubig me(n)sch: Ich glaub i(n) vnsern herre(n) ihesum crist, dz als vil als ein gesalbter heylant ist; kein su(e)nd ist so groß od(er) schwer, seiner genaden ist noch mer; darum(m) so glaub ich applas d(er) sund […]. Der bo(e)ß veind: Nayn, nayn, du mu(e)stest auch dz dei(n) darzu habe(n) getha(n), du mu(e)stest sy gebeychtet vn(d) gebessert han. Der glaubig mensch: Dz sagst du yetz, du bo(e)ßer wicht. Aber vor [vorher] verhyllest du mir diß gericht. Ja du hast mir es offt wid(er)ratte(n), nun begerst du mich durch dz zu verraten. Ich merck dein grosse vntreu(e) auch in gutter gestallt, darum(b) ich mich nun zu den [sic] getreue(n) hallt, d(er) auch i(n) dem bo(e)ßen warliche(n) gutt ist. Als sein namen ynnhellt ihesus crist, yn welhe(m) ich bayd, trost, bu(e)ß vn(d) ertzney verborge(n) ho(e)r wid(er) alle betrygerey" (U1 va, Z. 14–35).

[224] K2 va–L1 vb (Dialog zwischen Christus und einem an der Gerechtigkeit Gottes zweifelnden Menschen), P3 rb–Z5 va (Unterhaltung zweier Gläubiger über die Widersprüchlichkeit der Worte Christi), Z6 vb–Aa1 ra (Überleitung zur Darstellung der Früchte des Leidens Christi).
Zur Dialogform in der spätmittelalterlichen religiösen Prosa: RUH: Prosa, S. 579.

musform[225], sondern an das vom mittelalterlichen Lehr- und Unterrichtsbetrieb geprägte Gesprächsmuster[226] anknüpfen. Indem er diese Textstruktur
wählte, mußte sich der Franziskaner stillschweigend zu Zugeständnissen bereiterklären, was seine Anliegen der überschaubaren Stoffdarbietung und der
unkomplizierten Memorierbarkeit betraf: Antworten eines Schülers wären
sicher leichter einprägbar gewesen als die teils langatmigen, von Exkursen
unterbrochenen Belehrungen, die oftmals nicht nur Ergebnisse theologischer Diskussion mitteilen, sondern die in einer sachgemäßen Diskussion
gegeneinander abgewogenen Meinungen referieren[227]. Sie werden vor allem
vom „Antworter" dazu benutzt, seine Position zu erläutern und zu begründen[228]. Im Ausgleich dafür durfte er aber einen gewaltigen didaktischen Vorteil auf seiner Seite wissen: Er gab den Benutzerinnen und Benutzern des
Schatzbehalters die Möglichkeit, mitsamt ihrem geringen oder umfangreichen
Vorwissen, ihren Verständnisschwierigkeiten und Glaubensproblemen
gleichsam in die Rolle von „Knecht" oder „Frager" hineinzuschlüpfen.
Durch die Antworten des jeweiligen Gesprächspartners konnten sie dabei ihr
Vorwissen erweitern beziehungsweise Vorbehalte gegen bestimmte Aussage
der Bibel und der kirchlichen Lehre abbauen. Wer sich mit dieser Absicht in
die dialogischen Passagen vertiefte, fand in den teils kritischen und wohldurchdachten[229], teils ohne tiefgehende Reflexion gestellten Anfragen zweifellos das eine oder andere Problem aufgeworfen, mit dem er sich selbst schon
beschäftigt hatte, für das er aber vielleicht noch keine befriedigende Lösung
hatte finden können. Über die spezielle Gestaltung der Dialoge hinaus weisen auch noch einige andere Merkmale des *Schatzbehalters* darauf hin, daß
sich Stephan Fridolin bemüht, sein Publikum bei dessen Wissens- und Erfah-
rungsstand abzuholen und in den gedanklichen Fortgang des Textes einzube-

---

[225] Ihre Struktur wird durch Fragen des Lehrers und Antworten, in denen der Schüler
sein frisch erworbenes Wissen vorträgt, bestimmt. Vgl. dazu RUHE: lumière, S. 52.
[226] Hier werden die Fragen vom Schüler gestellt, während der Lehrer die Rolle des
Antworters übernimmt. Siehe RUHE: lumière, S. 52 und RUH: Prosa, S. 579.
[227] Damit überschritt Fridolin merklich die im Spätmittelalter üblichen Grenzen theologischer Literatur für Laien. Zur thematischen und methodischen Beschränkung theologischen Schrifttums dieser Zeit vgl. ERZGRÄBER: Literatur, S. 71.
[228] Im zweiten Gespräch (*Schatzbehalter* P3 rb–Z5 va) werden die unterrichtenden Stellungnahmen des „Antworters" so lang, daß über weite Abschnitte hin die Dialogform des
Textes nur noch schwer erkennbar ist.
[229] So bringt der „Knecht" im Gespräch mit Christus Bedenken vor, die ihm schon seit
langer Zeit auf den Nägeln brennen, da er an der Gerechtigkeit der Verdammung von
Menschen aufgrund der Erbsünde Zweifel empfindet: „Der knecht: Herr, dz wir vmb vnser su(e)nd willenn leidenn, das du(n)ckt mich nit also vnbillich sein, als dz wir vmb frem-
der su(e)nd wille(n) mu(e)ssen leyden. Sih an, ein kind, das erst geborn ist vnd kein su(e)nd
ye getha(n) hat, ya manigs [manches], das noch nit geborenn ist, das muss vmb eins menschen su(e)nd willenn den bittern tod leyde(n) vn(d) sterben, vnd die nit getaufft sind, die
mu(e)ssen dar zu den ewige(n) geystlichenn tod leiden, ob sie auch [...] keyn eygenn
su(e)nd ye gethan hetten vnd der selben sind laider souil, die also verderben, dz ich wolt, das
es dich erbarmete als mich" (K4 ra, Z. 18–32).

ziehen: Er spricht es immer wieder direkt an[230], nimmt mögliche Einwände der Leserinnen und Leser auf[231] und verweist auf deren alltägliche Lebenserfahrungen. Neben den bereits erwähnten Bezugnahmen auf den städtischen Kontext und die Sphäre von Handel und Gewerbe[232] finden besonders häufig Elemente aus dem Bereich der Liturgie[233] Erwähnung, aber auch allgemeine Zeitumstände wie „teuerung", „hunger", „pestilentz" und „feynd"[234], politische Geschehnisse[235], das häusliche und private Leben[236] sowie die übliche Strafrechtsprechung und ihre Auswirkungen[237] werden thematisiert.

Wie all diese Beispiele zeigen, legte Fridolin also großen Wert auf eine durchschaubare und verständliche Formulierung des *Schatzbehalters*. Er verfolgte dieses Ziel aber nicht nur durch den überlegten Einsatz stilistischer Mittel und die Berücksichtigung des Lebens- und Denkhorizontes seiner Leserinnen und Leser, sondern besonders durch die Strukturierung des behandelten Stoffes.

---

[230] Z. B. y3 ra, Z. 9–25: „Hie bedenck, vm(b) weß wille(n) der himel so scho(e)n mit manige(n) liechten sterne(n) geziert, die erde mit manigen [sic] wuniglichen paradeyß der gerte(n), awen vn(d) anger […] reichlich begabet […] sey, so findest du, dz das alles von de(m) liebhaber des me(n)sche(n) vmb des me(n)sche(n) wille(n) geziert ist. Vmb deine(n) willen, O vndanckberer mensch, hat dein scho(e)pfer […] de(n) himel mit sterne(n) […] geziert […]."

[231] Typische Einleitungen für solche Abschnitte sind: „ES mo(e)cht aber yemants sprechen […]" (z.B. B5 ra, Z. 38) oder „Sprichst du denn […]" (z.B. M6 rb, Z. 14). Besonders deutlich wird Fridolins Bemühen, sich denkbarer Vorbehalte oder Verständnisprobleme seines Publikums anzunehmen z.B. im 69. Gegenwurf, wenn er, modern formuliert, einen Aspekt des „Messiasgeheimnisses" aufgreift und schreibt: „DEr, der sein ere vnd maiestat allweg verporgen het, der ist offenberlich als ein ere(n)geitiger, hohfertiger eytler vn(d) schno(e)der vntterwinder [ein Mensch, der zu Unrecht eine bestimmte Ehre beansprucht] hoher ere(n) vn(d) widigkeit gesmeht, gelestert, verspott vnd geschendt vnd als ein so(e)lcher dem gantzem [sic] volck fu(e)rgestellt vn(d) gezeigt worden. Diser gegenwurff, der fu(e)r sich selbs clar vnd lautter ist, bedarff nit vil außlegung, den(n) allein einer frag halb, die ymandt mo(e)cht einfallen: waru(e)mb hie gesprohenn wu(e)rd: das der herr sein maiestat allweg verporge(n) het, so er doch oft vnd dick die selbe(n) in wortte(n) vn(d) in wercken bewisen hat." ab4 vb, Z. 3–17.

[232] Siehe oben, S. 200–202.

[233] Der Autor erläutert dabei theologische Zusammenhänge unter anderem anhand von Liedern („ […] als wir singe(n): Aue manna celicu(m). Gegru(e)sset seyst du, das war himelbrot" (p1 va, Z. 32–34)) und Teilen des Meßordinariums („ […] als man singt in dem vorgesang des sanctus yn der mess" (E3 rb, Z. 22 f.)).

[234] O6 vb, X6 ra und Cc4 ra .

[235] Z. B. Bb2 vb-Bb3 ra: Das gegenwärtige Verhältnis von Türken und Christen.

[236] x3 ra werden während des 15.Jahrhunderts übliche Möbel und Bekleidungsstücke genannt, um den Kontrast zwischen der Sorge des Menschen um sein leibliches Wohl und der Härte, mit der die Verfolger Christi Körper anpackten, zu verdeutlichen.

[237] ab2 rb-va: Beschreibung der Folter. Aa1 rb: Sinn der Vierteilung von Verbrechern. Dd4 rb: Mörder werden aufs Rad geflochten.

7.4.2. Zur Methode der Stoffstrukturierung

Bereits auf den ersten Seiten des *Schatzbehalters* macht Fridolin deutlich, daß ihm sehr an einer klaren, für sein Publikum einsichtigen und nachvollziehbaren Gliederung des Buches gelegen ist, denn statt sich bei dem hier plazierten kurzen Inhaltsüberblick auf eine Darstellung des Werkaufbaus zu beschränken, gibt er auch die Funktion der einzelnen Teile im Gesamtcorpus an[238]: Sein Publikum soll gleich zu Anfang wenigstens grob erfassen können, inwiefern die Hauptabschnitte des *Schatzbehalters* aufeinander aufbauen, wie die sachlichen Schwerpunkte verteilt sind und wo der Skopus des Bandes zu finden ist.

Mit größter Sorgfalt widmet er sich sodann in der zweiten Vorrede der Erläuterung seines zwar an Vorbildern orientierten, aber in der vorliegenden Version doch originell zu nennenden methodischen Vorgehens. Dabei geht es zunächst um die Aufteilung des im „zweiten Buch" behandelten Leidens Christi in einhundert „gegenwuerff", die in der Regel nochmals in je zwei „artickel" untergliedert sind. Fridolin teilt seinen Stoff aus mnemotechnischen Gründen in 100 Abschnitte, weil sowohl die Zahl Einhundert wie auch die Untereinheiten, in denen jeweils fünf Betrachtungspunkte nach thematischen Gesichtspunkten zusammengefaßt werden, gut abzählbar und damit memorierbar sind[239]. Indem er die einzelnen Betrachtungsabschnitte

---

[238] „Diß buch wirt yn drei bu(e)cher als in drei fu(e)rderliche tail getailet. Das erst ist ein beraitung zu de(n) andern(n). In dem andern(n) ist die fu(e)rderlich materi gesetzt. Das drit ist als ein zusatz. Das erst buch hat drey tail: der erst ist gleich als ein vorred vn(d) ein bewerung des titels oder namens diß buchs, das eß warhaftiglich mag der schrein oder schatzbehalter d(er) waren reichtu(m) des hailes vnd der ewigen seligkait genet werden, so eß das leyden cristi zu einer materi vnd fu(e)r einen gege(n)wurf hat, welches der war schatz der ewige(n) seligkait ist vn(d) dasselb wirt durch vil lerer als glaubhaftig zeugen vnd die heiligen geschrifft beweret. Das ander tail des ersten(n) buchs setzt von der nu(o)tzberkait vn(d) von den fru(e)chten des leides [sic] cristi vnd seiner betrachtung. Vnnd wirt da mancher scho(e)ner spruch der lerer gesetzt. Das dritte tail leret vnd setzt, wie man sich yn der betrachtung des leide(n)s cristi vben(n) sol vnd legt die mainu(n)g diß buchs an den tag. Das ander buch setzt hundert gegenwu(e)rff des leidens cristi vn(d). Das drit buch ist von den letzten worten vnsers herren furderlichen vn(d) setzt etlich gegenwurff zu den vorigenn von den dingen, die an dem creutz vn(d) nach dem tod cristi beschehen sind. Czum letzten etlich betrachtung yn gebettes weys" (a2 vb, Z. 3–a3 ra, Z. 2).
[239] Vgl. dazu die beiliegende Inhaltsübersicht, S. 294–298.
Unwahrscheinlich ist, daß Fridolin einen bekannten anderen Text des Mittelalters, in dem die Passion ebenfalls in hundert Absätze aufgeteilt wird, als unmittelbares Vorbild benutzte: Heinrich Seuses *Büchlein der ewigen Weisheit* bietet zwar hundert Betrachtungseinheiten und kurze Gebete zum Leiden Christi (Seuse: Schriften, S. 314–322), weist aber ansonsten keine Ähnlichkeit zum *Schatzbehalter* auf. Weder setzt Seuse mit dem ewigen, himmlischen Ratschluß Gottes und dem Leiden des Gottessohnes vor aller Zeit ein – für ihn beginnt die Passion mit dem Ölberggeschehen –, noch stimmt seine Zusammenfassung einzelner Themenpunkte zu Gruppen mit der Gliederung des Nürnberger Franziskaners überein. Darüber hinaus gibt es im *Büchlein der ewigen Weisheit* keinen Hinweis auf die für Fridolin konstitutive Aufspaltung eines jeden Betrachtungsabschnittes in zwei kontrastierende Teile.

als „Gegenwürfe" bezeichnet, greift er zum einen die zu seiner Zeit geläufige Lehnübersetzung des lateinischen „objectum" auf, überfrachtet den Begriff jedoch auch durch eine etymologische Fehldeutung[240], die ganz in seiner theologischen Zielsetzung wurzelt: Während unter „Gegenwurf" gemeinhin der Gegenstand (dieser Begriff löst den „Gegenwurf" mit der Zeit übrigens ab) einer bestimmten geistigen oder geistlichen Beschäftigung, zuweilen auch der Einwand in einer Diskussion verstanden wird, legt Fridolin eine aus diesen beiden Komponenten zusammengesetzte und darin wirklich eigene Interpretation vor, wenn er schreibt: „die hundert gege(n)wu(e)rff" werden „daru(m)b gegenwu(e)rff genent [...], das ye zwe(n) widerwertig artickel gegen einander gesetzt vn(d) geordnet sein, auff das, dz ye einer gege(n) de(n) andern gehalte(n) vn(d) betrachtet dester mer leu(e)chte, gro(e)sser erschein, pas [besser] erkennt, tieffer zu hertze(n) genome(n) werd, mer zu a(n)dacht vn(d) da(n)ckperkeit beweg vn(d) also de(m) me(n)sche(n), d(er) sich daryn(n) vbt, mer fru(e)cht vn(d) selikeit bri(n)ge"[241]. Für den Franziskaner wird das Wesen des Gegenwurfs also durch seine Zusammensetzung aus zwei antithetischen[242] Artikeln bestimmt, die durchaus auch ohne ihr jeweiliges Gegenüber Aussagekraft und Wahrheitsgehalt besitzen – Fridolin selbst gibt das zu erkennen, wenn er darauf hinweist, daß der eine oder andere Artikel „in im selbs einen gegenwurff begriffen" habe[243] –, aber in ihrer Kombination, der Synthese, dem behandelten Stoff in seiner Eigenart am besten entsprechen. Hatte schon Aristoteles auf den Folieneffekt hingewiesen, den die unmittelbare Konfrontation von Gegensätzen hervorzubringen vermag[244], so überträgt Fridolin dieses Wissen nun auf die Betrachtung eines religiösen Stoffes: Wie sollte der in seiner Erkenntnisfähigkeit von Natur aus beschränkte Mensch etwa Größe und Tiefe der Demut Christi besser erfassen als auf dem Hintergrund der unendlichen Majestät des Gottessohnes? Wie sollte er die Ungeheuerlichkeit der Christus durch Menschen angetanen Verleumdungen, Schmähungen und Quälereien klarer in sich aufnehmen als durch ihre Gegenüberstellung zu der endlosen Ehre, deren der Herr aller Welt würdig war?[245] Fri-

---

[240] Siehe dazu Thurnwald: Ikonographie, S. 29 f. und S. 47, Anm. 37.

[241] *Schatzbehalter* f4 va, Z. 9–22.

[242] Der erste Artikel eines Gegenwurfs beschäftigt sich nämlich jeweils mit der „wirdigkeit od(er) tuge(n)t vnsers herre(n)[...]. Der and(er) trift an das, das er [Christus] dargegen gelitten hat" c4 ra, Z. 11–13.

[243] c4 ra, Z. 15 f.

[244] „Dan(n) als der natu(e)rlich meister spricht [...]: So man di ding, die widereinander sein, gegen einander helt oder setzt, so scheint ein yeglichs dester mer, als weyß gegenn dem schwartzen scheint weysser denn gegen seins gleiche(n) vn(d) das schwartz schwertzer" (c4 rb, Z. 5–11).

[245] In der exemplarischen Erklärung des 16. Gegenwurfes, die er in der zweiten Vorrede bietet, gibt Fridolin zu bedenken: "Also mag die demu(e)tigkeit christi nicht paß erkennt werden, wie gros vn(d) wie tieff sie sey, denn wenn man sie helt gegen seiner ho(e)he vnnd misset sie nach der selben vnd so man denn findt, dz die selb ho(e)he endloße ist vn(d)

dolin weiß sich mit seiner Kontrastmethodik, die eine Aussage über Christus durch die unmittelbare Gegenüberstellung einer anderen, konträren umso klarer aufleuchten läßt, in der Tradition großer Lehrer der Kirche, denn auch Augustin, Johannes Chrysostomos, Cyprian[246] und vor allem Bernhard kennen die im inkarnierten Gottessohn und dem Umgang der Menschen mit ihm offenbar werdenden Dichotomien: Das fleischgewordene Wort schwieg im Leiden, der Lebensbrunnen dürstete, die Macht über alle Mächte wurde beherrscht[247] – aber Christus scheiterte dabei nicht. Er, die himmlische Majestät, der unendliche Ehrerbietung angemessen gewesen wäre, begab sich ins Leiden und in den Tod, um die zu behüten, zu stärken und zu schützen, die Schmach und Leid eigentlich verdient hätten[248]. Christus erwies sich gerade in seiner Passion als Heilbringer und Retter, als Fürsprecher und Lebensspender, so daß Bernhard zu Recht eine Reihe scheinbarer Paradoxien formuliert, wenn er zu bedenken gibt: „[...] die frewd" wird „betru(e)bt [...], die kunheit forchtsam, dz heil leidet, dz lebe(n) stirbt, die sterck wirt schwach [...] die traurikeit" macht „fro(e)lich[...], die forcht sterkt, das leide(n) macht selig, der tod macht lebendig [...]"[249]. Für Fridolin erschließen sich Ausmaß und Sinn des Leidens und Sterbens Christi am eindrucksvollsten und vollständigsten durch diese auf Kontrasten aufbauende, bereits durch antike und mittelalterliche Theologen angewandte Darstellungsweise, der er im *Schatzbehalter* insofern ein ganz eigenes Gepräge verleiht, als er sie stark ausweitet und zum Strukturprinzip des Hauptteiles seines Buches macht[250]. Bildet in den von Fridolin als Autorität und Vorbild

---

aller creatur vnbegreifflich (wan(n) ein yegliche creatur, so sie mer vnd mer in der erkentnus der selben erhebt vnd erleucht ist vnd ku(e)rtzlich so sie sy mer erlangt vnd begreifft, so sye mer syht, das sye vnbegreyfflich vnnd endlos ist); Also siht man, das die tieffe seiner demu(e)tigkeit auch nit ergru(e)ndt noch geniessen oder genug geachtet mag werden. Auff dasselb wirt denn der widerwertig artickel von dem leiden gesetzt vnnd die schmahheit, die verweyßung, die auffhebung der allergro(e)stenn vnnd ergstenn hohfart vnnd das gespo(e)tt, verleu(e)mung, beschemung, anclagung, lesterung vnd verurteilung vnnd richtung vnnd des geleichen, das alles auch entlos scheinet vmb des gegenwurfs willen" (c4 rb, Z. 11–34).

[246] c5 ra–c6 va.

[247] c5 va–b.

[248] So z.B. in einem Ausschnitt aus einer Predigt des Johannes Chrysostomos, den Fridolin folgendermaßen wiedergibt: „Cristus ist gestorben, das er die vnto(e)tlicheit verlihe. Er hat hunger gelitten, das er dich mit seine(m) fleisch settiget, er hat durst gelitten, das er dich mit seinem ayge(n) plutt trenckte [...]". c6 ra, Z. 28–33.

[249] c5 vb, Z. 3–9.

[250] Neben Fridolins *Schatzbehalter* existiert noch ein anderes spätmittelalterliches Werk, in dem Ketten von Antithesen nicht nur den Blick der Gläubigen auf bestimmte Aspekte des Leidens Christi richten, sondern darüber hinaus den Textaufbau – wenn auch nur in einem begrenzten Bereich – entscheidend mitbestimmen. Das im British Museum (Addit. MS. 11307, 7a–87b) aufbewahrte, nicht vor der zweiten Hälfte des 14. Jahrhunderts entstandene mittelenglische Gedicht ist anonym überliefert und in nur einer Abschrift erhalten, die vor 1450 entstand. Es beschreibt in seinem letzten Abschnitt einzelne Szenen der Passion mit Hilfe kontrastierender Gegenüberstellungen. Obwohl sie formal betrachtet

herangezogenen Betrachtungen die Aneinanderreihung der Kontraste zwischen Würde und Leiden, Majestät und Schmach, Gottessohn und Menschen nur einen – wenn auch kompakt und eindringlich formulierten – Textteil unter anderen, so ist die antithetische Sichtweise für ihn selbst der entscheidende Schlüssel zum Verständnis der Passion. Ihm schafft er im „zweiten Buch" des *Schatzbehalters* einen angemessenen Rahmen, indem er jeden einzelnen Sachgesichtspunkt in zwei „Artikel" unterteilt[251] und die Holzschnittillustrationen in entsprechender, aber ungewöhnlicher Reihenfolge anordnet[252].

Die linck hand.   Die recht hand

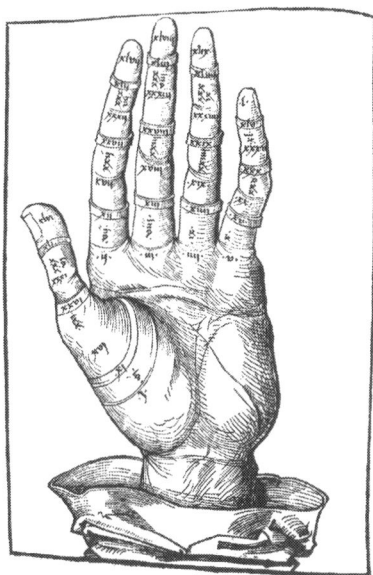

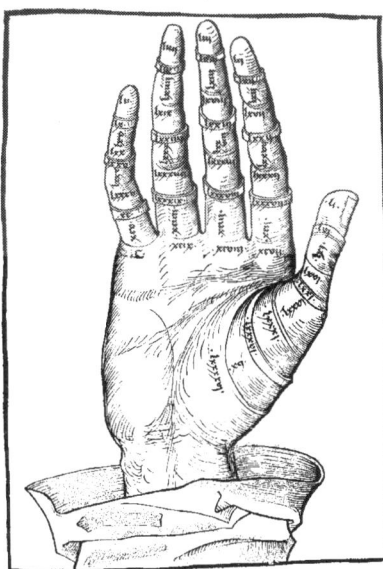

den in Paare von Artikeln aufgeteilten Gegenwürfen Fridolins ähneln, da auch sie jeweils zwei eng aufeinander bezogene Gesichtspunkte betrachten, weisen sie doch einen völlig anderen theologischen Ansatz auf: Während unser Franziskaner beide Komponenten, Christi Majestät und Leiden von der Präexistenz des Gottessohnes bis hin zum Ende der Welt gleichsam parallel nebeneinander herlaufen sieht (siehe dazu unten, S. 262–264), setzt der unbekannte Verfasser des Gedichts eine klare Zäsur: Für ihn ist Jesu Leben vor der Passion von Macht und Herrlichkeit gekennzeichnet, die Tage seit dem Ölberggeschehen hingegen sind die Zeit des Leidens. Konsequent leitet er darum seine Zeilen über Christi Leben jeweils mit „yesterday […]", diejenigen über die Passion mit „today […]" ein. Zu dem Gedicht siehe D'Evelyn: Meditations, besonders S. VII-XVI.

251 Bei vielen Gegenwürfen wird die Unterteilung in zwei Artikel allerdings weder optisch deutlich gemacht noch expressis verbis genannt. Bis auf den hundertsten Gegenwurf, bei dem der zweite Artikel fehlt, ist sie jedoch immer klar aus dem Textzusammenhang erkennbar.

252 Zur 78. und 79. Figur schreibt er deshalb: „Die zwu vorgeende(n) […] figure(n), die

Legt Fridolin seinen Leserinnen und Lesern einhundert Gegenwürfe zum
Leiden Christi vor, so enthebt er sie nicht nur der Mühe, den behandelten
Stoff in sinnvolle Einheiten aufzugliedern, sondern macht sich auch Gedanken darüber, wie sich die Gläubigen diese Betrachtungsabschnitte einprägen
können. Seine Lösung ist ebenso schlicht wie genial: Er rät, die eigenen Hände gedanklich in jeweils fünfzig Abschnitte zu unterteilen und diesen die
Gegenwürfe zuzuordnen, „dann was wir in de(n) henden habenn, des vergessen wir nicht leichtigclich"[253]. Damit bedient er sich eines zu einer Zeit, in
der häufig ohne Bücher und andere schriftliche Niederlegungen gelernt und
gelehrt wurde, üblichen mnemotechnischen Mediums[254], das er insofern
modifiziert und seinen didaktischen Bedürfnissen anpaßt, als er die Finger
der Hand durch jeweils drei, die Fingerglieder in zwei Teilstücke aufteilende
Ringe untergliedert, so daß pro Finger zehn Abschnitte entstehen[255]. Somit

nach ordnu(n)g d(er) zeit vn(d) beschiht [Geschehen] nach de(m) sterbe(n) des creu(e)tzs
geen solten, die steen hie vor, wann diß puch vnd materi setzt die figure(n) nit nach
natu(e)rlicher ordnu(n)g, sunder nach ku(n)stlicher, dz ist, als sie dienen auff die mainung
diser materie(n), dz ist, als durch sie das leiden cristi durch wid(er)wertig gegenwu(e)rff
beschwert [in seiner Bedeutung unterstrichen] wirt vnd wer ist so einfeltig, das er nit
merck, daz die außfu(e)rung [Herausführung] cristi von Jerusalem hin nach Golgatha] souil
vnpillicher beschehen vnd ho(e)her zu achten vn(d) zu erbarmen ist, souil er vns auß
gro(e)sseren vbeln außgefu(e)rt vnnd zu gro(e)ssern eren, gu(e)tern vn(n) selden einge-
fu(e)rt hat? Darum(b) so(e)llen die figure(n) in disem puch also stee(n)." (*Schatzbehalter* a d 1
va, Z. 1–17). Die mit fast trotzigem Unterton angefügte Empfehlung, wer „die natu(e)r-
lichen ordenung [der Bilder] gern" sehen wolle, der finde „sie in andern pu(e)chern vnd
priefen vnd in den dorffkirchen, der die cristenheit vol ist vnnd das sey ein mal fu(e)r alle
mal gesagt" (ebd., Z. 18–22), läßt vielleicht erkennen, daß die im *Schatzbehalter* praktizierte
Weise der Stoffaufteilung nicht ganz unumstritten war, und Fridolin meinte, sich verteidigen zu müssen.
[253] c6 vb, Z. 25–27 (Zitiert: Bernhard von Clairvaux). Als mögliche Alternative für alle,
die nicht fähig sind, den Stoff mittels ihrer Hände einzuprägen, da sie ja nicht
mit unauslöschbaren Abschnittsmarkierungen versehen können, schlägt auch einem
bestimmten Farbschema gestaltete Paternosterschnüre als Gedächtnishilfen vor (f1 va,
Z. 1–25). Sinnvoll ist es in seinen Augen für manche Leserinnen und Leser auch, die einzelnen Gegenwürfe zunächst auf ein Blatt Papier zu übertragen und dieses solange zu lesen
bzw. sich vorlesen zu lassen, bis man ihre Abfolge auswendig beherrscht. Dann können die
Hände zu dem ihnen zugedachten Einsatz kommen (e1 vb, Z. 5–14).
[254] Vgl. dazu BRÜCKNER: Hand, S. 75–83. Fridolin selbst schreibt über die besondere
Qualifikation des menschlichen Hand: „[…] es sind nit gelider des menschen, die so fein
vnderscheid offenberlich habe(n) als die finger an den henden, darumb sind sie ge-
preu(e)chlicher zu den ku(e)nsten vn(d) zu d(er) gedechtnus denn andere gelider. Darumb
haben vor zeitte(n) die alten die kunst der zal in die finger gesetzt, als Jeronimus die kunst
der rechnung, Als hermannus der schwab od(er) als ma(n) noch heu(e)t beytag [heutzuta-
ge] tut mit dem kalender vn(d) andern tafeln, die kunst des singens als Guido d(er) abbt
ertracht hat; deß geleiche(n) mag man die kunst oder vbung, durch die der mensch die
ewigen seligkeit erlangen mag, auch an die vinger hencken" (d2 va, Z. 16–31).
[255] Bei bloßem Lesen dürften die Anweisungen des Franziskaners die Vorstellungskraft
der meisten Leserinnen und Leser überstiegen haben. Sie werden jedoch problemlos verständlich, betrachtet man dem Ratschlag Fridolins entsprechend (e5 vb, Z. 34–41) parallel
zur Lektüre die Holzschnitte, auf denen die Merkhände abgebildet sind: „Vnd so ma(n) an

bietet jede Hand fünfzig Anhaltspunkte für die Betrachtung von Gegenwürfen, und da sowohl Handinnenfläche wie auch Handrücken zu benutzen
sind, können beide Artikel eines Gegenwurfs übersichtlich untergebracht
werden[256]. Der Linken werden dabei die ersten fünfzig Gegenwürfe, also die
Betrachtungen der Leiden des Gottessohnes vor Karfreitag zugewiesen, während die Rechte die eigentliche Passion am Todestag Christi in Erinnerung
rufen soll[257]. Dabei wird der erste Gegenwurf dem untersten Teil des Dau-
mens, der zweite dem untersten Teil des Zeigefingers zugewiesen usw. [258].
Wer seine Hände so nutzt, kann Fridolin zufolge sicher sein, daß sie kostbarer
geschmückt sind, als es mit realen edelsteinbesetzten Ringen je möglich
wäre. Weil er den unermeßlichen Schatz des Leidens Christi aber nicht nur
an seinen Händen trägt, sondern mit ihrer Hilfe voller Andacht und Liebe
bedenkt, werden ihm aus dem Anlegen solchen Schmucks für ewig „nutz
vnd fru(e)cht" zuwachsen, die den aus weltlichem Wissen und irdischer
Weisheit zu ziehenden Gewinn bei weitem übertreffen[259]. Die Memorierhände im ersten Buch des *Schatzbehalters* sind also tatsächlich als „Schatzbehalter" zu verstehen, als Hände, die den Schatz des Leidens Christi festhalten,
ihn dem Menschen vor Augen stellen und dem Gläubigen helfen, diesen
Schatz Gottvater bittend vorzuhalten[260].

Während der mit den beiden „vorderen" im *Schatzbehalter* abgebildeten
Händen[261] verbundene Modus, den vermittelten Stoff zu strukturieren, das
gesamte zweite Buch in entscheidender Weise gestaltet, besitzen die im dritten Buch auftauchenden Hände[262] einen wesentlich eingeschränkteren Gel-

---

yeglicher ha(n)d fu(e)nf finger hat, so ist dise materi auch geordnet durch fu(e)nfer zal. Ein
yeglicher finger hat drey glaich oder gelenck mit de(n) ende(n) der finger oben, mit den ein
finger gleich als vier ennd hat seiner glidlein halb, vnd ein yeder finger hat drey glidlein vnd
ich heiß die glidlein, die zwischen den glaichlin sind, do die glidlein aneinander stossen
vnnd zusamen gefu(e)gt sein. Nun pild [stelle dir vor] in dich gleich als ob an yeglichem
glidlein ein fingerlin [Ring] wer, so wern an eine(m) yeglichen finger drew fingerlein, als
dann drew glidlein sind. Also werde(n) an einer yeglichen hand zwei(n)tzig ort oder end
oben vnd in den glencke(n) oder glaichen fu(e)nffzehen glidlein vnnd fu(e)nfzehe(n) vber
zwerhe [quer aufgesteckte] ringlei(n). Vn(d) fu(e)nfzehe(n) vn(d) fu(e)nfzehe(n) mache(n)
dreissig; tustu dreissig zu zweintzig, so werde(n) es fu(e)ntzige. Also pringst in ein hand
fu(e)ntzig gegenwu(e)rff. Wann denn die ander auch souiel hat, so macht es alles zesame(n)
hundert" (e2 ra, Z. 41–b, Z. 24).

[256] „Ite(m) so nun ein yeglicher gegenwurff zwenn fu(e)rderlich artickel hat, die wider
einander sein, wo du denn nach ordnung der gegenwu(e)rff einen artickel ynnen in der
hand hyn setzest, so setz allweg den andern widerwertige(n) artickel, der das leiden antrifft
dar gegen auswendig der hand gleich in dasselb glaichglid oder fingerlein". e2 va, Z. 2–11.

[257] So e2 ra, Z. 29–37. Fridolin steht mit dieser Verteilung in der alten Tradition, die die
Rechte als wichtiger und von höherer Wertigkeit ansieht. Siehe dazu DEITMARING: Bedeutung, S. 269.

[258] e2 va, Z. 11–14 und Z. 33–36.

[259] e1 vb, Z. 18–e2 ra, Z. 4.

[260] So bereits BELLM: Schatzbehalter, S. 38.

[261] e6 v und f1 r.

[262] U3 v und U4 r.

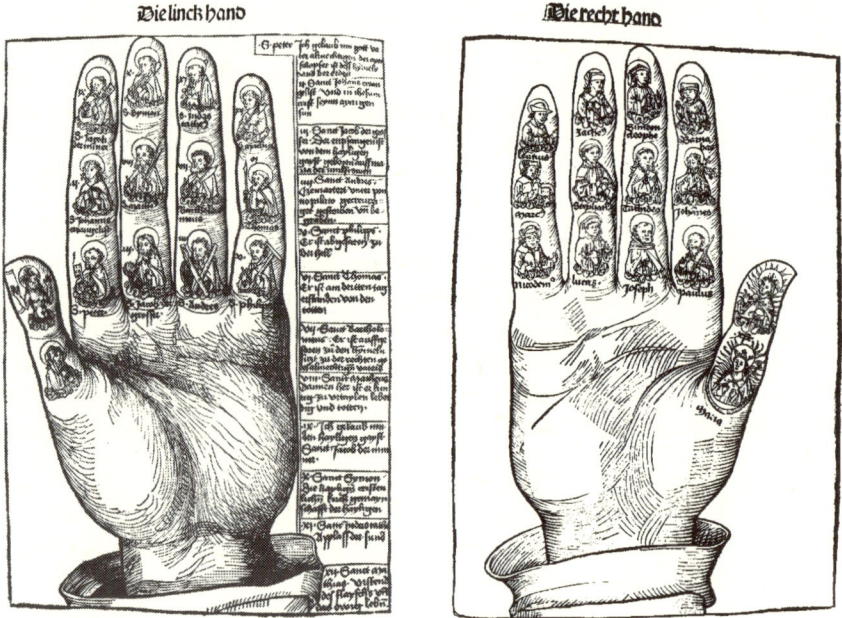

tungsbereich. Zwar besteht auch ihre Funktion darin, den Menschen bei der Memorierung theologischer Lehrinhalte zu unterstützen, sie beziehen sich jedoch ausschließlich auf das Credo, ohne die anderen im dritten Buch behandelten Themen zu berühren. Sie sind einfacher aufgebaut als die vorderen Hände[263] und auch die mit ihnen verbundenen Betrachtungen sind schlicht und vergleichsweise kurz gehalten: Mittels der linken Hand sind die zwölf Artikel des Credo sowie die Apostel als dessen traditionelle Urheber einzuprägen[264], die Rechte ergänzt dies noch, indem sie an die besonderen Kräfte der Glaubensaussagen erinnert, die durch bestimmte Edelsteine symbolisiert werden[265] und bekannte vorbildliche „Glaubensfürsten" ins Gedächtnis ruft[266]. Anders als die beiden Hände im zweiten Buch sollen die Merkhilfen hier nicht die Grundlagen für flehentliche Gebete zu Gott vor Augen stellen, sondern den Menschen für den Kampf gegen den Teufel rüsten[267]. Obgleich sie nicht das Leiden Christi und damit den Schatz des Menschen als solchen repräsentieren, können auch sie – allerdings in wesentlich weiterem Sinne –

---

[263] Jeder ihrer Finger ist in drei, die Daumen sogar nur in zwei Teile aufgegliedert. Außerdem wird der Handrücken nicht mit einbezogen.

[264] T4 va, Z. 1–4 und b, Z. 31–38.

[265] U4 vb, Z. 4–36.

[266] U5 ra, Z. 4–b, Z. 6.

[267] Siehe dazu unten, S. 250 f.

als *Schatzbehalter* bezeichnet werden, bergen sie doch einen beachtlichen Reichtum von Waffen gegen den Widersacher Gottes, den Teufel, in sich; wer sich in ihrer Schatzkammer als einer Art Waffenkammer bedient, darf sich seiner ausreichenden Wappnung sicher sein.

Bei der Niederschrift seines größten Werkes, des *Schatzbehalters*, lag Stephan Fridolin die publikumsfreundliche Präsentation des Stoffes merklich am Herzen: Er bemühte sich im sprachlich-stilistischen Bereich um Anschaulichkeit, knüpfte an die Erfahrungswelt seiner potentiellen Leserinnen und Leser an, ließ den Hauptteil des Buches mit nahezu einhundert Holzschnitten ausstatten und schuf eine originelle Methode, den Text und seine Aussagen so zu strukturieren, daß sie leicht einprägbar wurden.

Dennoch sei nicht verschwiegen, daß das Buch gerade auf dem Gebiet der Präsentation und der Didaktik einige Schwächen aufweist, die seine Lektüre erheblich erschweren mußten.

7.4.3. Probleme

Zunächst einmal fällt bereits beim ersten Blick in ein Exemplar des mehr als 700 Seiten umfassenden Werkes auf, daß es schwierig, ja nahezu unmöglich ist, sich in kurzer Zeit ein wenigstens ungefähres Bild der behandelten Inhalte zu verschaffen: ein Register fehlt völlig, die Zwischenüberschriften sind zu zahlreich und zu unübersichtlich, um für Orientierung zu sorgen, und die auf jeder Seite angebrachte Kopfzeile ist nur für solche Leserinnen und Leser hilfreich, die den *Schatzbehalter* und seine Konzeption schon kennen. Da alle diese Schwächen im Bereich des Drucks liegen und nicht unbedingt in den Zuständigkeitsbereich des Autors fallen, ist jedoch denkbar, daß sie weniger auf Fridolin als vielmehr auf Anton Koberger zurückgehen[268].

Auch der Franziskaner selbst trägt aber zur Unübersichtlichkeit des Werkes bei: Er legt seinem Publikum zwar am Anfang des Buches eine grobe Inhaltsübersicht vor und gewährt ihm im Textverlauf immer wieder Einblicke in seine Weise, den behandelten Stoff in Sinneinheiten aufzuteilen, hält sich jedoch weder konsequent an angekündigte Gliederungen noch an den geplanten modus procedendi. Im zweiten Buch, der Zusammenstellung von 100 Gegenwürfen zum Leiden Christi, fällt das noch kaum auf, da hier die einzelnen Themenabschnitte vergleichsweise kurz sind und manches, was Fridolin vergißt oder übergeht, aus dem festgefügten Strukturschema von Gegenwürfen und Artikeln erschlossen werden kann[269]. Problematischer

---

[268] Möglicherweise lernte der Drucker aus den Mängeln des *Schatzbehalters*. In seinem nächsten Großprojekt, der *Schedelschen Weltchronik*, wird dem Bedürfnis nach Übersichtlichkeit und Orientierung jedenfalls in weitaus größerem Maße Rechnung getragen.

[269] Freilich wird in vielen Fällen nicht deutlich, aus welchem Grund bestimmte Gegenwürfe zu Fünfergruppen zusammengefaßt sind (vgl. beigefügten Überblick über den

sind die methodischen Inkonsequenzen im dritten, komplizierter aufgebauten Buch, an dessen Beginn zunächst zehn Gegenwürfe über die Kreuzesworte in Aussicht gestellt werden[270], obwohl nur acht von ihnen im Text auftauchen[271]. Dunkel bleibt darüber hinaus die Erklärung, die zehn Abschnitte zu Christi letzten Worten und die noch folgenden fünfundzwanzig Gegenwürfe über die Früchte der Passion ergäben nach der Teilung des fünften Gegenwurfes eine Gesamtzahl von sechsunddreißig Gegenwürfen und könnten deshalb – die Sechsunddreißig ist ja eine „scheibenlechte [runde]" Zahl – als Hinweis auf die Unaussprechlichkeit und Endlosigkeit des Verdienstes Christi gelten[272]. Den geteilten fünften Gegenwurf suchen interessierte Leserinnen und Leser nämlich vergebens.

Neben diesen Abweichungen von einmal angezeigten Gliederungen und Vorgehensweisen erschweren zwei weitere methodisch-didaktische Schwächen die Lektüre des *Schatzbehalters*: Zum einen begibt sich Fridolin häufig auf Seitenpfade und irrt deshalb vom eigentlichen Thema ab, was er, sofern es ihm nach einigen Seiten selbst auffällt, durch Bemerkungen wie „Das ich aber nun auff die fu(e)rderlichen meinu(n)g […] kum(m) […]"[273] zu korrigieren versucht. Oft genug allerdings wird ihm sein Abschweifen von der inhaltlichen Hauptlinie nicht bewußt, so daß es den Benutzerinnen und Benutzern überlassen bleibt, sich einen Weg durch das Dickicht von Umwegen, Exkursen und umständlichen Erklärungen zu bahnen, um dem roten Faden des Textes auf der Spur zu bleiben. Zum anderen wird noch heute das Verständnis vor allem des dritten Buches im *Schatzbehalter* dadurch erschwert, daß Fridolin das Weiterschreiten von einem Thema zum anderen in vielen Fällen nicht erläutert. Die ersten zwei Drittel[274] des großen Dialogs über die Frage nach der Vertrauenswürdigkeit der Erbarmensworte am Kreuz scheinen deshalb zunächst in vier nur sehr lose miteinander verbundene Themenkomplexe zu zerfallen, obwohl die Gespräche über die vermeintliche Widersprüchlichkeit der Worte Christi, Gottesbeweise, Engellehre und Credo unmittelbar aufeinander aufbauen und sich gegenseitig erläutern[275], was allerdings erst nach mehrmaliger gründlicher Lektüre des gesamten Dialogs deutlich wird.

Zusammenfassend ist hier festzuhalten, daß sich die Lektüre des *Schatzbehalters* aus drucktechnischen wie auch methodisch-didaktischen Gründen

---

Aufbau des *Schatzbehalters*), was sich notgedrungen auf ihre Memorierung mit Hilfe der einzelnen Finger auswirken mußte, denn: wie sollte man sich merken, welche Gegenwürfe zu welchem Finger „gehörten"?

[270] I1 va, Z. 16–21.
[271] Vgl. dazu Punkt 3. 2. der in Anm. 269 erwähnten Inhaltsübersicht.
[272] So I1 va, Z. 21–33.
[273] I4 vb, Z. 1–3 und öfter.
[274] P3 rb–X5 vb.
[275] Siehe dazu die Punkte 3. 2. 3. 5. 3. 1 und 3. 2. 3. 5. 3. 1. 1.der Übersicht über den Aufbau des *Schatzbehalters*.

passagenweise etwas mühsam und verunsichernd gestaltet, da die Leserin und der Leser auf sich allein gestellt sind, wenn es darum geht, Informationen zu einem bestimmten Thema zu finden oder eine Antwort auf die Frage nach der Funktion eines bestimmten Abschnittes im Gesamtwerk zu erhalten. Das Zusammenspiel der teils locker nebeneinandergestellten, teils ineinander verschachtelten Teile des Werkes vermag wohl nur zu verstehen, wer mehrere Lesedurchgänge vornimmt und dabei einmal auf Details, ein andermal auf die großen Linien des Buches achtet.

7.5. Quellen

Schon die „erste Vorrede" des *Schatzbehalters* macht deutlich, daß sich Stephan Fridolin nicht als originellen, ohne Vorbilder oder Vorlagen arbeitenden Autor versteht, ersucht er sein Publikum doch um Wohlwollen dem gegenüber, „der das [gemeint ist das Buch] zusamen gelesen" hat[276]. Er gesteht sogar nicht nur offen ein, vor der Niederschrift des Bandes ausführliche literarische Studien betrieben zu haben, sondern unterstellt sich ausdrücklich der Autorität kirchlicher Lehrer, wenn er empfiehlt, man solle „der manigfeltigen gezeu(e)gknus der obgemelten [obengenannten] lerer vnd heiligen mer dann mir hierinn glawben"[277].

Eine ganze Anzahl von Gründen macht es allerdings schwer, einen Überblick über die im *Schatzbehalter* verwendeten Schriften zu erlangen, geschweige denn alle Autoren und Werke festzuhalten, die nur erwähnt oder einer Anspielung für würdig befunden werden: Zum einen läßt Fridolin zwar in vielen Abschnitten anklingen, daß die vorgetragenen Gedanken nicht ursprünglich von ihm stammen, sondern aus Quellen übernommen sind, aber er gibt weder die Autoren noch die Titel seiner Vorlagen an[278]. Er benennt viele Verfasser nur ungenau[279], bezieht sich immer wieder auf Pseudoüberlieferungen[280] oder benutzt Umschreibungen, die wohl nur durch umfangreiche Nachforschungen zu entschlüsseln sind[281]. Oftmals ist es

---

[276] a2 va, Z. 34 f.

[277] e2 ra, Z. 5–7.

[278] So z.B. e1 ra, Z. 31–34: „ […] ob [obgleich] ich das in alten geschrifften clerlichen gefunden vnd gelesen hab, so will ich doch auff dasselb nit fusse(n) [sich verlassen] vmb sach willen [aus bestimmten Gründen]" und A4 rb, Z. 39 f.: „ […] als ma(n) in ettliche(n) bu(e)chern findt […]".

[279] So bezieht er sich neben Dionysius dem Großen und Gregor dem Großen mehrmals auf nicht näher bezeichnete Autoren namens „Dionysius" bzw. „Gregor", so daß unklar bleibt, welche Träger dieser häufig vertretenen Namen gemeint sind.

[280] Den *Stimulus amoris* etwa weist er Bonaventura bzw. Johannes von Parma zu. Vgl. b1 vb.

[281] Z. B. ist die Rede von der „lamparter hystorien" (P1 vb), vom „bu(e)chlein der geschihte(n) des behalters" (n4 vb) oder vom „meister der historie(n)" (m4 ra).

schwierig, zu entscheiden, ob Fridolin lediglich auf den in einer Quelle vorliegenden Gedankengang hinweist, ob er deren Inhalt mit eigenen Worten paraphrasiert oder wörtlich daraus zitiert, denn er hält sich in seinen Literaturverweisen häufig etwas bedeckt[282] und macht Zitate nur sehr selten kenntlich. Schließlich ist in vielen vor allem längeren Abschnitten, innerhalb derer er auf den einen oder anderen von ihm verarbeiteten Autor rekurriert, unklar, ob sich seine Bezugnahme auf ein Werk beschränkt oder nahtlos von einem zum anderen Titel dieses Verfassers übergeht.

Der *Schatzbehalter* ist das Werk Fridolins, in dem die größte Dichte und Vielfalt von Quellen- bzw. Lektürehinweisen[283] vorliegt. An der Spitze stehen dabei das Alte und Neue Testament sowie liturgische Texte und Lieder, denen in großem Abstand Kirchenväter, frömmigkeitstheologische Schriften des Mittelalters, Kommentarwerke und juristische Literatur folgen. Die am häufigsten genannten Autoritäten[284] sind Augustin (49), Glossa ordinaria und Glossa interlinearis (35), Gregor der Große (27), Bernhard von Clairvaux (22), Johannes Chrysostomos (17), diverse Heiligenlegenden (16) und das Corpus iuris canonici (16). Am ausführlichsten zitiert, paraphrasiert, in Fridolins eigene Argumentationsstruktur einbezogen und kommentiert wird dabei Bernhard, die anderen Autoren und Titel werden dagegen an vielen Stellen nur kurz genannt. Der Quellenfundus des Franziskaners erschöpft sich aber nicht in diesen wenigen Verfassern und Werken; eine Vielzahl von bekannten und unbekannten Namen spannt den Rahmen von der Antike bis in die Gegenwart (Petrus von Ravenna überlebte Fridolin um zehn Jahre) und durchzieht den gesamten Band. Das meiste davon entstammt dem theologischen Bereich, wobei auffällt, daß hier ebenso wie in den Predigten[285] nur wenige Scholastiker auftauchen und die Schriften der deutschen Mystik völlig fehlen. Fridolin erweist sich aber auch auf fachfremdem Gebiet als interessiert und belesen, nimmt er doch Bezug auf historische, philosophische und profan-belletristische Texte. Im einzelnen führt er als Quelle oder als Lektüreempfehlung an[286]: Hieronymus (12), Aristoteles (11), Ambrosius (9), Hrabanus Maurus (9), Josephus Flavius (9), Leo den Großen (8), Corpus iuris civilis (7), Dionysius Areopagita (6), Isidor von Sevilla (6), Hegesippos (5), Beda Venerabilis (4), (Pseudo) Bonaventura (4), Innozenz (?) (4), Johannes Damascenus (4), Philo von Alexandrien (4), Anselm von Canterbury (3), Clemens von Alexandrien (3), St. Dionysios (?) (3), Gregor ? (3), Hugo von St. Victor (3), Alexander von Hales (2), Boethius (2), Cassiodorus (2), Diony-

---

[282] Exemplarisch seien genannt: „Sant Anßhelm in seinen betrachtungen spricht also [...]“ (c3 rb, Z. 19 f.) und „Als sant augustin vnd sand gregorius außlegen“ (e4 ra, Z. 4 f.).

[283] Vgl. auch oben, S. 68 f. und 106 f.

[284] Die Ziffern hinter den Namen geben Anhaltspunkte für die Häufigkeit ihrer Nennung im Text. Aus den oben genannten Gründen können die Zahlen allerdings nicht exakt angegeben werden.

[285] Siehe oben, S. 68.

[286] Die mit (?) versehenen Titel und Namen konnten nicht sicher identifiziert werden.

sius (?) (2), Eusebius von Caesarea (2), Marcellus (?) (2), Origenes (2), Petrus von Ravenna (2), Richard von Mediavilla (2), Sueton (2), Thomas von Aquin (2), Valerius Maximus (2) und Vergil (2). Nur ein einziges Mal werden erwähnt: der „Abt von Vercelli"[287], Appollonius von Tyros, Armandus (?), Athanasius, Basilius, das „Büchlein der Geschichte des Behalters" (?), Cyprian, Franciscus Maironis, Gregor IX. , Gregor von Nazianz, Johannes von Dambach, Johannes von Genua, der „hohe Kanzelschreiber" (?), die „Historie der Lamparter" (?)[288], Livius, Maximus von Turin, der „Meister der Historien" (?), der „Meister von den göttlichen Sinnen" (?), Petrus Lombardus, Odilo von Cluny, Orosius, Ovid, Plato, Prosper von Aquitanien, Robert von Lincoln, *Stimulus amoris*, Suda und Turpinius von Reims.

Insgesamt ergibt dies (ohne Bibel und Liturgika) eine Zahl von nahezu 350 Zitaten und Literaturangaben, was bedeutet, daß der Nürnberger Franziskaner auf mehr als jeder zweiten Textseite[289] entweder seine eigenen Quellen offenlegt oder seinem Publikum Ratschläge für weitere Lektüre gibt.

Anders als in den Predigten, dem *Geistlichen Mai* und dem *Geistlichen Herbst*, in denen Autoritäten primär der Untermauerung[290] oder Zusammenfassung von Fridolins eigenen Überlegungen dienen, hat die im *Schatzbehalter* herangezogene Literatur oft die Aufgabe, einen Gedankengang einzuleiten oder wesentlich voranzutreiben. Die Ausführungen über das Wesen, die Ordnung, die Gaben und Aufgaben der himmlischen Engelshierarchien, die im großen Themendialog einen Gegenstand des Interesses bilden[291], sind etwa durch Dionysius Areopagitas *De caelesti hierarchia* angeregt und im wesentlichen davon geprägt. Besonders deutlich läßt sich die signifikante Rolle der kirchlichen Lehrtradition im *Schatzbehalter* an den Anfangsabschnitten des ersten Buches ablesen: Hier legt der Franziskaner seinen Leserinnen und Lesern die zentrale Bedeutung des Leidens Christi dar, indem er ausführt, weshalb die Passion der wahre Schatz aller Gläubigen ist[292] und welche Früchte ihre Betrachtung hervorbringt[293]. In der Behandlung beider Themen läßt er sich völlig von den „spru(e)ch[en] der go(e)tlichen lerer vnd heiligen geschrifft"[294] leiten, denn hat er mit ihrer Zusammenstellung auch eine bewußte Auswahl getroffen, so sind doch sie es, die den Aufbau des Textes bestimmen und die Argumentationsrichtung vorgeben, während der Autor des *Schatzbehalters* im wesentlichen als zu-

---

[287] Wohl Thomas Gallus Vercellensis. Zu seiner Person vgl. RUH: Gallus.
[288] Vielleicht sind Lampert von Hersfelds *Annales* gemeint; zu Lampert vgl. SCHIFFER: Lampert.
[289] Von den 703 Druckseiten des Bandes entfallen 96 auf die Holzschnitte.
[290] Siehe oben, S. 69 und 106.
[291] R4 rb–S5 ra.
[292] a4 va–b5 ra.
[293] b5 ra–c3 vb.
[294] a5 rb, Z. 12 f.

rückhaltender Kommentator auftritt, der zusammenfaßt, interpretiert und
von einer Quelle zur nächsten überleitet.

Fridolins Umgang mit der Tradition wäre allerdings mißverstanden, wollte
man ihm unterstellen, er habe sich den Autoritäten der Vergangenheit vorbe-
haltlos untergeordnet. Wie im vier Jahre älteren *Buch von den Kaiserangesichten*[295] werden auch hier Ansätze einer bewußten Beurteilung des Wertes und
Wahrheitsgehaltes der Quellen sichtbar: Angestoßen von der Erkenntnis, daß
ein Vergleich der Aussagen Gregors des Großen und Dionysius Areopagitas
zur Frage der himmlischen Engelshierarchien und -chöre gewisse Widersprüche ans Tageslicht bringt[296], wägt der Franziskaner sorgfältig die Belehrungen beider Autoren gegeneinander ab, wobei er nicht umhinkommt, Par-
tei für Dionysius zu ergreifen, da er diesen für einen Paulusschüler hält[297].
Obwohl er persönlich also dem älteren, einem biblischen Glaubenszeugen
näherstehenden Autor den Vorzug gibt, besteht seine Lösung des Problems
nicht in einer Ablehnung der Gedanken Gregors. Er zeichnet vielmehr nach,
auf welche Weise es zu den differierenden Aussagen beider Theologen kam,
indem er erläutert, daß „sant dyonisius bu(e)cher […] erst zu den zeite(n)
keyser karols vo(n) d(er) krichyschen sprach yn die lateinyschen getolmet-
schet sind worde(n)"[298]. Außerdem, so beruhigt er sein Publikum, stellten die
konstatierten Widersprüche keine Bedrohung von Glaubensinhalten dar,
denn „hett er [Gregor] sant Dyonisius pu(e)cher gelesen […], so gelaube ich
miltiglichen, das er ym […] wol nachgeuolget het"[299].

Hält Fridolin einerseits manchen Autor für so zuverlässig, daß er ihm geradezu blind vertraut[300], so ist er andererseits besonders vorsichtig, wenn es darum geht, Inhalte aus solchen Werken zu verarbeiten, deren Verfasser ihm
nicht bekannt sind oder die er aus anderen Gründen für nur bedingt zuverlässig hält, obgleich sie zu seiner Zeit allgemein verbreitet und bekannt sind.
Nach einer knappen Zusammenfassung der Judaslegende[301] bekennt er deshalb: „So(e)lche ding [Judas' Mord an seinem Vater und die Heirat seiner eigenen Mutter] findt man von dem iudas geschriben, so aber so(e)lch ge-

---

[295] Siehe oben, S. 152 f.

[296] S2 vb–S4 rb.

[297] S3 ra, Z. 31–b, Z. 2.

[298] S4 ra, Z. 20–24.

[299] S3 rb, Z. 7–11.

[300] Um zu belegen, daß sich zu Jesu Lebzeiten nicht nur Angehörige der unteren gesellschaftlichen Schichten, sondern auch Menschen königlichen Geblüts gedanklich mit
dem Sohn Gottes und seiner Lehre auseinandergesetzt, ja sogar seine persönliche Nähe
gesucht hätten, weist er – ungeachtet seiner eigenen Skepsis – auf den heiligen Bartholo-
mäus hin, der ein Sohn König Philipps von Syrien gewesen sei, beschließt den Gedankengang allerdings mit der Bemerkung: „Und das wer mir als verdechtlich, wo nit sant Jeronimus so offenberlich von dem adel sancti bartholomei schribe […]" (A4 rb, Z. 32–va, Z. 4,
davon zitiert: va, Z. 1–4).

[301] Zu deren Inhalt und Überlieferung siehe WACHINGER: Passion, S. 8 f.

schrifft verdacht vn(d) nit bewert ist, so baw ich nichts darauff."[302] Verzichten möchte er auf die oftmals aufsehenerregenden Inhalte solch dubioser Überlieferungen allerdings auch nicht.

Zum Schluß dieses Abschnitts bleibt noch das Problem der Zugangsmöglichkeiten Stephan Fridolins zu den vielen alten und neuen, umfangreichen und unscheinbaren, namhaften und eher unbekannten Schriften, die im *Schatzbehalter* erwähnt oder verarbeitet sind, anzusprechen. Woher und wie gut kannte er sie? Hatte er vor der Niederschrift des Buches viele dieser Werke im Zusammenhang durchgearbeitet und sich so eine breite Basis theologischen und fachfremden Wissens angeeignet? Standen ihm alle angesprochenen Titel zur Verfügung, als er den *Schatzbehalter* zu Papier brachte?

Zumindest die letzte Frage kann mit Sicherheit verneint werden, da Fridolin seinen Literaturhinweisen immer wieder die kleine Bemerkung „behalt ichs recht"[303] anfügt, was als Beleg dafür gelten darf, daß er sich an das eine oder andere Werk beziehungsweise manchen Teil eines solchen zwar zu erinnern vermochte, jedoch gegenwärtig keinen Zugriff mehr darauf hatte. Vielleicht zehrte er in seinen Nürnberger Jahren noch von Exzerpten, die er während seiner Studienzeit oder im Rahmen der Aufenthalte in den verschiedenen Klöstern seines Ordens angefertigt hatte[304], möglicherweise verließ er sich in einzelnen Fällen auch völlig auf sein Gedächtnis. Die Mehrzahl der im *Schatzbehalter* erwähnten Werke dürfte er aber im Barfüßerkonvent der fränkischen Reichsstadt vorgefunden haben. Wie ein 1448 entstandener Katalog zeigt, war die dortige Bibliothek mit ihren zweihundertsiebenundsiebzig Bänden um die Mitte des 15. Jahrhunderts weder unbedeutend, noch gehörte sie zu den beeindruckendsten Büchersammlungen ihrer Zeit[305]; sie dürfte vielmehr dem Durchschnitt der damals üblichen Franziskanerbüchereien entsprochen haben. Obgleich aus späteren Jahren keine Aufzeichnungen über ihre Bestände erhalten sind und deshalb nicht bekannt ist, wie sie sich nach der Einführung des Buchdruckes weiterentwickelte und inwiefern sie ihr Profil veränderte, kann doch aufgrund des guten Rufes, den das Nürnberger Kloster nach seinem Übertritt in die Observanz innerhalb des Franziskanerordens genoß[306], vermutet werden, daß die örtliche Bibliothek eher

---

[302] *Schatzbehalter* s1 rb, Z. 21–24.

[303] Z. B. E3 va, Z. 36–38: „WIe wol ich in einem bu(o)ch gefunden hab, das [daß] sant augustin (behalt ichs recht) setze(n) su(e)ll […]". Ebenso N3 ra, T3 vb u. ö.

[304] Da nicht überliefert ist, wo Fridolin sich seine Ausbildung aneignete und über die Bestände der Bibliotheken in Bamberg, Mainz und Basel so gut wie nichts bekannt ist, sind hierzu aber keine definitiven Aussagen möglich.

[305] Der aus dem Jahre 1448 stammende Katalog ist abgedruckt in: Mittelalterliche Bibliothekskataloge, S. 755–765. Zum Profil der Nürnberger Bibliothek vgl. VAVRA: Buchbesitz, S. 626, zu franziskanischen Bibliotheken des Mittelalters allgemein HOLZAPFEL: Handbuch, S. 271.

[306] Wie die erhaltenen Tabulae Capitulares (S. 667–779) zeigen, wurden überdurchschnittlich oft Nürnberger Brüder in Leitungsämter der oberdeutschen Provinz gewählt. Seit den siebziger Jahren des 15. Jahrhunderts wuchs der reichsstädtische Konvent darüber

gepflegt und aufgestockt als auf ihrem in der Zeit vor der Reform bestehenden status quo belassen wurde. Sogar ohne die wahrscheinlichen Erweiterungen ihres Umfangs beherbergte sie aber einen Großteil der Werke, die Fridolin im *Schatzbehalter* mehrere Male nennt[307] und räumte manch ausgefalle-
nem Autor einen Platz ein[308].

Dennoch bleibt es unsicher, ob unser Autor alle Texte, die er zitiert oder
anspricht, wirklich in ihrer Gesamtfassung gekannt und benutzt hat. Es ist
durchaus denkbar, daß er in vielen Fällen aus einem der im ausgehenden
Mittelalter beliebten Compendien oder Summarien[309] schöpfte und vielleicht solche im Auge hatte, wenn er seinen Leserinnen und Lesern weiterführende Lektüreempfehlungen gab.

Woher auch immer Stephan Fridolin sein im *Schatzbehalter* zutagetreten-
des Wissen bezog, er erweist sich als vielseitig interessierter und gebildeter
Geistlicher, der sein Publikum durch fundierte theologische Kompetenz wie
durch Basiskenntisse anderer Fachgebiete zu beeindrucken wußte.

7.6. Der Schatzbehalter als Hilfe zur fruchtbaren Aneignung der Passion

Stephan Fridolin verfaßt seinen *Schatzbehalter* zu einer Zeit, in der das
Leiden und Sterben Christi eines der zentralen, in immer neuen Facetten
und Formen bearbeiteten, betrachteten und erlebten Themen von Theologie und Spiritualität darstellt. Um Bedeutung und Eigencharakter des umfangreichen Bandes innerhalb der unzähligen Zeugnisse von Passionslehre
und -frömmigkeit des ausgehenden 15. Jahrhunderts zu erfassen, ist es deshalb notwendig, einen Blick auf verschiedene theologische und literarische
Komponenten wie auch auf allgemeinverbreitete, die letzten Tage und
Stunden Jesu vergegenwärtigende Grundzüge kirchlichen Lebens zu werfen, die auf den Verfasser des *Schatzbehalters* einwirkten: Als Franziskaner
stand Fridolin in der reichen Tradition eines Ordens, der von seinem Gründer an um eine existentielle Aneignung und Vermittlung der Passion bemüht war. Als Seelsorger in einer der größten Städte des deutschen Reiches
war er mit verschiedenen Ausprägungen frommer Lebensgestaltung vertraut, die die Andacht der Gläubigen zum leidenden Gottessohn wecken
und das Gedächtnis an sein Heilshandeln wachhalten sollten. Wie seine

---

hinaus zunehmend in die Rolle einer beratenden und kontrollierenden Instanz auf Provinzebene hinein (vgl. SCHMIDT: Franziskanerkloster, S. 39–42). Beides unterstreicht die
wichtige Stellung des Nürnberger Barfüßerklosters im Ordensverband der Minderbrüder.

[307] So z.B. die bekannteren Werke Augustins, Bernhards und Gregors des Großen, aber
auch Aristoteles und Boethius.

[308] Hier ist z.B. der schon oben erwähnte „Abt von Vercelli" zu nennen.

[309] Siehe dazu ERZGRÄBER: Literatur, S. 71.

Werke zeigen, kannte er darüber hinaus eine breite Palette von Predigten, Traktaten und längeren Schriften, die sich mit der Betrachtung des Leidens und Sterbens Christi beschäftigten. Obwohl er diese teils dankbar, teils ehrfürchtig in seinen eigenen Texten erwähnte oder zitierte, traf er doch bewußt die Entscheidung, mit dem *Schatzbehalter* über das oft allzugut Bekannte hinauszuführen und sowohl in inhaltlicher wie auch in formaler Hinsicht eigene Akzente zu setzten.

7.6.1. Franziskanische Passionstheologie und Passionsfrömmigkeit

Hatte der Zisterzienser Bernhard von Clairvaux in der zweiten Hälfte des 12. Jahrhunderts den Wandel des Christusbildes vom im Himmel thronenden göttlichen Weltenherrscher hin zum leidenden und sterbenden Menschensohn entscheidend geprägt[310], so fügte Franz von Assisi dieser neuen Sichtweise im Jahre 1224 eine bislang unbekannte, existentielle Komponente hinzu[311]: Wie Bonaventura berichtet, erschien ihm am 14. September, dem Fest der Kreuzeserhöhung, auf dem Berg La Verna in einer Vision die Gestalt des Gekreuzigten, dessen unermeßliche Leiden sein tiefstes Mitleid verursachten[312]. Unmittelbares Zeichen der aufgewühlten Affekte des Ordensgründers war die Stigmatisation, deren Male er am eigenen Leib empfing[313]. Das Erlebnis des Heiligen aus Assisi, seine Verwundung durch die „Liebe zur gekreuzigten Liebe"[314], zog im Spätmittelalter weite Kreise und gab innerhalb des Franziskanerordens den Anstoß, sich intensiv um die theologische Durchdringung des irdischen Lebens Jesu, seiner Passion und seines Sterbens zu bemühen, aber auch eine persönliche affektive Beziehung dazu zu entwickeln. Da es den Minderbrüdern ein Anliegen war, solche Annäherung an den in der Welt lebenden und leidenden Christus, den Mitbruder der Menschen, nicht nur selbst zu pflegen, sondern sie nach außen zu vermitteln, entstammen ihrem Kreis neben einigen der im ausgehenden Mittelalter populärsten Texte über die Passion[315] auch unzählige Traktate und Abhandlungen zu diesem Thema, deren Bedeutung sich auf den lokalen oder regionalen

---

[310] RUH: Theologie, S. 18. KÖPF: Passion, v. a. S. 27–30 und KISSER: Gedichte, S. 17–20. Einen allgemeinen Einblick in den fortschreitenden Prozeß der Veränderungen des mittelalterlichen Christusbildes seit Bernhard bietet RICHSTÄTTER: Christusfrömmigkeit, S. 97–205.

[311] Siehe dazu KÖPF: Passion, S. 30–34.

[312] Vgl. EGGER: Geist, S. 478 f. mit den Angaben einschlägiger Stellen bei Bonaventura.

[313] Vgl. dazu STEFFENELLI: Zeichen, v. a. S. 81 f.

[314] So Imles Charakterisierung der spezifisch franziskanischen Passionsverehrung. IMLE: Passionsminne, S. 59.

[315] Stellvertretend für alle anderen seien Bonaventuras *Vitis mystica* und sein *Lignum vitae* (dazu STRACK: Leiden) sowie die oft als Teil der *Meditationes vitae christi* überlieferten *Meditationes passionis Christi* eines anonymen franziskanischen Verfassers (vgl. BAIER: Passionsbetrachtungen, S. 325 f.) genannt.

Raum ihrer Entstehung beschränkte[316]. Erreichten sie mit Hilfe ihrer schriftlichen Anstrengungen aber nur einen kleinen Teil der Bevölkerung, so blieb
ihrem Engagement im Bereich der Predigt und der praktischen Frömmigkeit
die erstrebte Breitenwirkung nicht versagt: Schon lange bevor das 1464 in
Mecheln tagende Kapitel Predigern und Seelsorgern auftrug, dem Volk das
Leiden und Sterben Christi nahezubringen und es zur Nachfolge anzuhal-
ten[317], machten sich Barfüßer wie Johannes Gritsch[318] oder Johannes Kannemann[319] um die Verkündigung der Passion und einzelner ihrer Aspekte verdient. Besonders gefördert wurde dabei in der franziskanischen Predigt und
Lehre die Verehrung der Wunden Christi und seines zum Heil der Gläubigen
aus dem geschundenen Leib fließenden Blutes[320]. Nicht nur durch Worte,
sondern auch durch die Einführung einer neuen Form der frommen Passionsverehrung wandte sich der Orden des heiligen Franz mit seinem Anliegen, die Liebe zum leidenden Christus zu entzünden und wachzuhalten, an
die Bevölkerung: Dem starken Interesse an der Person und dem Schicksal des
in der Welt lebenden Menschensohnes entsprechend setzten sich Minderbrüder vielerorts dafür ein, künstliche Kalvarienberge aufzuschütten und den
Weg Jesu nach Golgatha durch die Errichtung von Kreuzwegstationen in die
Erfahrungswelt der Gläubigen hereinzuholen[321].

Stephan Fridolin war mit der engen affektiven Beziehung seines Ordens
zum Leiden und Sterben Christi nicht nur vertraut, er schätzte sie auch sehr,
wie eine kurze Ermahnung im *Schatzbehalter* zeigt, in der er beklagt, daß den
meisten Menschen die Passion kaum zu Herzen gehe und sein Publikum zu
größerer Andacht und Dankbarkeit anfeuert, indem er ihm das leuchtende
Beispiel des Franz von Assisi vorhält[322].

---

[316] Dazu dürfte beispielsweise die oben (S. 74) erwähnte *Leidensuhr* des anonymen
Straßburger Franziskaners zählen.

[317] „Hortati sunt praedicatores et confessores, ut studeant frequentius invitare in suis
sermonibus et exhortationibus populum ad passionis Christi recolenda et imitanda vestigia
[…]". Glassberger: Chronica, S. 412.

[318] Zu Gritsch vgl. LANDMANN: Predigtwesen (14), S. 300–303 und STÖLLINGER:
Grütsch.

[319] Vgl. HONEMANN: Kannemann, KEPPLER: Passionspredigt (3), S. 290 und ZAWART:
Preaching, S. 345.

[320] IMLE: Passionsminne, S. 78–90.

[321] IRIARTE: Franziskusorden, S. 103, IMLE: Passionsminne, S. 78–81, sowie ROTH:
Kalvarienberg.

[322] „Vn(d) die groben vnda(n)ckbern mensche(n), die da getu(e)rre(n) spreche(n) on
alle danckberkeit, on alle zucht: „Ah, er gieng straiche(n) nach, die wurden im auch", die
selben solten ine(n) vo(n) so(e)lliche(n) worte(n) als vo(n) gotz lestru(n)g gewissen nemen
vnd schwerer su(e)nd fu(e)rchten, daru(m)b dz sy die vnaußsprechenliche(n) marter cristi,
die er auß endloßer liebe fu(e)r ir su(e)nd gelitten() hat, zu einem verweysen [Tadel] od(er)
auffheben [vorwurfsvolle Vorhaltung] vn(d) gleich zu einem gespo(e)t ziehen vn(d) nemen. O was streflicher su(e)ndlicher vn(d) vncristenlicher vnzucht das ist! […] Wie weyt
sind so(e)lliche grob vndanckber menschen vo(n) der andacht des heiligen vaters
fra(n)cisci, der ein stiffter barfu(e)sser ordens gewesen ist, vo(n) dem ma(n) list, das er auch

Falls Fridolin seine Ordenskarriere im Esslinger Konvent begonnen hatte[323], so dürfte er bereits als Novize intensiv mit einer speziellen Form franziskanischer Passionsfrömmigkeit in Berührung gekommen sein. Wie ein Chronist berichtet, waren die Minderbrüder des Städtchens dafür bekannt, den Karfreitag besonders feierlich und ergreifend auszugestalten; sie erhoben die Tage vor Ostern zu einem Höhepunkt des Kirchenjahres und bescherten Esslingen durch eine von ihnen veranstaltete aufsehenerregende Prozession großen Zulauf aus nah und fern[324]. Das einschneidende Erlebnis seines Ordensgründers und die Passionsorientierung der Barfüßer blieben Fridolin auch während seiner Nürnberger Jahre stets frisch im Gedächtnis, hatte er doch sowohl die Szene auf dem Verna wie auch die Geschehnisse vom Ölberg bis nach Golgatha jeden Tag bildlich vor Augen: Auf der Innenseite eines Altarflügels des Hauptaltares in der Franziskanerkirche war nämlich zum einen die Leidensvision des Heiligen aus Assisi, zum anderen der stigmatisierte Franziskus zu sehen, aus dessen geöffneter Seitenwunde Blut in einen vom Papst emporgehobenen Kelch floß[325]. Die Außenseiten des gleichen Altares wiederum mahnten jeden Angehörigen des Konvents zum Gedächtnis an die Passion, indem sie dem Betrachter auf acht Bildfeldern Stationen der letzten Tage im irdischen Leben des Gottessohnes boten[326].

Die spätmittelalterliche Verehrung des Leidens und Sterbens Christi wurde also wesentlich durch franziskanische Spiritualität und Lehre angestoßen, gefördert und gefestigt. Der Orden, dessen Passionsorientierung Fridolin in seinem Werk gern und bewußt rezipierte, war im 15. Jahrhundert allerdings nur eine der unzähligen Gruppen, die sich um die Verkündigung des Leidens Christi und den praktischen Vollzug einer daran ausgerichteten Frömmigkeit bemühten.

7.6.2. Formen spätmittelalterlicher Passionsfrömmigkeit

Für Menschen des ausgehenden Mittelalters gehörte das Leiden und Sterben Christi zum vertrautesten Gut kirchlicher Lehre und Frömmigkeit, denn das Gedächtnis an Ölberg, Geißelung, Verhöre, Kreuzigung und andere Sta-

---

die zeit, die weil er noch ein freyer fro(e)licher iu(e)ngling in der werlt was, auch den namen der go(e)ttlichen liebe on verwandlu(n)g od(er) bewegu(n)g seines gemu(e)tes nye ho(e)ren mocht vn(d) wen(n) im das leiden des herren (nach dem als im der herre ein mal i(n) d(er) gestalt seins leide(n)s erschine(n) was) einfiele, so kund er sich kaum vor seu(e)fftzen enthalten. Vn(d) als wir groben kalte(n) me(n)schen vns offt grossen gewalt thun mu(e)ssen, daz wir ein wenig weinen vn(d) mu(e)gen dannoch nit oder kaum eine(n) zaher [Träne] oder drey haben, also must in im gewalt thun, das er nit innigclich weynete.“ *Schatzbehalter* N3 vb, Z. 9–41.

[323] Siehe dazu oben, S. 27 f.
[324] Uhland: Esslingen, S. 320.
[325] StB, Nor. H. 180, 3af und 8. Vgl. dazu auch Schmidt: Franziskanerkloster, S. 14 f.
[326] Ebd.

tionen des Weges nach Golgatha war in unterschiedlichen Formen täglich präsent. Wohl keine andere Thematik wurde in der Theologie – vor allem der Frömmigkeitstheologie – der Zeit intensiver bedacht, in der Spiritualität mit größerer Kreativität und Innovationsbereitschaft praktisch begangen und in der Kunst vielfältiger und ergreifender dargestellt. Zahlreiche Beispiele belegen, daß die Verehrung der Passion in Nürnberg in ebenso hohem Maße gepflegt wurde wie andernorts, ja in mancher Hinsicht sogar stärker gefördert werden konnte, da hier bürgerliches Gestaltungsstreben und materieller Reichtum zusammenfielen und deshalb vielzählige, teils aufwendige Stiftungen möglich waren. Ein Beispiel dafür ist das ein Jahr vor dem Erscheinen des *Schatzbehalters* begonnene Schreyer-Landauersche Grabmal an der Außenseite des Chores der Sebalduskirche, dessen vier Szenen (Kreuztragung, Heimkehr des Volkes von der Kreuzigung, Grablegung Christi und Auferstehung) Adam Kraft im Auftrag der beiden bedeutenden Familien Schreyer und Landauer ausarbeitete[327]. Fridolin schätzte solche bildlichen Darstellungen der Passion sehr, da er in ihnen Fixpunkte sah, die Gläubige dazu motivieren konnten, innezuhalten, sich zu sammeln und mitten im alltäglichen Leben der Passion und ihrer Bedeutung für den Menschen zu gedenken[328].

Auf Stiftungen wohlhabender Bürger gingen neben zahlreichen Kunstwerken verschiedene gottesdienstliche Andachten zu Ehren des Leidens Christi zurück, die jeden Donnerstagabend an den beiden Stadtkirchen gefeiert wurden[329] und deshalb eine gewisse Breitenwirkung zu erlangen vermochten.

Auch die Heiltumsweisung, Höhepunkt des Kirchenjahres und herausragendes Ereignis im wirtschaftlichen Leben der fränkischen Metropole, stand im Zeichen der Passion, wie schon die Auswahl des Wochentages nahelegt, an dem sie begangen wurde[330]. Obwohl im Rahmen der ausgedehnten Zeremonie nicht nur „Heiltümer" wie ein Stück vom Tischtuch beim letzten Abendmahl Jesu, die Heilige Lanze und ein Nagel vom Kreuz präsentiert wurden, die in unmittelbarem Zusammenhang mit der Passion standen, sondern auch andere Reliquien und die Reichskleinodien gebührende Auf-

---

[327] Dehio: Handbuch, S. 592.
Ebenfalls zu nennen wäre hier der in sieben Stationen vom Tiergärtnertor bis zum Johannisfriedhof führende Kreuzweg des Adam Kraft, der nach einer mehr als zehn Jahre umfassenden Planungsphase um 1505/08 fertiggestellt wurde. Dazu Dehio, ebd., S. 562 und Möbius: Passion, S. 78 f.

[328] Er empfiehlt wiederholt, die in Gebete umformulierten Gegenwürfe des *Schatzbehalters* laut oder in Gedanken zu sprechen „wenn man fu(e)r der figure(n) eyne gieng od(er) vor einer stu(e)nde oder ein figur des leidens cristi sehe" (*Schatzbehalter* Dd6 rb, Z. 6–8). Sinngemäß gleich: Hh2 vb, Z. 4–13.

[329] Schlemmer: Gottesdienst, S. 300 und Stahl: Nürnberg, S. 97.

[330] Schnelbögl: Reichskleinodien, S. 87. Der Freitag war traditionell dem Gedächtnis des Sterbens Christi gewidmet. In dieser Ausrichtung kann er geradezu als „Kar-Freitag im kleinen" bezeichnet werden. Vgl. Schreiber: Freitag.

merksamkeit fanden, so war die Feier insgesamt doch dem Gedächtnis des Leidens und Sterbens Christi gewidmet, denn ihr Ursprung, eine Bulle Innozenz' VI. aus dem Jahre 1354, bestimmte sie deutlich zum Fest der Kreuzigungsinsignien[331].

Natürlich war die Heiltumsweisung, die während des gesamten 15. Jahrhunderts nur in Nürnberg stattfand und die Stadt deshalb zu einem Zentrum der europäischen Passionsverehrung machte, nicht die einzige allgemein übliche kirchliche Veranstaltung mit dem Ziele der feierlichen Ausgestaltung der Erinnerung an die Geschehnisse der letzten Tage Jesu. Wichtige Eckdaten der Leidensverehrung waren auch der Karfreitag und der 14. September als Termin der Kreuzeserhöhung und – auffindung[332]. Sämtliche Passionsfeste boten Gelegenheit, die zahlreichen Lieder zu singen, in denen die Abfolge der Leiden des Gottessohnes, die Qualen seiner einzelnen Körperteile, die „arma Christi" und die Schmerzen Mariens besungen wurden[333]. Besonders in der Karwoche war es vielerorts Brauch, Christi Weg ans Kreuz erschütternd in Szene zu setzen, indem man ausgedehnte, oft aufwendig ausgestattete und mit einer Unzahl von Mitwirkenden besetzte Spiele aufführte[334] und so Interesse und Affekte der Bevölkerung ansprach.

7.6.3. Spätmittelalterliche Passionsliteratur

Alle eben kurz erwähnten Formen der Passionsfrömmigkeit stehen in einem Interdependenzverhältnis zum einen oder anderen der unzähligen literarischen Werke des Spätmittelalters, deren Anliegen Reflexion, schriftliche Aufbereitung und Vermittlung von Wissen und emotionalen Zugangsweisen zum Leiden und Sterben Christi war[335]. Da die Fülle der im 15. Jahrhundert verbreiteten Texte unüberschaubar ist – die Mehrzahl der volkssprachlichen Werke liegt noch nicht gedruckt vor und ist deshalb nur bedingt zugänglich –, gestaltet es sich schwierig, sie bestimmten Kategorien zuzuordnen, um ei-

---

[331] MACHILEK: Heiltumsweisung, S. 58 f. und SCHNELBÖGL: Reichskleinodien, S. 86 f.

[332] SCHAEFERS: Kreuz, Sp. 614 f.

[333] KISSER: Gedichte, S. 31–43 und HAHN: Passion, S. 297–299 und 306–308.

[334] KISSER: Dichtung, S. 58–70 und 327. In Nürnberg fand das traditionelle Passionsspiel im Heilig-Geist-Spital statt. Siehe dazu HAMPE: Entwicklung, S. 8 f. und 229–231. Zum spätmittelalterlichen Passionsspiel allgemein: FICHTE: Darstellung, v. a. S. 277–286.

[335] Die Linie der Abhängigkeit darf dabei nicht als „Einbahnstraße" gedacht werden, die von den Passionstexten als Quelle und Basis hin zur rein empfangenden Frömmigkeit der Gläubigen führt. Wie ansatzweise auch der *Schatzbehalter* zeigt, vermochten einzelne Elemente praktizierter oder manifester Spiritualität (Heiltumsweisung und bildende Kunst) Autoren dazu anzuregen, in ihren Werken auf die fromme Lebenspraxis ihres Publikums einzugehen, diese zu interpretieren, zu unterstützen oder zu korrigieren. Manche Passionsschrift – man denke hier nur an die Textgrundlagen der geistlichen Spiele – entstand vermutlich sogar erst auf Betreiben von Gläubigen hin, denen eine bestimmte Form des Leidensgedächtnisses besonders am Herzen lag.

nen Überblick über die verschiedenen Arten der schriftlichen Bearbeitung des Themas zu geben[336]. Dennoch seien hier einige formale wie inhaltliche Grundlinien der Differenzierung und Klassifizierung solcher Texte genannt, ist es doch nur auf diese Weise möglich, sowohl Fridolins Traditionsverbundenheit wie auch seine kreative Originalität, wie sie im *Schatzbehalter* entgegentreten, zu erkennen[337].

Die methodisch schlichteste und wohl älteste Form der schriftlichen Passionsaufbereitung des Mittelalters sind die „historischen", eng am Handlungsablauf der Evangelien und apokrypher Leidenserzählungen orientierten und weitgehend auf Kommentierung verzichtenden Darstellungen[338]. Im Vergleich zu den Werken, in denen die Nacherzählung der biblischen Berichte und ihre mehr oder minder ausführliche Interpretation nebeneinanderstehen bzw. einander durchdringen, bilden sie jedoch nur eine kleine Minderheit. Die Mischform aus Erzählung und auslegender Betrachtung begegnet in unterschiedlichen literarischen Gattungen; sie ist in Gebetbüchern[339] und Predigten[340] ebenso vertreten wie in kurzen Andachtsanleitungen und dickleibigen Bänden, wobei sich der sogenannte „Prosatraktat" in seinen verschiedenen Ausprägungen als erfolgreichste und verbreitetste Schriftart erweist. Die Gewichtung der beiden Komponenten Erzählung und Auslegung war von Werk zu Werk unterschiedlich und auch die Strukturierung des Stoffes folgte keineswegs immer dem gleichen Schema. Im Gegenteil, spätmittelalterliche Passionstraktate sind in nahezu jeder denkbaren Textanlage und Fassung überliefert: Visionen[341] stehen neben dialogisch aufgebauten[342] und allegorischen Texten[343], an den kanonischen Tagzeiten und den ihnen zugewiesenen Geschehnissen orientierte Schriften[344] existieren ebenso wie solche, die ihre Leserinnen und Leser anleiten, einen Leidens-

---

[336] Siehe dazu RUH: Theologie, S. 19.

[337] Es ist interessant zu sehen, welche Fülle von Passionsliteratur unterschiedlichster Gattungen in einer mittelalterlichen Bibliothek vorhanden war. Einen exemplarischen Einblick ermöglich hier Volker Honemanns Untersuchung der Laienbibliothek in der Baseler Kartause. HONEMANN: Literatur (1), S. 217–223 und (2), S. 21–24.

[338] HONEMANN: Literatur, S. 218 und KISSER: Gedichte, S. 76.

[339] Über die Behandlung der Passion in spätmittelalterlichen Gebetbüchern liegt meines Wissens noch keine Untersuchung vor. Erste Einblicke ermöglicht aber das Register der Monographie Haimerls über die Frömmigkeit süddeutscher Gebetbuchliteratur. HAIMERL: Frömmigkeit.

[340] KEPPLER: Passionspredigt (3), S. 287–303.

[341] So z.B. der anonyme Traktat *Elegit suspendium*. Vgl. PRIEBSCH: Leiden.

[342] Dieser Form gehört der pseudoanselmische *Dialogus Mariae et Anselmi de passione Domini* an, der einen der meistkopierten Passionstexte des ausgehenden Mittelalters darstellt. Siehe RUH: Prosa, S. 583 f. und KISSER: Gedichte, S. 78 f.

[343] Dazu zählt Bernhards *Vitis mystica* ebenso wie Geiler von Kaisersbergs ursprünglich als Predigten konzipierte Betrachtungen des Leidens Christi unter dem Bild eines Honiglebkuchens (vgl. RUH: Studien, S. 262) und Fridolins *Geistlicher Mai* und *Geistlicher Herbst*.

[344] Siehe dazu oben, S. 72–75.

schauplatz nach dem anderen zu betrachten[345] oder in die Rolle eines Begleiters Christi auf dem Weg zum Kreuz zu schlüpfen[346]. Ein Teil der Werke
bettet das Leiden und Sterben Christi in umfangreiche Betrachtungen zum
gesamten Leben des Gottessohnes ein[347], andere wiederum stehen vollkommen und ausschließlich im Dienste der Passionslehre und -verehrung[348].
Kommt der eine Autor dem Verlangen von Teilen des Publikums nach einem
klaren, leicht einprägbaren Aufbau der einzelnen Abschnitte seines Werkes
nach[349], so bemüht sich sein Kollege, die Wünsche nach theologischer Belehrung und Erbauung, historischer Information und Unterhaltung, Erzählung und erschütternder, unmittelbar das Gefühl ansprechender Darbietung,
kurz: nach Stofffülle jeder Couleur zu befriedigen[350].
Bei aller Differenz, die die Passionsschriften des ausgehenden Mittelalters
in Aufbau, Form und Inhalt aufweisen, ist ihnen doch eines gemeinsam: Ihr
Hauptziel besteht darin, Gläubige bei der Versenkung in das Leiden und
Sterben Christi zu unterstützen, durch ergreifende Schilderung der Geschehnisse das Mitleid der Betrachtenden zu entfachen und sie damit zur
Nachfolge zu bewegen[351]. Man bot den interessierten Leserinnen und Lesern
deshalb immer neue, über den Wortlaut der Evangelien hinausführende Einzelheiten und Details[352], beschrieb eingehend die Schmerzen Mariens[353], des
Urbildes aller compassio, oder legte Wert auf eine klare Gliederung des Stoffes, indem man jedem Betrachtungspunkt einen mit „imitatio" oder „conformatio" überschriebenen Abschnitt beifügte[354].

7.6.4. Spätmittelalterliche Passionsliteratur und der Schatzbehalter

Obgleich im *Schatzbehalter* kein zur Gruppe der Passionsschriften gehöri-
ges Werk namentlich genannt wird[355], gibt Fridolin doch wiederholt zu erkennen, daß ihm literarische Bearbeitungen des Leidens und Sterbens Christi

---

[345] Reinhard von Laudenburgs *Passio domini nostri Jesu Christi*. Vgl. JUNGHANS: Speculum, S. 18 f.
[346] Pseudo-Bonaventuras *Meditationes vitae Christi*. RUH: Prosa, S. 584.
[347] Z. B. Ludolf von Sachsens *Vita Christi* (BAIER: Untersuchungen) oder Simon Fidatis
De gestis domini salvatoris (JUNGHANS: Speculum, S. 18).
[348] Z. B. Jordan von Quedlinburgs *Meditationes de passione Christi* (BAIER: Untersuchungen, S. 309 f.) und der *Extendit manum*-Traktat (RUH: Studien, v. a. S. 263–265).
[349] Ludolf von Sachsen legt allen Passionskapiteln seiner *Vita Christi* einen Fünferschritt
zugrunde, indem er sie in Lectio, Meditatio, Conformatio, Oratio und Contemplatio gliedert. BAIER: Untersuchungen, S. 489–499.
[350] So der *Extendit manum*-Traktat. Vgl. RUH: Studien, S. 277.
[351] Vgl. RUH: Theologie, S. 20, ders.: Prosa, S. 583, MOHR: Erbauungsliteratur, S. 47 und
ELZE: Verständnis, v. a. S. 128–134.
[352] PICKERING: Christusbild und RUH: Theologie, S. 20.
[353] So etwa im bereits erwähnten Traktat *Elegit suspendium* 17r–18v. Abgedruckt bei
PRIEBSCH: Leiden, S. 47–49.
[354] Vgl. oben, Anm. 349.
[355] Ob Fridolin aus dem einen oder anderen Passionstraktat geschöpft hat, ohne auf

wie auch Predigten über dieses Thema wohlbekannt sind: Mehrmals räumt
er ein, trotz des beträchtlichen Umfanges seines Bandes nicht alle zentralen
Aspekte der Passion behandeln zu können, und fordert seine Leserinnen und
Leser deshalb auf, sich an die Inhalte der vielerorts üblichen Fastenpredigten
zu erinnern[356] oder einschlägige andere Texte zu Rate zu ziehen, um das im
Schatzbehalter entworfene Bild vom gequälten und verspotteten Gottessohn
zu ergänzen und abzurunden[357]. Die Beziehung Fridolins zu den populären
Möglichkeiten seiner Zeit, die Passion darzustellen und zu vermitteln, erschöpft sich allerdings nicht in harmonischen, wohlwollenden Empfehlungen, sondern weist sowohl im formalen wie auch im inhaltlichen Bereich einen jeweils dezidierten Bruch auf.

7.6.4.1. Zur Gliederung des Passionsstoffes im Schatzbehalter – Der sündige Mensch und das Satisfaktionshandeln Christi

Der Autor des *Schatzbehalters* setzt sich mit Bedacht von den Büchern,
Traktaten und Predigten seiner Kollegen wie auch von den üblichen Bildzy-
klen zur Passion ab, als er sein methodisches Vorgehen für den Hauptteil der
Schrift entwickelt und konsequent zur Anwendung bringt. Statt die Szenen
des Leidens Christi in der chronologischen Abfolge der Evangelien aneinan-
derzureihen, wie es die gängige Praxis der „Passionshistorien" des Mittelalters ist[358], stellt er sie so um, daß sie sein Schema der kontrastierenden Betrachtung stützen und aufrecht erhalten[359]. Manchen Leserinnen und Lesern

---

seine Quelle hinzuweisen, müßte ein Vergleich zwischen dem *Schatzbehalter* und einschlägigen anderen Schriften herausarbeiten. Ausdrücklich erwähnt der Franziskaner lediglich
den anonymen *Stimulus amoris*, der zwar den ersten seiner drei Teile dem Leiden und Sterben Christi widmet, aber darüber hinaus noch zwei thematisch anders gelagerte Abschnitte umfaßt und deshalb nur in eingeschränktem Sinne als Passionsschrift zu bezeichnen ist.
Zum *Stimulus amoris* siehe EISERMANN: Stimulus amoris.

[356] „Also haben sie [die Juden] sein [Christi] milte getreue vnd gnade(n)reiche sel geengstiget. Aber wie sie yne seins zarten heiligen leybs vnnd seiner iunckfrewlichen synn
halb geengstiget haben, das merck auß dem gemeinen passion vnsers herre(n), den ma(n)
gewo(e)nlich prediget" (*Schatzbehalter* t2 rb, Z. 23–29).

[357] In seiner Schilderung der Geißelung Christi beschränkt sich Fridolin auf die Beschreibung der unendlichen Beschämung, die dem an seine Quäler Ausgelieferten durch
die „enplo(e)ssunge seines zarten iunckfrewliche(n) leibs" (z3 rb, Z. 1 f.) angetan wurde.
Was die Hintergründe, den Ablauf und die am Vorgehen gegen Christus Beteiligten anbelangt, so scheibt er: „ [...] von der geyslung in ir selbs zebedencken, weyse ich die leser der
geschrifft [des *Schatzbehalters*] auff ander andechtig passion. Wan(n) es ist einer vo(n) den
fu(e)rne(m)sten artickeln [hier: Betrachtungsgegenständen] des leidens vnsers herre(n) vnd
wirt in vil bu(e)chern fleissiglich außgelegt vnnd bewe(r)et" (Z3 ra, Z. 30–36).

[358] Ausgeklammert sei hier der Vergleich mit solchen Texten, die ihre Passionsschilderung in ein allegorisches Grundgerüst (z.B. *Lignum vitae*, *Geistlicher Mai* und *Geistlicher
Herbst*) einpassen. Ihre Stoffgliederung erfolgt nach völlig anderen, jeweils unterschiedlichen Gesichtspunkten.

[359] So zieht er etwa die Beschreibung und die bildliche Darstellung zweier Gescheh-

mag diese ungewöhnliche Art der Stoffgliederung vielleicht nicht unmittelbar einleuchten: Ihnen steht es frei, sich anhand anderer schriftlicher oder bildlicher Darstellungen zu orientieren[360].

Fridolin hingegen will nicht bei der bloßen Aneinanderreihung von Ereignissen und deren Interpretation stehenbleiben, er will nicht an der Chronologie des Weges hin zum Kreuz kleben, und mag sie sachlich noch so korrekt sein. Ihm steht der Sinn danach, die einzelnen Aspekte der Passion so zusammenzustellen, daß bereits ihre Anordnung Interpretation ist und den theologischen Sinngehalt seines Textes zum Ausdruck bringt: Nur wer Christi und der Menschen Verhalten einander gegenüberstellt, wer die dem Gottessohn angemessene Verehrung und die ihm angetanen Schmähungen vergleicht, vermag das Ausmaß seines Leidens und die darin eingeschlossene Erlösungskraft zu verstehen. Der Mensch ist Fridolin zufolge allein aufgrund seines Geschaffenseins Gott unendliche Ehrerbietung schuldig, vermag dem aber nicht in ausreichendem Maße nachzukommen[361]. Verschlimmert wird dieser Zustand noch dadurch, daß auch der Gläubige immer wieder in die Todsünde fällt, die gleichbedeutend ist mit der Verachtung und Schmähung Gottes und seiner Gebote. Je öfter ihm Gott seine Sünde vergibt, desto größer wird seine Verpflichtung zu Dank und Ehre, die er jedoch niemals selbst einzulösen vermag, verstrickt er sich doch immer tiefer in den Kreislauf von Mißachtung, Sünde und Schuld[362]. Den Weg aus dem Teufelskreis heraus

---

nisse, die den Evangelien zufolge nach der Kreuzigung stattfanden, weit nach vorne: Er schildert die Herausführung der Gerechten des Alten Testaments aus der Hölle und die Hineinführung der Gerechten in den Himmel noch vor dem Kreuzestod Christi, da sie die Ungeheuerlichkeit der Wegführung des Erlösers aus Jerusalem und seiner Hinaufführung nach Golgatha besonders deutlich offenbar werden lassen: Christus führt die Seinen fürsorglich zum Heil, die Menschen hingegen führen ihn mit Schande und Spott zum Tod (ad1 va, Z. 1–17).

[360] „Wer die natu(e)rliche(n) ordenung gern siht, der find sie in andern pu(e)chern vnd priefen [kleine Drucke, einzelne Blätter] vnd in den dorffkirchen, der die cristenheit vol ist [...]" (ad1 va, Z. 18–21).

[361] „[...] het sich gott der herr nie gedemu(e)tiget vmb des mensche(n) willen vn(d) hett d(er) me(n)sch nie gesu(e)ndet [...], so wer doch d(er) me(n)sche gott de(m) herren verpflicht gewesen nach seinem vermu(e)gen ine zuloben, vn(d) zueren vn(d) mo(e)cht in dannoch nit als vil geeret vnd gelobt haben als wirdig er [Gott] ist." c4 va, Z. 8–15.

[362] „So nun der me(n)sch durch die su(e)nd die ere gottes vbergibt [verachtet] vn(d) schmehet got de(n) herre(n), d(er) endloser ere birdig [würdig] ist, In de(m) das er sein gepot verachtet, Darumb er ee [eher] hymel vn(d) erd [...] solt lasse(n) zergen, ee das er got vneren wolt durch verschmehung seins willens. So er nun durch die su(e)nd got den herre(n) seiner ere(n), die endlos ist, vnd sich selbs der ewigen seligkeit, die auch nach der werung [Dauer] endlos ist, berawbet, Und sich zu der ewige(n) pein, die auch kein end hat, verpindet, so felt er in ein endlose schuld, die alle creatur nicht bezalen mo(e)chte. Vnd als offt im sollich schuld wirt vergebe(n), so offt felt er in ein schuld solcher grossen da(n)ckperkeit, als groß den [nun] die schuld ist, die im got lasset faren. Wenn er denn wid(er) to(e)tlich su(e)ndet, so felt er in zwifeltig endlose schuld vn(d) kurtzlich: als offt d(er) me(n)sch nach verzeyhung der tod su(e)nd to(e)tlich su(e)ndet, also offt wirt auch die vngemessenheit der gro(e)sse der schuld [...] gemaniguoltigt. Vnnd souil der mensch mer

bahnt die zum Kreuz hinführende Menschwerdung Christi, die alle anderen
Gnadengaben Gottes, seine Verheißungen, seine Fürsorge und seine Bereitschaft, zu verzeihen, übertrifft: „[…] vmb des menschenn willen" hat sich
Christus „gedemu(e)tiget, vnderworffen, die go(e)tlich ere vbergeben [auf
die Ehre, die ihm als Sohn Gottes eigentlich zustand, verzichtet] vnd den
knechte(n), den schuldigen vn(d) den feinden vntertenig gemacht"[363], da nur
auf diese Weise der göttliche Zorn zu stillen war und der Mensch wieder mit
Gott versöhnt werden konnte[364], denn es mußte diejenige Natur Genugtuung leisten, die im Sündenfall ihrem Schöpfer den Rücken gekehrt hatte[365].
Christus erlitt unbeschreiblichen Schmerz, um für die Sünden der Menschen
genugzutun[366], ja, indem er jede einzelne der ihm angetanen Mißhandlun-
gen, Demütigungen und Schmähungen ebenso willig wie klaglos ertrug, leistete er vollkommene Genugtuung für alle menschlichen Verfehlungen, seien
sie auch noch so speziell[367].

---

vnd mer der schuld der ewigenn verdampnus verfelt, so vil wirt er schno(e)der […]. Nun
souil er schno(e)der wirt, souil wirt er der genad gottes vnwirdiger vnd sovil er d(er) genad
gottes vnwirdiger wirdt, souil wirt er schuldiger, got seiner genaden zeda(n)cken, ob
[wenn] er im die verleiht, als er den(n) albeg bereit ist, sein genad zeuerleihe(n) de(m) menschen, der das sein tu(o)t, sie antzeru(e)ffen vnd zeenpfahen; darinn den(n) die gutheit gottes auch on end ye gro(e)sser vnd gro(e)sser erzeigt vn(d) bewert wirt, souil sie sich eym
vnwirdigern nit versagt. Nun souil der mensch schuldiger ist, gott zeda(n)cke(n) vmb sein
genade, die er im [ihm. Ergänze hier: der sie] so offt verschu(e)tt [verdirbt], verschult, verachtet vnnd verwu(e)rckt, [Ergänze hier: ihm, dem] vnwirdigen vnd vnuerdienten so genediglich mit geteilt hat, souil ist sein vndanckberkeit gro(e)sser, wen(n) er die selben genad
aber verachtet vnd vneret gott den herren allweg souil mer vnd mer, souil er in [ihn] vne-
renden mer vnd mer eret." c4 va, Z. 18–b, Z. 28.
[363] c4 vb, Z. 41–c5 ra, Z. 4.
[364] In seiner Aufzählung der Früchte des Leidens Christi schildert Fridolin die Stillung
des göttlichen Zornes deshalb folgendermaßen: „[…] durch das leyde(n) cristi" ist „des
vaters zorn gestillet vnd hingelegt worde(n). Dz man verstee(n) soll nach gewo(n)heit d(er)
red d(er) heilige(n) geschrift, die dy straff od(er) buß, die dy go(e)tliche gerechtigkeit d(er)
creatur vm(b) d(er) su(e)nd wille(n) antu(e)t od(er) auflegt, zorn heisset od(er) nent. Vn(d)
dz ist d(er) zorn gottes gewese(n), dz er nach vnsrer eltern ada(m)s vn(d) eue su(e)nd
keyne(n) me(n)schen zu volkumner gnade als zu der warenn himlischen seligkeit wolt
auffneme(n), biß ym fu(e)r die selben gnug beschehe. Das nye gesehen [sic] ist denn in der
gedult vnd demu(e)tigkeyt vnnd gehorsamkeyt deß leide(n)s cristi. Darumb ist durch dasselb der zorn gottes des vaters abgewendt vnd gestilt vnd der mensch mit got verso(e)net
vnd zu gnaden genomen worde(n)." Bb4 vb, Z. 28–Bb5 ra, Z. 4.
[365] In einem Gebet im Anhang des *Schatzbehalter* wendet sich Fridolin mit diesem, auf
Anselm von Canterbury zurückgehenden Gedanken an Gottvater, wenn er reflektiert,
Christus habe „des me(n)schen (solt dz alles o(e)rdenliche(n) beschehe(n)) natur ansich"
genommen, „auff das, dz dir vo(n) d(er) selbe(n) natur gnug beschehe, die dich vngeeret
het". Ee4 rb, Z. 33–37.
[366] „[…] so er den schmertze(n) habenn wolt, seinem vater gnug zehtun fu(e)r aller
menschenn su(e)nd, so duldet er auch die schmertzen mit aller senfftmu(e)tigkeit vnnd der
souil, so gro(e)ßlich vnnd so lang, das der strengen gerechtigkeit gottes gnug bescheh fu(e)r
vnzelicher me(n)schenn vnaussprechennlich ewig peyn." z4 vb, Z. 4–11.
[367] So fügte sich Christus den Anfeindungen der Juden, die ihm Hochmut und Selbst-
überheblichkeit vorwarfen, „das er genug tette fu(e)r vnnser hohfart" (l1 ra, Z. 25) und

Das in Christi Menschwerdung, Leiden und Sterben offenbar werdende Ausmaß von Selbstentäußerung und Opfer des Gottessohnes ist also zweifellos unendlich und in seiner Grenzenlosigkeit für den Menschen nur schwer verstehbar. Fridolin macht sich deshalb intensiv Gedanken darüber, wie er seinem Publikum die – im *Schatzbehalter* mit einer typisch franziskanischen Modifikation[368] wiedergegebene – anselmische Lehre von der Genugtuung, die der menschgewordene Sohn Gottes seinem Vater anstelle der satisfaktionsunfähigen Menschheit leistet, vermitteln kann. Seine Lösung ist das Abweichen von der chronologischen Passionsschilderung zugunsten einer konsequenten Untergliederung der nach thematischen Aspekten angeordneten Betrachtungspunkte in antithetische, einander erläuternde Artikel. Damit gelingt es ihm, seinem Publikum einerseits die grenzenlose Ehre, derer Christus als Sohn Gottes würdig gewesen wäre, andererseits die unendliche Demütigung eben dieses Gottessohnes begreiflich zu machen, so daß unwiderruflich klar wird: Durch den im Kreuzesgeschehen offenbaren Verzicht auf alle Ehrerbietung erwirkt Christus die Versöhnung von Gott und Mensch; da er den Gläubigen durch das Opfer seines Lebens die Gnade des Vaters verdient, gebührt ihm ewiger Dank. Fridolins Entschluß, in seinem methodischen Vorgehen vom Aufbau ihm bekannter Passionstraktate abzuweichen, geht also weniger auf den Wunsch nach kreativer Neugestaltung eines altbekannten Stoffes als vielmehr auf theologische Erwägungen zurück.

7.6.4.2. Das Ziel des Schatzbehalters: Die Anleitung zum Gebet um des Leidens Christi willen

Nicht nur durch seine Gliederung hebt sich Stephan Fridolins großes Erbauungsbuch von anderen Passionsschriften seiner Zeit ab, auch im inhaltlichen Bereich geht es nur bis zu einem gewissen Grad mit ihnen konform. Dem Nürnberger Franziskaner ist die Reizung zur imitatio als Grundziel dieser Werke ebenso bewußt wie der dorthin führende Weg, der darin besteht, in den Leserinnen und Lesern compassio zu wecken. Er selbst fordert

---

nahm die brutalen Schläge, Streiche und Tritte der Geißler „in dem fu(e)len vnd antaste(n) [mit dem Tastsinn]" entgegen, da er so „gnug hat wo(e)llen thun fu(e)r die su(e)nd vnnd wollust, der wir pflegen in dem selbenn synn." x3 rb, Z. 35–38.

[368] Anders als Anselm, der die necessitas, das Nicht-anders-Können des göttlichen Verhaltens im Satisfaktionsprozeß hervorhebt, spricht Fridolin zwar auch von der Ordnung, die beim Vorgang der Genugtuung einzuhalten war (siehe oben, Anm. 365), verweist aber auch deutlich auf den göttlichen Willen als Ursprung solcher Ordnung (siehe oben, Anm. 364). Während also für Anselm und die in seinem Gefolge stehenden Theologen die Passion des menschgewordenen Gottes die einzige der göttlichen Gerechtigkeit entsprechende und damit allein mögliche Form ist, die zerbrochene Beziehung zwischen Gott und Mensch wiederherzustellen, gibt Fridolin als Franziskaner dem Verständnis der erlösenden Satisfaktionsleistung Christi als Setzung des freien, kontingenten Willens Gottes den Vorzug. Zur franziskanischen Lehre von der Satisfaktion im allgemeinen siehe HAMM: promissio, S. 473–478.

sein Publikum immer wieder auf, das Leiden Christi voller Andacht „mit scha(m), mit mitleiden vnd danckberkeit" zu betrachten[369] und empfiehlt den *Schatzbehalter* als angenehmes Hilfsmittel für all diejenigen, die sich wünschen, daß sie die Passion in ihrem Innersten anrühre[370]. Er führt seinen Leserinnen und Lesern – allerdings vergleichsweise zurückhaltend und selten – realistisch die Schwere der Christus angetanen Martern vor Augen[371] und formuliert in einem der Modellgebete des Anhangs ergriffen: „O allermiltister herre, wer mo(e)cht gnug bedenckenn oder wegen, wie wee dir beschehen were yn d(er) tragung der su(e)nd allerwelt, die dir mitt dem creu(e)tz aufgelegt sind worden? wer mo(e)cht erkennen, wie schwer dir dise last sey gewesen, wie schmertzlich vnd alles leydens vnd laids vol dir diser ausgang [die Kreuztragung] sey gewese(n), angesehe(n) wie mu(e)d du werest, der du die gantzen nacht nye weder rw noch rast gehabt hettest, d(er) du den gantzen tag hin vnd her vnbarmhertzigclich gebosselt [zum Gespött gemacht], gemartert vnd gepeiniget warest worden [...]?"[372] Verwundert gibt er zu bedenken: „[...] wem dz [die Verbindung von körperlichen und seelischen Qualen des leidenden Gottessohnes] nit zu hertze(n) geet, ich ways nit, ob er ein hertz hat; hat er aber ei(n) hertze, so ist es stai(n)ein, nit fleischeyn"[373], und empfiehlt seinen Ordensvater Franz von Assisi als vorbildlichen, von Mitleid erschütterten Betrachter des Kreuzesgeschehens[374]. Die imitatio, der in den „klassischen" Passionsschriften des Spätmittelalters die compassio den Weg bereitet, spielt im *Schatzbehalter* wie auch in den übrigen Werken Stephan Fridolins lediglich eine untergeordnete Rolle, erfährt aber durchaus Beachtung und Wertschätzung[375]. Beide Motive, Mitleiden und Nachfolge, verlieren ihre aus vielen einschlägigen Texten vertraute Zentralstellung und treten zugunsten einer andere Leitidee in den Hintergrund. Durch die paar-

---

[369] Z. B. *Schatzbehalter* z4 ra, Z. 2 f.

[370] „Also vindt ma(n), wie groß alles, das cristus gelitten hat, zeachten ist, wenn man es von innen zegrund ersu(o)chen vnd ansehen will. Und darumb wer da will, das es im zu hertzen gee, der nem es fu(e)r sich nach solcher weyse [gemeint ist die kontrastierende Methode des *Schatzbehalters*] zebetrachten. Und dartzu dient diß pu(e)chlein, wann es helt das auff die weyse fu(e)r." c5 va, Z. 6–14.

[371] Exemplarisch sei ein Auszug aus dem 78. Gegenwurf wiedergegeben, der der Verhöhnung der himmlischen Majestät Christi in der Dornenkrönung gewidmet ist: „Nun lise vn(d) hauffe dise vmbstend alle zesame(n): die scha(n)d, das gespo(e)tt, die grossen pein diser kro(e)nu(n)g, die menge, die spitze, die lenge, die scherpfe der dorn, die preitte vnd dicke d(er) kron, die verserung, durhschleg [sic], durchsto(e)ß, durch fell, durch ziehenn, rauffenn des haubts cristi vorhin, die mu(e)de vnd erschellung des zarte(n) hirns cristi durch das geschrey vnd gedresch der vngestu(e)men peiniger vmb den herren; die schleg auch vntter dz angesiht auff den halß vnd an die wangen, das dan(n) alles dem hirn cristi zu schmertzen vnd leiden ku(m)men ist, so magstu mercken, was grossen bittern schmertzen das hohwirdig, su(e)ß vnd milt haubt cristi gelitten hab [...]" ab2 va, Z. 41–b, Z. 16.

[372] Hh2 ra, Z. 13–26.

[373] Gg5 va, Z. 22–25.

[374] Siehe oben, S. 234, Anm. 322.

[375] Siehe unten, S. 257 f.

weise Gegenüberstellung antithetischer Artikel zu einhundert Aspekten des Leidens und Sterbens Christi versucht der *Schatzbehalter* zu zeigen, daß die Passion Genugtuung für alle Sünde ist und den Gläubigen die Erlösung bringt; insofern ist er sich mit der Passionsliteratur seiner Zeit einig. Welche Konsequenzen jedoch sollen die Leserinnen und Leser aus dieser Erkenntnis ziehen, wenn es nicht primär darum geht, durch tiefe compassio zur willigen imitatio zu gelangen?

Rufen wir uns zunächst ins Gedächtnis, daß Fridolin seinem Publikum den Stoff des *Schatzbehalters* nicht nur verständlich aufbereitet und strukturiert, sondern auch eine Hilfe für die Memorierung der Gegenwürfe entwikkelt, indem er die menschlichen Hände in einhundert Segmente unterteilt und jedem der so entstandenen Abschnitte einen der Betrachtungspunkte des „zweiten Buches" zuordnet[376]. Für alle, die mit dieser Methode nicht zurecht kommen, nennt er zwar beiläufig einige andere Möglichkeiten, räumt aber aus guten Gründen den Händen einen klaren Vorrang als Gedächtnisstütze ein. Für Fridolin ist das Alte Testament „ein figur, bedeu(e)ttung vnd antzeigu(n)g" des Neuen Testaments[377], so daß er die in Ex 13 gegebenen Anweisungen des Mose direkt auf Christus und die Betrachtung seiner Passion übertragen kann: Spricht der Führer Israels davon, das Gedächtnis an die Passahnacht und den Auszug aus der ägyptischen Knechtschaft durch ein Zeichen an der Hand lebendig zu halten[378], so bedeutet das für Christen, mit Hilfe ihrer Hände des Leidens und Sterbens Christi, des neuen und endgültigen Passah zu gedenken, denn „So nun von der alten [Ergänze:ee] [dem alten Bund] gesprochen ist, dz man ir gedencken solt: Noch vil mer sol man das vo(n) diser newen versteen. Wan(n) vntter yene(n) ostern ist su(e)nderlich dise entlich gemeint worden als zu der vn(d) vmb der willen yene gepotten vnd geordnet ist gewesen"[379]. Es ist dem gläubigen Menschen also aufgetragen, mit Hilfe seiner Hände stets die Erinnerung an seine Erlösung durch den Opfertod Christi wachzuhalten[380]. Damit aber

---

[376] Siehe oben, S. 222 f.

[377] d3 rb, Z. 17.

[378] Ex 13,9 (Zitate nach Einheitsübersetzung): „Es sei dir ein Zeichen an der Hand und ein Erinnerungsmal an der Stirn, damit das Gesetz des Herrn in deinem Mund sei". Ex 13, 16: „Das sei dir ein Zeichen an deiner Hand und ein Schmuck auf deiner Stirn; denn mit starker Hand hat uns der Herr aus Ägypten herausgeführt". Fridolin weist sein Publikum nicht ausdrücklich auf diese Verse hin, sondern stellt den Anfang der Perikope in den Mittelpunkt seiner Argumentation: „Gedenck diß tags, an dem du auß egipten land gegangen bist, auss dem hauß des dienstes etc." d2 vb, Z. 23–25.

[379] d3 rb, Z. 19–25.

[380] Tertium comparationis zwischen alttestamentlichem Passahfest und christlicher Passion ist für Fridolin die erlösende Rolle des Blutvergießens: Durch die „bestreichung od(er) bespre(n)gu(n)g des plutes des osterlemblins „ wurden „die kind(er) vo(n) israel behu(e)t […] von der plag, die vber die von egipten land kam un(d) wurden vo(n) de(m) gewalt des ko(e)nigs pharaonis erledigt, Als wir durch dz plut cristi von de(m) zorn gottes bewart vnd von dem gewalt des teu(e)fels erledigt werden. Vnd darumb su(e)llen wir

nicht genug, denn in Psalm 140 heißt es: „O herr, mein gepet werd geschlicht vnd auffgericht als der angezu(e)ndt weyrach vor deinem angesiht, die aufhebu(n)g meiner hend sey dir ein abent opffer"[381]. Erhebt der fromme Christ seine Hände im Gebet zu Gott, so halte er ihm die auf einzelne Fingerglieder verteilten Gegenwürfe und Artikel des Leidens Christi als Opfer vor[382]. Diese Handlungsweise ist in Fridolins Augen keineswegs weit hergeholt, sondern unmittelbar einleuchtend, denn nach Hebr 10 ist das Kreuzesgeschehen „das war [wahre] abent opffer", und damit der Vorgang, in dem „alle opfer d(er) alten ee [des alten Bundes] volbracht vn(d) volendet sein worden"[383]. Wer also „den schatz des kostparn leidenns cristi, durch das" er „erlo(e)st" ist, „gleich als in der hand" trägt[384] und seine Hände im Gebet erhebt, der spreche in Gedanken: „die auffhebu(n)g meiner hend sey dir ein zeichen vnnd ein bedeu(e)tnus des opfers, dz vnser herr ihesus cristus an dem creutz getan hat, da er sich selbs dir, o himlischer vatter fu(e)r aller werlt su(e)nd ei(n) vnuerwefflichs opfer geopfert hat"[385].

Indem Fridolin den Begriff des Opfers an Gottvater und das Leiden Christi so eng miteinander verbindet, begibt er sich in einen Bereich, der im kirchlichen Leben seiner Zeit primär von dem während der Messe vollzogenen Opfer des Priesters besetzt ist. Er bewegt sich damit auf gefährlichem Terrain, könnte man seine Ausführungen über das flehentliche, die Passion darbringende Erheben der Hände doch als Nivellierung des Meßgeschehens auffassen, das exklusiv der Kirche in Gestalt ihrer geweihten Vertreter vorbehalten ist. Der Franziskaner bemüht sich deshalb sofort um eine Klarstellung seiner Position, indem er die im Raum stehende Frage nach dem Opfercharakter von Laiengebeten zunächst einmal dadurch erläutert, daß er vor dem naheliegenden Mißverständnis warnt: Das opfernde Darbringen der Passion im Gebet und die sakramentale Meßhandlung dürfen nicht verwechselt werden, denn die Hände des betenden Individuums wie der gesamte Mensch, zu dem sie gehören, sind „nicht rein [...] von su(e)ntlichen wercken"[386]. Sicherlich – hier nimmt er einen möglichen Einwand seines Publikums auf –, auch der Priester, der in der Messe das Opfer darbringt, mag persönlich „got nit angeneme" sein; dennoch ist sein sakramentales Handeln „verdienstlich vn(d) heilsam [...] vmb seins ampts willen, darumb das er ein diener der heiligen kirchen ist, in der [deren] person er das tut, vnd darumb in krafft des

---

desselbe(n) nymermer vergessen als Moyses gepeu(e)t [befiehlt], sunder wir sollenn desselben ein gedechtnus vnd manungzaichenn zu erynnerung yn vnser hend fu(e)r vnser auge(n) [...] machen." e1 va, Z. 23–37.

[381] d2 ra, Z. 5–9.
[382] d1 vb, Z. 40–d2 ra, Z. 3.
[383] d2 ra, Z. 12 und 14 f.
[384] d1 vb, Z. 35–37.
[385] d2 ra, Z. 40–b, Z. 5.
[386] d2 rb, Z. 6 f.

verdiensts der gantzen heiligen cristenheit"[387]. Darüber hinaus gibt es noch
einen zweiten Grund, der die singuläre Qualität des Meßopfers gewährleistet, verkörpert der Priester während der Messe doch nicht nur die Kirche,
sondern auch Christus selbst: „[...] d(er) priester steet ob dem altar in der
person der heiligen cristenheit vnd auch in der person cristi fu(e)r die cristenheit vnd bedeu(e)t in den dingen, die er in de(m) go(e)tliche(n) ampt [...]
tut, das gantz lebe(n) vnd leide(n) cristi"[388]. Niemand komme deshalb auf
den Gedanken, das persönliche Gebet um der Passion willen als Konkurrenz
zur Messe oder gar als Ersatz für das dort vollzogene Opfer zu betrachten!
Jeder Leserin und jedem Leser rät der Franziskaner vielmehr, sehr bewußt am
Meßgeschehen teilzunehmen und demütig seine Frucht für die eigene Person zu erbitten: „Vn(d) dz magstu in deiner meinung thun, wenn du(e) [sic]
sihst mess lesen vnd den priester die hend auf heben, so beger, dz dasselb
aufhebe(n) fu(e)r dich auch aufgenome(n) werd als ein bedeutu(n)g des opfers cristi an dem creutz"[389].
Ist nun geklärt, daß es sich bei der Differenz zwischen opferndem Gebet
der Gläubigen und im Rahmen der Messe vollzogenem Opfer der Kirche
nicht um einen graduellen Unterschied innerhalb ein und derselben Handlung, sondern um die klare Trennung zweier völlig verschiedener Phänomene handelt, so bleibt die Frage zu beantworten, was damit gemeint ist, wenn
im *Schatzbehalter* wiederholt die Aufforderung ergeht, die Passion als Ganze[390] oder einzelne der Christus zugefügten Schmähungen und Qualen[391]
Gottvater „vorzuhalten" und zu „opfern". Fridolin knüpft hier zunächst an
Worte des Johannesevangeliums an, in denen Jesus den Jüngern die Erhörung
ihrer Gebete verheißt, würden sie den Vater im Namen Christi bitten[392], und
interpretiert diese Worte im Hinblick auf die Darbringung der Passion im
Gebet folgendermaßen: „wen(n) wir got dem vatter das verdienen cristi
fu(e)r halten, So bitte(n) wir den vatter, das er vns das vmb des verdie(n)sts
wille(n) seins suns geben wolle, des wir vnsers verdiensts halben nit wirdig

---

[387] d2 rb, Z. 20–27.

[388] d2 rb, Z. 37–va, Z. 3.

[389] d2 rb, Z. 14–19.

[390] Den Zweck der 100 Gegenwürfe zum Leiden Christi, die das zweite Buch des
Schatzbehalters bilden, faßt Fridolin so zusammen: Sie wurden zusammengestellt, „das man
sy bedenck vnd gott den herren dester kreftiglicher durch sie anru(e)ffe [...]. Darumb wirt
geratenn, das man die selben allweg an der hand hab, das man sie gott dem herren mu(e)ge
fu(e)rhalten, opfern vn(d) in durch sy bitten vnd anru(e)ffen" (Z5 va, Z. 35–b, Z. 1).

[391] So schreibt Fridolin über die Angst Christi am Ölberg: „Diser [...] angst vnsers
herren solte(n) wir offt gedencken, die selben got dem vater fu(e)rhalten vn(d) opfern
gege(n) der angst, die vns besteen wirt an vnserm letzten end" (r6 rb, Z. 2–6). Im 57. Gegenwurf, der die Gefangennahme Christi behandelt, rät er: „[...] opfer ym [Gottvater] die
vnuerdienten gefengknus cristi fu(e)r dein woluerschulte(n) gefengknu(e)ß". Er bezieht
sich dabei auf die Gefangennahme des Menschen, die beim Ausfahren der Seele aus dem
Leib zu erwarten ist, weil zu diesem Zeitpunkt die höllischen Mächte auflauern, um die
Seele in ihre Gewalt zu bringen (s6 rb, Z. 3–27; Zitat Z. 25–27).

[392] Joh 14, 13 und 16, 23.

sein zeempfahen"[393]. Zweifellos ist es wichtig und gut, sich in das Leiden und
Sterben Christi zu versenken, schreibt doch Bernhard, „das durch die an-
dechtige(n) betrachtu(n)g des leidens cristi dem menschen die su(e)nd
verzige(n), tuge(n)d ein gegossen oder gemert wu(e)rden, sunder gnad vn(d)
andacht verlihen. Er wirt vor dem bo(e)senn feind behu(e)tt vnd be-
schu(e)tzt, in gutte(m) bestettiget, zu go(e)ttlicher erkentnus erho(e)het vnd
zu himlischen begirden geraitzet"[394]. Noch besser und fruchtbarer aber ist es,
der Verheißung Christi zu folgen und es nicht bei der Betrachtung zu belassen, denn „wirt so groß krafft vn(d) tugent in die andechtigen betrachtu(n)g
gesetzet, wie vil krefftiger ist es, das man gott den herre(n)" um des Leidens
und Sterbens Christi willen „hitzigclich vn(d) begirlich anru(e)ft vnd im
dzselb a(n)dechtigclich, da(n)ckberlich vnd demu(e)tigclich fu(e)rhelt vnd
opfert"[395]! Der Franziskaner sieht sich mit seiner Anleitung zu solcher Anwendung der Passion durchaus in der Tradition der Kirche, denn einige allge-
meinbekannte liturgische Formen beziehungsweise Formeln stellen sogar
das Vorbild dar, an dem er sich im *Schatzbehalter* orientiert[396]. Spricht Fridolin also davon, Gott das Leiden und Sterben seines Sohnes vorzuhalten und
zu opfern, so versteht er darunter das um der Passion und ihrer Verdienste
willen ausgeprochene, flehentliche Gebet eines Menschen, der erkannt hat,
daß „wir in dem schatz des leide(n)s cristi opfer vnd gnugthun finden fu(e)r
alle vnser su(e)nde"[397]. Für den Franziskaner geht die „Vorhaltung" demnach
insofern über die „Betrachtung" des Leidens Christi hinaus, als letztere vor
allem bedeutet, den Passionsstoff auf sich einwirken zu lassen und sich dem
Bedenken einzelner Leidensaspekte hinzugeben – in diesem Sinne eine
theologia passiva. Die Vorhaltung hingegen setzt das Element der Reflexion,
des Wissens um die Bedeutung des Kreuzesgeschehens für den Sünder unabdingbar voraus, gießt es in die Form von Bittgebeten und läßt den Menschen
so auf Gott einwirken – die Vorhaltung ist die aktive Komponente innerhalb
der Konzeption des *Schatzbehalters*[398]. Die Hinführung seiner Leserinnen

---

[393] f4 va, Z. 39–b, Z. 3.

[394] Gg1 ra, Z. 27–35.

[395] Gg1 ra, Z. 39–b, Z. 4.

[396] Fridolin rät, die 100 Gegenwürfe des zweiten Buches in der Weise zu gebrauchen,
„als man denn yn d(er) letaney thut, So man spricht: ‚[…] durch deyns heyligenn
creu(e)tzes vnd leydens willen erlo(e)s vnns herr, durch deines heyligen tods vnd begrebt-
nus willen erlo(e)s vnns herr‘" (Z5 vb, Z. 1–7). Offensichtlich fällt ihm auf, daß diese Erklärung nicht besonders gelungen ist, da in der Litanei nicht Gottvater, sondern Christus
selbst angefleht wird, denn er fügt wenig später ein weiteres, diesmal passenderes Beispiel
hinzu. Wer der Anleitung des *Schatzbehalters* folge, rufe Gottvater „nach gemeyner gewon-
heyt der heyligen kirchen" an, „die yr gebet pflygt zu beschliessen in dem namen cristi, So
sy spricht: Per dominu(m) nostrum ihesum cristu(m) etc." (Z6 ra, Z. 5–9).

[397] Ff5 vb, Z. 34–36.

[398] Nicht verschwiegen sei an dieser Stelle, daß Fridolin den Begriff „Betrachtung"
nicht immer im differenzierten, den Unterschied zur Vorhaltung hervorhebenden Sinne
benutzt. Die Passion zu betrachten, heißt für ihn häufig, sich in irgendeiner Weise mit dem

und Leser zu dieser Art des Gebets, die ihr entsprechende Strukturierung des Passionsstoffes und die exemplarische Aufzeichnung von Modellgebeten sind die zentrale Absicht des *Schatzbehalters*, wie sein Autor immer wieder betont: „[...] vnd ist die entlich mainu(n)g diß bu(e)chs, das wir darauß lernen, durch das leiden cristi vnd sein verdienst got den herren krefftiglich anruffen vnd dar durch verdinen(n), das wir entlich zu(o) vnserm(m) hail vn(d) nutz erho(e)ret werden"[399].

Um ihretwillen weicht er bewußt von dem Weg ab, den andere Passionsschriften beschreiten[400], und bezieht Themen in sein Werk ein, die man in einem Text über Christi Leiden und Tod zunächst nicht vermuten würde, die aber – was erst auf den zweiten Blick deutlich wird – das mit dem *Schatzbehalter* verfolgte Ziel fördern und stützen[401].

Exemplarisch sei hier der Abschnitt über das Credo genannt, da er anders als die übrigen im dritten Buch des *Schatzbehalters* behandelten Themen nur auf dem Hintergrund der zentralen Absicht des Bandes verständlich wird und vor allem zusammen mit Fridolins Ziel des Leidensopfers gleichsam die beiden Brennpunkte einer Ellipse des Heils bildet. Der Franziskaner illustriert sowohl den zur Vorhaltung vor Gott aufbereiteten Passionsstoff wie auch die Artikel[402] des Glaubensbekenntnisses durch zwei Memorierhände

---

Leiden und Sterben Christi zu beschäftigen, sei es durch die Lektüre eines Buches wie des *Schatzbehalters*, sei es durch das Nachdenken über die zum Kreuzestod hinführenden Geschehnisse. In einigen seltenen Fällen scheint die Betrachtung sogar die gedankliche Durchdringung der in der Passion erworbenen Verdienste Christi und ihre opfernde Vorhaltung vor Gott einzuschließen. Zumindest wird nicht klar, inwiefern letztere über die Betrachtung hinausführen oder diese zu ihrem eigentlichen Ziel bringen sollte, wenn Fridolin schreibt: „Ma(n) findt auch vntter den fru(e)chten der betrachtu(n)g des leydens cristi gesetzt: wenn der mensch, der mit andacht das leyden cristi bedenckt, an dem selbe(n) tag, an dem er es also betrachtet het, on das sacrament stu(e)rbe, so wirt es ym also geachtet, als ob er dz sacrament enpfa(n)gen het. Vnd das sol nyemant wund(er) nemen. Den(n) da cristus das sacrame(n)t sei(n)es heyligen fronleichnams vnd seines heyligen plutes auffsatzt vnd seine(n) iu(n)gern zenyessen gabe, sprach er: ‚Das thut yn meiner gedechtnus, das ist zu einer gedechtnus meines todes'. Auß dem mag man mercken, wie groß die betrachtung des leidens cristi von got geachtet wirt." Gg1 va, Z. 8–23. Zu Fridolins Verständnis von „Andacht" siehe unten, S. 213 f.

[399] a2 va, Z. 22–28. Ebenso Z6 ra und Dd6 vb.

[400] In der Einleitung zum zweiten Buch des *Schatzbehalters* reflektiert Fridolin sein Bestreben, sich von anderen Werken zum Thema, von ihrem Aufbau und ihrem Ziel, der Anleitung zur Betrachtung, abzusetzen. Er erklärt, die Gegenwürfe zum Leiden Christi „nit allein dz man sie betracht", zusammengestellt zu haben, „sund(er) auch vn(d) mer darumb, das man wisse, gott den herre(n) darbey antzeru(e)ffen vnd im die selben gege(n)wu(e)rff [...] fu(e)rzehalten vnnd zeopfern". f4 va, Z. 25–32.

[401] Siehe dazu oben, S. 189.

[402] Unter den „artickeln des glaubens" versteht Fridolin anders als wenige Jahrzehnte später Martin Luther im *Kleinen Katechismus* nicht drei den Personen der Trinität zuzuordnende Textblöcke, sondern zwölf in etwa gleich lange Sätze, in die das Credo nach thematischen Gesichtspunkten (z.B. Leiden und Sterben, Hinabfahren in die Hölle, Auffahren in den Himmel, Richten von Lebenden und Toten) untergliedert werden kann. Seine Aufteilung entspricht damit der in der Literatur des ausgehenden Mittelalters weit verbreiteten

und liefert schon dadurch einen Hinweis auf ihren engen Konnex. Während die beiden im ersten Buch abgedruckten „Leidenshände" darauf angelegt sind, den Leserinnen und Lesern des *Schatzbehalters* einhundert antithetisch aufgebaute Gegenwürfe zur Passion einzuprägen, damit diese Gottvater im Gebet geopfert werden können, verfolgen die „Credohände" des dritten Buches einen anderen, das Ziel der vorderen Hände ergänzenden und gerade durch ihre Komplementarität vollendenden Zweck: Sie dienen als Gedächtnisstütze für die einzelnen Artikel des christlichen Glaubensbekenntnisses, deren stete Verfügbarkeit nicht um der Hinwendung zu Gott, sondern um der Abwehr des Teufels willen notwendig ist[403]. Christen, die sich über die Artikel des Grundpfeilers christlicher Katechese im Unklaren sind und nicht wissen, welche Aussage im Credo auf die andere folgt, sind eine leichte Beute für den Gegenspieler Gottes[404]. Zu seinen Lebzeiten sind die Taten seiner Hände, also die guten Werke, Schmuck und Wappnung des Menschen, aber alle Anstrengung war umsonst, wenn es dem Gläubigen am Ende seines Lebens nicht gelingt, standhaft zu bleiben und sich gegen die in der Todesstunde verstärkt auf ihn einwirkenden Einflüsterungen des Teufels zur Wehr zu setzen. Dabei helfen ihm keine guten Werke mehr; allein das entschlossene Festhalten an den Wahrheiten des christlichen Glaubens verspricht Erfolg[405],

---

(vgl. STAMMLER: Prosa, Sp. 1310–1343) Strukturierung und Verarbeitung des Glaubensbekenntnisses.

[403] „So nun d(er) bo(e)ß veind allermeist begert, den gru(n)d aller gutte(n) i(n) dem me(n)sche(n) vm(b) zukere(n) vn(d) <zu> zersto(e)re(n) als den heilige(n) cristenliche(n) glaube(n), dy hoffnu(n)g zu gott vn(d) die liebe durch zweifelu(n)g i(n) dem glaube(n), durch verzweyfelung, durch vngedullt, durch mu(e)rmeln wider die gerechtigkeit gottes, durch wolgeuallen yn ym selber vnd yn seinen wercke(n), durch ein mißuallen yn den go(e)ttliche(n) vrteylenn vnd dergleychen, so gedo(e)rst [wage] ich raten, das einer die zwelff artickel des glawbens yn die glidleyn der fingeren durch die pildliche zuaygenung setzte." T4 rb, Z. 17–30.

[404] Im Dialog „Von den zwelff artickeln des glaubens" (so die Seitenüberschrift zum ersten Teil des Abschnitts über das Credo (S5r-T6r)) bittet der Frager den Antworter um Auskunft darüber, weshalb es ratsam sei, in Gedanken jeden Satz des Credo einem Apostel als Urheber zuzuschreiben und die so entstehenden zwölf Kombinationen mit Hilfe der Hände fest ins Gedächtnis einzuprägen. Der Antworter begründet seine Meinung: „Ich bekenn, es ligt nit vil dar an […], dann man mag sie alle einem yglichen [Apostel] zu schreybe(n), so sie ein yglicher bewert hat, aber ich wollt die hende der andechtigen mensche(n) gern zyere(n) vnd wider den po(e)ße(n) veind wappnenn […] das sie got de(m) herren wol gefyelen vnd sich des venides [sic] allermayst in dem letste(n) streit erweeren mo(e)chten vnd darumb so du ye ho(e)ren willt, So sag ich dir: Die sach, Warvmb ich es vngern sih, das ma(n) vneinhellig ist, ist die, Dz es die gedechtnus verwirret vn(d) vnstet macht. Nun wollt ich gern, dz die zueyg(n)ung stet blib auff dz, dz ma(n) die artickel vest vnd steyf mo(e)cht anhenckenn." S5 va, Z. 16–34.

[405] „WIe wol die geystlich gezyrd vnd wappenung d(er) hend in d(er) zeit d(er) gesuntheit allermeist vn(d) gewysest an gutte(n) wercken stet, daz also d(er) baß gezyret vnd gewappnet wirt, d(er) mer gutes yn rechter meynu(n)g on vermengu(n)g bo(e)ser werck tut, so wu(e)rd doch das selb als verlore(n), wa er nit steyf wid(er) die anfechtung des bo(e)ßen veinds i(n) seine(m) letste(n) end stund vn(d) widerstund." T4 rb, Z. 8–17.

[406] „Item mein ratt ist, wie man die artickel also yn die finger setzt, also soll man auch

denn wer seine Kenntnis des Credo, das die Kirche schon immer geglaubt
und verkündet hat[406], jederzeit und ohne Zögern abrufen kann, vermag den
Teufel durch dieses Wissen in Grenzen zu weisen und zu schlagen. Fridolin
leitet nun im *Schatzbehalter* ganz praktisch und konkret zur Gegenwehr gegen den Feind des Menschen und seine Anfechtungen an, indem er zum einen vorführt, wie die Glaubensartikel auf die Fingerglieder verteilt werden
können, zum anderen darin schult, das memorierte Gut sinnvoll einzusetzen.
Ficht einen der Teufel in der Todesstunde an, so halte man ihm die Credo-
bewehrte Hand entgegen, als ob man sprechen wollte: „„Sihst du, da hyn hab
ich mei(n) glawbe(n) gesetzt; wye ich mir yn da fu(e)rgenummen hab, also
will ich darauff vnd darynnen beleyben'. wu(e)rd er [der Teufel] dir einspre-
chen: ‚Ach, es ist nichts vmb den christenglaube(n). Es ist kein gott yn
so(e)lcher weys als die christenn hallten', so so(e)lltest du […] mit dem daw-
men auff das erst oder vntterst glidleyn des nechstenn fingers deu(e)ten, als
ob du sprechen wolltest: ‚Sihstu, da stet es, ich glaub yn got'.""[407] Erweist man
sich so als standhafter Gegner des „bösen Feindes", wird dieser den Rückzug
antreten und sein Ziel, den Menschen Gott zu entreißen und in die Hölle zu
stürzen, aufgeben. Vom Glauben also – und Fridolin geht hier ohne weitere
Reflexion davon aus, daß fides ecclesiastica und fides explicita in eins fallen[408]– hängt „vnser weer, vnser vberwinden, vnser ere, vnser heyl, vnser si-

---

die zwelffpotten darzu setze(n), eyn yglichen zu seinem artickel vnd das dyenet vntter anderen sachen auch darzu, das du mo(e)chtest wider die verworre(n)heit gedencken vnd
dich also [folgendermaßen] weren wider die verwickelu(n)g: Da stend sie […], die auß
d(er) leer cristi vn(d) ei(n)sprechu(n)g des heilige(n) geistes den glawbe(n) gestift habe(n)
wy sie es alles verstande(n) vn(d) gemeynt haben vnd der heylig geyst in ynen vn(d) yren
nachkummenn; also soll eß mir auch gemaynt sein vnd nit anders." (T4 vb, Z. 31–T5 ra,
Z. 4). Da für Fridolin die Kirche neben den Aposteln auch Heilige und im Glauben besonders erprobte Menschen zu ihren Repräsentanten zählt, bildet er auf den Credohänden
beide Gruppen ab, wobei er letztere nicht nur als vorbildliche Hüter des Glaubens versteht,
sondern beiläufig auch dazu auffordert, sie als Fürbitter anzurufen und ihre Verdienste
Gottvater im Gebet vorzuhalten (X1 rb, Z. 5–11).

[407] T4 va, Z. 13–24.

[408] „Setzstu nun den selben artickel [einen der Glaubensartikel] in den vinger vn(d)
glawbst yn in dem hertzen vnd vergihst [bekennst] yn mit dem mund vnd der glaub des
selbe(n) artickels vberwindt, so bist du ye bewart wid(er) den veind des glaubens." U1 ra,
Z. 19–24. Fridolin äußert sich nicht weiter über den Zusammenhang von kirchlicher Lehre und äußeren Frömmigkeitsformen einerseits sowie persönlicher innerer Haltung des
Gläubigen andererseits, sondern bezeichnet unbekümmert dreierlei mit dem Wort „Glauben": Die Inhalte kirchlicher Lehre und Unterweisung, das Glaubensbekenntnis in seiner
apostolischen Form und den Glauben der einzelnen Christen. Seine Vorstellung vom Verhältnis der verschiedenen Glaubensbegriffe ist im Ansatz vielleicht durch eine Passage aus
der *Lehre für angefochtene und kleinmütige Menschen* (Siehe oben, S. 135 f.) zu erschließen: Dort rät er einer Nonne, der es nicht gelingt, ohne Wenn und Aber in den sie eventuell
verdammenden Willen Gottes einzustimmen, sich mutig dem Teufel zu stellen und ihm als
Antwort auf seine Anfechtungen entgegenzuschleudern: „wil es got habe(n), daz ich
v(er)dampt sey, so wil ich es auch " (Cgm 4439, 52v, Z. 5 f). Kann die angefochtene Klosterfrau die Antwort an den Teufel auch nicht aus tiefstem Herzen sprechen, so ist das kein

cherheit vor den veinden, vnser gezyerd vn(d) hoffnu(n)g d(er) seligkeit" ab[409]; ist der Glaube „starck in vns, so sind wir starck wider den bo(e)sen veind. Ist er blo(e)d, so sind wir blo(e)d; verlyerenn wir den glaube(n) – da gott vor sey –, so haben wir vnser weer verloren"[410]. Indem Fridolin seine Leserinnen und Leser in der Bedienung dieser wirkungsvollen Waffe anleitet, lenkt er ihren Blick bildlich gesprochen auf das zweite Zentrum einer Ellipse, die den Weg des Menschen zum Heil darstellt: Der erste, größere Fokus ist in der vertrauensvollen Hinwendung zu Gottvater, in der Vorhaltung des Leidens Christi vor seiner himmlischen Majestät zu sehen, den zweiten, kleineren Brennpunkt bildet die Abwendung vom Teufel, dem der Gläubige die Artikel des Credo – und hier benutzt Fridolin sogar die gleiche Vokabel[411] – „vorhält". Da die im Glaubensbekenntnis zusammengefaßten Aussagen ihre Relevanz für den Menschen jedoch erst durch den erlösenden Tod Christi am Kreuz gewinnen, erschließt sich nicht nur der Sinn des Credoabschnittes innerhalb des *Schatzbehalters* nur im Hinblick auf das zweite Buch des Werkes; er hängt auch vom dort formulierten Ziel des Gesamttextes ab: Wird der Gläubige, der es gelernt hat, Gottvater um des Leidens und Sterbens Christi willen anzurufen, vom Teufel heimgesucht, da dieser das Vertrauen des Menschen auf Gott zunichtemachen und ihn in seine eigene Gewalt bringen will, so kann er sich durch das Bekenntnis des Glaubens an den, dessen Tod „die ewigen volkum(m)ene(n) seligkeit verdienet het"[412], erfolgreich verteidigen.

Grund zur Sorge: „Wenn du den(n) diß dick vnd vil thu(n) wirst, ja auch newr mit den(n) worte(n) sprichst, so sind die wort gewißlich nit v(er)lorn; sy springe(n) hinte(n) nach auß de(m) mund jn das herz" (Cgm 4439, 52v, Z. 7–10). Für Fridolin sind demnach äußerliche Formen der Frömmigkeit auch dann sinnvoll, wenn sie ein Mensch vorerst nicht zu verinnerlichen und aus persönlicher Überzeugung zu praktizieren vermag. Er mißt ihnen eine Art Eigendynamik bei, die es zum einen ermöglicht, auch ohne das willentliche Mittun des Individuums zu wirken, und zum zweiten gestattet, gleichsam in den Menschen einzudringen und ihn so zu verändern, daß das Anliegen der zunächst nur gesprochenen oder ohne inneren Bezug vollzogenen Formen zu seinem eigenen wird. Auf den Gebrauch des Credo als Abwehr gegen den Teufel angewandt hieße das: Benutzt der Mensch mutig die in sein Gedächtnis eingeprägten Glaubensartikel, so fällt die in ihnen enthaltene Kraft in sein Herz zurück, so daß er sie schließlich nicht mehr nur als apotropäische Formel, sondern als Ausdruck seiner gläubigen Überzeugung aussprechen kann.

[409] *Schatzbehalter* U3 ra, Z. 19–23.

[410] U1 rb, Z. 21–25.

[411] „DEr mensch, der setzt ym fu(e)r, wenn yn der bo(e)ß veind wirdt anfechten von dem glawbenn, das er ym denn die hand fu(e)rhalte(n) wo(e)ll [...]". T4 va, Z. 9–12.

[412] So in Fridolins modellhafter Verwendung des vierten Glaubensartikels (Gelitten unter Pontius Pilatus, gekreuzigt, gestorben und begraben) als Waffe. U1 vb, Z. 26 f.

7.6.4.3. Wissen, Andacht und Nachfolge als zentrale Größen der Aneignung des Betrachtungsstoffes

Stephan Fridolin lädt sein Publikum zur Beschäftigung mit dem Leiden und Sterben Christi ein. Er räumt ein, daß es über den Sohn Gottes, seine Taten und sein Leben viel mehr zu berichten gebe, als es im *Schatzbehalter* der Fall sei; dennoch beschränke er sich in seinem Werk auf die Passion und ihre Betrachtung, da diese Thematik „die lieplichst" sei: Man beschäftige sich dabei nämlich mit Christus, „der auß barmhertzikait vn(d) liebe, die er zu vns menschen gehabt hat, fur vns hat wollen leiden vn(d) sterben, auff das, das er durch dasselb got seinem vatter fu(e)r vns vnd vnser su(e)nd genug tete vn(d) vns also mit im versu(e)nete vnd vns sein genad widerumb erwu(e)rbe"[413]. Es wäre jedoch ein Mißverständnis, zu meinen, die ans Kreuz führende Passion sei ein (wenn auch heilvolles) Ereignis der Vergangenheit, das unabhängig vom Gläubigen wirke. Richtig ist Fridolin zufolge vielmehr, „das das leide(n) vnsers herren der schatz vnnsers heils [...] nit allein nach de(m), als eß in im selbs beschehe(n) ist, so(e)nder auch nach d(er) weyse, als es in vnns durch den andechtigen glaube(n) mit danckberkeit erke(n)t, betrachtet, geliebet, geho(e)rt, gelese(n), bedacht, geopfert, a(n)gerufft, nachgeuolgt, ge<g>laubt, verwu(n)dert vn(d) bewaynet wirt"[414]. Dem gläubigen Menschen muß also daran gelegen sein, sich selbst in eine Beziehung zum Geschehen auf Golgatha zu setzen, dem leidenden Christus nahezukommen und den Glauben an die erlösende Passion in sich wirken zu lassen[415]. Er muß sich mit dem ans Kreuz führenden Weg des Gottessohnes beschäftigen, ihn bedenken und betrachten[416]. Dabei versucht ihn der Franziskaner zu unterstützen, indem er im *Schatzbehalter* einen durchdachten, auf die unterschiedlichen Fähigkeiten und Interessen der Leserinnen und Leser ausgerichteten Weg der Aneignung des Leidens und Sterbens Christi aufzeigt, seinem Publikum darauf vorangeht und es zum Ziel des Pfades, der betenden Opferung der Passion, hinführt.

Um Gottvater das Leiden Christi und seine Verdienste vorhalten zu können, muß ein Christ über ein gewisses Maß an Kenntnis über den Ablauf der Passion, die beteiligten Personen und die örtlichen Lokalitäten, aber auch die soteriologische Qualität des Geschehens verfügen, weshalb Fridolin unzählige Male dazu auffordert, sich unter seiner Anleitung der Betrachtung dieser Inhalte hinzugeben, und auf den vielen hundert Seiten des *Schatzbehalters* ein

---

[413] a3 rb, Z. 3–11.

[414] a5 rb, Z. 3–11.

[415] An diesem Punkt stimmt Fridolin mit der Passionsliteratur seiner Zeit völlig überein, die betont, wie sehr es in der Beschäftigung mit dem Kreuzesgeschehen darauf ankommt, daß der einzelne Gläubige ein persönliches, inniges Verhältnis zu Christus und seinem Leiden gewinnt. Siehe ELZE: Verständnis, S. 134.

[416] Zum nur wenig konturierten Begriff der „Betrachtung" im *Schatzbehalter* siehe oben, S. 248, Anm. 398.

gerüttelt Maß an Wissen darüber bietet. Ihm ist zwar bewußt, daß die Konfrontation mit einer Vielzahl von Themen und schwierigen theologischen Fragestellungen für einen Teil seines Publikums eine Überforderung darstellt, er mahnt die eher beschaulichen Andachtsstoff erwartenden Leserinnen und Leser jedoch zur Geduld[417] und unterrichtet sie über die zentrale Rolle, die das vorerst rein kognitive Wissen über Glaubensinhalte für Christen spielt: Es vermag Zweifel an Inhalten kirchlicher Verkündigung und Lehre auszuräumen[418], es wappnet gegen den Teufel und seine Angriffe[419], und – dieser Aspekt ist für den *Schatzbehalter* am wichtigsten – es bringt im Gläubigen Andacht hervor, indem es ihm zeigt, worauf er seine frommen Gedanken richten kann und welche Bedeutung die Grundwahrheiten des Glaubens für ihn haben[420]. Fridolin ist der Überzeugung, daß ein Mensch „souil mer andacht" habe, „souil als er ho(e)her verstentnus vnd clerer erkentnus" von einer Sache besitze[421] und er demonstriert das am Beispiel der Verehrung des Kreuzes: „[...] das die creu(e)tzigung cristi dem mensche(n) dester mer zu hertzen gieng vn(d) ein kurtzer gedanck von dem leiden cristi oder gebettlein dester schmackhafftiger durch die andacht wu(e)rde"[422], gebe er seinem Publikum verschiedene Perspektiven der Betrachtung des Kreuzes zu bedenken, die zunächst für Verwirrung sorgen könnten, schließlich aber die Andacht intensivieren und mit neuen, bislang vernachlässigten oder gar unbekannten Gegenständen erweitern würden[423]. Andacht geht für

---

[417] „Der dyse materien vmb der andacht willen vnd nit vmb der kunst [Wissen] willen fu(e)rderlichen bestelt, der hab gedult yn so(e)llichen dingen [gemeint sind die weitschweifigen Ausführungen zum Thema Gottesbeweise], ob er sie zu zeiten findt vnd verstet er es nit vnd will sein kopff nit mit zerprechen, so gee er fu(e)r vn(d) vberhupfs vns leß das ander, das darnach geet vnd gedenck, dz ein ander daru(e)ber mag kumme(n), der frisch synn hat" (R2 vb, Z. 20–28).

[418] Durchaus möglich ist es nämlich, daß jemand die diffizilen Passagen des Bandes liest, „dem es einen lust gibt, so er sicht, das die kunst weyset auff die spu(e)r der gewissen beweru(n)g des go(e)ttlichen wesens vnnd auff vestigung der cristenliche(n) glaube<n>s vn(d) der es selber nit begreyffen mag, der freu(e) sich doch, das es durch die kunst so bewerlichen oder so gewyßlichen ersucht [ergründet] wirdt vnd beschlossen wirdt, dz gott sey, das die weysen nit zweyfeln mu(e)gen" (R2 vb, Z. 29–38).

[419] Siehe oben, S. 250 f.

[420] Vgl. dazu Slenczka, die zutreffend bemerkt, im Mittelalter hätten Belehrung und Andacht enger zusammengehangen, als es der vom Pietismus geprägte Andachtsbegriff der Neuzeit vermuten lasse. SLENCZKA: Bildtafeln, S. 165.
Mit seiner Wertschätzung theologischer Kenntnisse von Laien steht Fridolin in der Linie mittelalterlicher Theologen, die (wenn auch in eingeschränkterem Maße als der Nürnberger Franziskaner) die Notwendigkeit von religiösem Basiswissen für jeden Christen betonen und sich deshalb bemühen, katechetischen Grundlagen eine breite Basis in der Bevölkerung zu verschaffen. Vgl. dazu z.B. BURGER: Erwartung, S. 105–108 (über Marquard von Lindau). Zur Rolle von Wissen und affectus in der spätmittelalterlichen Frömmigkeit siehe SCHREINER: Laienfrömmigkeit, S. 62–64.

[421] Hh2 vb, Z. 11–13.

[422] Hh2 va, Z. 41–b, Z. 4.

[423] Hh2 vb, Z. 14–Hh3 rb, Z. 34.

Fridolin freilich nicht im bloßen Erwerb oder Besitz theologischen Wissens auf[424], sondern schließt die Hinwendung der gesamten Person des „Andächtigen" zum Betrachtungsinhalt ein. Wie im Zusammenhang der Erweckung von compassio bereits erwähnt, ist neben den intellektuellen Qualitäten auch die affektive Veranlagung des Menschen gefragt. Sie ermöglicht es ihm, bei der Versenkung in die Passion Gefühle zu entwickeln, die seine Ehrfurcht vor der Erlösungstat Christi ebenso zum Ausdruck bringen wie das Bewußtsein seines eigenen Ungenügens. Der Affekt wird an vielen Punkten durch das Wissen um die Passionsereignisse und ihre Hintergründe gespeist, wie der eben erwähnte Abschnitt über die Verehrung des Kreuzes zeigt[425]: Das Wissen um die mit dem Geschehen auf Golgatha verbundenen Umstände erschüttert den Betrachter zutiefst, so daß sein „hertz […] nit wayß […], ob es sich mer verwundern oder schemenn, mer betru(e)ben oder frewen soll" und er sich selbst fragt, ob er Christus oder sich selbst „mer clagen wo(e)ll, ob „er „mer erschreckenn oder frolocken so(e)l"[426]. Wer die Passion andächtig betrachten will, muß sich seiner eigenen Verfallenheit an die Verdammnis bewußt werden und das Opfer des Unschuldigen vergleichend daneben stellen; nur auf diese Weise wird es möglich, die Qualen und Schmähungen Christi „mit scha(m), mit mitleiden vnd danckberkeit"[427] auf sich wirken zu lassen und tief in sie einzudringen, um dadurch zu erkennen, daß Gott selbst bereit war, für den sündigen Menschen in den Tod zu gehen.

So wichtig die Andacht als angemessene Form der Annäherung an die Passion ist und so sehr Gott andächtige Menschen belohnt[428]: Fridolin warnt seine Leserinnen und Leser davor, zu meinen, sie könnten diese Haltung selbst herbeizwingen oder gar als Verdienst vor Gott geltend machen. Man versenke sich zwar eifrig in die Texte des *Schatzbehalters* und in die dort aufgezeichneten Modellgebete, „das ma(n) etwas andacht oder guter gedancken vn(d) begird darauß scho(e)pfte"[429], wenn es jedoch „zum erste(n) nit an-

---

[424] Deutlich macht das eine Bemerkung über Herodes Antipas, von dem er berichtet: „[…] er suchet, dz er den herren sehen mo(e)cht, aber nach de(m) dasselb mer auss fu(e)rwitzikeit denn auß andacht beschah, so ward ym d(er) herr nit zesehen in seinen eren vn(d) wu(e)rcku(n)g seiner wunderzeiche(n), sunder in seiner demu(e)tigkeit vnd beschemu(n)g vnd doch nit zegutt od(er) nutz de(m) selben herodi, sund(er) zu seiner ewiger [sic] schand." A3 va, Z. 13–21. An geistlichen Inhalten interessierte weltliche Neugierde schenkt dem Menschen demnach nicht die Früchte, die eine andächtige Hinwendung zum Betrachtungsgegenstand hervorzubringen vermag.

[425] Siehe oben, S. 254, Anm. 422.

[426] Hh2 vb, Z. 21–28.

[427] z4 ra, Z. 2 f.

[428] Vorbildliche Andacht zum Leiden Christi pflegte Fridolins Ordensvater Franz von Assisi. Ihn ehrte Christus, indem er ihm die Male der Stigmatisation verlieh und ihn so in die unmittelbare Nähe zu seinem eigenen Leiden rückte. N4 ra, Z. 1–b, Z. 21.

[429] Ee1 ra, Z. 2–4. Nicht nur Fridolin war der Meinung, daß ein Mensch nicht unbedingt von Andacht erfüllt sein muß, um sich mit religiösen Inhalten zu beschäftigen, sondern eventuell erst durch die Vertiefung in kirchliche Lehre und Verkündigung zur Andacht gelangt bzw. darin bestärkt wird. Diese Vorstellung kommt auch in der Stiftungsur-

dacht gebe, darum(b) wer nit not, dz der me(n)sch daruon liesse, dan(n) die
gnad der andacht stet nit in vnserm gewalt, sund(er) in der hand gottes. Wir
su(e)llen wasser einschencken vn(d) materien bereyten; es steet an dem herren, das er (wenn er will) das wasser zu wein macht. Fu(e)llet ma(n) vil wassers
ei(n), so mag dester mer wei(n)s darauß werde(n); darum(b) laß nit darvo(n),
ob es dir zum erste(n) nit andacht gebe, denn die andacht geho(e)rt yn ettlicher weyße mer zu d(er) frucht vn(d) zu dem lon der tuge(n)t den(n) zu dem
verdienst. Hieru(m)b wen(n) du auch nit andacht entpfindst in tuge(n)tlicher
vbu(n)g, darumb solt du nit ablasse(n), wan(n) die arbeit ist dir dannoch verdienstlich vn(d) mit der arbeit verdienst du den lon od(er) die frucht"[430]. Wer
sich häufig der Betrachtung des Leidens und Sterbens Christi hingibt, darf
mithin darauf hoffen, von Gott mit der Gabe der Andacht beschenkt zu werden, und so die Fähigkeit zu erhalten, sich über seine eigene Sündhaftigkeit
klarzuwerden. In der Erkenntnis seiner Not wird er sich flehentlich an Gott
wenden und Erhörung finden, denn hat sich Christus schon „gen [gegen-
über] de(n) grimmigen feinde(n), die sein in seyner marter spottetenn, so
freu(e)ntlich erzeigt, wie gu(e)tigklich will er sich den(n) beweysen den [de-
nen], die yn flehlich vn(d) andechtiglich in iren no(e)te(n) anru(e)ffen vn(d)
seins heiligen leidens mit danckperkeit gede(n)cke(n)"[431]. Auf diese gnädige
Zuneigung Christi darf er in Zeiten der Anfechtung und des Kleinmuts vertrauen, sie Gottvater vorhalten und um ihretwillen auf Barmherzigkeit im
Gericht[432] sowie auf die ewige Seligkeit hoffen, die durch stetes andächtiges
Bedenken des satisfaktorischen Handelns Christi bis in die Sterbestunde hinein verdient wird[433].

---

kunde der Salve-Andacht zum Ausdruck, die Peter Harstörfer d. Ä. 1479 an St. Sebald ein-
richtet (vgl. oben, S. 208 f.). Er bestimmt dort die Feier eines Gottesdienstes an Samstagen
und an den Vorabenden großer Marienfeste, „domit das gemain arbaitsam volck auch darzu komen und andacht empfahen mug". SCHLEMMER: Gottesdienst, S. 296.

[430] Dd6 rb, Z. 14–31.

[431] ae6 ra, Z. 22–27.

[432] „Gedenck nun, wer die gro(e)sse d(er) gedult vnd gu(e)tigkeit cristi, die er an de(m)
creu(e)tz erzeigt hat, außmessen mo(e)cht, vnd wenn du in groß forcht, cleinmu(o)tigkeit
vn(d) anfechtung d(er) verzweyflu(n)g ymants sehst falle(n) od(er) dauon selbst angefochten wu(e)rdest, so [...] gedenck an diese ding vnd gegenwu(e)rf [gemeint ist die Marter des
Gekreuzigten] vn(d) erman den herren so(e)llicher seiner gu(e)tigkeit, gedult vnnd miltig-
keit, die er an dem creu(e)tz erzeiget vnd bewisen hat, dz er der selbe(n) in deine(n)
letzte(n) zeitten vn(d) in seinem vrtel gedencken wo(e)ll vnd opfer vn(d) halt sie fu(e)r dem
himlische(n) vater vnd setz sie zwische(n) seinen zorn vn(d) dein missetat; mit disen
gege(n)wu(e)rffe(n) tro(e)ste dich vnd andere, die eins guten willen vnnd gotsfo(e)rchtig
sind." ae6 ra, Z. 1–18.

[433] „Wie arbeitselig [geplagt] du bist, so bistu doch selig der wartung vnd hoffnung halben der waren vnd ewigen seligkeit, verharrest du anderst [vorausgesetzt du verharrst] in
der selben andacht vn(d) liebe [zum Leiden Christi] biß in das end. Welhes verharre(n)
auch durch die selben andacht verdient wirt." c3 vb, Z. 16–22. Ruft man sich in Erinnerung, welch entscheidende Rolle Fridolin der Todesstunde des Menschen zumißt (siehe
oben, S. 132, Anm. 45), so mag die Betonung der Perseveranz (z.B. B5 vb. L1 rb-va) und

Schenken die Betrachtung des Kreuzesgeschehens und in ihrem Gefolge die Andacht zum Leiden Christi dem Menschen nach Aussage des *Schatzbehalters* Gottes Gnade und Hoffnung auf das ewige Heil, so bleibt für einen mittelalterlichen Christen zu fragen, welche Rolle der Nachfolge, immerhin geläufiges Ziel und Zentrum der Passionsliteratur zu Fridolins Zeit, im Prozeß der Seligwerdung der Gläubigen zukommt. Der Franziskaner räumt durchaus ein, daß die imitatio Christi unbedingt anzustreben und in die Tat umzusetzen ist, gibt jedoch gleichzeitig zu bedenken, wie wenig der Mensch von sich aus die Fähigkeit dazu besitzt. Der Christ ist also auch hier auf die Gnade angewiesen, und die wirksamste Möglichkeit, Gott um die Gabe der Nachfolge zu bitten, ist das im *Schatzbehalter* gelehrte Gebet um des Leidens Christi willen[434]. Da aber die Betrachtung dazu befähigt, Gottvater die Passion seines Sohnes vorzuhalten, indem sie den Gläubigen in das Leiden Christi und seine Bedeutung einführt, und die Vorhaltung vor Gott die Gnade der Nachfolge erwirbt, kann man mit Fug und Recht beides behaupten: zum einen hängt die Seligkeit des Menschen allein von seiner Bemühung um die Betrachtung der genugtuenden Opferung Christi ab, zum anderen ist die Nachfolge unverzichtbar.

7.6.4.4. Zeit und Ort der Beschäftigung mit dem Leiden Christi: Die Laiisierung der Passionsbetrachtung im Schatzbehalter

Da in Stephan Fridolins Augen die andächtige, zum Gebet um des Leidens Christi willen hinführende Betrachtung der Passion dem Menschen alle Güter Gottes erwirbt – nichts anderes stellt er im zweiten Teil des ersten *Schatzbehalter*-Buches unter dem Titel „[…] von den fru(e)chten vn(d) nu(e)tzperkaiten des leidens cristi vn(d) seiner betrachtung" dar[435] –, ermahnt er seine Leserinnen und Leser, sich „offt vnd teglich" darin zu üben[436]. Um die

---

seine im Gebetsteil wiederholt ausgesprochene Mahnung, Gott um ihre Gabe zu bitten (z.B. Gg5 ra sowie drittletzes unnumeriertes Blatt va) nicht verwundern.

[434] „Sprichst du aber, das es nit gnug sey, das man es [das Leiden Christi] betrachte, ma(n) mu(e)ß ym auch nachuolgen, ich anttwort: Ich getarr [wage] dz nit laugen [leugnen], man muß ym in ettlicher weise nachuolge(n) als er selbs spricht Mathei in dem zehenden capitel: ‚Wer nit sein creu(e)tz nympt vnnd mir nachuolgt, der ist mein nit wirdig'. Vnd in dem vierzehenden capitel Luce: ‚Wer sein creu(e)tz nit tregt vn(d) ku(e)mpt nach mir, der mag nit mein iunger sein'. Aber souil als dasselb ho(e)her vnd volkumner ist, so vil mynder mu(e)gen wir es von vns selbs thu(e)n on sund(er) gnad gottes; darum(b) mu(e)ssen wir dasselb mit gebett von got bitten vnnd erwerben vnnd kein gebet ist krefftiger, denn das, darynnen ym das verdyenen des thunes vnd leydens christi fu(e)rgehalten vnnd zu hilff angeru(e)fft vnd genumme(n) wirt […]. Darumb so die andechtig betrachtung vnd anru(e)ffung des leidens cristi die gnad d(er) nachuolgung verdient vnnd erwirbt, so schreibt man das gutt, das auß d(er) nachuolgung kumpt, auch der betrachtu(n)g zu." Gg1 va, Z. 27–b, Z. 11.

[435] b5 ra–c3 vb, hier zitiert: b5 ra, Z. 32–34.

[436] b5 rb, Z. 5.

Fähigkeit zu entwickeln, jederzeit des einen oder anderen Aspekts der Passion gedenken zu können, rät er, die 100 Gegenwürfe seines Werkes solange immer wieder zu lesen, bis sie fest ins Gedächtnis eingeprägt sind, und empfiehlt, zu ihrer Erläuterung den *Schatzbehalter* zur Hand zu nehmen[437]. Zusammenfassend macht er seine Auffassung von der Betrachtung des Leidens Christi und damit vom Stoff des *Schatzbehalters* deutlich, als er das Wort des Gekreuzigten „vater, in dein he(n)d empfilh ich meine(n) geist" (Lk 23, 46) auslegt: Wer in diese Verheißung Christi eingeschlossen werden möchte, wer also zu denen gehören will, die eines Geistes mit dem Sohn Gottes sind und deshalb der Fürsorge des Vaters anvertraut werden, „d(er) ha(n)g im an mit geda(n)cken, mit begirde(n) vn(d) rede gern vo(n) im, ho(e)r gern vo(n) im, lese von im, bekomer [beschäftige] sich gern mit i(m); er halte alle zeit verlorn, die er nit mit i(m) od(er) vm(b) seine(n) wille(n) beku(e)mert"[438]. Obwohl er damit dem Publikum des *Schatzbehalters* eindringlich zu verstehen gibt, daß es dem Seelenheil am zuträglichsten wäre, sich vollkommen der Versenkung in die Passion und dem Gebet zu verschreiben, ist er doch nüchtern genug, um der Realität ins Auge zu sehen. Seine Leserinnen und Leser, die ins städtische Leben eingebunden sind und weltlichen Tätigkeiten nachgehen, leben nicht in der Beschaulichkeit eines Klosters; sie können nicht ohne weiteres ihren Alltag auf regelmäßige Betrachtungszeiten hin ausrichten oder gar ganze Tage in andächtiger Versenkung verbringen. Fridolin akzeptiert das und entwickelt im *Schatzbehalter* ein auf die Bedürfnisse und Möglichkeiten seines Publikums zugeschnittenes Konzept: Durch die Verbindung der Gegenwürfe zur Passion mit den menschlichen Händen macht er die Benutzerinnen und Benutzer seines Bandes unabhängig von bestimmten sakralen Orten und Zeiten wie dem in Klosterkirchen abgehaltenen Chorgebet, da sein Memoriermedium jederzeit und überall verfügbar ist; es ist im *Schatzbehalter* also eine bewußte Ausrichtung auf das nicht-klösterliche Leben, eine Laisierung der Betrachtungspraxis festzustellen. Darüber hinaus beruhigt der Franziskaner all diejenigen, die meinen, immer dann, wenn sie sich mit dem Leiden Christi beschäftigen und die im *Schatzbehalter* vorformulierten Gebete sprechen, sämtliche dort aufgelisteten Gegenwürfe durchdenken und nacheinander Gott vorhalten zu müssen. Sinnvoller als solch gewaltsames Vorgehen sei es allemal, „vntterweylen" den einen oder anderen

---

[437] „DArumb [...] wirt dise materi der betrachtung des leidens cristi yn hundert gegenwu(e)rff geteilt auff das, dz ma(n) die in die hand an die finger setze(n) mu(e)g, wer souil fleysse thu(e)n will, das er sie auswendig behalt. Doch wem dz zuschwer wer, der mag im sunst ein gedechtnus an einem paternoster [Paternosterschnur] machen oder das pu(e)chlein prauchenn oder im die gegenwu(e)rff schlecht [einfach, ohne nähere Erklärungen] zenennen nach einander an ein zedel lassen zeich<n>en vnd die als offt lassen vber lesen oder lesen, das er sie in die gedechtnus pringt. Vnd wenn er denn verstentnus der gegenwu(e)rff will haben, so seh er das pu(e)chlein an." e1 va, Z. 40–b, Z. 14.
[438] L6 rb, Z. 28–37.

Punkt herauszugreifen[439] und sich nur soviel vorzunehmen, wie die verfüg-
bare Zeit mit Konzentration zu betrachten erlaubt[440].

Löst Fridolin auch die Betrachtung der Passion von aller Orientierung auf
das Kloster und die dort praktizierten gemeinschaftlichen Andachten hin, so
schlägt er seinem Publikum doch Gelegenheiten vor, die für die Versenkung
in das Leiden und Sterben Christi und das Sprechen dadurch angeregter Gebete besonders günstig sind: Zum einen kommt hierfür die gottesdienstliche
Liturgie mit ihren ausgedehnten Gesängen in Frage[441], zum anderen bietet es
sich an, die zahlreich in der Stadt vorhandenen Ausgestaltungen einzelner
Passionsszenen durch die bildende Kunst zum Anlaß für mehr oder minder
lange Besinnungen über das Thema zu nehmen[442].

Zusammenfassend sei festgehalten, daß Stephan Fridolin im *Schatzbehalter*
traditionelle, in der Passionsfrömmigkeit und -literatur seiner Zeit verbreitete Topoi, Ziele und Vorgehensweisen aufgreift und verarbeitet, sich aber
ebenso davon absetzt und einen eigenen, wenn auch seinem Verständnis nach
nicht neuen Weg geht: Er entwirft eine zutiefst durch theologische Erwägungen geprägte wie auch auf sein Publikum zugeschnittene Stoffgliederung
und Betrachtungsmethodik, formuliert das Ziel seines Werkes in klarer Abgrenzung von den ihm bekannten Schriften zum Leiden Christi und ordnet

---

[439] Hh2 vb, Z. 6.

[440] „Vn(d) ist nit die mainu(n)g, dz man das, das hie gesetzt wirdt [gemeint sind die
Gebete des Anhangs], also vo(n) wort zu wort als es hie gezeichnet ist, spreche(n) od(er)
bedencke(n) su(e)lle, man wo(e)ll es den(n) sunst gern thun. Sund(er) dz ma(n) ye ein
stu(e)ckleyn zu einer zeit mit auffmercku(n)g vberlese vn(d) vber ein zeit aber eins vnd also
nach einand(er) mit gutter muß vnd nem also die maynung darauß vn(d) vasse etwas
daruo(n) i(n) die gedechtnus, was ma(n) an dem baste(n) mo(e)cht behalten oder das mer
zu der andacht dienet". Dd6 ra, Z. 35–b, Z. 5.

[441] Fridolin erklärt am Schluß des *Schatzbehalters*, seine Ausführungen zum Kyrie, dessen zweiter Ruf durch die Gegenwürfe zur Passion und damit den Hauptteil des Bandes
ausgelegt würden (siehe oben, S. 147), seien als Hilfsmittel für Gottesdienstbesucherinnen
und -besucher entstanden, damit „sy die zeit vntter dem langen gesang fruchtberlichen
hynbrechte(n)". Im weiteren Text gibt er dann Anweisungen für alle, die sein Angebot
annehmen und die Inhalte seines Werkes während des Gottesdienstes bedenken wollen,
indem er zeigt, auf welche Weise der *Schatzbehalter* in die andächtige Teilnahme an der Liturgie einfließen sollte: Er weist seine Leserinnen und Leser an, unter den vielen möglichen Betrachtungen soviele auszuwählen, wie es der Länge des liturgischen Stückes ent-
spreche, das sie überbrücken wollten. Siehe letztes unnumeriertes Blattes ra, Z. 28–b, Z. 9.
Hier zitiert: a, Z. 34–b, Z. 2 .

[442] Fridolin betont, die verschiedenen, im Zusammenhang mit der Passion stehenden
Geschehnisse auch zu dem Zweck geschildert zu haben, „das ma(n) vntterweylen eine lese
auf das, wenn der mensch fu(e)r ein figur des leidens cristi geet oder sy ansiht od(er) daran
gede(n)ckt, es sey die fu(e)rfu(e)ru(n)g [Vorführung Christi vor dem Volk], die gaißlung,
die kro(e)nung, die außfu(e)rung od(er) als er an dem creu(e)tz hangt," er die Hintergründe der abgebildeten Szenen kenne und deshalb seine Andacht intensiviert werde (Hh2 vb,
Z. 4–13. Hier zitiert: Z. 6–11). Vor allem die im *Schatzbehalter* vorformulierten Modellgebete solle man sich vor sakralen Kunstwerken ins Gedächtnis rufen und dort bei entsprechender Gelegenheit innerlich oder auch laut beten (Dd6 rb, Z. 5–8).

alle behandelten Themen konsequent auf diesen Skopus hin an. Sein Bemühen gilt der Grundlegung und Stärkung des Glaubens seiner Leserinnen und Leser in die genugtuende Kraft des Passions- und Kreuzesgeschehens, deren sich alle andächtigen Betrachterinnen und Betrachter durch das Gebet um des Leidens Christi willen teilhaftig machen können.

7.7. *Das Leiden Christi – der Schatz des Menschen*

Obwohl der Druck Anton Kobergers anders als Bücher unserer Tage weder ein Titelblatt noch einen beschrifteten Einband aufweist, ist die Überschreibung des dickleibigen Werkes Stephan Fridolins als „Schatzbehalter" kein Interpretament späterer Zeiten, sondern bewußte Wortwahl des Autors selbst. Schon auf der ersten Seite bezeichnet der Franziskaner sein Werk als „schatzbehalter oder schrein der waren reichtu(e)mer der ewigen seligkait"[443], der sich mit der „archen [Kiste] der weißhait vn(d) de(m) behalter d(er) schetz", dem „fleisch des ewige(n) worts in der menschait iesu" beschäftige[444]. Wenig später begründet er dann etwas genauer, weshalb er dem „pu(e)chleyn" gerade diesen Titel gegeben hat: „Darvmb, das eß die weiß vn(d) materie(n) so(e)lcher betrachtung ynnhelt vnd anzaigt"[445]. Nicht nur, weil das Leiden und Sterben Christi seinen Gegenstand bilden, auch aufgrund seiner Aufbau und Gestaltung des Werkes bestimmenden Bemühung, zu einer sinnvollen und ertragreichen Betrachtung der Passion anzuleiten, trägt es also seinen Namen. Es birgt den Schatz menschlichen Heils, die genugtuende Opferung Christi am Kreuz in sich und weist den Leserinnen und Lesern gleichzeitig Weg dorthin. Vielleicht wurde Fridolin durch eine seiner Quellen, den *Stimulus amoris* angeregt, seine Schrift „Schatzbehalter" zu nennen[446], aber es ist ebenso denkbar, daß die Namensgebung schlicht auf der Überlegung basierte, daß der Band den wahren Schatz des Menschen in sich trug und aus dem Grunde eine Art beweglicher Schatzkammer oder Schätzesammlung darstellte, in der alles vorhanden ist, was der Mensch zum Leben und Sterben braucht.

Wie dem auch sei, für Fridolin sind Leiden und Sterben Christi die wichtigsten und wertvollsten Geschehnisse in der Geschichte der Welt. Er richtet deshalb sein Erbauungsbuch ganz darauf aus, interessierten Leserinnen und

---

[443] a2 rb, Z. 9–11.
[444] a2 rb, Z. 15–17.
[445] b5 ra, Z. 29–31.
[446] So EISERMANN: Überlieferung, S. 637–642. Im *Schatzbehalter* findet sich die Übersetzung einer Stelle aus dem *Stimulus amoris*, in der der Beter Christus anfleht: „Introduc me, domine Jesu, quamvis indignissimum famulum tuum, in gazophylacium veri templi, ut intueri valeam, quid quantumque obtuleris patri pro nobis". Fridolin gibt den Kern des Satzes mit „[...] fu(e)re mich [...] in den schatzbehalter des ware(n) tempels [...]" (b1 vb, Z. 41–b2 ra, Z. 2) wieder.

Lesern den Zugang zur Passion zu ermöglichen und ihre Aneignung zu fördern. Im folgenden Kapitel soll es deshalb darum gehen, wie im *Schatzbehalter* das Leiden und der Tod des Gottessohnes beschrieben werden, wie ihr Wert und ihre Bedeutung bestimmt werden und inwiefern der Mensch trotz seiner gefallenen Natur Anteil am genugtuenden Handeln Christi erlangen kann.

7.7.1. Art und Umfang des Leidens Christi

Ein erster Blick auf den *Schatzbehalter* enthüllt einen Grundzug des Passionsverständnisses Fridolins, der sich dem neuzeitlichen Denken nicht sofort erschließt, aber aus mittelalterlicher Perspektive nachvollziehbar und überzeugend wirkt: Während 35 der 87 Illustrationen des zweiten Buches dem Alten Testament und dem präexistenten Christus gewidmet sind und 37 weitere Abbildungen das Leben Jesu bis hin zum Ölberg sowie allegorische Ereignisse, Gestalten und Themen zeigen, stellen lediglich 15 Holzschnitte Szenen dar, die den Passionsschilderungen der Evangelien zugeordnet werden können. Nicht einmal ein Fünftel der „figuren" – und da im *Schatzbehalter* Bilder und Text unmittelbar aufeinander bezogen sind, muß auch gesagt werden: nicht einmal ein Fünftel der Gegenwürfe des Hauptteiles nehmen demnach ihren Ausgang von den Geschehnissen zwischen dem letzten Abendmahl Jesu und seiner Kreuzigung.

Wie ist dieser in einem Werk, das nach eigenem Bekunden „das leyden cristi zu einer materi vnd fu(e)r einen gege(n)wurf hat"[447], verwunderliche Umstand zu erklären?

Zunächst einmal sei erwähnt, daß der *Schatzbehalter* nicht der einzige die Passion behandelnde Text des späten Mittelalters ist, dessen Autor einen gewissen Vorlauf nimmt, bis er Christi Leiden vom Ölberg bis nach Golgatha erreicht und auslegt. Ludolf von Sachsens *Vita Christi* und die anonymen *Meditationes vitae Christi* sind dafür Beipiele: Beide behandeln das Erdenleben des Gottessohnes von der Geburt und den ihr unmittelbar vorangehenden Ereignissen bis zum Ende am Kreuz[448], das heißt, sie umspannen die passio durch die große Klammer der vita Christi. Fridolin hingegen geht genau den umgekehrten Weg. Für ihn ist die Passion die übergeordnete Kategorie, der das Leben des Erlösers und sein ewiger Plan, die Menschheit wieder zu Gott zurückzuführen, einzupassen sind. Er scheint damit gerechnet zu haben, daß seine wenn auch wohldurchdachte, so doch ungewohnt weit ausgreifende Darstellungsweise nicht allen Benutzerinnen und Benutzern seines Werkes unmittelbar einleuchten würde, denn er thematisiert sie nicht nur im ersten Buch des *Schatzbehalters* ausführlich, sondern kommt im gesamten Textverlauf immer wieder darauf zu sprechen.

---

[447] a2 vb, Z. 14–16.
[448] Siehe zu beiden Texten Baier: Untersuchungen, S. 140–147 und 325 f.

Schon vor Beginn der eigentlichen Passionsbetrachtungen steckt Fridolin
die Eckdaten der Leidenszeit Christi ab, indem er vier Antworten auf die
Frage „Wie lang der herr gelitten hab?"[449] abwägt. Er schreitet dabei von der
einfachsten, spontan überzeugenden zur schwierigsten, auf ausführliche Erläuterung angewisenen Antwort voran: Christus litt von Mitternacht bis zu
seiner Todesstunde am Nachmittag[450], von seiner Geburt bis zum Tod[451], von
seiner Empfängnis bis zur Auferstehung[452] und schließlich vom Anfang bis
ans Ende der Welt[453]. Historische, christologisch-psychologische und ekkle-
siologische Erwägungen, aber auch Fridolins Hermeneutik begründen diese
Auffassung. Seiner Ansicht nach litt Christus beispielsweise nicht erst zur
Zeit seines flehentlichen Gebets auf dem Ölberg, sondern bereits in Bethlehem, da er zusammen mit seinen Eltern „von der stat, von dannen man auch
ein vnuernu(e)nfftig tier, dz zu fride(n) wolt sein, nit geiagt solt habe(n), ver-
triben" wurde[454]. Während seines gesamten Lebens wurde er von Neidern
und mißgünstigen Menschen verfolgt, als Teufel[455], Verführer des Volkes[456],
Fresser und Säufer bezeichnet[457]. Darüber hinaus unterwarf er sich freiwillig
den Widrigkeiten menschlichen Lebens, nahm also Hunger, Durst[458], Hitze
und Kälte auf sich[459]. Nicht einmal nach seinem Tod verschonten ihn seine
Verfolger, wurden sie doch bei Pilatus vorstellig und verlangten eine Bewa-
chung für das Grab des Verstorbenen[460]. Wer wollte also nicht zugeben, daß
Christus tatsächlich während seiner gesamten irdischen Existenz geschmäht,
geplagt und gequält wurde?

Kann sich Fridolin bei der Zuweisung dieser Zeitspanne zur Leidenszeit
des Gottessohnes noch weitgehend auf biblische Texte und allgemeinver-
ständliche historische Erläuterungen stützen, so muß er auf kompliziertere
Argumentationskonstruktionen zurückgreifen, um die passio des noch nicht
inkarnierten, des noch nicht geborenen und des zum Himmel aufgefahrenen
Christus plausibel zu machen: Jesus litt seit der Vereinigung seiner Seele mit
dem Leib, d.h. seit seiner Empfängnis durch Maria, psychische Qualen, da
ihm von Anbeginn seiner Inkarnation das zukünftige Leiden stets vor Augen
stand[461] und er es aufgrund seiner gesteigerten, das Bewußtsein aller geschaf-

---

[449] d6 vb–e1 va.
[450] d6 vb, Z. 21–23.
[451] d6 vb, Z. 24–e1 ra, Z. 12.
[452] e1 ra, Z. 12–b, Z. 17.
[453] e1 rb, Z. 18–va, Z. 9.
[454] m6 va, Z. 26–29.
[455] Zweiter Artikel des 23. Gegenwurfs, o2 vb–o3 rb.
[456] Zweiter Artikel des 27. Gegenwurfs, o6 rb.
[457] Zweiter Artikel des 28. Gegenwurfs, o6 vb.
[458] Zweite Artikel des 32. und 33. Gegenwurfs, p6 ra und b.
[459] Zweiter Artikel des 35. Gegenwurfs, q2 rb.
[460] e1 ra, Z. 14–27.
[461] „[...] als pald sein genade(n)reiche sel beschaffen, dem geformirten leib in dem ersten augenplick seiner enpfengknus eingegossen vnd mit de(m) leib in die einheit der

fenen Kreaturen übertreffenden Seelenkräfte in der Vorausschau (und auch
im tatsächlichen Vollzug) intensiver empfand als es sich Menschen vorstellen
können[462]. Ebenso erstreckt sein Leiden von der Erschaffung der Welt bis zu
ihrem Ende, denn „was sein gelider leide(n), dz leidt auch er"[463]. Als Haupt
des Leibes, der Kirche, wird Christus bei allem, was bis zum jüngsten Gericht
einem Christen um seines Glaubens willen angetan wird, gleichsam mitge-
quält; er litt jedoch schon vor der Begründung der Christenheit durch die
Jünger die Pein seiner Auserwählten nicht nur mit ihnen, sondern „in" ihnen: Die Gerechten des Alten Testaments sind „figuren", deren Kümmernis,
Not und Schmerz Christus erlebt und erleidet. Verlor also Abraham sein
Land, wurde David durch Saul verfolgt[464], erfuhren die Propheten Israels
Ablehnung im eigenen Volk[465] und wurden die gesalbten Könige und Priester Gottes mißachtet[466], so waren sie zum einen Gleichnis für alles, was
Christus einst durch Menschen angetan würde, zum anderen litt jedoch der
noch nicht inkarnierte Gottessohn bereits in ihrem Menschsein[467] ein Lei-
den, das als das seine bezeichnet werden kann.

---

go(e)ttliche(n) persone(n) des suns genomen ist worden, do hat sie zu hand [sogleich] erkennt, warumb sie beschaffenn vnd mit der person des ewigen, almechtigen worts veraint
was wordenn. Also hat sie zuhand ir ku(e)nfftigs leiden in de(m) wort vnd auch sunst cler-
lich gesehen vn(d) sich darein verwilliget vnd wilku(e)rt, vnd so das on angst der natur
[...]nit hat mu(e)gen sein, darumb hat als bald dz laid vnd das leiden die sel cristi begrif-
fenn." e1 ra, Z. 36–b, Z. 10.

[462] „Vnd daru(e)mb durchdrang d(er) schmertz des ku(e)nfftigen leidens vnnd todes
allweg sein verstentnus, wan(n) nichtz mocht ir oder ym vnkund sein. Er durchdrang allweg sein gedechtnuß, wann er mocht nichts vergessen. Er durchdra(n)g allweg seinen willen, wann er was in stetem gewissen vnbeweglichem willen vnd fu(e)rsatz, zeleiden [...]
Un(d) also lid er allweg von ynnen, das er ein mal von aussen vn(d) von ynnen leiden wolt.
[...] Also hast du, wie das gantz leblich leben des herren ein stetes leyden vn(d) sterben ist
gewesen." z1 ra, Z. 1–b, Z. 15. Hier zitiert: ra, Z. 1–9 und 26–28 sowie b, Z. 13–15.

[463] e1 rb, Z. 25 f.

[464] Zweiter Artikel des 4. Gegenwurfs, g3 ra-va.

[465] Zweiter Artikel des 5. Gegenwurfs, g6 va-h1 rb.

[466] Zweiter Artikel des 12. Gegenwurfs, i4 vb.

[467] Kurt Ruh beschreibt das Verständnis der alttestamentlichen „figuren" in der mittelalterlichen Passionsliteratur strikt eindimensional, wenn er beispielsweise betont: „In einer
Aussage wie ‚Isaak ist eine Figur Christi' hat man das ‚ist' durchaus ernst zu nehmen – im
Sinne etwa des Altarsakraments –; es handelt sich um eine Gleichung – kein Gleichnis! –
(wenn man so will, eine Identität): als Figur Christi *ist* Isaak Christus, so wie, wenn der
Vergleich gestattet ist, ein Vater in seinem Sohn ist." (RUH: Theologie, S. 22; Hervorhebun-
gen vom Autor). Fridolin hingegen vertritt im *Schatzbehalter* – übrigens kommentarlos –
beides, die reale Person-Präsenz Christi in den Gerechten des Alten Testaments wie auch
ihre Funktion als Sinnbilder für noch ausstehendes Leiden des menschgewordenen Gottessohnes. In seinen Ausführungen über die Propheten kommt dies auf kürzestem Raume
zum Ausdruck: „Der in den weissagen gelobt vn(d) verku(e)nd vnd in allen gerechten ge-
figurirt vnd bedeu(e)tet worden ist," – neben dem Leiden ist also auch die Verehrung
alttestamentlicher Gestalten, ihre Gerechtigkeit und ihr auf Gott hin ausgerichtetes Leben
auf Christus zu beziehen – „der ist in den weissagen versagt [verunglimpft] vnd ver-
leu(e)met vn(d) in den gerechten veruolgt, durchechtet [geschmäht] vn(d) geto(e)t wor-

Fridolin war also stark daran gelegen, die ständige Präsenz des Leidens
Christi in der Geschichte der Welt herauszuarbeiten. Seiner Auffassung nach
gab es niemals in der Vergangenheit eine Zeitspanne, die frei von der *passio*
des menschgewordenen Gottes gewesen wäre und es wird auch in der Zukunft nie eine solche existieren: Christi Leiden umfaßt alle Zeit von der Erschaffung der Welt bis zu ihrem Ende.

Neben der temporalen Ausdehnung betont der Autor des *Schatzbehalters*
noch einige weitere Bereiche, die die Passion als lückenloses und zugleich
unendliches Geschehen deutlich werden lassen. Ebenso wie die Frage nach
der Dauer des Leidens Christi reißt er sie im ersten Buch unter der Überschrift „Von den vmbstendenn des leidens cristi"[468] kurz an, um sie vor allem
in den Gegenwürfen des zweiten Buches immer wieder aufzunehmen: Der
Gottessohn wurde von allen nur erdenklichen Menschen gequält und ver-
spottet[469] und erfuhr neben physischer Marter auch die Zerstörung seiner
Ehre und den Raub materieller Besitztümer[470]. Was seine körperliche Pein
anbelangt, so müssen sich die Leserinnen und Leser vergegenwärtigen, daß
nicht nur sämtliche seiner Glieder verletzt wurden[471], sondern daß er aufgrund seiner besonders „zarte(n), subtile(n), lebliche(n) co(m)plexion"[472]
Schmerzen viel intensiver empfand, als sonst irgendein Mensch[473].

Das Leiden Christi umgreift für Fridolin also alle in der Welt bestehenden
Dimensionen in ihrer Gesamtheit. Es ist das am längsten andauernde, von der
größten Menge an Verursachern hervorgerufene, die höchste Zahl an Ein-
zelqualen aufweisende und am stärksten empfundene Leiden in der Geschichte der Schöpfung Gottes, d.h., es schließt Zeit und Raum, Handeln
und Fühlen ein. Mit einem Wort: Es ist allumfassend. Genau auf diesen Punkt
kommt es Fridolin an, als er im *Schatzbehalter* das gigantische Bild einer Passion Christi entwirft, die ihren Beginn und ihr Ende mit der Erschaffung der
Welt[474] und dem Endgericht findet, wenngleich ihr unbestrittener erlösen-
der Höhepunkt im Sterben Jesu am Kreuz und den unmittelbar vorangehenden Ereignissen liegt. Der Grund für sein Insistieren auf die alles umfassende
Qualität des Leidens und Sterbens Christi ist dabei ein theologischer: Die
vom Gottessohn universal erlebte und erlittene Passion besitzt universale
Gültigkeit als Satisfaktionsgeschehen. Sie versöhnt den Erschaffer der Welt

---

den. Also in wem der herr mit worte(n) vn(d) wercken geeret oder verku(e)ndt worden ist,
In dem selben ist er von den bo(e)sen mit worte(n) oder wercke(n) od(er) mit ine beyden
geuneret vnd durchechtet worden." h1 ra, Z. 20–30.

[468] d3 va–e1 va.
[469] d5 rb. Ausführlich wird dieses Thema im 16.–30. Gegenwurf behandelt.
[470] d5 rb–va.
[471] d5 va.
[472] k5 vb, Z. 4 f.
[473] d5 va. Hervorgehoben wird die gesteigerte physische Sensibilität Christi auch im
67. Gegenwurf, der sich mit der Geißelung beschäftigt. z4 rb–vb.
[474] Die naheliegende Frage, ob Christi Leiden bereits vor dem Sündenfall des Menschen eingesetzt haben, stellt Fridolin an keiner Stelle.

mit seinem Geschöpf und leistet Genugtuung sowohl für die im Sündenfall
geschehene Abwendung der Menschheit von Gott wie auch für jeden einzelnen Verstoß gegen seine Gebote und seine Ehre. Ihr Geltungsbereich
umfaßt dabei alle Gläubigen, die ihre Zuflucht beim Kreuz suchen.

7.7.2. Christi Leidensverdienste – unzählige Kleinodien im großen Schatz der Passion

Indem sich Christus entschloß, menschliche Natur anzunehmen, um dadurch Versöhnung zwischen Gott und der gefallenen Kreatur zu stiften, vollbrachte er die größtmögliche Liebestat, da nur durch seine Inkarnation das
für die Mißachtung der Ehre Gottes durch den Menschen Genugtuung lei-
stende Leiden möglich war[475] und Gottvater die Erlangung der Seligkeit un-
auflöslich an die in der Passion angehäuften Verdienste des Sohnes gebunden
hatte[476]. Fridolin stellt seinen Leserinnen und Lesern unermüdlich vor Augen, daß der menschgewordene und in der Welt lebende Christus zwar zwei
Naturen umfaßte, jedoch nur in einer, nämlich der göttlichen Person existierte und in dieser seinem Vater vollkommen gleich war[477]. Christus besaß
ebensolche Stärke, Heiligkeit und Würde wie Gottvater[478], er war ihm
„gleich groß, gleich allmechtig, gleich ewig vn(d) mitendloß"[479], was zweier-
lei zur Folge hat: Zum einen ist es dem Menschen deshalb unmöglich, das
Ausmaß seiner Majestät und, daraus resultierend, seiner Demütigung und
Schmerzen in der Welt zu erfassen[480], zum anderen jedoch wird die Passion

---

[475] „Den(n) darumb, do er vo(n) ewigkeit almechtiger volkomner got was, So ist er auß
genaden vn(d) barmhertzikeit mensch worden, Das er die mensche(n) zu(e)ge vn(d) precht
zu seiner und seins liebe(n) vaters freuntschaft, durch das sie selig wu(e)rde(n), die an
[ohne] die freuntschaft nit selig mochten sein. Aber er bedorft irer freu(n)tschaft nichtz, der
in im selbs [...] die wesenlich endlos seligkeit ist. So ist er der prun(n), die sach, der ursprung, der anfang, der mitler, der volko(e)me(n) volbringer der gege(n)wurff aller ware(n)
seligkeit d(er) verstentlichen vnd vernu(e)ftigen creaturen." b4 va, Z. 20–33.
[476] „Got der sun hat von ewigkeit im [sich] fu(e)rgesetzt, fu(e)r das werck, das der vatter
durch yn schuff [...] zu der ere seins vaters, zuerlo(e)sung vn(d) wid(er)bringu(n)g
desselbe(n) wercks zeleide(n) vn(d) zesterbe(n) an de(m) creutz in me(n)schlicher natur
vn(d) der selb fu(e)rsatz ist nie vntterproche(n) worde(n) [...] Vn(d) die selb wal vn(d)
fu(e)rsatz des leidens hat got dem vatter in dem sun so wol gefalle(n), dz er vo(n) ewigkeit
beschlossen vn(d) fu(e)rgenome(n) hat, das er kein creatur ymmer [jemals] selig wolt
mache(n), dan(n) allein durch dz verdienen cristi." f6 ra, Z. 11–32.
[477] Z. B. D5 vb, Z. 35–39: „[...] kein ander person ist in cristo, dan(n) gottes person, wie
wol auch ein a(n)der natur den(n) die go(e)ttlich natur in cristo ist, wann in im ist
me(n)schliche natur mit d(er) go(e)ttliche(n)."
[478] So l4 rb.
[479] D6 ra, Z. 9–11.
[480] Christus ist „in aller maiestat vn(d) wirdigkeit so hoh [...], daz so(e)lliche endloße
ho(e)he seiner eren vo(n) kei(n)er wordnen verstentnus ymmer, mag begryffen werde(n),
darum(b) vo(n) nott die tyeffe seiner demu(e)tigkeit auch aller creatur vnergru(e)ntlich
ist". Ff3 va, Z. 27–33.

gerade aus diesem Grunde vor Gott besonders wirksam und verdienstlich, denn „dz gedultig leiden" des Christus angetanen Unrechts ist „so vil angenemer got dem vater von seine(m) sun gewesen [...], souil das vnrecht, dz er gelitten hat, gro(e)sser ist gewesen. Wan(n) die gro(e)sse des vnaussprechliche(n) vnrechtens gro(e)sset die gro(e)sse der gedult vn(d) gro(e)sset den verdienst"[481].

Mag der gläubige Betrachter den Umfang der genugtuenden Leidenstugenden Christi auch bestenfalls erahnen, niemals jedoch vollständig erfassen, so zeigen ihm die in der Passion erworbenen Verdienste des Gottessohnes ihre Kraft eindrücklich darin, daß sie ihn von der Erbsünde erlösen und als „Arznei" und „Apotheke"[482] gegen die Unzahl der Sünden wirken, durch die der Mensch „die ere gottes vbergibt [verachtet] vn(d) schmehet got de(n) herre(n)"[483]. Von der „fremden Sünde", wie Fridolin das peccatum originale nennt[484] befreit Christi Leiden durch die Taufe, die, wie alle anderen Sakramente auch, ihren Ursprung in der Wasser und Blut verströmenden Seitenwunde des Gekreuzigten hat[485]. Die Sünden hingegen, die den Menschen täglich mit ihren Fallstricken umgarnen und immer von neuem scheitern lassen, werden durch die Tugenden des Leidenden und schließlich Sterbenden gesühnt. Der Franziskaner erläutert das zunächst, indem er seinen Leserinnen und Lesern im zweiten Teil vieler Gegenwürfe des zweiten und dritten Buches einschärft, daß Christus bestimmte Martern ertragen habe, um sie, die „vo(n) natur vnrein vnd von geburt su(e)nder" sind[486], von ihren Sünden und den dafür vorgesehenen Strafen Gottes zu befreien. Am augenfälligsten sind dabei Passagen, die er in der klaren Konsekutivstruktur eines „Er ... uns" formuliert: Christus ist etwa „fu(e)r vns fremd vnd ellend [...] worden auff der erden, so er doch vo(n) nott ei(n) herr was [war] himelreichs vnd ertreichs, das er vns ellende(n), d(er) [deren] heymet nyndert solt sein, dann in der leidige(n) helle, Burger machte des himlischenn reichs."[487] Um es den Benutzerinnen und Benutzern des *Schatzbehalters* zu ersparen, die Remedien gegen ihre konkreten Gebotsmißachtungen und Vergehen im zweiten und dritten Buch mühsam aufspüren zu müssen, nennt Fridolin im Gebetsteil des Anhangs auf knappem Raum übersichtlich mehr als zwanzig Arten der Sün-

---

[481] Bb5 ra, Z. 27–34.
[482] Fridolin verwendet beide Begriffe, um an die heilende Dimension von Leiden, Sterben und Tod Christi zu erinnern: Der an der Sünde erkrankte Mensch wird dabei auf die wohlgefüllte, mit zahlreichen Arzneien ausgestattete Apotheke Gottes verwiesen, welche am Kreuz ihre Pforten öffnet, z.B. b2 va (Zitat aus dem *Stimulus amoris*), N4 vb und Aa6 ra.
[483] c4 va, Z. 19 f.
[484] „[...] vn(d) ich heisse es fremde su(e)nd, darvm(b) dz du die nit gethan hast, wie wol sie auff dich natu(e)rlich erbet". y4 ra, Z. 25–27.
[485] C5 ra, Z. 11–b, Z. 40.
[486] E2 vb, Z. 40 f.
[487] g5 rb, Z. 18–24.

de und ordnet ihnen jeweils denjenigen der Gegenwürfe zum Leiden Christi
zu, der die ihrer verderblichen Kraft entgegengesetzte Tugend des unschuldig
Gepeinigten zum Gegenstand hat. Für menschliche Hoffart beispielsweise
wird auf Golgatha durch Demut, für unwürdigen Sakramentsempfang durch
die freiwillige Unterwerfung des Gottessohnes unter Ritualgesetze, für
fleischliche Wollust durch die Geißelung genuggetan[488]. Christus verdient
also durch jeden Einzelaspekt seines Leidens und Sterbens die Vergebung einer speziellen Art von Gebotsverfehlung und erwirbt dem sündigen Menschen damit ein ewiges Gut, sofern er willig das satisfaktorische Passionshan-
deln für sich annimmt.

7.7.3. Die Empfängerinnen und Empfänger des Leidensschatzes Christi – Hingabe des majestätischen Gottessohnes an den unwürdigen Menschen

Ermöglicht das Leiden Christi dem Menschen, Vergebung der Sünden
und ewige Gemeinschaft mit Gott – nichts anderes ist ja die Seligkeit[489] – zu
erlangen, so wäre es in Fridolins Augen nur angemessen, wenn sich die Beschenkten dem Geber dieser reichen Gaben voller Freude und Dankbarkeit
zuwendeten; doch wie oft versagen sie in ihrer Pflicht[490], wie oft denken sie
nicht einmal an die liebevolle Zuwendung des Gekreuzigten[491], sondern er-

---

[488] Der gut zwei Spalten umfassende Text (Ff5 vb, Z. 34–Ff6 va, Z. 17) sei hier in Aus-
zügen zitiert (zu den genannten Gegenwürfen vgl. Übersicht über den Aufbau des *Schatzbehalters*): „Das wir in dem schatz des leide(n)s cristi opfer vnd gnugthun finden fu(e)r alle
vnser su(e)nde: DArum(b) bedu(e)rffen wir des achtzeende(n) gege(n)wurfs ser wol, dz wir
yn zu einem opfer vn(d) fu(e)r ein gnugthun habenn fu(e)r vnnser vntrew. Vnnd also findest du yn dem schatz des leydenns vn(d) lebe(n)s cristi opfer fu(e)r alle dein su(e)nde vnd
vntugent. Fu(e)r dein hohfart vnd vngehorsam den sechtzehenden gege(n)wurf. Fu(e)r die
fleischlichen su(e)nd den sybenzehenden. [...] Fu(e)r das, dz du die heyligen sacrament nit
wirdigclichen enpfangen vnd geprauchst hast [...], hast du den zwayvndzwaintzigsten gegenwurff. [...] Wid(er) alle wollu(e)st des flaischs habe(n) wir den sybenvndsechtzigiste(n)
vo(n) d(er) gayslu(n)g. [...] Vnd also findest du fu(e)r alle dein su(e)nd bu(o)ß vnd
gnugthuung yn dem reichen schatz des lebens vnd leyde(n)s vnsers herre(n) vn(d) haylma-
chers".

[489] c5 rb, Z. 38–40.

[490] „Darumb allersu(e)sister herr vnd got, so finde(n) wir kein creatur, die deinem allerliebsten sun vn(d) durch yn dir, o himlischer vater, so nahet vn(d) so manigfeltiglich zu
geho(e)re, als die menschlich, besunder der glaubige(n) halben; deßhalbe(n) dir keyn creatur also verpunde(n), verpflicht vnd so schuldig ist, dich lieb zehabe(n), dir zedienen, dich
zu eren, dir zedanckenn, in dir sich zefrewen, dir anzehangen, mit dir sich zebeku(m)mern,
als die menschlich natur. Vn(d) sih an herr, was soll ich sagen, das ein schand vnd grawen ist,
zegedencken, [...] dz layder [...] kein creatur ist, die gegen dir so grob, so vnersam, so
vnda(n)ckber, so abgekert, so herrt, so vnuersta(n)de(n) vn(d) ku(e)rtzlich zerede(n) so
mutwillig, so wid(er)spenstig vnd verkert sey als der me(n)sch." Ee5 ra, Z. 3–32.

[491] "Vnd wer hat nit sach vnaussprechenlicher freu(e)d, wen(n) er gedenckt, daz der
scho(e)pffer aller creaturen die menschliche(n) natur so werd vn(d) teu(e)r geachtet hat, dz

weisen sich als treulose, undankbare, nur an sich selbst interessierte, kurz gesagt als „schnöde" Knechte und Mägde ihres Herren[492].

Wie aber kommt es zu diesem Verhalten, das so stark ausgeprägt ist, daß sich sogar der am Kreuz sterbende Christus fragt: „[...] wie hat mich die liebe also gar vbergange(n) [überwältigt] vn(d) vberwu(n)den, das ich vmb einer so(e)lliche(n) arme(n), vnda(n)ckbern, verkerten creatur willen i(n) so(e)llich groß leide(n) vn(d) in eine(n) so(e)lliche(n) schentliche(n) tod mich gelasse(n) vn(d) verlaße(n) hab?"[493] Die Antwort auf diese Frage kann nur ein Blick auf die menschliche Natur geben.

Fridolin betont, Gott habe den Menschen „frisch, starck, gerad, wolmu(e)gendt vnd on not des sieche(n)s od(er) sterbens wolbeschaffen"[494], ihn mit gesundem Geist und Leib ausgestattet und so nicht nur für alles gesorgt, was sein Geschöpf zur bloßen Existenz benötigte, sondern sogar Güter verliehen, die ihm ein angenehmes Leben voller Freude und Zufriedenheit ermöglichten[495]. Dennoch gelang es dem Teufel, mit Hilfe der Hoffart, der Mutter aller Sünden, das Menschengeschlecht zum Abfall von seinem Schöpfer zu bewegen und in seine Gewalt zu bringen[496]. Ist die Menschheit seit Adam der „fremden" Sünde verhaftet, so gesellen sich zu dieser Basissünde noch die Verstöße jedes Einzelnen gegen Gottes Gebote hinzu, da die superbia weiterhin ihre Opfer sucht und findet. Mag die Kirche auch noch so

---

er vmb yres hailes willen so grosse ding thun vn(d) so grosse pen [Pein] leide(n) wolt? [...] Vn(d) so der geliebt mensche eynem so(e)lichen liebhaber so vndanckber ist, das er sich seltenn wirdiget, so(e)lche lyebe auch zebedencken, wer ku(e)ndt das den(n) genug bewainen oder clage(n)?" Hh3, ra, Z. 21–35.

[492] Fridolin gibt zu bedenken, daß es kaum möglich sei, zu erkennen, „wie schno(e)d vnd hofertig, wie grob vnd zart – Grob gegen i(n) [ihn = Christus] zu rechnen in irer natur vn(d) doch nun inen selbs zart geachtet vnd zertlich gehalten – wie hert den andern, wie senft inen selbs, wie vnedel vn(d) vnertig [ungehorsam] knecht, wie vnda(n)cker aller guttate, wie vntrew ire(m) getrewe(n) herren, wie verzagt vn(d) hohmu(e)tig, wie strefflich vn(d) vnleidlich, wie eregeitig vn(d) leicht gu(e)ltig, wie vnfletig vnd katzenrein, wie schalckhafftig [boshaft] vnd bockstu(e)tzig [ausbeuterisch] die sein [...], fu(e)r die" Christus „gelitte(n) hat." d5 va, Z. 41–b, Z. 11.
Das Adjektiv „schnöde" dient dem Franziskaner den gesamten *Schatzbehalter* hindurch als Sammelbegriff für typisch menschliches Verhalten und für die unwürdige, verderbte menschliche Natur, so z.B. h4 vb–h5 ra und Ff1 vb.
[493] So in der Interpretation des Satzes „Mein Gott, mein Gott, warum hast Du mich verlassen?" (Mk 15,34par). N2 vb, Z. 8–13.
[494] p2 va, Z. 13–15.
[495] l5 ra.
[496] „Die hofart ist die sach [Ursache], der a(n)fang vn(d) dz ende aller su(e)nden. Auss d(er) hofart entspringen alle su(e)nd vn(d) der teu(e)fel hat durch die hofart alles vbel geseet yn menschliche natur" (F5 ra, Z. 29–33). Zur Rolle der Hoffart als Ursprung aller anderen Sünden vgl. auch ab3 ra und l1 ra.
Fridolin erörtert an keiner Stelle die Frage nach der Ursache der Anfälligkeit des ersten Menschen für die Sünde; er bemerkt lediglich beiläufig, daß Adam „frey vnd gerecht [..] beschaffen ist worde(n) vnd [...] sich vo(n) freyem willen der su(e)nde vnd irem vatter, dem bo(e)sen feind vnttertenig gemacht" habe. K3 ra, Z. 24–27.

sehr zur Sündenerkenntnis hinführen, vor Verstößen gegen Gottes Gebote
warnen und Übertritte strafen: Der gefallene Mensch sündigt wieder und
wieder auf unterschiedlichste, ja man könnte fast sagen, auf phantasievollste
Art und Weise[497]. Natürlich muß innerhalb der Gruppe der „persönlichen",
also im Gegensatz zum von Generation zu Generation unentrinnbar vererb-
ten peccatum originale durch das Individuum getanen Sünden[498] sorgfältig
differenziert werden: Manche Menschen sündigen, weil sie eine bestimmte
Verhaltensweise nicht als Zuwiderhandlung gegen Gottes Willen erkennen –
das gilt vor allem für Kinder, denen es bis zu einem gewissen Alter an Vernunft und damit an Urteilsvermögen fehlt[499] –, andere sind sich zwar der
Sündhaftigkeit ihres Tuns bewußt, vermögen sich aber auf Grund ihrer „plö-
digkeit" nicht gegen Anfechtungen zur Wehr zu setzen, obgleich sie es versuchen[500]. Während die beiden ebengenannten Kategorien der Verfehlung keine Todsünden sind und deshalb nicht in die Hölle führen[501], verdammen
Gebotsverstöße, die der Mensch mit Absicht oder wie es Fridolin nennt,
„auß boßheit"[502] und aus „willku(e)r des freyen willens" tut[503], unwiderruf-

---

[497] „[…] vnd wie fast [sehr] vns vnser muter die criste(n)lich kirch, dz ist, die
o(e)berkeit als die prelate(n), prediger vn(d) beichtua(e)ter kippeln [auszanken] vn(d) straf-
fen: vn(d) dan(n)och lassen wir vnser genesch [weltliche Genüsse] nit; was sein wir anders
den(n) kind(er)? Die kind(er) emplo(e)ssen sich vn(d) schemen sich nit; wir verunreine(n)
offt vnser gewissen mit scha(m)pere(n) [schandbaren] gesicht [Blicken] vn(d) worte(n), die
wir williglich ho(e)re(n) oder rede(n); wir verpilden vnser gemu(e)t mit schampern gedancken, wir verklu(e)ttern vnser hertz mit scha(m)pern lu(e)ste(n), wir emplo(e)ssen die
schamperkeit vnsrer begird mit eu(e)ssern zeiche(n) in zereden, in lache(n), in betastu(n)g
so(e)lcher glider, das es ein scha(n)d zesage(n) vn(d) zeschreibe(n) ist. Vnd dz tut nit allein
dz gepo(e)fel [Pöbel], sunder auch die edeln, nit allein die schlechte(n) [Schlichten], sunder
auch die fu(e)rstenn, nit allein heimlichen, sund(er) auch o(e)ffenliche(n)". O6 rb, Z. 20–
39.
[498] p2 vb, Z. 17–25.
[499] Auch wenn Kinder „werck der su(e)nd thun, die von yrer art to(e)ttlich sind, so
mu(e)genn sie doch von ynen on all totsu(e)nd beschehen vmb gepruchs willen des vrteyls
d(er) vernunft, die noch nit erkentnus hat vo(n) den geystlichen, ewigen, go(e)ttlichen dingen vnd des go(e)ttlichen gesetzes." Y1 ra, Z. 12–18.
[500] Unnumeriertes vorletztes Blatt vb, Z. 20–22.
[501] Dd1 va, Z. 17–b, Z. 3.
[502] Unnumeriertes vorletztes Blatt, vb, Z. 17.
[503] Dd1 va, Z. 19.
Die Differenz zwischen peccatum veniale und peccatum mortale manifestiert sich für
Fridolin weniger in der materialen als vielmehr in der voluntativen Komponente einer
Handlung, wie er anhand eines anschaulichen Beispiels deutlich macht: Fällt der Blick eines Gläubigen auf einen besonders schönen Menschen „vn(d) hat" er „eine(n) lust an"
dessen „gestalt vn(d) wirdt zuflaischlicher begird gezoge(n) vn(d) wilku(e)rt doch nit dar
ein, sund(er) er widerstrebt mit dem willen d(er) vernunfft, das er ym fu(e)rsetzt, dz er
weder in werck noch yn wollust der werck noch yn wollust der gedanckenn von den
werckenn als vo(n) den wercken, die su(e)ntlich wollust gebe(n), verwilligen wo(e)lle vnd
schlechtlich will er keinen wollust entpfinde(n), der dar zu diene od(er) vo(n) disem
gru(n)dt kumpt, Vn(d) empfindt er ettwas vno(e)rde(n)licher begirde in im, d(er) will er nit
empfinde(n) vnd mißfallet im: Ob [obwohl] ein so(e)llicher ein begerend(er) gesproche(n)

lich für alle Ewigkeit, falls es der Sünder nicht versteht, energische Gegenwehr zu leisten und sich die Verdienste des Leidens Christi zueigen zu machen, wie es beispielsweise der *Schatzbehalter* lehrt[504]. Ob die Sünden, die ein
Mensch zusätzlich zur Erbsünde anhäuft, nun auf Unwissenheit, Schwäche
oder Eigenwillen zurückgehen – alle drei Defizite sind Folgen der Hoffart
des ersten Menschenpaares[505] –, ihnen ist gemeinsam, daß sie eine dem Willen und den Geboten Gottes widersprechende Grundausrichtung und ebensolche Verhaltensweisen darstellen. In ihrer Verkehrtheit sind sie sichtbare
Symptome der Verachtung, Schmähung und Nicht-Ehrung Gottes durch
den gefallenen Menschen und damit auch Zeichen der Undankbarkeit für
die Erlösungstat Christi, lassen sie doch immer von neuem lasterhafte Handlungen, um deren Sühne willen der Sohn Gottes leiden und sterben mußte,
Wirklichkeit werden[506].

Fridolin betont im *Schatzbehalter* den Trieb des Menschen zur Sünde und
seine durch den Fall verderbte Natur stark, da es ihm ein Anliegen ist, seinen
Leserinnen und Lesern den Kontrast zwischen dem majestätischen Sohn
Gottes und dem unwürdigen Geschöpf einzuschärfen: Christus, dem Vater
völlig gleich, unterwarf sich den Widrigkeiten eines Lebens in der Welt, indem er menschliche Natur annahm. Er wurde damit der von Gott geliebten
Kreatur gleich, hob sich jedoch gleichzeitig in entscheidender Weise von ihr
ab, da die Macht der Sünde sein Wesen nicht zu tangieren und zu korrumpie-
ren vermochte[507]. Obwohl er in all seinem Wollen und Handeln stets rein
und tugendsam blieb, wurde er durch verdorbene ehrlose Menschen als un-
reiner sündhafter Verbrecher verfolgt, geschmäht, angeklagt und hingerich-

---

mag werde(n) d(er) synlichkeit halbe(n), so ist er doch nit begerend d(er) vernu(n)fft
halbe(n); darum(b) ist so(e)lliche begirde nit bey todsu(e)nde(n) verbotte(n); der herr
spricht auch nit: ‚wer ein frawe(n) ansiht vnd begeret ir‘, sund(er): ‚wellicher sy siht, ir zebe-
gern, d(er) hat yetzo die ee geproche(n) in seinem hertzen‘.“ Dd1 vb, Z. 19–39.

[504] Fridolin unterstreicht im *Schatzbehalter* immer wieder, daß der Gläubige dem An-
sturm der Sünden nicht wehrlos ausgeliefert ist: Gegen die Gefahr, sündhaftes Verhalten
nicht als solches zu erkennen, bieten entsprechende Lektüre und die Verkündigung der
Kirche Hilfe, während Schwäche und Bosheit den Menschen nicht zu Fall bringen können, wenn er sich bewußt gegen sie stellt: „Wa ein gutter will ist, der mag es mit d(er) hilff
der go(e)ttliche(n) genad so weit volbringen, dz sich gott dar an benu(e)gen lasset“ (Dd1 va,
Z. 14–17). Wirksame Unterstützung auf dem Weg der Sündenabwehr hat Gott in Gestalt
der Sakramente, allen voran der Buße geschenkt. Sie sorgen dafür, daß der Christ „nymmer
wider seinen willen vberwunden wu(e)rd“. C4 rb, Z. 12–14.

[505] ac3 ra, Z. 41–b, Z. 4.

[506] c4 va, Z. 18–b, Z. 28.

[507] u1 ra, Z. 4–11: Christus allein ist es, „vo(n) de(m) geschribe(n) steet: Es ist keiner,
d(er) gutes tut, es ist keiner bis an [auf] eine(n), d(er) allein nit allein nit gesu(e)ndet hat
weder mit wercke(n) noch mit worte(n) noch mit gedencke(n), sunder er hat auch nit
mu(e)ge(n) su(e)nde(n) vo(n) volkomenheyt wege(n) seiner gutheit, heiligkeit vn(d)
tuge(n)t, die ym gleich als natu(e)rlich wese(n)lich wz [war].“ Zur vollkommenen Un-
schuld, die nur in Christus und sonst keinem Menschen wohnt, siehe auch ab4 va; zum
Herausgehobensein Christi aus der Erbsünde: E2 vb-E3 ra.

tet. Damit schafft der Franziskaner zusätzlich zum Strukturschema der Gegenwurfartikel[508] gleichsam eine zweite Folie, die die Passion Christi umso heller und eindringlicher erstrahlen läßt: Der sündlose Gottessohn begibt sich um der Seligkeit derer, die, für sich allein gelassen, der Sünde hoffnungslos verfallen sind, ins Leiden; die Beschenkten erkennen dies jedoch nicht, sondern schaffen ihm immer weitere Ursachen der Marter und Qual. Übersteigt es nun schon den Verstand des Menschen, daß sich Christus auf die Erde herabließ, um für die Sünde derjenigen genugzutun, die von sich aus unfähig sind, Gottes Vergebung zu erlangen, welch unbegreifliches Wunder ist es dann erst, daß er die Schmerzen seines Leidens und Sterbens auf sich nahm, obwohl die Empfängerinnen und Empfänger seiner Gabe weder die Größe seiner göttlichen Würde und daraus resultierend seiner in der Welt geübten Demut erkennen[509], noch ihre eigene Unwürdigkeit und Untreue dem Schöpfer gegenüber wahrnehmen? Sie wissen demzufolge seine Satisfaktionshandlung nicht zu schätzen und erweisen sich ihm nicht dankbar, sondern fügen ihm dadurch Leiden zu, daß sie seiner Passion gleichgültig oder gar ablehnend gegenüberstehen und sich so selbst um die Seligkeit bringen[510]: Sie werden zur Hölle fahren und Christus hat, was sie anbelangt, umsonst gelitten, da er sie nicht mit dem Vater zu versöhnen vermochte[511].

Wollen die Leserinnen und Leser des *Schatzbehalters* nicht zu dieser Gruppe der ewig Verdammten gehören, so müssen sie lernen, sich voller Scham, Mitleid und Dankbarkeit[512] die Früchte der Passion zu eigen zu machen. Beschämung über die eigene Sündhaftigkeit, Mitleid mit Christus, der an Stelle des Schuldigen die Strafe auf sich nahm und Dankbarkeit für den durch seine Genugtuung ermöglichten Erwerb des Heils: Sie bilden die angemessene Haltung, mit der sich der Mensch dem Schatz des Leidens Christi nähern und ihn für sich in Anspruch nehmen kann.

---

[508] Siehe dazu oben, S. 219–221.

[509] t5 va, Z. 15–b, Z. 30.

[510] Im Rahmen seiner Ausführungen über die Liebe, die in den letzten Worten des Gekreuzigten offenbar wird, warnt Fridolin mit scharfen Worten davor, das Leiden Christi undankbar zu bedenken oder gar zu verspotten: Wer das tue, müsse „schwerer su(e)nd fu(e)rchten" (N3 vb, Z. 15), denn man könne sicher sein: „[…] wer dz leide(n) cristi eret, d(er) wirt auch durch dasselb von got geeret; widerum(b) wer es vneret, d(er) fu(e)rchte sich, das er nit […] ewigclich geschendt werde." N4 rb, Z. 16–20.

[511] „Der erst schmertz [gemeint sind die sieben Schmerzen des Gekreuzigten] vnsers herren was, dz er erkent, dsa sein groß leiden vnd vnmeßliche lieb, auß der sein laid vn(d) leiden entsprang, vn(d) die entlose wirdigkeit seiner person von dem menschen nit erkent noch bedacht, noch ym daru(e)mb gedanckt wu(e)rd vn(d) das vil me(n)schen dru(e)mb solten verlorn werde(n), dz sy dise ding weder erkenne(n) noch achten wolten." L6 vb, Z. 5–14.

[512] z4 ra. Siehe dazu auch oben, S. 244.

7.7.4. *Der Erwerb des Leidensschatzes Christi durch den Menschen*

Stephan Fridolin hebt im *Schatzbehalter* wie auch in anderen seiner Schriften nicht nur immer wieder hervor, daß „alles menschlich heyl an dem leiden cristi steet"[513], sondern spricht ausdrücklich davon, daß niemand selig zu werden vermag, „dan(n) allein durch dz verdienen cristi"[514], eine Erkenntnis, die sogar in den letzten Zeilen des Buches, im Kolophon, nochmals aufgenommen wird[515]. Auch betont er, daß es ausschließlich der Glaube an die gnädige Heilstat des Gottessohnes sei, der den Menschen in seiner Todesstunde davor bewahre, in die Hände des Teufels zu fallen und so auf Ewigkeit hin der Seligkeit verlustig zu gehen[516].

Mag dies auf den ersten Blick so aussehen, als habe Fridolin die reformatorischen Grundaussagen eines „solus Christus" und „sola fide" vorweggenommen[517], so zeigt die im *Schatzbehalter* wenn auch nicht ausführlich reflektierte, aber doch in Ansätzen skizzierte Beziehung zwischen Handeln Christi und Verhalten des Menschen, zwischen Gnade und guten Werken, daß dem nicht so ist.

Zunächst einmal bestärkt der Nürnberger Franziskaner sein Publikum in der Überzeugung, daß gute Werke unbedingt nötig sind. Will ein Mensch „behallten werdenn", d.h. will er nicht zur Hölle fahren, so muß er sich „in gehorsamkeit dem go(e)ttlichen willen" unterwerfen, ist doch solche bereitwillige Unterordnung die Basis aller „tugentliche(n) vn(d) verdie(n)stliche(n) werck vn(d) vbung"[518]. Mit scharfen Worten ruft Fridolin ins Gedächtnis, daß neben den ohnehin zur ewigen Verdammnis verurteilten Hei-

---

[513] So die erste Abschnitts-Überschrift im ersten Buch des *Schatzbehalters*. a4 vb, Z. 22 f.

[514] f6 ra, Z. 31 f.

[515] Das Publikum des Drucks wird dort aufgefordert, den Autor des *Schatzbehalters* „vmb des heyligen leyde(n)s cristi willen, durch das wir allein mu(e)ssen selig werden", in seine Fürbitte einzuschließen. Letztes unnumeriertes Blatt rb, Z. 28–30.

[516] U1 rb-va. Dazu auch SCHMIDT: Franziskanerprediger, S. 82 f.

[517] Ulrich Schmidts in apologetisch-polemischem Ton vorgetragene Stellungnahme zur Rolle des Kreuzestodes Christi bei Fridolin (Schmidt bezieht sich im Kontext seiner Ausführungen nur auf die Predigten des Nürnberger Franziskaners, überträgt sein an dieser Stelle gefälltes Urteil jedoch später (Franziskanerprediger, S. 81–84) auf den *Schatzbehalter*) läßt zumindest die Frage aufkommen, inwiefern sich Luthers Betonung der Rechtfertigung des Menschen allein durch Christus von der mittelalterlichen Theologie im allgemeinen und von Fridolins Werk im besonderen unterschied. Schmidts Auffassung zufolge „ist die [durch protestantische Theologen vorgetragene; Anm. der Verfasserin] Behauptung vollständig unwahr, durch die mittelalterlichen Predigten seien die Zuhörer vielfach von der Heilswahrheit abgeführt worden. Wenn unter dieser Heilswahrheit *kat' exochen* der Glaube und das Vertrauen auf die Erlösungstat Christi verstanden werden soll, so bieten uns gerade die Predigten Stephan Fridolins einen der zahlreichen Belege aus dem ausgehenden Mittelalter, wie ernst und eindringlich den Menschen auch schon vor Luther die segensreichen Folgen der großen Gottestat auf Golgatha immer wieder vor Augen gehalten worden sind" (ders.: Franziskanerprediger, S. 24 f.).

[518] l1 rb, Z. 22–25.

den auch Christen, die es während ihres Lebens versäumten, „den glawbe(n) yn den wercken als yn gehorsam go(e)tlicher vnd cristenlicher gebott" zu „beweisen", auf ewig von Gott geschieden würden[519]; einzig und allein in der Todesstunde könne und dürfe man auf gute Werke verzichten, da es in den letzten Stunden eines Gläubigen im Diesseits nur auf das unbeirrbare Festhalten am Glauben ankomme[520]. Im Gegensatz zu seinen an die faulen, ohne eine genügend große Zahl guter Werke sterbenden Christen gerichteten Mahnungen verheißt er jedem, der „der gnad gottes danckper sein vnnd disenn [den christlichen] glawben mit den wercken erzaihe(n)" wird, am jüngsten Tag auf der Seite des richtenden Christus zu stehen[521]. Alle Gläubigen werden also einst entsprechend ihres zu Lebzeiten an den Tag gelegten Verhaltens belohnt oder bestraft werden[522] und die Leserinnen und Leser des *Schatzbehalters* können sicher sein, daß Christus jeden einzelnen ihrer Gedanken und jedes ihrer Werke genau kennt[523], was ein gerechtes Gericht ermöglichen wird[524].

Stehen nun die Verdienstlichkeit und somit die Unverzichtbarkeit menschlichen Strebens und Bemühens um die Seligkeit fest, so ist vor dem Mißverständnis zu warnen, ein Christ könne die Seligkeit selbständig und ohne die Hilfe Christi erwerben[525]. Alles menschliche Tun ist mit Mängeln behaftet und der Unvollkommenheit des irdischen Daseins unterworfen, was daran sichtbar wird, daß niemand von sich aus die Kraft besitzt, sich vom Irdischen ab- und seinem Schöpfer zuzuwenden[526]. Deshalb bedarf jeder Gläubige des Schatzes der Verdienste, die der Gottessohn während seines gesamten Erdenlebens, speziell aber durch seine Passion und den Kreuzestod anhäufte. Zum einen nämlich vermag Christus auf andächtiges Gebet hin das, was dem Christen, der sich ehrlich bemüht, an verdienstlichen Werken gebricht, durch sein Leiden und die daraus hervorgehenden Sakramente sowie die Verdienste der Heiligen zu ergänzen und aufzufüllen[527]. Vor allem jedoch

---

[519] X5 vb, Z. 14–16.

[520] Siehe dazu oben, S. 250 f.

[521] B5 vb, Z. 4–6.

[522] B1 vb, Z. 28–33.

[523] Christus wendet seine Augen nie vom Menschen ab, „sunder er siht auff vns vnd nympt aller vnsrer vn(d) zuuoran der ynnern wercke des hertzen ware vn(d) merckt fleyssiclich, wo vnnser augen hin gekert sein, wo vnnser hertz hin geneigt sey, wo vnnser schatz lig, wo vnser mutt vnd sin hin stee." f2 ra, Z. 33–39.

[524] Dd5 vb, Z. 32–41.

[525] c5 rb, Z. 40 f. bemerkt Fridolin, „[…] kein lautter creatur" könne die Seligkeit „auß ire(n) aignen wercken verdienen".

[526] D6 va–E1 ra. Fridolin faßt seine Gedanken zur Unfähigkeit des Menschen knapp und klar in der Überschrift dieses Abschnittes zusammen: „Das der mensch nichts gutts vo(n) ym selbs vermag, daru(e)mb er der gnad cristi bedarff vnd sie deßhalb anruffen soll."

[527] „Vn(d) also volgt hernach, wer allweg cristu(m), sein lere, das ewangelisch gesetz, das er geprediget, seine werck, die er getan vnd was er fu(e)r vns gelitte(n) hat, bedenckt auff die meinung vnd das end, das er dar durch genad erwerben mu(e)g zeuolbringe(n) das, dz der herr mit den wortten gelert hat vnd auff das ho(e)hst vor allen vnd fu(e)r alle die seinen

werden menschliche Anstrengungen erst aufgrund der Satisfaktionswerke
Christi Gott angenehm und damit verdienstlich: Obwohl Christus auf Erden
ein völlig reines, tugendhaftes Leben führte, erklärte er sich um des gefallenen Geschöpfes und seiner Sünde willen bereit, daß seine eigenen guten Taten und Tugenden als Werke des Teufels angesehen und bewertet würden, da
der Mensch bei Gott nur auf diese Weise Vergebung für seine bösen und
Annahme seiner guten Handlungen erlangen konnte[528]. Alles Gute, das ein
Christ jemals vollbringt, hat demnach seinen Ursprung in Christus selbst[529],
so daß der Autor des *Schatzbehalters* im Hinblick auf das Ziel der guten Werke
schreibt: „er [Christus] zeigt dir nit allein die seligkeit, sunder er gibt dir sy
auch vnnd verleihet dir auch, die selbe(n) zeuerdienen."[530]

Fridolin spricht also bewußt von Christus als dem alleinigen Urheber des
Heils, verdient doch sein Leiden die gnädige Annahme menschlicher Leistung durch Gott. Er läßt seine Leserinnen und Leser aber auch nicht im
Unklaren über die zentrale Rolle, die ihr eigenes Streben und Tun im Prozeß
der Seligwerdung spielt: Jeder Christ muß dafür Sorge tragen, nicht mit leeren Händen vor Gott zu stehen, sondern etwas vorweisen zu können, das
angenommen werden kann, denn Gott ist „albeg [allezeit] bereit [...], sein
genad zeuerleihe(n) de(m) menschen, der das sein tu(o)t, sie [die Gnade]
antzeru(e)ffen vnd zeenpfahen."[531] Heißt es im *Schatzbehalter* deshalb, der
Mensch komme „allein durch dz verdienen cristi" zur Seligkeit[532], so bedeutet dies, daß Christus durch die in seinem Leiden angesammelten Verdienste
den Gläubigen die Möglichkeit gibt, nun ihrerseits verdienstliche Werke zu
tun: „hie ist ein stand [...] der arbeit, dort der rwe [Ruhe]; hie des streits, dort

---

in seinem leben exemplirt, bewisen vnd behalten vn(d) zum letste(n) mit seinem leiden
volbracht, bestetiget vnd mit dem sacrament seins heiligen fronleichnams vnd andern
sacramente(n) versigelt hat, der selb mag dester warhafftiglicher den egemelten [eben er-
wähnten] psalmen [Psalm 119, 93] lesen. Denn was im gebricht seinethalb, dz ist durch
cristum, mit dem er durch die gedancke(n) vnd durch die begirde vn(d) liebe eins ist, vnd
durch sein heiligen erfu(e)lt vnd volbracht. Vnnd also mag ein so(e)llicher der waren seligkeit dester sicherlicher warten, so bey dem anfang desselbe(n) psalme(n) [Psalm 119, 2]
steet: Selig sein die, die da nach suchen den gezeu(e)gnussen des herren, die ine in gantzem
hertzen aussu(e)chenn." f3 rb, Z. 15–40. So sinngemäß auch L6 va, Z. 26–30.
[528] „Also verstee von allen tugende(n) vnd tugentlichen wercken vnsers herre(n), die
darumb verworffen vn(d) verkert sind worden, das vnsere bo(e)se werck vns wu(e)rden
verzigen vnd die guten wercke von vnuolkomenheit wegen nit verworffen, sunder in dem
verdinest cristi durch de(n) glauben in yne vnd durch die prauchu(n)g seiner sacrament
gerechtfertiget, volbracht vn(d) vor got auffgenu(m)men vn(d) des lones wirdig geschetzet
wurde(n)." o3 rb, Z. 11–21.
[529] „[...] merck fleissiglich vnd behalte dz mit danckberkeit andechtigclich, dz alles, dz
wir habe(n) [...], auch alles dz, dz wir nach den ware(n) tuge(n)de(n) zerechnen gut, gerecht vn(d) gott angenem sind, dz de(n) allein ein selig sein vn(d) wesen ist, alles dz wir
habe(n) vn(d) guttes vermu(e)gen [...], das alles ku(m)pt vn(d) entspringet vns außs seinem
[Christi] allermiltesten vnd su(e)ssesten hertzen." D4 va, Z. 8–33.
[530] L6 va, Z. 17–19.
[531] c4 vb, Z. 13–16.
[532] Siehe oben, S. 272.

des reychs; hie der arbeitseligkeit [Mühsal], dort der seligkeyt; hie des verdyenens, dort des belonens"[533].

Wie nun muß sich ein Mensch verhalten, damit er einst die Belohnung
seiner im Diesseits angehäuften Verdienste empfangen wird? Was muß er tun,
um den Zugang zum Schatz des Leidens Christi und dadurch zum ewigen
Heil zu erhalten? Bei der Beantwortung dieser Frage spielt für Fridolin die
im *Schatzbehalter* besonders stark herausgestrichene unendliche Differenz
zwischen dem huldvollen, majestätischen Sohn Gottes und dem unwürdigen,
schnöden Menschen eine wichtige Rolle. Indem er sie in immer neuen Vari-
anten beschreibt, ausmalt und erläutert, versucht er, sein Publikum zum
Eingeständnis der eigenen Unvollkommenheit und zur staunenden Bewunderung der göttlichen Größe zu führen, um ihm so die Demut als angemessene Haltung des Menschen vor seinem Schöpfer und Erlöser einzuschärfen:
Wer die Beziehung zwischen Mensch und Gott demütig betrachtet, erkennt
Macht und Ohnmacht, Reinheit und Sündhaftigkeit, Gnade und Abhängigkeit. Er begreift die Ungeheuerlichkeit der Martern, die Menschen dem aus
Gnade Menschgewordenen zufügten und entwickelt Scham über sich selbst
sowie Dankbarkeit für Christi rettende Passion[534]. Für Fridolin ist die Demut
der Gradmesser, an dem die Grundrichtung der Lebensorientierung eines
Menschen abzulesen ist, denn je stärker jemand die eigene Unzulänglichkeit
und in ihrem Gefolge das Verwiesensein auf Gott erkennt, desto näher ist er
diesem. Umgekehrt formuliert: Je höher der Wert ist, den sich ein Mensch
zumißt und je unabhängiger er von Gott zu sein meint oder auch nur sein
will, desto größer ist seine Entfernung von Gott und seine Nähe zum Teufel[535]. Deshalb macht die Demut das Gebet des Christen Gott „i(n)
sund(er)heit […] angenem vn(d) wolgefellig vnd vor im erho(e)rlich vn(d)
dem me(n)sche(n) fruchtber vnd verdienstlich"[536], so daß der Franziskaner

---

[533] q4 ra, Z. 26–31.

[534] Eine didaktische Hilfe auf dem Weg hin zu dieser Einsicht stellt die Unterteilung
der Leidens-Gegenwürfe in antithetische Artikel dar. Siehe dazu oben, S. 219–221.

[535] Über die „vernünftige Kreatur", wie Fridolin den Menschen oft nennt, schreibt er
deshalb in einer Gebetseinleitung: „[…] ye weiser sy sich dunckt on dein [Gottes] erkentnus, ye mer sy beto(e)rt wirt; ye freyer sy von deine(n) gesetzen will sein, ye gefangner sy ist;
ye mynder sy deine(m) willen vntterworffenn <will> sein, ye mer sy muß vntterworffen
sein, wann ye mynder sy vntterworffen wil sein deinem gebiette(n)den willen zu volbringung ires willens, ye mer sy muß vntterworffenn werdern deinem bu(e)ssende(n) willen
wider allen ire(n) mutwillige(n) willen, dann wer dein diener nit will sein, d(er) muß seines
tods feinds, des bo(e)sen geistes vn(d) seiner knecht diener sein […] vn(d) ku(e)rtzlich: wer
dich verachtet, der muß von allen creaturen verachtet vnd durchecht werde(n), wan(n) ye
ho(e)her d(er) me(n)sch on dich will sei(n), ye mer er genydert wirt; ye stercker er will
sei(n), ye schwecher er ist, wan(n) ye gewaltiger er ist, ye mind(er) er den vntugende(n)
vn(d) zuuoran der hohfart, die alles gut vntterdru(e)ckt, widersteen mag […] ye mechtiger
er denn ist vnd will sein in diser werlt on got, ye vnmu(e)gender er ist in der warheyt". Ee2
ra, Z. 16–b, Z. 2.

[536] Dd6 rb, Z. 35–38.

dem Anhang des *Schatzbehalters*, in dem er die Mehrzahl der Gegenwürfe des zweiten und dritten Buches exemplarisch in Gebete umsetzt, eine modellhafte Gebetseinleitung an den Anfang setzt, die seine Leserinnen und Leser aus ihrem Kontext herauslösen und jedem beliebigen Gebet voranstellen können[537]. Dort empfiehlt er eindringlich: „[…] wenn du in nachfolgenden betrachtungen oder gebetten etwas gedenckst od(er) meldest von den go(e)tliche(n) volkummenheyten, so ist es fast [sehr] gut zu vbu(n)g der demu(e)tigkeit vnd zu reitzung der andacht, dz du zum myndsten in den gedancken od(er) in deiner mainung gegen den selbe(n) volkumme(n)heiten haltest dein manigfeltig vnd widerwertig geprechenlichkeit vn(d) begerest in dem grund deines hertzen, das sich got der herre vmb seiner volku(m)menheit willen vber dein gepreche(n)lichkeit wo(e)lle erbarmenn"[538].

Nicht nur das Gebetsleben jedoch – so sehr es in Form der Anrufung Gottvaters um des Leidens Christi willen im *Schatzbehalter* hervorgehoben und gefördert wird – soll nach Fridolins Meinung durch die Demut getragen und geprägt sein; das gesamte Denken, Sprechen und Tun des Menschen führt am sichersten zur Seligkeit, wenn es auf einer demütigen Grundhaltung aufbaut, da diese im Gläubigen wirkt und seine Beziehung zu Gott, seinem Heilshandeln und seinen Geboten in die rechte Ordnung bringt. Der demütige Christ entwickelt Dankbarkeit für Gottes gegenwärtige und in Zukunft zu erhoffende Gaben und verspürt in sich den Wunsch, das Seine dazuzutun, um einst als ein Geschöpf befunden zu werden, das der Gnade Gottes zumindest im Ansatz würdig ist: Er bemüht sich um gehorsame Befolgung der Gebote, bereut jeden Augenblick der sündhaften Abwendung von seinem Schöpfer und ist bereit, Buße für seine Verfehlungen zu tun. Er gestaltet sein Leben also auf eine Weise, die es ihm erlaubt, auf das ewige Angenommensein durch Gott zu hoffen[539].

In solchem Streben ist der Einzelne nicht auf sich allein gestellt, denn die Kirche unterstützt ihn durch ihre Lehre und verschiedene Heilsmittel[540]. Um

---

[537] Ee1 rb, Z. 41–va, Z. 5.

[538] Ee2, rb, Z. 28–40.

[539] Nach umfangreichen Ausführungen über den Wert der Erkenntnis von Christus als dem, der sich voller Barmherzigkeit zu den in ihrer „vnflettigkeit" gefangenen Menschen herabneigt (A2 ra – B5 va), faßt Fridolin zusammen: „HIerumb frew dich, du andechtiger christe(n)mensch […]. Wann wirdest du der gnad gottes danckper sein vnnd disenn glawben [den Glauben an die genugtuende Passion] mit den wercken erzaihe(n) durch die gehorsaz [sic] der go(e)tliche(n) gebott, durch vbung guter werck, durch vermeydu(n)g d(er) su(e)nd, durch wirdig bußwu(e)rcku(n)g fu(e)r die vergangne(n) verseu(e)mlikeite(n) vnd also verharre(n) bis in dein end, so wirdestu […]" zu denen gehören, die Christus am jüngsten Tag zu den Seinen zählen wird. B5 va, Z. 40–b, Z. 11.

[540] Wie in allen seinen Werken so klingt die Empfehlung zur Teilnahme am kirchlichen Heilsangebot auch im *Schatzbehalter* nur gelegentlich an. Sie spielt bei Fridolin aber nicht deshalb eine untergeordnete Rolle, weil er den Formen äußerer Frömmigkeit wie Wallfahren, Almosengeben oder häufigem Sakramentsgenuß kritisch oder gar ablehnend gegenüberstünde, sondern weil er sie als selbstverständlich voraussetzt (vgl. z.B. 43 ra: Reliquien-

seinen Fortschritt in den sieben Haupttugenden zu fördern und seine mangelhaften Leistungen aus dem Schatz des Leidens Christi zu ergänzen[541], bietet sie ihm die Sakramente, eine Art „feslein oder bu(e)chßlein der gnaden"[542], deren Kraft aus der Passion und dem Kreuzestod des Gottessohnes fließt[543]. Eine besonders wichtige Rolle spielen dabei die Taufe in ihrer Funktion als Zugangsberechtigung zu allen anderen Sakramenten[544] und die Buße als Akt der Vergebung von Todsünden[545]: In der Beichte erkennt der Mensch seinen Drang zum Bösen und seine durch stetiges Versagen charakterisierte Existenz, was ihn zur Demut und zur Reue über sich selbst führt, wird ihm doch bewußt, daß Christus für ihn, den „schnöden Sack", sein Leben hingegeben hat[546]. Natürlich wird er trotz des Wissens und der bitteren Reue um seine Sünde weiterhin gegen Gottes Gebote verstoßen, aber gerade indem er seine Fehltritte bereut oder wenigstens darüber Reue entwickelt, daß er sie nicht bereuen kann – hier tritt wieder das bereits bei der Behandlung von Fridolins *Lehre für angefochtene und kleinmütige Menschen* erwähnte Minimalisierungsprogramm[547] hervor –, erlangt er vollkommene Vergebung[548]. Das Bußsakrament macht es ihm möglich, schon hier Buße für seine

---

verehrung; N1 vb: Fasten, Nachtwachen, Wallfahrten) und meint, sie aus diesem Grunde nicht ausführlich thematisieren zu müssen.

[541] „Darumb sind allen fu(e)rderliche(n) haubttuge(n)den zu volbringu(n)g irer vnuolkome(n)heit sacrament zugeeigent: Als zu hilff vnd volbringung des glaubens der tauff […]. Also zu hilff vnd fu(e)rderung der hoffnung ist die heilige o(e)lunge, zu hilff der go(e)tlichen liebe der fronleichnam vnsers herren, zu hilff der gerechtigkeit die beycht vnd buß, zu hilff der sterche die firmu(n)g, zu hilff d(er) messigkeit die ee, zu hilff der klugheit od(er) fu(e)rsichtigkeit die heiligen weihung, in den allen der verdienst cristi durch die gnad des heiligen geists vnser geprechen erfüllet". o3 rb, Z. 21–38.

[542] p2 vb, Z. 40.

[543] So b2 vb und l2 rb.

[544] ae6 rb.

[545] C4 rb.

[546] „Wie schno(e)d wir aber der werck halb seyen, das erscheynt wol, wen(n) wir recht peychte(n); wie schno(e)d wir des verwesens halb seyen, dz wissen villeicht die totengraber allerbast. Nu(n) merck, fu(e)r so(e)lch schno(e)d seck, fu(e)r so(e)lche vngetrewe boßhafftige tier hat der herr der maiestat […] seinen leib, der ein geweihter gesalbter tempel der go(e)tlichen heiligkeit was, in die he(n)d der erelosen buben […] gegeben. Nun bedenck, wie hoh vnnd kostbar er die schno(e)den geachtet vnd gemacht hab." ab6 vb, Z. 39–ac1 ra, Z. 19.

[547] Siehe oben, S. 133.

[548] Fridolin weiß, daß unter seinen Leserinnen und Lesern Unklarheiten bestehen, was die Schlüsselstellung der Reue im Prozeß der Vergebung durch Gott anbelangt. Ohne die naheliegende, im Mittelalter wichtige Unterscheidung von attritio und contritio zu thematisieren – sie wird im *Schatzbehalter* nur ein einziges Mal (O5 rb, Z. 28–42) kurz angesprochen, jedoch nicht näher erläutert –, nimmt er ihre Fragen in einem Dialog zwischen „Frager" und „Antworter" auf und zeigt dabei, daß es die Reue ist, die über Seligkeit und Verdammnis entscheidet: „Der antworter […]: Sag mir, welhe su(e)nd mag dich verdammen, wenn du rew vnd layd darumb hast vnd willt sie bu(e)ssen vnd bessern vnd welhe su(e)nd mag dir verzygen werden on die reu(e) […]? Der frager […]: So aber die vnrew dy

Verfehlungen zu tun, wenn er sich, wie im *Schatzbehalter* empfohlen, demütig und voller Reue den Anweisungen der Kirche unterwirft[549]. Verhält sich der Mensch entsprechend, so wird ihm die Bestrafung nach seinem Tode erspart bleiben, denn „was hye zeittlichen gebu(e)st wirdt, das will gott der herr dort lassen verzygen sein."[550] Da die Buße deshalb als gnädige Hilfe Gottes für die Gläubigen zu verstehen ist, rät Fridolin vehement, sie fleißig und gern in Anspruch zu nehmen, obgleich sie in ihrem Vollzug unangenehm und peinlich ist[551]. Über den Gehorsam gegenüber den göttlichen Geboten und die Teilnahme am Angebot der Sakramente hinaus gibt es weitere „gute Werke", in denen der Mensch seinen „glawbe(n) [...] an die werck legen"[552] kann, und die ihm die himmlische Belohnung durch Gott in Aussicht stellen. Der Nürnberger Franziskaner nennt hier insbesondere die flehentliche Hinwendung zu Maria[553] und den Heiligen[554], die aufgrund ihrer Verdienste Fürbitte

---

su(e)nd ist, durch die allein der mensch verdampt wirdt, wie soll der mensch die selben su(e)nd der vnrew bu(e)ssen, die yne in allen su(e)nden hellt vnd macht sy ym all schedlich vnd also schedlich, dz er auch vm(b) die kleinen vnd leßliche(n) ewigclich [...] muß leidenn, der fu(e)r die grossen vnnd to(e)ttlichen nit rew gehabt hat? Der antworter: durch yr widersach als durch die rew, (durch die all su(e)nd getilgt vn(d) gebu(e)sset werde(n)), soll der mensch auch die vnrew bu(e)ssenn, wann es soll ym sunder leyd sein, das ym sein su(e)nd nit allweg layd sind gewesenn." Y2 vb, Z. 13–35.

[549] „[...] wiltu fu(e)r dein su(e)nd gnug thun, so mach dich teilhafftig der krafft seins leidens durch die brauchung der sacrament, die krafft habe(n) auß de(m) selben vn(d) beichte vn(d) vnderwu(e)rff dich dem gewalt d(er) priesterschafft vn(d) d(er) heilige(n) criste(n)liche(n) kirche(n) in der buß, das du doch eyn wenig gleichfo(e)rmig werdest der demu(e)tigkeit vn(d) vndertenigkeit christi." l2 rb, Z. 27–35.

[550] Y1 va, Z. 8–10.

[551] „Wieuil mer su(e)lle(n) wir willigclich vn(d) gentzlich bekennen vnd beichtenn, was wir gethan haben, ob es auch schamper ist, so vnns doch die selb veriehung vnd peicht zu gnad, zu verzeihung der su(e)nd, zu erwerbu(n)g der huld gottes dienet. Vn(d) ist vns darumb auffgesetzt, das es vns dienen so(e)ll zu bedeckung vn(d) bescho(e)nu(n)g vnserer geprechen vn(d) schame an dem iu(n)gsten tag, da aller der, die nit haben wo(e)lle(n) beichte(n), su(e)nde inen zu ewiger schand vn(d) pein an das liecht ku(m)men werde(n) [...] vor aller werlt" und „vor dem richter, vor dem die erd erbidmet [...], des zorn die felsen von einander spaltet [...], vor des gegenwertigkeit die warenn weysenn so gro(e)slich begern mit eren zeerscheine(n), dz sie lieber vor aller welt wolten zu schanden werde(n), den(n) vor seine(n) auge(n) beschemet. Da merck nun, wie es besser sey, vor eine(m) einigen mensche(n), der selbs auch geprechenlich vnd ein su(e)nder ist – vnnd ob er dich auch anfert vnd straffet, so hat er doch villeicht heimlich ein gross mitleide(n) mit dir, wenn [denn] er kennt dein gepreche(n) bey den seinen –, vor einem so(e)llichen heimliche(n) zebedecken vnd zu uerzeihu(n)g der su(e)nd zu erwerbung der gnad vn(d) zu deinem nutz zu versicherung vor dem zorn des strengen vrteil gottes zu besteen mit eren an dem iu(e)ngsten gericht vor aller werlt vn(d) belonet vnd gekro(e)net zewerden yn dem ko(e)nigreich der ewigen seligkeit, eyn wenig schamrot werden, das man der grossen vnaussprechenlichen, ewigen, schedlichen, greu(e)lichen, peinlichen, vntreglichenn schand mu(e)g entgeen vnd die ewigen su(e)ssen, lu(e)stlichen, seligen ere erlangenn". I2 ra, Z. 20–b, Z. 22.

[552] Ff3 ra, Z. 31–33.

[553] Fridolin erklärt ausführlich, daß und weshalb Maria „vnser ware muter ist" (M2 vb-

für fromme Beterinnen und Beter zu leisten vermögen und natürlich – darin besteht ja die zentrale Absicht des *Schatzbehalters* – die auch von der Kirche empfohlene Verehrung der Passion[555] und das Gebet zu Gottvater um des Leidens und Sterbens seines Sohnes willen.

Fridolin läßt vom Anfang bis zum Ende seines umfangreichen Werkes immer wieder Ratschläge und Empfehlungen für den Erwerb der Heilsverdienste Christi und damit der ewigen Seligkeit einfließen, erweist seinen Leserinnen und Lesern aber im dritten Buch noch einen besonderen Dienst, indem er in einer „kurtzen ler" all das zusammenfaßt, was sie tun bzw. unterlassen müssen, um begründete Hoffnung auf ihre Annahme durch Gott haben zu können: „[…] hab die wort gottes yn eren vnd fo(e)rcht sein troen. Byß [sei] da(n)ckber seiner gu(e)ttigkeit, demu(e)tig dich vnd byß forchtsam in glu(e)ckseligkeit, bis gedullig in leyden vnnd widerwertigkeit, hab einen vesten willen, all su(e)nd zu meyden. Su(e)ndst du aber, so hab bald reu(e) vn(d) layd, vntterwu(e)rff dich der go(e)ttlichen ordenu(n)g. Ergib dich in den willen gottes, dz er es mit dir mach wie er will zu seinen eren vnd vbergib ym dein aygenwilligkeit. Beku(e)mer dich nit d(er) ding, die dir nit enpfolhe(n) sind. Fleyß dich zu volpri(n)gen die ding, die dir gebotten sind. Vermiß dich nit deiner gutten werck, die du thust. Gedennck, das alles gutt gottes gab ist, fu(e)r die du rechnung geben must. Hu(e)t dich als vil du kanst vn(d) magst, das du nymants weder in eren oder lewmut, gutten sitten, tugenden oder andern di(n)gen schaden zu ziehst. Verknu(e)pf dich nit mit fremden su(e)nde(n). Laß dir deyns nechste(n) schand vn(d) schade(n) layd sein vnd wo(e)lst yderman gutts gu(e)nden [gönnen]. Hab die mutter gottes yn sundern eren vnd andacht […]; der liebe christi, seiner arbeyt vnd seines wirdischen gnugtunes fu(e)r dich vnd allerheyligsten leydens wo(e)llst du nymmer vergessen. Wirdst du dich diser kurtzen ler fleyßen: Mir zweifelt nit, du wirdst sein [des Leidens Christi] gen [vor] gott vnd seiner muter[556] genyeßenn."[557]

N1 va), um dadurch die „andacht, liebe vnd zuuersiht, die wir billich zu der mutter vnsers herre(n) habe(n) so(e)llen" (N1 ra, Z. 20–22), zu stärken.

[554] U6 vb–X1 ra.

[555] In der zweiten Vorrede des *Schatzbehalters* verleiht Fridolin seiner Behauptung, das Leiden und Sterben Christi sei die sicherste Zuflucht des sündigen Menschen dadurch Gewicht, daß er eine Passage aus dem Sterbeordinarium zitiert, in der dem aus dem Leben Scheidenden das feste Vertrauen auf die Passion empfohlen wird: a3 va–a4 ra.

[556] Obwohl diese Stelle den Eindruck vermitteln könnte, als verstehe Fridolin den Vater Christi und Maria als gleichberechtigte Adressaten der guten Werke des Menschen, ist dem nicht so. Während der Franziskaner seinem Publikum Gottvater klar als denjenigen vorhält, auf den alle Bemühungen um den Erwerb der Seligkeit hin auszurichten sind, wird die Gottesmutter im *Schatzbehalter* als Zwischeninstanz bei der Vorhaltung der Leidensverdienste Christi empfohlen: Christus selbst bittet sie um ihre besondere Zuneigung zu allen, die sein Leiden anrufen und um ihre Fürbitte für diese Gläubigen vor Gottvater (M5 vb).

[557] Z3 vb, Z. 37–Z4 ra, Z. 27.

Wer also seinen Glauben durch Befolgung der Gebote und rechte An-
dacht zu Gottes Heilshandeln unter Beweis stellt, darf darauf hoffen, in den
Genuß der Leidensverdienste Christi zu kommen und so Gnade vor Gottes
Augen zu finden.

7.7.5. Die letzten Lebensstunden des leidenden Christus
als Schlüssel zum Verständnis von Gerechtigkeit
und Barmherzigkeit Gottes

Ist den Leserinnen und Leser des *Schatzbehalters* nun klar, daß sie das Ihre
tun müssen, um mit Hilfe der Passion Christi die Seligkeit zu erwerben und
ist ihnen auch bewußt, was sie zu tun haben, so bleibt doch eine zentrale Frage offen: Wie können sie wissen, ob sie sich in ausreichendem Maße um die
Vermeidung von Sünden bemüht, ob sie genug Reue gezeigt, Gutes getan
und Gott angerufen haben?
    Durch seine Auslegung der sieben Worte am Kreuz versucht Stephan Fri-
dolin, im dritten Buch des *Schatzbehalters* eine Lösung für dieses drängende,
seiner Erfahrung nach viele Menschen zermürbende Problem aufzuzeigen.
    Er setzt ein, indem er bestätigt, daß dem aufmerksamen Leser in der Bibel
sowohl Worte begegnen, „die [...] gro(e)ßlich erschrecken vnd in sorg vnd
forcht treyben" als auch solche, „die [...] grossen trost geben mu(e)gen"[558].
Das eine sind die Worte des Gesetzes[559], die für den Menschen ebenso be-
drückend wie bedrohlich erscheinen, da sie ihn zum Gehorsam anhalten und
Strafen für jede Übertretung der Gebote in Aussicht stellen. Zur zweiten
Kategorie hingegen gehören die göttlichen Zusagen von Liebe, Freundlich-
keit, Hilfe und Trost. Beide Arten von Aussagen finden sich in der einen
Heiligen Schrift, so daß sich in der Tat zwei Fragen stellen. Zum ersten: Widerspricht sich Gott selbst, wenn er an einer Stelle seine liebende Vergebung
verheißt und an einer anderen als strenger Zuchtmeister auftritt? Und zum
zweiten: Sind beide Worte Gottes miteinander vereinbar, so ist zu klären,
„welhe krefftiger vnd fu(e)rgenger [über den anderen stehend] sind"[560]: Die
erschreckenden Sätze der Gerechtigkeit oder diejenigen der Barmherzigkeit
Gottes?
    Zunächst erscheint es so, als besäßen die erschreckenden Bibelworte grö-
ßere Kraft, werden doch unzählige Menschen für ihre Sünden bestraft und
nach ihrem Tode verdammt[561]; die sorgfältige Betrachtung der „süßesten"
aller Gottesworte, der sieben letzten Worte am Kreuz zeigt jedoch, daß die

---

[558] X5 va, Z. 33–35.
[559] Fridolin betont ausdrücklich, daß durch Christus nur die Verpflichtung auf das jü-
dische Kultgesetz abgetan wurde (h2 ra; E6 va), während alle Gesetze, die Ethik und Natur
betreffen, ihre Gültigkeit behalten.
[560] X5 va, Z. 40–b, Z. 1.
[561] X5 vb, Z. 1–21.

göttliche Barmherzigkeit der Gerechtigkeit vorgeordnet ist. Bevor Fridolin dies durch eine ausführliche Darstellung der Inhalte der Kreuzesworte untermauert, belegt er es durch eine eher auf ihre Sprachgattung hin ausgerichtete Überlegung, denn er bittet sein Publikum, sich folgenden Fall vorzustellen: Ein Mann bedrohte seinen Sohn täglich mit Strafen für seinen Ungehorsam. „Er [der Sohn] ließ [unterlasse] denn das vnd das vnnd tette das vnnd das, so sollt er seyn huld nymmer haben. Er wo(e)llt yn auch enterbenn vnnd verstossenn oder von allem seynem gut außschlyessenn; vnnd [aber] wenn er [der Vater] yetz sterbenn so(e)llt, so setzet er den selben sun zu einem erben alles seines guttes vnd enpfelhe yn allen seinen freu(e)nden […] vnd setzt auch in dem testament: hett er ettwas wider yn gethan, dz solt im lautter vnd gantz verzygen vnd kein hind(er)nus sein an allem gutt, sunder man so(e)llt yn fu(e)r seinen waren sun vnd erben erkennen vnd hallten". Im Anschluß an die Geschichte stellt er die (rhetorische) Frage: „was gedeu(e)chte dich, dz von der sach zehallten wer? ob einem so(e)lchem [sic] sun mer schadeten die drowort, dy ym der vatter allweg fu(e)rgeredt hette in dem leben, oder ob der letste will krefftiger were, auff den der vater stu(e)rbe?"[562] Der im Text angesprochene „Frager" erweist sich hier als gelehrig und scharfsinnig, vermag er doch unverzüglich Fridolins Beispiel auf das erörterte Problem zu übertragen. Er erkennt, daß Christi Worte am Kreuz den letzten Willen Gottes darstellen und gelobt deshalb: „Nun su(e)llen mir die letsten wort vnsers herre(n) all mei(n) tag in sundrer andacht vn(d) an meinem letste(n) end ein sunder zuflucht, ein beschu(e)tzu(n)g vnd ein weer, mein waffen vnd harnisch wider den bo(e)ßenn veind, mein hofnung vnd zuuersiht zu der go(e)ttliche(n) barmhertzigkeit sein vnd dz die selb barmhertzigkeit geb mein recht durch sy zu d(er) ewigen seligkeit. Der brief diß testaments ist das iunckfrawlich perment der zarte(n) haut cristi, des milten osterlemleins, das fu(e)r vns geopfert ist. Die tint sein rosenvarbes plut. Die sigel die wunde(n) in henden vnd fu(e)ssen vnd allermeyst der seytten, die gewyßheit des tods, durch den das testament bestetiget ist, gibt."[563] So, wie das Testament eines Menschen den letztgültigen und tiefsten Willen des Erblassers darstellt, bringen die Worte des Gekreuzigten den Barmherzigkeitswillen Gottes zum Ausdruck. Sie zeigen, daß in Gott die Liebe zu seinem Geschöpf stärker und endgültiger ist als der Entschluß, Verfehlungen dieses Geschöpfes zu bestrafen.

Die in den letzten Lebensstunden Christi gesprochenen Sätze ermahnen und drohen nicht, sondern schließen die rückhaltlose Zuwendung des Gottessohnes zu den gefallenen Menschen in sich. In ihrer „Süße" bieten sie dem andächtig unter dem Kreuz verharrenden Christen zum einen Schutz vor allem Furchterregenden, besonders vor dem Zorn Gottes, denn der Sterben-

---

[562] Z4 rb, Z. 37–va, Z. 15.
[563] Z4 va, Z. 22–38.

de bittet ja: „Vater vergibt ihnen" (Lk 23,34)[564]. Hat der Mensch aber den
Zorn seines Schöpfers nicht mehr zu fürchten, so braucht er auch keiner an-
deren Macht gegenüber Angstgefühle empfinden[565], da nun der liebende
und fürsorgliche Gott auf seiner Seite steht. Zum anderen verheißen die
Kreuzesworte den Empfang der göttlichen Vergebung, der ewigen himmli-
schen Seligkeit, der Fürsprache Mariens, kurz gesagt all dessen, was der
Mensch zutiefst ersehnt, aber kaum zu hoffen wagt: Gottes Verzeihung,
Freundschaft, Liebe und Freigebigkeit, die Gewähr von Sicherheit und das
Geschenk des Heils[566].

Durch die Hervorhebung der singulären Offenbarungsqualität der am
Kreuz gesprochenen Gnadenworte also beantwortet Fridolin im *Schatzbehal-*
ter die Frage, ob in Gott die Gerechtigkeit oder die Barmherzigkeit stärker
ausgeprägt und damit wirkmächtiger sei. Was nun noch bestehen bleibt und
ebenfalls nach Klärung verlangt, ist das Problem der (vermeintlichen) Widersprüchlichkeit beider göttlicher Eigenschaften[567]. Der Lösungsweg des Franziskaners gerät an diesem Punkt außergewöhnlich lang[568], unübersichtlich
und schwer nachvollziehbar, denn er führt über kaum zu bewältigendes
Lehr-Gelände: Ausgehend von der These, daß nur ein Mensch, der um Christi Wesen, seine Göttlichkeit und demzufolge seine Unwandelbarkeit
weiß[569], die innerhalb Gottes bestehende Widerspruchslosigkeit von Gerechtigkeit und Barmherzigkeit verstehen kann, läßt sich Fridolin hinreißen,
vor seinem Publikum sehr anspruchsvolle Themen auszubreiten: Gotteserkenntnis und Gottesbeweise, die himmlische Ordnung der Engel, die Rolle
des Credo im Leben und Sterben der Christen sowie das Problem der Voraussetzungen für die ewige Verdammnis werden aufgelistet, Schritt für
Schritt betrachtet und teilweise sogar unter Heranziehung verschiedener
Lehrmeinungen erörtert[570]. Der gedankliche Duktus des gesamten Abschnittes läuft dabei auf den Beweis der Harmonie von göttlicher Drohung
und göttlichem Trost unter dem Primat der Barmherzigkeit hin, einen Beweis, den der Autor schließlich mit Hilfe biblischer, vor allem aber philosophischer Argumente erbringt: Die heilige Schrift schildert die Barmherzigkeit Gottes mit überschwenglichen Lobesworten, während ihre Beschrei-

---

[564] Neben dem Zorn Gottes werden laut Fridolin auch die Angst vor der höllischen
Strafe und vor dem Entzug des Zugangs zum Himmel sowie das bedrückende Gefühl,
Christus könne einst seine Liebe zum Menschen verlieren, durch die Kreuzesworte abge-
tan. O5 va-b.

[565] O4 va-O5 vb.

[566] N4 va und O5 ra.

[567] Vgl. oben, S. 236.

[568] Mitsamt seinen zahlreichen Exkursen und Verschachtelungen dehnt er sich immerhin über 100 Seiten (P3 rb-Z5 va) hin.

[569] P3 rb-Q2 ra.

[570] Siehe dazu die Punkte 3.2.3.5.3.1.1–3.2.3.5.3.1.2 der im Anhang beigegebenen
Inhaltsübersicht zum *Schatzbehalter*. Zu Fridolins Umgang mit voneinander differierenden
Quellenaussagen siehe oben, S. 230 f.

bung der Gerechtigkeit nüchtern und sachlich bleibt; die auf Vernunft basierende Logik wiederum entnimmt der Bibel, daß die Barmherzigkeit bedingungsloser[571], dem Wesen Gottes stärker entsprechend[572] und von längerer Dauer ist[573], als die Gerechtigkeit. Weisen bereits diese Erkenntnisse deutlich auf die Vorrangstellung der Barmherzigkeit hin, so wird sie endgültig durch eine auf den ersten Blick verblüffende Entdeckung erhärtet: Strenge und Güte Gottes fallen oft ineinander, denn häufig wird durch den Begriff der Gerechtigkeit nichts anderes als die gnädige und liebevolle Zuwendung des Schöpfers zu seinem Geschöpf bezeichnet[574]. Außerdem gebraucht Gott seine Gerechtigkeit, um sich als gnädiger Herr zu zeigen, der dem Tun der „groben Sünder" Einhalt gebietet und den Gedemütigten beisteht[575].

Fridolin zeigt seinen Leserinnen und Lesern so, daß schon im biblischen Sprachgebrauch Gerechtigkeit und Barmherzigkeit nicht notwendigerweise einander ausschließende Gegensätze bilden müssen, sondern durchaus aufeinander bezogen sein können. Um dieses Verständnis beider Begriffe noch deutlicher werden zu lassen, erläutert er abschließend in seelsorgerlichem Ton und unter erneuter Zuhilfenahme philosophischer Argumentation, weshalb sich Gott im Umgang mit dem Menschen beider Rede- und Handlungsweisen bedient: Mögen die in der Bibel nachzulesenden und von der Kirche verkündigten Drohworte solche Gläubige, die ernst darum bemüht sind, Sünden zu vermeiden und dem Willen Gottes zu folgen, auch unnötig erschrecken und belasten[576], so sind sie doch um der laxen Christen willen

---

[571] Fridolin erläutert, Gott habe den Willen, dem Menschen bedingungs- und voraussetzungslos seine Barmherzigkeit zuteilwerden zu lassen, während er die (dann allerdings gerechte) Verdammung des Sünders an die Mißachtung seiner Gebote knüpfe. Die naheliegende Auffassung, auch der Erweis von Barmherzigkeit sei an eine Bedingung, nämlich den Gehorsam, geknüpft, sei hingegen falsch: „Vnser behalter gott will, das alle menschen behallte(n) werden vnd zu der erkentnus der warheit kummen [1. Tim 2, 4]. Vnd darumb ist das sein schlechte [schlichte, bedingungslose] meynung, das yderman recht thu vnd behallten werd. Dz ist aber nit sein meynung, das man vbel thu vn(d) verdampt werd, wie wol es sein meinu(n)g ist, wer yn dem vbel verharret byß yn das end, dz er verloren werd; er will aber nit, das man vbels thu vnd noch mynder, dz man dar ynn verharr, vn(d) er ist allweg berayt, dem menschen das vbel zu verzeihe(n) vnd im barmhertzigkeit zu beweyßenn, der sich von dem vbel zu ym keret." Z1 ra, Z. 17–31.

[572] Z2 ra-va.

[573] In Fridolins Augen belegt Ex 34, 6 f., daß sich Gottes Huld auf Tausende, seine Rache hingegen „nur" auf drei bis vier Generationen erstreckt. Z2 va-Z3 rb.

[574] So etwa in Psalm 102, 17: „Die barmhertzigkeit des herren ist von ewigkeit biß in die ewygkeit vber die, dy yn fo(e)rchten vnd sein gerechtigkeit in die su(e)n d(er) su(e)n den [denen], die sein testament hallten vnd sind seiner gebot eingedenck, dz sie die thun" (Y3 vb, Z. 11–16).

[575] Die Ermahnungen des Alten Testaments, Arme und Fremde nicht zu unterdrücken oder zu schädigen, zeigen, daß Gott den einen gerecht für seine Taten bestraft und gerade darin dem anderen seine Hilfe und Barmherzigkeit erweist (Y4 rb, Z. 28–va, Z. 12).

[576] Die durch Gottes erschreckende Worte hervorgerufene Furcht nimmt nach Fridolins Worten „yn ettlichen so ser vber hand, das sie yn melancoley, kleynmu(e)tigkeit, hertzleid, vnmutt vnd angst vallen, dar durch sie von verzweyfelung angefochten werden, vn(d)

dringend notwendig. Wie die Wüteriche des Alten Testaments werden sie
zum einen durch Verbote und Strafandrohungen in die Schranken gewiesen,
wenn sie „dy gerechtigkeit gottes verachte(n) vn(d) sei(n) barmhertzigkeit
mißprauchen vn(d) on forcht su(e)nde(n) vn(d) nit allein wid(er) die barmhertzigkeit, sund(er) auch wid(er) alle gerechtigkeit betru(e)be(n) vn(d)
schedige(n) ire nechste(n)"[577]. Nicht nur zum Wohle der Unterdrückten jedoch läßt Gott durch die Kirche Gerichtspredigten über die Köpfe der
„mutwilligen Sünder"[578] niedergehen, er hat auch deren eigenes Heil sowie
die Seligkeit der vielen Gleichgültigen im Auge, die sich nicht entschlossen
gegen die Sünde zur Wehr setzen, so daß man sagen kann: „Dz ma(n) [...] die
[...] erschreckende trowort allweg vor augen hab vnnd fo(e)rcht sich dar vor
vnd laß sie betru(e)benn zu besserung des lebens vnd zu grosser bewegung zu
der forcht gottes vnd hitzyger anru(e)ffung d(er) go(e)ttlichen barmhertzigkeit vnd zu williger bußfertigkeit vnd tyeffer demu(e)tigung, zu vermeydung
der vermessenheyt vnd hynlessigkeit vnd nit zu verzweyfelung vnd
kleinmu(e)tigkeit, das ist nu(e)tz vn(d) gutt vnd [...] offt not, fruchtber vn(d)
verdienstlich der gnad vn(d) barmhertzigkeit."[579] Gerade der barmherzige
Gott greift auf Strafe und Gerechtigkeit zurück, um den Sündern zunächst
die Furcht vor der Hölle einzujagen und sie dann zu Reue, Besserung und
Gebet zu führen, was ihnen manche Stunde im Fegfeuer ersparen wird, denn
wie schon erwähnt: „[...] was hye zeittlichen gebu(e)st wirdt, das will gott der
herr dort lassen verzygen sein."[580] Die Gerechtigkeit steht demzufolge im
Dienste der Barmherzigkeit[581], denn Gott will die Menschen „durch die
forcht der vbeln [...]wecke(n), bewege(n), auftreybe(n) vnd zu den waren
gu(e)ttern, die yn ym sind, raytzen vnnd also gleich als mit beyden hennden
zu ym zyehen, denn der mit beydenn hennden zeu(e)cht, der zeu(e)cht stercker den(n) der, d(er) allain mit einer hand zeu(e)cht."[582]

---

so sy on das vorchtsam seyn, wenn sy ho(e)ren, das man dz hymelreich also teu(e)r vn(d) die
hell also gemeyn vnnd also vil todsu(e)nd vnd die pein der hell so vnaußsprechenlichen
hertt vnd vntreglich vn(d) ewig [...] macht mit worte(n) an d(er) predig vnd die gerechtigkeit gottes so stre(n)g, so sy mer trosts bedo(e)rffte(n), so erschreckt ma(n) sie, dz sy vor
engstliche(n) forchte(n) verzweyfeln wo(e)llen vnnd das beschicht zu zeiten den [denen],
die gar vngern wollten vnrecht thun." Y3 ra, Z. 15–30.

[577] Y4 rb, Z. 20–25.

[578] Y4 va, Z. 21.

[579] Z3 rb, Z. 14–27.

[580] Y1 va, Z. 8–10.

[581] Hier stützt sich Fridolin wieder auf eine philosophische Denkstruktur, eine, wie er
es nennt, „bewerung der vernunft" (Y6 rb, Z. 4 f.), denn er argumentiert: „[...]das, das
vmb des andern willen ist, das ist das mynder vn(d) dz, vm(b) des willen daz ander ist, ist
fu(e)rderlicher vnd edeler den(n) das ander, darumb seyn willen ist [...]. Also ist die forcht
vm(b) d(er) lieb willen, ia auch das bo(e)ß vmb des gutten willen [...]. Also sind die
troende(n), erschreckenden wort vmb der tro(e)stlichen willen vn(d) auch die selbe(n)
troenden erschreckende(n) wort ku(m)men auß liebe vn(d) barmhertzigkeit". Z1 rb,
Z. 10–21.

[582] Z1 rb, Z. 39–va, Z. 5.

Gott läßt zwar keine Sünde ungestraft, aber sein tiefster Wille ist nicht die Vernichtung, sondern die Erlösung des Menschen. Deshalb kam Christus in die Welt, nahm die Schuld aller Menschen auf sich und ging den Weg des Leidens bis ans Kreuz. Christen, die die Frucht des Satisfaktionshandelns Christi, die barmherzige Vergebung Gottes genießen wollen, müssen deshalb lernen, die Passion voller Demut und Dankbarkeit zu betrachten und sie Gottvater im flehentlichen Gebet vorzuhalten, so daß an ihnen die in Deuteronomium 5, 9f festgehaltene Verheißung Gottes Wahrheit wird: „Ich byn got dein herr, ein ernsthaftiger got, d(er) die vngerechtigkeyt d(er) va(e)ter rech [rächt] vber die su(e)n in das dritt vn(d) vierd geschlecht d(er) yenen, die mich hassen vnd thun [sic] barmhertzigkeit yn vil tausend den, die mich lieb haben vn(d) hallten mein gebot"[583]. Christus ist es, der den Vater mehr liebt als sonst irgendein Mensch; da aber alle Gläubigen durch die Taufe zu seinen Kindern werden, „wirdt yne allen barmhertzigkeit zugesagt vmb des verdiensts christi willen zuewigen zeiten, die weil sie die kindlichen liebe zu cristo behallten"[584].

Der „schatzbehalter oder schrein der waren reichtu(e)mer der ewigen seligkait" ist das umfangreichste Ergebnis der verschiedenen Versuche Stephan Fridolins, Menschen auf ihrem Weg hin zum ebenso gerechten wie barmherzigen Gott zu stärken und zu leiten.

---

[583] Z3 ra, Z. 3–9.
[584] Z3 ra, Z. 28–31.

8. Zusammenfassung

Stephan Fridolin, um 1430 im schwäbischen Winnenden geboren, wird in den zeitgenössischen Quellen erstmals im Jahre 1460 erwähnt. Zu diesem Zeitpunkt ist er Angehöriger des observanten Zweiges der Straßburger Provinz im Franziskanerorden, dem er bis zu seinem Tod im Jahre 1498 in verschiedenen verantwortlichen Positionen und herausgehobenen Aufgabenbereichen dient: Im Mainzer (ab 1477) und Nürnberger Konvent (ab 1479) übernimmt er das Amt des Lektors und ist als Novizen- bzw. Professenmeister für die Ausbildung des Ordensnachwuchses zuständig. Über lange Zeiträume seines Lebens hin ist er außerdem als Prediger tätig: Zunächst in Bamberg (ab 1460), wo er sein Auditorium unter den Bürgerinnen und Bürgern der Stadt findet, später in Nürnberg (ab 1479 und erneut ab 1489) und Basel (ab 1487). Hier legt man primär die Betreuung der Schwestern des Klarissenordens in seine Hände. Durch diese Tätigkeiten erwirbt er allem Anschein nach soviel Vertrauen, daß ihn seine Brüder wiederholt zum Diskreten und Definitor wählen, um sich auf Provinzkapiteln durch ihn vertreten zu lassen. Die rasche Aufeinanderfolge wie auch die Fülle der an ihn herangetragenen Ämter und Aufgaben weisen darauf hin, daß Fridolin über wissenschaftliche, theologische und seelsorgerliche Qualitäten verfügte, die ihm sowohl innerhalb seines Ordens, als auch unter den seiner Leitung und Seelsorge anvertrauten Menschen Ansehen verschafften.

Obwohl nur ein Teil seiner Werke erhalten ist – die Jahre als Konventslektor, Novizen- und Professenmeister etwa haben kein schriftliches Zeugnis hinterlassen –, so wird doch deutlich, wie sehr sein Interesse und Bemühen darauf gerichtet ist, Situation, Bedürfnisse und Probleme derer aufzunehmen und zu verarbeiten, an die er sich mit seinen Texten wendet.

Die Klarissen, sein Predigtauditorium von 1481 bis 1498, versucht er im bewußten Umgang mit einem zentralen Teil ihrer klösterlichen Pflichten zu unterstützen, indem er ihnen in den Niederschriften seiner Predigten Betrachtungsstoff über das täglich zu absolvierende Chorgebet schafft. Darin weist er sie auf die Sündhaftigkeit der menschlichen Natur hin, die die Hinwendung zu den Verdiensten Christi nötig werden läßt und lehrt sie, die Passion nutzbringend zu bedenken. Sein Ziel ist es, jede Nonne zu befähigen, eine persönliche Beziehung zum Leiden Christi zu entwickeln, die darin enthaltenen Schätze zu heben und im Gebet vor Christus bzw. Gottvater zu bringen, um die ewige Seligkeit zu erlangen.

Auch mit den beiden Gartenallegorien *Geistlicher Mai* und *Geistlicher Herbst* stellt er den Klarissen Texte zur Verfügung, die durch ihre abwechslungsreiche Anschaulichkeit die Versenkung in das Zentrum seiner Theologie, die Passion Christi, fördern. Fridolin leitet die Schwestern hier in der Betrachtung der inneren, psychischen und äußeren, physischen Leiden Christi an, fordert sie nachdrücklich zur bußfertigen Abkehr von der Sünde auf und erinnert sie an ihre Pflicht, um der Passion willen Fürbitte für Lebende und Tote zu tun.

Die *Lehre für angefochtene und kleinmütige Menschen* schließlich bietet skrupulösen Klosterfrauen Hilfe bei der Bewältigung bedrohlicher Anfechtungserfahrungen. Sie stärkt die bedrängten Gewissen von Schwestern, die ihre Erwählung in Frage stellen und an ihrer Zugehörigkeit zum Gnadenstand zweifeln. Durch die Hervorhebung der Rolle des menschlichen Willens versucht der Franziskaner in diesem kurzen Text, der quälenden Heilsunsicherheit seiner Adressatinnen zu begegnen und ihre Angst vor der Hölle zu mildern.

An den beiden Schriften Fridolins, die sich an weltliche Leserinnen und Leser wenden, wird deutlich, daß der Franziskaner während der zweiten Hälfte des 15. Jahrhunderts in einem Kontext lebt, der stark durch die Wünsche, Bedürfnisse und Vorstellungen städtischer Bürgerinnen und Bürger geprägt ist. Wohlhabende Laiinnen und Laien dieser Zeit entwikkeln ein aktives Interesse am kirchlichen Glauben und Leben: Sie greifen kontrollierend, regelnd und ordnend in seine Teilbereiche ein und fördern bestimmte Formen von Frömmigkeit und caritativer Arbeit. Ebenso artikulieren ihr Bedürfnis, religiöse Kenntnisse und Empfindungen zu erwerben, zu kultivieren und zu vertiefen. Nicht nur sein klösterliches Publikum, sondern auch diese ambitionierten Bürgerinnen und Bürger, ihren Alltag, ihre Erwartungen und die Versuchungen, denen sie ausgesetzt sind, kennt Stephan Fridolin gut.

Durch das *Buch von den Kaiserangesichten* redet er mahnend, aber nicht moralisierend den Mächtigen der Welt, also den Ratsherren und Adeligen seiner Zeit ins Gewissen. Er bedient sich dabei humanistischer Interessen und Arbeitsmethoden, ohne jedoch seine Intention, die theologisch begründete Warnung vor der Strafe Gottes, aus den Augen zu verlieren.

In seinem umfangreichen Erbauungsbuch, dem bei Anton Koberger in Nürnberg gedruckten *Schatzbehalter*, legt der Franziskaner einen theologischen Entwurf vor, der wißbegierige Städterinnen und Städter, die in religiösen Angelegenheiten wachsendes Selbstbewußtsein zeigen, zu den Früchten der Passion Christi hinführen soll. Vermutlich ein älteres, in der Bamberger Capistrantafel bildlich umgesetztes Werk Fridolins aufgreifend und weiterführend, macht der »schatzbehalter oder schrein der waren reichtu(e)mer der ewigen seligkait« sein Publikum mit einem der wichtigsten Gebiete der Frömmigkeitstheologie des ausgehenden 15. Jahrhunderts und gleichzeitig mit dem zentralen Thema des Franziskaners vertraut. In-

dem Fridolin seine Gedanken durch großformatige Holzschnitte illustriert
und erläutert, seinen Stoff ebenso geschickt wie zweckbestimmt gliedert
und Hilfen zur Memorierung der vermittelten Inhalte bietet, ermöglicht er
zunächst eine jederzeit und an jedem Ort zu praktizierende Betrachtung
von Christi Leiden und Sterben. Er betont jedoch immer wieder, daß es
nicht damit getan ist, bei diesem aus der Passionsliteratur seiner Zeit ver-
trauten Ziel stehenzubleiben, sondern daß es darauf ankommt, Christi genugtuende Passion vertrauensvoll im Gebet Gottvater vorzuhalten.

Es hätte den Rahmen der vorliegenden Untersuchung gesprengt, hätte
ich versucht, weitere, über die angesprochenen Problemkomplexe hinausgehende Fragen, die sich in Zusammenhang mit Stephan Fridolins Leben
und Werk stellen, aufzugreifen. Aus arbeitstechnischen Gründen wurde
etwa der Bereich der Rezeption Fridolins fast völlig übergangen, so daß
nicht nachgeprüft werden konnte, ob die in der Literatur auftauchende Behauptung, Caritas Pirckheimer sei wesentlich durch den Franziskaner geprägt und beeinflußt worden[1], der Wahrheit entspricht.

Weiterhin war es weder möglich, Fridolins Texte einer durchgehenden
Analyse zu unterziehen, noch alle signifikanten Themen und Gedanken
seiner Schriften auch nur anzusprechen. Beispielsweise kam die im *Schatzbehalter* ausführlich erörterte Bedeutung Mariens nur ganz am Rande zur
Sprache, die in den Predigten lebendig und differenziert diskutierten Vorstellungen von der Prädestination konnten überhaupt nicht berücksichtigt
werden. Dennoch seien einige Grundzüge der Theologie des Nürnberger
Franziskaners festgehalten: Ohne die von der Kirche bereitgestellten Gna-
denmittel beiseitezuschieben oder gar geringzuschätzen, betont Fridolin
doch immer wieder die Notwendigkeit, sich die Inhalte der Heilszusagen
Gottes persönlich anzueignen und fruchtbar zu machen. Er mahnt, nicht
bei ihrer affektiven Betrachtung stehenzubleiben, sondern über diese Stufe
der Frömmigkeit hinauszustreben, das als Erlösungshandeln begriffene Leiden und Sterben Christi zu ergreifen, festzuhalten und dem richtenden
Gott als Unterpfand für die Bewahrung vor der Hölle zu präsentieren. Eng
mit seiner Lehre vom »alleinigen« Vertrauen auf die durch Christus gelei-
stete Satisfaktion hängt seine Verarbeitung der düsteren und furchterregenden Aspekte im Prozeß der Seligmachung zusammen. Weder benutzt er
den Hinweis auf menschliche Sünde und göttliche Gerechtigkeit, um in
seinen Leserinnen und Lesern die Angst vor der ewigen Verdammnis zu
schüren, noch spielt er beide Themen herunter oder übergeht sie stillschweigend. Er demonstriert stattdessen, wie gerade die intensive Betrachtung des unschuldig leidenden Gottessohnes zur reuevollen Erkenntnis der
eigenen Sündhaftigkeit und damit zur demütigen, flehentlichen Hinwendung zu Gott führt. Dieser aber offenbart im Gekreuzigten die Unterordnung seiner strafenden Gerechtigkeit unter den Barmherzigkeitswillen, der

---

[1] So unter anderem v. LOEWENICH: Lebensbericht, S. 40.

sich auf alle erstreckt, die sich mit Reue um die Gabe der göttlichen Gnade bemühen. Deshalb vermag Stephan Fridolin auf den ersten Seiten des *Schatzbehalters* den Satz zu formulieren, der das Motto seiner zutiefst seelsorgerlich ausgerichteten Theologie zum Ausdruck bringt[2]:

»Das alles menschlich heyl an dem leiden cristi steet«.

---

[2] a4 vb, Z. 22 f.

Anhang I

9. Aufbau von Stephan Fridolins Schatzbehalter[1]

1. Vorrede: Der Name des Schatzbehalters
[a2 ra–a3 ra]

Der Schatzbehalter trägt seinen Namen, weil er sich mit Christi leidender menschlicher Natur beschäftigt, in der Heil und Seligkeit der Menschen beschlossen liegen.
Hauptabsicht des Werkes ist es, Menschen zu lehren, Gott durch Christi Leiden und Verdienst anzurufen, um dadurch Erhörung zu erlangen.
Inhaltsübersicht.

2. Vorrede: Die Vorzüge des im Schatzbehalter behandelten Stoffes
[a3 ra–a4 ra]

Der Schatzbehalter lehrt, wie Menschen mühelos alles Gut erlangen können, indem er ihnen das nutzbringendste aller Themen, das Leiden und Sterben Christi erklärt.

1. Buch:
Einführung ins Thema / Methodische Erläuterungen
[a4 va–f4 rb]

1.1.   Das Leiden Christi als der wahre Schatz [a4 va–b5 ra].

1.1.1.   Alles menschliche Heil hängt am verdienstlichen Leiden Christi.
Zehn Lehrer der Kirche bezeugen, daß Christi Leiden nicht nur als historisches Ereignis, sondern auch als Geschehen im Menschen der wahre Schatz ist.

1.1.2.   Zehn Zeugen für die Kostbarkeit des Leidens Christi.
Durch andächtige Betrachtung des Leidens Christi können Freundschaft, Liebe und Gnade Gottes erlangt werden. Die Erkenntnis Christi ist deshalb über alles Gut zu lieben.

---

[1] Inkonsequenzen der Gliederung gehen auf Stephan Fridolins Strukturierung des *Schatzbehalters* zurück und wurden bewußt beibehalten, da Glättungen zu starke Eingriffe in die Konzeption des Autors bedeutet hätten. Ergänzungen der Verfasserin wurden konsequent in eckige Klammern [ ] gesetzt. Zur einzigen Ausnahme siehe S. 300, Anm. 1.

Da der Schatzbehalter Materie und Methode solcher Betrachtung lehrt, trägt er seinen Titel zurecht.

1.2. *Früchte des Leidens Christi und seiner Betrachtung [b5 ra-c3 vb].*

Acht Lehrer bezeugen die wichtigsten Früchte der Betrachtung des Leidens Christi: Vermeidung völliger Trübung der Seele durch die Sünde, Ergänzung der eigenen Verdienste, Erlangung von Tugenden, Vertreibung von Teufel und Sünden, Schutz vor Übeln, Überwindung der Sünde Adams. Am Kreuz, dem Urgrund der Christenheit, wird die verborgene Kraft Gottes sichtbar.

Fazit: Wer dankbare Liebe, Andacht und Zuflucht zum Kreuz hat, ist sicher. Er ist der Hoffnung halb selig, wenn er in der Andacht verharrt, wobei das Verharren durch die Andacht verdient wird.

1.3. *Die im Schatzbehalter praktizierte Methode der Betrachtung [c4ra-f1 r].*

1.3.1. Aufteilung des Stoffes in Gegenwürfe, die aus je zwei Artikeln zusammengesetzt sind: Kontrastierende Gegenüberstellung von Leiden und Majestät Christi zur Veranschaulichung der Größe beider.

1.3.1.1. Die Größe Gottes ist so überwältigend, daß der Schöpfer vom sündigen Menschen nie genug gelobt werden kann [Zu den jeweils ersten Artikeln der Gegenwürfe].

1.3.1.2. Die Größe des Leidens Christi ist so überragend, daß der Mensch nicht genug dafür danken kann [Zu den jeweils zweiten Artikeln der Gegenwürfe].

1.3.1.3. Die Betrachtungsweise des Schatzbehalter: Durch die Gegenüberstellung von Christi Majestät und Leiden führt der Schatzbehalter in eine besonders zu Herzen gehende Betrachtungsweise ein.

1.3.1.4. Viele Lehrer stützen die im Schatzbehalter geübte Betrachtungsweise.

1.3.2. Was der Mensch in Händen hält, vergißt er nicht.
Darum soll er des seligmachenden Opfers Christi mittels seiner Hände gedenken und das möglichst detailgenau tun, denn: das Gedächtnis des Leidens Christi schützt vor Gottes Zorn und dem Teufel.
Beide Hände des Betrachters sind gedanklich in je fünfzig Teile aufzuteilen und als Memoriermedium für die hundert Gegenwürfe des Buches zu benutzen.

1.4. *Besondere Aspekte der Betrachtung und Einprägung von Leben und Leiden Christi [f1 va-f4 rb].*

1.4.1. Ständige Gegenwart des Betrachtungsgegenstandes.

1.4.2. Sichere Belohnung der Betrachtung: Wer Christi Leiden gedenkt, erfüllt das Gesetz und wird belohnt: Christi Verdienst erfüllt, woran ihm selbst gebricht.

1. 4. 3.   Der Betrachtungsgegenstand übertrifft alle anderen Gegenstände an
                Größe.

2. Buch:

Einhundert Gegenwürfe vom Leiden Christi
[f4 va-H6 vb]

GW 1-50:   *Christi Leiden vor Karfreitag - Die Gegenwürfe der linken Hand
               [f4 vb-t2rb].*

GW 1-10:   *Christi Leiden vor seinem eigentlichen Leiden [f4 vb-h5 va].*
  1. GW: Ewiger Plan der Erlösung durch Christus.
  2. GW: Allein Christi Verdienst und Menschsein machen (sogar) die Engel selig.
  3. GW: Sinn der Erschaffung Adams und Evas.
  4. GW: Wegen des Sündenfalls hat Christus verstärkt Grund, den Menschen zu
               Hilfe zu kommen.
  5. GW: Christus wurde durch Propheten verkündigt und in ihnen verfolgt.

GW 6-10:   *Christi Leiden als Opfer für den Menschen [h2 ra-h5 va].*
  6. GW: Der, durch dessen Gehorsam alle gebenedeit sind, wurde verflucht.
  7. GW: Die Juden hielten den nützlichsten aller Lebenden tot für nützlicher als
               lebend.
  8. GW: Christi reines Blut wurde an unreinen Stellen vergossen.
  9. GW: Der, dessen Herz aus Liebe brannte, wurde gehaßt.
 10. GW: Die Juden versuchten, alles, was an den Geber der Seligkeit erinnerte, zu
               vernichten.

GW 11-15:   *Die im Alten Testament vorgezeichnete Würde Christi
               [h5 va-k4 vb].*
 11. GW: Der Erstgeborene ließ sich an die Priester verkaufen, um die verkaufte
               Menschheit zu erlösen.
 12. GW: Der Priester und König, dem einst alle Mächte Rechenschaft geben wer-
               den, wurde geschmäht.
 13. GW: Im Inhaber aller Patriarchenwürde wurde wie in Isaak menschliche Na-
               tur geopfert.
 14. GW: Die fürstliche und jungfräuliche Würde wurde in Christus geopfert.
 15. GW: Die nazoräische Würde starb aus Liebe zu Gott und Mensch.

GW 16-100:   *Christi eigene Leiden [k5 r-H6 vb].*
 16. GW: Obwohl die höchste Obrigkeit untertänig war, wurde ihr Hoffart vorge-
               worfen.
 17. GW: Das allergeistlichste Wort wurde Fleisch und der Fleischlichkeit bezich-
               tigt.
 18. GW: Christus wurde in einem schwachen Geschlecht Mensch und wurde von
               diesem verraten.
 19. GW: Die Ewigkeit, die sich freiwillig der Zeit unterwarf, wurde durch Men-
               schenhand beendet.
 20. GW: Der Endlose wurde klein, die sterblichen Menschen dagegen wollen
               groß sein.

GW 21-30:   *Vorwürfe der Juden gegen Christus [n3 v-p4 rb].*

21. GW: Der Allerreinste wurde als Bastard bezeichnet.
22. GW: Der Herr aller Gesetze unterwarf sich dem Gesetz, wurde aber Heide genannt.
23. GW: Der mit dem Heiligen Geist am innigsten Verbundene wurde teuflisch genannt.
24. GW: Der Herr aller Zeit unterwarf sich der Zeit, wurde aber des Feiertagsbruchs bezichtigt.
25. GW: Christus begab sich für die heilige Stätte in Todesgefahr, wurde aber als Tempelbeschmutzer beschimpft.
26. GW: Christus, Haupt und Anfang der Kirche, wurde für unnütz gehalten.
27. GW: Wahrer Lehrer und wahre Predigt wurden als Verführer bezeichnet.
28. GW: Der Schöpfer und Erhalter der Welt wurde der Fresserei und Sauferei beschuldigt.
29. GW: Der Arzt, der sich selbst in den Sakramenten als Arznei gab, verdarb angeblich die Seelen.
30. GW: Der sich der Obrigkeit unterordnete, wurde des Aufruhrs bezichtigt.

GW 31-35:   *Unterordnung des Lebens (=Christus) unter irdische Bedingungen [p4 rb-q2 rb].*

31. GW: Die alles erschaffende und erhaltende Kraft wurde geschwächt.
32. GW: Das Brot des Lebens litt Mangel.
33. GW: Der Brunnen des Lebens dürstete nach unserer Seligkeit.
34. GW: Das Leben unterwarf sich dem Tod.
35. GW: Die Erquickung litt Hitze und Kälte.

GW 36-40:   *Christi letzte Nacht mit den Jüngern [q2 v-r1 va].*

36. GW: An der menschgewordenen Liebe und Demut wurde gezweifelt.
37. GW: Christus verhieß den Jüngern vieles; sie aber brachen ihm gegenüber ihr Wort.
38. GW: Der seinen Jüngern alles Gute gab, wurde verleugnet.
39. GW: Christus vereinigte die Jünger mit der Trinität, wurde aber selbst verlassen.
40. GW: Der sich selbst als Speise gab, wurde von den Gespeisten verkauft.

GW 41-45:   *Christus auf dem Ölberg [r1 va-r6 rb].*

41. GW: Die Allmacht hat gebetet.
42. GW: Die Sicherheit hat sich gefürchtet.
43. GW: Die Langmut wurde verdrossen.
44. GW: Die Freude wurde betrübt.
45. GW: Der im Hinblick auf sich selbst Unerbittliche war in seiner Angst hin und hergerissen.
46. GW: Die Liebe wurde gehaßt.
47. GW: Die Treue wurde verraten.
48. GW: Die Freigebigkeit wurde verkauft.
49. GW: Der Befreier wurde gefangen.
50. GW: Der Tröster wurde geängstigt.

GW 51-100: Christi Leiden am Karfreitag - Die Gegenwürfe der rechten Hand
[t3 ra-H6 vb].

GW 51–55: *[Vorwürfe an den tugendhaften Christus] [t3 ra – u6 va].*
51. GW: Die Heiligkeit wurde mit Vorwürfen konfrontiert.
52. GW: Dem Tugendhaften und Sündlosen wurden zahllose Vorwürfe gemacht.
53. GW: Der Richter aller Welt wurde vor Gericht gestellt und verteidigte sich nicht.
54. GW: Der Geber allen Lebens wurde getötet.
55. GW: Der Gute wurde verurteilt, da das Volk den Mörder bevorzugte.

GW 56-60: *Die Sinne Christi und sein Umgang mit den Sinnen der Menschen*
[u6 va-x3 rb].
            Christus erschafft, heiligt und erfreut die Sinne des Menschen, für deren
            Sünden er genuggetan hat.
56. GW: Der sich als Speise gab, bekam Galle gereicht.
57. GW: Der die Menschen voller Liebe ansah, wurde durch böse Blicke gepeinigt.
58. GW: Der Erhörer von Gebeten wurde angeklagt.
[59. GW]:   Der sich nicht scheute, Kranke zu berühren, wurde durch Berührungen
            verletzt.
[60. GW   (Geruchssinn): Fehlt].

GW 61-65: *Eigenschaften Christi - Eigenschaften seiner Feinde [x3 va-y2 ra].*
61. GW: Tapferkeit und Ernsthaftigkeit Christi - Schnödigkeit der Juden.
62. GW: Eindeutigkeit der Worte und des Lebens Christi - Falschheit der Juden.
63. GW: Reinheit Christi - Unflätigkeit der Juden.
64. GW: Barmherzigkeit Christi - Bosheit der Juden.
65. GW: Christi Treue der eigenen Überzeugung gegenüber - Unterdrückung
            der Wahrheit durch die Juden.

GW 66-70: *Leiden Christi im Passionsgeschehen [y2 ra-ac1 va].*
66. GW: Der Geber aller Gaben an die menschliche Natur wurde entblößt.
67. GW: Verzeihung, Ablaß und Demut wurden gegeißelt.
68. GW: Die Verspottung des treuesten Dieners fand ihren Höhepunkt in der
            Dornenkrönung.
69. GW: Ehre und Majestät wurden der Anmaßung von Ehre bezichtigt.
70. GW: Der die Menschen Hochachtende wurde für völlig wertlos gehalten.

GW 71-75: *Der Schuldvorwurf durch Schuldige an den Unschuldigen*
[ac1 va-ac3 ra].
71. GW: Die göttliche Majestät wurde der Gotteslästerung bezichtigt.
72. GW: Die Wahrheit wurde der Lüge beschuldigt.
73. GW: Die Macht wurde der Mißachtung der Macht angeklagt.
74. GW: Die Weisheit wurde zum Toren gemacht.
75. GW: Der Sprecher aller für den Menschen wichtigen Rede ist freiwillig ver-
            stummt.

GW 76-80: *Herausführung Christi aus Jerusalem [ac3 ra-ad3 r].*
76. GW: Der aus der Sammlung der Bösen in die Gemeinschaft der Gerechten
            Geleitende wurde aus der Stadt geführt.

77. GW: Der aus der Hölle in sein Erbteil Führende wurde aus seinem Erbe verstoßen.

78. GW: Der aus der Gemeinschaft der Verdammten in die der Engel Geleitende wurde mit Mördern zusammengebracht.

79. GW: Der vom Schandzeichen der Unterlegenen zum Zeichen der Überwinder Führende wurde zum Zeichen des Kreuzes gebracht.

80. GW: Der die Erben Gottes in den Himmel Führende wurde unter dem Zeichen des Galgens zur Mörderstätte getrieben.

GW 81-85: *Allgemeines zum Leiden Christi [ad 3va-ae4 rb].*

81. GW: Der nie sündigte, tat Buße und fand trotzdem keine Verzeihung.

82. GW: Der nie Schändliches tat, nahm menschliche Scham auf sich, wurde aber nicht geschont.

83. GW: Der sich nie fremden Eigentums bemächtigte, bezahlte für alles, wurde aber trotzdem des Raubes beschuldigt.

84. GW: Der nie irdische Lust suchte, wurde der Wollust beschuldigt.

85. GW: Der nie einen Menschen beleidigte, leistete Genugtuung, wurde aber weiter gepeinigt.

GW 86-90: *Christi Körperteile am Kreuz [ac4 v-ae6 va].*

86. GW: Christus bot seinen Leib den Zornigen dar.

87. GW: Christus gab seine Füße in die Gewalt der unersättlichen Peiniger.

88. GW: Christus neigte sein Haupt zu den Quälern.

89. GW: Christus wollte mit geöffneten Armen seine Peiniger aufnehmen.

90. GW: Christus ließ seine Seite öffnen, damit der Schatz der Menschheit herausfließe.

GW 91-95: *Vorwürfe der Zeitgenossen gegen Christus [ae6 va-af2 vb].*

91. GW: Christus tat so, als besitze er Macht; in Wirklichkeit aber war er ohnmächtig.

92. GW: Christus benahm sich, als sei er König; in Wirklichkeit war er schwach.

93. GW: Christus behauptete, Gottes Sohn zu sein, war aber ein Bastard.

94. GW: Christus behauptete, allen gegenüber mildtätig sein zu wollen, versagte aber völlig.

95. GW: Christi Hoffnung war sinnlos, denn niemand half ihm.

GW 96-100: *[Die Heilsbedeutung des Körpers Christi am Kreuz]* *[A1 ra-H6 vb].*

96. GW: Die Beine des Trägers aller Welt wurden gebeugt, so als seien sie nicht bereit gewesen, sich jemals vor Gott zu beugen.

97. GW: Die Arme des Erschaffers aller Welt, die Gott durch ihr Erheben mehr ehrten als irgendein anderes Handeln oder Geschehen, wurden durchlöchert.

98. GW: Das Haupt, das Christus demütig zum Menschen neigte und zum Vater erhob, um Gnade zu erwerben, wurde zu Schanden erhöht.
Von der dreifachen Erkenntnis der Dinge in der Seele Christi.
Am Jüngsten Tag werden die Menschen von Gott so geachtet werden, wie sie selbst zu ihren Lebzeiten Christus geachtet haben.

99. GW: Das Herz Christi, die Quelle allen Heils, wurde bis zum Tod geängstigt.

100. GW: Von der göttlichen Person Christi .
               Der Gottvater in allem Ebenbürtige und Gleiche hat sich gedemütigt
               und wurde doch in Schanden erhöht.
               Folgende Aussagen über Gottvater treffen auch auf Christus zu:
               1. Menschliche Gerechtigkeit ist nichts im Vergleich zur Gerechtigkeit
               Gottes.
               2. Die Zahl seiner Untertanen zeigt die Macht Gottes.
               3. Gott ist so groß, daß er niemandem Rechenschaft über sein Tun zu
               geben braucht. Er ist Herr über Gnade und Zorn.
               4. Gottes Stärke zeigt sich in seinen Werken; am stärksten wurde seine
               Majestät in der schwachen menschlichen Natur Christi offenbar.
               Fazit: Vor Gottes Macht müssen sich alle Knie beugen.

3. Buch:

Christi Worte in der Passion und am Kreuz / Dialoge zu dogmatischen Problemen / Gegenwürfe über die Früchte der Passion
[I1 ra–Dd6 ra]

3.1.   *Christi Worte vor der Kreuzigung = 1. -5. GW [I1 vb-I3 vb].*
               Christus sprach vor der Kreuzigung fünf Arten von Worten:
3.1.1.   Worte des Bekennens den Feinden gegenüber: Ebenbild freudiger
               Beichte (1. GW).
3.1.2.   Worte des Tadels: Beispiel für Märtyrer (2. GW).
3.1.3.   Worte der Drohung: Beispiel, sich nicht durch süße Worte verführen
               zu lassen (3. GW).
3.1.4.   Worte der Offenbarung: Angebot, reuigen Menschen alles zu verzei-
               hen (4. GW).
3.1.5.   Worte der Stärkung und Tröstung: Freundliche Zuwendung zu Judas,
               falls dieser sein Tun bereue (5. GW).

3.2.   *Christi sieben Worte am Kreuz = 6. -10. GW [I3 vb- Z5 vb; 9.*
               und 10. GW fehlen].
               Diese süßesten Worte Christi sollten so oft als möglich bedacht, ange-
               rufen, geehrt und an sterbende Menschen weitergegeben werden.
               Christi letzte Worte sind auf verschiedene Weise zu betrachten und zu
               verstehen:
3.2.1.   Verständnisweise nach fünf Personen: Christus spricht die Worte zu
               fünf verschiedenen Personen (6. GW) [I4 ra-b].
3.2.2.   Verständnisweise nach fünf Materien: Die Kreuzesworte beinhalten
               Gebet, Klage, Empfehlung, Verheißung und unerklärliches Wissen (7.
               GW) [I4 rb-I5 vb].
3.2.3.   Verständnisweise nach fünf Gestalten und Formen: Sie weisen jeweils
               sieben Aspekte auf und sind zur besseren Memorierbarkeit gedanklich
               auf die sieben Glieder eines Fingers zu verteilen (8. GW) [I5 vb-Z5
               vb].

3.2.3.1.   Gestalt der Stärke (Daumen) [I6 ra–L4 va].
           In den Worten Christi am Kreuz zeigt sich, wie stark der vermeintlich Schwache war:

3.2.3.1.1.   Stärke des Mittlers.

3.2.3.1.2.   Stärke des Versorgers.

3.2.3.1.3.   Stärke des Herrschers.

3.2.3.1.4.   Stärke dessen, der Einspruch gegen das erhebt, was ihm angetan wird.

3.2.3.1.5.   Stärke des Bettlers .
           Dialog über die Frage: Ist es mit Gottes Gerechtigkeit vereinbar, daß Menschen verdammt werden?

3.2.3.1.6.   Stärke des Triumphierers .
           Christus hat am Kreuz den wichtigsten, für die Menschen über Seligkeit oder Verdammnis entscheidenden Kampf ausgefochten.

3.2.3.1.7.   Stärke des Wiederbringers .
           Christus brachte die Seinen vom Teufel zurück und übergab sie dem Vater.

3.2.3.2.   Gestalt der Schönheit (Zeigefinger) [L4 va–L6 va].
           In den Worten Christi am Kreuz leuchten sieben besondere Schönheiten:

3.2.3.2.1.   Schönheit der Abwaschung der Sünde.

3.2.3.2.2.   Schönheit der wohlgefälligen Zuwendung.

3.2.3.2.3.   Schönheit der Verleihung des höchsten Gutes.

3.2.3.2.4.   Schönheit der Hochschätzung der Mitmenschen.

3.2.3.2.5.   Schönheit des Willens, die Auserwählten in sich (Christus) zu verwandeln und ihnen nichts vorzuenthalten.

3.2.3.2.6.   Schönheit der Vollbringung: Christus macht die vollkommen, die er an sich zieht.

3.2.3.2.7.   Schönheit der Erhöhung zur ewigen Seligkeit: Christus ergänzt die unvollkommenen menschlichen Verdienste durch seine eigenen.

3.2.3.3.   Gestalt der Schmerzen (Mittelfinger) [L6 va–M1 vb].
           Den übermäßigen Schmerzen des Gekreuzigten ist besondere Andacht zu widmen:

3.2.3.3.1.   Schmerz der Undankbarkeit darüber, daß die Menschen Christi Liebe nicht erkennen.

3.2.3.3.2.   Schmerz der Gewißheit, daß den Nachfolgern Christi großes Leid zugefügt werden würde.

3.2.3.3.3.   Schmerz über die Flucht der Jünger vor dem Kreuz.

3.2.3.3.4.   Schmerz darüber, von Gott verlassen zu sein.

3.2.3.3.5.   Schmerz der Bitterkeit: Christus dürstete nach der Tugend und Seligkeit der Menschen. Indem sich die Menschen aber durch ihr Verhalten selbst an der Seligkeit hindern, tränken sie den Durstigen mit Essig und Galle.

3.2.3.3.6.   Schmerz der Überhäufung durch schlimmste Qualen.

3.2.3.3.7.   Schmerz der Trennung von Leib und Seele in der Sterbestunde.

3.2.3.4.   Gestalt der Liebe (Ringfinger) [M1 vb–N4 va].
           In den Kreuzesworten glänzt Christi Liebe zum Menschen heller als in jedem anderen Augenblick seines Lebens:

3.2.3.4.1.   Liebe der vollkommenen Verzeihung.

3.2.3.4.2.   Liebe der Vereinigung: In Johannes verbindet Christus alle Gläubigen, die sich in der Betrachtung seines Leidens üben, mit der Gottesmutter und mit sich selbst.

3.2.3.4.3.   Liebe der Versorgung: Christus verheißt Büßern seine vollkommene, ewige Gegenwart.

3.2.3.4.4.   Liebe der Stellvertretung für alle Gläubigen.

3.2.3.4.5.   Liebe der An-Sich-Ziehung: Christus will alle menschlichen Regungen und Affekte an sich ziehen und ist bereit, um der Menschen willen noch mehr zu leiden.

3.2.3.4.6.   Liebe der Vollbringung: Christus vollbrachte das Höchstmaß der vollkommenen Liebe.

3.2.3.4.7.   Liebe der Hinführung der Gläubigen zu Gottvater.

3.2.3.5.   Gestalt und Form der Süße[2] (Kleiner Finger) [N4 va–Z5 va].
              Am Kreuz finden die Gläubigen Arznei gegen jedes Leid; Christi Worte enthalten sieben vollkommene Süßen.

3.2.3.5.1.   Die Liebe ist der Grund aller Süße [und allen Schmerzes] [N4 va–O3 ra].

3.2.3.5.1.1. Kraft und Wesen der Liebe.
              Der Mensch muß Gott anflehen, daß ihn dieser liebe, denn nur durch Gottes Liebe ist der Mensch fähig, seinerseits Gott zu lieben. Soviel der Mensch aber Gott liebt, so selig wird er.

3.2.3.5.1.2. Die natürliche Liebesfähigkeit des Menschen.

3.2.3.5.1.3. Jeder Mensch begehrt von Natur aus das vollkommene Gute, die Seligkeit.

3.2.3.5.1.4. Die Begierde des Menschen nach dem Guten muß mit Gottes Hilfe geordnet werden.

3.2.3.5.1.5. Die Unordnung der Liebe ist die innere Hölle, denn der Mensch, der Gott nicht wirklich lieben kann, weil er dessen Gerechtigkeit haßt, ist des Guten aus eigener Schuld beraubt, muß es aber dennoch begehren.

3.2.3.5.1.6. Menschen, deren Liebe zu Gott kein Ziel findet, haben keinen Frieden.

3.2.3.5.1.7. Menschen, die Gottes Gerechtigkeit fürchten, hassen Gott, lieben ihn aber gleichzeitig.

3.2.3.5.2.   Die Liebe ist der Grund der Süße Christi [O3 ra–P3 rb].

3.2.3.5.2.1. Christi Kreuzesworte schließen alles ein, was Menschen begehren, und alles aus, was sie fürchten müssen.

3.2.3.5.2.2. Schlimmere Gefahren als die durch Christi letzte Worte ausgeschlossenen gibt es nicht.
              Der Mensch soll Gott und sonst niemanden fürchten.
              Die Worte am Kreuz sichern den Menschen auch vor den verschiedenen Arten der Angst vor Gott. Sie zeigen: Der Schöpfer, Richter und Gesetzgeber ist so gütig, daß er niemandem zürnt, der ihn fürchtet.

3.2.3.5.2.3. In Christi Worten sind die Süßen von Vergebung, Nicht-Zürnen, Ertragen von Undankbarkeit, Empfehlen an die Gottesmutter und Teilen aller Dinge enthalten.

---

[2] Die Absatzunterteilung von 3.2.3.5. bis einschließlich 3.2.3.5.3.3. stammt von der Verfasserin, da Fridolin auf eine Gliederung des Stoffes verzichtet.

Christus verheißt die himmlische Freude unter dem Bild väterlicher und mütterlicher Zärtlichkeit. Ihr irdisches Abbild ist die Struktur der Kirche.

3. 2. 3. 5. 3.   Großer Dialog über die Frage: Ist Christi Worten am Kreuz wirklich zu vertrauen [P3 rb–Z5 va]?

3. 2. 3. 5. 3. 1.   Widersprüchlichkeit der Worte Christi [P3 vb–Q3 rb].
Wie sind Christi barmherzige und gesetzliche Worte miteinander vereinbar?
Wer die Hintergründe der einzelnen Worte Christi bedenkt, erkennt, daß sie absolut vertrauenswürdig sind.
Christus offenbarte sich in Gesprächen und Reden, da die Menschen nur selig werden können, wenn sie ihn erkennen.

3. 2. 3. 5. 3. 1. 1.   Gottesbeweise [Q3 rb–S5 ra].
Inwieweit ist der Mensch fähig, den sich offenbarenden Gott zu erkennen?
Der Mensch kann von sichtbaren Dingen auf Gott zurückzuschließen.
Die verschiedenen Gottesbeweise sind Möglichkeiten solchen Rückschließens.
Generell soll man sich aber nicht auf Vernunftgründe, sondern auf den Glauben der Apostel und Propheten verlassen, um Gottes Wesen zu erkennen.

[Exkurs]:   Engellehre [R4 rb–S5 ra].
Es ist möglich, Gott aus der Ordnung der Engel zu beweisen: Die Dreierordnung ihrer Hierarchie ist ein Abbild seiner Einheit und der Trinität.
Die Aufteilung der Engel in Hierarchien und Chöre wird von den Lehrern der Kirche nicht einheitlich gehandhabt; um Verwirrungen zu meiden, schließe sich der einzelne Gläubige der Meinung eines Lehrers an und bleibe bei dieser. Analog ist in ähnlichen Fällen zu verfahren, so z. B. bei der Zuordnung der einzelnen Glaubensartikel zu den Aposteln.

[Exkurs]:   Die Glaubensartikel [S5 ra–X1 rb].
Die Artikel des Credo sind eine wichtige Waffe im Kampf gegen den Teufel:
Die einzelnen Artikel sind bestimmten Aposteln zuzuordnen und in Gedanken auf die Finger beider Hände zu verteilen. Dadurch vermag sich der Mensch gegen die Anfechtungen des Teufels verteidigen.
Der gesunde Mensch wappnet sich mit Werken, wenn der Teufel aber in der Todesstunde mit Zweifeln, Verzweiflung und Aufbegehren gegen Gott anficht, muß der Sterbende bereit sein, die Artikel des Credo als Schutzschild zu benutzen.
Ebenfalls hilfreich ist es, sich mittels der Hände zusammen mit dem Credo vorbildliche Gläubige und durch bestimmte Edelsteine symbolisierte Kräfte einzuprägen, um Gott bitten zu können, einem um ihrer Verdienste willen Gnade zu schenken bzw. ihre Eigenschaften zu verleihen.

Wiederaufnahme von 3. 2. 3. 5. 3. 1. 1.: Gottesbeweise.

[Exkurs]:   Trinität [X1 rb–X5 rb].
                   Die Vernunft bietet zahlreiche Argumente dafür, daß es Gott geben
                   und daß er drei Personen umfassen muß.
                   Um in solch schwierigen Fragen nicht zu irren, glaube man am besten,
                   was die Kirche lehrt.

Wiederaufnahme von 3. 2. 3. 5. 3. 1.: Widersprüchlichkeit der Worte Christi [X5 rb–X5
                   vb].
                   Die erschreckenden Worte Christi erscheinen kraftvoller als seine gü-
                   tigen Worte, weil anscheinend die Mehrzahl aller Menschen der Ver-
                   dammnis verfallen ist.

3.2.3.5.3.1.2.   Seligkeit und Verdammung des Menschen - Gnade und Gerechtigkeit
                   Gottes [X6 ra–Y2 vb].
                   Insgesamt werden nicht so viele Menschen verdammt, wie es scheint,
                   denn die meisten verstorbenen Kinder fahren nicht zur Hölle und
                   auch Erwachsene werden nur um einer einzigen Sünde (mangelnder
                   Reue) willen verdammt.

3.2.3.5.3.2.   Lösung der Frage nach der vermeintlichen Widersprüchlichkeit der
                   Worte Christi [Y2 vb–Z5 va].
                   Alle Worte Christi sind wahr, aber die Worte der Barmherzigkeit sind
                   kraftvoller als die der Gerechtigkeit.
                   Der Gläubige muß beide Wortkategorien bedenken: Die drohenden
                   können ihn zur Besserung reizen, die tröstlichen schenken ihm Hoff-
                   nung.
                   Nur mittels beider Arten von Worten ist die Gegenwehr gegen den
                   Teufel erfolgreich.

3.2.3.5.3.3.   Grundregel, deren Befolgung dem Menschen begründete Hoffnung
                   auf die Seligkeit schenkt [Z3 vb–Z4 ra].
                   Wer Fridolins Anleitung zu einer frommen Lebenspraxis aufnimmt
                   und vor allem die letzten Worte Christi andächtig betrachtet, darf auf
                   die Gnade Gottes hoffen.

3.3.   *Die Früchte des Leidens Christi [Z5 va–Dd6 ra].*

Die folgenden Gegenwürfe informieren über die am Kreuz offenbar gewordene Kraft
Christi. Sie sind nützliche Betrachtungsthemen für jeden Menschen, der das Kreuzzeichen schlägt.

GW 101-105: [Am Kreuz sichtbar werdende Wunder] [Aa1 ra–Aa4 ra]
101. GW: Obwohl er das blühende Leben war, wurde Christus zum Tode verur-
                   teilt.
102. GW: Obwohl er am Kreuz Güter verteilte, wurden Christi Kleider aufge-
                   teilt.
103. GW: Obwohl er angenagelt war, erschütterte der Gekreuzigte Himmel und
                   Erde.
104. GW: Obwohl die Kräfte des Sterbenden schwanden, erschreckte Christus
                   mit seiner Stimme alle Welt.
105. GW: Christus wurde öffentlich entblößt, aber der Himmel bedeckte seine
                   Blöße.

GW 106-110: *Früchte des Leidens Christi [Aa4 ra-Dd4 rb].*

106. GW, 1. Teil:	Der Befreier vom harten Gesetz des Alten Testaments wurde durch menschliche Gesetze gefangen und verurteilt. Das Kreuz Christi hat den jüdischen Kult unwiderruflich aufgehoben.
106. GW, 2. Teil:	Der Erlöser von Strafe und Schuld wurde durchlöchert.
107. GW, 1. Teil:	Der Überwinder der Feinde des Menschen wurde durch feindliche Hinterhalte getötet. Zum Verhältnis von Christen und Heiden.
107. GW, 2. Teil:	Christus der Gekreuzigte hat die Hölle überwunden.
108. GW, 1. Teil:	Christus schuf den Menschen Frieden mit Gott, indem er Gottes Zorn durch seinen Tod, also durch das stillte, was Gottes Zorn am meisten erregen mußte.
108. GW, 2. Teil:	Derjenige, über dessen Tod sich seine Feinde einig waren, schuf Frieden unter den Menschen.
109. GW, 1. Teil:	Der an Händen Gebundene zieht alle Kräfte der Menschen an sich und verwandelt sie so in sich. Der Gebundene tilgte auch die Gesetze und Urteile Gottes. Christus bestätigt Natur- und Sittengesetz, fordert aber nichts Unmögliches, da es bei der Gesetzeserfüllung mehr auf den Willen als auf das Handeln ankommt. Demzufolge geraten Leichtfertige schnell in Todsünde, Vorsichtige hingegen kaum. Alle anderen Gesetze hat Christus verbessert und erhöht. Gott handelt deshalb täglich durch Gesetz und Gerechtigkeit sowie durch Gnade und Barmherzigkeit in der Welt.
109. GW, 2. Teil:	Der mit Essig und Galle Getränkte verwandelt die Menschen in sich, indem er die ihnen Bitteres in Süßes verkehrt.
110. GW, 1. Teil:	Der Angenagelte beseitigte die Hindernisse zum Himmel.
110. GW, 2. Teil:	Der Gefangene öffnete die Himmelstür.

GW 111-115: *[Dd4 rb-Dd4 vb].*

111. GW:	Das Leben aller Menschen starb, um Leben der Toten zu sein.
112. GW:	Der Erhaltung aller Dinge sollten die Beine gebrochen werden.
113. GW:	Das Heil aller Kranken wurde durch seine Verwundung zur überfließenden Arznei.
114. GW:	Der Essig und Galle eingeflößt bekam, wurde ausgegossen; der Ausgegossene wurde wiederum durch die aus seinem Blut Geborenen erfüllt.
115. GW:	Der aus eigener Kraft zum Himmel Aufsteigende wurde mit Händen vom Kreuz genommen.

GW 116-120: [Dd4 vb-Dd5 va].

116. GW: Der durch den Heiligen Geist gesalbte Salbende wurde gegen den Wurmfraß des Todes gesalbt.

117. GW: Der die Menschen aus den Lappen der Sündlichkeit Wickelnde und sie mit Unsterblichkeit Bekleidende wurde in Totenkleider gewickelt. Der die Menschen in den Himmel Tragende wurde ins Grab getragen.

118GW: Der Totenerwecker wurde begraben.

119. GW: Die Seligmachung wurde beweint.

120. GW: Der Befreier wurde am Entkommen gehindert.

GW 121-125: Der Triumph des Leidens und Sterbens Christi über alle Gewalten [Dd5 va-Dd6 ra].

121. GW: Der Gestorbene lebt nicht nur selbst, sondern erweckt viele Tote mit sich.

122. GW: Der vermeintlich zur Hölle Gefahrene fuhr nicht nur selbst zum Himmel, sondern zog viele Verstorbene mit sich.

123. GW: Der vermeintlich zur Hölle Verdammte hat Gewalt über alle Gewalten.

124. GW: Der als Zerstörung des Gesetzes Angesehene hält das Gesetz in den Gläubigen aufrecht, indem er sie durch den Heiligen Geist tugendhaft macht.

125. GW: Der Verurteilte wird einst alle richten.

4. Anhang:

Modellgebete zum Leiden Christi und zum Kyrie
[Dd6 ra-Vorderseite des unnumerierten letzten Druckblattes].

4.1.   *Betrachtung des Leidens Christi in Form von Gebeten [Dd6 ra-Hh5 rb].*

Mittels exemplarischer Gebete wird im folgenden die praktische Umsetzung der im zweiten Buch aufgelisteten 100 Gegenwürfe zur Passion vorgeführt.

4.1.1.   Grundsätzliche Überlegungen zum Thema Gebet [Dd6 ra-Ee2 vb].

4.1.1.1.   Charakteristika verdienstlicher Gebete:
                 Ehrerbietige Betrachtung der Majestät Gottes und demütige Betrachtung der eigenen Bedürftigkeit.
                 Das Gebet um der Verdienste Christi willen ist kräftiger als andere Gebete, da es beide Komponenten in sich trägt.

4.1.1.2.   Korrekte Formulierung von Gebeten.
                 Die Verwechslung der einzelnen Personen der Trinität ist zu vermeiden.

4.1.1.3.   Praktisches Beispiel für ein korrektes Gebet.

4.1.2.   Betrachtung ausgewählter Gegenwürfe des zweiten Buches in Gebetsform [Ee2 vb-Hh5 rb].

4.1.2.1.   Christi Leben und Leiden im allgemeinen [Ee2 vb–Gg1 vb].
             Jedem der folgenden Abschnitte ist ein thematischer Schwerpunkt zu-
             geordnet, der besonders intensiv zu bedenken ist.

Zum 1.–4. GW: Gnade der Menschwerdung Christi und Undankbarkeit des Menschen.

Zum 5., 11., 12. und 15. GW: Nachfolge der Demut Christi.

Zum 6.–10. GW: Dank für die Gabe des Glaubens, der allein selig macht und Bitte um
             die Fähigkeit, den Glauben in Werken zu beweisen.

Zum 16. GW: Befreiung von der Hoffart als Haupt aller Sünde.

Zum 17. GW: Absage an alle irdischen und fleischlichen Güter; demütige Hinwen-
             dung zu Gott.
             Der Schatz des Leidens Christi bietet Opfer und Genugtuung für alle
             menschlichen Sünden. Dies zeigen die Gegenwürfe des zweiten Buches:

18. GW: Untreue.

16. GW: Hoffart und Ungehorsam.

17. GW: Fleischliche Sünden.

19. GW: Hängen am irdischen Leben.

22. GW: Unwürdiger Gebrauch der Sakramente.

23. GW: Nichtwahrnehmung der eigenen sündhaften Existenz.

24. GW: Mißachtung heiliger Zeiten.

25. GW: Nichtehrung heiliger Stätten.

31. GW: Unterlassung von Gutem aus Faulheit.

32. und   Völlerei.
33. GW:

34. GW: Sünden, die aus Liebe zu diesem Leben geschehen.

46. GW: Neid und Haß.

56.–60. und Sünden der fünf Sinne.
63. GW:

67. GW: Wollust des Fleisches.

68. GW: Hoffart.

69. GW: Ehrsucht.

64. und   Zorn.
67. GW und
1. Wort am
Kreuz:

72. und   Lüge.
95. GW:

71. GW: Gotteslästerung.

66. und   Gier.
102. GW:

             Zusammenfassung: Christi Leiden ist das unfehlbare Hilfsmittel gegen
             Untugenden und Sünden. Bereits seine Betrachtung ist wirksam, aber
             die flehentliche Vorhaltung der in der Passion erworbenen Verdienste
             Christi vor Gottvater ist noch kräftiger.

10. Übersicht über die Holzschnitte in Stephan Fridolins Schatzbehalter

1. Buch:
Einführung ins Thema / Methodische Erläuterungen

2. Buch[1]:
Einhundert Gegenwürfe vom Leiden Christi

1. Fünfergruppe:		GW 1–5	
f 5 r	Fig. 1	Krönung des vor Gottvater knienden Christus (ad 1. GW).	
g1 r	Fig. 2	Gottvater weist die Engel auf den Gekreuzigten als einzigen Seligmacher hin (ad 2. GW, 1. Art.).	
g1 v	Fig. 3	Vertreibung der nicht unterwerfungswilligen Teufel aus dem Himmel [ad 2. GW, 2. Art.].	
g2 v	Fig. 4	Oben: Erschaffung des ersten Menschenpaares (ad 3. GW, 1. Art.).	Capistrantafel Nr. 1
		Unten: Verführung durch die Schlange (ad 3. GW, 2. Art.).	Capistrantafel Nr. 2
g4 r	Fig. 5	Gott verheißt Abraham unzählige Nachkommen (ad 4. GW, 1. +2. Art.).	Capistrantafel Nr. 3
g4 v	Fig. 6	Jakob und seine Söhne kommen zu Joseph nach Ägypten (ad 4. GW, 2. Art.).	
g5 v	Fig. 7	Daniel sieht Christi zukünftige Ehren (ad 5. GW, 1. Teil, 1. Art.).	
g6 r	Fig. 8	Darius' Späher klagen Daniel wegen seines Glaubens an (ad 5. GW, 1. Teil, 2. Art.).	
h1 v	Fig. 9	Steinigung Secharjas und Zersägung Jesajas (ad 5. GW, 2. Teil).	

2. Fünfergruppe: GW 6–10

h2 v	Fig. 10	Neun Opfertiere (ad 6.-10. GW).
h3 v	Fig. 11	Oben links: Ein Priester schlachtet eine Kuh (ad 6. und 7. GW).
		Oben rechts: Köpfe der Tiere, die den in die Wüste geschickten Bock zerreißen können [ad 6. GW].
		Unten: Ein Priester schickt den Bock in die Wüste [ad 6. GW].
h4 r	Fig. 12	Links: Vergießen von Opferblut (ad 8. GW)
		Rechts: Verbrennung eines Opfers (ad 9. GW)
		Unten: Behandlung der Opferasche (ad 10. GW)

---

[1] Die Strukturierung der Übersicht über die Holzschnitte des zweiten Buches im *Schatzbehalter* folgt Fridolins Aufteilung der Gegenwürfe in Fünfergruppen. Die Bildszenen der Bamberger Capistrantafel sind von links oben nach rechts unten gezählt.

3. Fünfergruppe: GW 11–15

h6 r	Fig. 13	Darbringung erstgeborener Jungen im Tempel (ad 11. GW, 1. Art.).	Capistrantafel Nr. 4
h6 v	Fig. 14	Die Brüder holen Joseph aus der Zisterne, um ihn zu verkaufen (ad 11. GW, 2. Art.).	
i1 v	Fig. 15	Mose salbt Aaron (ad 12. GW, 1. Art.).	Capistrantafel Nr. 5
i5 r	Fig. 16	Königen und Bischöfen wird Schlimmes angetan (ad 12. GW, 2. Art.).	
i6 r	Fig. 17	Drei Engel verheißen Isaaks Geburt (ad 13. GW, 1. Art.).	
i6 v	Fig. 18	Isaaks Opferung (ad 13. GW, 2. Art.).	
k1 v	Fig. 19	Der heimkehrende Jephta begegnet seiner Tochter (ad 14. GW, 1. Art.).	Capistrantafel Nr. 6
k2 r	Fig. 20	Jephta opfert seine Tochter (ad 14. GW, 2. Art.).	
k3 r	Fig. 21	Wundertaten Samsons (ad 15. GW, 1. Art.).	
k3 v	Fig. 22	Samsons Tod (ad 15. GW, 2. Art.).	

4. Fünfergruppe: GW 16–20

k5 r	Fig. 23	Gottvater sendet Christus zur Erde (ad 16. GW, 1. Art.).	
k6 v	Fig. 24	Juden wollen Christus töten, weil sie meinen, er gebe sich fälschlicherweise als Gott aus (ad 16. GW, 2. Art.).	
l3 r	Fig. 25	Verkündigung an Maria (ad 17. GW, 1. Art und 21. GW, 1. Art.).	
l5 v	Fig. 26	Sündergastmahl (ad 17. GW, 2. Art.).	Capistrantafel Nr. 7
m2 r	Fig. 27	Oben: Christus wird im Volk Israel Mensch (ad 18. GW, 1. Art.). Unten: Die Oberen der Juden beten Abgötter an (ad 18. GW, 1. Art).	
m3 r	Fig. 28	Herodes fragt seine Weisen nach Jesu Geburtsort (ad 18. GW, 2. Art.).	
m3 v	Fig. 29	Tötung von Johannes dem Täufer und Jakobus dem Kleinen (ad 18. GW, 2. Art.).	
m5 r	Fig. 30	Geburt Christi (ad 19. und 20. GW, jeweils 1. Art.).	Capistrantafel Nr. 8+9
m6 r	Fig. 31	Herodes befragt die Weisen, um Christus töten zu können (ad 19. GW, 2. Art.).	
n2 r	Fig. 32	Kindermord von Bethlehem (ad 19. und 20. GW, jeweils 2. Art.).	

5. Fünfergruppe: GW 21–25

n3 v	Fig. 25	Zum zweiten Mal: Verkündigung an Maria (ad 21. GW).
n5 r	Fig. 33	Jesu Beschneidung (ad 22. GW, 1. Art.).
n5 v	Fig. 34	Taufe Jesu [ad 22. GW, 1. Art.].

s4 r	Fig. 55	Befreiung und Entschädigung Jojachims (ad 49. GW, 1. Art.).
s4 v	Fig. 56	Gott tötet die Ägypter im Meer (ad 49. und 50. GW, jeweils 1. Art.).
s5 v	Fig. 57	Gefangennahme Christi (ad 49. GW, 2. Art.).
s6 v	Fig. 58	Gott straft die Korachiten (ad 50. GW, 1. Art.).
t1 v	Fig. 59	Vorführung Christi vor dem Hohen Rat (ad 50. GW, 2. Art.).

11. Fünfergruppe: GW 51–55

t2 v	Fig. 60	Oben: Mose mit dem brennenden Dornbusch (ad 51. GW, 1. Art.). Unten: Ein Engel erscheint Josua (ad 51. GW, 1. Art.).
t4 r	Fig. 61	Christi Vorführung vor Pilatus (ad 51. und 52. GW, jeweils 2. Art.).
u1 v	Fig. 62	Weltgericht (ad 53. GW, 1. Art.).
u2 r	Fig. 63	Verhör Christi vor Pilatus (ad 53. GW, 2. Art.).
u3 r	Fig. 64	Jesus und die Ehebrecherin (ad 54. GW, 1. Art.).
u3 v	Fig. 39	Zum zweiten Mal: Dämonenvertreibung und Krankenheilung (ad GW 54. und 55, jeweils 1. Art.).

12. Fünfergruppe: GW 56–60 [nicht illustriert]

13. Fünfergruppe: GW 61–65

| x4 r | Fig. 65 | Rechts hinten: Juden befreien am Feiertag ihr Vieh (65. GW, 2. Art.). Vorne: Juden beobachten Christus bei der Heilung des Wassersüchtigen am Feiertag (65. GW, 2. Art.). | |
| k4 v | Fig. 66 | Christus mit den freundlichen und feindlichen Tieren (ad 61.-65. GW). | Capistrantafel Nr. 10 |

14. Fünfergruppe: GW 66–70

y2 v	Fig. 67	Gottes Fürsorge für die menschliche Natur (ad 66. GW, 1. Art.).	
y5 r	Fig. 68	Entkleidung Christi [ad 66. GW, 2. Art.].	
z2 r	Fig. 69	Gott schlägt die Israel plagenden Ägypter [ad 67. GW].	Capistrantafel Nr. 14
z2 v	Fig. 70	Geißelung Christi (ad 67. GW, 2. Art.).	Capistrantafel Nr. 15
z6 r	Fig. 71	Himmlische Krönung Christi (ad 68. GW).	
z6 v	Fig. 46	Zum zweiten Mal: Fußwaschung [ad 68. GW].	

ab1 r	Fig. 72	Krönung Christi mit der Dornenkrone (ad 68. GW).	
ab5 v	Fig. 73	Vorführung von Christus und Barrabas vor das Volk (ad 69. GW, 2. Art.).	Capistrantafel Nr. 13
ab6 r	Fig. 74	Pilatus wäscht seine Hände / Die Frau des Pilatus (ad 70. GW, 2. Art.).	

15. Fünfergruppe: GW 71–75

ac2 r	Fig. 71	Zum zweiten Mal: Himmlische Krönung Christi (ad 71. -75. GW, jeweils 1. Art.).

16. Fünfergruppe: GW 76–80

ac3 v	Fig. 75	Der Überfall zwischen Jericho und Jerusalem (ad GW 76–80).
ac4 r	Fig. 76	Pflege des beim Überfall zwischen Jericho und Jerusalem Verletzten (ad GW 76–80).
ac6 r	Fig. 77	Die Kirche und Christus gehen freundlich auf einen Pilger zu [ad 76. -80. GW, jeweils 1. Art.].
ac6 v	Fig. 78	Christus führt die Gerechten des Alten Testaments aus der Hölle [ad 76. -80. GW, jeweils 1. Art.].
ad1 r	Fig. 79	Christus mit den aus der Hölle Geführten im Himmel [ad 76. -80. GW, jeweils 1. Art.].
ad2 v	Fig. 80	Salomos Einzug in Jerusalem.
ad3 r	Fig. 81	Christi Herausführung aus Jerusalem [ad 76. -80. GW, jeweils 2. Art.].

17. Fünfergruppe: GW 81–85

ad4 r	Fig. 82	Das Herz Christi mit darin wohnenden Tugenden (ad 81. -85. GW).
ad5 v	Fig. 83	David und Abischag.
ad6 v	Fig. 68	Zum zweiten Mal: Entkleidung Christi.
ae2 v	Fig. 84	David setzt Salomo als Nachfolger ein.
ae3 r	Fig. 85	Annagelung Christi ans Kreuz.
ae4 v	Fig. 86	Salomos luxuriöser Lebensstil.
ae5 r	Fig. 87	Kreuzigung.

18–20. Fünfergruppe: GW 86–100 [nicht illustriert]

3. Buch:
Christi Worte in der Passion und am Kreuz / Dialoge zu dogmatischen
Problemen / Gegenwürfe über die Früchte der Passion

| U3 v | Linke Hand (Memorierhilfe zum Einprägen von Aposteln und Glaubensartikeln). |
| U4 r | Rechte Hand (Memorierhilfe zum Einprägen wichtiger Glaubenszeugen und Edelsteine). |

11. Daten zu Leben und Werk Stephan Fridolins

um 1430	Geburt Stephan Fridolins
1447, Mai	Überführung des Nürnberger Franziskanerklosters in die strenge Observanz
1452	Reform des Nürnberger Klarissenklosters
1460, Frühling	Reform des Bamberger Franziskanerklosters
1460, August	Fridolin als Prediger an der Oberen Pfarre „Unsere liebe Frau" in Bamberg
1460–75	In diesem Zeitraum Entstehung der Capistrantafel und eventuell der Urfassung des *Schatzbehalters*
1474–75	Fridolin als Prediger in Bamberg
	Teilnahme am Provinzkapitel in Ingolstadt als Diskret und Definitor
1477	Fridolin als Magister iuvenum und Lektor in Mainz
	Entstehung der *Genealogia Salvatoris liber I*
1479	Romreise
1479, Herbst bis 1487, Frühling	Fridolin als Inhaber verschiedener Ordensämter in Nürnberg: Professenmeister (bis 1480), Lektor (bis 1484/86), Prediger an St. Klara (bis 1487)
1479	Ab dieser Zeit möglich: Entstehung der *Lehre für angefochtene und kleinmütige Menschen*
1481	Teilnahme am Provinzkapitel in Heidelberg als Diskret und Definitor
1482, Frühling	Mitwirkung bei einer Ablaßkampagne in Nürnberg als Subcommissarius
1484	Teilnahme am Provinzkapitel in Leonberg als Diskret und Definitor
1485	Eventuelle Entstehung des *Geistlichen Mai* (vorher: des *Geistlichen Herbst*)
1486	Vermittlung zwischen Rat und Klarissen in der Frage von Neuaufnahmen in den Konvent
1486, Jahresende	Entstehung des *Buches von den Kaiserangesichten*
1487, Frühling	Prachtabschrift des *Buches von den Kaiserangesichten*
1487, Frühling bis 1489, Herbst	Fridolin als Prediger am Klarissenkloster in Basel
1487	Teilnahme am Provinzkapitel in Oppenheim als Diskret und Definitor

1489–98	Fridolin als Prediger am Klarissenkloster in Nürnberg
1491, 8.11.	Veröffentlichung des *Schatzbehalters* bei Anton Koberger
1492	Predigten über Prim, Terz, Non und Komplet
1495	Eventuelle Entstehung des *Geistlichen Mai* (vorher: des *Geistlichen Herbst*)
1498, 18. 8.	Tod Fridolins

Anhang II

1. Abkürzungsverzeichnis und Zeichenerklärung

[...]   Erläuternde und ergänzende Hinzufügungen der Verfasserin.
(...)   Auflösung von frühneuhochdeutschen Kürzeln sowie die in den Quellen und der Fachliteratur selbst gebrauchten runden Klammern.
<...>   Konjekturen.
★...★   Ergänzungen und Korrekturen von Handschriftentexten, die dort von erster oder zweiter Hand an den Seitenrändern oder zwischen den Zeilen eingetragen wurden.
GW   Gegenwurf im *Schatzbehalter*.
Art   Artikel im *Schatzbehalter*.
(Alle anderen Abkürzungen folgen: TRE Abkürzungsverzeichnis, zusammengestellt von Siegfried M. Schwertner, Berlin/New York[2] 1994)

2. Zitationsschlüssel

Psalmzitate folgen der Zählung der Vulgata.
Stellenangaben aus Fridolins Schriften werden nach folgendem Schema abgekürzt:
– Predigten: Codex, (evtl. Codexteil), Blatt, Seite, (evtl. Spalte), Zeilen.
– Geistlicher Mai und Geistlicher Herbst: Codex, Blatt, Seite, Zeilen.
– Lehre für angefochtene und kleinmütige Menschen: Codex, Blatt, Seite, Zeilen.
– Buch von den Kaiserangesichten: Codex, Blatt, Seite, Zeilen.
– Schatzbehalter: Lage, Seite, Spalte, Zeilen.

3. Literaturverzeichnis

(Im Text gebrauchte Kurztitel sind kursiv gedruckt)

3.1. Quellen

3.1.1. Nicht edierte Texte Stephan Fridolins:

Predigten: (Zur Datierung siehe oben, S. 58–63)
– *Cod 3801*, 1r–230v (Bayerisches Nationalmuseum München)
– *Mgf 1040*, 1, 1r–222r und 2, 1r–42v (Staatsbibliothek Preussischer Kulturbesitz Berlin)
– *Mgq 1592*, 1r–166r (Staatsbibliothek Preussischer Kulturbesitz Berlin)

Geistlicher Mai:
– *Cgm 4473*, 1r–339v . Datierung: 1529 (Staatsbibliothek München)
– Gar ein sthone [sic] nucz||liche leer / Eingeschlossen Gayst||lichen personen / Ge-

nandt | | der gaystlich Mayen | | lieblich zelesen, Landshut: Johann *Weyssenburger 1533* (Staatsbibliothek München 4° Asc. 552a und 4° Asc. 111)
- Hie hebt sich an | | der geistlich May darj(n) der | | Mensch gelernet wirdt zu suechen | | die ding die der Selen ewigen nutz | | vnd freüd bringen / vnd ist außge | | tailt in vier wochen, München: Andree *Schobsser 1549* (Staatsbibliothek München Asc. 3120. Universitätsbibliothek München 8° Asc. 1152)
- Der Geistlich | | May. Ist Gedruckht in verlegung | | der durchleüchtigen Hochgebornen | | Fürstin Frawen / Frawen Jacobe/ | | Hertzogin in Obern vnd Nidern | | Bayrn etc. Geborrne Marg | | gra(e)fin zu Baden etc., München: Andree *Schobsser 1550* (Staatsbibliothek München Asc. 3128)
- *Cod. III, 2, 4°, 3,* 1r–134r. Datierung: 1552 (Universitätsbibliothek Augsburg; vormals Fürstlich Oettingen-Wallerstein'sche Bibliothek Schloß Harburg)
- Der Geistlich | | May, München: Andre *Schobsser* um *1555* (Staatsbibliothek München Asc. 3124)
- *Cod. III, 2, 4°, 34,* 278r–281v und 317v–318r. Datierung: 2. Hälfte des 16. Jahrhunderts (Universitätsbibliothek Augsburg; vormals Fürstlich Oettingen-Wallerstein'sche Bibliothek Schloß Harburg)
- Der Seelen | | Lustga(e)rtlin, Dillingen: Sebald Mayer 1575 (Staatbibliothek München Rar. 19/3)
- Der Seelen | | Lustga(e)rtlin, Dillingen: Sebald *Mayer* um *1575* (Universitätsbibliothek München 8° Asc. 1098:1)
- *Cgm 5951,* 1v–188r. Datierung: spätes 16. Jahrhundert (Staatsbibliothek München)

Geistlicher Herbst:
- Das puchlein wirdt genendt der edel Weinreb Jesu, o. O. und o. J. Datierung: Anfang des 16. Jahrhunderts (Hain ★16155)
- *Cod. III, 2, 8°, 10,* 3r–60v. Datierung: 1514 (Universitätsbibliothek Augsburg; vormals Fürstlich Oettingen-Wallerstein'sche Bibliothek Schloß Harburg)
- *Cgm 8499,* 3r–58v. Datierung: 1561 (Staatsbibliothek München)
- Der Geist | | lich Herpst. | | Auszgelegt auff das | | inwendig leiden vnsers | | allerliebsten Herren | | Jesu Christi, Dillingen: Sebald Mayer 1575 (Staatsbibliothek München Rar. 19/2)
- Der Geist | | lich Herpst. | | Außgelegt auff das in | | wendig leiden vnsers al | | ler liebsten Herren | | Jesu Christi, Dillingen: Sebald Mayer um 1575 (Universitätsbibliothek München 8° Asc. 1098:2)
- *Cod. 8° Aa 152,* 75v–110r. Datierung: 17. Jahrhundert (Hessische Landesbiliothek Fulda)

Geistlicher Mai und Geistlicher Herbst:
- *Hdschr 110,* 2r–193r. Datierung: Siehe oben, S. 119 (Staatsbibliothek Preussischer Kulturbesitz Berlin)
- Der | | Geistlich May | | Vnnd | | Geistliche Hörpst. | | Außgelegt auff das außwendig | | vnd inwendig bitter Leyden vnsers aller | | liebsten Herren vnd Seligmachers | | IESV CHRISTI. | | Zway alte / scho(e)ne / außerlo(e)ßne Bu(e)ch | | lein .. | | wide | | rumb ernewert / vnd in Truck | | verfertigt, Dillingen: Johannes *Mayer 1581* (Staatsbibliothek München Asc. 2550/1. Universitätsbibliothek München 8° Asc. 1153)

Lehre für angefochtene und kleinmütige Menschen: (Zur Datierung siehe oben, S. 129)
- *Cgm 4439,* 50v–54r (Bayerische Staatsbibliothek München)

Buch von den Kaiserangesichten:
- *Cent IV,* 90, 1r–42r. Datierung: 1487 (Stadtbibliothek Nürnberg)

Schatzbehalter:
Die vorrede || In der vor||rede Vber||das bu(e)ch des gros||sen gotweisen heyli||
ge(n) bischofs vn(d) mar||tres dionisii von de(n) hymelische(n) furste(n)||tu(m)b
spricht d(er) groß lerer maister hugo || de sancto victore, Nürnberg: Anton Koberger
1491
(Genannt sind im folgenden die von der Verfasserin eingesehenen Exemplare)
- 4° Theol. Mor. 142/29 Inc. (Universitätsbibliothek Göttingen)
- Inc. 385, 2° (Stadtbibliothek Nürnberg)
- 4° 5532 Rl 3476 (Inc.) (Germanisches Nationalmuseum Nürnberg)
- 4° 32581 Rl 3477 (Inc.) (Germanisches Nationalmuseum Nürnberg)
- Rar. 293 4° (Staatsbibliothek München)
- IB. 7413 (British Library London)
- IB. 7414 (British Library London)
- 158 a. l. (British Museum London)

3.1.2. Archivalische Quellen

Universitätsbibliothek Erlangen:
Einblattdrucke II, 32
Einblattdrucke II, 33
Einblattdrucke II, 34
Einblattdrucke II, 35
Einblattdrucke II, 36
Einblattdrucke II, 38
Einblattdrucke II, 42^a und 42^b

Staatsarchiv Nürnberg:
STAN, Rst. Nbg.: A-Laden, Akten SI, Lade 103
STAN, Rst. Nbg.: Briefbücher des inneren Rates, Nr. 23
STAN, Rst. Nbg.: Klarakloster, Akten und Bände, Nr. 1
STAN, Rst. Nbg.: Losungsamt, 7-farbiges Alphabet, Urk., Nr. 1767
STAN, Rst. Nbg.: Losungsamt, 7-farbiges Alphabet, Urk., Nr. 1859
STAN, Rst. Nbg.: Losungsamt, 7-farbiges Alphabet, Urk., Nr. 1971
STAN, Rst. Nbg.: Losungsamt, 7-farbiges Alphabet, Urk., Nr. 2029
STAN, Rst. Nbg.: Ratsbücher, Nr. 4

Stadtbibliothek Nürnberg:
Will II, 1390 4°, S. 5–32: *Nomina Defunctorum* et Sepultorum in Coenobio ad D. Francis-
cum, secundum Calendarium emortuale, quod a Fratribus fuit inchoatum ACN 1228
StB, Nor. H. 180
StB, Nor. H. 459

3.1.3. Edierte Quellen

Stephan Fridolin:
Das bittere Leiden unseres Herrn und Heilandes Jesu Christi. Betrachtungen nach dem Bar-
füßermönch P. Stephan Fridolin von Windenheim (gestorben 1498), in: Gaben des katholischen Pressvereins in der Diözese Seckau für das Jahr 1887, S. 3–117
Der Geistliche *Mai und* der Geistliche *Herbst*. Ausgelegt auf das auswendige und inwendige
bittere Leiden unseres allerliebsten Herrn und Seligmachers Jesu Christi, hg. v. Franz
Hattler, Freiburg i.Br. 1887
Hans Tuchers Buch von den Kaiserangesichten, hg. v. Paul Joachimsohn, in: MVGN 11
(1888), S. 13–86

Eine *Konferenz* des Mystikers Stephan Fridolin bei den Nürnberger Klarissen. Erste Veröffentlichung eines alten Textes, hg. v. Ottokar Bonmann, in: An heiligen Quellen 29 (1936), S. 367–373

Mittelalterliche Deutsche Predigten des Franziskaners P. Stephan Fridolin. 1. Heft: Predigten über die Prim, hg. v. Ulrich *Schmidt,* München 1913 (= VKHSM, 4. R. 1)

Wolgemut – Fridolin: Schatzbehalter, hg. v. Theodore Besterman, Portland/Oregon 1972 (= The Printed Sources of Western Art 28)

Andere:

Acta Sanctorum (= *ActaSS*), hg. v. Jean Bolland und Gottfried Henschen, Paris[3] 1863ff

Aristoteles: *Aristotelis Opera*, hg. v. d. Academia Regia Borussica, Berlin 1831ff

Bullarium Franciscanum continens Constitutiones Epistolas Diplomata Romanorum Pontificum Eugenii IV et Nicolai V ad tres ordines S. P. N. Francisci Spectantia, nov. ser., tom. I (1431–1455), hg. v. Ulrich Hüntemann, Quaracchi 1929

Fortunatus. Studienausgabe nach der Editio Princeps von 1509, hg. v. Hans-Gert Roloff, Stuttgart 1981

Glassberger, Nicolaus: *Chronica* Fratris Nicolai Glassberger ordinis Minorum Observantium edita a patribus Collegii S. Bonaventurae, Ad Claras Aquas (Quaracchi) 1887 (= AFranc 2)

Necrologium Provinciae Argentinae Fratrum Minorum Observantium (1426–1541), hg. v. Patricius Schlager, in: AFranc 6 (1917), S. 257–306

Nekrologium des ehemaligen Franziskanerklosters in Bamberg, hg. v. Anton Jäcklein, in: 36. Bericht über den Stand und das Wirken des historischen Vereins für Oberfranken zu Bamberg im Jahre 1874, Bamberg 1874, S. 1–81

Patrologiae Cursus Completus. Series Latina (= *PL*), hg. v. Jacques-Paul Migne, Paris 1878ff

Pirckheimer, Caritas: *Briefe* von, an und über Caritas Pirckheimer (aus den Jahren 1498–1530), hg. v. Joseph Pfanner, Landshut 1966 (= Caritas Pirckheimer-Quellensammlung 3)

Pirckheimer, Caritas: Die "*Denkwürdigkeiten*" der Caritas Pirckheimer (aus den Jahren 1524–1528), hg. v. Joseph Pfanner, Landshut 1962 (= Caritas Pirckheimer-Quellensammlung 2)

Schellenberger, Augustin Andreas: *Geschichte* der Pfarre zu U. L. Frauen in Bamberg an dem 4. ten Jubeljahre der dermaligen Pfarrkirche, o. O. (Bamberg) 1787

Seuse, Heinrich: Deutsche *Schriften*, hg. v. Karl Bihlmeyer, Frankfurt a. M. 1961 (Nachdruck der Ausgabe Stuttgart 1907)

Seuse, Heinrich: *Horologium* Sapientiae, hg. v. Pius Künzle, Freiburg i. d. Schweiz 1977 (= Spicilegium Friburgense 23)

Staupitz, Johannes von: Johann von *Staupitzens* sämmtliche *Werke*, Bd. 1: Deutsche Schriften, hg. v. Joachim F. K. Knaake, Potsdam 1867

Tabulae Capitulares (Vicariae 1454–1516, Dein Provinciae 1517–1574), Observantium Argentinensium (Tabulas plures conferente Adalberto Wagner), hg. v. Michael Bihl, in: AFranc 8 (1946), S. 667–894

3. 2. Fachliteratur

AMACHER, URS / JEZLER, PETER und MARTI, SUSAN: *Jenseitsglossar*, in: Himmel-Hölle-Fegefeuer. Das Jenseits im Mittelalter. Eine Ausstellung des Schweizerischen Landesmuseums in Zusammenarbeit mit dem Schnütgen-Museum und der Mittelalterabteilung des Wallraf-Richartz-Museums der Stadt Köln, hg. v. Peter Jezler, Zürich 1994, S. 397–410

AMMANN, HEKTOR: Die wirtschaftliche *Stellung* der Reichsstadt Nürnberg im Spätmittelalter, Nürnberg 1970 (= Nürnberger Forschungen 13)

APPEL, HELMUT: *Anfechtung* und Trost im Spätmittelalter und bei Luther, Leipzig 1938 (= SVRG 56, Heft 1, Nr. 165)

AUER, ALBERT: *Leidenstheologie* des Mittelalters, Salzburg 1947 (= Das geistliche Österreich 3)

BAIER, WALTER: *Untersuchungen* zu den Passionsbetrachtungen in der Vita Christi des Ludolf von Sachsen. Ein quellenkritischer Beitrag zu Leben und Werk Ludolfs und zur Geschichte der Passionstheologie, 3 Bde., Salzburg 1977 (= ACar 44)

BELLM, RICHARD: P. Stephan Fridolin: Der *Schatzbehalter*. Ein Andachts- und Erbauungsbuch aus dem Jahre 1491. Mit 91 Holzschnitten und 2 Textseiten in Faksimile nach der Originalausgabe von Anton Koberger Nürnberg, 2 Bde. (*Textband* und *Bildband*), Wiesbaden 1962

BERNHARDT, WALTER: Die *Dominikaner und Franziskaner* in Esslingen. Gedanken zu ihrer Niederlassung sowie zum Bau und zur Finanzierung ihrer Klöster, in: Esslinger Studien 28 (1989), S. 1–23

BETZ, GERHARD: Der Nürnberger Maler Michael *Wolgemut* und seine Werkstatt. Ein Beitrag zur Geschichte der spätgotischen Malerei in Franken, Diss. phil. masch., o. O. (Freiburg) 1955

Die Bibel. *Einheitsübersetzung*: Altes und Neues Testament, Freiburg / Basel / Wien 1980

Biblia Sacra Iuxta Vulgatam Versionem, hg. v. Bonifatius Fischer, Johannes Gribomont u.a., Stuttgart³ 1983

BIHL, MICHAEL: *Rezension* von: Schmidt, Ulrich: P. Stephan Fridolin, ein Franziskanerprediger des ausgehenden Mittelalters, in: AFH 5 (1912), S. 761–763.

BOCK, FRIEDRICH: *Das Nürnberger Predigerkloster.* Beiträge zu seiner Geschichte, in: MVGN 25 (1924), S. 147–213

BONMANN, OTTOKAR: Art. *Heinrich Vigilis* von Weißenburg, in: LThK², Bd. 5, Sp. 203
–, Art. Stephan *Fridelini*, in: DSp, Bd. 5, Sp. 1525–1528

BRÜCKNER, WOLFGANG: *Hand* und Heil im »Schatzbehalter« und auf volkstümlicher Graphik, in: Anzeiger des Germanischen Nationalmuseums Nürnberg 1965, S. 60–109

BURGER, CHRISTOPH: Die *Erwartung* des richtenden Christus als Motiv für katechetisches Wirken, in: Wissensorganisierende und wissensvermittelnde Literatur im Mittelalter. Perspektiven ihrer Erforschung, hg. v. Norbert Richard Wolf, Wiesbaden 1987, S. 103–122 (= Wissensliteratur im Mittelalter. Schriften des Sonderforschungsbereichs 226 Würzburg / Eichstätt 1)
–, *Theologie* und Laienfrömmigkeit. Transformationsversuche im Spätmittelalter, in: Lebenslehren und Weltentwürfe im Übergang vom Mittelalter zur Neuzeit. Politik – Bildung – Naturkunde – Theologie. Bericht über Kolloquien der Kommission zur Erforschung der Kultur des Spätmittelalters 1983–1987, hg. v. Hartmut Boockmann, Bernd Moeller und Karl Stackmann, Göttingen 1989, S. 400–420 (= AAWG. PH III / 179)

BUSCH, RENATE VON: *Studien* zu deutschen Antikensammlungen des 16. Jahrhunderts, Phil. Diss. Tübingen 1973

Caritas Pirckheimer. 1467–1532. Eine Ausstellung der Katholischen Stadtkirche Nürnberg 1982, hg. v. Lotte Kurras und Franz Machilek, München 1982

Catalogue of Books printed in the XVth Century now in the British Museum, Part II: Germany, Eltvil – Trier, London 1912

A *Catalogue of* the Fifteenth-Century Printed *Books* in the University Library Cambridge, compiled by J. C. T. Oates, Cambridge 1954

Die *Chroniken* der deutschen Städte vom 14. bis ins 16. Jahrhundert, hg. von der historischen Kommission der Bayerischen Akademie der Wissenschaften, Bd. 3: Die Chroniken der fränkischen Städte. Nürnberg, Bd. 3, Göttingen² 1961 (unveränderter Nachdruck der 1. Auflage Leipzig 1864)

Clavis mediaevalis. Kleines Wörterbuch der Mittelalterforschung, hg. v. Otto Meyer und Renate Klauser, Wiesbaden 1966 (Nachdruck der Ausgabe ebd. 1962)

COLBERG, KATHARINA: Art. Sigismund *Meisterlin*, in: VerLex², Bd. 6, Sp. 356–366

CORSTEN, SEVERIN: Art. Ablaßbrief, in: LGB², Bd. 1, S. 10

–, Art. *Auflagenhöhe* der Frühdruckzeit, in: LGB², Bd. 1, S. 167f

–, Der frühe *Buchdruck* und die Stadt, in: Studien zum städtischen Bildungswesen des späten Mittelalters und der frühen Neuzeit, hg. v. Bernd Moeller, Hans Patze und Karl Stackmann, Göttingen 1983, S. 9–32 (= AAWG. PH III / 137)

–, Art. *Koberger*, Anton, in: LGB², Bd. 4, S. 256

COURTENAY, WILLIAM J.: The *Franciscan Studia* in Southern Germany in the Fourteenth Century, in: Gesellschaftsgeschichte. Festschrift für Karl Bosl zum 80. Geburtstag, hg. v. Ferdinand Seibt, Bd. 2, München 1988, S. 81–90

DEGERING, HERMANN: Kurzes *Verzeichnis* der germanischen Handschriften der Preußischen Staatsbibliothek, Bd. 2, Leipzig 1926

DEGLER-SPENGLER, BRIGITTE: *Barfüsserkloster* Basel, in: Helvetia Sacra V / I: Der Franziskusorden. Die Franziskaner, die Klarissen und die regulierten Franziskanerterziarinnen in der Schweiz. Die Minimen in der Schweiz, Bern 1978, S. 121–136

–, Klarissenkloster Gnadental in Basel, in: Helvetia Sacra V / I: Der Franziskusorden. Die Franziskaner, die Klarissen und die regulierten Franziskanerterziarinnen in der Schweiz. Die Minimen in der Schweiz, Bern 1978, S. 545–551

–, Das *Klarissenkloster* Gnadental in Basel 1289–1529, Basel 1969 (= QFBG 3)

–, Oberdeutsche (Strassburger) *Minoritenprovinz* 1246 / 1264–1939, in: Helvetia Sacra V / I: Der Franziskusorden. Die Franziskaner, die Klarissen und die regulierten Franziskanerterziarinnen in der Schweiz. Die Minimen in der Schweiz, Bern 1978, S. 42–97

–, *Oberdeutsche* (Strassburger) *Observantenvikarie*, dann Observantenprovinz 1427-ca. 1530, in: Helvetia Sacra V / I: Der Franziskusorden. Die Franziskaner, die Klarissen und die regulierten Franziskanerterziarinnen in der Schweiz. Die Minimen in der Schweiz, Bern 1978, S. 102–120

DEHIO, GEORG: *Handbuch* der deutschen Kunstdenkmäler. Bayern I: Franken, München / Berlin 1979

DEICHSTETTER, GEORG: Der *Geist* des Klarissenklosters Nürnberg, in: Caritas Pirckheimer. Ordensfrau und Humanistin – ein Vorbild für die Ökumene. Festschrift zum 450. Todestag, hg. v. Georg Deichstetter, Köln 1982, S. 80–82

DEITMARING, URSULA: Die *Bedeutung* von Rechts und Links in theologischen und literarischen Texten bis um 1200, in: ZDA 98 (1969), S. 265–292

D'EVELYN, CHARLOTTE: *Meditations* on the Life and Passion of Christ, Millwood N. Y. 1987 (Nachdruck der Ausgabe London 1921)

DOELLE, DEMETRIUS: Zur *Geschichte* der Betrachtung im Franziskanerorden, in: FS 16 (1929), S. 229–235

DOELLE, FERDINAND: Die *Franziskaner* in Deutschland, Köln 1926 (= RQS 15)

EGGER, HANNA: Franziskanischer *Geist* in mittelalterlichen Bildvorstellungen. Versuch einer franziskanischen Ikonographie, in: 800 Jahre Franz von Assisi. Franziskanische Kunst und Kultur des Mittelalters. Niederösterreichische Landesausstellung. Krems-Stein, Minoritenkirche 15. Mai – 17. Oktober 1982, Wien 1982, S. 471–505

Das ehemalige Franziskanerkloster in Bamberg, in: BFrA 1 (1955), S. 450–472 (= Sonderdruck zu Verba vitae et salutis)

EHRENSCHWENDTNER, MARIE-LUISE: Das *Bildungswesen* in Frauenklöstern des Spätmittelalters. Beispiel: Dominikanerinnen, in: Handbuch der Geschichte des bayerischen Bildungswesens, Bd. 1: Geschichte der Schule in Bayern: Von den Anfängen bis 1800, hg. v. Max Liedtke, Regensburg 1991, S. 332–348

Einblattdrucke des XV. Jahrhunderts. Ein bibliographisches Verzeichnis, hg. v. d. Kommission für den Gesamtkatalog der Wiegendrucke, Halle 1914 (= Sammlung bibliothekswissenschaftlicher Arbeiten 35 / 36 (2. Serie 18 / 19))

EISERMANN, FALK: Die lateinische und deutsche *Überlieferung* des »Stimulus amoris«, Diss. phil. masch. Göttingen 1995

–, Art. Stimulus amoris, in: VerLex², Bd. 9, Sp. 335–341

ELM, KASPAR: Die *Franziskanerobservanz* als Bildungsreform, in: Lebenslehren und Weltentwürfe im Übergang vom Mittelalter zur Neuzeit. Politik – Bildung – Naturkunde –
Theologie. Bericht über Kolloquien der Kommission zur Erforschung der Kultur des
Spätmittelalters 1983–1987, hg. v. Hartmut Boockmann, Bernd Moeller und Karl Stackmann, Göttingen 1989, S. 201–213 (= AAWG. PH III / 179)

–, Johannes Kapistrans *Predigtreise* diesseits der Alpen, in: Lebenslehren und Weltentwürfe
im Übergang vom Mittelalter zur Neuzeit. Politik – Bildung – Naturkunde – Theologie. Bericht über Kolloquien der Kommission zur Erforschung der Kultur des Spätmittelalters 1983–1987, hg. v. Hartmut Boockmann, Bernd Moeller und Karl Stackmann,
Göttingen 1989, S. 500–519 (= AAWG. PH III / 179)

–, *Mendikantenstudium*, Laienbildung und Klerikerschulung im spätmittelalterlichen West-
phalen, in: Mittelalterliches Ordensleben in Westfalen und am Niederrhein, hg. v. Kaspar
Elm, Paderborn 1989, S. 184–213 (= SQWFG 27)

–, *Verfall* und Erneuerung des Ordenswesens im Spätmittelalter. Forschungen und For-
schungsaufgaben, in: Untersuchungen zu Kloster und Stift, hg. v. Max-Planck-Institut
für Geschichte, Göttingen 1980, S. 188–238 (= VMPIG 68)

ELZE, MARTIN: Das *Verständnis* der Passion Jesu im ausgehenden Mittelalter und bei Luther,
in: Geist und Geschichte der Reformation. Festgabe für Hanns Rückert zum 65. Geburtstag, hg. v. Kurt Aland, Walter Eltester u.a., Berlin 1966, S. 127–151

ENDRES, RUDOLF: Nürnberger *Bildungswesen* zur Zeit der Reformation, in: MVGN 71
(1984), S. 109–128

–, Das *Schulwesen* in Franken im ausgehenden Mittelalter, in: Studien zum städtischen Bildungswesen des späten Mittelalters und der frühen Neuzeit, hg. v. Bernd Moeller, Hans
Patze und Karl Stackmann, Göttingen 1983, S. 173–214 (= AAWG. PH III / 137)

–, *Sozialstruktur* Nürnbergs, in: Nürnberg – Geschichte einer europäischen Stadt, hg. v.
Gerhard Pfeiffer, München 1971, S. 194–198

–, Zur *Einwohnerzahl* und Bevölkerungsstruktur Nürnbergs im 15. / 16. Jahrhundert, in:
MVGN 57 (1970), S. 242–271

ENGELEN, ULRICH: *Edelsteine* in der deutschen Literatur des Mittelalters, München 1977
(= MMAS 27)

ERLEMANN, HILDEGARD und STANGIER, THOMAS: *Festum Reliquiarum*, in: Reliquien. Verehrung und Verklärung. Skizzen und Noten zur Thematik und Katalog zur Ausstellung
der Kölner Sammlung Louis Peters im Schnütgen-Museum, hg. v. Anton Legner, Köln
1989, S. 25–31

ERZGRÄBER, WILLI: Europäische *Literatur* im Kontext der politischen, sozialen und religiösen Entwicklungen des Spätmittelalters, in: NHL, Bd. 8, Wiesbaden 1978, S. 11- 85

ESSER, KAIETAN: Das *Generalstudium* des Franziskanerordens in Köln, in: Studium Generale
Köln 1248, Köln 1948, S. 14–16

–, *Sancta Mater* Ecclesia Romana. Die Kirchenfrömmigkeit des heiligen Franziskus von
Assisi, in: Sentire Ecclesiam. Das Bewußtsein von der Kirche als gestaltende Kraft der
Frömmigkeit, hg. v. Jean Daniélou und Herbert Vorgrimler, Freiburg / Basel / Wien
1961, S. 218–250

EUBEL, KONRAD: *Geschichte* der oberdeutschen (Straßburger) Minoriten-Provinz, Würzburg 1886

FALK, FRANZ: Die *Druckkunst* im Dienste der Kirche zunächst in Deutschland bis zum Jahre 1520, Köln 1879 (= Schriften der Görres-Gesellschaft 2)

FEHRING, GÜNTHER P. und RESS, ANTON: Die *Stadt Nürnberg*. Kurzinventar, bearb. von
Wilhelm Schwemmer, München² 1982 (Unveränderter Nachdruck der Auflage München 1977) (= Bayerische Kunstdenkmale 10)

FELDER, HILARIN: *Geschichte* der wissenschaftlichen Studien im Franziskanerorden, Freiburg i.Br. 1904

FICHTE, JOERG O.: Die *Darstellung* von Jesus Christus im Passionsgeschehen der englischen
Fronleichnamszyklen und der spätmittelalterlichen deutschen Passionsspiele, in: Die

Passion Christi in Literatur und Kunst des späten Mittelalters, hg. v. Walter Haug und Burghart Wachinger, Tübingen 1993, S. 277–296 (= Fortuna Vitrea. Arbeiten zur literarischen Tradition zwischen dem 13. und dem 16. Jahrhundert 12)

FRANK, KARL SUSO: Das *Klarissenkloster* Söflingen. Ein Beitrag zur franziskanischen Ordensgeschichte Süddeutschlands und zur Ulmer Kirchengeschichte, Ulm 1980 (= Forschungen zur Geschichte der Stadt Ulm 20)

Franziskanisches Schrifttum im deutschen Mittelalter. Band II: Texte, hg. v. Kurt Ruh in Zusammenarbeit mit Dagmar Ladisch-Grube und Josef Brecht, München / Zürich 1985

FRIES, WALTER: *Kirche und Kloster* zu St. Katharina in Nürnberg, in: MVGN 25 (1924), S. 1–143

FRÖSCHEL, THOMAS: Der *Alltag* einer ständischen Gesellschaft. »Stadt und Reichstag« – Rahmenbedingungen des stadtbürgerlichen Alltags im 16. Jahrhundert, in: Alltag im 16. Jahrhundert, hg. v. Alfred Kohler und Heinrich Lutz, München 1987, S. 174–194 (= Wiener Beiträge zur Geschichte der Neuzeit 14)

FÜRST, HEINRICH: »*Ecclesia* semper reformanda« – Reformen des Klarissenklosters in Nürnberg, in: Caritas Pirckheimer. Ordensfrau und Humanistin – ein Vorbild für die Ökumene. Festschrift zum 450. Todestag, hg. v. Georg Deichstetter, Köln 1982, S. 86–102

–, Das ehemalige *Klarakloster* in Nürnberg, in: FS 35 (1953), S. 323–333

GELDNER, FERDINAND: Die deutschen *Inkunabeldrucker*. Ein Handbuch der deutschen Buchdrucker des XV. Jahrhunderts nach Druckorten, 2 Bde., Stuttgart 1968

GEMELLI, AUGUSTIN: Das *Franziskanertum*, Leipzig 1936

GEORGES, KARL ERNST: Ausführliches Lateinisch-Deutsches Handwörterbuch, 2 Bde., Basel[11] 1961 (Nachdruck der 8. Auflage)

GERHARDT, CLAUS W.: Art. *Neusatz*, in: LGB[2], Bd. 5, S. 341

GERLICH, ALOIS: Die innere Entwicklung vom Interregnum bis 1800: *Staat*, Gesellschaft, Kirche, Wirtschaft. I. Staat und Gesellschaft. Erster Teil: Bis 1500, in: Handbuch der Bayerischen Geschichte. Bd. 3 / 1: Franken, Schwaben, Oberpfalz bis zum Ausgang des 18. Jahrhunderts, hg. v. Max Spindler, München 1971, S. 268–348

GERNHARDT, LUDWIG: *Aus der Predigtgeschichte* der oberen Pfarre zu Bamberg, in: Bamberger Blätter für fränkische Kunst und Geschichte, *3* (1926), S. 63–64, 67–68; *5* (1928), S. 76

Gesamtkatalog der Wiegendrucke (= *GW*), hg. v. d. Deutschen Staatsbibliothek Berlin, Leipzig u.a. 1925 ff.

GÖTZE, ALFRED: Frühneuhochdeutsches Glossar, Berlin[7] 1967

GÖTZELMAANN, AMBROSIUS: Zur *Geschichte* des Franziskanerklosters in Bamberg, in: Bamberger Blätter für fränkische Kunst und Geschichte 3 (1926), S. 61–63

GRAESSE, JOHANN G.: Orbis Latinus. Lexikon lateinischer geographischer Namen des Mittelalters und der Neuzeit, bearb. v. Friedrich Benedict, hg. v. Helmut Plechl, Braunschweig[4] 1971

GRIMM, HEINRICH: Die *Buchführer* des deutschen Kulturbereichs und ihre Niederlassungsorte in der Zeitspanne 1490 bis um 1550, in: AGB 7 (1967), Sp. 1157–1769

GRIMM, JACOB und WILHELM: Deutsches Wörterbuch, 16 Bde., Leipzig 1854–1954

GROTEFEND, H.: *Taschenbuch* der Zeitrechnung des deutschen Mittelalters und der Neuzeit, hg. v. Th. Ulrich, Hannover[10] 1960

GRÜNEWALD, STANISLAUS: Franziskanische *Mystik*. Versuch einer Darstellung mit besonderer Berücksichtigung des hl. Bonaventura, München 1932

GRUNDMANN, HERBERT: *Litteratus* – illiteratus. Der Wandel einer Bildungsnorm vom Altertum zum Mittelalter, in: ders.: Ausgewählte Aufsätze. Teil 3: Bildung und Sprache, Stuttgart 1978, S. 1–66 (= SMGH Bd. 25, 3)

GUTH, KLAUS: *Caritas Pirckheimer*. Kloster und Klosterleben in der Herausforderung der Zeit, in: Caritas Pirckheimer 1467–1532. Eine Ausstellung der Katholischen Stadtkirche Nürnberg 1982, hg. v. Lotte Kurras und Franz Machilek, München 1982, S. 13–25

HABERKERN, EUGEN und WALLACH, JOSEPH FRIEDRICH: Hilfswörterbuch für Historiker, 2 Bde., Tübingen⁷ 1987

HAHN, GERHARD: Die *Passion* Christi im geistlichen Lied, in: Die Passion Christi in Literatur und Kunst des späten Mittelalters, hg. v. Walter Haug und Burghart Wachinger, Tübingen 1993, S. 297–319 (= Fortuna Vitrea. Arbeiten zur literarischen Tradition zwischen dem 13. und dem 16. Jahrhundert 12)

HAIMERL, FRANZ XAVER: Mittelalterliche *Frömmigkeit* im Spiegel der Gebetbuchlieratur Süddeutschlands, München 1952 (= MThS. H4)

HAIN, LUDWIG: Repertorium bibliographicum, in quo libri omnes ab arte typographica inventa usque ad annum MD. typis expressi ordine alphabetico […] recensentur, 2 Bde., Stuttgart / Paris 1826 und 1831

HALBEY, HANS ADOLF / SCHUTT-KEHN, ELKE / STÜMPEL, ROLF und WILD, ADOLF: *Schrift – Druck – Buch.* Im Gutenbergmuseum, Mainz 1985

HAMM, BERNDT: *Bürgertum und Glaube.* Konturen der städtischen Reformation, Göttingen 1996

–, *Frömmigkeit* als Gegenstand theologiegeschichtlicher Forschung. Methodisch-historische Überlegungen am Beispiel von Spätmittelalter und Reformation, in: ZThK 74 (1977), S. 464–497

–, *Frömmigkeitstheologie* am Anfang des 16. Jahrhunderts. Studien zu Johannes von Paltz und seinem Umkreis, Tübingen 1982 (= BHTh 65)

–, Humanistische *Ethik* und Reichsstädtische Ehrbarkeit in Nürnberg, in: MVGN 76 (1989), S. 65–147

–, *Promissio*, Pactum, Ordinatio. Freiheit und Selbstbindung Gottes in der scholastischen Gnadenlehre, Tübingen 1977 (= BHTh 54)

–, Von der spätmittelalterlichen *reformatio* zur Reformation: der Prozeß normativer Zentrierung von Religion und Gesellschaft in Deutschland, in: ARG 84 (1993), S. 7–82

HAMPE, THEODOR: Die *Entwicklung* des Theaterwesens in Nürnberg von der zweiten Hälfte des 15. Jahrhunderts bis 1806, Nürnberg 1900

Handschriften / Autographen. Katalog einer Auktion der Firma Hauswedell & Nolte am 28. November 1975 in Hamburg

Die *Handschriften der Stadtbibliothek Nürnberg.* Bd. 1: Die deutschen mittelalterlichen Handschriften, bearb. v. Karin Schneider, Wiesbaden 1965

HARMENING, DIETER: *Katechismusliteratur.* Grundlagen religiöser Laienbildung im Spätmittelalter, in: Wissensorganisierende und wissensvermittelnde Literatur im Mittelalter. Perspektiven ihrer Erforschung, hg. v. Norbert Richard Wolf, Wiesbaden 1987, S. 91–102 (= Wissensliteratur im Mittelalter. Schriften des Sonderforschungsbereichs 226 Würzburg / Eichstätt 1)

–, Eine unbekannte *Handschrift* aus dem Klarakloster zu Nürnberg mit einer Briefnotiz über Charitas Pirckheimer (1481), in: JFLF 32 (1972), S. 45–54

HASAK, VINCENZ: Der christliche *Glaube* des deutschen Volkes beim Schlusse des Mittelalters, dargestellt in deutschen Sprachdenkmalen, oder 50 Jahre der deutschen Sprache im Reformationszeitalter vom Jahre 1470 bis 1520, Regensburg 1868

–, Dr. Martin *Luther* und die religiöse Literatur seiner Zeit bis zum Jahre 1520, Regensburg 1881

HASE, OSCAR: Die *Koberger.* Eine Darstellung des buchhändlerischen Geschäftsbetriebes in der Zeit des Überganges vom Mittelalter zur Neuzeit, Leipzig² 1885

HECKER, NORBERT: *Bettelorden* und Bürgertum. Konflikt und Kooperation in deutschen Städten des Spätmittelalters, Frankfurt / Bern / Cirencester 1981 (= EHS. T 146)

HEGER, HEDWIG: Die *Literatur*, in: 800 Jahre Franz von Assisi. Franziskanische Kunst und Kultur des Mittelalters. Niederösterreichische Landesausstellung. Krems-Stein, Minoritenkirche 15. Mai–17. Oktober 1982, Wien 1982, S. 706–728

HELDMANN, KARL: Spätmittelalterliche *Gebete* und religiöse Gedichte, in: AKuG 19 (1929), S. 251–263

HELMRATH, JOHANNES: Theorie und Praxis der *Kirchenreform* im Spätmittelalter, in: Ro-JKG 11 (1992), S. 41–70

HENKEL, NIKOLAUS: Ein *Zeugnis* zum »Schatzbehalter« des Stephan Fridolin in der deutschen Weltchronik Hartmann Schedels, in: Pirckheimer-Jahrbuch 9 (1994): 500 Jahre Schedelsche Weltchronik. Akten des interdisziplinären Symposions vom 23. / 24. April 1993 in Nürnberg, S. 165–170

HILPISCH, STEPHANUS: *Chorgebet* und Frömmigkeit im Spätmittelalter, in: Heilige Überlieferung. Ausschnitte aus der Geschichte des Mönchtums und des Heiligen Kultes. Festgabe für Ildefons Herwegen zum silbernen Abtjubiläum, hg. v. Odo Casel, Münster 1938, S. 261–284 (= BGAM. S 1)

HIRSCHMANN, GERHARD: Das Nürnberger *Patriziat*, in: Deutsches Patriziat 1430–1740. Büdinger Vorträge 1965, hg. v. Hellmuth Rössler, Limburg 1968, S. 257–276 (= Schriften zur Problematik der deutschen Führungsschichten in der Neuzeit 3)

HOCHEGGER, RUDOLF: Ueber die *Entstehung* und Bedeutung der Blockbücher mit besonderer Rücksicht auf den Liber Regum seu Historia Davidis. Eine bibliographisch-kunstgeschichtliche Studie, Leipzig 1891 (= ZfB. Beiheft 7)

HÖSS, IRMGARD: *Das religiöse Leben* vor der Refomation, in: Nürnberg – Geschichte einer europäischen Stadt, hg. v. Gerhard Pfeiffer, München 1971, S. 137–145

–, *Das religiös-geistige Leben* in Nürnberg am Ende des 15. und am Ausgang des 16. Jahrhunderts, in: Miscellanea Historiae Ecclesiasticae 2 (1967), S. 17–37

HÖVER, WERNER: *Theologia mystica* in altbairischer Übertragung, München 1971 (= MTUDL 36)

HOFER, JOHANNES: Zur *Predigttätigkeit* des hl. Johannes Kapistran in deutschen Städten, in: FS 13 (1926), S. 120–158

HOFF, HANS PHILIPP: Die *Passionsdarstellungen* Albrecht Dürers, Diss. phil. Heidelberg 1898

HOLZAPFEL, HERIBERT: *Handbuch* der Geschichte des Franziskanerordens, Freiburg i. Br. 1909

–, Die *Provinzeneinteilung* im deutschen Sprachgebiet, in: FS 13 (1926), S. 1–4

HONEMANN, VOLKER: Deutsche *Literatur* in der Laienbibliothek der Baseler Kartause 1480–1520, 2 Bde., Habil. masch. Berlin 1982

–, Art. *Kannemann*, Johannes, in: VerLex², Bd. 4, Sp. 983–986

–, Der *Laie* als Leser, in: Laienfrömmigkeit im späten Mittelalter. Formen, Funktionen, politisch-soziale Zusammenhänge, hg. v. Klaus Schreiner unter Mitarbeit von Elisabeth Müller-Luckner, München 1992, S. 241–251 (= Schriften des historischen Kollegs. Kolloquien 20)

HUBER, RAPHAEL M.: A Documented *History* of the Franciscan Order. 1182–1517, Milwaukee / Washington 1944

IMLE, FANNY: Die *Lehrtätigkeit* im Orden der Minderbrüder, in: FS 18 (1931), S. 34–50

IRIARTE, LÁZARO: Der *Franziskusorden*. Handbuch der franziskanischen Ordensgeschichte, Altötting 1984

ISERLOH, ERWIN: Die *Kirchenfrömmigkeit* in der »Imitatio Christi«, in: Sentire Ecclesiam. Das Bewußtsein von der Kirche als gestaltende Kraft der Frömmigkeit, hg. v. Jean Daniélou und Herbert Vorgrimler, Freiburg / Basel / Wien 1961, S. 251–267

JOACHIMSOHN, PAUL: Die humanistische *Geschichtsschreibung* in Deutschland. Heft 1: Die Anfänge. Sigismund Meisterlin, Bonn 1885

JUNGHANS, HELMAR: Ulrich Pinders »*Speculum* passionis domini nostri Ihesu christi« von 1507 und die Übersetzung »SPECULUM PASSIONIS Das ist: SPIEGEL deß bitteren Leydens vnnd Sterbens JESU CHRISTI« von 1663, angefügt an die Faksimileausgabe von: Ulrich Pinder: SPECULUM Passionis Das ist: SPIEGEL deß bitteren Leydens vnnd Sterbens JESU CHRISTI [...] von 1663, Leipzig 1986, S. 1–34 des Kommentarteils

KÄSTNER, HANNES: *Fortunatus*. Peregrinator Mundi. Welterfahrung und Selbsterkenntnis im ersten deutschen Prosaroman der Neuzeit, Freiburg 1990

Katalog der Bibliothek Otto Schäfer Schweinfurt, Teil 1: Drucke, Manuskripte und Einbände des 15. Jahrhunderts, 1. Halbband, bearb. v. Manfred von Arnim, Stuttgart 1984

KELLENBENZ, HERMANN: *Gewerbe* und Handel am Ausgang des Mittelalters, in: Nürnberg – Geschichte einer europäischen Stadt, hg. v. Gerhard Pfeiffer, München 1971, S. 176–185

KELLER, HILTGART L.: Reclams Lexikon der Heiligen und der biblischen Gestalten. Legende und Darstellung in der bildenden Kunst, Stuttgart⁷ 1991

KEPPLER, PAUL: Zur *Passionspredigt* des Mittelalters, in: HJ *3* (1882), S. 285–315 und *4* (1883), S. 161–188

KEUNECKE, HANS-OTTO: Anton *Koberger* (†1513), in: Fränkische Lebensbilder, im Auftrag der Gesellschaft für fränkische Geschichte hg. v. Alfred Wendehorst und Gerhard Pfeiffer, Neustadt a. d. Aisch 1982, S. 38–56

–, Friedrich *Peypus* (1485–1535). Zu Leben und Werk des Nürnberger Buchdruckers und Buchhändlers, in: MVGN 72 (1985), S. 1–63

KIESSLING, ROLF: Bürgerliche *Gesellschaft* und Kirche in Augsburg im Spätmittelalter. Ein Beitrag zur Strukturanalyse der oberdeutschen Reichsstadt, Augsburg 1971

KISSER, MARIA: Die *Gedichte* des Benedictus Chelidonius zu Dürers Kleiner Holzschnittpassion. Ein Beitrag zur Geschichte der spätmittelalterlichen Passionsliteratur, Diss. phil. masch. Wien 1964

KIST, JOHANNES: Der hl. Johannes *Kapistran* und die Reichsstadt Nürnberg, in: FS 16 (1929), S. 206–208

–, Das *Klarissenkloster* in Nürnberg bis zum Beginn des 16. Jahrhunderts, Nürnberg 1929

–, *Klosterreform* im spätmittelalterlichen Nürnberg, in: ZBKG 32 (1963), S. 31–45

–, Johannes: Die *Matrikel* der Geistlichkeit des Bistums Bamberg 1400–1556, Würzburg 1965 (= Veröffentlichungen der Gesellschaft für Fränkische Geschichte, IV. Reihe: Matrikeln fränkischer Schulen und Stände 7)

Der Kleine Pauly. Lexikon der Antike, 5 Bde., Stuttgart 1964–75

KNEFELKAMP, ULRICH: Die *Städte* Würzburg, Bamberg und Nürnberg – vergleichende Studien zu Aufbau und Verlust zentraler Funktionen in Mittelalter und Neuzeit, in: Historischer Verlag Bamberg 120, Bericht 1984, S. 205–224

KNELLER, KARL ALOIS: *Geschichte* der Kreuzwegandacht von den Anfängen bis zur völligen Ausbildung, Freiburg i. B. 1908

KNEPPER, JOSEPH: Das *Schul- und Unterrichtswesen* im Elsass von den Anfängen bis gegen das Jahr 1530, Straßburg 1905

KÖPF, ULRICH: *Monastische Theologie* im 15. Jahrhundert, in: RoJKG 11 (1992), S. 117–135

–, Die *Passion* Christi in der lateinischen religiösen und theologischen Literatur des Spätmittelalters, in: Die Passion Christi in Literatur und Kunst des späten Mittelalters, hg. v. Walter Haug und Burghart Wachinger, Tübingen 1993, S. 21–41 (= Fortuna Vitrea. Arbeiten zur literarischen Tradition zwischen dem 13. und dem 16. Jahrhundert 12)

KRAUS, ANDREAS: *Gestalten* und Bildungskräfte des Humanismus, in: Handbuch der Bayerischen Geschichte. Bd. 3 / 1: Franken, Schwaben, Oberpfalz bis zum Ausgang des 18. Jahrhunderts, hg. v. Max Spindler, München1971, S. 556–602

KRAUS, JOSEF: Die Stadt Nürnberg in ihren *Beziehungen* zur Römischen Kurie während des Mittelalters, in: MVGN 41, 1950, S. 1–154

KRISTELLER, PAUL OSKAR: The *Contribution* of Religious Orders to Renaissance Thought and Learning, in: ABenR 21 (1970), S. 1–55

KÜHNEL, HARRY: Die *Minderbrüder* und ihre Stellung zu Wirtschaft und Gesellschaft, in: 800 Jahre Franz von Assisi. Franziskanische Kunst und Kultur des Mittelalters. Niederösterreichische Landesausstellung. Krems-Stein, Minoritenkirche 15. Mai–17. Oktober 1982, Wien 1982, S. 41–57

KURRAS, LOTTE: *Klostergeschichte* im Spiegel der Bibliothek, in: Caritas Pirckheimer. 1467–1532. Eine Ausstellung der Katholischen Stadtkirche Nürnberg 1982, hg. v. Lotte Kurras und Franz Machilek, München 1982, S. 90f

KURZE, DIETRICH: Der niedere *Klerus* in der sozialen Welt des späteren Mittelalters, in: Beiträge zur Wirtschafts- und Sozialgeschichte des Mittelalters. Festschrift für Herbert Helbig zum 65. Geburtstag, hg. v. Knut Schulz, Köln / Wien 1976, S. 273–305

KUSCH, EUGEN: Nürnbergischer Schatzbehalter, Nürnberg 1966

LADISCH-GRUBE, DAGMAR: Art. *Einzlinger,* Johannes, in: VerLex², Bd. 2, Sp. 432f

LANDMANN, FLORENZ: *Zum Predigtwesen* der Straßburger Franziskanerprovinz in der letzten Zeit des Mittelalters, in: FS *13* (1926), S. 337–365; *14* (1927), S. 297–332; *15* (1928), S. 96–120 und S. 316–348

LEDER, KLAUS: Das *Schulwesen* (1500–1800): Das evangelische Schulwesen, in: Handbuch der Bayerischen Geschichte. Bd. 3 / 1: Franken, Schwaben, Oberpfalz bis zum Ausgang des 18. Jahrhunderts, hg. v. Max Spindler, München1971, S. 678–689

LEHMANN, PAUL: *Mittelalterliche Handschriften* des K. B. Nationalmuseums zu München, München 1916 (= SBAW. PPH 1916, 4. Abhandlung)

LEMMENS, LEONHARD: *Ziel* und Anfang der Observanz, in: FS 14 (1927), S. 285–296

Liber usualis missae et officii pro dominias et festis, Paris 1932

LÖHR, GABRIEL: Aus spätmittelalterlichen *Klosterpredigten,* in: ZSKG 38 (1944), S. 33–46, 108–120, 199–208

LOEWENICH, WALTER VON: Ein *Lebensbericht* in evangelischer Sicht, in: Caritas Pirckheimer. Ordensfrau und Humanistin – ein Vorbild für die Ökumene. Festschrift zum 450. Todestag, hg. v. Georg Deichstetter, Köln 1982, S. 28–44

LOHR, OTTO: *Schatzbehalter* oder Schrein der waren reichtuemer des heils unnd ewyger seligkeit, in: Nürnberg 1300–1550. Kunst der Gotik und Renaissance, hg. v. Gerhard Bott, Philippe de Montebello, Rainer Kahsnitz und William D. Wixom, München 1986, S. 231f

LORZ, JÜRGEN und ULRICH, KARL: *Caritas Pirckheimer* und die Reformation, in: Caritas Pirckheimer 1467–1532. Eine Ausstellung der Katholischen Stadtkirche Nürnberg 1982, hg. v. Lotte Kurras und Franz Machilek, München 1982, S. 143f

MACHILEK, FRANZ: Die *Heiltumsweisung,* in: Nürnberg – Kaiser und Reich. Ausstellung des Staatsarchivs Nürnberg, Neustadt a. d. Aisch 1986, S. 57–70

–, *Klosterhumanismus* in Nürnberg, in: MVGN 64 (1977), S. 10–45

MÄLZER, GOTTFRIED: Die *Inkunabeln* der Universitätsbibliothek Würzburg, Würzburg 1986

MASCHEK, HERMANN: Zur *Geschichte* des Humanismus im Franziskanerorden, in: AFH 28 (1935), S. 574–579

MASCHKE, ERICH: »*Obrigkeit*« im spätmittelalterlichen Speyer und in anderen Städten, in: ARG 57 (1966), S. 7–23

MAYER, ANTON L.: Das *Kirchenbild* des späten Mittelalters, in: Vom christlichen Mysterium. Gesammelte Arbeiten zum Gedächtnis von Odo Casel, hg. v. Anton L. Mayer, Johannes Quasten und Burckhard Neunhauser, Düsseldorf 1951, S. 274–302

MEIER, CHRISTEL: *Gemma* spiritalis. Methode und Gebrauch der Edelsteinallegorese vom frühen Christentum bis ins 18. Jahrhundert. 1. Teil, München1976 (= MMAS 34)

MENZEL, MICHAEL: *Predigt* und Predigtorganisation im Mittelalter, in: HJ 111 (1991), S. 337–384

MEYER, JOHANNES: *Buch* der Reformacio Prediger-Ordens. IV. und V. Buch, hg. v. Benedictus Maria Reichert, Leipzig 1908 (= QGDOD 3)

MEYER, WENDELIN: Der *Passionsgedanke* im Franziskanerorden, in: vita seraphica 3 (1924), S. 87–89

MILLER, MAX: Die Söflinger *Briefe* und das Söflinger Klarissenkloster im Spätmittelalter, Würzburg 1940

MINGES, PARTHENIUS: *Geschichte* der Franziskaner in Bayern, München 1896

–, Skotistisches im *Herz-Jesu-Kultus,* in: FS 15 (1928), S. 289–293

Mittelalterliche Andachtsbücher. Psalterien – Stundenbücher – Gebetbücher. Zeugnisse europäischer Frömmigkeit. Katalog zur Ausstellung der Badischen und der Württembergischen Landesbibliothek zum 91. Deutschen Katholikentag in Karlsruhe 1992, hg. v. Hans-Peter Geh und Gerhard Römer, Karlsruhe 1992

Mittelalterliche Bibliothekskataloge Deutschlands und der Schweiz, Bd. 3, Teil 3: Bistum Bamberg, bearb. v. Paul Ruf, München 1939

MÖBIUS, HELGA: *Passion* und Auferstehung in Kultur und Kunst des Mittelalters, Berlin (Ost) 1978

MOELLER, BERND: Die *Anfänge* kommunaler Bibliotheken in Deutschland, in: Studien zum städtischen Bildungswesen des späten Mittelalters und der frühen Neuzeit. Bericht über Kolloquien der Kommission zur Erforschung der Kultur des Spätmittelalters 1978–1981, Göttingen 1983, S. 136–151 (= AAWG. PH 137)

–, *Frömmigkeit* in Deutschland um 1500, in: ARG 56 (1965), S. 5–31

MOHR, RUDOLF: Art. *Erbauungsliteratur* II, in: TRE, Bd. 10, S. 43–50

–, *Frömmigkeit* in Spätmittelalter und früher Neuzeit als historisch -methodisches Problem, in: Festgabe für Ernst Walter Zeeden zum 60. Geburtstag, hg. v. Horst Rabe, Hansgeorg Molitor und Hans-Christoph Rublack, Münster 1976, S. 1–20

MOORMAN, JOHN R. H.: A *History* of the Franciscan Order. From its Origins to the Year 1517, Oxford 1968

–, *Medieval Franciscan Houses*, New York 1983 (= FIP. H 4)

MÜLLNER, JOHANNES: Die *Annalen* der Reichsstadt Nürnberg von 1623, hg. v. Gerhard Hirschmann, Nürnberg 1984

NEIDIGER, BERNHARD: Die Martinianischen *Konstitutionen* von 1430 als Reformprogramm der Franziskanerkonventualen. Ein Beitrag zur Geschichte des Kölner Minoritenklosters und der Kölner Ordensprovinz im 15. Jahrhundert, in: ZKG 95 (1984), S. 337–381

–, *Mendikanten* zwischen Ordensideal und städtischer Realität. Untersuchungen zum wirtschaftlichen Verhalten der Bettelorden in Basel, Berlin 1981

–, Die *Observanzbewegungen* der Bettelorden in Südwestdeutschland, in: RoJKG 11 (1992), S. 175–196

–, *Stadtregiment* und Klosterreform in Basel, in: Reformbemühungen und Observanzbestrebungen im spätmittelalterlichen Ordenswesen, hg. v. Kaspar Elm, Berlin 1989, S. 539–570 (= BHSt 14. Ordensstudien 6)

NIMMO, DUNCAN B.: The Franciscan Regular *Observance*. The Culmination of Franciscan Reform, in: Reformbemühungen und Observanzbestrebungen im spätmittelalterlichen Ordenswesen, hg. v. Kaspar Elm, Berlin 1989, S. 189–205 (= BHSt 14. Ordensstudien 6)

NYHUS, PAUL L.: The Franciscan Observant *Reform* in Germany, in: Reformbemühungen und Observanzbestrebungen im spätmittelalterlichen Ordenswesen, hg. v. Kaspar Elm, Berlin 1989, S. 207–217 (= BHSt 14. Ordensstudien 6)

–, The *Franciscans* in South Germany 1400–1530: Reform and Revolution, in: Transactions of the American Philosophical Society (NF) 65, Part 8 (1975), S. 1–46

OBERMAN, HEIKO A.: »*Iustitia dei*« und »*Iustitia Christi*«: Luther und die scholastischen Lehren von der Rechtfertigung, in: Der Durchbruch der reformatorischen Erkenntnis bei Luther, hg. v. Bernhard Lohse, Darmstadt 1968, S. 413–444

OEDIGER, FRIEDRICH WILHELM: Über die *Bildung* der Geistlichen im späten Mittelalter, Leiden / Köln 1953

–, Um die *Klerusbildung* im Spätmittelalter. Ein Beitrag zur Geschichte der innerkirchlichen Reformbewegung vor Luther, in: HJ 50 (1930), S. 145–188

OHLY, FRIEDRICH: *Metaphern* für die Sündenstufen und die Gegenwirkungen der Gnade, Opladen 1990

OLIGER, P. LIVARIUS: Die *Leidensuhr* eines Straßburger Franziskaners aus dem 15. Jahrhundert. Zugleich ein Beitrag zur Geschichte der Betrachtung des bitteren Leidens, in: Kath 98, 4. F. 21 (1918), S. 99–112 und 158–175

OPITZ, CLAUDIA: *Erziehung* und Bildung in Frauenklöstern des hohen und späten Mittelalters (12. – 15. Jahrhundert), in: Geschichte der Mädchen- und Frauenbildung, Bd. 1:

Vom Mittelalter bis zur Aufklärung, hg. v. Elke Kleinau und Claudia Opitz, Frankfurt / New York 1996, S. 63–77, 476–480 und 548

OZMENT, STEVEN: The Age of Reform. 1250–1550, Yale 1980

PASCHKE, HANS: Das *Franziskanerkloster* an der Schranne zu Bamberg, in: BHVB 110 (1974), S. 166–318

PAULDRACH, SABINE: *Bußpredigten* und Bußprediger, besonders Johannes von Capestrano, in: Der Bußprediger Capestrano auf dem Domplatz in Bamberg. Eine Bamberger Tafel um 1470 / 75, Bamberg 1989, S. 95–109 (= Schriften des Historischen Museums Bamberg 12)

PAULUS, HERBERT: Die ikonographischen *Besonderheiten* in der spätmittelalterlichen Passionsdarstellung Frankens. Eine Untersuchung hinsichtlich der Wechselbeziehungen zwischen Tafelmalerei und zeitgenössischer geistlicher Literatur (Predigt, Andachtslied und Gebet), Würzburg 1952

PAULUS, NIKOLAUS: Aeltere religiöse *Literatur*, in: HPBl 119 (1897), S. 545–548

–, Der *Franziskaner* Stephan Fridolin. Ein Nürnberger Prediger des ausgehenden Mittelalters, in: HPBl 113 (1894), S. 465–483

–, Zur literarischen *Thätigkeit* des Franziskaners Stephan Fridolin, in: HPBl 120 (1897), S. 150–152

PETZ, J.: Urkundliche *Beiträge* zur Geschichte der Bücherei des Nürnberger Rates, 1429–1538, in: MVGN 6 (1886), S. 123–174

PFANNER, JOSEPH: Geisteswissenschaftlicher *Humanismus*, in: Nürnberg – Geschichte einer europäischen Stadt, hg. v. Gerhard Pfeiffer, München 1971, S. 127–133

PFEIFFER, ELISABETH: Vier Tafeln des Lautenbacher Hochaltars und Albrecht *Dürer*, in: MVGN 56 (1969), S. 251–316

PICKEL, GEORG: *Geschichte des Barfüßerklosters* in Nürnberg, in: BBKG 18 (1912), S. 249–265; 19 (1913), S. 1–22 und 49–57

–, *Geschichte des Klaraklosters* in Nürnberg, in: BBKG 19 (1913), S. 145–172, 193–211 und 241–259

–, Ein Nürnberger *Klosterinventar* aus dem Mittelalter, in: MVGN 20 (1913), S. 234–242

PICKERING, FREDERICK P.: Das gotische *Christusbild*. Zu den Quellen mittelalterlicher Passionsdarstellungen, in: Euphorion. Zeitschrift für Literaturgeschichte 47 (1953), S. 16–37

PRIEBSCH, ROBERT: *Christi Leiden* in einer Vision geschaut, Heidelberg 1936 (= Germanische Bibliothek, 2. Abt.: Untersuchungen und Texte 39)

REICKE, EMIL: Geschichte der Reichsstadt Nürnberg von dem ersten urkundlichen Nachweis ihres Bestehens bis zu ihrem Übergang an das Königreich Bayern (1806), Nürnberg 1890

RENNER, PETER: Spätmittelalterliche *Klosterpredigten* aus Nürnberg, in: AKuG 41 (1959), S. 201–217

RICHSTÄTTER, CARL: *Christusfrömmigkeit* in ihrer historischen Entfaltung. Ein quellenmäßiger Beitrag zur Geschichte des Gebetes und des mystischen Innenlebens der Kirche, Köln 1949

–, Die *Herz-Jesu-Verehrung* des deutschen Mittelalters, Regensburg 1924

RIEDEL, FRIEDRICH W.: Franziskanische *Liturgie* und Musik, in: 800 Jahre Franz von Assisi. Franziskanische Kunst und Kultur des Mittelalters. Niederösterreichische Landesausstellung. Krems-Stein, Minoritenkirche 15. Mai–17. Oktober 1982, Wien 1982, S. 729–742

RIES, KARIN: *Betrachtung* des Weihnachtsbildes unter astrologisch-astronomischem Kontext, in: Der Bußprediger Capestrano auf dem Domplatz in Bamberg. Eine Bamberger Tafel um 1470 / 75, Bamberg 1989, S. 49–54 (= Schriften des Historischen Museums Bamberg 12)

RINGLER, SIEGFRIED: Art. Haider, Ursula, in: VerLex², Bd. 3, Sp. 399–403

ROLOFF, JÜRGEN: Art. *Weinstock,* in: Reclams Bibellexikon, hg. v. Klaus Koch, Eckart Otto u.a., Stuttgart⁴ 1987, S. 543

Roth, Elisabeth: Art. *Kalvarienberg*, in: LCI. Allgemeine Ikonographie, Bd. 2, Sp. 489–491

Roth, Friedrich: Die Einführung der *Reformation* in Nürnberg 1517–1528, Würzburg 1885

Rudolf, Rainer: *Ars moriendi*, Köln / Graz 1957

Rücker, Elisabeth: Die Schedelsche *Weltchronik*. Das größte Buchunternehmen der Dürer-Zeit, München 1973 (= Bibliothek des Germanischen Nationalmuseums Nürnberg zur deutschen Kunst- und Kulturgeschichte 33)

Ruh, Kurt: *Bonaventura deutsch*. Ein Beitrag zur deutschen Franziskanermystik und -scholastik, Bern 1956 (= Bibliotheka Germanica 7)

–, Deutsche *Predigtbücher* des Mittelalters, in: ders.: Kleine Schriften II. Scholastik und Mystik im Spätmittelalter, hg. v. Volker Mertens, Berlin / New York 1984, S. 296–317

–, Geistliche *Prosa*, in: NHL, Bd. 8, S. 565–605

–, *Studien* über Heinrich von St. Gallen und den »Extendit manum«-Passionstraktat, in: ZSKG 47 (1953), S. 210–230

–, Art. Thomas Gallus (Vercellensis), in: VerLex², Bd. 9, Sp. 857–861

–, *Vorbemerkungen* zu einer neuen Geschichte der abendländischen Mystik im Mittelalter, München 1982 (= Bayerische Akademie der Wissenschaften: Philosophisch-Historische Klasse. Sitzungsberichte 1982, Heft 7)

–, Zur *Theologie* des mittelalterlichen Passionstraktats, in: ThZ 6, Heft 1 (1950), S. 17–39

Ruhe, Ernstpeter: Pour faire la *lumière* as lais? Mittelalterliche Handbücher des Glaubenswissens und ihr Publikum, in: Wissensorganisierende und wissensvermittelnde Literatur im Mittelalter. Perspektiven ihrer Erforschung, hg. v. Norbert Richard Wolf, Wiesbaden 1987, S. 46–56 (= Wissensliteratur im Mittelalter. Schriften des Sonderforschungsbereichs 226 Würzburg / Eichstätt 1)

Rupprich, Hans: Die deutsche Literatur vom späten Mittelalter bis zum Barock. 1. Teil: Das ausgehende Mittelalter, Humanismus und Renaissance 1370–1520, München 1970 (= Geschichte der deutschen Literatur von den Anfängen bis zur Gegenwart 4 / 1)

Sacraments and Forgiveness. History and Doctrinal Development of Penance, Extreme Unction and Indulgence, hg. v. Paul F. Palmer, London 1960 (= SCT 2)

Sartori, Paul: Art. *Maibaum*, in: HWDA, Bd. 5, Sp. 1515–1524

Sauer, Manfred: Die deutschen *Inkunabeln*, ihre historischen Merkmale und ihr Publikum, Diss. phil. Köln 1957 [sic], gedruckt Düsseldorf 1956

Sauter, Gerhard: *Christologie* in geschichtlicher Perspektive, in: VuF 21 (1976), S. 2–31

Scaer, David: The Concept of Anfechtung in Luthers Thought, in: CTQ 47 (1983), S. 15–30

Schaefers, Damianus L.: Art. *Kreuz*, IX.: Geschichte der Kreuzesreliquien, in: LThK², Bd. 6, Sp. 614f

Schenk, Hans: *Nürnberg und Prag*. Ein Beitrag zur Geschichte der Handelsbeziehungen im 14. und 15. Jahrhundert, Wiesbaden 1969 (= Giessener Abhandlungen zur Agrar- und Wirtschaftsforschung des europäischen Ostens 46)

Schieber, Martin: Die *Geschichte* des Klosters Pillenreuth, in: MVGN 80 (1993), S. 1–115

Schieffer, Rudolf: Art. Lampert von Hersfeld, in: VerLex², Bd. 5, Sp. 513–520

Schiewer, Hans-Jochen: *Spuren von Mündlichkeit* in mittelalterlichen Predigtüberlieferungen. Ein Plädoyer für exemplarisches und beschreibend-interpretierendes Edieren, in: editio. Internationales Jahrbuch für Editionswissenschaft 6 (1992), S. 64–79

Schillmann, Fritz: *Wolfgang Trefler* und die Bibliothek des Jakobsklosters zu Mainz, Leipzig 1913 (= ZfB. B XLIII)

Schlager, Patricius: *Beiträge* zur Geschichte der Kölnischen Franziskaner-Ordensprovinz, Köln 1904

Schlemmer, Karl: *Gottesdienst und Frömmigkeit* in der Reichsstadt Nürnberg am Vorabend der Reformation, Würzburg 1980

Schlosser, Marianne: Über das Mitleid Gottes, in: FS 72 (1990), S. 305–319

Schmid, Wolfgang: Zwischen *Tod* und Auferstehung. Zur Selbstdarstellung städtischer

Eliten des ausgehenden Mittelalters im Spiegel von Stifterbildern, in: Himmel – Hölle – Fegefeuer. Das Jenseits im Mittelalter. Eine Ausstellung des Schweizerischen Landesmuseums in Zusammenarbeit mit dem Schnütgen-Museum und der Mittelalterabteilung des Wallraf-Richartz-Museums der Stadt Köln, hg. v. Peter Jezler im Auftrag der Gesellschaft für das Schweizerische Landesmuseum, Zürich 1994, S. 101–116

SCHMIDT, ULRICH: Das ehemalige *Franziskanerkloster* in Nürnberg, Nürnberg 1913

–, P. Stephan *Fridolin*. Ein Franziskanerprediger des ausgehenden Mittelalters, München 1911 (= VKHSM, 3. R. 11)

SCHMIDT, WIELAND: Vom *Lesen* und Schreiben im späten Mittelalter, in: Festschrift für Ingeborg Schröbler zum 65. Geburtstag, hg. v. Dietrich Schmidtke und Helga Schüppert, Tübingen 1973 (= BGDS(T) 95, Sonderheft)

SCHMIDTKE, DIETRICH: Art. *Fridolin*, Stephan, in: VerLex², Bd. 2, Sp. 918–922

–, *Studien* zur dingallegorischen Erbauungliteratur des Spätmittelalters. Am Beispiel der Gartenallegorie, Tübingen 1982 (= Hermaea, N. F. 43)

SCHMITZ, RUDOLF: Der *Zustand* der süddeutschen Franziskaner-Konventualen am Ausgang des Mittelalters, Diss. Freiburg i. Br. 1914

SCHNELBÖGL, FRITZ: *Kirche* und Caritas, in: Nürnberg – Geschichte einer europäischen Stadt, hg. v. Gerhard Pfeiffer, München 1971, S. 100–105

–, *Stadt* des Buchdrucks und der Kartographie, in: Nürnberg – Geschichte einer europäischen Stadt, hg. v. Gerhard Pfeiffer, München 1971, S. 218–223

SCHNELBÖGL, JULIA: Die *Reichskleinodien* in Nürnberg 1424–1523, in: MVGN 51 (1962), S. 78–160

SCHNEYER, JOHANNES BAPTIST: *Geschichte* der katholischen Predigt, Freiburg i. Br. 1969

SCHOLZ, FRANZ: Art. *Sünde*, moraltheologisch, in: LThK², Bd. 9, Sp. 1181–1183

SCHRAMM, ALBERT: Der *Bilderschmuck* der Frühdrucke, Bd. 17: Die Drucker in Nürnberg, 1. Anton Koberger, Leipzig 1939

SCHRAUT, ELISABETH: *Stifterinnen* und Künstlerinnen im mittelalterlichen Nürnberg. Ausstellung des Stadtarchivs Nürnberg in Verbindung mit der Stadtbibliothek Nürnberg Oktober 1987-Januar 1987, Nürnberg 1987

SCHREIBER, GEORG: Art. *Freitag*, in: LThK², Bd. 4, Sp. 353

SCHREINER, KLAUS: *Laienbildung* als Herausforderung für Kirche und Gesellschaft. Religiöse Vorbehalte und soziale Widerstände gegen die Verbreitung von Wissen im späten Mittelalter und in der Reformation, in: ZHF 11 (1984), S. 257–354

–, *Laienfrömmigkeit* – Frömmigkeit von Eliten oder Frömmigkeit des Volkes? Zur sozialen Verfaßtheit laikaler Frömmigkeitspraxis im späten Mittelalter, in: Laienfrömmigkeit im späten Mittelalter. Formen, Funktionen, politisch-soziale Zusammenhänge, hg. v. Klaus Schreiner unter Mitarbeit von Elisabeth Müller-Luckner, München 1992, S. 1–78 (= Schriften des historischen Kollegs. Kolloquien 20)

SCHUBERT, ERNST: *Gestalt* und Gestaltwandel des Almosens im Mittelalter, in: JFLF 52 (1992), S. 241–262 (= Festschrift für Alfred Wendehorst, hg. v. Jürgen Schneider und Gerhard Rechter, Neustadt a. d. Aisch 1992, Teil 1)

SCHWANDT, HANS-GERD: »… das Gelächter Satans über die Hoffnung auf Abschaffung des Todes«. Versuch eines Neuzugangs zum theologischen Begriff der »Hölle«, in: FS 70 (1988), S. 214–224

SETON, WALTER: *Nicholas Glassberger* and His Works. With the Text of his 'Major Cronica Boemorum Moderna' (A. D. 1200–1310), Manchester 1923

SHORT, WILLIAM J.: The *Franciscans*, Wilmington / Del. 1989 (= Religious order series 2)

SIMMERT, JOHANNES: Die *Geschichte* der Kartause zu Mainz, Mainz 1958 (= Beiträge zur Geschichte der Stadt Mainz 16)

SITWELL, DOM GERARD: Medieval spiritual *Writers*, London 1961 (= Faith and Fact Books 40)

SKRZYPCZAK, HENRYK: *Stadt* und Schriftlichkeit im deutschen Mittelalter. Beiträge zur Sozialgeschichte des Schreibens, Diss. masch. Berlin (FU) 1956

SLENCZKA, RUTH: Lehrhafte *Bildtafeln* in spätmittelalterlichen Kirchen, Diss. phil. masch. Göttingen 1994

SLEUMER, ALBERT: Kirchenlateinisches Wörterbuch, Limburg 1926

SPRANDEL, ROLF: *Geschichtsschreiber* in Deutschland 1347–1517, in: Mentalitäten im Mittelalter. Methodische inhaltliche Probleme, hg. v. Frantisek Graus, Sigmaringen 1987, S. 289–318

–, *Kurzweil* durch Geschichte. Studien zur spätmittelalterlichen Geschichtsschreibung in Deutschland, in: Mittelalterbilder aus neuer Perspektive. Würzburger Kolloquium 1984, hg. v. Ernstpeter Ruhe und Rudolf Behrens, München 1986, S. 344–363 (= Beiträge zur romanischen Philologie des Mittelalters 14)

Staatsgalerie Bamberg, hg. v. Gisela Goldberg und Rüdiger an der Heiden, München / Zürich 1986

STADLER, FRANZ J.: Michael Wolgemut und der Nürnberger Holzschnitt im letzten Drittel des XV. Jahrhunderts, Straßburg 1913

STADLHUBER, IOSEF: Das *Laienstundengebet* vom Leiden Christi in seinem mittelalterlichen Fortleben, in: ZKTh 72 (1950), S. 282–325

STÄBLEIN, BRUNO: Art. *Kyrie*, in: MGG, Bd. 7, Sp. 1931–1946

STAHL, AMALIE: *Nürnberg* vor der Reformation. Eine Studie zur religiös – geistigen Entwicklung der Reichsstadt, Diss. masch. Erlangen 1949

STAHL, IRENE: *Alltagsleben* im Kloster, in: Caritas Pirckheimer 1467–1532. Eine Ausstellung der Katholischen Stadtkirche Nürnberg 1982, hg. v. Lotte Kurras und Franz Machilek, München 1982, S. 103f

STAMMLER, WOLFGANG: Allegorische *Studien*, in: DVjs 17 (1939), S. 1–25

–, Mittelalterliche *Prosa* in deutscher Sprache, in: Deutsche Philologie im Aufriß, hg. v. Wolfgang Stammler, Bd. 2, Berlin / Bielefeld 1954, Sp. 1299- 1427

–, Von der Mystik zum Barock, Stuttgart[2] 1950

STEER, GEORG: Der Laie als Anreger und Adressat deutscher Prosaliteratur im 14. Jahrhundert, in: Zur deutschen Literatur und Sprache des 14. Jahrhunderts. Dubliner Colloquium 1981, hg. v. Walter Haug, Timothy R. Jackson u.a., Heidelberg 1983, S. 354–367 (= Reihe Siegen. Beiträge zur Literatur- und Sprachwissenschaft 45)

STEFENELLI, NORBERT: Die *Zeichen* am Leibe des Franz von Assisi, in: 800 Jahre Franz von Assisi. Franziskanische Kunst und Kultur des Mittelalters. Niederösterreichische Landesausstellung. Krems-Stein, Minoritenkirche 15. Mai–17. Oktober 1982, Wien 1982, S. 79–90

STEINBACH, ROLF: Die deutschen *Oster- und Passionsspiele* des Mittelalters, Köln / Wien 1970 (= Kölner Germanistische Studien 4)

STIEVERMANN, DIETER: *Landesherrschaft* und Klosterwesen im spätmittelalterlichen Württemberg, Sigmaringen 1989

–, Die württembergischen *Klosterreformen* des 15. Jahrhunderts. Ein bedeutendes landeskirchliches Strukturelement des Spätmittelalters und ein Kontinuitätsstrang zum ausgebildeten Landeskirchentum der Frühneuzeit, in: ZWLG 44 (1985), S. 65–103

STÖLLINGER, CHRISTINE: Art. Grütsch, Conrad, in: VerLex[2], Bd. 3, Sp. 291–294

STRAGANZ, MAX: *Ansprachen* des Fr. Oliverius Maillard an die Klarissen zu Nürnberg, in: FS 4 (1917), S. 68–85

–, Zur *Geschichte der Bamberger Synode* von 1451, in: HJ 22 (1901), S. 98–110

–, ur *Geschichte der Minderbrüder* im Gebiete des Oberrheins, in: Freiburger Diözesan-Archiv 28 (= NF 1), (1900), S. 319–395

STRIEDER, PETER: *Frömmigkeit* und Spiritualität im Umkreis von Caritas Pirckheimer, in: Caritas Pirckheimer 1467–1532. Eine Ausstellung der Katholischen Stadtkirche Nürnberg 1982, hg. v. Lotte Kurras und Franz Machilek, München 1982, S. 119

STÜDELI, BERNHARD E.: *Minoritenniederlassungen* und mittelalterliche Stadt. Beiträge zur Bedeutung von Minoriten- und anderen Mendikantenanlagen im öffentlichen Leben der mittelalterlichen Stadtgemeinde, insbesondere der deutschen Schweiz, Werl 1969 (= FrFor 21)

SUCKALE, ROBERT: Die kunstgeschichtliche *Stellung* der Capestranotafel, in: Der Bußprediger Capestrano auf dem Domplatz in Bamberg. Eine Bamberger Tafel um 1470 / 75, Bamberg 1989, S. 87–94 (= Schriften des Historischen Museums Bamberg 12)

TENTLER, THOMAS N.: Sin and Confession on the Eve of the Refomation, Princeton N. J. 1977

THURNWALD, ANDREA KATHARINA: Zur *Ikonographie* der Capestrano-Tafel. Pater Stephan Fridolin als geistiger Urheber ihres theologischen Programms, in: Der Bußprediger Capestrano auf dem Domplatz in Bamberg. Eine Bamberger Tafel um 1470 / 75, Bamberg 1989, S. 19–48 (= Schriften des Historischen Museums Bamberg 12)

TOCH, MICHAEL: Die *Nürnberger Mittelschicht* im 15. Jahrhundert, Nürnberg 1978 (= Nürnberger Werkstücke 26)

TSCHIRCH, FRITZ: *Maria* und die Rundzahl 100 – Studie zum symbolischen Denken im Mittelalter, in: ders.: Spiegelungen. Untersuchungen vom Grenzrain zwischen Germanistik und Theologie, Berlin 1966, S. 226–244

UHLAND, ROBERT: *Esslingen* / Württemberg, in: AFrA 18, S. 300–349

–, Die *Esslinger Klöster* im Mittelalter, in: Esslinger Studien 8 (1961), S. 7–42

VAVRA, ELISABETH: *Buchbesitz* – Buchproduktion. Überlegungen zur Geschichte des Buchwesens innerhalb der franziskanischen Orden, in: 800 Jahre Franz von Assisi. Franziskanische Kunst und Kultur des Mittelalters. Niederösterreichische Landesausstellung. Krems-Stein, Minoritenkirche 15. Mai–17. Oktober 1982, Wien 1982, S. 623–629

VEESENMEYER, GEORG: Sammlung von Aufsätzen zur Erläuterung der Kirchenliteratur, Münz- und Sittengeschichte, bes. des 16. Jahrhunderts, Ulm 1827

Verzeichnis der im deutschen Sprachbereich erschienenen Drucke des XVI. Jahrhunderts (= VD 16), I. Abteilung: Verfasser – Körperschaften – Anonyma, hg. v. d. Bayerischen Staatsbibliothek in München in Verbindung mit der Herzog August Bibliothek in Wolfenbüttel, Stuttgart 1983ff

VÖLKER, PAUL-GERHARD: Die *Überlieferungsformen* mittelalterlicher deutscher Predigten, in: ZDA 92 (1963), S. 212–227

VOLK, PAULUS: Art. *Trithemius*, in: LThK², Bd. 10, Sp. 366f.

WACKERNAGEL, PHILIPP: Das deutsche Kirchenlied von der ältesten Zeit bis zu Anfang des XVII. Jahrhunderts. Mit Berücksichtigung der deutschen kirchlichen Liederdichtung im weiteren Sinne und der lateinischen von Hilarius bis Georg Fabricius und Wolfgang Ammonius, 5 Bde., Leipzig 1864–1877

WEINMAYER, BARBARA: Studien zur Gebrauchssituation früher deutscher Druckprosa. Literarische Öffentlichkeit in Vorreden zu Augsburger Frühdrucken, München 1972

WEISS, HILDEGARD: *Lebenshaltung* und Vermögensbildung des mittleren Bürgertums – Studien zur Sozial- und Wirtschaftsgeschichte der Reichsstadt Nürnberg zwischen 1400 und 1600, München 1980

WERBECK, WILFRID: Voraussetzungen und Wesen der *scrupulositas* im Spätmittelalter, in: ZThK 68 (1971), S. 327–350

WERLIN, JOSEF: *Mystikerzitate* aus einer Nürnberger Predigthandschrift, in: AKuG 43 (1961), S. 240–259

WERMINGHOFF, ALBERT: Conrad *Celtis* und sein Buch über Nürnberg, Freiburg i. Br. 1921

WINDEL, RUDOLF: Zur christlichen *Erbauungsliteratur* in vorreformatorischer Zeit, Halle 1925

WINTEROLL, HANS MICHAEL: *Summae innumerae*. Die Buchanzeigen der Inkunabelzeit und der Wandel lateinischer Gebrauchstexte im frühen Buchdruck, Stuttgart 1987 (= Stuttgarter Arbeiten zur Germanistik 193)

WITHOLD, KARL: Art. *Rebdorf*, in: Handbuch der historischen Stätten Deutschlands, Bd. 7: Bayern, hg. v. Karl Bosl, Stuttgart² 1974, S. 604

WOHLFEIL, REINER: *Ars moriendi*. Von der Kunst des heilsamen Lebens und Sterbens, Köln/ Graz 1957

WREDE, ADAM: Art. *Fridolin*, Stephan, in: VerLex, Bd. 1, Sp. 679–681 und ein Nachtrag in Bd. 5, Sp. 236f

WÜRFEL, ANDREAS: Historische, genealogische und diplomatische *Nachrichten* zur Erläuterung der Nürnbergischen Stadt- und Adels-Geschichte, Bd. 2, Nürnberg 1767

WUTTKE, DIETER: Conradus *Celtis* Protrucius (1459–1508). Ein Lebensbild aus dem Zeitalter der deutschen Renaissance, in: Philologie als Kulturwissenschaft. Studien zur Literatur und Geschichte des Mittelalters. Festschrift für Karl Stackmann, hg. v. Ludger Grenzmann, Hubert Herkommer und Dieter Wuttke, Göttingen 1987, S. 270–286

ZAWART, ANSCAR: The *History* of Franciscan Preaching and of Franciscan Preachers (1209– 1927), in: FrS 7 (1928), S. 241–596

ZIMMERMANN, GUNTER: Spätmittelalterliche *Frömmigkeit* in Deutschland: Eine sozialgeschichtliche Nachbetrachtung, in: ZHF 13, (1986), S. 65–81

ZOEPFL, FRIEDRICH: Art. *Ingolstadt*, in: LThK², Bd. 5, Sp. 670–672

ZUMKELLER, ADOLAR: Das *Ungenügen* der menschlichen Werke bei den deutschen Predigern des Spätmittelalters, in: ZThK 82 (1959), S. 265–305

Personen- und Ortsregister

Sachregister